LES

GRANDS ÉCRIVAINS
DE LA FRANCE

NOUVELLES ÉDITIONS

PUBLIÉES SOUS LA DIRECTION

DE M. AD. REGNIER
Membre de l'Institut

OEUVRES

DU

CARDINAL DE RETZ

TOME II

PARIS. — TYPOGRAPHIE LAHURE
Rue de Fleurus, 9

OEUVRES

DU CARDINAL

DE RETZ

NOUVELLE ÉDITION

REVUE SUR LES AUTOGRAPHES
ET SUR LES PLUS ANCIENNES IMPRESSIONS

ET AUGMENTÉE

de morceaux inédits, des variantes, de notices, de notes, d'un lexique des mots
et locutions remarquables, d'un portrait, de fac-simile, etc.

PAR M. ALPHONSE FEILLET

TOME SECOND

PARIS
LIBRAIRIE HACHETTE ET Cie
BOULEVARD SAINT-GERMAIN, 79

1872

MÉMOIRES
DU
CARDINAL DE RETZ

MÉMOIRES
DU
CARDINAL DE RETZ.

SECONDE PARTIE. (Suite.)

La nouvelle de la victoire de Monsieur le Prince[1] à Lens arriva à la cour le 24[2] d'août, en l'année 1648. Chastillon[3] l'apporta, et il me dit, un quart d'heure après qu'il fut sorti du Palais-Royal, que Monsieur le Cardinal lui avoit témoigné beaucoup moins de joie de la victoire, qu'il ne lui avoit fait paroître de chagrin de ce qu'une partie de la cavalerie espagnole s'étoit sauvée. Vous remarquerez, s'il vous plaît, qu'il parloit à un

---

1. Condé, qui avait illustré à Rocroi, à Fribourg, à Nordlingen, son nom de duc d'Enghien, avait pris, depuis près de deux ans, lorsqu'il vainquit à Lens, celui de Monsieur le Prince. Son père était mort le 26 décembre 1646.
2. La nouvelle était arrivée deux jours plus tôt que ne dit Retz: voyez tome I, p. 327, note 1. — Après le chiffre 24, il y a dans le manuscrit : *à Paris*, biffé.
3. Gaspard IV comte de Coligny, marquis d'Andelot, puis duc de Châtillon, second fils (alors unique) du maréchal de Châtillon. Né en 1620, il mourut le 9 février 1649, au château de Vincennes, d'une mousquetade qu'il reçut à l'attaque de Charenton.

homme qui étoit entièrement à Monsieur le Prince¹, et qu'il lui parloit de l'une des plus belles actions qui se soient jamais faites² dans la guerre. Elle est imprimée en tant de lieux, qu'il seroit fort inutile de vous en rapporter ici le détail. Je ne me puis empêcher de vous dire que le combat étant presque perdu, Monsieur le Prince le rétablit et le gagna par un seul coup de cet œil d'aigle que vous lui connoissez³, qui voit tout dans la guerre et qui ne s'y éblouit jamais.

Le jour que la nouvelle en arriva à Paris, je trouvai M. de Chavigni à l'hôtel de Lesdiguières⁴, qui me l'apprit et qui me demanda si je ne gagerois pas que le Cardinal seroit assez innocent pour ne se pas servir de cette occasion pour remonter sur sa bête. Ce furent ses propres paroles. Elles me touchèrent, parce que connoissant comme je connoissois et l'humeur et les

---

1. Condé, en 1645, avait aidé d'Andelot à enlever Élisabeth-Angélique de Bouteville Montmorency, qu'il épousa, et que la famille lui avait refusée parce qu'il était alors protestant et simple cadet. Cet enlèvement fit grand bruit. Voyez *la Jeunesse de Mme de Longueville* par M. Cousin, p. 178.

2. Les ms H, Ch, et les éditions de 1717 A, 1718 B, F restreignent ainsi la pensée : « qu'il ait jamais faite *ou* faites. » — A la ligne suivante, les éditions de 1718 C, D, E changent *lieux* en *livres*.

3. Retz avait d'abord écrit : *voyez*, qu'il a ensuite biffé, pour mettre au-dessus : *connoissez*.

4. C'est-à-dire chez la duchesse de Lesdiguière*a*, Anne de la Magdeleine, fille unique de Léonor de la Magdeleine, marquis de Ragny, et d'Hippolyte de Gondi, tante du Coadjuteur. Elle avait été mariée en 1632 à François de Bonne de Créquy, duc de Lesdiguières, gouverneur du Dauphiné, et déjà veuf. Elle était la cousine chérie de Retz, et, s'il faut en croire la *Carte du pays de Braquerie*, sa maîtresse, après avoir été celle de Roquelaure. Elle mourut en 1656. Son hôtel était situé au n° 12 de la rue de la Cerisaie et au coin de la rue Lesdiguières; il avait été bâti par Sébastien

a. Retz écrit tantôt *Lesdiguieres*, et tantôt *Lesdiguiere*.

maximes violentes de Chavigni, et sachant d'ailleurs qu'il étoit très-mal satisfait du Cardinal, ingrat au dernier point envers son bienfaiteur[1], je ne doutai pas qu'il ne fût très-capable d'aigrir les choses par de mauvais conseils[2]. Je le dis à Mme de Lesdiguières[3], et je lui ajoutai que je m'en allois de ce pas au Palais-Royal, dans la résolution de continuer ce que j'y avois commencé. Il est nécessaire, pour l'intelligence de ces deux dernières paroles, que je vous rende compte d'un petit détail qui me regarde en mon particulier[4].

Dans le cours de cette année d'agitation que je viens de toucher, je me trouvai moi-même dans un mouvement intérieur qui n'étoit connu que de fort peu de personnes. Toutes les humeurs de l'État étoient si émues par la chaleur de Paris, qui en est le chef, que

Zamet sur une allée de *cerisiers* de l'ancien hôtel Saint-Paul. Retz y mourut en 1679. Voyez le *Plan de Paris* de Gomboust, feuille 11.

1. Le ms R et les copies H, Ch, et 1717 A, 1718 F portent *bienfacteur*; 1717, 1718 C, E, 1719, 1723, 1731, 1751, *bienfaicteur*; 1718 D, *bien faiteur*, en deux mots.

2. Racine, dans les *Fragments historiques* (tome V, p. 88 et 89, de l'édition de M. Mesnard), confirme ce que Retz dit ici de Chavigny : « Chavigny avoit été l'ami intime du cardinal Mazarin, qui lui faisoit bassement sa cour sous le ministère du cardinal de Richelieu. Puis il vit que Chavigny vouloit partager la faveur avec lui, et il le trompa, lui faisant pourtant de grandes caresses. Chavigny fut averti par Seneterre que Mazarin le jouoit, et pour se venger chercha à précipiter dans des conseils violents qui fissent enfin chasser le Cardinal. Il conseilla l'emprisonnement de Broussel, et en même temps il assistoit à des conférences secrètes avec les frondeurs chez Pierre Longuëi (*Longueil*). »

3. Les ms H, Ch, et les anciennes éditions, excepté 1717 et 1825, ont écrit : « M. de Lesdiguières. » Cette fausse leçon devient même le sujet d'une note biographique dans 1718 C, D, E, 1719, 1723, 1731, 1751, 1777, 1817, 1820 et 1828.

4. .... de ces deux dernières paroles, d'entrer dans un petit détail qui me regarde à mon particulier. (Ms H, Ch, 1717 A, 1718 B, F.)

je jugeois bien que l'ignorance du médecin[1] ne préviendroit pas la fièvre, qui en étoit comme la suite nécessaire. Je ne pouvois ignorer que je ne fusse très-mal dans l'esprit du Cardinal[2]. Je voyois la carrière ouverte[3], même pour la pratique, aux grandes choses, dont a spéculation m'avoit beaucoup touché dès[4] mon enfance ; mon imagination me fournissoit toutes les idées du possible ; mon esprit ne les désavouoit pas[5], et je me reprochois à moi-même la contrariété[6] que je trouvois dans mon cœur à les entreprendre. Je m'en remerciai, après en avoir examiné à fond l'intérieur, et je connus que cette opposition ne venoit que d'un bon principe.

Je tenois la Coadjutorerie[7] de la Reine ; je ne savois point diminuer mes obligations par les circonstances : je crus que je devois sacrifier à la reconnoissance et mes ressentiments et même les apparences de ma gloire[8] ; et quelque instance que me firent[9] Montrésor et Laigue[10], je

1. D'abord, *ministre*, biffé ; puis, *médecin*, mis en marge.
2. On a vu dans le tome précédent comment le Coadjuteur avait été plus d'une fois en lutte avec Mazarin. Ces discussions et ces froissements n'avaient pu qu'ajouter à l'antipathie si naturelle entre deux ambitieux de caractères si différents.
3. Après *ouverte*, sont ces trois mots biffés : *aux grandes choses*, que Retz a récrits plus loin.
4. *Dès* est écrit au-dessus de *dans*, effacé.
5. Mon imagination me fournissoit toutes les grandes idées possibles ; mon esprit ne les désarmoit pas. (Ms H, Ch, 1717 A, 1718 B, F.) — Dans le ms Ch on avait d'abord mis *choses*, qu'on a effacé, pour le remplacer par *idées*.
6. La contrainte. (1837-1866.)
7. Retz écrit *Coadiutorerie*. L'orthographe du ms Ch et de 1717 est *Coadjutorie*.
8. Retz avait écrit d'abord : *et même ma gloire* ; puis il a effacé les deux derniers mots pour les récrire après *les apparences de*.
9. Le mot est douteux ; peut-être faut-il lire : *fissent*. Il y avait d'abord *fit*.
10 Retz écrit *Laigue* et *Laigues* ; dans le manuscrit H, il y a *Lai-*

me résolus de m'attacher purement à mon devoir, et de n'entrer en rien de tout ce qui se disoit et de tout ce qui se faisoit en ce temps-là contre la cour[1]. Le premier de ces deux hommes que je vous viens de nommer avoit été toute sa vie nourri dans les factions de Monsieur[2], et il étoit d'autant plus dangereux pour conseiller les grandes choses, qu'il les avoit beaucoup plus dans l'esprit que dans le cœur. Les gens de ce caractère n'exécutent rien[3], et par cette raison ils conseillent tout. Laigue n'avoit qu'un fort petit sens; mais il étoit très-brave et très-présomptueux : les esprits de cette nature osent[4] tout ce que ceux à qui ils ont confiance leur per-

gle. — Geoffroy marquis de Laigue, capitaine des gardes de Gaston duc d'Orléans. Il avait été autrefois officier dans l'armée du prince de Condé, et venait de quitter le service « fort irrité contre Monsieur le Prince à l'occasion d'une dispute de jeu où il avait été maltraité par Son Altesse. » (*Mémoires de Guy Joly*, tome I, p. 23.) Mme de Nemours (*Mémoires*, édition de Genève, 1751, p. 142) ajoute à ce que Joly rapporte que c'était jusque-là « un homme peu connu et peu considéré. » Tallemant des Réaux (tome III, p. 61 et 62) confirme le goût qu'il avait pour le jeu, par un trait plaisant : Voiture, ayant « fait vœu de ne plus jouer, alla chez le Coadjuteur pour se faire dispenser de son vœu. Il y trouva Laigue, qui lui dit : « Moquez-vous de cela, jouons! » Effectivement il le fit jouer et lui gagna trois cents pistoles, sans le laisser parler au Coadjuteur. »

1. Nous avons peine à croire que telles fussent en effet les dispositions du Coadjuteur; et nous pouvons citer à l'appui de notre doute le curieux portrait que Mme de Nemours a tracé de Retz au commencement de la Fronde : voyez ses *Mémoires*, p. 137 et suivantes.

2. Montrésor avait succédé à Puylaurens dans la confiance de Gaston d'Orléans. M. Cousin le caractérise bien, ainsi que Fontrailles, en les appelant des « serviteurs résolus du maître le plus indécis. » Voyez les *Carnets de Mazarin* dans le *Journal des savants*, 1854, p. 614, et ce que nous avons déjà dit au tome I, p. 140, note 3, et p. 225, note 5.

3. N'écoutent rien. (Ms H, Ch, 1717 A, 1718 B, F.)

4. D'abord, *osent*, que l'auteur a effacé pour mettre : *ausent*.

suadent[1]. Ce dernier, qui étoit absolument entre les mains de Montrésor, l'échauffoit, comme il arrive toujours, après en avoir été persuadé, et ces deux hommes joints ensemble ne me laissoient pas un jour de repos, pour me faire voir, s'imaginoient-ils, ce que, sans vanité, j'avois vu plus de six mois devant eux.

Je demeurai ferme dans ma résolution ; mais comme je n'ignorois pas que son innocence et sa droiture me brouilleroit dans les suites presque autant avec la cour qu'auroit pu faire[2] la contraire, je pris en même temps celle de me précautionner contre les mauvaises intentions du Ministre : et du côté de la cour même, en y agissant avec autant de sincérité et de zèle que de liberté ; et du côté de la ville, en y ménageant avec soin tous mes amis, et en n'oubliant rien de tout ce qui y pouvoit être nécessaire pour m'attirer, ou plutôt pour me conserver l'amitié des peuples. Je ne vous puis mieux exprimer le second, qu'en vous disant que depuis le 28 de mars jusques au 25 d'août je dépensai 36 000[3] écus en aumônes ou en[4] libéralités. Je ne crus pas pouvoir mieux exécuter le premier, qu'en disant à la Reine et au Cardinal la vérité des dispositions que je voyois dans Paris, dans lesquelles la flatterie et la préoccupation ne leur permirent jamais de pénétrer. Comme un troisième voyage en Anjou de Monsieur l'Archevêque[5] m'avoit remis en fonction, je pris

1. Il y a dans le ms R : *persuade*, au singulier.

2. D'abord, *qu'auroit fait*. Le participe *pu* est au-dessus de la ligne. — Les ms H et Ch, et les anciennes éditions (1717-1828) donnent ensuite *le contraire*, pour *la contraire*.

3. Retz écrit : 36 mil.

4. *Ou en* est écrit au-dessus de *et en*, biffé. Les ms H, Ch, et toutes les éditions antérieures à la nôtre donnent *et*.

5. Voyez au tome I, p. 239 et p. 250, et à la fin de la note 3 de la page 239.

cette occasion pour leur témoigner que je me croyois obligé à leur en rendre compte, ce qu'ils reçurent l'un et l'autre avec assez de mépris; et je leur en rendis compte effectivement, ce qu'ils reçurent l'un et l'autre avec beaucoup de colère. Celle du Cardinal s'adoucit au bout de quelques jours; mais ce ne fut qu'en apparence : elle ne fit que se déguiser. J'en connus l'art, et j'y remédiai; car comme je vis qu'il ne se servoit des avis que je lui donnois que pour faire croire dans le monde que j'étois assez intimement avec lui pour lui rapporter ce que je découvrois, même au préjudice des particuliers, je ne lui parlai plus de rien que je ne disse publiquement à table en revenant[1] chez moi. Je me plaignis même à la Reine de l'artifice du Cardinal, que je lui démontrai par deux circonstances particulières; et ainsi, sans discontinuer ce que le poste où j'étois m'obligeoit de faire pour le service du Roi, je me servis des mêmes avis que je donnois à la cour pour faire voir au Parlement que je n'oubliois rien pour éclairer le ministère et pour dissiper les nuages, dont[2] les intérêts des subalternes et la flatterie des courtisans ne manquent jamais de l'offusquer.

Comme le Cardinal eut aperçu que j'avois tourné son art contre lui-même, il ne garda presque plus de mesures avec moi; et un jour, entre autres, que je disois à la Reine, devant lui, que la chaleur des esprits étoit telle qu'il n'y avoit plus que la douceur qui les pût ramener, il ne me répondit que par un apologue italien, qui porte qu'au temps que les bêtes parloient, le loup assura avec serment un[3] troupeau de brebis qu'il le pro-

1. Dans les éditions de 1837 et de 1843 : « en dînant; » dans celle de 1859-1866 : « en recevant. »
2. *Dont* est au-dessus de *que*, biffé.
3. Presque toutes les anciennes éditions (1717 A-1828) remplacent

tégeroit contre tous ses camarades, pourvu que l'une d'entre elles allât [1], tous les matins, lécher une blessure qu'il avoit reçue d'un chien. Voilà le moins désobligeant des apophthegmes [2] dont il m'honora trois ou quatre mois durant : ce qui m'obligea de dire, un jour, en sortant du Palais-Royal, à M. le maréchal de Villeroi [3] que j'y avois fait deux réflexions : l'une, qu'il sied encore plus mal à un ministre de dire des sottises que d'en faire ; et l'autre, que les avis que l'on leur donne passent pour des crimes toutes les fois que l'on ne leur est pas agréable.

Voilà l'état où j'étois à la cour quand je sortis de l'hôtel de Lesdiguières, pour remédier, autant que je pourrois, au mauvais effet que la nouvelle de la victoire de Lens et la réflexion de M. de Chavigni m'avoit fait appréhender. Je trouvai la Reine dans un emportement de joie inconcevable. Le Cardinal me parut plus modéré. L'un et l'autre affecta une douceur extraordinaire ; et le Cardinal particulièrement me dit qu'il se vouloit servir de l'occasion présente pour faire connoître aux com-

---

un par *à un*, et ensuite à la même ligne (1718 C, D, E, 1719-1828) *le* par *les*.

1. Première rédaction : « pourvu qu'il y eût l'une d'entre elles qui allât. »

2. Retz écrit : *apoftegmes*. — Voilà le moins désobligeant des apologues dont. (Ms H, Ch, 1717 A, 1718 B, F.) — Voilà le moins désobligeant de ce dont. (1718 C, D, E.)

3. Nicolas de Neufville, marquis et plus tard duc de Villeroy, né en 1597, gouverneur du roi Louis XIV [a], et maréchal de France en 1646 ; il mourut en 1685. Placé auprès de Louis XIII comme enfant d'honneur, il fit ses premières armes en Piémont sous Lesdiguières ; il fut nommé chef du conseil des finances en 1661. C'est le père du maréchal de Villeroy, gouverneur de Louis XV.

a. On lui a dédié en cette qualité cette monographie peu connue : *Le Roi mineur ou panégyrique sur la personne et l'éducation de Louis XIV*, par M. François de Bretaigne, à Paris, chez J. Henault, 1651, in-4°.

pagnies qu'il étoit bien éloigné des sentiments de vengeance que l'on lui attribuoit, et qu'il prétendoit que tout le monde confesseroit, dans peu de jours[1], que les avantages remportés par les armes du Roi[2] auroient bien plus adouci qu'élevé[3] l'esprit de la cour. J'avoue que je fus dupe. Je le crus : j'en eus joie[4].

Je prêchai le lendemain à Saint-Louis des Jésuites[5], devant le Roi et devant la Reine[6]. Le Cardinal, qui y étoit aussi, me remercia[7], au sortir du sermon, de ce qu'en expliquant[8] au Roi le testament de saint Louis (c'étoit le jour de sa fête), je lui avois recommandé, comme il est porté par le même testament, le soin de ses grandes villes[9]. Vous allez voir la sincérité de toutes ces confidences.

1. *Dans peu de jours* est ajouté en interligne.
2. Après *Roi*, il y a une ligne biffée, illisible.
3. Les ms H, Ch, et 1717 A, 1718 B, F substituent *altéré* à *élevé*; et dans la phrase suivante, la plupart des anciennes éditions, *dupé* à *dupe*.
4. Dans les ms H, Ch, et dans toutes les éditions antérieures à la nôtre : « j'en eus de la joie. »
5. L'église Saint-Louis et Saint-Paul, rue Saint-Antoine. C'est Louis XIII qui l'avait fait construire; elle n'avait été achevée qu'en 1641.
6. Ce sermon a été souvent réimprimé à la suite des *Mémoires*; on le trouvera dans les *Sermons* de Retz, que nous donnerons plus loin. — On lit dans la *Gazette* de 1648 (p. 1160) : « Le 25e (*d'août*), fête de saint Louis, l'archevêque de Corinthe, coadjuteur de Paris, célébra pontificalement en l'église Saint-Louis des Jésuites, et y fit l'après-dînée une très-docte et élégante prédication, en présence de Leurs Majestés.... et de toute la cour. »
7. Les ms H, Ch, et 1717 A, 1718 B, F donnent, en sautant quelques mots : « Je prêchois le lendemain à Saint-Louis des Jésuites, devant le Roi; et la Reine, qui y étoit, me remercia. »
8. Les ms H, Ch, et 1717 A, 1718 B, F donnent *appliquant*, au lieu d'*expliquant*.
9. Saint Louis, dans ses dernières instructions à son fils, telles que le sire de Joinville les rapporte, lui dit entre autres choses :

Le lendemain de la fête, c'est-à-dire le 26 d'août de 1648, le Roi alla au *Te Deum*. L'on borda, selon la coutume, depuis le Palais-Royal jusques à Notre-Dame[1], toutes les rues de soldats du régiment des gardes. Aussitôt que le Roi fut revenu au Palais-Royal, l'on forma de tous ces soldats trois bataillons, qui demeurèrent sur le Pont-Neuf et dans la place Dauphine. Comminges[2], lieutenant des gardes de la Reine, enleva dans un

---

« A ce dois mettre t'entente comment tes gens et tes sougez vivent en pez et en droiture desouz toy. Meismement les bones villes et les coustumes de ton royaume garde en l'estat et en la franchise où tes devanciers les ont gardées; et se il y a aucune chose à amender, si l'amende et adresce, et les tien en faveur et en amour; car par la force et par les richesces des grosses villes douteront les privez et les estranges de mesprendre vers toy, especialment tes pers et tes barons. » (*Histoire de saint Louis*, édition de M. de Wailly, 1867, p. 494.)

1. C'est Retz qui, dans Notre-Dame, présida à la cérémonie. On it dans les *Registres de l'Hôtel de ville de Paris pendant la Fronde*, publiés par MM. le Roux de Lincy et Douët d'Arcq (tome I, p. 14 et 15) : « Vint aussi Monsieur le coadjuteur de l'archevêché de Paris, avec ses habits pontificaux, auquel le sieur Sainctot, aide des cérémonies, présenta les drapeaux pris sur les ennemis (*il y en avait quatre cents, tant drapeaux que cornettes*), qui furent portés, au son des trompettes et tambours, par les Suisses et autres gardes du corps du Roi, derrière le grand autel de ladite église. Ce fait, ledit sieur Coadjuteur fut conduit en sa chaire archiépiscopale, d'où il fit chanter quelques motets en musique, et dit quelques oraisons ensuite. » Leurs Majestés, « après avoir entendu le *Te Deum* et après le *Domine, salvum fac Regem*, avec la bénédiction dudit sieur Coadjuteur, se levèrent et s'en retournèrent au Palais-Cardinal. » On peut voir dans ces mêmes *Registres* (p. 10 et suivantes) la lettre du Roi pour le *Te Deum*, et la part que prit la ville aux réjouissances.

2. Gaston-Jean-Baptiste comte de Comminges, lieutenant des gardes du corps d'Anne d'Autriche en 1644, maréchal de camp en 1649, lieutenant général des armées du Roi en 1651, ambassadeur en Portugal en 1657, puis en Angleterre, mort à l'âge de cinquante-sept ans, en 1670.

carrosse fermé le bonhomme Broussel[1], conseiller de la grande chambre, et il le mena à Saint-Germain[2].

1. Pierre Broussel, doyen des conseillers à la grand'chambre, était alors plus que septuagénaire. Dès les premiers jours de la Fronde, il fut fait gouverneur de la Bastille, fonction exercée en réalité par son fils, de la Louvière, qu'on lui avait donné pour lieutenant. Après le massacre à l'Hôtel de Ville, 4 juillet 1652, Broussel devint, le 6 juillet, prévôt des marchands, et il garda ce titre jusqu'au 24 septembre. Dans ce court intervalle, qui fut un temps si critique pour les Frondeurs, Broussel ne sut rien faire, soit par incapacité, soit par la difficulté des circonstances; sa charge ne fut même pas exercée par lui, mais par un de ses neveux, Pénis, trésorier de Limoges. — Retz écrit d'abord *Brusselles*, puis, le plus souvent, *Bruxelles*, puis encore *Bruselles*.

2. Dubois, qui a laissé une curieuse relation de la journée des Barricades, que nous avons publiée dans la *Revue des sociétés savantes des départements* (4e série, tome II, octobre 1865, p. 324-337), fait observer que le public « remarqua que l'on ne s'en fia pas (*de l'arrestation de Broussel*) aux gardes du corps du Roi, auxquels cette commission appartenoit, dont ils n'ont pas été fâchés, lorsqu'ils ont vu ce qui en est arrivé. » — Mme de Motteville (tome II, p. 152 et 153) ajoute quelques détails sur le rôle de Comminges en cette occurrence : « La Reine ayant donné ses ordres à Comminges, il donna les siens pour l'exécution de l'entreprise qui lui étoit confiée. Il envoya deux de ses exempts, ainsi qu'il me le conta lui-même fort exactement, l'un au président de Blancmesnil, l'autre au président Charton, et se réserva l'exécution la plus périlleuse, qui étoit celle de prendre Broussel, l'ami du peuple et son protecteur. La Reine, après le *Te Deum*, et après avoir recommandé cette affaire au souverain des souverains, comme une rigueur forcée et nécessaire au repos public, en sortant de l'église dit tout bas à Comminges : « Allez, et Dieu veuille vous assister! » bien contente elle-même, à ce qu'elle nous conta depuis, de pouvoir espérer que bientôt elle seroit vengée de ceux qui avoient méprisé son autorité et celle du Roi son fils. Le Tellier, secrétaire d'État, dit aussi à Comminges, dans ce même temps, qu'il pouvoit aller, et que tout étoit prêt, voulant lui dire par là qu'ils étoient tous trois en leur logis. » D'après d'Ormesson, tome II, p. 556, on avait eu recours à une sorte de ruse pour faire demeurer Broussel chez lui (« il étoit logé, dit Talon, tome V, p. 254, près Saint-Landry, dans la rue que l'on appelle du Port-Saint-Landry ») : « Le matin, Cebret (*ou Ceberet, un*

Blancménil[1], président aux enquêtes, fut pris en même temps aussi chez lui, et il fut conduit au bois de Vincennes. Vous vous étonnerez du choix de ce dernier ; et si vous aviez connu le bonhomme Broussel, vous ne seriez pas moins surprise[2] du sien. Je vous expliquerai[3] ce détail en temps et lieu ; mais je ne vous puis exprimer

des secrétaires du Chancelier) fut porter à M. de Bruxelles des papiers de la part de Monsieur le Chancelier, et M. des Fontaines-Bouère y fut de la part de la Reine lui dire qu'à deux heures les traitants iroient chez lui pour travailler, et qu'il mit papiers sur table. Ils ne savoient point le dessein de l'arrêter. » Après cette parenthèse, qui explique le mot de le Tellier dans le récit de Mme de Motteville, nous continuons de citer la narration de celle-ci : « Comminges demeura donc à Notre-Dame avec quelques gardes, attendant qu'un ordre qu'il avoit donné pour cette affaire eût eu son effet. Comme c'est l'ordinaire aux officiers des gardes du corps de ne jamais quitter la personne des rois, on donna aussitôt avis à quelques-uns du Parlement qui étoient restés dans l'église que le lieutenant des gardes de la Reine y étoit, ce qui sembloit menacer la liberté de quelques particuliers de leurs compagnies. A cet avis, chacun d'eux prit la fuite ; et, à leur gré, l'église n'avoit pas assez de portes pour les laisser sortir au plus tôt. Le peuple qui étoit répandu aux environs de ce lieu, et qui étoit venu pour voir passer le Roi, entendant ce murmure, se mit par troupes, et commença à écouter et regarder ce que cela vouloit dire. »

1. René Potier de Blanc-Mesnil (dans le manuscrit ordinairement *Blammeni*, quelquefois *Blammenil* et *Blammesnil*), neveu de l'évêque de Beauvais, était alors président en la première chambre des enquêtes ; il mourut en 1680. — Voici ce qu'Olivier d'Ormesson (tome I, p. 561) dit de son arrestation : « Du Bois, exempt des gardes de la Reine, fut chez M. de Blanc-Mesnil, qui étoit avec Mme de Marillac. Après l'avoir cherché, ils le prirent et l'emmenèrent avec plus de civilité (*que pour Broussel*), mais fort promptement, au bois de Vincennes. » Selon Dubuisson Aubenay (manuscrit de la bibliothèque Mazarine, H 1765, in-folio, p. 31), la maison de Blancménil avait une grande porte rue du Renard (entre les rues de la Verrerie et de Saint-Merry), et une petite rue Neuve-Saint-Merry.

2. *Surpris*, au masculin, dans les ms H, Ch, 1717 A, 1718 F.
3. *Expliquerai* est écrit en marge.

la consternation qui parut dans Paris le premier quart d'heure de l'enlèvement de Broussel, et le mouvement qui s'y fit dès le second. La tristesse, ou plutôt l'abattement, saisit jusques aux enfants; l'on se regardoit et l'on ne se disoit rien[1].

L'on éclata tout d'un coup : l'on s'émut, l'on courut, l'on cria, l'on ferma les boutiques. J'en fus averti, et quoique je ne fusse pas insensible à la manière dont j'avois été joué la veille au Palais-Royal, où l'on m'avoit même prié de faire savoir à ceux qui étoient de mes amis dans le Parlement que la bataille de Lens n'y avoit causé que des mouvements de modération et de douceur, quoique, dis-je, je fusse très-piqué, je ne laissai pas de prendre le parti, sans balancer, d'aller trouver la Reine et de m'attacher à mon devoir préférablement à toutes choses. Je le dis en ces propres termes à Chapelain, à Gomberville[2] et à Plot[3], chanoine de Notre-Dame et présentement chartreux, qui avoient dîné chez moi. Je sortis en rochet et camail[4], et je ne fus pas au Marché-Neuf[5] que je fus accablé d'une foule de peuple,

1. Il y a ici cinq lignes et demie effacées; nous croyons lire : « L'on s'avisa de s'avertir les uns les autres, un moment après, que l'on alloit avoir un grand fracas, et qui est.... dans ces émotions est que ce qui est fait.... »
2. Chapelain, l'auteur de *la Pucelle*. — Martin le Roy de Gomberville était alors connu surtout par ses romans, *Polexandre* et *la Cythérée;* il était, comme Chapelain, de l'Académie française.
3. Nous trouvons nommé plusieurs fois, et dès la fin de 1639, un Jean-Baptiste Pelot dans la liste des chanoines (*Canonici Parisienses ab anno* 1500 *ad annum* 1741, Archives de l'Empire, LL. 345, folios 221, 223, 231, 235). Ce qui nous fait hésiter à le reconnaître dans le Plot des *Mémoires*, c'est qu'en 1639 il paraît être encore bien jeune (un des *clerici in minoribus, alias pueri*). Il résigna son canonicat en 1650.
4. Il n'avait pas quitté le rochet et le camail depuis le *Te Deum*, dit Guy Joly dans ses *Mémoires* (tome I, p. 19).
5. A droite du pont Saint-Michel, en entrant dans la Cité.

qui hurloit plutôt qu'il ne crioit. Je m'en démêlai en leur disant que la Reine leur feroit justice. Je trouvai sur le Pont-Neuf[1] le maréchal de la Meilleraie à la tête des gardes, qui, bien qu'il n'eût encore en tête que quelques enfants qui disoient des injures et qui jetoient des pierres aux soldats, ne laissoit pas d'être fort embarrassé, parce qu'il voyoit que les nuages commençoient à se grossir de tous côtés. Il fut très-aise de me voir, il m'exhorta à dire à la Reine la vérité. Il s'offrit d'en venir lui-même rendre témoignage. J'en fus très-aise à mon tour, et nous allâmes ensemble au Palais-Royal, suivis d'un nombre infini de peuple, qui crioit : « Broussel! Broussel! »

Nous trouvâmes la Reine dans le grand cabinet, accompagnée de M. le duc d'Orléans, du cardinal Mazarin[2], de M. de Longueville, du maréchal de Villeroi, de

---

1. Dubois, dans sa relation, après avoir dit que les maréchaux de la Meilleraye et de l'Hôpital s'efforçaient d'apaiser le peuple depuis le Marché-Neuf jusqu'au Pont-Neuf, ajoute (p. 327) à propos de Retz : « Monsieur le coadjuteur de Paris, qui arriva là-dessus, faisant le même office, vêtu de ses habits pontificaux et donnant la bénédiction au peuple, s'arrêta devant le cheval de bronze (*la statue de Henri IV*), où la populace lui dit qu'elle demandoit M. de Broussel, son protecteur, et le pressa de l'aller demander à la Reine, comme il fit sur l'heure même, accompagné de MM. de la Meilleraye et de l'Hôpital, qui s'en retournèrent au Palais-Royal, où étant arrivés, ce prélat, voulant faire cette supplication à la Reine et lui représenter l'état de la ville, fut raillé, et on lui dit qu'il avoit eu peur et qu'il s'en allât reposer. » Mme de Motteville (tome II, p. 156) semble dire que Retz fut, ainsi que la Meilleraye, envoyé dans les rues par la cour pour apaiser le peuple. Nous donnerons à l'*Appendice* du tome II un récit détaillé de la journée des Barricades, tiré des écrits contemporains.

2. La plupart des éditions (1717, 1718 C, D, E, 1719-1828) omettent les mots , *le duc d'Orléans*, et donnent : *de Monsieur, du cardinal*, etc. Les copies H, Ch, et les éditions de 1717 A, 1718 B, F, changeant *du* en *le*, retranchent le duc d'Orléans du nombre des assistants, » et portent : « accompagnée de Monsieur le cardinal, etc. »

l'abbé de la Rivière, de Bautru[1], de Guitaut[2], capitaine de ses gardes, et de Nogent[3]. Elle ne me reçut ni bien ni mal. Elle étoit trop fière et trop aigre[4] pour avoir de la honte de ce qu'elle m'avoit dit la veille ; et le Cardinal n'étoit pas assez honnête homme pour en avoir de la bonne[5]. Il me parut toutefois un peu embarrassé, et il me fit une espèce de galimatias par lequel, sans me l'oser toutefois dire, il eût été bien aise que j'eusse conçu qu'il y avoit eu des raisons toutes nouvelles qui avoient

1. Guillaume Bautru était chargé d'inspecter la *Gazette* de Renaudot, et c'était lui qui y insérait les éloges à l'adresse de Mazarin. Voyez tome I, p. 229, note 6.

2. François de Comminges, comte de Guitaut, alors âgé de soixante-sept ans, et oncle de Comminges, lieutenant des gardes, nommé plus haut. Il devint en 1650 lieutenant général des château et pays de Saumur. Voyez les *Carnets de Mazarin*, par M. Cousin, dans le *Journal des savants*, 1855, p. 86 et 87.

3. Nicolas comte de Bautru-Nogent, frère cadet de Guillaume Bautru, dont le nom précède, et comme lui d'humeur assez plaisante. Le P. Rapin, tome I, p. 239, indique ainsi la différence l'esprit des deux frères : « Nogent n'étoit pas tout à fait si dangereux que son frère Bautru, qui s'étoit rendu redoutable par ses bons mots sous le ministère du cardinal Richelieu, qui l'appuyoit. Par une protection si puissante, il étoit devenu un hardi parleur, dont on se servoit dans les besoins pour détruire les personnes dont on vouloit se défaire. Nogent, son cadet, n'avoit d'ordinaire rien d'aigre dans ses railleries ; mais il y mêloit un air plaisant et ridicule, qui piquoit sans qu'on eût grand sujet de se plaindre de lui. » Cela n'empêche pas que Bautru-Nogent avait beaucoup contribué à ruiner à la cour l'évêque de Beauvais, Augustin Potier. Dans la circonstance, ses plaisanteries et celles de son frère pouvaient n'être pas sans danger pour le Coadjuteur.

4. *Aigrie*, dans la plupart des éditions (1718 C, D, E, 1719-1828). — L'édition de 1717 donne de même *aigri*, à la page 18, ligne 22.

5. Pas assez honnête homme pour en avoir de la confusion. (Ms H, Ch, 1717 A, 1718 B, F.) — Dans le ms Ch, au-dessous de *confusion*, on lit très-facilement notre leçon : *de la bonne*, effacée. — Pour en avoir de la honte. (1717.) — Pour en avoir. Il me parut, etc. (1718 C, D, E, 1719-1828.)

obligé la Reine à se porter à la résolution que l'on avoit prise. Je feignis que je prenois pour bon tout ce qu'il lui plut de me dire, et je lui répondis simplement que j'étois venu là pour me rendre à mon devoir, pour recevoir les commandements de la Reine, et pour contribuer de tout ce qui seroit en mon pouvoir au repos et à la tranquillité. La Reine me fit un petit signe de la tête, comme pour me remercier; mais je sus depuis qu'elle avoit remarqué, et remarqué en mal, cette dernière parole, qui étoit pourtant très-innocente et même fort dans l'ordre, en la bouche d'un coadjuteur[1] de Paris. Mais il est vrai de dire qu'auprès des princes il est aussi dangereux et presque aussi criminel de pouvoir le bien que de vouloir le mal.

Le maréchal de la Meilleraie, qui vit que la Rivière, Bautru et Nogent traitoient l'émotion de bagatelle, et qu'ils la tournoient même en ridicule[2], s'emporta : il parla avec force, il s'en rapporta à mon témoignage. Je le rendis avec liberté, et je confirmai ce qu'il avoit dit et prédit du mouvement. Le Cardinal sourit malignement, et la Reine se mit[3] en colère, en proférant, de son fausset[4] aigre et élevé, ces propres mots : « Il y a de la révolte à s'imaginer que l'on se puisse révolter; voilà les contes ridicules de ceux qui la veulent. L'autorité du Roi y donnera bon ordre. » Le Cardinal, qui s'aperçut à mon

---

1. Les ms H, Ch, et toutes les anciennes éditions (1717-1828) omettent les mots : *en la bouche*, ce qui produit cette leçon un peu étrange : « dans l'ordre d'un coadjuteur. »

2. « En arrivant dans la chambre de la Reine en rochet et en camail.... il (*Retz*) entendit Bautru qui disoit à la Reine : « Madame, Votre Majesté est bien malade; le Coadjuteur apporte l'extrême-onction, » et bien d'autres plaisanteries. » (*Mémoires de Guy Joly*, tome I, p. 19.)

3. Les éditions de 1837 et de 1843 donnent *se prit*, pour *se mit*.

4. Retz écrit *faucet*.

visage que j'étois un peu ému de ce discours, prit la parole, et, avec un ton doux, il répondit à la Reine : « Plût à Dieu, Madame, que tout le monde parlât avec la même sincérité que parle Monsieur le Coadjuteur ! Il craint pour son troupeau ; il craint pour la ville ; il craint pour l'autorité de Votre Majesté. Je suis persuadé que le péril n'est pas au point qu'il se l'imagine ; mais le scrupule sur cette matière est en lui une religion louable. » La Reine, qui entendoit le jargon du Cardinal, se remit tout d'un coup : elle me fit des honnêtetés, et j'y répondis par un profond respect, et par une mine si niaise, que la Rivière dit à l'oreille[1] à Bautru, de qui je le sus quatre jours après : « Voyez ce que c'est que de n'être pas jour et nuit en ce pays-ci. Le Coadjuteur est homme du monde ; il a de l'esprit : il prend pour bon ce que la Reine lui vient de dire. » La vérité est que tout ce qui étoit dans ce cabinet jouoit la comédie : je faisois l'innocent, et je ne l'étois pas, au moins en ce fait ; le Cardinal faisoit l'assuré, et il ne l'étoit pas si fort qu'il le paroissoit ; il y eut quelques moments où la Reine contrefit la douce, et elle ne fut jamais plus aigre ; M. de Longueville témoignoit de la tristesse, et il étoit dans une joie sensible, parce que c'étoit l'homme du monde qui aimoit le mieux les commencements de toutes affaires[2] ; M. le duc d'Orléans faisoit l'empressé et le passionné en par-

---

1. Dans le manuscrit : *à l'aureille*. Les éditions de 1837-1866 ont changé *à* en *de*, devant *Bautru*.
2. C'est le trait dominant du duc de Longueville. Retz fera la même remarque un peu plus loin (voyez ci-après, p. 119), et la Rochefoucauld dit presque la même chose dans ses *Mémoires* (édition Michaud et Poujoulat, p. 401) : « Le duc de Longueville avoit de l'esprit et de l'expérience ; il entroit facilement dans les partis opposés à la cour, et en sortoit encore avec plus de facilité. Il étoit foible, irrésolu et soupçonneux.... Il faisoit naître sans cesse des obstacles, et se repentoit de s'être engagé. »

lant à la Reine, et je ne l'ai jamais vu siffler avec plus d'indolence qu'il siffla[1] une demi-heure en entretenant Guerchi[2] dans la petite chambre grise ; le maréchal de Villeroi faisoit le gai pour faire sa cour au ministre, et il m'avouoit en particulier, les larmes aux yeux, que l'État étoit sur le bord du précipice ; Bautru et Nogent bouffonnoient, et représentoient, pour plaire à la Reine, la nourrice du vieux Broussel (remarquez, je vous supplie, qu'il avoit quatre-vingts ans[3]), qui animoit le peuple à la sédition[4], quoiqu'ils connussent très-bien l'un et l'autre que la tragédie ne seroit peut-être pas fort éloignée de la farce. Le seul et unique abbé de la Rivière étoit convaincu que l'émotion du peuple n'étoit qu'une fumée : il le soutenoit à la Reine, qui l'eût voulu croire, quand même elle eût été persuadée du contraire ; et je remarquai dans un même instant, et par la disposition de la Reine, qui étoit la personne du monde la plus hardie, et par celle de la Rivière, qui étoit le poltron le plus signalé de son siècle, que l'aveugle témérité et la peur outrée produisent les mêmes effets lorsque le péril n'est pas connu.

1. Retz écrit *chifler* et *chifla*. Les éditions de 1717 A et 1718 B, F substituent *filer* et *fila* à *siffler* et *siffla* ; celle de 1723 change *indolence* en *insolence*.

2. Mlle de Guerchi, l'une des filles d'honneur de la Reine. Sa beauté était alors célébrée par les poëtes. Elle fut plus tard séduite par le duc de Vitry, se fit avorter, et mourut des suites de cette opération. Voyez *la Misère au temps de la Fronde*, p. 513.

3. Retz le vieillit. Talon (tome V, p. 254) ne lui donne que soixante-treize ans ; Mme de Motteville, moins bien instruite, « soixante et tant d'années » (tome II, p. 153). La vieille femme qu'elle fait paraître dans son récit de l'arrestation de Broussel, et qui par ses cris ameute le peuple (p. 153 et 154), pouvait bien être la nourrice dont il est ici parlé.

4. Après *sédition*, Retz a biffé ces mots, qu'il a ensuite récrits un peu plus loin en modifiant la construction : *L'abbé de la Rivière seul et unique*.

Afin qu'il ne manquât aucun personnage au théâtre, le maréchal de la Meilleraie, qui jusque-là étoit demeuré très-ferme avec moi à représenter[1] la conséquence du tumulte, prit celui du capitan. Il changea tout d'un coup et de ton et de sentiment sur ce que le bonhomme Vennes[2], lieutenant-colonel des gardes, vint dire à la Reine que les bourgeois menaçoient de forcer les gardes. Comme il étoit tout pétri de bile et de contretemps, il se mit en colère jusques à l'emportement et même jusques à la fureur. Il s'écria qu'il falloit périr plutôt que de souffrir cette insolence, et il pressa que l'on lui permît de prendre les gardes, les officiers de la maison et tous les courtisans qui étoient dans les antichambres, en assurant qu'il terrasseroit toute la canaille. La Reine donna même avec ardeur dans son sens; mais ce sens ne fut appuyé de personne; et vous verrez par l'événement qu'il n'y en a jamais eu un de plus réprouvé. Le Chancelier entra dans le cabinet à ce moment. Il étoit si foible de son naturel qu'il n'y avoit jamais dit, jusques à cette occasion, aucune parole de vérité; mais en celle-ci la complaisance céda à la peur. Il parla, et il parla selon ce que lui dictoit ce qu'il avoit vu dans les rues. J'observai que le Cardinal parut fort touché de la liberté d'un homme en qui il n'en avoit jamais vu. Mais Senneterre, qui entra presque en même temps, effaça en moins d'un rien ces premières idées, en assurant que la chaleur du peuple commençoit à se ralentir, que l'on ne prenoit point les armes, et qu'avec un peu de patience tout iroit bien.

Il n'y a rien de si dangereux que la flatterie dans les

1. *Représenter* est suivi dans le manuscrit de ces mots, effacés : « la nécessité d'apaiser le peuple. »

2. Ce nom est écrit *Vannes*, dans les éditions de 1718 C, D, E, 1719-1843.

conjonctures où celui que l'on flatte peut avoir peur[1]. L'envie qu'il a de ne la pas prendre fait qu'il croit à tout ce qui l'empêche d'y remédier. Ces avis, qui arrivoient de moment à autre, faisoient perdre inutilement ceux dans lesquels on peut dire que le salut de l'État étoit enfermé. Le vieux Guitaut[2], homme de peu de sens, mais très-affectionné, s'en impatienta plus que les autres, et il dit, d'un ton de voix encore plus rauque[3] qu'à son ordinaire, qu'il ne comprenoit pas comme il étoit possible de s'endormir en l'état où étoient les choses. Il ajouta je ne sais quoi entre ses dents, que je n'entendis pas, mais qui apparemment piqua le Cardinal, qui d'ailleurs ne l'aimoit pas, et qui lui répondit : « Hé bien ! Monsieur de Guitaut, quel est votre avis ? — Mon avis est, Monsieur, lui repartit brusquement Guitaut[4], de rendre ce vieux coquin de Broussel mort ou vif. » Je pris la parole et je lui dis : « Le premier ne seroit ni de la piété

---

1. Doit avoir peur. (Ms H, Ch, 1717 A, 1718 B, F.) Dans le ms Ch, il y a *peut*, biffé, au-dessous de *doit*.

2. Voyez ci-dessus, p. 17, note 2. — « A la tête des gardes du corps de la Reine, dit M. Cousin dans les *Carnets de Mazarin*, était le comte François de Guitaut, qui s'était fait donner pour lieutenant son neveu le comte de Comminges. Le comte de Guitaut était assez vieux ; il avait fidèlement et courageusement servi la Reine dans la mauvaise fortune ; il se croyait donc autorisé par son dévouement ancien et éprouvé à exercer un certain ascendant sur elle, et il était jaloux de quiconque entrait un peu trop avant dans ses bonnes grâces. Il montrait pour la Reine une passion qui, à son âge, n'était pas fort dangereuse, et un tel rival ne troublait guère Mazarin ; mais la jalousie de Guitaut éclatait souvent en scènes très-désagréables ; elle pouvait même le mener plus loin. » (*Journal des savants*, année 1855, p. 86 et 87.)

3. Plus rogue. (Ms H, Ch, 1717 A, 1718 B, F.) — Plus enroué. (1718 C, D, E.)

4. Quel est votre avis ? — C'est, Monseigneur, lui repartit brusquement Guitaut. (Ms H, Ch, 1717 A, 1718 B, F.)

ni de la prudence de la Reine ; le second pourroit faire cesser le tumulte. » La Reine rougit à ce mot, et elle s'écria : « Je vous entends, Monsieur le Coadjuteur ; vous voudriez que je donnasse la liberté à Broussel : je l'étranglerois plutôt avec ces deux mains. » Et en achevant cette dernière syllabe, elle me les porta presque au visage, en ajoutant : « Et ceux qui.... » Le Cardinal, qui ne douta point qu'elle ne[1] m'allât dire tout ce que la rage peut inspirer, s'avança ; il lui parla à l'oreille. Elle se composa, et à un point que, si je ne l'eusse bien connue, elle m'eût paru bien radoucie[2].

Le lieutenant civil[3] entra à ce moment dans le cabinet, avec une pâleur mortelle sur[4] le visage, et je n'ai jamais vu à la comédie italienne de peur si naïvement et si ridiculement représentée que celle qu'il fit voir à la Reine en lui racontant des aventures de rien qui lui étoient arrivées depuis son logis jusques au Palais-Royal. Admirez, je vous supplie, la sympathie des âmes timides. Le cardinal Mazarin n'avoit jusque-là été que médiocrement touché de ce que M. de la Meilleraie et moi lui avions dit avec assez de vigueur, et la Rivière[5] n'en avoit pas été seulement ému. La frayeur du lieutenant civil se glissa, je crois, par contagion, dans leur imagination, dans leur esprit, dans leur cœur. Ils nous parurent tout à coup métamorphosés ; ils ne me traitèrent plus de ridicule ; ils avouèrent que l'affaire méritoit de la réflexion ;

1. Le *ne* a été ajouté par Retz au-dessus de la ligne.
2. A un point qu'elle me parut bien radoucie. (Ms H, Ch, 1717 A, 1718 B, F.)
3. Dreux d'Aubray, comte d'Offremont, lieutenant civil en la prévôté et vicomté de Paris.
4. Il y a plutôt *sus* que *sur* dans le manuscrit.
5. A *la Rivière*, qui est bien le texte du manuscrit original, les copies H, Ch, et toutes les anciennes éditions substituent : *la Reine*. On peut se demander si ce n'est pas là ce que Retz a voulu écrire.

ils consultèrent, et ils souffrirent que MM. de Longueville, le Chancelier, le maréchal de Villeroi et celui de la Meilleraie, et le Coadjuteur prouvassent, par bonnes raisons, qu'il falloit rendre Broussel devant que les peuples, qui menaçoient de prendre les armes, les eussent prises effectivement.

Nous éprouvâmes en ce rencontre qu'il est bien plus naturel à la peur de consulter que de décider. Le Cardinal, après une douzaine de galimatias qui se contredisoient les uns les autres[1], conclut à se donner encore du temps jusques au lendemain, et de[2] faire connoître, en attendant, au peuple que la Reine lui accordoit la liberté de Broussel, pourvu qu'il se séparât et qu'il ne continuât pas à la demander en foule. Le Cardinal ajouta que personne ne pouvoit plus agréablement ni plus efficacement que moi porter cette parole. Je vis le piége ; mais je ne m'en pus défendre, et d'autant moins que le maréchal de la Meilleraie, qui n'avoit point de vue, y donna même avec impétuosité, et m'y entraîna, pour ainsi parler, avec lui. Il dit à la Reine qu'il sortiroit avec moi dans les rues, et que nous y ferions des merveilles. « Je n'en doute point, lui répondis-je, pourvu

---

1. Racine (*Fragments et notes historiques*, tome V, p. 91) parle ainsi, d'après Siri, de la timidité de Mazarin : « Le cardinal de Sainte-Cécile, son frère (*Michel Mazarin, archevêque d'Aix*) étant en mauvaise humeur contre lui, disoit à tous les gens de la cour qui venoient lui recommander leurs intérêts que le moyen le plus sûr d'obtenir de son frère tout ce qu'on vouloit, c'étoit de faire du bruit, parce que son frère étoit un coyon[a]. Ces paroles, dit Siri, ne tombèrent pas à terre ; et bien des courtisans se résolurent dès lors de le prendre de hauteur avec le Cardinal, et commencèrent à le menacer pour obtenir de lui ce qu'ils vouloient. »

2. Tel est bien le texte du ms R : « conclut à.... et de.... » La plupart des anciennes éditions (1718 C, D, E, 1719-1828) changent *de* en *à*.

[a] *Perche suo fratello era un coglione.* (Siri, *il Mercurio*, tome XII, p. 925.)

qu'il plaise à la Reine de nous faire expédier en bonne forme la promesse de la liberté des prisonniers[1] ; car je n'ai pas assez de crédit parmi[2] le peuple pour m'en faire croire sans cela. » L'on me loua de ma modestie[3]. Le maréchal ne douta de rien : « La parole de la Reine valoit mieux que tous les écrits ! » En un mot, l'on se moqua de moi, et je me trouvai tout d'un coup[4] dans la cruelle nécessité de jouer le plus méchant personnage où peut-être jamais particulier se soit rencontré. Je voulus répliquer ; mais la Reine entra brusquement dans sa chambre grise ; Monsieur me poussa, mais tendrement, avec ses deux mains, en me disant : « Rendez le repos à l'État ; » le maréchal m'entraîna, et tous les gardes du corps me portoient[5] amoureusement sur leurs bras, en me criant : « Il n'y a que vous qui puissiez remédier au mal. » Je sortis ainsi avec mon rochet et mon camail, en donnant des bénédictions à droit[6] et à gauche[7], et vous croyez bien que cette occupation ne m'empêchoit pas de faire toutes les réflexions convenables à l'embarras dans lequel je me trouvois. Je pris toutefois, sans balancer, le parti d'aller purement à mon devoir[8],

---

1. Il y a dans le manuscrit, après *prisonniers*, une ligne biffée, illisible.

2. Avant *parmi*, on lit *dans*, biffé.

3. Les éditions les plus récentes (1837-1866) ont substitué *modération* à *modestie*. — A la ligne suivante la plupart des éditions anciennes (1718 C, D, E, 1719-1828) altèrent le sens en ajoutant *se* : « ne se douta de rien. »

4. *Tout d'un coup* est en interligne.

5. Le maréchal et tous les gardes du corps me portoient. (Ms H, Ch, 1717 A, 1718 B, F.)

6. *Droit* dans le ms R ; *droite* dans toutes les éditions antérieures à la nôtre.

7. Après *gauche*, il y a une ligne et demie effacée, illisible.

8. Retz avait écrit d'abord, pour le biffer ensuite : « le parti très-résolu de sacrifier tout à mon devoir. »

de prêcher l'obéissance et de faire mes efforts pour apaiser le tumulte. La seule mesure que je me résolus de garder fut celle de ne rien promettre en mon nom au peuple, et de lui dire simplement que la Reine m'avoit assuré qu'elle rendroit Broussel, pourvu que l'on fît cesser l'émotion.

L'impétuosité du maréchal de la Meilleraie ne me laissa pas lieu de mesurer mes expressions ; car au lieu de venir avec moi comme il m'avoit dit, il se mit à la tête des chevau-légers[1] de la garde, et il s'avança, l'épée à la main, en criant de toute sa force : « Vive le Roi ! Liberté à Broussel ! » Comme il étoit vu de beaucoup plus de gens qu'il n'y en avoit qui l'entendissent, il échauffa beaucoup plus de monde par son épée qu'il n'en apaisa par sa voix. L'on cria aux armes. Un crocheteur mit un sabre à la main vis-à-vis des Quinze-Vingts[2] : le maréchal le tua d'un coup de pistolet[3]. Les cris redoublèrent ; l'on courut de tous côtés aux armes ; une foule de peuple, qui m'avoit suivi depuis le Palais-Royal[4], me porta plutôt qu'elle ne me poussa jusques à la Croix-du-Tiroir[5], et j'y trouvai le maréchal de la Meilleraie

---

1. Dans le manuscrit, *chevaux légers*. — Dubois, dans sa relation, parle bien d'une seconde sortie du maréchal, mais il n'y fait pas mention du Coadjuteur. Le récit de Retz est confirmé par Mme de Motteville (tome II, p. 157 et 158).

2. L'hospice des Quinze-Vingts était situé rue Neuve-Saint-Honoré (voyez le *Plan de Paris* de Gomboust, feuille VIII), sur un terrain voisin du cloître Saint-Honoré. Il avait été fondé par saint Louis pour trois cents aveugles. En 1779, le cardinal de Rohan, alors grand aumônier, le fit transporter rue de Charenton.

3. Joly (tome I, p. 19) parle de ce crocheteur tué par le maréchal de la Meilleraye, dans la rue Saint-Honoré, du côté de Saint-Germain l'Auxerrois, et il ajoute que le Coadjuteur « le confessa dans le ruisseau, ce qui ne contribua pas peu à émouvoir le peuple et à se le concilier ; je lui ai ouï dire qu'il l'avoit fait exprès. »

4. « Dans le Palais-Royal. » (1837-1866.)

5. Retz écrit *Tirouer*. — La Croix-du-Tiroir ou du Trahoir

aux mains avec une grosse troupe de bourgeois, qui
avoient pris les armes dans la rue de l'Arbre-Sec. Je me
jetai dans la foule pour essayer de les séparer, et je crus
que les uns et les autres porteroient au moins quelque
respect à mon habit et à ma dignité. Je ne me trompai
pas absolument; car le maréchal, qui étoit fort embarrassé, prit avec joie ce prétexte pour commander aux
chevau-légers de ne plus tirer; et les bourgeois s'arrêtèrent, et se contentèrent de faire ferme dans le carrefour;
mais il y en eut vingt ou trente qui sortirent avec des
hallebardes et des mousquetons de la rue des Prou-
velles[1], qui ne furent pas si modérés, et qui ne me
voyant pas ou ne me voulant[2] pas voir, firent une charge
fort brusque aux[3] chevau-légers, cassèrent d'un coup de
pistolet le bras à Fontrailles[4], qui étoit auprès du maréchal l'épée à la main, blessèrent un de mes pages, qui
portoit le derrière de ma soutane, et me donnèrent à
moi-même un coup de pierre au-dessous de l'oreille,
qui me porta par terre[5]. Je ne fus pas plus tôt relevé,
qu'un garçon d'apothicaire[6] m'appuya le mousqueton

était à l'angle des rues Saint-Honoré et de l'Arbre-Sec. C'était un
lieu d'exécution; l'instrument des supplices était à l'endroit même
où est aujourd'hui la fontaine due à Soufflot.

1. Voyez tome I, p. 165, note 1.

2. Retz fait accorder les deux participes : *voyants, voulants*.

3. *Sur les*, au lieu d'*aux*, dans les ms H, Ch, et dans toutes les
anciennes éditions, qui, pour la plupart (1718 C, D, E, 1719-1828),
changent en outre, à la ligne précédente, *charge* en *décharge*.

4. C'est le marquis de Fontrailles (Retz écrit *Fonterailles*) que
nous avons déjà vu au tome I, p. 222 (note 2). Nous le retrouverons encore dans le souper de Gersay, au jardin de Renard, parmi
les gentilshommes qui accompagnaient Beaufort.

5. Dans Joly (p. 19), le coup de pierre frappe le Coadjuteur
aux côtes, pendant qu'il confesse le crocheteur.

6. Les copies H, Ch, et toutes les anciennes éditions donnent
un bourgeois, au lieu d'*un garçon d'apothicaire*.

dans la tête. Quoique je ne le connusse point du tout, je crus qu'il étoit bon de ne le lui pas témoigner dans ce moment, et je lui dis au contraire : « Ah ! malheureux ! si ton père te voyoit.... » Il s'imagina que j'étois le meilleur ami de son père [1], que je n'avois pourtant jamais vu. Je crois que cette pensée lui donna celle de me regarder plus attentivement. Mon habit lui frappa les yeux : il me demanda si j'étois Monsieur le Coadjuteur ; et aussitôt que je le lui eus dit, il cria : « Vive le Coadjuteur [2] ! » Tout le monde fit le même cri ; l'on courut à moi ; et le maréchal de la Meilleraie se retira avec plus de liberté au Palais-Royal, parce que j'affectai, pour lui en donner le temps, de marcher du côté des halles.

Tout le monde me suivit, et j'en eus besoin, car je trouvai cette fourmilière de fripiers [3] toute en armes. Je les flattai, je les caressai, je les injuriai [4], je les menaçai : enfin je les persuadai. Ils quittèrent les armes, ce qui fut le salut de Paris, parce que, si ils les eussent eues [5] encore à la main à l'entrée de la nuit, qui s'approchoit, la ville eût été infailliblement pillée [6].

Je n'ai guère eu en ma vie de satisfaction plus sensible que celle-là ; et elle fut si grande, que je ne fis

---

1. Après *père*, il y a, dans le ms R, *Je crois*, biffé ici et récrit à la ligne suivante.

2. Cette fin de phrase : « et aussitôt, etc., » est omise dans les ms H, Ch, et dans presque toutes les éditions anciennes (1717, 1718 C, D, E, 1719-1828).

3. *Fripiers* est devenu *fripons* dans les éditions de 1718 C, D, E.

4. Je les caressai, je les conjurai. (Ms H, Ch, 1717, 1717 A, 1718 B, F, 1719-1777, 1825.) — Les éditions de 1817 et de 1828 omettent *injuriai* ; celles de 1837 et de 1843 donnent seulement : « je les caressai : enfin je les persuadai. »

5. *Eu*, sans accord, dans le manuscrit.

6. Nulle part, pas même dans Joly, il n'y a trace des faits rapportés par Retz dans cette partie de son récit.

pas seulement de réflexion sur l'effet que le service que je venois de rendre devoit produire au Palais-Royal. Je dis *devoit;* car vous allez voir qu'il y en produisit un tout contraire. J'y allai avec trente ou quarante mille hommes qui me suivoient, mais sans armes, et je trouvai à la barrière le maréchal de la Meilleraie, qui, transporté de la manière dont j'en avois usé à son égard, m'embrassa presque[1] jusques à m'étouffer; et il me dit ces propres paroles : « Je suis un fou, je suis un brutal, j'ai failli à perdre l'État[2], et vous l'avez sauvé. Venez, parlons à la Reine en François véritables et en[3] gens de bien; et prenons des dates pour faire pendre à notre témoignage, à la majorité du Roi, ces pestes de l'État, ces flatteurs infâmes, qui font croire à la Reine que cette affaire n'est rien. » Il fit une apostrophe aux officiers des gardes, en achevant cette dernière parole, la plus touchante, la plus pathétique et la plus éloquente qui soit peut-être jamais sortie de la bouche d'un homme de guerre, et il me porta plutôt qu'il ne me mena chez la Reine. Il lui dit en entrant et en me montrant de la main : « Voilà celui, Madame, à qui je dois la vie, mais à qui Votre Majesté doit le salut de sa garde et peut-être celui du Palais-Royal[4]. » La Reine se mit à sourire, mais d'une sorte de souris ambigu. J'y pris garde, mais je n'en fis pas semblant; et pour empêcher M. le maréchal de la Meilleraie de continuer mon éloge, je pris la parole : « Non, Madame, il ne s'agit pas de moi, mais de Paris soumis et désarmé, qui se vient jeter aux pieds de Votre Majesté. — Il est bien coupable

1. *Presque* est écrit au-dessus d'un premier *à*, effacé.
2. Après *l'État*, Retz a effacé les mots : *Venez dire la vérité.*
3. *En* est écrit en interligne.
4. Doit le salut de l'État et peut-être celui du Palais-Royal. (Ms H, Ch, 1717 A, 1718 B, F.)

et peu soumis, repartit la Reine avec un visage plein de feu ; si il a été aussi furieux que l'on me l'a voulu faire croire, comment se seroit-il pu adoucir en si peu de temps ? » Le maréchal, qui remarqua aussi bien que moi le ton de la Reine, se mit en colère, et il lui dit en jurant : « Madame, un homme de bien ne vous peut flatter en l'extrémité où sont les choses. Si vous ne mettez aujourd'hui Broussel en liberté, il n'y aura pas demain pierre sur pierre à Paris. » Je voulus ouvrir la bouche[1], pour appuyer ce que disoit le maréchal ; la Reine me la ferma, en me disant d'un air de moquerie : « Allez vous reposer, Monsieur ; vous avez bien travaillé[2]. »

1. Les ms H, Ch, et toutes les anciennes éditions ont mis : « Je voulus prendre la parole, » tournure qui ne s'accorde guère avec la suite : « la Reine me la ferma. »

2. Mme de Motteville (tome II, p. 158) ne dit point que la Reine ferma tout d'abord la bouche au Coadjuteur, mais qu'elle se moqua de sa harangue et qu'il « s'en retourna sans réponse. » — Un pamphlet publié l'année suivante (le 23 mars 1649, à la veille de la paix de Saint-Germain), un des meilleurs, au jugement de Guy Patin et de Naudé, qui ait paru dans la première Fronde, confirme en ces termes ce que rapportent nos *Mémoires* des mépris de la cour et de leurs graves conséquences : « Nous avons vu, hélas ! à la confusion d'un royaume très-chrétien, qu'un généreux prélat, voulant faire le dû de sa charge, et se présentant pour apaiser une effroyable sédition, est impudemment qualifié du nom de tribun par des bouffons de cour, et est contraint de s'en retourner sans effet, après de très-prudentes, très-saintes et très-charitables supplications ; et qui sait si toute cette fâcheuse suite n'a point été la vengeance de ce mépris ? N'aigrissons point cet ulcère en le remaniant.... » (*Manuel du bon citoyen ou Bouclier de défense légitime contre les assauts de l'ennemi;* voyez le *Choix de Mazarinades* de M. Moreau, tome I, p. 448.) Joly (tome I, p. 20 et 21) s'exprime plus nettement encore : « Ce prélat, dit-il,... parla à la Reine assez fortement du péril qu'il y avoit de pousser les choses plus loin ; mais la Reine lui ayant répondu assez aigrement, et les partisans du Cardinal s'étant moqués de lui, on a cru que ce qui se passa en cette rencontre fut la prin-

SECONDE PARTIE. [Août 1648]

Je sortis ainsi du Palais-Royal; et quoique je fusse ce que l'on appelle enragé, je ne dis pas un mot, de là jusques à mon logis, qui pût aigrir le peuple. J'en trouvai une foule innombrable qui m'attendoit, et qui me força de monter sur l'impériale de mon carrosse, pour lui rendre compte de ce que j'avois fait au Palais-Royal. Je lui dis que j'avois témoigné à la Reine l'obéissance que l'on avoit rendue à sa volonté, en posant les armes dans les lieux où l'on les avoit prises et en ne les prenant pas dans ceux où l'on étoit sur le point de les prendre; que la Reine m'avoit fait paroître de la satisfaction de cette soumission, et qu'elle m'avoit dit que c'étoit l'unique voie par laquelle l'on pouvoit obtenir d'elle la liberté des prisonniers. J'ajoutai tout ce que je crus pouvoir adoucir cette commune[1]; et je n'y eus pas beaucoup de peine, parce que l'heure du souper approchoit. Cette circonstance vous paroîtra ridicule, mais elle est fondée; et j'ai observé qu'à Paris, dans les émotions populaires, les plus échauffés ne veulent pas ce qu'ils appellent se désheurer[2].

Je me fis saigner en arrivant chez moi, car la contusion que j'avois au-dessous de l'oreille étoit fort augmen-

---

cipale cause de l'engagement où il a toujours été depuis contre la cour. » — C'est le lieu de rappeler ce trait du caractère de Retz que nous avons déjà signalé, d'après Saint-Évremond, dans notre tome I (p. 218, note 1) : quand il se croyait blessé par plus haut que lui, rien ne pouvait modérer ses ressentiments.

1. *Commune*, comme le définit l'Académie, dans la première édition de son *Dictionnaire* (1694), signifiait « la populace, le commun peuple d'une ville ou d'un bourg. » Au lieu de *commune*, le ms H et les éditions de 1717 A, 1718 B, F donnent *cohue*, leçon qui, dans la copie Ch, est écrite au-dessus de *commune*, effacé.

2. Et j'ai observé que Paris, dans les émotions populaires les plus échauffées, ne veut (*ou* vouloit) pas ce qu'il appelle se désheurer. (Ms H, Ch, 1717 A, 1718 B, F.)

tée; mais vous croyez bien que ce n'étoit pas là mon plus grand mal. J'avois fort hasardé mon crédit dans le peuple, en lui donnant des espérances de la liberté de Broussel, quoique j'eusse observé fort soigneusement de ne lui en pas donner ma parole. Mais avois-je lieu d'espérer moi-même qu'un peuple pût distinguer[1] entre les paroles et les espérances? D'ailleurs, avois-je lieu de croire, après ce que j'avois connu de[2] passé, après ce que je venois de voir du présent, que la cour fît seulement réflexion à ce qu'elle nous[3] avoit fait dire, à M. de la Meilleraie et à moi? ou plutôt, n'avois-je pas tout sujet d'être persuadé qu'elle ne manqueroit pas cette occasion de me perdre absolument dans le public, en lui laissant croire que je m'étois entendu avec elle pour l'amuser et pour le jouer? Ces vues, que j'eus dans toute leur étendue, m'affligèrent; mais elles ne me tentèrent point. Je ne me repentis pas un moment de ce que j'avois fait, parce que je fus persuadé et que le devoir et la bonne conduite[4] m'y avoient obligé. Je m'enveloppai pour ainsi dire dans mon devoir; j'eus honte d'avoir fait réflexion sur l'événement, et Montrésor étant entré là-dessus, et m'ayant dit que je me trompois si je croyois avoir beaucoup gagné à mon expédition, je lui répondis ces propres paroles : « J'y ai beaucoup gagné, en ce qu'au moins je me suis épargné une apologie[5] en explication de bienfaits, qui est toujours insupportable[6] à

1. Le mot *distinguer* est effacé, puis récrit à la suite de la rature.
2. Il y a bien *de*, dans le manuscrit original. Les ms H, Ch, et toutes les éditions y substituent, non sans raison peut-être, *du*.
3. *Nous* est en interligne.
4. Ici encore notre texte est bien celui du manuscrit.
5. *Apologie* est écrit au-dessus de *justifica[tion]*, biffé.
6. Qui est toujours une chose insupportable. (Ms H, et anciennes éditions.) — Dans le ms Ch, « une chose » a été ajouté au-dessus de la ligne.

un homme de bien. Si je fusse demeuré chez moi, dans une conjoncture comme celle-ci, la Reine, dont enfin je tiens ma dignité, auroit-elle sujet d'être contente de moi? — Elle ne l'est nullement, reprit Montrésor; et Mme de Navailles et Mme de Motteville[1] viennent de dire au prince de Guémené[2] que l'on étoit persuadé au Palais-Royal qu'il n'avoit pas tenu à vous d'émouvoir le peuple. »

J'avoue que je n'ajoutai aucune foi à ce discours de Montrésor ; car quoique j'eusse vu dans le cabinet de la Reine que l'on s'y moquoit de moi, je m'étois imaginé que cette malignité n'alloit qu'à diminuer le mérite du service[3] que j'avois rendu, et je ne me pouvois

---

1. Suzanne de Baudean, fille ainée du comte de Neuillant, gouverneur de Niort, l'une des filles d'honneur de la Reine. Née vers 1626, elle devint Mme de Navailles en 1651, par son mariage avec Philippe de Montault de Benac, comte de Navailles, capitaine des chevau-légers de Mazarin. Ils étaient tous deux très-dévoués à ce cardinal, qui fit leur fortune politique. Voyez le *Dictionnaire de M. Jal*, p. 908. On trouvera de longs et curieux détails sur ces deux époux dans les *Mémoires de Saint-Simon*, tome II, p. 371-373. — Les ms H, Ch, et les anciennes éditions changent *Navailles* (dans le manuscrit *Nauailles*) en *Noailles*. — Françoise Bertaut, fille de Pierre Bertaut (neveu de Jean Bertaut, évêque de Séez) et de Louise Bessin de Mathonville, qui appartenait à la maison espagnole de Saldagne, et fut employée par Anne d'Autriche pour correspondre avec Philippe IV d'Espagne. Il s'ensuivit que Françoise Bertaut, née en 1613 (?), entra très-jeune dans la maison de la Reine; elle y resta jusqu'à l'année 1631, où la mère et la fille furent disgraciées et éloignées par ordre de Richelieu. Huit ans après, la fille épousa Nicolas Langlois, seigneur de Motteville, premier président à la chambre des comptes de Rouen, et fort âgé. Devenue veuve en 1641, elle fut rappelée en 1643 par Anne d'Autriche, auprès de laquelle elle vécut dès lors dans l'intimité, sans exercer cependant aucune charge de cour. — Dans les ms H, Ch, et dans les éditions de 1717 A, 1718 B, F, *Motteville* devient *Moreuil*.

2. Voyez tome I, p. 104, note 6. Ce prince mourut en 1667, âgé de soixante-huit ans.

3. Les ms H, Ch, et toutes les anciennes éditions ont une le-

figurer que l'on fût capable de me le tourner à crime. Montrésor persistant à me tourmenter, et me disant que mon ami Jean-Louis de Fiesque n'auroit pas été de mon sentiment, je lui répondis que j'avois toute ma vie estimé les hommes plus par ce qu'ils ne faisoient pas en de certaines occasions que par tout ce qu'ils y eussent pu faire.

J'étois sur le point de m'endormir tranquillement dans ces pensées, lorsque Laigue[1] arriva, qui venoit du souper de la Reine, et qui me dit que l'on m'y avoit tourné publiquement en ridicule, que l'on m'y avoit traité d'homme qui n'avoit rien oublié pour soulever le peuple sous prétexte de l'apaiser, que l'on avoit sifflé[2] dans les rues, qui avoit fait semblant d'être blessé quoiqu'il ne le fût point, enfin qui avoit été exposé deux heures entières à la raillerie fine de Bautru, à la bouffonnerie de Nogent, à l'enjouement de la Rivière, à la fausse compassion du Cardinal et aux éclats de rire de la Reine. Vous ne doutez pas que je ne fusse un peu ému ; mais dans la vérité je ne le fus pas au point que vous le devez croire. Je me sentis plutôt de la tentation légère[3] que de l'emportement[4] : tout me vint dans l'esprit, mais rien n'y demeura, et je sacrifiai, presque sans

çon d'un sens tout contraire : « je m'étois imaginé que cette malignité n'alloit pas à diminuer le mérite du service. »

1. Mme de Motteville (tome II, p. 158) rapporte que Laigues, ami du Coadjuteur, était resté au Palais-Royal après le départ de celui-ci, et le montre augurant fort mal de la fin de l'échauffourée. — Retz écrit *Laigue* et *Laigues*, le plus souvent *Laigue*.

2. Ici encore Retz a écrit *chiflé* : voyez ci-dessus, p. 20, note 1.

3. *Légère* est en interligne dans le manuscrit.

4. Si nous en croyons le P. Rapin (*Mémoires*, tome I, p. 204), les moqueries ne laissèrent pas Retz aussi calme qu'il nous le dit. Il affirme, avec vraisemblance, qu'elles l'irritèrent, « car rien, ajoute-t-il, n'irrite davantage un esprit ambitieux que la raillerie jointe au mépris, » etc.

balancer[1], à mon devoir les idées les plus douces et les plus brillantes que les conjurations passées présentèrent à mon esprit en foule, aussitôt que le mauvais traitement que je voyois connu et public me donna lieu de croire[2] que je pourrois entrer avec honneur dans les nouvelles.

Je rejetai, par le principe de l'obligation que j'avois à la Reine, toutes ces pensées, quoique à vous dire le vrai, je m'y fusse nourri dès mon enfance; et Laigue et Montrésor n'eussent certainement rien gagné sur mon esprit, ni par leurs exhortations ni par leurs reproches, si Argenteuil[3], qui depuis la mort de Monsieur le Comte, dont il avoit été premier gentilhomme de la chambre[4], s'étoit fort attaché à moi, ne fût arrivé. Il entra dans ma chambre avec un visage fort effaré, et il me dit : « Vous êtes perdu; le maréchal de la Meilleraie m'a chargé de vous dire que le diable possède le Palais-Royal; qu'il leur a mis dans l'esprit que vous avez fait tout ce que vous avez pu pour exciter la sédition; que lui, maréchal de la Meilleraie, n'a rien oublié pour[5] témoigner à la Reine et au Cardinal la vérité ; mais que l'un et l'autre se sont moqués de lui; qu'il ne les peut excuser dans cette injustice, mais qu'aussi il ne les peut assez admirer du mépris qu'ils ont toujours eu pour le tumulte ; qu'ils en ont vu la suite comme des prophètes; qu'ils ont toujours dit que la nuit feroit évanouir cette fumée; que lui maréchal ne l'avoit pas cru, mais qu'il en étoit pour le présent très-convaincu, parce qu'il s'étoit

---

1. L'auteur a effacé après *sacrifiai*, pour les récrire à la suite de *presque*, les mots : *sans balancer*.
2. Me laissa croire. (Ms H, Ch, 1717 A, 1718 B, F.) — Dans le ms Ch, *donna lieu de* a été biffé et remplacé par *laissa*.
3. Le Bascle, seigneur d'Argenteuil.
4. C'est ici que Retz avait d'abord mis les mots : *ne fût arrivé*, qu'il a ensuite biffés pour les récrire plus loin.
5. Devant *témoigner*, il y a *vous*, effacé.

promené dans les rues, où il n'avoit pas seulement trouvé un homme ; que ces feux ne se rallumoient plus quand ils s'étoient éteints aussi subitement que celui-là ; qu'il me conjuroit de penser à ma sûreté ; que l'autorité du Roi paroîtroit dès le lendemain avec tout l'éclat imaginable ; qu'il voyoit la cour très-disposée à ne pas perdre le moment fatal ; que je serois le premier sur qui l'on voudroit faire un grand exemple ; que l'on avoit même déjà parlé de m'envoyer à Quimper-Corentin ; que Broussel seroit mené au Havre-de-Grâce, et que l'on avoit résolu d'envoyer, à la pointe du jour, le Chancelier au Palais, pour interdire le Parlement et pour lui commander de se retirer à Montargis[1]. » Argenteuil finit son discours par ces paroles : « Voilà ce que le maréchal de la Meilleraie vous mande. Celui de Villeroi n'en dit pas tant, car il n'ose[2] ; mais il m'a serré la main, en passant, d'une manière qui me fait juger qu'il en sait encore peut-être davantage ; et moi je vous dis, ajouta Argenteuil, qu'ils ont tous deux raison, car il n'y a pas une âme dans les rues : tout est calme, et l'on pendra[3] demain qui l'on voudra. »

1. Ce discours concorde assez bien, pour le fond, avec ce passage de Mme de Motteville (tome II, p. 159) : « La nuit, qui survient là-dessus, les sépara tous (*les gens du peuple*), et confirma la Reine dans la créance que l'aventure du jour n'étoit nullement à craindre. Elle tourna la chose en raillerie, et me demanda, au sortir du conseil, comme elle vint se déshabiller, si je n'avois pas eu grand'peur. Cette princesse me faisoit une continuelle guerre de ma poltronnerie. » — Quant à l'intention d'interdire le Parlement, Mme de Motteville dit en note (p. 160) : « On a cru aussi qu'il (*le chancelier Seguier*) alloit interdire le Parlement, mais je n'ai rien su de certain. Il ne me parut alors aucune marque de ce dessein, et je ne l'ai entendu dire que longtemps après. »

2. Toujours *ause*, dans le manuscrit ; mais plus loin, p. 40, lignes 8 et 9, nous trouvons au participe l'orthographe *osant*.

3. *Prendra*, au lieu de *pendra*, et, à la ligne suivante, *est*, pour *étoit*, dans les ms H, Ch, et dans toutes les anciennes éditions. La

Montrésor, qui étoit de ces gens qui veulent toujours avoir tout deviné, s'écria qu'il n'en doutoit point et qu'il l'avoit bien prédit. Laigue se mit sur les lamentations de ma conduite, qui faisoit pitié à mes amis, quoiqu'elle les perdît. Je leur répondis que si il leur plaisoit de me laisser en repos un petit quart d'heure, je leur ferois voir que nous n'en étions pas réduits à la pitié, et il étoit vrai.

Comme ils m'eurent laissé tout seul pour le quart d'heure que je leur avois demandé, je ne fis pas seulement réflexion sur ce que je pouvois, parce que j'en étois très-assuré : je pensai seulement à ce que je devois, et je fus embarrassé. Comme la manière dont j'étois poussé et celle dont le public étoit menacé eurent dissipé mon scrupule, et que je crus pouvoir entreprendre avec honneur[1] et sans être blâmé, je m'abandonnai à toutes mes pensées[2]. Je rappelai tout ce que mon imagination m'avoit jamais fourni de plus éclatant et de plus[3] proportionné aux vastes desseins ; je permis à mes sens de se laisser chatouiller par le titre de chef de parti, que j'avois toujours honoré dans les *Vies* de Plutarque[4] ; mais ce qui acheva d'étouffer tous mes scrupules fut l'avantage que je m'imaginai à me distinguer

seconde de ces leçons n'est possible que si Montrésor vivait encore quand Retz écrivait cette partie des *Mémoires*. Or, il est mort en 1663.

1. Voici quel est pour ce passage la leçon des ms H et Ch : « et que j'eus ***** pouvoir avec (ms H : *et avec*) honneur. » La lacune montre que le texte sur lequel les deux copies ont été faites était ici peu lisible.

2. Le monologue qui suit fait le pendant de celui de la retraite de Retz à Saint-Lazare : voyez tome I, p. 216 et 217, et la note 5 de la page 217.

3. Les mots *éclatant et de plus* sont ajoutés en marge.

4. Dans les livres de Plutarque. (Ms H, Ch, 1717 A, 1718 B, F.) Dans le ms Ch, il y a *Vies*, biffé, au-dessous de *livres*. — Retz écrit *Plutarche*.

de ceux de ma profession par un état de vie qui les confond toutes. Le dérèglement de mœurs, très-peu convenable à la mienne, me faisoit peur ; j'appréhendois le ridicule de Monsieur de Sens[1]. Je me soutenois par la Sorbonne, par des sermons[2], par la faveur des peuples ; mais enfin cet appui n'a qu'un temps, et ce temps même n'est pas fort long, par mille accidents qui peuvent arriver dans le désordre. Les affaires brouillent les espèces, elles honorent même ce qu'elles ne justifient pas[3] ; et les vices d'un archevêque peuvent être, dans une infinité de rencontres, les vertus d'un chef de parti. J'avois eu mille fois cette vue ; mais elle avoit toujours cédé à ce que je croyois devoir à la Reine. Le souper du Palais-Royal et la résolution de me perdre avec[4] le public l'ayant purifiée, je la pris avec joie, et j'abandonnai mon destin à tous les mouvements de la gloire.

Minuit sonnant, je fis rentrer dans ma chambre Laigue et Montrésor, et je leur dis : « Vous savez que je crains les apologies ; mais vous allez voir que je ne

1. Louis-Henri de Gondrin de Pardaillan, archevêque de Sens en 1646. Sa jeunesse avait été fort licencieuse : aussi, quand plus tard il se montra austère et inexorable pour les mœurs dans son diocèse, Mme Cornuel, d'après le *Menagiana* (tome I, p. 202, édition de 1715), disait de lui qu' « il faisoit pleurer ses péchés aux autres. » Il était oncle de Mme de Montespan, et témoigna à son égard une inflexibilité farouche quand elle devint la favorite de Louis XIV. Voyez les *Mémoires de Rapin*, tome I, p. 48, p. 531, et *passim*, le *Port-Royal* de M. Sainte-Beuve, tome IV, p. 365 et p. 393, et surtout *Madame de Montespan*, par M. Pierre Clément, p. 14 et 15.

2. Nous avons vu, dans l'*Appendice* du tome I, que les panégyristes de Retz s'accordent à exalter ses sermons.

3. Après *ne justifient pas*, on déchiffre sous les ratures ces mots, récrits deux lignes plus loin : « J'avois eu mille fois cette vue. »

4. Le ms H porte *dans*, au lieu d'*avec*, et, à la ligne suivante, il donne, ainsi que le ms Ch et quelques anciennes éditions : *m'ayant purifié*, pour *l'ayant purifié*.

crains pas les manifestes. Toute la cour me sera témoin de la manière dont l'on m'a traité depuis plus d'un an au Palais-Royal; c'est au public à défendre mon honneur; mais l'on veut perdre le public[1], et c'est à moi de le défendre de l'oppression. Nous ne sommes pas si mal que vous vous le persuadez, Messieurs, et je serai, demain devant midi, maître de Paris. » Mes deux amis crurent que j'avois perdu l'esprit, et eux qui m'avoient, je crois, cinquante fois en leur vie, persécuté pour entreprendre, me firent à cet instant des leçons de modération. Je ne les écoutai pas, et j'envoyai querir à l'heure même Miron[2], maître des comptes, colonel du quartier de Saint-Germain de l'Auxerrois[3], homme de bien et de cœur, et qui

1. Retz avait mis d'abord : « mais on le veut perdre. » Les mots : *le public* sont ajoutés au-dessus de la ligne.
2. Miron, sieur du Tremblay, maître des comptes; il fut tué au sac de l'Hôtel de Ville, le 4 juillet 1652. Il avait pour lieutenant-colonel son frère, François Miron.
3. Les *Registres de l'Hôtel de Ville*, tome III, p. 456, donnent les noms des seize colonels de Paris, du 16 août 1648 au 16 août 1649; voici ceux qui étaient déjà en fonction lors des barricades du 26 août 1648 : de Thélis, conseiller au Parlement, colonel du faubourg Saint-Marcel (neuf compagnies); Desroches, chantre de Notre-Dame, colonel de la Cité (neuf compagnies); Barthélemy ou Berthélemy, colonel du quartier Saint-Jacques (sept compagnies); d'Étampes-Valençay, conseiller d'État, colonel du faubourg Saint-Germain (six compagnies; sa section comprenait la porte de la Conférence; nous l'avons déjà rencontré comme un des *complices* de Retz dans le complot des prisonniers de la Bastille contre Richelieu : voyez tome I, p. 164, note 2); Miron, dont il est ici question (quatre compagnies[a]); de Lamoignon, maître des requêtes (sept compagnies); Thibeuf, sieur de Bouville, conseiller au Parlement (sept compagnies); Scarron, sieur de Vaure ou de Vasvres (six compagnies). Les autres colonels nommés dans les registres, et dont plusieurs appartenaient encore aux différentes cours souveraines, ne prirent le commandement qu'après le 1er janvier 1649.

[a] Les *Registres de l'Hôtel de Ville* n'indiquent pas son quartier, non plus que celui des trois suivants.

avoit beaucoup de crédit parmi le peuple. Je lui exposai l'état des choses; il entra dans mes sentiments : il me promit d'exécuter tout ce que je desirois. Nous convînmes de ce qu'il y avoit à faire, et il sortit de chez moi en résolution de faire battre le tambour et de faire prendre les armes au premier ordre qu'il recevroit de moi[1].

Il trouva, en descendant mon degré, un frère de son cuisinier, qui, ayant été condamné à être pendu et n'osant marcher le jour[2] par la ville, y rôdoit assez souvent la nuit. Cet homme venoit de rencontrer, par hasard, auprès du logis de Miron, deux espèces d'officiers qui parloient ensemble et qui nommoient souvent le maître de son frère. Il les écouta, s'étant caché derrière une porte, et il ouït que ces gens-là (nous sûmes depuis que c'étoit Vennes[3], lieutenant-colonel des gardes, et Rubentel, lieutenant au même régiment) discouroient de la manière dont il faudroit entrer chez Miron pour le surprendre, et des postes où il seroit bon de mettre les gardes, les Suisses, les gens-d'armes[4], les chevau-légers, pour s'assurer de tout ce qui étoit depuis le Pont-Neuf jusques au Palais-Royal. Cet avis, joint à celui que nous avions par le maréchal de la Meilleraie, nous obligea à prévenir le mal, mais d'une façon toutefois qui ne parût

---

1. Joly (tome I, p. 20) confirme ce qui est dit ici du rôle de Miron; il ajoute qu'on envoya chez Martineau, conseiller des requêtes, capitaine de la rue Saint-Jacques : « Il étoit ivre. Sa femme, sœur du président de Pommereuil, dont le Coadjuteur étoit amoureux, se leva, fit battre le tambour, et commença les barricades dans ce quartier, comme Miron dans le sien. »

2. *De jour*, dans les ms H, Ch, et dans toutes les anciennes éditions.

3. La relation de Dubois nous parle de Vennes (déjà nommé ci-dessus, p. 21) comme ayant, dans la journée du 27 août, empêché avec sa compagnie « les bourgeois de faire une barricade devant l'église des Quinze-Vingts, à l'endroit où la rue Richelieu aboutit en celle de Saint-Honoré. »

4. Retz écrit *gensdarmes*, en un seul mot, sans apostrophe.

pas offensive, n'y ayant rien de si grande conséquence dans les peuples que de leur faire paroître, même quand l'on attaque, que l'on ne songe qu'à se défendre. Nous exécutâmes notre projet en ne postant que des manteaux noirs sans armes, c'est-à-dire des bourgeois considérables[1], dans les lieux où nous avions appris que l'on se disposoit de mettre des gens de guerre, parce que ainsi l'on se pouvoit assurer que l'on ne prendroit les armes que quand on l'ordonneroit. Miron s'acquitta si sagement et si heureusement de cette commission, qu'il y eut plus de quatre cents gros bourgeois assemblés par pelotons, avec aussi peu de bruit et aussi peu d'émotion qu'il y en eût pu avoir si les novices des chartreux y fussent venus pour y faire leur méditation.

Je donnai ordre à l'Espinai, dont je vous ai déjà parlé à propos des affaires de feu Monsieur le Comte[2], de se tenir prêt pour se saisir, au premier ordre, de la barrière des Sergents[3], qui est vis-à-vis de Saint-Honoré, et pour y faire une barricade contre les gardes qui étoient au Palais-Royal. Et comme Miron nous dit que le frère de son cuisinier avoit ouï nommer plusieurs fois la porte de

---

1. Ou, comme il dit quelques lignes plus loin, de « gros bourgeois. » Les gens du peuple et les petits bourgeois portaient alors des manteaux gris.
2. C'est-à-dire du complot des prisonniers de la Bastille : voyez tome I, p. 164, note 6.
3. Le *Plan* de Gomboust (1652) n'indique pas de barrière sous ce nom : c'est probablement celle qu'il appelle barrière de la rue Saint-Honoré, entre les rues du Coq et Croix-des-Petits-Champs (v[e] feuille). D'après la *Topographie historique du vieux Paris*, de M. Berty, tome I, p. 56, la barrière des Sergents était une « espèce de corps de garde établi en vertu d'arrêt du Parlement rendu le 12 décembre 1551, et qui, suivant le *Journal de Barbier* (tome II, p. 468), fut détruit lors de l'entrée du Roi, le 7 septembre 1745 ; mais on le rebâtit ensuite. » Il était en face de la maison des « Trois Rois, entre les rues du Coq et Champ-Fleuri ou de la Bibliothèque. »

Nesle[1] à ces deux officiers dont je vous ai déjà parlé, nous crûmes qu'il ne seroit pas mal à propos d'y prendre garde, dans la pensée que nous eûmes que l'on pensoit peut-être à enlever quelqu'un par cette porte. Argenteuil, brave et déterminé autant qu'homme qui fût au monde, en prit le soin, et il se mit chez un sculpteur, qui logeoit tout proche, avec vingt bons soldats que le chevalier d'Humières[2], qui faisoit une recrue à Paris, lui prêta.

Je m'endormis après avoir donné ces ordres[3], et je ne fus réveillé qu'à six heures, par le secrétaire de Miron, qui me vint dire que les gens de guerre n'avoient point paru la nuit, que l'on avoit vu seulement quelques cavaliers qui sembloient être venus pour reconnoître les pelotons de bourgeois, et qu'ils s'en étoient retournés au galop après les avoir un peu considérés[4]; que ce mouvement lui faisoit juger que la précaution que nous avions prise avoit été utile pour prévenir l'insulte que l'on pouvoit avoir projetée[5] contre les particuliers; mais que celui qui commençoit à paroître chez Monsieur le Chancelier marquoit que l'on méditoit quelque chose contre le public; que l'on voyoit aller et venir des hoquetons[6],

1. La porte de Nesle était au quai de Nevers, aujourd'hui quai Conti, près de l'Institut (vᵉ feuille de Gomboust).
2. Il s'agit ici de Balthazar de Crevant d'Humières, chevalier de Malte, frère du maréchal d'Humières.
3. Comme Alexandre avant Arbelles et Condé avant Rocroi.
4. Les éditions de 1837-1866 ont une leçon toute différente : « après les avoir vus peu considérables. » Notre texte est bien celui du manuscrit; la lecture n'est pas douteuse.
5. *Projeté*, sans accord, dans le manuscrit.
6. On appelait *hoqueton* une façon de saye courte, sans manches, « que portoient communément, dit Nicot (1606), les hommes de village. » Ce nom désignait aussi les casaques de certains gardes et archers, et par extension les gardes et archers eux-mêmes. Ainsi on disait les hoquetons du Grand Prévôt, du Chancelier, etc., pour les gardes qui accompagnaient le Prévôt et le Chancelier.

et que Ondedeï[1] y étoit allé quatre fois en deux heures.

Quelque temps après, l'enseigne de la colonelle de Miron me vint avertir que le Chancelier marchoit, avec toute la pompe de la magistrature, droit au Palais; et Argenteuil m'envoya dire que deux compagnies des gardes suisses s'avançoient du côté du faubourg, vers la porte de Nesle. Voilà le moment fatal.

Je donnai mes ordres en deux paroles, et ils furent exécutés en deux moments. Miron fit prendre les armes. Argenteuil, habillé en maçon et une règle à la main, chargea les Suisses en flanc, en tua vingt ou trente, prit un des drapeaux, dissipa le reste[2] : le Chancelier, poussé de tous côtés, se sauva à toute peine dans l'hôtel d'O[3],

1. *Ondedeï* est devenu *un des deux* dans les ms H et Ch, et *un d'eux* dans les éditions de 1717 A, et de 1718 B, F.

2. Pour les deux compagnies suisses chargées en flanc par Argenteuil, le drapeau pris, et la déroute du corps entier, on en trouve deux traces dans les documents contemporains : la première dans Talon (tome V, p. 258 et 259), en ces termes : « En ce même temps, on envoya une escouade de la compagnie suisse pour se saisir d'un des bouts du Pont-Neuf et faire poser les armes; mais les bourgeois de la rue Dauphine les poussèrent, tuèrent leur capitaine, en blessèrent deux ou trois, et les obligèrent de quitter la porte de Nesle, où ils avoient pensé se retrancher; » la seconde, dans notre relation de Dubois, p. 330 et 331 : « On commença à faire des barricades sur toutes les avenues de l'angle du Palais et du Pont-Neuf, desquelles le peuple se saisit, et il y eut diverses escarmouches : une contre les Suisses, lesquels étant venus par la porte de Nesle au secours de Monsieur le Chancelier, furent repoussés vivement devant l'hôtel de Nevers, qui appartient à cette heure à M. Duplessis Guénégaud, secrétaire d'État, et il y en eut trois de blessés et un officier tué. »

3. L'ancien hôtel d'O, qui était alors l'hôtel de Luynes, était situé sur le quai des Grands-Augustins, au coin de la rue Git-le-Cœur. Israël Silvestre nous en a laissé une vue et Pérelle une charmante petite gravure. Il fut détruit en 1672. MM. Leroux de Lincy et Douët d'Arcq le placent à tort sur l'emplacement de la Vallée ou

qui étoit au bout du quai des Augustins, du côté du pont Saint-Michel. Le peuple rompit les portes, y entra avec fureur; et il n'y eut que Dieu qui sauva le Chancelier[1] et l'évêque de Meaux[2], son frère, à qui il se confessa, en empêchant que cette canaille, qui s'amusa, de bonne fortune pour lui, à piller, ne s'avisât pas de forcer une petite chambre dans laquelle il s'étoit caché.

Le mouvement fut comme un incendie subit et violent, qui se prit du Pont-Neuf à toute la ville. Tout le monde, sans exception, prit les armes. L'on voyoit les enfants de cinq et six ans avec les poignards à la main; on voyoit les mères qui les leur apportoient elles-mêmes. Il y eut dans Paris plus de douze cents[3] barricades en moins de deux heures, bordées de drapeaux et de toutes les armes que la Ligue avoit laissées entières[4]. Comme je fus obligé de sortir un moment, pour apaiser un tumulte

Marché à la volaille, récemment démoli. — Mme de Motteville (tome II, p. 160) a laissé de cet épisode de l'hôtel d'O un récit intéressant, où elle place aussi la duchesse de Sully, depuis duchesse de Verneuil, Charlotte Seguier, fille du Chancelier. La relation de Dubois a encore plus d'intérêt par les détails; mais comme Retz n'y figure en rien, nous nous contentons d'y renvoyer le lecteur (*Revue des sociétés savantes*, 4ᵉ série, année 1865, tome II, p. 324-327). — La collection Godefroy, à la bibliothèque de l'Institut, contient, dans le carton 273, quatre lettres où l'on félicite Seguier « de ce qu'il s'est sauvé des mains du peuple. » Ces quatre lettres, qui portent les numéros 279, 280, 281, 282, sont signées Ardier, président des comptes, Dufaure, procureur général à Grenoble, de Simiane, et de la Barde, ambassadeur en Suisse; elles sont datées du 5 au 11 septembre 1648.

1. Première rédaction : « qui le sauva. » *Le* a été biffé, et *le Chancelier* est en interligne.

2. Dominique Seguier, évêque d'Auxerre, puis de Meaux; il mourut en 1659.

3. Au lieu de *douze cents* (12 cents, comme écrit Retz), il y a *deux cents*, dans la plupart des anciennes éditions (1717, 1718 C, D, E, 1719-1828).

4. Dans le manuscrit, *laissés entières*.

qui étoit arrivé, par le malentendu de[1] deux officiers du quartier, dans la rue Neuve-Notre-Dame, je vis entre autres une lance, traînée plutôt que portée par un petit garçon de huit ou dix ans, qui étoit assurément de l'ancienne guerre des Anglois. Mais j'y vis encore quelque chose de plus curieux : M. de Brissac[2] me fit remarquer un hausse-cou, de vermeil doré, sur lequel la figure du jacobin qui tua Henri III étoit gravée, avec cette inscription : « Saint Jacques-Clément. » Je fis une réprimande à l'officier qui le portoit, et je fis rompre le hausse-cou à coups de marteau, publiquement, sur l'enclume d'un maréchal. Tout le monde cria : « Vive le Roi ! » mais l'écho répondit : « Point de Mazarin ! »

Un moment après que je fus rentré chez moi, l'argentier de la Reine y arriva[3], qui me commanda et me con-

1. *Des*, pour *de*, dans quelques anciennes éditions et dans celles de 1843-1866.
2. Louis de Cossé, duc de Brissac du vivant de son père, qui s'était démis pour lui de son duché, avait épousé, en 1645, cette cousine du Coadjuteur, belle-sœur de son frère, Mlle de Scepeaux, que l'abbé de Retz avait voulu enlever, douze ans auparavant, après l'avoir compromise, et avec laquelle nous le verrons renouer des relations intimes. Voyez tome I, p. 97-100, et la note 5 de la page 97.
3. Aucun chroniqueur ne parle de cette visite de l'argentier. M. Bazin croit même qu'elle n'a pu avoir lieu, Retz ayant, dit-il, selon Guy Joly (tome I, p. 31), passé la journée à tenir conseil avec le duc de Longueville, venu au petit archevêché en bateau, sur le parti qu'il y avait à tirer de l'événement. Mais d'abord Joly ne dit pas que la conférence ait duré toute la journée, il rapporte seulement qu'elle fut « assez longue ; » puis Dubois raconte que le duc de Longueville ne vint à l'archevêché qu'à six heures du soir. Or ce fut dans la journée, un moment après que Retz fut rentré chez lui, que l'argentier de la Reine s'y présenta. Si donc le fait n'est pas vrai, au moins reste-t-il fort possible. Quant à la visite du duc de Longueville, dont les *Mémoires* ne parlent pas, elle nous est attestée par deux narrateurs, Guy Joly et Dubois. Voici les détails que Dubois donne à ce sujet (p. 334 et 335) : « Sur les six heures du

jura, de sa part, d'employer mon crédit pour apaiser la sédition, que la cour, comme vous voyez, ne traitoit plus de bagatelle. Je répondis froidement et modestement[1] que les efforts que j'avois faits la veille pour cet effet m'avoient rendu si odieux parmi le peuple, que j'avois même couru fortune pour avoir voulu seulement m'y montrer un moment; que j'avois été obligé de me retirer chez moi, même fort brusquement : à quoi j'ajoutai ce que vous vous pouvez imaginer de respect, de douleur, de regret, de soumission. L'argentier, qui étoit au bout de la rue quand l'on crioit: « Vive le Roi ! » et qui avoit ouï que l'on y ajoutoit presque à toutes les reprises : « Vive le Coadjuteur ! » fit ce qu'il put pour me persuader de mon pouvoir; et quoique j'eusse été très-fâché qu'il l'eût été de

même soir, M. de Longueville, sortant du Palais-Royal, s'en alla par eau chez Monsieur le coadjuteur de Paris, et s'en retournant à neuf heures du soir dans le même bateau, on vit les flambeaux qui l'éclairoient comme il passoit vis-à-vis du Marché-Neuf, ce qui donna l'alarme à ce quartier-là, où chacun croyoit que ce fût M. de la Meilleraye qui revint de l'Arsenal, et on lui tira quelques coups de mousquets, sans toutefois blesser personne de ceux qui l'accompagnoient, lesquels crièrent d'abord que c'étoit M. de Longueville ; et le bateau aborda à un degré qui descend dudit Marché-Neuf à la rivière, où la bourgeoisie du quartier le reçut avec grande civilité. Il leur dit qu'il alloit sur l'eau, ne pouvant point aller dans son carrosse, à cause des barricades : à quoi on lui répondit qu'il n'y avoit personne qui lui refusât le passage, et que l'on savoit qu'il étoit bien intentionné pour le public. Sur cela on le pria de se vouloir employer pour la liberté de M. de Broussel, et il promit sa foi de prince qu'il seroit rendu, et que c'étoit une affaire faite ; en même temps il fut escorté, d'une barricade à l'autre, jusque chez lui, par une douzaine de bourgeois armés, qui s'obligèrent à répondre de sa personne sous peine de leurs vies. Ce prince, étant arrivé chez lui, avoua qu'il avoit couru grand danger, et dit qu'on lui avoit pensé brûler la moustache à l'entrée du Marché-Neuf, chacun lui allant mettre le flambeau sous le nez pour le reconnaître. »

1. Les ms H, Ch, et toutes les anciennes éditions ont *respectueusement*, au lieu de *modestement*.

mon impuissance, je ne laissai pas de feindre que je la lui voulois toujours persuader. Les favoris des deux derniers siècles n'ont su ce qu'ils ont fait, quand ils ont réduit en style l'égard[1] effectif que les rois doivent avoir pour leurs sujets; il y a, comme vous voyez, des conjonctures dans lesquelles, par une conséquence nécessaire, l'on réduit en style l'obéissance réelle que l'on doit aux rois[2].

Le Parlement, s'étant assemblé[3] ce jour-là, de très-bon matin, et devant même que l'on eût pris les armes, apprit le mouvement par les cris d'une multitude immense, qui hurloit dans la salle du Palais : « Broussel! Broussel! » et il donna arrêt[4] par lequel il fut ordonné

---

1. Retz avait d'abord mis : *l'égard que;* il a biffé *que,* pour ajouter l'épithète *effectif.*
2. Première rédaction : « l'obéissance que l'on doit aux rois. » L'auteur a effacé les mots qui suivent *obéissance,* pour les récrire en les faisant précéder de *réelle,* qui fait pendant à *effectif.* La première rédaction, sans *réelle,* est la leçon des ms H, Ch, et de 1717 A, 1718 B, F.
3. Après *assemblé,* on lit ces mots, effacés : *dans ce grand tumulte.*
4. Voici cet arrêt, que nous n'avons trouvé textuellement rapporté que dans la *Relation de Dubois* (p. 331) : « La Cour a ordonné et ordonne qu'elle ira présentement en corps vers le Roi lui demander les prisonniers, et qu'elle viendra aussitôt pour délibérer sur la réponse; enjoint à tous les gouverneurs des provinces de tenir sous la sauvegarde du Roi et de la cour lesdits prisonniers, à peine d'en être responsables ou d'en répondre en leurs propres et privés noms; et sur le mauvais conseil donné au Roi, ordonne qu'elle en délibérera, et qu'elle s'assemblera incessamment, jours de fêtes et dimanches, depuis six heures du matin jusqu'à midi, et depuis deux heures de relevée jusqu'à sept heures. Donné en Parlement, le 27 août 1648.... En suite de quoi, ajoute la *Relation,* ils s'en allèrent en robes et en bonnets au Palais-Royal; mais, avant que de partir, ils arrêtèrent qu'il seroit informé tant contre ceux qui avoient arrêté leurs confrères que contre ceux qui en avoient donné le conseil; toutefois il fut dit que cet arrêté demeureroit *in mente curiæ,* et ne paroîtroit qu'en cas qu'ils n'eussent point de satisfaction. » M. Bazin, qui ne connaissait pas ce document, encore

que l'on iroit en corps et en habit au Palais-Royal redemander les prisonniers ; qu'il seroit décrété contre Comminges, lieutenant des gardes de la Reine ; qu'il seroit défendu à tous gens de guerre, sous peine de la vie, de prendre des commissions pareilles, et qu'il seroit informé contre ceux qui avoient donné ce conseil, comme contre des perturbateurs du repos public. L'arrêt fut exécuté à l'heure même : le Parlement sortit au nombre de cent soixante officiers[1]. Il fut reçu et accompagné dans toutes les rues avec des acclamations[2] et des applaudissements incroyables ; toutes les barricades tomboient devant lui.

Le Premier Président parla à la Reine avec toute la liberté que l'état des choses lui donnoit[3]. Il lui représenta au naturel le jeu que l'on avoit fait, en toutes occasions, de la parole royale ; les illusions honteuses et même puériles par lesquelles on avoit éludé mille et mille fois les résolutions les plus utiles et même les plus nécessaires à l'État ; il exagéra avec force le péril où le

inédit alors, a cru que l'arrêt ne parlait que de la mise en liberté des prisonniers. — A partir de ce moment, Retz, n'étant plus acteur ni témoin, recommence à puiser à sa source ordinaire, *l'Histoire du temps*, et il commet d'après elle diverses inexactitudes, dont nous ne relèverons que les principales.

1. De soixante et six officiers. (Ms H.) — Cent soixante et six. (Ms Ch, 1717 A, 1718 B, F.) — Dans le ms Ch, les deux derniers mots : *et six*, sont ajoutés en interligne. — Les éditions de 1718 C, D, E donnent 150.

2. D'abord : *avec des cris*. Ce mot *cris*, biffé par Retz, se trouve dans *l'Histoire du temps*.

3. Voyez son discours dans les *Mémoires de Molé* (tome III, p. 255-260). Le manuscrit de la Sorbonne, attribué, nous l'avons dit, au conseiller Lallemand, rapporte (tome I, folio 104) que le Parlement arriva vers les onze heures, et qu'on l'introduisit d'abord dans la salle des ambassadeurs, où de Rhodes, grand maître des cérémonies, et Sainctot, lieutenant, vinrent le chercher, pour l'introduire dans le grand cabinet où était la Reine.

public se trouvoit par la prise tumultuaire et générale des armes. La Reine, qui ne craignoit rien, parce qu'elle connoissoit peu[1], s'emporta, et elle lui répondit avec un ton de fureur plutôt que de colère : « Je sais bien qu'il y a du bruit dans la ville; mais vous m'en répondrez, Messieurs du Parlement, vous, vos femmes et vos enfants[2]. » En prononçant cette dernière syllabe[3], elle rentra dans sa petite chambre grise, et elle en ferma la porte avec force.

Le Parlement s'en retournoit, et il étoit déjà sur le degré[4], quand le président de Mesme, qui étoit extrêmement timide, faisant réflexion sur le péril auquel la Compagnie s'alloit exposer[5] parmi le peuple, l'exhorta à remon-

1. Après *peu*, le ms H et 1717 A, 1718 B, F ajoutent *le péril*. Dns le ms Ch, ces deux mots sont en interligne.
2. *L'Histoire du temps* (p. 316) se borne à dire : « La Reine, persistant encore, se retira; » et Talon (tome V, p. 266) : « La Reine se leva de sa chaise, et se retira dans son cabinet, disant : « Mettez-y « ordre, si vous voulez, mais je n'en ferai autre chose. » Le langage que Retz prête à la Reine est confirmé indirectement par les *Mémoires de Molé* (tome III, p. 258), et en partie par le manuscrit de la Sorbonne, qui la fait parler ainsi (tome I, folio 105) : « La Reine fit réponse elle-même, et dit qu'elle avoit fait ce qu'elle avoit dû pour le repos du Royaume et pour la sûreté du Roi son fils; que les tumultes s'apaiseront aisément, et que si la Compagnie n'y donnoit ordre, elle en répondroit; qu'elle ne changeroit point ces résolutions, qui étoient fondées sur de très-fortes et importantes raisons. » D'Ormesson (tome I, p. 565) dit d'abord simplement que la Reine « les refusa et se retira dans son cabinet; » mais il ajoute : « Quelques-uns racontent qu'elle dit qu'elle feroit plutôt pendre M. de Bruxelles (*Broussel*) que de le rendre. »
3. Retz écrit ici *sillable;* ailleurs *sillabe*.
4. Les contemporains sont d'accord sur l'insistance du Parlement; mais on ne voit nulle part, ni dans Talon, ni dans Molé, ni dans le manuscrit de la Sorbonne, qu'il fût si près de sortir du Palais-Royal et qu'il se soit ainsi ravisé « sur le degré » pour remonter auprès de la Reine.
5. Première rédaction, biffée : *s'exposoit* ou *s'exposeroit*.

ter et à faire encore un effort sur l'esprit de la Reine. M. le duc d'Orléans, qu'ils trouvèrent dans le grand cabinet, et qu'ils exhortèrent pathétiquement, les fit entrer au nombre de vingt dans la chambre grise. Le Premier Président fit voir à la Reine toute l'horreur de Paris armé et enragé ; c'est-à-dire il essaya de lui faire voir, car elle ne voulut rien écouter, et elle se jeta de colère dans la petite galerie.

Le[1] Cardinal s'avança, et proposa de rendre les prisonniers, pourvu que le Parlement promît de ne pas continuer ses assemblées. Le Premier Président répondit qu'il falloit délibérer sur la proposition. On fut sur le point de le faire sur-le-champ ; mais beaucoup de ceux de la Compagnie ayant représenté que les peuples croiroient qu'elle auroit été violentée si elle opinoit au Palais-Royal, l'on résolut de s'assembler l'après-dînée au Palais, et l'on pria M. le duc d'Orléans de s'y trouver.

Le Parlement, étant sorti du Palais-Royal, et ne disant rien au peuple[2] de la liberté de Broussel, ne trouva d'abord qu'un morne silence, au lieu des acclamations passées. Comme il fut à la barrière des Sergents, où étoit la première barricade, il y rencontra du murmure, qu'il apaisa en assurant que la Reine[3] lui avoit promis satisfaction. Les menaces de la seconde[4] furent éludées par le même moyen. La troisième, qui étoit à la Croix-du-Tiroir[5], ne se voulut pas payer de cette monnoie ;

---

1. Ce paragraphe est emprunté presque tout entier à *l'Histoire du temps* (p. 316).
2. Les mots *au peuple* sont omis dans les ms H, Ch, et dans toutes les anciennes éditions.
3. D'abord : *que le peuple*. Retz a effacé ces mots, pour copier textuellement la phrase de *l'Histoire du temps*.
4. Après *seconde*, il y a *barricade*, biffé.
5. Taion place cette scène rue de l'Arbre-Sec, devant la rue de

et un garçon rôtisseur[1], s'avançant avec deux cents hommes, et mettant la hallebarde dans le ventre du Premier Président, lui dit : « Tourne, traître ; et si tu ne veux être massacré toi-même, ramène-nous Broussel ou le Mazarin et le Chancelier en otage. » Vous ne doutez pas, à mon opinion, ni de la confusion ni de la terreur qui saisit presque tous les assistants ; cinq présidents au mortier[2] et plus de vingt conseillers se jetèrent dans la foule pour s'échapper. L'unique[3] Premier Président, le plus intrépide homme, à mon sens, qui ait[4] paru dans son siècle, demeura ferme et inébranlable. Il se donna le temps de rallier ce qu'il put de la Compagnie ; il conserva toujours la dignité de la magistrature et dans ses

---

Béthisy ; mais Olivier d'Ormesson, Dubois et Guy Joly la mettent, comme Retz, à la Croix-du-Tiroir ; il n'y a du reste que peu de distance d'un endroit à un autre : « Ils passèrent, dit d'Ormesson (tome I, p. 565), toutes les barricades jusqu'à la Croix-du-Tiroir, que le Premier Président fut arrêté, et un rôtisseur lui porta un pistolet à la tête, disant : « C'est toi, bougre, qui es cause de tout « le mal ; tu trahis ta compagnie, je te devrois tuer présentement. » Le Premier Président, fort étonné de cette résistance, demanda conseil à M. de Mesmes, qui lui dit qu'il falloit retourner au Palais-Royal, faire connoître le péril, et aussitôt ils retournèrent. Mais tous les autres présidents se retirèrent chez eux, et quelques conseillers, fort éperdus. Viole d'Osereau se déguisa en jacobin, un autre prit un manteau rouge et un chapeau gris. Le Parlement retournant au Palais-Royal, le peuple cria qu'ils n'en sortiroient point s'ils ne ramenoient M. de Bruxelles. »

1. Dans le récit de Guy Joly (tome I, p. 28 et 29), c'est, au lieu d'un garçon rôtisseur, « un nommé Raguenet, marchand de fer, capitaine du quartier, qui s'avança avec douze ou quinze bourgeois de sa compagnie, une hallebarde à la main. »

2. Dubuisson Aubenay, tome I, p. 32, nous donne les cinq noms : « les présidents de Bailleul, de Bellièvre, de Nesmond et de Novion, qui allèrent dîner chez celui de Maisons. »

3. *Le seul* dans les deux copies H, Ch, et dans toutes les anciennes éditions.

4. Il y a plutôt *aie* que *ait* dans le manuscrit.

paroles et dans ses démarches, et il revint au Palais-Royal au petit pas, dans le feu des injures, des menaces, des exécrations et des blasphèmes[1].

Cet homme avoit une sorte d'éloquence qui lui étoit particulière : il ne connoissoit point d'interjection; il n'étoit pas congru[2] dans sa langue; mais il parloit avec une force qui suppléoit à tout cela, et il étoit naturellement si hardi qu'il ne parloit jamais si bien que dans le péril. Il se passa lui-même, lorsqu'il revint au Palais-Royal, et il est constant qu'il toucha tout le monde, à la réserve de la Reine, qui demeura inflexible[3]. Monsieur fit mine de se jeter à genoux devant elle; quatre ou cinq princesses, qui trembloient de peur, s'y jetèrent effectivement. Le Cardinal, à qui un jeune conseiller des enquêtes avoit dit en raillant qu'il seroit assez à propos qu'il allât lui-même dans les rues voir l'état des choses, le Cardinal, dis-je, se joignit au gros de la cour, et l'on tira enfin à toute peine cette parole de la bouche de la Reine : « Hé bien! Messieurs du Parlement, voyez donc ce qu'il est à propos de faire[4]. »

1. Mme de Motteville atteste aussi (tome II, p. 166), mais sans donner de détails, « la fermeté et la constance » de Molé.
2. Aux mots *pas congru* les deux copies et 1717 A, 1718 B, F substituent *point correct*.
3. Voyez les *Mémoires de Molé*, tome III, p. 263.
4. M. Bazin, se fondant probablement sur le silence de Guy Joly et de Mme de Motteville, affirme que Molé, de retour au Palais-Royal, ne vit pas la Reine, et il reproche encore à Retz de suivre aveuglément l'*Histoire du temps;* mais les *Mémoires de Molé* à l'endroit cité, et ceux de d'Ormesson (tome I, p. 566) disent formellement le contraire, sans entrer toutefois dans aucun détail. Dubois (p. 332) rapporte également que Molé « fit connoître à la Reine l'état de la ville, qu'on lui avoit dissimulé jusque-là, et Monsieur le Premier Président dit qu'il ne sortiroit plus de là, après le péril qu'il avoit couru, qu'on n'eût donné quelque satisfaction au peuple, laquelle il n'étoit plus temps de retarder. Sur cela, Messieurs les ministres tirèrent à part chacun sept ou huit présidents ou conseillers, et con-

L'on s'assembla en même temps dans la grande galerie[1]; l'on délibéra, et l'on donna arrêt par lequel il fut ordonné que la Reine seroit remerciée de la liberté accordée aux prisonniers[2].

Aussitôt que l'arrêt fut rendu, l'on expédia les lettres de cachet[3], et le Premier Président montra au peuple

érèrent avec eux. M. le président de Mesmes, étant appuyé sur une fenêtre et voyant le Roi jouer en la basse cour, dit ces mots, qui furent bien remarqués : « Pendant que ce jeune prince joue là-bas, il perd une couronne. » En même temps, on leur fit porter quelques confitures pour manger, la plupart d'entre eux n'ayant pas encore déjeuné, et ils furent servis par les officiers de Monsieur le Cardinal. » Le manuscrit de la Sorbonne, qui paraît être d'un témoin oculaire (Lallemand), mentionne aussi (tome I, folio 107) la présence de la Reine.

1. C'est-à-dire la galerie des peintures : voyez le manuscrit de la Sorbonne (folio 108).

2. Voici l'arrêt du Parlement, d'après la *Relation de Dubois* (p. 333) : Les magistrats délibérèrent « dans la grande galerie du Palais-Royal, à cause de la nécessité présente, où ils donnèrent l'arrêt suivant, remarquable pour le lieu; toutefois ce ne fut qu'après une grande contestation de plus de quarante conseillers, qui s'obstinèrent à ne vouloir point opiner ailleurs qu'au Palais : « Ce jour, la Cour
« étant allée en corps au Palais-Royal, assemblée dans la galerie
« dudit palais, ayant délibéré sur ce qui a été représenté au Roi
« et à la Reine régente, au sujet de ce qu'aucuns des conseillers
« de ladite Cour ont été emprisonnés et exilés par le commande-
« ment dudit seigneur Roi, et réponse faite par ladite dame
« Reine régente, ayant arrêté que présentement il sera délibéré
« audit Palais-Royal sur ce qu'il a plu à ladite dame Reine régente
« accorder le retour et rappel desdits conseillers, ce qui sera pré-
« sentement exécuté, et toutes les lettres expédiées et ordres
« donnés à cet effet; et outre a été arrêté *in mente curiæ* qu'il
« sera sursis à la délibération de ce qui reste de la déclaration du
« Roi publiée en sa présence le dernier juillet, et propositions de
« la chambre de Saint-Louis, jusqu'après la Saint-Martin, à la
« réserve du tarif et rentes de la ville, et sans préjudice des choses
« jugées. »

3. Après *cachet*, Retz a effacé quelques mots, qui sont, ce nous semble : « l'on transmit les paroles. »

les copies qu'il avoit prises[1] en forme de l'un et de l'autre ; mais l'on ne voulut pas quitter les armes que l'effet ne s'en fût ensuivi. Le Parlement même ne donna point d'arrêt pour les faire poser, qu'il n'eût vu Broussel dans sa place. Il y revint le lendemain, ou plutôt il y fut porté sur la tête des peuples, avec des acclamations incroyables[2]. L'on rompit les barricades[3], l'on

---

1. Il y a *pris*, sans accord, dans le manuscrit. Les éditions de 1837 et de 1843 donnent *mises*.

2. Dubois, d'Ormesson, Mme de Motteville, etc., attestent unanimement l'enthousiasme du peuple lors du retour de Broussel, qui, dit Mme de Motteville (tome II, p. 172), « n'avoit rien de recommandable que d'être entêté du bien public et de la haine des impôts. » D'Ormesson (tome I, p. 567) ajoute ce détail curieux : « Le peuple vouloit faire chanter le *Te Deum* (*à Notre-Dame*), et en pressa Monsieur le Coadjuteur. » Mais nous voyons dans le récit déjà cité de Mme de Motteville que « ce pauvre homme (*Broussel*), honteux de tant de bruit, s'échappa de leurs mains, et sortant par une petite porte de l'église, s'en alla chez lui, où beaucoup de gens de la cour le furent voir par curiosité. » — Retz nous semble un peu bref sur son rival en popularité. M. Moreau, dans sa savante *Bibliographie des Mazarinades* (tome III, p. 192), parle d'une brochure rare, de huit pages, en mauvais vers, qui fait l'éloge de Broussel et raconte son retour triomphant ; il dit en outre (tome II, p. 365) que l'imprimeur Morlot fit graver sur bois le portrait de ce héros ; on lit au-dessous deux sonnets de du Pelletier, adressés l'un par la France, l'autre par l'auteur à Broussel. Voici les deux tercets du second :

> Un illustre consul mourut jadis pour Rome,
> Et le Tibre pleura la mort de ce grand homme,
> Qui voulut que son sang payât sa liberté.
>
> La Seine, grâce aux Dieux, quoi qu'en dise le Tibre,
> Parle plus hautement de sa félicité,
> Puisque de Broussel vit et que la France est libre.

On peut voir cette gravure, devenue très-rare, au cabinet des estampes de la Bibliothèque impériale, collection Hennin.

3. Avant cette rupture définitive des barricades, on en avait fait de nouvelles, si nous en croyons Dubuisson Aubenay (p. 33) : « La

ouvrit les boutiques, et en moins de deux heures Paris parut plus tranquille que je ne l'ai jamais vu le vendredi saint[1].

Comme je n'ai pas cru devoir interrompre le fil d'une narration qui contient le préalable le plus important de la guerre civile, j'ai remis à vous rendre compte en ce lieu d'un certain détail, sur lequel vous vous êtes certainement fait des questions à vous-même, parce qu'il[2] a des circonstances qui ne se peuvent presque concevoir devant que d'être particulièrement expliquées. Je suis assuré, par exemple, que vous avez de la curiosité de savoir quels ont été les ressorts qui ont donné le mouvement à tous ces corps, qui se sont presque ébranlés tous ensemble; quelle a été la machine qui, malgré toutes les tentatives de la cour, tous les artifices des ministres, toute la foiblesse du public, toute la corruption des particuliers, a entretenu et maintenu ce mouvement dans une espèce d'équilibre. Vous soupçonnez apparemment bien du mystère, bien de la cabale et bien de l'intrigue. Je conviens que l'apparence y est, et à un point que je crois que l'on doit excuser les his-

---

salve du peuple ès rues de Saint-Denis, Saint-Martin, Pont-Notre-Dame, et jusqu'en Grève, a été si grande, que les autres quartiers éloignés ne sachant que c'étoit, et quelque bruit s'étant coulé qu'il étoit entré de la cavalerie par le quartier Saint-Honoré au secours du Palais-Cardinal, on a partout recommencé à hausser les chaînes, refaire les barricades et se remettre en rumeur plus que jamais, même jusques au contre de la Bastille. »

1. Cette tranquillité merveilleuse ne s'établit complètement que le 29 août. Mme de Motteville (tome II, p. 173 et suivantes), Dubois (p. 336) et d'Ormesson (p. 567 et 568) racontent qu'il y eut encore le 28 au soir deux fausses alarmes, par suite de méprises, au faubourg Saint-Antoine et dans la rue Saint-Honoré, qu'on veilla assez tard et dans les transes au Palais-Royal.

2. Devant *parce qu'il*, il y a *et*, biffé.

toriens qui ont pris le vraisemblable pour le vrai en ce fait.

Je puis toutefois et je dois même vous assurer que jusques à la nuit qui a précédé les barricades il n'y a pas eu un grain de ce qui s'appelle manége d'État[1] dans les affaires publiques, et que celui même qui y a pu être de l'intrigue du cabinet y a été si léger qu'il ne mérite presque pas d'être pesé. Je m'explique. Longueil[2], conseiller de la grande[3] chambre, homme d'un esprit noir, décisif et dangereux, et qui entendoit mieux le détail du manœuvre[4] du Parlement que tout le reste du corps ensemble, pensoit, dès ce temps-là, à établir le président de Maisons[5], son frère, dans la surintendance des finances; et comme il s'étoit donné une grande créance dans l'esprit de Broussel, simple et facile comme un enfant, l'on a cru, et je le crois aussi, qu'il avoit pensé, dès les premiers mouvements du Parlement, à pousser et à animer son ami, pour se rendre considérable par cet endroit auprès des ministres.

1. *D'État* est écrit en interligne, de même que *grande*, quatre lignes plus loin.
2. L'abbé Pierre Longueil, chanoine de la Sainte-Chapelle, conseiller clerc au Parlement dans la grand'chambre depuis 1623. Né en 1599, il mourut en 1656. Les *Mémoires du P. Rapin* (tome I, p. 201) portent de lui le même jugement que ceux de Retz : « Broussel, sifflé par Longueil, conseiller de la grand'chambre, homme hardi et dangereux. »
3. *Grande* est ajouté, au-dessus de la ligne.
4. Il y a bien *du manœuvre*, au masculin, dans le manuscrit. Les ms H et Ch, et les anciennes éditions changent *du* en *de la;* les éditions de 1837-1866, *du manœuvre* en *des manœuvres*.
5. René Longueil, marquis de Maisons-sur-Seine (aujourd'hui Maisons-Laffitte), président à mortier au Parlement en 1642 ; il devint, en effet, surintendant des finances du 25 mai 1650 au 5 septembre 1651; il mourut en 1667.

Le président Viole[1] étoit ami intimissime[2] de Chavigni, qui étoit enragé contre le Cardinal, parce qu'ayant été la principale cause de sa fortune auprès du cardinal de Richelieu, il en avoit été cruellement joué dans les premiers jours de la Régence[3], et comme ce président fut un des premiers qui témoigna de la chaleur dans son corps, l'on soupçonna qu'elle ne lui fût inspirée par Chavigni. N'ai-je pas eu raison de vous dire que ce grain étoit bien léger? car supposé même qu'il fût aussi bien préparé que toute la défiance se le peut figurer, dont je doute fort, qu'est-ce que pouvoient faire dans une compagnie composée de plus de deux cents officiers, et agissante avec trois autres compagnies

---

1. Pierre Viole, seigneur d'Atis, président de la quatrième chambre des enquêtes depuis 1647. C'était, dira Retz un peu plus loin, un homme de plaisir, peu délicat, suivant Tallemant (tome IV, p. 141), dans le choix de ses amours.

2. Nos deux copies et la plupart des anciennes éditions corrigent *intimissime* en *intime*; 1717 A, 1718 B, F suppriment le mot *ami*.

3. Il semblerait au contraire, d'après les *Carnets de Mazarin* (*Journal des savants*, 1854, p. 609), que le cardinal-ministre soutint d'abord Chavigny, et le préserva d'une disgrâce : « M. Chavigny a toujours bien servi; en outre, il possède les secrets de la France; aussi, par reconnaissance et par politique, Sa Majesté doit toujours le protéger. » Dans les carnets mêmes, conservés à la Bibliothèque impériale, nous lisons (n° 10, p. 37 et 38) : « Je n'avois connu M. de Chavigni et il n'étoit pas en France, quand feu Monsieur le Cardinal me promit le chapeau par le moyen de la France si je n'en pouvois venir à bout par d'autres moyens; et cela je l'ai par escrit : il est bien vrai que j'ai empêché plus d'une fois que M. de Chavigni n'aye esté perdu. » On trouve dans l'*Histoire du cardinal Mazarin* par Aubery (1718, tome I, p. 94-113) le récit d'un long incident à la suite duquel Mazarin réconcilia avec Louis XIII Chavigny qui était tombé en disgrâce vers novembre 1642. — Plus tard il y eut rupture : Mme de Motteville (tome II, p. 189) nomme Chavigny « un ami irrité et devenu ennemi du Cardinal; » puis elle expose très-bien, en peu de mots, les causes de cette inimitié.

où il y en avoit encore presque[1] une fois autant, qu'est-ce que pouvoient faire, dis-je, deux des plus simples et des plus communes têtes de tout le corps ?

Le président Viole avoit toute sa vie été un homme de plaisir et de nulle application à son métier ; le bon homme Broussel étoit vieilli entre les sacs, dans la poudre de la grande chambre, avec plus de[2] réputation d'intégrité que de capacité. Les premiers qui se joignirent le plus ouvertement à ces deux hommes[3] furent Charton[4], président aux requêtes, peu moins que fou, et Blancménil, président aux enquêtes ; vous le connoissez : il étoit au Parlement comme vous l'avez vu chez vous[5]. Vous jugez bien que si il y eût eu de la ca-

1. Retz avait mis d'abord : *pour le moins ;* il a biffé ces mots et écrit au-dessus : *presque.*
2. *Plus de* est en interligne.
3. Retz avait d'abord répété *premiers*, qu'il a biffé et remplacé, à la marge, par *hommes.*
4. Charton, président de la première chambre des requêtes. Le manuscrit 14028 de la Bibliothèque impériale, intitulé *Tableau du Parlement*, parle ainsi de lui : « Esprit brusque, turbulent, qui se pique d'intelligence, de capacité, de justice ; veut de grandes déférences et de grands honneurs ; il se rend facilement ; est grand frondeur ; a sa brigue dans sa chambre, en laquelle il trouve de l'estime. »
5. Retz avait d'abord écrit : « il étoit au Parlement comme nous l'avions vu à L....i ; » le dernier mot est bien difficile à lire sous la rature ; nous sommes pourtant bien tenté de croire que c'est *Livry*, écrit à la manière de Retz, *Liuri ;* et cette lecture a paru vraisemblable à M. Léopold Delisle, conservateur au département des manuscrits, auquel nous avons soumis notre conjecture. Cette première rédaction une fois admise, on pourrait affirmer que les *Mémoires de Retz* ont été dédiés non à Mme de Caumartin, comme on le dit d'ordinaire, mais à Mme de Sévigné, *Notre-Dame de Livry*. L'affection de Retz pour l'illustre marquise, les instances qu'elle fit auprès du Cardinal pour qu'il écrivît ses *Mémoires* justifieraient encore cette hypothèse. Quoi qu'il en soit, Retz a modifié sa phrase d'une manière conforme à notre texte : *à* est encore visible

bale dans la Compagnie, l'on n'eût pas été choisir des cervelles de ce carat[1], au travers de tant d'autres qui avoient sans comparaison plus de poids; et que ce n'est pas sans sujet que je vous ai dit, en plus d'un endroit de ce récit, que l'on ne doit rechercher la cause de la révolution que je décris que dans le dérangement des lois, qui a causé insensiblement celui des esprits, et qui fit[2] que devant que l'on se fût presque aperçu du changement, il y avoit déjà un parti. Il est constant qu'il n'y en avoit pas un de tous ceux qui opinèrent dans le cours de cette année, au Parlement et dans les autres compagnies souveraines, qui eût la moindre vue, je ne dis pas seulement de ce qui s'en ensuivit, mais de ce qui en pouvoit suivre[3]. Tout se disoit et tout se faisoit dans l'esprit des procès[4]; et comme il avoit l'air de la chicane, il en avoit la pédanterie, dont le propre essentiel est l'opiniâtreté, directement opposée à la flexibilité, qui de toutes les qualités est la plus nécessaire pour le maniement des grandes affaires.

Et ce qui étoit d'admirable étoit que le concert, qui seul peut remédier aux inconvénients qu'une cohue de cette nature peut produire, eût passé, dans ces sortes d'esprits, pour une cabale. Ils la faisoient eux-mêmes, mais ils ne la connoissoient pas; et l'aveuglement, en ces matières, des bien intentionnés, est suivi pour l'or-

---

sous la surcharge qui en a fait *vous; l'avez vu* est à la marge, et *chez vous* est écrit en interligne au-dessus du nom de terre biffé.

1. *Carat* signifie proprement, dit le *Dictionnaire de l'Académie* de 1694 : « certain degré de bonté et de perfection de l'or. » — Retz écrit *carrat*. Les deux copies H, Ch, et toutes les anciennes éditions ont remplacé *carat* par *caractère*.

2. Retz avait mis d'abord *a fait;* il l'a ensuite biffé, et a écrit à la marge : *fit*.

3. D'abord : *s'en pouvoit ensuivre*.

4. Dans l'esprit de procédure. (Ms H, Ch, 1717 A, 1718 B, F

dinaire, bientôt après, de la pénétration de ceux qui mêlent la passion et la faction dans les intérêts publics, et qui voient le futur[1] et le possible dans le temps que ces compagnies réglées ne songent qu'au présent et qu'à l'apparent[2].

Cette petite réflexion, jointe à ce que vous avez vu ci-devant des délibérations du Parlement, vous marque suffisamment la confusion où étoient les choses quand les barricades se firent, et l'erreur de ceux qui prétendent qu'il ne faut point craindre de parti quand il n'y a point de chef. Ils naissent quelquefois dans une nuit. L'agitation que je viens de vous représenter, et si violente et de si longue durée, n'en produisit point dans le cours d'une année entière[3]; un moment en fit éclore, et même beaucoup davantage[4] qu'il n'eût été à souhaiter pour le parti[5].

Comme* les barricades furent levées, j'allai chez Mme de Guémené, qui me dit qu'elle savoit de science certaine que le Cardinal croyoit que j'en avois été l'au-

---

1. Et qui jouent le futur. (1837-1866.) — Retz, après *voient*, avait écrit plusieurs mots, qu'il a effacés et que nous n'avons pu lire; *futur* est en marge.

2. Cette réflexion générale, très-juste, prépare le lecteur à ce mot important qui va suivre : Les chefs « naissent quelquefois dans une nuit. » Tout se rapporte toujours au Coadjuteur.

3. C'est-à-dire dans la fin de 1647 et en 1648 jusqu'aux 26 et 27 août. — « Dans le cours d'une année entière » a été ajouté en marge.

4. *Même* est entre les lignes; *davantage* est en deux mots, avec une apostrophe : *d'avantage*.

5. Regret un peu naïf de la part du Coadjuteur : il est heureux, en effet, pour le rôle de Retz que Beaufort n'ait pas été présent à Paris le jour des Barricades. Guy Joly, qui, dans son récit, n'est que l'écho du Coadjuteur, a laissé échapper cet aveu (tome I, p. 34) : « S'ils avoient eu un chef comme le duc de Beaufort, les choses n'en seroient pas demeurées là. »

teur. La Reine m'envoya querir le lendemain au matin. Elle me traita avec toutes les marques possibles de bonté et même de confiance. Elle me dit que si elle m'avoit cru, elle ne seroit pas tombée dans l'inconvénient où elle étoit; qu'il n'avoit pas tenu au pauvre Monsieur le Cardinal de l'éviter; qu'il lui avoit toujours dit qu'il s'en falloit rapporter à mon jugement; que Chavigni étoit l'unique cause de ce malheur par ses pernicieux conseils, auxquels elle avoit plus déféré qu'à ceux de Monsieur le Cardinal : « Mais, mon Dieu! ajouta-t-elle tout d'un coup, ne ferez-vous point donner de coups de bâton à ce coquin de Bautru, qui vous a tant manqué au respect? Je vis l'heure, avant-hier au soir, que le pauvre Monsieur le Cardinal lui en faisoit donner[1]. » Je reçus tout cela avec un peu moins de sincérité que de respect. Elle me commanda ensuite d'aller voir le pauvre Monsieur le Cardinal, et pour le consoler et pour aviser avec lui de ce qu'il y auroit à faire pour ramener les esprits.

Je n'en fis, comme vous pouvez croire, aucune difficulté. Il m'embrassa avec des tendresses que je ne vous puis exprimer. Il n'y avoit que moi en France qui fût homme de bien; tous les autres n'étoient que des flatteurs infâmes, et qui avoient emporté la Reine, malgré ses conseils et les miens. Il me déclara qu'il ne vouloit plus rien faire que par mes avis. Il me communiqua les dépêches étrangères. Enfin il me dit tant de fadaises que le bon homme Broussel, qu'il avoit aussi mandé, et qui étoit entré dans sa chambre un peu après moi, s'éclata de rire en en sortant, tout simple qu'il étoit, et en

---

1. L'homme si lestement sacrifié n'était à la cour qu'un parvenu bel esprit, devant uniquement sa faveur à ses flatteries et à ses complaisances. Pour la Reine, c'était une sorte de bouffon propre à l'amuser par « des fariboles. »

vérité jusqu'à l'innocence, et qu'il me coula[1] ces paroles dans l'oreille : « Ce n'est là qu'un pantalon[2]. »

Je revins chez moi très-résolu, comme vous pouvez croire, de penser à la sûreté du public et à la mienne particulière. J'en examinai les moyens, et je n'en imaginai aucun qui ne me parût d'une exécution très-difficile. Je connoissois le Parlement pour un corps qui pousseroit trop sans mesure[3]. Je voyois qu'au moment que j'y pensois, il délibéroit touchant les rentes de l'Hôtel de Ville, dont la cour avoit fait un commerce honteux, ou plutôt un brigandage public[4]. Je considérois que l'armée victorieuse à Lens reviendroit infailliblement prendre ses quartiers d'hiver aux environs de Paris, et que l'on pourroit très-aisément investir et couper les vivres à la ville en un matin. Je ne pouvois pas ignorer que ce même parlement, qui poussoit la cour[5], ne fût très-capable de faire le procès à ceux qui le seroient eux-mêmes de prendre des précautions pour l'empêcher d'être opprimé. Je savois qu'il y avoit très-peu

1. Retz avait écrit d'abord : *en me coulant*, qu'il a biffé et remplacé par notre texte.
2. Nulle part nous n'avons vu que Broussel soit allé au Palais-Royal après son retour à Paris; la visite d'ailleurs paraît peu probable. — Furetière, dans son *Dictionnaire* (1690), explique ainsi le terme *pantalon* : « Bouffon ou mascarade qui fait des danses par haut et des postures irrégulières et extravagantes. » Le *Dictionnaire critique de biographie et d'histoire* de M. Jal contient (p. 935) un long article sur ce mot et sur le costume d'un pantalon.
3. Le mot *mesure* a été effacé, puis récrit par Retz.
4. Première rédaction : « un commerce public ou plutôt un brigandage honteux. » L'auteur avait trouvé ces deux derniers mots dans *l'Histoire du temps*, p. 339.
5. Qui ne plaisoit pas à la cour. (Ms H, Ch, 1717 A, 1718 B, F.) — Cinq lignes plus loin, les deux ms H et Ch, et les éditions de 1717 A, 1718 B, F ont aux mots *de la proposition* ajouté ceux-ci : « de prendre des mesures; » le ms Ch par un renvoi, à la marge.

de gens dans cette compagnie qui ne s'effarassent[1] seulement de la proposition, et peut-être aussi peu[2] à qui il y eût sûreté de la confier. J'avois de grands exemples de l'instabilité des peuples, et beaucoup d'aversion naturelle aux moyens violents, qui sont souvent nécessaires pour le[3] fixer.

Saint-Ibar, mon parent, homme d'esprit et de cœur, mais d'un grand travers, et qui n'estimoit les hommes que selon qu'ils étoient mal à la cour, me pressa de prendre des mesures avec Espagne[4], avec laquelle il avoit de grandes habitudes, par le canal du comte de Fuensaldagne[5], capitaine général aux Pays-Bas sous l'Archiduc[6]. Il m'en donna même une lettre pleine d'offres, que je ne reçus pas[7]. J'y répondis par de simples honnêtetés, et après de grandes et de profondes réflexions, je pris le parti de faire voir par Saint-Ibar aux Espagnols, sans m'engager pourtant avec eux[8], que j'étois

---

1. La plupart des anciennes éditions ont changé *s'effarassent* en *s'effarouchassent*.

2. Les éditions de 1837 et de 1843 ont, au lieu de *peu*, la leçon, vide de sens, *ceux*.

3. Comme s'il y avait plus haut *peuple*, au singulier.

4. *Espagne*, sans article, dans le manuscrit. Voyez ci-après, p. 121.

5. Alphonse Perez de Vivero, mort à Cambrai en 1661. Il a laissé des mémoires manuscrits en langue espagnole, touchant la guerre de Flandre et d'Italie en 1648. Ces mémoires sont à la bibliothèque de Cambrai et doivent être intéressants, puisque le prince de Condé, à qui ils furent communiqués en 1658, désira en avoir une copie.

6. Léopold-Guillaume, archiduc d'Autriche, né en 1614; fils de l'empereur Ferdinand II, évêque de Strasbourg en 1627, et gouverneur des Pays-Bas en 1647, il mourut en novembre 1648. On l'avait surnommé *le prince sans défaut*.

7. Retz avait écrit d'abord : *que je n'acceptai pas*.

8. M. Bazin fait remarquer dans ses notes que Retz s'accuse ici comme plus coupable qu'il n'a été probablement, et qu'à cette épo-

fort résolu à ne pas souffrir l'oppression de Paris, de travailler par[1] mes amis à faire que le Parlement mesurât un peu plus ses démarches, et d'attendre le retour de Monsieur le Prince, avec qui j'étois très-bien, et auquel j'espérois de pouvoir faire connoître et la grandeur du mal et la nécessité du remède. Ce qui me donnoit le plus de lieu de croire que j'en pourrois avoir le temps étoit que les vacations du Parlement étoient fort proches[2]; et je me persuadois, par cette raison que la Compagnie ne s'assemblant plus, et la cour, par conséquent, ne se trouvant plus pressée par les délibérations, l'on demeureroit de part et d'autre dans une espèce de repos, qui bien ménagé par Monsieur le Prince, que l'on attendoit de semaine en semaine, pourroit fixer celui du public et la sûreté des particuliers.

L'impétuosité[*] du Parlement rompit mes mesures; car aussitôt qu'il eut achevé de faire le règlement pour le payement des rentes de l'Hôtel de Ville, et des remon-

que les Espagnols « étaient fort loin de penser au Coadjuteur, chef depuis deux jours d'un parti invisible. » Nous voyons toutefois que vers la même date les agents espagnols s'agitaient fort. Il y avait en particulier un abbé de Mercy, déjà employé en 1640 et 1641 dans l'affaire du comte de Soissons (où il avait pu connaître le jeune abbé de Retz), et qui, en 1647, ayant renoué de nouvelles intelligences en Flandre avec Mme de Chevreuse et Saint-Ibar, avait cherché à profiter du mécontentement de Condé pour l'entraîner dans le parti espagnol. (Voyez à ce sujet *Madame de Chevreuse*, par M. Cousin, p. 304, et p. 525-531, à l'*Appendice*, le mémoire de l'abbé de Mercy à l'archiduc Léopold.) Il n'est donc pas impossible que ce même abbé de Mercy et Saint-Ibar, ayant connaissance des dispositions du Coadjuteur, aient voulu attacher celui-ci à la cause de l'Espagne, qui ne pouvait plus, après la victoire de Lens, se relever que par des intrigues.

1. Les ms H et Ch, et toutes les anciennes éditions ont *avec*, au lieu de *par*.

2. Les vacations du Parlement duraient de la Nativité de la Vierge (8 septembre) à la Saint-Martin (11 novembre).

trances pour la décharge du quart entier des tailles, et du prêt à tous les officiers subalternes, il demanda, sous prétexte de la nécessité qu'il y avoit de travailler au tarif, la continuation de ses assemblées, même dans le temps des vacations; et la Reine la lui accorda[1] pour quinze jours, parce qu'elle fut très-bien avertie qu'il l'ordonneroit de lui-même si l'on la lui refusoit. Je fis tous mes efforts pour empêcher ce coup, et j'avois persuadé Longueil et Broussel[2]; mais Novion, Blancménil et Viole, chez qui nous nous étions trouvés à onze heures du soir, dirent que la Compagnie tiendroit pour des traîtres ceux qui lui feroient cette proposition; et comme j'insistois, Novion entra en soupçon que je n'eusse moi-même du concert avec la cour[3]. Je ne fis aucun sem-

1. Le 5 ou le 6 septembre. On lit dans le *Journal de ce qui s'est fait ès assemblées du Parlement depuis le commencement de janvier* 1649 (p. 81, Paris, 1649, chez Gervais Alliot et Jacques Langlois), appelé ordinairement *Journal du Parlement*[a], que le 5 septembre, après délibération, « le Premier Président a donné charge aux gens du Roi d'aller trouver la Reine après midi pour.... la prier d'envoyer des lettres de continuation. » Le lundi 7, Talon vient annoncer qu'il a obtenu cette autorisation « jusques au 20 du présent mois, sauf à prolonger, si la Compagnie le jugeoit à propos. » En effet, le 22, on apporte une lettre de cachet portant prolongation du Parlement jusqu'à la Saint-Michel (29 septembre).

2. Nous voyons dans le *Journal du Parlement* (p. 80 et 81) Broussel entrer dans les vues de Retz, en disant qu'il y avait de nombreux exemples que le Parlement « s'étoit continué en vacation sans aucune lettre » patente, et Viole en lisant « l'extrait de plus de vingt exemples tirés des registres du Parlement, date par date justificative. » C'est donc à tort que M. Bazin fait ici un nouveau reproche d'inexactitude à notre auteur.

3. La plupart des anciennes éditions ont ainsi modifié ce passage : « que je ne fusse moi-même de concert avec la cour. »

[a] Voyez, pour les trois éditions de Paris, l'édition de Rouen et la contrefaçon de Paris de ce livre, ce qu'a dit M. Moreau (*Bibliographie des Mazarinades*, tome II, p. 84). Ces diverses éditions ne diffèrent guère que par la pagination et par deux dates erronées corrigées dans la troisième. Notre exemplaire est la seconde édition de Paris, avec pagination interrompue.

blant de l'avoir remarqué ; mais je me ressouvins du prédicant de Genève qui soupçonna l'amiral de Coligni[1], chef du parti huguenot, de s'être confessé à un cordelier de Niort. Je le dis en riant, au sortir de la conférence, au président le Cogneux[2], père de celui que vous voyez aujourd'hui. Cet homme, qui étoit fou, mais qui avoit beaucoup d'esprit, et qui ayant été en Flandre ministre de Monsieur, avoit plus de connoissance du monde que les autres, me répondit : « Vous ne connoissez pas nos gens, vous en verrez bien d'autres! Gagé[3] que cet innocent (en me montrant Blancménil) croit avoir été au sabbat, parce qu'il s'est trouvé ici à onze heures du soir. » Il eût gagné, si j'eusse gagé contre lui, car Blancménil, devant que de sortir, nous déclara qu'il ne vouloit plus de conférences particulières, qu'elles sentoient sa faction et son complot, et qu'il falloit qu'un magistrat dît son avis sur les fleurs de lis sans en avoir communiqué avec personne, que les ordonnances l'y obligeoient.

Voilà le canevas sur lequel il broda mainte et mainte impertinences[4] de cette nature, que j'ai dû toucher en passant pour vous faire connoître que l'on a plus de peine, dans les partis, à vivre avec ceux qui en sont qu'à agir contre ceux qui y sont opposés.

1. Gaspard de Coligny, massacré à la Saint-Barthélemy.
2. Jacques le Coigneux, seigneur de Plailly, Lierville et Bachaumont, marquis de Belabre, président à mortier depuis 1630, ancien chancelier du duc d'Orléans, beau-père du président aux enquêtes, Particelli de Thoré, père du président le Coigneux, qui, en août 1651, lui succéda dans sa charge, et du conseiller Bachaumont. Tallemant (tome IV, p. 2) l'appelle « un homme assez extraordinaire ; » et dit qu' « il avoit un peu la mine d'arracheur de dents. »
3. Peut-être faut-il *Gage;* ce qui semble être un accent pourrait être une virgule de la ligne supérieure. — Dans les ms H, Ch, et dans 1717 A, 1718 B, C, D, E, F : *Je gage;* et dans les éditions les plus récentes (1837-1866) : *Gages, Gage, Gagez.*
4. Il y a ainsi le pluriel dans le manuscrit.

C'est tout vous dire, qu'ils firent si bien par leurs journées, que¹ la Reine, qui avoit cru que les vacations pourroient diminuer quelque degré de la chaleur des esprits, et qui, par cette considération, venoit d'assurer le provôt des marchands que les bruits que l'on avoit fait courre² qu'elle vouloit faire sortir le Roi de Paris étoient faux, que la Reine, dis-je, s'impatienta et emmena le Roi à Ruel³. Je ne doutai point qu'elle n'eût pris le dessein de surprendre Paris, qui parut effectivement étonné de la sortie du Roi ; et je trouvai même, le lendemain au matin, de la consternation dans les es-

1. Le *Dictionnaire de l'Académie* (dès 1694 et encore dans la dernière édition, 1835) explique ainsi cette locution, qui a vieilli : « On dit figurément et proverbialement : *Faire tant par ses journées que*, etc., pour dire : Faire en sorte par son travail, par ses soins, que, etc. Il se dit souvent en mauvaise part et en raillant. »

2. Dans les copies H et Ch et dans toutes les éditions, hormis celle de 1717, *courre* a été changé en *courir*.

3. Le 13 septembre. On dissimula un peu les causes de ce départ; Brienne dit, dans ses dépêches, aux ambassadeurs : « Le séjour de Ruel plait tellement à Leurs Majestés, qu'on fait état d'y passer un mois de temps. Monsieur le Prince y est attendu, et vient recueillir les agréments de sa valeur pour une si grande victoire, suivie de la reprise de Furnes, où il a fait quatorze cents hommes prisonniers. » Le château de Ruel appartenait encore à la nièce de Richelieu, Mme d'Aiguillon, qui l'avait offert à la Reine pour s'y retirer. Mme de Motteville (tome II, p. 185) dit que la Reine avait annoncé qu'elle entreprenait ce « petit voyage.... seulement pour faire nettoyer le Palais-Royal, qui avoit besoin d'être purifié » après la petite vérole du Roi. Ce « fut, ajoute-t-elle (p. 186), un prétexte plausible pour mettre à fin certains desseins qui étoient enfermés dans le cœur du Ministre, et qui étoient assez de conséquence pour l'obliger à prendre toutes les précautions nécessaires pour les bien exécuter. » — Les *Registres de l'Hôtel de Ville* ont une lacune à cette époque : ils passent du 30 août 1648 au 23 septembre; mais le *Journal d'Olivier d'Ormesson* (tome I, p. 572 et suivantes) indique suffisamment le trouble que la nouvelle du départ du Roi répandit dans la ville et dans le Parlement, trouble constaté par Retz quelques lignes plus bas.

prits les plus échauffés du Parlement. Ce qui l'augmenta fut que l'on eut avis, en même temps, que Erlac[1] avoit passé la Somme avec quatre mille Allemands[2], et comme dans les émotions populaires une mauvaise nouvelle n'est jamais seule, l'on en publia cinq ou six de même nature, qui me firent connoître que j'aurois encore plus de peine à soutenir les esprits que je n'en avois eu à les retenir.

Je ne me suis guère trouvé, dans tout le cours de ma vie, plus embarrassé que dans cette occasion. Je voyois le péril dans toute son étendue, et je n'y voyois rien qui ne me parût affreux. Les plus grands dangers ont leurs charmes pour peu que l'on aperçoive de gloire dans la perspective des mauvais succès; les médiocres n'ont que des horreurs quand la perte de la réputation est attachée à la mauvaise fortune. Je n'avois rien oublié pour faire que le Parlement ne désespérât pas la cour, au moins jusques à ce que l'on eût pensé

1. Jean-Louis baron d'Erlach, major général de l'armée weimarienne. C'était lui qui avait le plus contribué, après la mort du duc Bernard (1639), à maintenir ses troupes au service de la France. Il était gouverneur de Brisach, où il avait une forte garnison d'Allemands, et on croyait que la Régente l'avait appelé à son secours. Les actes de cruauté et de pillage de ses bandes indisciplinées, qui avaient gardé les habitudes de la rude guerre de Trente ans, lui avaient donné un terrible renom. Il valait cependant mieux que sa réputation. Nous avons parlé de lui longuement dans *la Misère au temps de la Fronde* (p. 137-144). Olivier d'Ormesson mentionne (tome I, p. 574, et p. 576) la terreur des Parisiens à la nouvelle « que les troupes d'Erlac étoient à Gournay, proche le pont Saint-Maxence » (entre la Somme et l'Oise). « On ne parloit, dit-il, que des troupes d'Erlac, des provisions que chacun faisoit de blé et de viande salée, et de beaucoup qui faisoient porter leurs meubles aux champs. » On craignait, dit de son côté Dubuisson Aubenay (20 septembre), qu'il ne vînt « affamer Paris. »

2. Qu'Erlac avoit passé la Somme avec quatre mille Flamands. (Ms H, Ch, 1717 A, 1718 B, F.)

aux expédients de se défendre de ses insultes. Qui l'eût cru[1], si elle eût bien su prendre son temps, ou plutôt si le retour de Monsieur le Prince ne l'eût empêchée de le prendre ? Comme on le croyoit retardé pour quelque temps, justement en celui où le Roi sortit de Paris[2], je ne crus pas avoir celui de l'attendre, comme je me l'étois proposé ; et ainsi je me résolus à un parti qui me fit beaucoup de peine, mais qui étoit bon, parce qu'il étoit l'unique.

Les extrêmes sont toujours fâcheux ; mais ils sont sages quand ils sont nécessaires. Ce qu'ils ont de consolatif[3] est qu'ils ne sont jamais médiocres et qu'ils sont décisifs quand ils sont bons. La fortune favorisa mon projet. La Reine fit arrêter Chavigni[4], et elle l'envoya au

1. Les mots : « Qui l'eût cru? » manquent dans le ms H et dans plusieurs des anciennes éditions. Dans le ms Ch, ils ont été effacés et remplacés en interligne par des astérisques.

2. Mais dès le 14, c'est-à-dire dès le lendemain du départ du Roi, on annonçait, dit Olivier d'Ormesson (tome I, p. 573), « que Monsieur le Prince seroit à Ruel dans quatre jours; » déjà on avait vu une partie de ses bagages traverser Paris, ce qui avait un peu inquiété les bourgeois.

3. A *consolatif* la plupart des anciennes éditions ont substitué *consolant*.

4. Le 18 septembre. En même temps, le marquis de Châteauneuf avait ordre de se retirer en Berry. Mme de Motteville (tome II, p. 189) a expliqué la disgrâce de ces deux politiques : « Les partis, dans les États, naissent d'ordinaire de quelque cause cachée, que les passions des hommes produisent; et souvent ces grands mouvements du monde qui détruisent ou qui établissent les empires n'ont point d'autre source que les intrigues secrètes de peu de personnes, et sur des matières très-légères. Il étoit à croire que le Parlement ne s'étoit pas porté tout seul à de si grandes entreprises. On voyoit clairement que certaines personnes étoient d'intelligence avec les principaux de cette compagnie, pour les faire agir, et leur inspirer cet esprit de rébellion qui causoit alors tant de mal à la France. Châteauneuf et Chavigny furent soupçonnés par le Cardinal d'être les deux pôles sur lesquels cette grande en-

Havre-de-Grâce. Je me servis de cet instant pour animer Viole, son ami intime, par sa propre timidité, qui étoit grande. Je lui fis voir qu'il étoit perdu lui-même, que Chavigni ne l'étoit que parce que l'on s'étoit imaginé qu'il avoit poussé lui Viole à ce qu'il avoit fait[1]; qu'il étoit visible que le Roi n'étoit sorti de Paris que pour l'attaquer; qu'il voyoit comme moi l'abattement des esprits; que si l'on les laissoit tout à fait tomber, ils ne se relèveroient plus; qu'il les falloit soutenir; que j'agissois avec succès dans le peuple; que je m'adressois à lui comme à celui en qui j'avois le plus de confiance et que j'estimois le plus, afin qu'il agît de concert dans le Parlement; que mon sentiment étoit que la Compagnie ne devoit point mollir dans ce moment, mais que comme il la connoissoit, il savoit qu'elle avoit besoin d'être éveillée dans une conjoncture où il sembloit que la sortie du Roi eût un peu trop frappé et endormi ses sens; qu'une parole portée à propos feroit infailliblement ce bon effet.

Ces raisons, jointes aux instances de Longueil, qui s'étoit joint à moi, emportèrent, après de grandes contestations, le président Viole, et l'obligèrent à faire, par le seul principe de la peur, qui lui étoit très-naturelle, une des plus hardies actions dont l'on ait peut-être ja-

---

treprise étoit fixée; et il est à croire qu'il ne se trompoit pas. » On pensa qu'il n'y avait aucun péril à les frapper, parce qu'ils n'appartenaient pas au Parlement : pourquoi ménagea-t-on le Coadjuteur, qui n'y appartenait pas non plus? Ou il était bien habile pour cacher ses menées, ou il s'est donné dans ses *Mémoires* un rôle plus grand que celui qu'il a joué en réalité à ce moment. Il nous semble au moins qu'on ne peut expliquer que de l'une de ces deux manières la liberté qui lui fut alors laissée, et en même temps le silence gardé alors à son sujet par ses contemporains.

1. Sur la conduite perfide de Chavigny, et sa dangereuse influence sur Longueil et Viole, voyez les *Mémoires d'Omer Talon*, tome V, p. 312, 316 et 317, et ceux du P. Rapin, tome I, p. 217.

mais ouï parler. Il prit le temps où[1] le président de Mesmes présenta au Parlement sa commission pour la chambre de justice[2], pour dire ce dont nous étions convenus[3],

1. D'abord, *le temps que;* le dernier mot a été biffé et remplacé par *où,* écrit en marge.
2. Cette chambre de justice venait d'être établie à la suite de l'autorisation donnée par le Roi le 14 juillet, sur la demande du Parlement, en vue de poursuivre les traitants et les financiers. D'Ormesson en donne la composition, tome I, p. 576. Un fait à remarquer, omis par M. Chéruel dans ses *Mémoires sur Fouquet,* c'est que le Parlement avait repoussé Foucquet, présenté par la cour pour remplir dans cette chambre les fonctions de procureur général.
3. Les circonstances n'obligeaient plus, ce semble, à exécuter cette convention, à persister dans ce que Retz nomme plus haut (p. 69) un parti *extrême,* l'*unique* parti. Condé était arrivé à Paris depuis le 20; on sait de plus par Mme de Motteville (tome II, p. 198 et 199) qu'il n'alla pas immédiatement à Ruel; il ne s'y rendit probablement que le 22, jour même de la motion de Viole, qui eût pu ainsi être retardée, même n'avoir pas lieu, si elle avait fait autant de peine au Coadjuteur qu'il affecte de le dire. Ce que Retz fait dire ici à Viole se trouve dans les *Mémoires d'Omer Talon* (tome V, p. 316 et 317) et dans le *Journal d'Olivier d'Ormesson* (tome I, p. 577). Le compte rendu de ce dernier exprime bien la physionomie de la séance : « Ces commissions ayant été données pour être lues, M. le président Viole prit la parole, dit qu'il y avoit des affaires plus importantes à délibérer; que chacun savoit les appréhensions que l'absence du Roi avoit données; qu'il étoit nécessaire d'y pourvoir; que les emprisonnements et les éloignements qui étoient arrivés depuis quelques jours faisoient assez connoître l'intention que l'on avoit de persécuter les gens de bien; qu'il falloit pourvoir à leur sûreté et à celle de Paris; qu'il y alloit du service du Roi. Sur ce, s'étant fait un grand applaudissement, Monsieur le Premier Président voulut faire connoître l'importance de cette délibération; mais Coulon lui ayant dit que s'il ne vouloit la faire, un autre la feroit, Monsieur le Premier Président dit qu'il falloit mander les gens du Roi pour avoir leurs conclusions. Ceux-ci étant entrés, il leur fit la proposition en termes aussi forts qu'auroit pu faire l'esprit le plus animé. Les gens du Roi, s'étant retirés pour conférer, et étant rentrés, conclurent à députer vers la Reine, pour la supplier de vouloir ramener le Roi à Paris, pour dissiper, par sa présence, toutes

qui étoit qu'il y avoit des affaires sans comparaison plus pressantes que celles de la chambre de justice; que le bruit couroit que l'on vouloit assiéger Paris, que l'on faisoit marcher des troupes, que l'on mettoit en prison les meilleurs serviteurs du feu Roi, que l'on jugeoit devoir être contraires à ce pernicieux dessein; qu'il ne pouvoit s'empêcher de représenter à la Compagnie la nécessité qu'il croyoit qu'il y avoit à supplier très-humblement la Reine de ramener le Roi à Paris; et d'autant que l'on ne pouvoit ignorer qui étoit l'auteur de tous ces maux[1], de prier M. le duc d'Orléans et les officiers de la couronne de se trouver au Parlement, pour y délibérer sur l'arrêt donné en 1617, à l'occasion du maréchal d'Ancre, par lequel étoit défendu aux étrangers[2] de s'immiscer dans le gouvernement du

---

ces appréhensions. Eux retirés, l'affaire mise en délibération, tous furent d'avis des conclusions. Mais le président de Blancmesnil ayant dit qu'il falloit aller à la cause du mal, qu'on savoit qui donnoit les mauvais conseils, que c'étoit M. le cardinal Mazarin, il parla de l'emprisonnement de M. de Chavigny, et de l'éloignement de M. de Châteauneuf, dit qu'il falloit renouveler l'arrêt de 1617 contre les étrangers, et fut d'avis qu'outre la députation on ordonnât que les princes du sang seroient conviés de venir le lendemain prendre leurs places dans la Compagnie, pour délibérer sur les affaires qui y seroient proposées. Cet avis fut suivi presque de tous avec une déclamation épouvantable. M. le président Viole dit que M. de Blancmesnil l'avoit prévenu, son intention ayant été de faire la proposition; et pour le montrer, il tira de sa poche l'arrêt de 1617, qu'il lut, et il ajouta que si M. de Blancmesnil se départoit de sa proposition, il la faisoit. M. le président de Novion se déclara aussi, disant que le cardinal Mazarin étoit un méchant, qui ne se servoit que des conseils d'un Bautru et d'un Senneterre, gens sans religion et sans honneur, et auxquels l'on devoit faire le procès sur la notoriété publique; que le cardinal Richelieu avoit fait de grandes violences, mais qu'on les avoit souffertes parce qu'il étoit François, et agissoit avec prudence et conduite. »

1. D'abord *mots*, biffé, et remplacé au-dessus par *meaux* (*sic*).
2. C'était, on le voit, ne tenir nul compte de ce que Mazarin

Royaume. Cette corde nous avoit paru à nous-mêmes bien grosse à toucher; mais il ne la falloit pas moindre pour éveiller, ou plutôt pour tenir éveillés des gens que la peur eût très-facilement jetés[1] dans l'assoupissement. Cette passion ne fait pas, pour l'ordinaire, cet effet sur les particuliers; j'ai observé qu'elle le fait sur les compagnies très-souvent. Il y a même raison pour cela; mais il ne seroit pas juste d'interrompre, pour la déduire, le fil de l'histoire.

Le mouvement que la proposition de Viole fit dans les esprits est inconcevable: elle fit peur d'abord; elle réjouit ensuite; elle anima après. L'on n'envisagea plus le Roi hors de Paris que pour l'y ramener; l'on ne regarda plus les troupes que pour les prévenir. Blancménil, qui m'avoit paru le matin comme un homme mort, nomma en propre terme[2] le Cardinal, qui n'avoit été jusque-là désigné que sous le titre de ministre. Le président de Novion éclata contre lui[3] avec des injures atroces; et le Parlement donna, même avec gaieté, arrêt par lequel il étoit ordonné que très-humbles remontrances seroient faites à la Reine pour la supplier de ramener le Roi à Paris et de faire retirer les gens de guerre du voisinage; que l'on prieroit les princes et ducs et pairs d'entrer au Parlement pour y délibérer sur les affaires nécessaires au bien de l'État, et que le prévôt

---

avait fait pour se mettre en règle : il avait été naturalisé par lettres royales (avril 1639) dûment enregistrées, que M. Cousin a retrouvées aux Archives des affaires étrangères (France, tome XCI, folio 115).

1. Dans le manuscrit, *jeté*, sans accord.

2. Il y a bien dans le manuscrit : « en propre terme, » au singulier. Les ms H, Ch, et toutes les éditions antérieures à la nôtre mettent le pluriel : « en propres termes. »

3. Retz avait écrit d'abord *lui-même;* mais ensuite il a biffé le dernier mot.

des marchands et échevins¹ seroient mandés pour recevoir les ordres touchant la sûreté de la Ville².

Le Premier Président, qui parloit presque toujours avec vigueur pour les intérêts de sa compagnie, mais qui étoit dans le fond dans ceux de la cour, me dit un moment après qu'il fut sorti du Palais : « N'admirez-vous pas ces gens ici ? Ils viennent de donner un arrêt qui peut très-bien produire la guerre civile ; et parce qu'ils n'y ont pas nommé le Cardinal, comme Novion, Viole et Blancménil le vouloient, ils croient que la Reine leur en doit de reste. » Je vous rends compte de ces minuties, parce qu'elles vous font mieux connoître l'état³ et le génie de cette compagnie que des circonstances plus importantes.

Le président le Cogneux, que je trouvai chez le Premier Président, me dit tout bas : « Je n'ai espérance qu'en vous ; nous serons tous pendus⁴, si vous n'agissez sous terre. » J'y agissois effectivement, car j'avois travaillé toute la nuit avec Saint-Ibar à une instruction avec laquelle je faisois état de l'envoyer à Bruxelles pour traiter avec le comte de Fuensaldagne, et pour l'obliger à marcher à notre secours, en cas de besoin, avec l'armée d'Espagne⁵. Je ne le pouvois pas assurer

---

1. Retz, dans cette locution, fait ainsi d'ordinaire l'ellipse de l'article. Les ms H, Ch, et plusieurs des anciennes éditions donnent : *et les échevins*.

2. L'ordre donné au prévôt des marchands se trouve mentionné dans les *Registres de l'Hôtel de Ville pendant la Fronde*, tome I, p. 38 et 39.

3. Après *l'état*, Retz avait écrit d'abord : *de*, qu'il a effacé pour ajouter : *et le génie*.

4. Les anciennes éditions changent, pour la plupart, *pendus* en *perdus* : voyez ci-dessus, p. 36, note 3.

5. Nous avons déjà exprimé quelques doutes au sujet des relations de Retz avec l'Espagne à cette époque. Quoi qu'il en soit, le ton dégagé avec lequel le Coadjuteur s'impute, sans qu'elles soient

du Parlement ; mais je m'engageois, en cas que Paris fût attaqué et que le Parlement pliât, de me déclarer et de faire déclarer le peuple. Le premier coup étoit sûr ; mais il eût été très-difficile à soutenir sans le Parlement. Je le voyois bien ; mais je voyois encore mieux qu'il y a des conjonctures où la prudence même ordonne de ne consulter que le chapitre des accidents.

Saint-Ibar étoit botté pour partir[1], quand M. de Châtillon arriva chez moi, qui me dit en entrant que Monsieur le Prince, qu'il venoit de quitter, devoit être à Ruel le lendemain[2]. Il ne me fut pas difficile de le faire parler, parce qu'il étoit mon parent et mon ami ; il haïssoit de plus extrêmement le Cardinal[3]. Il me dit que Monsieur le Prince étoit enragé contre lui[4] ; qu'il étoit persuadé qu'il perdroit l'État si l'on le laissoit faire ; qu'il avoit en son particulier de très-grands sujets de se plaindre de lui ; qu'il avoit découvert à l'armée que le Cardinal lui avoit

---

vraies peut-être, des intelligences avec l'étranger nous montre, comme plus d'un autre exemple de ce temps-là, ce qu'il restait encore des préjugés et de l'esprit d'indépendance de l'ancienne noblesse féodale, qui, dans ses révoltes contre la royauté, croyait pouvoir, au besoin, s'appuyer sans scrupule sur les ennemis de la France.

1. Saint-Ibal étoit botté pour Paris. (1843.)
2. Il y a ici de la confusion dans les dates. Si Retz a fait ses dépêches pour l'Espagne la nuit, veille de la délibération au Parlement, ce serait dans la nuit du 21 au 22 ; l'entrevue de Châtillon, retardant le départ de Saint-Ibal, serait du 22 ; celui-ci aurait annoncé que Condé serait à Ruel le lendemain 23 ; et on sait que Condé, arrivé à Paris le 20, se rendit à Ruel le 22, où il se trouva en personne auprès de la Reine lorsqu'elle reçut la députation du Parlement, et où il traita lui-même assez mal cette députation.
3. Mazarin lui faisait trop attendre le maréchalat.
4. Condé était mécontent du refus qu'on lui avait fait de l'amirauté à la mort d'Armand de Brezé, son beau-frère, et de l'abandon où, disait-il, Mazarin, malgré toutes ses promesses, l'avait laissé en Espagne devant Lérida.

débauché le marquis de Noirmoutier [1], avec lequel il avoit un commerce de chiffre pour être averti de tout à son préjudice. Enfin, je connus par tout ce que me dit Châtillon que Monsieur le Prince n'avoit nulles mesures particulières avec la cour. Je ne balançai pas, comme vous vous pouvez imaginer : je fis débotter Saint-Ibar, qui faillit à en enrager, et quoique j'eusse résolu de contrefaire le malade pour n'être point obligé d'aller à Ruel, où je ne croyois pas de sûreté pour moi, je pris le parti de m'y rendre un moment après que Monsieur le Prince y seroit arrivé. Je n'appréhendai plus d'y être arrêté, et parce que Châtillon m'avoit assuré qu'il étoit fort éloigné de toutes les pensées d'extrémité, et parce que j'avois tout sujet de prendre confiance en l'honneur de son amitié. Il m'avoit sensiblement obligé, comme vous avez vu, à propos du drap de pied de Notre-Dame [2], et je l'avois servi auparavant, avec chaleur [3], dans le démêlé qu'il eut avec Monsieur, touchant le chapeau de cardinal prétendu par Monsieur son frère [4]. La Rivière eut l'insolence de s'en plaindre, et le Cardinal eut la foiblesse d'y balancer. J'offris à Monsieur le Prince l'intervention en corps de l'Église de Paris. Je vous marque cette circonstance, que j'avois oubliée dans ce récit [5], pour vous faire voir que je pouvois judicieusement aller à la cour.

1. Louis de la Trémoille, depuis duc de Noirmoutiers, maréchal de camp dans l'armée de Condé. La suite des *Mémoires* montrera que Retz avait des raisons particulières de ne pas aimer ce personnage, qu'il soupçonnait d'avoir trahi sa confiance lors de sa captivité.
2. Voyez au tome I, p. 257 et suivantes.
3. Et je l'aurois (avois, 1717 A) servi au Parlement, avec chaleur. (Ms H, Ch, 1717 A, 1718 B, F.)
4. Nous avons déjà dit, à l'année 1645 (tome I, p. 262, note 1), que Retz avait placé ce démêlé beaucoup trop tôt : il n'a pas encore eu lieu au moment qui nous occupe, mais nous y touchons.
5. Ici Retz a biffé cinq lignes que, malgré cela, les derniers éditeurs (1837-1866) ont cru devoir reproduire. Les voici : « et qui

La Reine m'y traita admirablement bien ; elle faisoit collation auprès de la grotte. Elle affecta de ne donner qu'à Madame la Princesse la mère[1], à Monsieur le Prince et à moi des poncires[2] d'Espagne que l'on lui avoit apportés. Le Cardinal me fit des honnêtetés extraordinaires; mais je remarquai qu'il observoit avec application la manière dont Monsieur le Prince me traiteroit. Il ne fit que m'embrasser en passant dans le jardin, et, à un autre tour d'allée, il me dit fort bas : « Je serai demain à sept heures chez vous; il y aura trop de monde à l'hôtel de Condé[3]. »

me donne la satisfaction à moi-même de penser qu'il n'y aura pas eu un point dans ma vie dont je n'ai (*sic*) eu celle de vous rendre compte ; c'est (*pour vous faire voir*).... » Une main étrangère les a récrites au-dessus ; du reste, la plupart des mots sont lisibles sous la rature. Les ms H, Ch, et toutes les anciennes éditions omettent ce passage effacé ; les deux manuscrits indiquent une lacune, mais ils la marquent après les mots : *l'Église de Paris*, au lieu de la mettre à sa vraie place, après : *ce récit*.

1. Charlotte-Marguerite de Montmorency, veuve du prince de Condé, mort en 1646, qu'elle avait épousé en 1609 ; elle mourut à Châtillon le 2 décembre 1650. Voyez son portrait et sa biographie dans *la Jeunesse de Mme de Longueville*, par M. Cousin, p. 61-67.

2. Poncire ou *poncis*, en espagnol *ponci*, *poncil*, *poncidre*, « sorte de citron, de limon fort gros et odorant, et dont on fait ordinairement cette confiture qu'on appelle *écorce de citron*. » (*Dictionnaire de l'Académie de* 1694.)

3. L'hôtel de Condé était situé sur le vaste emplacement que comprend aujourd'hui la rue de Condé, la rue, la place et le théâtre de l'Odéon, jusqu'à la rue Monsieur-le-Prince ; il était « magnifiquement bâti, » dit Sauval (p. 68), qui l'appelle plus loin (p. 181) : « le plus magnifique du temps. » C'était l'ancien hôtel de Gondi ; le prince de Condé l'avait acheté en 1612. L'entrée était dans la rue de Condé, qui s'appelait alors rue Neuve-Saint-Lambert. Voyez le *Plan* de Gomboust, feuille VI. Pérelle a gravé l'hôtel et les jardins. Germain Brice a aussi décrit l'hôtel de Condé dans sa *Description de Paris*, tome II, p. 197 (édition de 1687) ; il parle du riche mobilier, de la bibliothèque, et vante surtout le jardin.

Il n'y manqua pas[1], et aussitôt qu'il fut dans le jardin de l'Archevêché, il m'ordonna de lui exposer au vrai l'état des choses et toutes mes pensées. Je vous puis et dois dire, pour la vérité, que j'aurois lieu de souhaiter que le discours que je lui fis, et que je lui fis beaucoup plus du cœur que de la bouche, fût imprimé et soumis au jugement des trois états assemblés : l'on trouveroit beaucoup de défauts dans mes expressions ; mais j'ose vous assurer que l'on n'en condamneroit pas les sentiments. Nous convînmes que je continuerois à faire pousser le Cardinal par le Parlement, que je mènerois la nuit, dans un carrosse inconnu, Monsieur le Prince chez Longueil et chez Broussel, pour les assurer qu'ils ne seroient pas abandonnés au besoin ; que Monsieur le Prince donneroit à la Reine toutes les marques de complaisance et d'attachement, et qu'il répareroit même avec soin celles qu'il avoit laissées[2] paroître de son mécontentement du Cardinal, afin de s'insinuer dans l'esprit de la Reine[3] et de la disposer insensiblement à recevoir et à suivre ses conseils ; qu'il feindroit, au commencement de donner en tout dans son sens, et que, peu à peu, essayeroit de l'accoutumer à écouter les vérités aux-

1. Cette visite eut lieu le 23 ; car Mme de Motteville dit positivement (tome II, p. 199) que jusqu'au 22 Condé n'était pas encor allé à Ruel, et qu'il reçut à Paris le président de Maisons, qui était allé l'inviter à se rendre le lendemain au Parlement. Madame la Princesse dit à Mme de Motteville, « ce même jour (22), à Ruel que son fils avait répondu à ce président qu'il partoit pour venir trouver la Reine et recevoir ses ordres ; qu'il les prioit d'en vouloir faire autant, et se résoudre tous de lui obéir comme il avoit intention de le faire. » Quelques heures après, tous les députés ensemble arrivèrent à Ruel, où se trouve enfin Condé.

2. *Laissé*, sans accord, dans le manuscrit.

3. Les ms H, Ch, et les éditions de 1717 A, 1718 B, F abrégent et altèrent ainsi ce qui suit le mot *Reine :* « et de tâcher par ses conseils de lui (la, 1718 B) faire donner en tout dans son sens.... »

quelles elle avoit toujours fermé l'oreille ; que l'animosité des peuples augmentant et les délibérations du Parlement continuantes[1], il feroit semblant de s'affoiblir contre sa propre inclination et par la pure nécessité ; et qu'en laissant ainsi couler le Cardinal plutôt que tomber, il se trouveroit maître du cabinet par l'esprit de la Reine, et arbitre du public et par l'état des choses et par le canal des serviteurs qu'il y avoit[2].

1. Tel est le texte du manuscrit.
2. Un manuscrit inédit, intitulé *Mémoires sur la régence d'Anne d'Autriche*, conservé aux Archives de l'Empire (section historique, M 882), et qui, d'après certains passages, nous paraît, comme à M. Chéruel (*Journal de d'Ormesson*, tome I, p. 584 et 585), pouvoir être attribué au maréchal d'Estrées, impute à Chavigny l'idée et le conseil de la marche tortueuse proposée au prince de Condé : « M. de Chavigny, qui.... croyoit avoir grande occasion de mécontentement, s'imaginant que le temps fût venu de s'en ressentir et de s'en venger, n'en voulut pas perdre l'occasion, et fut trouver le président Perrault, intendant des affaires de Monsieur le Prince, et que l'on croyoit avoir près de lui beaucoup de créance, pour lui représenter que Monsieur le Prince pourroit mériter beaucoup du public, si, sans s'arrêter au prétexte et à l'espérance que maintenir le cardinal Mazarin c'étoit faire le service du Roi, il prenoit une voie moyenne entre celle de se joindre avec le Parlement et celle d'entreprendre la protection et conservation du cardinal Mazarin, demeurant neutre et comme arbitre entre les uns et les autres; que, par ce moyen, il s'établiroit une créance et un pouvoir par lequel il empêcheroit que les choses ne se portassent en des extrémités dangereuses en fortifiant l'autorité que le Parlement voudroit prendre; ou bien se rendant odieux au public en voulant conserver le cardinal Mazarin, il s'attireroit une partie de la haine publique qui étoit contre lui, et que, au lieu de lui en savoir gré, quand le dessein de le conserver lui réussiroit, il ne le payeroit enfin que d'ingratitude et de méconnoissance. Le président Perrault lui dit qu'il feroit savoir à Monsieur le Prince ce qu'il lui représentoit. Mais cette proposition ayant été sue de Monsieur le Prince, il n'y voulut point entendre, soit qu'il jugeât bien que l'entreprise du Parlement à l'encontre de l'autorité souveraine alloit à la destruction entière de la maison royale, soit qu'il considérât que M. le duc d'Orléans ne se séparant point des intérêts du Roi

Il est constant que, dans l'agitation où l'on étoit, il n'y avoit que ce remède pour rétablir les affaires [1], et il ne l'est pas moins qu'il n'étoit pas moins facile que nécessaire. Il ne plut pas à la providence de Dieu de le bénir, quoiqu'elle lui eût donné la plus belle ouverture qu'ait [2] jamais pu avoir aucun projet. Vous en verrez la suite après que je vous aurai dit un mot de ce qui se passa immédiatement auparavant [3].

Comme la Reine n'étoit sortie de Paris que pour se donner lieu d'attendre, avec plus de liberté, le retour des troupes avec lesquelles elle avoit dessein d'insulter ou d'affamer la ville (il est certain qu'elle pensa à l'un et à l'autre), comme, dis-je, la Reine [4] n'étoit sortie qu'avec cette pensée, elle ne ménagea pas beaucoup le Parlement [5] à l'égard du dernier arrêt dont je vous ai parlé ci-dessus [6], et par lequel elle étoit suppliée de ramener le Roi à Paris. Elle répondit aux députés qui étoient allés faire les remontrances qu'elle en étoit fort surprise et fort étonnée, que le Roi avoit accoutumé, tous les ans, de prendre l'air en cette saison, et que sa

et de ceux de M. le cardinal Mazarin, il ne pouvoit point demeurer dans cet état moyen, et seroit forcé de se jeter dans le parti du Parlement, dans lequel il ne pouvoit rencontrer que du préjudice, aidant à un dessein si contraire à ce qui étoit de sa grandeur propre. » — La Rochefoucauld (p. 416) parle aussi, mais avec des détails un peu différents, de diverses tentatives de Chavigny sur l'esprit de Condé par l'intermédiaire de Châtillon et de Perrault.

1. M. Bazin fait remarquer que les *Mémoires* sont pleins de ces remèdes infaillibles proposés par Retz, et qui ne vont jamais jusqu'à l'épreuve.

2. Dans le manuscrit, *qu'aie*.

3. *Auparavant* est au-dessus d'une rature, sous laquelle nous lisons : *dans [l'âme?] de M. le Prince*.

4. La plupart des éditions anciennes omettent cette reprise : « comme, dis-je, la Reine, etc. »

5. Retz avait ajouté : *ni la Ville* ; il a ensuite effacé ces mots.

6. Voyez p. 73.

santé lui étoit plus chère qu'une vaine frayeur du peuple. Monsieur le Prince, qui arriva justement dans ce moment, et qui ne donna pas dans la pensée que l'on avoit à la cour d'attaquer Paris, crut qu'il la falloit au moins satisfaire par les autres marques qu'il pouvoit donner à la Reine de son attachement à ses volontés. Il dit au Président et aux deux conseillers[1], qui l'invitoient à venir prendre sa place, selon la teneur de l'arrêt, qu'il ne s'y trouveroit pas, et qu'il obéiroit à la Reine, en dût-il périr[2]. L'impétuosité de son humeur l'emporta, dans la chaleur du discours, plus loin qu'il n'eût été par réflexion, comme vous le jugez aisément par ce que je vous viens de dire de la disposition où il étoit, même devant que je lui eusse parlé[3]. M. le duc d'Orléans répondit qu'il n'iroit point, et que l'on avoit fait dans la Compagnie des propositions trop hardies et insoutenables. M. le prince de Conti parla[4] au même sens.

Le lendemain[5], les gens du Roi apportèrent au Par-

1. Aux deux présidents et aux conseillers. (1859, 1865.)
2. Ce sont les expressions mêmes de *l'Histoire du temps*, p. 351.
3. Les mots : *où il étoit, même devant que je lui eusse parlé*, ont été ajoutés par Retz à la marge.
4. Retz avait mis d'abord : *M. le prince de Conti et M. de Longueville parlèrent...*; il a ensuite modifié la phrase, comme notre texte la donne. — Le duc de Longueville parla en effet comme le prince de Conti. Voyez *l'Histoire du temps*, p. 352.
5. Le lendemain, 23 septembre. Voyez les détails de la séance dans le *Journal de d'Ormesson* (tome I, p. 578-580), qui y assista, par devoir, comme maître des requêtes député ce jour-là. Ni Omer Talon, ni le *Journal du Parlement*, ni *l'Histoire du temps* ne donnent une idée exacte des scènes orageuses retracées par d'Ormesson, qui s'accorde avec Retz sur la « chaleur inconcevable » avec laquelle la Compagnie opina : voyez plus loin, p. 82, et note 2. — *L'Histoire du temps* donne (p. 355-358) deux lettres du duc d'Orléans et du prince de Condé; ils déclarent qu'ils ne se rendront pas au Parlement, et engagent au contraire la Compagnie à venir trouver la Reine.

lement un arrêt du conseil, qui portoit cassation de celui du Parlement et défenses de délibérer sur la proposition de 617[1] contre le ministère des étrangers. La Compagnie opina avec une chaleur inconcevable[2], ordonna des remontrances par écrit, manda le provôt des marchands pour pourvoir à la sûreté de la ville ; commanda à tous les gouverneurs de laisser les passages libres, et que dès le lendemain, toutes affaires cessantes, l'on délibéreroit sur la proposition de 617[3]. Je fis l'impossible toute la nuit pour rompre ce coup,

1. C'est ainsi que Retz écrit, ici et six lignes plus loin, au lieu de 1617.
2. « Je ne vis jamais, dit d'Ormesson (tome I, p. 580), telle chaleur pour attirer à son parti. On disoit des faussetés pour émouvoir : qu'il y avoit des troupes à Saint-Denis pour empêcher les vivres ; qu'il n'y avoit point de sûreté ; et sur ce que Monsieur le Premier Président assuroit du contraire, M. Viole lui dit que, puisqu'il étoit si assuré, qu'il voulût l'assurer de sa vie. M. de Novion ajouta que, quand on voudroit l'assurer, il ne croiroit point l'être pourtant, et qu'il ne bailleroit point sa vie pour une autre. A reprendre les voix, l'on disoit : « Celui-ci est de notre avis, » avec des chaleurs furieuses, ce qui me fit juger que le bien public ne servoit plus que de prétexte pour venger les injures particulières. » — D'Ormesson dit qu'il y eut soixante-treize voix contre soixante-dix-neuf ; Talon (tome V, p. 322) soixante et onze contre soixante-sept. — Paris n'était pas plus calme que le Parlement ; la veille au soir (le 22), la Reine avait fait enlever son jeune fils, Philippe d'Anjou (le futur duc d'Orléans), laissé au Palais-Royal, malade de la petite vérole, et l'avait fait conduire à Ruel, d'où la cour se retira à Saint-Germain. « Chacun voulut faire provision de pain et de blé, dont il y eut grand bruit aux halles. L'on pilla un demi-muid de blé aux jésuites. Force gens voulurent enlever leurs meubles, dont il y eut de pillés.... » (*D'Ormesson*, tome I, p. 581.)
3. Il n'est pas question, comme ce passage pourrait le faire croire, de la proposition de 1617 dans l'arrêt du Parlement du 23 septembre ; seulement on s'en était beaucoup préoccupé dans la discussion qui précéda. Retz a été encore induit en erreur par *l'Histoire du temps* (p. 353), dont il reproduit les termes même : « toutes affaires cessantes. »

parce que j'avois lieu de craindre qu'il ne précipitât les choses au point d'engager Monsieur le Prince, malgré lui-même, dans les intérêts de la cour. Longueil courut de son côté pour le même effet. Broussel lui promit d'ouvrir l'avis modéré; les autres ou m'en assurèrent ou me le firent espérer.

Ce ne fut plus cela le lendemain[1] au matin. Ils s'échauffèrent les uns les autres devant que de s'asseoir[2]. Ce maudit esprit de classe[3] dont je vous ai déjà parlé les saisit; et ces mêmes gens qui deux jours devant trembloient de frayeur, et que j'avois eu[4] tant de peine à rassurer, passèrent tout d'un coup, et sans savoir pourquoi, de la peur même bien fondée à l'aveugle fureur, et telle qu'ils ne firent pas seulement de réflexion que le général de cette même[5] armée, dont le nom seul leur avoit fait peur, et qu'ils devoient plus appréhender que son armée, parce qu'ils avoient[6] sujet de le croire très-mal intentionné pour eux, comme ayant toujours été très-attaché à la cour[7], ils ne firent pas, dis-je, seulement réflexion que ce général venoit d'y arriver; et ils donnèrent cet arrêt que je vous ai marqué ci-dessus, qui obligea la Reine de faire sortir

1. Le 24 septembre. — Dans aucun autre document on ne voit trace de « l'aveugle fureur » dont parle ici Retz : voyez le *Journal de d'Ormesson*, tome I, p. 581, *l'Histoire du temps*, p. 362, la *Suite du Journal du Parlement*, p. 3, les *Mémoires de Molé*, tome III, p. 281 et 282, et ceux d'Omer Talon, tome V, p. 323.
2. Les ms H et Ch, et 1717 A, 1718 F changent *s'asseoir* en *sçavoir*; 1718 B, en *se voir*.
3. Au sens où nous dirions aujourd'hui : « esprit de corps. »
4. *J'avois eu* est en interligne, au-dessus de *j'eus*, biffé.
5. *Même* a été ajouté au-dessus de la ligne.
6. Dans le manuscrit original, *avoit*, par inadvertance, pour *avoient*.
7. « Comme ayant toujours été très-attaché à la cour » a été ajouté en marge.

de Paris Monsieur d'Anjou, tout rouge encore de sa petite vérole, et Mme la duchesse d'Orléans même malade[1]; et qui eût commencé la guerre civile dès le lendemain, si Monsieur le Prince, avec lequel j'eus sur ce sujet une seconde conférence de trois heures, n'eût pris le parti du monde le plus saint[2] et le plus sage. Quoiqu'il fût très-mal persuadé du Cardinal, et à l'égard du public et au sien particulier, et quoiqu'il ne fût guère plus satisfait de la conduite du Parlement, avec lequel l'on ne pouvoit prendre aucune mesure en corps[3], ni de bien sûres avec les particuliers, il ne balança pas un moment à prendre la résolution qu'il crut la plus utile au bien de l'État. Il marcha, sans hésiter, d'un pas égal entre le cabinet et le public, entre la faction et la cour, et il me dit ces propres paroles, qui me sont toujours demeurées[4] dans l'esprit, même dans la plus grande chaleur de nos démêlés : « Le Mazarin ne sait ce qu'il fait; il perdroit l'État, si l'on n'y prenoit garde. Le Parlement va trop vite : vous me l'aviez bien dit, et je le vois. Si il se ménageoit, comme nous l'avions concerté, nous ferions nos affaires ensemble et celles du public. Il se précipite et si je me précipitois avec lui, je ferois peut-être mes affaires mieux que lui; mais je m'appelle Louis de Bourbon, et je ne veux pas ébranler la couronne. Ces diables de bonnets carrés sont-ils enragés de m'engager ou à faire demain la guerre civile, ou à les étrangler eux-mêmes, et à mettre sur leur tête et sur

---

1. Marguerite de Lorraine, seconde femme de Gaston. Elle était grosse, et accoucha trois semaines après.

2. *Le plus sain* dans presque toutes les éditions antérieures à la nôtre. Les deux copies H et Ch portent *saint*, comme le manuscrit R.

3. Il y avait d'abord : *ni mesure en corps;* Retz a biffé *ni*, et écrit au-dessus : *aucune*.

4. Dans le manuscrit, par mégarde : *demeurés*.

la mienne un gredin de Sicile, qui nous pendra[1] tous à la fin ? »

Monsieur le Prince avoit raison dans la vérité d'être embarrassé et fâché; car vous remarquerez que ce même Broussel, avec lequel il avoit pris lui-même des mesures, et qui m'avoit positivement promis d'être modéré dans cette délibération, fut celui qui ouvrit l'avis de l'arrêt, et qui ne m'en donna d'autre excuse que l'emportement général qu'il avoit vu dans tous les esprits. Enfin la conclusion de notre conférence fut qu'il partiroit au même moment pour Ruel; qu'il s'opposeroit, comme il avoit déjà commencé[2], aux projets, déjà concertés et résolus, d'attaquer Paris, et qu'il proposeroit à la Reine que M. le duc d'Orléans et lui écrivissent au Parlement, et le priassent d'envoyer des députés pour conférer et pour essayer de remédier aux nécessités de l'État.

Je suis obligé de dire, pour la vérité, que ce fut lui qui me proposa cet expédient, qui ne m'étoit point venu dans l'esprit. Il est vrai qu'il me charma et qu'il me toucha au point que Monsieur le Prince s'aperçut de mon transport, et qu'il me dit avec tendresse : « Que vous êtes éloigné des pensées que l'on vous croit à la cour ! Plût à Dieu que tous ces coquins de ministres eussent d'aussi bonnes intentions que vous ! »

J'avois fort assuré Monsieur le Prince que le Parlement ne pouvoit qu'agréer extrêmement l'honneur que Monsieur d'Orléans et lui lui feroient de lui écrire; mais j'avois ajouté que je doutois que, vu l'aigreur des es-

1. Les ms H, Ch, et toutes les éditions, sauf 1718 D, ont changé *pendra* en *perdra*. Nous avons déjà vu deux fois (p. 36, note 3, et p. 74, note 4) ces deux verbes ainsi confondus.
2. Ce membre de phrase a été ajouté en marge.

prits, il voulùt conférer avec le Cardinal; que[1] j'étois persuadé que si lui, Monsieur le Prince, pouvoit faire en sorte d'obliger la cour à ne point se faire une affaire ni une condition de la présence de ce ministre, il se donneroit à lui-même un avantage très-considérable, et en ce que tout l'honneur de l'accommodement, où Monsieur à son ordinaire ne serviroit que de figure, lui reviendroit, et en ce que l'exclusion du Cardinal décréditeroit au dernier point son ministère, et seroit un préalable très-utile aux coups que Monsieur le Prince faisoit état de lui donner dans le cabinet. Il comprit très-bien son intérêt; et le Parlement ayant répondu à Choisi, chancelier de Monsieur, et au chevalier de Rivière, gentilhomme de la chambre de Monsieur le Prince[2], qui y avoient porté les lettres de leurs maîtres, que le lendemain ses députés iroient à Saint-Germain, pour conférer avec Messieurs les princes seulement[3], Monsieur le Prince se servit très-habilement de cette parole pour faire croire au Cardinal qu'il ne se devoit pas commettre, et qu'il étoit de sa prudence de se faire hon-

1. D'abord : « mais que ; » *mais* a été biffé.
2. Jean de Choisy, seigneur de Balleroy, conseiller d'État, chancelier du duc d'Orléans. — Le chevalier de Rivière, ou, comme dit Mme de Motteville (tome II, p. 207), de la Rivière, était probablement le chancelier de Condé; d'Ormesson le nomme (tome I, p. 581) « le chancelier de Rivière. » Le P. Rapin, dans ses *Mémoires*, tome I, p. 248, parle d'un chevalier Gratien de Rivière, premier gentilhomme et favori de Monsieur le Prince, qui fut tué, en 1672, à la journée de Wœrden, à la tête du régiment de Navarre; il était d'une famille de Guienne. C'est très-probablement celui dont il s'agit ici.
3. On trouve ces lettres dans Mme de Motteville, tome II, p. 207-209, et dans *l'Histoire du temps*, p. 355-358. — Retz rappelle la formule même de l'arrêt « *avec Messieurs les princes seulement,* » employée pour exclure Mazarin. Voyez aussi le *Journal de d'Ormesson*, tome I, p. 581, et Omer Talon, tome V, p. 323 et 324.

neur de la nécessité. Cette atteinte fut cruelle à la personne d'un cardinal reconnu, depuis la mort du feu Roi, pour premier ministre ; et la suite ne lui en fut pas moins honteuse. Le président Viole, qui avoit ouvert l'avis au Parlement de renouveler l'arrêt de 617 contre les étrangers, vint à Saint-Germain [1], où le Roi étoit allé de Ruel [2], sous [3] la parole de Monsieur le Prince, et il fut admis sans contestation à la conférence qui fut tenue chez M. le duc d'Orléans, accompagné de Monsieur le Prince, de M. le prince de Conti et de M. de Longueville [4].

L'on y traita presque tous les articles qui avoient été proposés à la chambre de Saint-Louis, et Messieurs les princes en accordèrent beaucoup avec facilité. Le Premier Président, s'étant plaint de l'emprisonnement de M. de Chavigni, donna lieu à une contestation considérable, parce que sur la réponse que l'on lui fit que Chavigni n'étant pas du corps du Parlement, cette action ne regardoit en rien la Compagnie, il répondit que les ordonnances obligeoient à ne laisser personne en prison plus de vingt-quatre heures sans l'interroger. Monsieur s'éleva avec chaleur à ce mot, qu'il prétendit donner des bornes trop étroites à l'autorité royale. Viole

---

1. Le 25 septembre.
2. Nous résumerons ce qui se rapporte à cette partie du récit dans une note de l'*Appendice*. Le Roi était allé de Ruel à Saint-Germain le 24 septembre, le même jour que le Parlement consentait à la conférence.
3. Les éditions de 1719-1828 ont changé *sous* en *sur*.
4. Après *Longueville*, l'auteur avait ajouté ces mots, qu'il a ensuite biffés : « à l'exclusion de tous les ministres. » — Il y a ici une lacune dans le *Journal de d'Ormesson*, du 24 septembre au 9 décembre. Sur ces conférences de Saint-Germain les meilleures sources à consulter sont les *Mémoires de Talon* (tome V, p. 323-360), ceux de Molé (tome III, p. 281-296), et la *Suite du Journal du Parlement* (p. 1-19)

le soutint avec vigueur; les députés, tous d'une voix[1], y demeurèrent fermes, et en ayant fait le lendemain leur rapport au Parlement, ils en furent loués; et la chose fut poussée avec tant de force et soutenue avec tant de fermeté, que la Reine fut obligée de consentir que la déclaration portât[2] que l'on ne pourroit plus tenir aucun, même particulier, du Royaume en prison plus de trois jours sans l'interroger. Cette clause obligea la cour de donner aussitôt après la liberté à Chavigni, qu'il n'y avoit pas lieu d'interroger en forme.

Cette question, que l'on appeloit celle de la sûreté publique, fut[3] presque la seule qui reçut beaucoup de contradiction, le ministère ne se pouvant résoudre à s'astreindre à une condition aussi contraire[4] à sa pratique, et le Parlement n'ayant pas moins de peine à se relâcher d'une ancienne ordonnance accordée par nos rois, à la réquisition des états. Les vingt-trois autres propositions de la chambre de Saint-Louis passèrent avec plus de chaleur entre les particuliers que de contestation pour leur substance. Il y eut cinq conférences à Saint-Germain[5]. Il n'entra dans la première que Messieurs les princes. Le Chancelier et le maréchal de la Meilleraie, qui avoit été fait surintendant en la place d'Émeri, furent admis dans les quatre autres. Ce premier y eut de grandes prises avec le Premier Président, qui avoit un mépris pour lui qui alloit jusques à la bru-

1. « Tout d'une voix, » dans le ms H, et dans les éditions de 1718 C, D, E, 1843-1866.
2. Retz avait commencé par mettre *porteroit*, qu'il a ensuite changé en *portât* (*portast*).
3. D'abord, *fut la*; le second mot a été biffé, puis récrit à la suite de *presque*.
4. D'abord, *aussi nécessaire*; Retz a effacé le second mot, pour le remplacer, au-dessus de la ligne, par *contraire*.
5. Le 25 et le 27 septembre, le 1er, le 3 et le 4 octobre.

talité. Le lendemain de chaque conférence, l'on opinoit, sur le rapport des députés, au Parlement. Il seroit infini et ennuyeux de vous rendre compte de toutes les scènes qui y furent données au public, et je me contenterai de vous dire, en général, que le Parlement, ayant obtenu ou plutôt emporté sans exception tout ce qu'il demandoit, c'est-à-dire le rétablissement des anciennes ordonnances par une déclaration conçue[1] sous le nom du Roi, mais dressée et dictée par la Compagnie, crut encore qu'il se relâchoit beaucoup en promettant qu'il ne continueroit pas ses assemblées. Vous verrez cette déclaration toute[2] d'une vue, si il vous plaît de vous ressouvenir des propositions que je vous ai marqué[3] de temps en temps, dans la suite de cette histoire, avoir été faites dans le Parlement et dans la chambre de Saint-Louis.

Le lendemain qu'elle fut publiée et enregistrée, qui fut le 24 d'octobre 1648[4], le Parlement prit ses vacations, et la Reine revint avec le Roi à Paris bientôt après[5]. J'en rapporterai les suites, après que je vous aurai rendu compte de deux ou trois incidents qui survinrent[6] dans le temps de ces conférences.

1. *Conçue* est en interligne.
2. Ici encore presque toutes les éditions anciennes et récentes mettent *tout*, au sens adverbial.
3. Retz a écrit *marquées*.
4. Ce même jour du 24 octobre, où la déclaration fut enregistrée au Parlement, on signa à Munster la paix de Westphalie.
5. Le 31 octobre. Pour les détails, voyez les *Registres de l'Hôtel de Ville*, tome I, p. 59-61. — Selon Mademoiselle de Montpensier (tome I, p. 188), la veille, 30 octobre, éclata la querelle entre le duc d'Orléans et le prince de Condé, au sujet du chapeau de cardinal, promis depuis le 18 mai à l'abbé de la Rivière, et pour lequel le prince de Condé demandait que son frère Conti fût préféré.
6. Retz a d'abord écrit *arrivèrent*, qu'il a ensuite biffé.

Mme de Vendôme présenta requête au Parlement[1], pour lui demander la justification de Monsieur son fils, qui s'étoit sauvé, le jour de la Pentecôte précédente, de la prison du bois de Vincennes, avec résolution et bonheur[2]. Je n'oubliai rien pour la servir en cette occasion ; et Mme de Nemours, sa fille, avoua que je n'étois pas méconnoissant[3].

Je ne me conduisis pas si raisonnablement dans une autre rencontre qui m'arriva. Le Cardinal, qui eût souhaité avec passion de me perdre dans le public, avoit engagé le maréchal de la Meilleraie, surintendant des finances et mon ami, à m'apporter chez moi quarante mille écus que la Reine m'envoyoit pour le payement

---

1. Le 30 septembre. — La requête, comme dit Omer Talon (tome V, p. 397), « étoit présentée par Mme de Vendôme au nom de Monsieur son mari, et de M. de Beaufort, son fils. » Nous l'avons trouvée à la Bibliothèque impériale. Tout du moins nous fait croire que c'est la pièce de huit pages d'impression, in-4°, sans lieu, ni date, ni titre, cotée $\frac{L37b}{1430}$. Elle commence ainsi : « A Nosseigneurs du Parlement supplient hunblement Cæsar de Vandosme, duc de Vandosmois..., et François de Vandosme, duc de Beaufort..., fils dudit duc de Vandosme. » Tout ce qui regarde le duc de Beaufort, son évasion, ses persécutions, s'y trouve avec les plus grands détails, surtout aux pages 6 et 7.

2. L'évasion de Beaufort avait eu lieu le 31 mai, jour de la Pentecôte ; Mme de Motteville (tome II, p. 57 et suivantes) et Joly (tome I, p. 11-14) l'ont racontée longuement. Il faut remarquer que Retz n'en a rien dit. Nous avons vu au sujet de cette évasion une pièce curieuse, intitulée : *Lettre de prédiction écrite à Madame la duchesse de Beaufort, au mois de Juin 1647, où par une juste observation d'astrologie est noté le temps que M. le duc de Beaufort, son fils, devoit sortir du bois de Vincennes. Cette lettre n'a pu être publiée au temps qu'elle fut présentée à Madame de Vendosme, pour ne point mettre d'obstacle à ses heureux pronostics*, 1649, 7 pages, signées C. M. J.

3. Retz fait ici allusion aux légères faveurs dont il s'est vanté plus haut (tome I, p. 195 et 196). Son intervention, en cette occurrence, n'eut point de résultat, ou n'en eut, en tout cas, que fort peu.

de mes dettes, en reconnoissance, disoit-il[1], des services que j'avois essayé de lui rendre le jour des barricades[2]. Observez, je vous supplie, que lui, qui m'avoit donné les avis les plus particuliers des sentiments de la cour sur ce sujet, les croyoit de la meilleure foi du monde changés pour moi, parce que le Cardinal lui avoit témoigné une douleur sensible de l'injustice qu'il m'avoit faite, et qu'il avoit reconnue clairement du depuis. Je ne vous marque cette circonstance que parce qu'elle sert à faire connoître que les gens qui sont naturellement foibles à la cour ne peuvent jamais s'empêcher de croire tout ce qu'elle prend la peine de leur vouloir faire croire. Je l'ai observé mille et mille fois, et que quand ils ne sont pas dupes, ce n'est que la faute du ministre. Comme la foiblesse à la cour n'étoit pas mon défaut, je ne me laissai pas persuader par le maréchal de la Meilleraie, comme le maréchal de la Meilleraie s'étoit laissé persuader par le Mazarin, et je refusai les offres de la Reine avec toutes les paroles requises en cette occasion, mais sincères à proportion[3] de la sincérité avec laquelle elles m'étoient faites.

Mais voici le point où je donnai dans le panneau. Le maréchal d'Estrées traitoit du gouvernement de Paris avec M. de Montbazon[4]. Le Cardinal l'obligea à faire

1. *Disoit-elle*, dans la plupart des anciennes éditions.
2. Nous n'avons sur cette offre faite et refusée d'autre témoignage que celui de notre auteur; elle n'a du reste rien d'impossible ni même d'improbable.
3. En cette occasion, moins sincères à proportion. (1837-1866.)
4. Hercule de Rohan, duc de Montbazon, pair et grand veneur de France, gouverneur et lieutenant général de la ville de Paris et de l'Ile de France, mort en Touraine, le 16 octobre 1654, à l'âge de quatre-vingt-six ans. C'était le mari de la célèbre Marie d'Avaugour de Bretagne, et le père de la non moins célèbre Mme de Chevreuse et du prince de Guémené.

semblant d'en avoir perdu la pensée, et à essayer de me l'inspirer comme une chose qui me convenoit fort[1], et dans laquelle je donnerois d'autant plus facilement, que le prince de Guémené, à qui cet emploi n'étoit pas propre, en ayant la survivance, et devant par conséquent toucher une partie du prix, les intérêts de la princesse, que l'on savoit ne m'être pas indifférents, s'y trouveroient. Si j'eusse eu bien du bon sens, je n'aurois pas seulement écouté une proposition de cette nature, laquelle m'eût jeté, si elle eût réussi, dans la nécessité ou de me servir de la qualité de gouverneur de Paris contre les intérêts de la cour, ce qui n'eût pas été assurément de la bienséance, ou de préférer les devoirs d'un gouverneur à ceux d'un archevêque, ce qui étoit cruellement[2] et contre mon intérêt et contre ma réputation. Voilà ce que j'eusse prévu si j'eusse eu bien du bon sens; mais si j'en eusse eu un grain en cette occasion, je n'eusse pas au moins fait voir que j'eusse eu

---

1. Guy Joly (tome I, p. 21), Mme de Motteville (tome II, p. 271), et les mémoires attribués au comte de Brégy (édition Michaud et Poujoulat, tome XXXI, p. 474) confirment cet aveu du Coadjuteur. Un pamphlet écrit dans l'intérêt de la cour par Cohon, évêque de Dol, et que plus tard, dans les premiers jours de février 1649, la Valette répandit abondamment à Paris, fait allusion à la même prétention du prélat : « Le Coadjuteur veut se venger de ce qu'on a rabattu le vol trop hautain qu'il prenoit, voulant joindre le commandement temporel au spirituel, c'est-à-dire le gouvernement de Paris à l'archiépiscopat. » (*Choix de Mazarinades*, tome I, p. 183.) Mazarin, dans une lettre du 6 janvier 1649, adressée à Fontenay, notre ambassadeur à Rome, met en avant, comme la principale cause qui ait pu jeter Retz parmi les mécontents, « le refus qui lui fut fait qu'il traitât avec M. de Montbazon du gouvernement de Paris. » (Bibliothèque impériale, manuscrits, Fonds Dupuy, 775, folio 83, verso.) — Si Retz se confesse franchement de cette sottise, ses ennemis, on le voit, ne l'ont pas non plus oubliée.

2. La plupart des éditions anciennes changent *cruellement* en *réellement;* quelques-unes suppriment cet adverbe.

pente à en recevoir l'ouverture, que je n'y eusse vu moi-même plus de jour. Je m'éblouis d'abord à la vue du bâton, qui me parut devoir être d'une figure plus agréable, quand il seroit croisé avec la crosse ; et le Cardinal, ayant fait son effet, qui étoit de m'entamer dans le public sur l'intérêt particulier, sur lequel il n'avoit pu jusque-là prendre sur moi[1] le moindre avantage, rompit l'affaire par le moyen des difficultés que le maréchal d'Estrées, de concert avec lui, y fit naître.

Je fis, à ce moment, une seconde faute, presque aussi grande que la première ; car au lieu d'en profiter, comme je le pouvois, en deux ou trois manières, je m'emportai, et je dis tout ce que la rage fait dire, à l'honneur du ministre, à Brancas, neveu du maréchal[2], et dont le défaut n'étoit pas, dès ce temps-là, de ne pas redire aux plus forts ce que les plus foibles disoient d'eux. Je ne pourrois pas vous dire encore, à l'heure qu'il est, les raisons[3], ou plutôt les déraisons, qui me purent obliger à une aussi méchante conduite. Je cherche dans les replis de mon cœur le principe qui fait que je trouve une satisfaction plus sensible à vous faire une confession de mes fautes, que je n'en trouverois assurément dans le plus juste panégyrique. Je reviens aux affaires publiques.

La déclaration, à la publication de laquelle j'étois demeuré[4], et* le retour du Roi à Paris, joints à l'inaction

---

1. *Sur moi* est écrit en interligne.

2. Georges de Brancas, marquis, puis duc de Villars, marié à Juliette-Hippolyte d'Estrées, sœur du maréchal de ce nom, avait deux fils, Louis-François, depuis duc de Villars, et Charles, plus tard comte de Brancas, marquis de Maubec. Nous pensons, sans toutefois pouvoir l'affirmer, qu'il s'agit de ce dernier.

3. Retz avait mis d'abord : *les raisons qui* ; il a biffé *qui*, pour ajouter : « ou plutôt les déraisons. »

4. Après *demeuré*, les derniers éditeurs (1837-1866) ont ajouté

du Parlement, qui étoit en vacation, apaisèrent pour un moment¹ le peuple, qui étoit si échauffé, que deux ou trois jours² devant que l'on eût enregistré la déclaration, il avoit été sur le point de massacrer le Premier Président et le président de Nesmond, parce que la Compagnie ne délibéroit pas aussi vite que les marchands le prétendoient sur un impôt établi à l'entrée du vin³. Cette chaleur revint avec la Saint-Martin. Il sembla que tous les esprits étoient surpris et enivrés de la fumée des vendanges; et vous allez voir des scènes au prix desquelles les passées n'ont été⁴ que des verdures et des pastourelles⁵.

Il n'y a rien dans le monde qui n'ait son moment décisif, et le chef-d'œuvre de la bonne conduite est de

étranger, ce qui dénature entièrement le sens. Retz a voulu dire qu'il en était resté dans son récit à la déclaration du 22 octobre : voyez ci-dessus, p. 89. Dans l'édition de 1837, on a mis *étranger* entre parenthèses, pour indiquer du moins que c'était une simple conjecture.

1. *Pour un moment* a été ajouté en marge.
2. Retz avait écrit d'abord : *deux jours ou trois*, qui a été corrigé ensuite conformément à notre texte.
3. Cette scène se passa au Palais le 14 octobre; Retz en exagère un peu la violence, si l'on en juge par le récit de Talon, tome V, p. 370 et suivantes. Toutefois le Parlement jugea prudent de rédiger, le 14, un arrêt contre les jurés vendeurs de vin, dont se plaignaient les cabaretiers, et, le 15, un autre, portant décharge de 58 sols 6 deniers par muid de vin. Voyez ces deux arrêts dans *l'Histoire du temps*, p. 440-449.
4. Retz avait d'abord écrit *ne sont*.
5. C'est-à-dire des scènes d'idylles. Dans la plupart des éditions anciennes, *pastorales* ou *pastoralles*; dans une (1825), *pastourilles*. Richelet (1679) définit ainsi le mot *verdure* : « sorte de tapisserie de haute lice, où il y a des prés, des bois, des oiseaux et autres choses qui réjouissent la vue. » — Retz avait commencé l'alinéa suivant par une phrase qu'il a ensuite effacée : « Je vous déclare que je vas vous faire mon éloge. » Cette phrase a été conservée avec *je m'en vais*, pour *je vas*, dans les ms H et Ch et dans 1717 A, 1718 B, F.

connoître et de prendre ce moment. Si l'on le manque dans la révolution des États, l'on court fortune ou de ne le pas retrouver, ou de ne le pas apercevoir. Il y en a mille et mille exemples. Les six ou sept semaines qui coulèrent depuis la publication de la déclaration jusques à la Saint-Martin de l'année 1648[1] nous en présentent un qui ne nous a été que trop sensible. Chacun trouvoit son compte dans la déclaration, c'est-à-dire chacun l'y eût trouvé si chacun l'eût bien entendu[2]. Le Parlement avoit l'honneur du rétablissement de l'ordre. Les princes le partageoient, et en avoient le principal fruit, qui étoit la considération et la sûreté. Le peuple, déchargé de plus de soixante millions[3], y trouvoit un soulagement considérable; et si le cardinal Mazarin eût été de génie propre à se faire honneur[4] de la nécessité, qui est une des qualités des plus nécessaires à un ministre, il se fût, par un avantage qui est toujours inséparable de la faveur, il se fût, dis-je, approprié dans la suite la plus grande partie du mérite des choses même auxquelles il s'étoit le plus opposé.

Voilà des avantages signalés pour tout le monde; et tout le monde manqua ces avantages signalés par des considérations si légères, qu'elles n'eussent pas dû, dans

---

1. La Saint-Martin est le 11 novembre; il n'y eut donc que dix-huit jours, et non pas six semaines, entre la déclaration et cette fête; mais par *la Saint-Martin*, Retz entend sans doute la rentrée du Parlement (voyez ci-dessus, p. 64, note 2); or, en 1648, il ne reprit ses séances que le 23 novembre, c'est-à-dire quatre à cinq semaines après la déclaration. Si donc il y a ici une inexactitude, elle est moins grande qu'elle ne paraît d'abord.

2. Il y a trois mots rayés, illisibles, après *chacun*, et un après *entendu*.

3. Mme de Motteville (tome II, p. 239) ne parle que de « trente-deux millions de diminution sur le revenu du Roi. »

4. *Honneur* est écrit en marge.

les véritables règles du bon sens, en faire même perdre de médiocres[1]. Le peuple, qui s'étoit animé par les assemblées du Parlement, s'effaroucha dès qu'il les vit cessées sur[2] l'approche de quelques troupes[3], desquelles, dans la vérité, il étoit ridicule de prendre ombrage, et par la considération de leur petit nombre, et par beaucoup d'autres circonstances. Le Parlement prit à son retour toutes les bagatelles qui sentoient le moins du monde l'inexécution de la déclaration[4], avec la même rigueur[5] et avec les mêmes formalités qu'il auroit traité ou un défaut ou une forclusion. M. le duc d'Orléans vit tout le bien qu'il pouvoit faire et une partie du mal qu'il pouvoit empêcher ; mais[6] comme l'endroit par lequel il fut touché de l'un et de l'autre ne fut pas celui de la peur, qui étoit sa passion dominante[7], il ne sentit pas assez le coup pour en être ému.

Monsieur le Prince connut le mal dans toute son étendue ; mais comme son courage étoit sa vertu la plus naturelle, il ne le craignit pas assez ; il voulut le bien, mais il ne le voulut qu'à sa mode[8] : son âge, son humeur et ses victoires ne lui permirent pas de joindre la pa-

---

1. Retz avait mis d'abord : « en faire perdre même de médiocres; » puis il a biffé ces mots, pour les récrire dans l'ordre où les donne notre texte.

2. Dans le manuscrit, *sus*.

3. Voyez ce qui est dit plus haut (p. 68) de la terreur qu'avait jetée dans Paris la nouvelle de l'approche du baron d'Erlach.

4. Voyez, pour toutes ces plaintes contre la non-exécution de la déclaration du 24 octobre, les *Mémoires de Molé*, tome III, p. 296-307.

5. La plupart des éditions anciennes ont *vigueur*, au lieu de *rigueur*.

6. Après *mais*, il y a une ligne effacée, illisible.

7. Ce membre de phrase a été ajouté en marge.

8. Nous trouverons plus loin (p. 127) un autre emploi, non moins heureux, de la même expression.

tience à l'activité ; et il ne conçut pas d'assez bonne heure cette maxime si nécessaire aux princes, de ne considérer les petits incidents que comme des victimes que l'on doit toujours sacrifier aux grandes affaires. Le Cardinal, qui ne connoissoit en façon du monde nos manières, confondoit journellement les plus importantes avec les plus légères ; et dès le lendemain que la déclaration fut publiée, cette déclaration, qui passoit, dans cette chaleur des esprits, pour une loi fondamentale de l'État, dès le lendemain, dis-je, qu'elle fut publiée, elle fut entamée et altérée sur des articles de rien, que le Cardinal devoit même observer avec ostentation, pour colorer les contraventions qu'il pouvoit être obligé de faire aux plus considérables ; et ce qui lui arriva de cette conduite fut et[1] que le Parlement, aussitôt après son ouverture, recommença à s'assembler, et que la chambre des comptes et la cour des aides même, auxquelles on porta, dans ce même mois de novembre, la déclaration à vérifier, prirent la liberté d'y ajouter encore plus de modifications et de clauses que le Parlement[2].

La cour des aides, entre autres, fit défenses, sur peine de la vie, de mettre les tailles en parti[3]. Comme elle eut été mandée pour ce sujet au Palais-Royal[4], et

1. La conjonction *et* a été ajoutée en interligne.
2. On peut lire l'*Arrêt de vérification de la chambre des comptes, portant modification de la déclaration*, dans *l'Histoire du temps*, p. 479 503.
3. *Parti*, en ce sens, « signifie, dit Furetière (1690), un traité fait avec le Roi, un recouvrement de deniers dont on traite à forfait ou moyennant certaines remises. »
4. Le 21 décembre. Il est dit dans la *Suite du Journal du Parlement* (p. 3) que la cour demandait à la chambre des aides d'ôter de son arrêt les mots « confiscation de corps et biens, » dont elle menaçait les délinquants. La *Suite de l'Histoire du temps* donne (p. 16-30) la harangue d'Amelot, président de cette chambre, en réponse à la Reine.

qu'elle se fut relâchée, en quelque façon, de ce premier arrêt, en permettant de faire des prêts sur les tailles pour six mois, le Parlement le trouva très-mauvais, et s'assembla le 30 de décembre [1], tant sur ce fait que sur ce que l'on savoit qu'il y avoit une autre déclaration à la chambre des comptes, qui autorisoit pour toujours les mêmes prêts [2]. Vous remarquerez, s'il vous plaît, que, dès le 16 du même mois de décembre, M. le duc d'Orléans et Monsieur le Prince avoient été au Parlement pour empêcher les assemblées, et pour obliger la Compagnie à travailler, seulement par députés, à la recherche des articles de la déclaration auxquels on prétendoit que le ministère [3] avoit contrevenu : ce qui leur fut accordé, mais après une contestation fort aigre. Monsieur le Prince [4]

1. « Le mercredi 30 décembre, dit d'Ormesson (tome I, p. 599), les chambres assemblées sur le sujet de la déclaration envoyée à la chambre, il y eut cent neuf voix à renouveler la chambre Saint-Louis et à y mander les compagnies. Néanmoins chacun revint à envoyer un conseiller secrétaire de la cour les prier de député un président et deux maîtres de venir à la cour sur des affaires très-importantes au service du Roi, etc. »

2. M. de Barante, dans *le Parlement et la Fronde*, p. 162, dit : « Il y avait telle plainte qui semblait raisonnable aux plus sages du Parlement, et même au Premier Président. Ce fut sur sa proposition qu'une députation de la chambre des comptes fut mandée au Parlement pour conférer sur une nouvelle déclaration du Roi, qui autorisait à conclure des emprunts avec les traitants, en leur donnant pour gage une perception d'impôt. « Une telle déclaration, disait « le Premier Président, rendroit inutiles tous les soins qui ont été « pris pour empêcher la dissipation des finances. L'autorité du « Parlement seroit annulée et les désordres du passé se renou- « velleroient à l'avenir. » La chambre des comptes se refusa à donner aucune explication sur cet objet, qui toutefois était dans ses attributions. » Voyez aussi Omer Talon, tome V, p. 459 et suivantes.

3. *Ministre* dans les deux copies H. Ch. et dans toutes les anciennes éditions.

4. *M. le Prince* est écrit en marge.

parla avec beaucoup de colère, et l'on prétendit même qu'il avoit fait un signe du petit doigt par lequel il parut menacer. Il m'a dit souvent depuis qu'il n'en avoit pas eu la pensée. Ce qui est constant est que la plupart des conseillers le crurent, que le murmure s'éleva, et que si l'heure n'eût sonné, les choses se fussent encore plus aigries[1].

Elles parurent le lendemain[2] plus douces, parce que la Compagnie se relâcha, comme je vous ai dit ci-dessus, à examiner[3] les contraventions faites à la déclaration, par députés seulement, et chez Monsieur le Premier Président; mais cette apparence de calme ne dura pas longtemps.

Le Parlement résolut, le 2 de janvier, de s'assembler pour[4] pourvoir à l'exécution de la déclaration, que l'on

1. Joly (tome I, p. 48) dit aussi que le prince de Condé fit un signe de la main, comme pour menacer le président Viole. Toute la scène est un peu laissée dans le vague par Omer Talon (tome V, p. 453 et 454) et par la *Suite du Journal du Parlement* (p. 2). Olivier d'Ormesson donne les plus grands détails sur cette séance (tome I, p. 589-593); voici son opinion sur l'incident : « L'on prétend que Monsieur le Prince le menaça (*le président Viole*) du doigt; mais le vrai est qu'il ne leva pas la main, mais poussa M. le duc d'Orléans pour relever ce que M. Viole disoit.... Ce qui fut remarqué dans cette délibération est que M. le duc d'Orléans avoit parlé sans aigreur, et Monsieur le Prince tout au contraire, ayant presque insulté à tout le monde, rendant ridicule ce qu'ils disoient. L'on prétendoit que cela aigriroit les esprits. Je crois que cette manière d'agir les rendra plus timides, la plupart n'entreprenant que parce qu'ils savent qu'on les craint. »

2. Le 31 décembre.

3. Après *examiner*, Retz avait mis d'abord : *par députés;* puis il a biffé ces mots, pour les reporter après *à la déclaration*.

4. Première rédaction : *pour l'examiner en corps;* l'auteur, effaçant les quatre derniers mots, y a substitué notre texte. — Voyez l'*Histoire du temps*, p. 37, le *Journal de ce qui s'est fait ès assemblées du Parlement depuis le commencement de janvier* 1649 (p. 3, Paris, Gervais Alliot et Jacques Langlois, 1649); c'est toujours la *Suite*

prétendoit avoir été blessée, particulièrement dans les huit ou dix derniers jours, en tous ses articles ; et la Reine prit le parti de faire sortir le Roi de Paris, à quatre heures du matin, le jour des Rois[1], avec toute la cour. Les ressorts particuliers de ce grand mouvement sont assez curieux, quoiqu'ils soient fort simples.

Vous jugez suffisamment, par ce que je vous ai déjà dit, de ceux qui faisoient agir la Reine, conduite par le Cardinal, et Monsieur d'Orléans, gouverné par la Rivière, qui étoit l'esprit le plus bas et le plus intéressé de son siècle. Voici ce qui m'a paru des motifs de Monsieur le Prince.

Les contre-temps du Parlement, desquels je vous ai déjà parlé, commencèrent à le dégoûter presque aussitôt après qu'il eut pris des mesures avec Broussel et avec Longueil ; et ce dégoût, joint aux caresses que la Reine lui fit à son retour, aux soumissions apparentes du Cardinal, et à la pente naturelle, qu'il tenoit de père et de mère, de n'aimer pas à se brouiller avec la cour, affoiblirent avec assez de facilité, dans son esprit, les raisons que son grand cœur y avoit fait naître[2]. Je m'a-

---

du Journal du Parlement. Voyez ce que dit M. Moreau au tome II, p. 84 et 85, de la *Bibliographie des Mazarinades*, sur ces diverses suites, c'est-à-dire sur les différentes éditions de ce livre important pour l'époque de la Fronde.

1. Le 6 janvier 1649.
2. Les rapports et engagements de Condé, à ce moment, avec le Coadjuteur et les parlementaires sont un point très-discuté et très-discutable. Voici ce qu'en dit Guy Joly (tome I, p. 45) : « Cependant le Coadjuteur ne laissoit pas d'agir en même temps du côté de Monsieur le Prince pour l'engager dans le parti, et il a toujours soutenu que S. A. lui avoit donné parole positive d'y entrer, et qu'ils s'étoient vus deux fois chez le sieur Broussel pour s'entre-donner de nouvelles assurances. Mais Monsieur le Prince a toujours nié le fait, et il y a bien de l'apparence qu'il n'avoit donné que des paroles générales, qu'on peut expliquer et dont il est aisé de

perçus d'abord du changement ; je m'en affligeai pour moi, je m'en affligeai pour le public ; mais je m'en affligeai[1], en vérité, beaucoup plus pour lui-même. Je l'aimois autant que je l'honorois, et je vis d'un coup d'œil le précipice[2]. Je vous ennuierois si je vous rendois compte de toutes les conversations que j'eus avec lui sur cette matière. Vous jugerez, s'il vous plaît, des autres par celle dont je vous vas rapporter le détail. Elle se passa justement l'après-dînée du jour où[3] l'on prétendit qu'il avoit menacé le Parlement[4].

Je trouvai, dans ce moment, que le dégoût que j'avois remarqué déjà dans son esprit étoit changé en colère et même en indignation. Il me dit, en jurant, qu'il n'y avoit plus de moyen de souffrir l'insolence et l'impertinence de ces bourgeois, qui en vouloient à l'autorité royale ; que tant qu'il avoit cru qu'ils n'eussent en butte que le Mazarin, il avoit été pour eux ; que je lui avois moi-même confessé, plus de trente fois, qu'il n'y avoit aucune mesure bien sûre à prendre avec des gens qui ne peuvent jamais se répondre d'eux-mêmes d'un quart d'heure à l'autre, parce qu'ils ne peuvent jamais

se dégager quand on veut. » — La Rochefoucauld dit dans ses *Mémoires* (p. 418) : « Il (*Retz*) jeta les yeux sur Monsieur le Prince (*comme chef du parti*), qu'il tenta par de si fortes raisons que l'on a dit qu'il en fut persuadé ou qu'il fit semblant de l'être ; même qu'il avoit donné sa parole à Broussel et à Longueil de se mettre à leur tête, soit que cette parole ne fût pas véritable, et que le duc de Châtillon, qui négocioit de sa part avec les frondeurs, l'eût avancée sans ordre par sa propre inclination, ou plutôt que Monsieur le Prince la donnât exprès pour les empêcher de s'adresser à M. le duc d'Orléans durant son mécontentement. »

1. Retz a écrit *affligé*, pour *affligeai*, les deux premières fois, et *affligeai* à la troisième.

2. Les deux ms H, Ch. et 1717 A, 1718 B, F ont l'étrange leçon : *principe*, pour *précipice*.

3. D'abord *que*, biffé. — 4. Le 16 décembre.

se répondre un instant de leur compagnie ; qu'il ne se pouvoit résoudre à devenir le général d'une armée de fous, n'y ayant pas un homme sage qui pût s'engager dans une cohue de cette nature ; qu'il étoit prince du sang ; qu'il ne vouloit pas ébranler l'État ; que si le Parlement eût pris la conduite dont on étoit demeuré d'accord, l'on l'eût redressé ; mais qu'agissant comme il faisoit, il prenoit le chemin de le renverser. Monsieur le Prince ajouta à cela tout ce que vous vous pouvez figurer de réflexions publiques et particulières. Voici en propres paroles ce que je lui répondis[1] :

« Je conviens, Monsieur, de toutes les maximes générales ; permettez-moi, s'il vous plaît, de les appliquer au fait particulier. Si le Parlement travaille à la ruine de l'État, ce n'est pas qu'il ait intention de le ruiner : nul n'a plus d'intérêt au maintien de l'autorité royale que les officiers, et tout le monde en convient. Il faut donc reconnoître de bonne foi que lorsque les compagnies souveraines font du mal, ce n'est [que][2] parce qu'elles ne savent pas bien faire le bien même qu'elles veulent. La capacité d'un ministre qui sait ménager les particuliers et les corps les tient dans l'équilibre où elles doivent être naturellement et dans lequel elles réussissent, par un mouvement qui, balançant ce qui est de l'autorité des

---

1. Voici le premier exemple de ces longues harangues que l'auteur insère dans son récit, à l'imitation des historiens anciens ; il en avait déjà écrit de semblables dans *la Conjuration de Fiesque*. Presque toutes sont remarquables comme morceaux oratoires ; beaucoup le sont aussi par la profondeur des vues politiques. On verra à la suite de ce discours les précautions que prend Retz pour nous faire croire qu'il a été réellement prononcé ; mais il nous semble assez difficile qu'un prince bouillant comme Condé ait pu l'écouter jusqu'au bout.

2. *Ce n'est* est écrit en marge ; le *que* nécessaire à la suite a été oublié par l'auteur.

princes et de l'obéissance des peuples[1].... L'ignorance de celui qui gouverne aujourd'hui ne lui laisse ni assez[2] de vue ni assez de force pour régler les poids de cette horloge[3]. Les ressorts s'en sont mêlés. Ce qui n'étoit que pour modérer le mouvement veut le faire[4], et je conviens qu'il le fait mal, parce qu'il n'est pas lui-même fait pour cela : voilà où gît le défaut de notre machine. Votre Altesse la veut redresser, et avec d'autant plus de raison qu'il n'y a qu'Elle qui en soit capable ; mais pour la redresser, faut-il se joindre à ceux qui la veulent rompre ? Vous convenez des disparates du Cardinal ; vous convenez qu'il ne pense qu'à établir en France l'autorité qu'il n'a jamais connue qu'en Italie. Si il y pouvoit réussir, seroit-ce le compte de l'État, selon ses bonnes et véritables maximes ? Seroit-ce celui des princes du sang en tout sens ? Mais, de plus, est-il en état d'y réussir ? N'est-il pas accablé de la haine publique et du mépris public ? Le Parlement n'est-il pas l'idole des peuples ? Je sais que vous les comptez pour rien, parce que la

---

1. Nous reproduisons exactement le texte du manuscrit. Faut-il supprimer le *qui* devant *balançant*, ou bien supposer, comme nous l'indiquons par des points, qu'une distraction a empêché l'auteur de compléter sa période ? Voici quelle est la leçon des copies H et Ch et des éditions de 1717 A, 1718 B, C, D, E, F : « .... les tient dans l'équilibre où ils doivent être naturellement et dans lequel elle les réunit par un mouvement qui balance ce qui est, etc. » Au lieu de : *elle les réunit*, 1718 C, D, E donnent : *ils restent*.

2. Première rédaction : *aujourd'hui n'a pas assez*; l'auteur a effacé *pas*, changé *n'a* en *ne*, et mis en marge : *lui laisse ni*.

3. Le ms H et 1717, 1718 C, D, E font le mot du masculin : *cet orloge, cet horloge*.

4. Faute de bien comprendre ce passage, les copistes (H, Ch) et quelques éditeurs (1717 A, 1718 B, F) l'ont ainsi altéré : « Ce qui n'étoit fait que pour en modérer le mouvement l'augmente, il veut le bien faire. » Au dernier membre de phrase, 1718 C, D, E substituent : « il veut le défaire, » et, à la ligne suivante, ces trois dernières éditions remplacent *voilà où* par *il ignore où*.

cour est armée ; mais je vous supplie de me permettre de vous dire que l'on les doit compter pour beaucoup, toutes les fois qu'ils se comptent eux-mêmes pour tout. Ils en sont là : ils commencent eux-mêmes à compter vos armées pour rien, et le malheur est que leur force consiste dans leur imagination[1] ; et l'on peut dire avec vérité qu'à la différence de toutes les autres sortes de puissance, ils peuvent, quand ils sont arrivés à un certain point, tout ce qu'ils croient pouvoir[2].

« Votre Altesse me disoit dernièrement, Monsieur, que cette disposition du peuple n'étoit qu'une fumée ; mais cette fumée si noire et si épaisse est entretenue[3] par un feu qui est bien vif et bien allumé. Le Parlement le souffle, et ce parlement, avec les meilleures et même les plus simples[4] intentions du monde, est très-capable de l'enflammer[5] à un point qui l'embrasera et qui le consumera[6] lui-même, mais qui hasardera, dans les in-

1. Retz avait écrit d'abord : *dans l'imagination ;* puis il a biffé l'article et au-dessus de *l'* a mis *leur*.
2. Dans ce discours, « Retz, dit M. Sainte-Beuve (*Causeries du lundi*, tome V, p. 56), s'élève aux plus hautes vues de la politique, à celles qui devancent les temps, et à la fois il touche à ce qui était pratique alors. Irrité des contrariétés qu'il rencontrait à chaque pas dans les délibérations et les résolutions de cette assemblée (*le Parlement*), le prince de Condé revenait à ses instincts très-peu parlementaires, et menaçait d'avoir raison de ces bonnets carrés, comme de la populace, à main armée, et par la force. A quoi Retz lui répondait avec un instinct prophétique de 89 : « Le Parlement n'est-il « pas l'idole des peuples ? etc. » Le cardinal de Retz, on le voit, en savait aussi long sur la force du tiers état que l'abbé Sieyès. »
3. Retz a mis, par mégarde, *entretenu*, au masculin.
4. *Souples*, au lieu de *simples*, dans la copie H.
5. Retz avait voulu mettre d'abord : *de l'embraser ;* mais après avoir écrit les premières lettres du mot : *l'emb*, il les a effacées et mis à la suite : *l'enflammer*.
6. Dans l'édition de 1717. *consommera*, confusion assez ordinaire autrefois.

tervalles, plus d'une fois l'État. Les corps poussent toujours avec trop de vigueur[1] les fautes des ministres quand ils ont tant fait que de s'y acharner, et ils ne ménagent presque jamais leurs imprudences, ce qui est, en de certaines occasions, capable de perdre un royaume. Si le Parlement eût répondu, quelque temps devant que vous revinssiez de l'armée, à la ridicule et pernicieuse proposition que le Cardinal lui fit de déclarer si il prétendoit mettre des bornes à l'autorité royale, si, dis-je, les plus sages du corps n'eussent éludé la réponse, la France, à mon opinion, couroit fortune, parce que la Compagnie se déclarant pour l'affirmative, comme elle en fut sur le point, elle déchiroit le voile qui couvre le mystère de l'État. Chaque monarchie a le sien. Celui de la France consiste dans cet espèce[2] de silence religieux et sacré dans lequel on ensevelit, en obéissant presque toujours aveuglément aux rois, le droit que l'on ne veut croire avoir de s'en dispenser que dans les occasions où il ne seroit pas même de leur service de leur plaire. Ce fut un miracle que le Parlement ne levât pas dernièrement ce voile, et ne le levât pas en forme et par arrêt, ce qui seroit bien d'une conséquence plus dangereuse et plus funeste que la liberté que les peuples ont prise[3], depuis quelque temps, de voir à travers. Si cette liberté, qui est déjà dans la salle du Palais, étoit passée jusque dans la grande chambre, elle feroit des lois révérées de ce qui n'est encore que question problématique[4], et de ce

---

1. Les éditions de 1843-1866 substituent *vitesse* à *vigueur*.

2. Tel est bien le texte du ms R : *cest espece*. Retz met *cet* au genre du mot qui suit *espèce*.

3. Dans le ms R : *pris*, sans accord.

4. Première rédaction : « de ce qui n'est que question problématique. » Les trois derniers mots ont été effacés, puis récrits, précédés de *encore*.

qui n'étoit naguères qu'un secret[1], ou inconnu, ou du moins respecté[2].

« Votre Altesse n'empêchera pas, par la force des armes, les suites du[3] malheureux état que je vous marque et dont nous ne sommes peut-être que trop proches. Elle voit que le Parlement même a peine à retenir les peuples qu'il a éveillés ; elle voit que la contagion se glisse dans les provinces ; et la Guienne[4] et la Provence[5] donnent déjà très-dangereusement l'exemple qu'elles ont reçu de Paris. Tout branle, et Votre Altesse seule

---

1. Les mots *un secret* sont ajoutés à la marge.
2. « Il définit en termes singulièrement heureux, dit M. Sainte-Beuve à la suite du passage que nous venons de citer, l'antique et vague constitution de la France, ce qu'il appelle *le mystère de l'État....* Il fait voir que tout dernièrement, du côté de la cour, on avait, avec une insigne maladresse, mis le Parlement en demeure de définir ces cas où l'on pouvait désobéir et ceux où on ne le devait pas faire. » — « Ne semble-t-il pas, dit de son côté M. de Larcy, dans ses *Vicissitudes politiques de la France* (p. 228), qu'il (Retz) avait entendu d'Épresménil et assistait par avance aux scènes du Palais de 1788 ? »
3. Il y a ici, dans le ms R, une ligne, presque entière, effacée et illisible.
4. En Guienne, les mouvements avaient éclaté au sujet de l'autorisation donnée par le gouverneur, d'Épernon, d'exporter du grain pour l'Espagne. Au milieu de la disette qui régnait alors, cette mesure irrita les populations contre un gouverneur déjà détesté, et le parlement de Bordeaux engagea la lutte en révoquant l'autorisation accordée par d'Épernon. Voyez, pour les détails, *la Misère au temps de la Fronde*, p. 116-120.
5. En Provence, la lutte commença dès la fin de 1647, par suite de la nomination d'un certain nombre de conseillers, qui devaient former comme un second parlement d'Aix, et alterner avec l'ancien, de manière que chacun restât en fonctions pendant six mois. Durant la session de ce second parlement, composé de ses créatures, Mazarin pouvait faire enregistrer à son gré tous les édits les plus onéreux pour la province. Cette mesure provoqua (1648-1649) plusieurs révoltes contre le comte d'Alais, gouverneur de la Provence. Voyez *la Misère au temps de la Fronde*, p. 108-110.

est capable de fixer ce mouvement par l'éclat de sa naissance, par celui de sa réputation, et par la persuasion générale où l'on est qu'il n'y a qu'Elle qui y puisse remédier. L'on peut dire que la Reine partage la haine que l'on a pour le Cardinal, et que Monsieur partage le mépris que l'on a pour la Rivière. Si vous entrez, par complaisance, dans leurs pensées, vous entrez en part de la haine publique. Vous êtes au-dessus du mépris; mais la crainte que l'on aura de vous prendra sa place, et cette crainte empoisonnera si cruellement et la haine que l'on aura pour vous et le mépris que l'on a déjà pour les autres [1], que ce qui n'est présentement qu'une plaie dangereuse à l'État lui deviendra peut-être mortelle [2], et pourra mêler dans la suite de la révolution [3] le désespoir du retour, qui est toujours, en ces matières, le dernier et le plus dangereux symptôme [4] de la maladie.

« Je n'ignore pas les justes raisons qu'a Votre Altesse d'appréhender les manières d'un corps composé de plus de deux cents têtes, et qui n'est capable ni de gouverner ni d'être gouverné. Cet embarras est grand; mais j'ose soutenir qu'il n'est pas insurmontable, et qu'il n'est pas même difficile à démêler, dans la conjoncture présente, par des circonstances particulières. Quand le parti

---

1. Un pamphlet du temps, intitulé : *la Custode de la Reine, qui dit tout*, exprime nettement ces sentiments de mépris et de haine à l'endroit de Gaston d'Orléans, de Condé et de la Reine. Voyez encore *la Misère au temps de la Fronde*, p. 146.

2. *Mortelle* est ainsi au féminin, et s'accorde, par attraction, avec *plaie*, dans le manuscrit original. Quelques éditions anciennes (1717 A, 1718 B, F) ont corrigé *mortelle* en *mortel*.

3. Les mots *de la révolution* ont été ajoutés à la marge.

4. Retz a écrit d'abord : *la dernière extrémité*, puis : *le dernier symptôme*; et ensuite il a biffé ces deux leçons, pour les remplacer par le texte que nous donnons.

seroit formé, quand vous seriez à la tête de l'armée, quand les manifestes auroient été publiés, quand enfin vous seriez général déclaré d'un parti dans lequel le Parlement seroit entré, auriez-vous, Monsieur, plus de peine à soutenir ce poids que Messieurs votre aïeul et bisaïeul[1] n'en ont eu[2] à s'accommoder aux caprices des ministres de la Rochelle et des maires de Nîmes et de Montauban[3] ? Et Votre Altesse trouveroit-elle plus de difficulté à ménager le parlement de Paris que M. du Maine[4] n'y en a trouvé dans le temps de la Ligue, c'est-

1. Vos aïeul et bisaïeul. (Ms H, Ch, 1717 A, 1718 B, F.)

2. Première rédaction : *que M^r votre bisaïeul n'en a eu*. L'auteur a ajouté une *s* à *M^r*, effacé *bis*, puis, à la suite de *n'en a eu*, également effacé, il a écrit : *et bisaïeul n'en ont eu*.

3. Allusion au rôle de Louis Ier et de Henri Ier, princes de Condé, pendant les guerres de religion, sous les règnes de Charles IX et de Henri III. C'est surtout pour l'aïeul, Henri Ier, que nous trouvons confirmé dans les histoires locales ce que dit ici Retz : voyez l'*Abrégé de l'Histoire de Nîmes* de Ménard, par Baragnon père (4 volumes in-8º, 1831-1840), et en particulier tome II, p. 238; l'*Histoire de Montauban*, par Lebret (2 volumes in-8º, 1841), tome II, p. 59 et 60, et p. 80; et principalement l'*Histoire de la Rochelle*, par Arcère (2 volumes in-4º, 1756), tome II, p. 22 et 23, et p. 48; et le Clerc, *Bibliothèque choisie*, tome XXI, p. 399. Nous verrons plus tard, dans nos *Mémoires* (édition de 1859, tome IV, p. 79), le petit-fils, le grand Condé, rappeler avec amertume ces exigences des ministres de la Rochelle, à propos de celles qu'il avait à subir des parlementaires de Paris : « Il étoit si las d'entendre parler de parlement, de cour des aides, de chambres des comptes et d'hôtel de ville, qu'il disoit souvent que Monsieur son grand-père n'avoit jamais été plus fatigué des ministres de la Rochelle. »

4. Charles de Lorraine, né en 1554, mort en 1611, second fils de François de Guise et frère du Balafré. Il est plus connu sous le nom de *M. de Mayenne* (ou *Maïenne*), qui est la leçon des éditions de 1718 C, D, E, 1719-1828. Son appellation la plus ordinaire paraît avoir été anciennement (*duc*) *de* ou, moins exactement, *du Maine* : voyez, entre autres documents, le recueil des *Lettres missives de Henri IV*, par M. Berger de Xivrey, *passim*, et en particulier tome I, p. 82; tome II, p. 417; et le *Mémoire confidentiel de Naudé*,

à-dire dans le temps de la faction du monde la plus opposée à toutes les maximes du Parlement? Votre naissance et votre mérite vous élève[1] autant au-dessus de ce dernier exemple que la cause dont il s'agit est au-dessus de celle de la Ligue; et les manières n'en sont pas moins différentes. La Ligue fit une guerre où le chef du parti commença sa déclaration par une jonction ouverte et publique avec Espagne[2], contre la couronne et la personne d'un des plus braves et des meilleurs rois que la France ait jamais eu[3]; et ce chef de parti, sorti d'une maison étrangère et suspecte, ne laissa pas de maintenir très-longtemps dans ses intérêts ce même parlement, dont la seule idée vous fait peine, dans une occasion où vous êtes si éloigné de le vouloir porter à la guerre, que vous n'y entrez que pour lui procurer la sûreté et la paix.

« Vous ne vous êtes ouvert qu'à deux hommes de tout le Parlement, et encore vous ne vous y êtes ouvert

publié par M. Franklin (p. 46 et 47). La double orthographe vient du double nom de *Mayenne* et *Mayne* ou *Maine*, qu'on donnait à la terre de Mayenne, auparavant marquisat, que Charles IX érigea en duché-pairie, par lettres du mois de septembre 1573, en faveur de Charles de Lorraine : voyez le *P. Anselme*, tome III, p. 490 et p. 779; le *Dictionnaire de Trévoux*, à l'article Mayenne, Mayne; et l'*Histoire des seigneurs de Mayenne et de ce qui s'est passé de plus considérable en cette ville*, par Guyard de la Fosse, prêtre (1850, in-12, p. 1 de l'*Introduction*). De ce duché-pairie, proprement *de Mayenne* ou *de Maine*, il faut distinguer le comté-pairie *du Maine*, tirant son nom de celui de la province, et qui fut le titre de Louis-Auguste de Bourbon, fils de Louis XIV et de Mme de Montespan. Le Roi, par ses lettres de décembre 1676, ordonna qu'il serait nommé *duc du Maine*, « sans néanmoins, dit le P. Anselme (tome III, p. 165), que ce comté ait été érigé en duché, ni que la propriété lui en ait été accordée. »

1. Retz a écrit ainsi : *élève*, au singulier.
2. Voyez ci-dessus, p. 63, et ci-après, p. 121.
3. Le participe est ainsi au singulier dans le ms R.

que sous[1] la parole qu'ils vous ont donnée[2], l'un et l'autre, de ne laisser pénétrer à personne du monde, sans exception, vos intentions. Comme est-il possible que Votre Altesse puisse prétendre que ces deux hommes puissent, par le moyen de cette connoissance intérieure et cachée, régler les mouvements de leur corps? J'ose, Monsieur, vous répondre que si vous voulez [vous[3]] déclarer publiquement comme protecteur du public et des compagnies souveraines, vous en disposerez, au moins pour très-longtemps, absolument et presque souverainement. Ce n'est pas votre vue : vous ne vous voulez pas brouiller à la cour, vous aimez mieux le cabinet que la faction. Ne trouvez pas mauvais que des gens qui ne vous voient que dans ce jour ne mesurent pas toutes leurs démarches selon ce qui vous conviendroit. C'est à vous à mesurer les vôtres avec les leurs, parce qu'elles sont publiques; et vous le pouvez, parce que le Cardinal, accablé par la haine publique, est trop foible pour vous obliger malgré vous aux éclats et aux ruptures prématurées. La Rivière, qui gouverne Monsieur, est l'homme du monde le plus timide. Continuez à témoigner[4] que vous cherchez à adoucir les choses, et laissez-les aigrir selon votre premier plan : un peu plus, un peu moins de chaleur dans le Parlement doit-il être capable de vous le faire changer? De quoi y va-t-il, enfin, en ce plus et

---

1. *Sur*, au lieu de *sous*, dans les ms H, Ch, et dans toutes les anciennes éditions.

2. *Donné*, sans accord, dans le ms R.

3. L'auteur a omis le mot *vous*, nécessaire au sens, et rétabli par tous les éditeurs.

4. Les ms H, Ch, et quelques éditions anciennes altèrent ainsi le sens : « La Rivière, qui gouverne M. le duc d'Orléans (*ou* Monsieur *tout court*) et qui est l'homme du monde le plus timide, continue à témoigner.... » A la ligne suivante, ces deux manuscrits et toutes les anciennes impressions substituent *agir* à *aigrir*.

en ce moins? Le pis du pis est[1] que la Reine croie que vous n'embrassez pas avec assez d'ardeur ses intérêts. N'y a-t-il pas des moyens pour suppléer à cet inconvénient? N'y a-t-il pas des apparences à donner? N'y a-t-il pas même de l'effectif[2]? Enfin, Monsieur, je supplie très-humblement Votre Altesse de me permettre de lui dire que jamais projet n'a été si beau, si innocent, si saint, ni si nécessaire que celui qu'Elle a fait, et que jamais raisons n'ont été, au moins à mon opinion, si foibles que celles qui l'empêchent de l'exécuter. La moins forte de celles qui vous y portent, ou plutôt qui vous y devroient porter, est que si le cardinal Mazarin ne réussit pas dans les siens, il vous peut entraîner dans sa ruine, et que si il y réussit, il se servira, pour vous perdre, de tout ce que vous aurez fait pour l'élever[3]. »

1. Presque toutes les éditions anciennes mettent simplement : « Le pis est. »
2. *L'effective*, au lieu de *l'effectif*, dans les ms H et Ch.
3. M. Cousin prête à Retz, dans sa conduite envers Condé, un perfide machiavélisme : « Forcé de rester dans l'Église, dit-il, Retz vouloit y monter le plus haut possible. Il aspirait au chapeau de cardinal, et il l'obtint bientôt grâce à d'incroyables manœuvres; mais son objet suprême était le poste de premier ministre; et, pour y parvenir, voici le double jeu qu'il imagina et qu'il joua jusqu'au bout. Voyant que Mazarin et Condé n'étaient pas des chefs de gouvernement qui pussent laisser à d'autres à côté d'eux une grande importance, il entreprit de les renverser l'un par l'autre, de faire sa route entre eux deux, et d'élever, sur leur ruine, le duc d'Orléans, sous le nom duquel il eût gouverné. » (*Madame de Longueville pendant la Fronde*, p. 26.) Cette accusation s'applique mieux, croyons-nous, à 1651 qu'à 1649; cependant, dès le temps où nous sommes, une telle tactique pouvait être déjà dans la pensée du Coadjuteur. Il est probable qu'au moment même où il adressait son discours à Condé, il commençait à le voir tel que nous le peint M. Cousin dans un autre de ses écrits : « Le vrai génie de Condé était pour la guerre; là, il est le premier de son siècle et l'égal des plus grands dans l'antiquité et dans les temps modernes; mais, nous le reconnaissons, il ne possédait pas les qualités du politique, et au fond il

Vous voyez, par le peu d'arrangement de ce discours, qu'il fut fait sans méditation et sur-le-champ. Je le dictai à Laigue en revenant chez moi de chez Monsieur le Prince ; et Laigue me le fit voir à mon dernier voyage de Paris[1]. Il ne persuada point Monsieur le Prince, qui étoit déjà préoccupé ; il ne répondit à mes raisons particulières que par les générales, ce qui est assez de son caractère. Les héros ont leurs défauts ; celui de Monsieur le Prince est de n'avoir pas[2] assez de

n'avait pas d'ambition vraie et bien déterminée.... [Il ne s'était] pas assujetti de bonne heure à cette austère discipline de l'ambition qui enseigne à parler à propos et à se taire, à n'avoir pas d'humeur, à se conduire les yeux toujours dirigés vers le but suprême, sans s'en laisser détourner ni par des intérêts secondaires, ni par des caprices d'imagination ou de cœur. Tel est l'ambitieux ; tels furent plus ou moins Henri IV, Richelieu et Mazarin.... Tous les trois avaient un grand but à atteindre, qu'ils poursuivirent avec constance. Condé n'avait pas de but, il ne forma aucun grand dessein.... Incomparable destinée, qui était infaillible, s'il eût su rester dans son rôle de premier prince du sang, défenseur inébranlable de la couronne en même temps qu'interprète loyal de la nation, portant auprès de la Reine, sans l'effrayer, et auprès de Mazarin, en le soutenant, les griefs légitimes de la noblesse, du Parlement et du peuple. » (*La Jeunesse de Mme de Longueville*, p. 333 et 334.) Voyez ci-après, p. 114, note 2.

1. Retz, après son exil en 1652, ne revint, pour la première fois, à Paris qu'en juin 1664 ; il y retourna ensuite en 1665, en 1672, et une dernière fois, pour y mourir, dans l'été de 1678. L'époque où il rédigea cette partie de ses *Mémoires* nous étant inconnue, nous ne pouvons dire duquel de ses voyages il veut parler ici. Il n'est certes pas impossible que le discours ait été dicté à Laigues, et que celui-ci l'ait conservé et l'ait remis, en temps opportun, sous les yeux de l'auteur. Toutefois, il nous paraît plus probable qu'il a été, comme nous l'avons déjà dit, en parlant d'une manière générale des harangues des *Mémoires*, composé après coup, suivant la méthode des historiens de l'antiquité, que Retz avait pris pour modèles. — Les deux lignes : « et Laigue.... Il ne persuada point Monsieur le Prince, » ont été omises dans le ms H.

2. Retz avait mis en interligne, entre *pas* et *assez*, le mot *eu*, qu'il a ensuite biffé.

suite dans un des plus beaux esprits du monde. Ceux qui ont voulu croire qu'il avoit voulu, dans les commencements, aigrir les affaires par Longueil, par Broussel et par moi, pour se rendre plus nécessaire à la cour et dans la vue de faire pour le Cardinal ce qu'il y fit depuis, font autant d'injustice et à sa vertu et à la vérité, qu'ils prétendent faire d'honneur à son habileté. Ceux qui croient que les petits intérêts, c'est-à-dire les intérêts de pension, de gouvernement, d'établissements, furent l'unique cause de son changement ne se trompent guères moins. La vue d'être l'arbitre du cabinet y entra assurément, mais elle ne l'eût pas emporté sur les autres considérations; et le véritable principe fut qu'ayant tout vu d'abord également, il ne sentit pas tout également. La gloire de restaurateur du public fut sa première idée; celle de conservateur de l'autorité royale fut la seconde. Voilà le caractère de tous ceux qui ont dans l'esprit le défaut que je vous ai marqué ci-dessus. Quoiqu'ils voient très-bien les inconvénients et les avantages des deux partis sur lesquels ils balancent à prendre leur résolution, et quoiqu'ils les voient même ensemble, ils ne les pèsent pas ensemble. Ainsi ce qui leur paroît aujourd'hui plus léger leur paroît demain plus pesant. Voilà justement ce qui fit le changement de Monsieur le Prince, sur lequel il faut confesser que ce qui n'a pas honoré sa vue, ou plutôt sa résolution, a bien justifié son intention. L'on ne peut nier que si il eût conduit aussi prudemment qu'il l'eût pu la bonne intention[1] qu'il avoit, certainement il n'eût redressé[2] l'État peut-être pour des siècles; mais l'on doit convenir que

---

1. Le mot *intention* est douteux, mais pourtant assez probable.

2. Il eût redressé. (Ms H, Ch, 1717 A, 1718 B, F, 1837-1866.)

si il l'eût eue¹ mauvaise, il eût pu aller à tout dans un temps où l'enfance du Roi, l'opiniâtreté de la Reine, la foiblesse de Monsieur, l'incapacité du Ministre, la licence du peuple, la chaleur des parlements ouvroient à un jeune prince, plein de mérite et couvert de lauriers, une carrière plus belle et plus vaste que celle que MM. de Guise avoient courue².

Dans la conversation que j'eus avec Monsieur le Prince, il me dit deux ou trois fois, avec colère, qu'il feroit bien voir au Parlement, si il continuoit à agir comme il avoit accoutumé, qu'il n'en étoit pas où il pensoit, et que ce ne seroit pas une affaire que de le mettre à la raison. Pour vous dire le vrai, je ne fus pas fâché de trouver cette ouverture à en tirer ce que je pourrois des pensées de la cour; il ne s'en expliqua pas toutefois ouvertement; mais j'en compris assez pour me confirmer dans celle que j'avois, qu'elle commençoit à reprendre ses premiers projets d'attaquer Paris. Pour m'en éclaircir

---

1. *Eu*, sans accord, dans le manuscrit, de même que *couru*, à la fin de l'alinéa.

2. M. Sainte-Beuve, dans ses *Causeries du lundi*, tome V, p. 55 et suivantes, et M. Cousin, dans une note de *Madame de Longueville pendant la Fronde* (p. 49 et 50), ont l'un et l'autre apprécié avec éloge ce portrait. « Si l'on veut sur Condé, dit M. Cousin, le jugement d'un grand connaisseur, d'un homme qui n'est dupe de rien, ni de personne, qui dit volontiers le secret de tout le monde, bien entendu excepté le sien, on le trouvera dans une page des *Mémoires de Retz*, où, à travers ses préjugés de vieux frondeur, et en gardant le rôle qu'il s'était composé, le Cardinal rend pleinement justice à la loyauté de Monsieur le Prince, d'autant plus digne en cela de confiance qu'il signale en même temps le défaut qui a perdu Condé et que nous avons relevé nous-même, le manque de suite et de plan bien arrêté. Retz, comme Mme de Longueville, aurait voulu que Condé servît toujours la Fronde; nous voudrions, nous, qu'il eût toujours servi la royauté en l'éclairant. » Après ce préambule M. Cousin cite tout ce passage des *Mémoires*, depuis : « Les héros ont leurs défauts.... »

encore davantage, je dis à Monsieur le Prince que le Cardinal se pourroit fort facilement tromper dans ses mesures, et que Paris seroit un morceau de dure digestion : à quoi il me répondit de colère : « On ne le prendra pas comme Dunkerque, par des mines et par des attaques[1], mais si le pain de Gonesse[2] leur manquoit huit jours[3]. » Je me le tins pour dit, et je lui repartis, beaucoup moins pour en savoir davantage que pour avoir lieu de me dégager d'avec lui, que l'entreprise de fermer les passages du pain de Gonesse pourroit recevoir des difficultés. « Quelles? reprit-il brusquement; les bourgeois sortiront-ils pour donner bataille? — Elle ne seroit pas rude, Monsieur, si il n'y avoit qu'eux, » lui répondis-je. « Qui sera avec eux? reprit-il; y serez-vous, vous qui parlez? — Ce seroit mauvais signe, lui dis-je : cela sentiroit

1. Le siége de Dunkerque, pris en treize jours, le 11 octobre 1646, sous le commandement du prince de Condé, était un des grands faits militaires de l'époque : on dut ce prompt succès surtout aux mines et aux lignes de communication que fit établir Isaac Arnauld de Corbeville, mestre de camp général des carabins (carabiniers) de France. Voyez, pour les détails, l'*Histoire du siége de Dunkerque*, dans les *OEuvres de M. Sarasin*, 1663.

2. Gonesse est un bourg, à vingt-six kilomètres de Paris, qui avait une très-grande réputation pour le pain qu'on y fabriquait; on le préférait à celui qui se faisait à Paris; il en est souvent question dans les *Mazarinades;* les habitants venaient le vendre deux fois par semaine à Paris, dans une halle qui leur était particulière. Cette réputation durait encore au siècle suivant : voyez les *Mémoires de Barbier* (juillet 1720), et le *Dictionnaire de Trévoux* (1771). « La plus grande partie des habitants de Gonesse sont boulangers, » dit Delamarre, dans son *Traité de la police*, livre V, titre 14 (tome II, p. 978, édition de 1722, in-folio). D'après le *Menagiana* (édition de 1715, tome II, p. 226), cette qualité du pain tenait à l'eau qu'on employait; l'éditeur cite, à ce sujet, une poésie de M. Petit, intitulée : *Fons Gossinvillæ*.

3. Le manuscrit original ne marque pas ici de lacune, non plus que les copies H et Ch; mais toutes les éditions, considérant la phrase comme incomplète, mettent plusieurs points après *jours*.

fort la procession de la Ligue. » Il pensa un peu, et puis il me dit : « Ne raillons point; seriez-vous[1] assez fou pour vous embarquer avec ces gens ici? — Je ne le suis que trop, lui répondis-je; vous le savez, Monsieur, et que je suis de plus coadjuteur de Paris, et par conséquent engagé et par honneur et par intérêt à sa conservation. Je servirai toute ma vie Votre Altesse en tout ce qui ne regardera pas[2] ce point. » Je vis bien que Monsieur le Prince s'émut à cette déclaration; mais il se contint, et il me dit ces propres mots : « Quand vous vous engagerez dans une mauvaise affaire, je vous plaindrai; mais je n'aurai pas sujet de me plaindre de vous. Ne vous plaignez pas aussi de moi, et rendez-moi le témoignage que vous me devez, qui est que je n'ai rien promis à Longueil et à Broussel dont le Parlement ne m'ait dispensé par sa conduite[3]. » Il me fit ensuite beaucoup d'honnêtetés[4] personnelles. Il m'offrit de me raccommoder avec la cour. Je l'assurai de mes obéissances et de mon zèle en tout ce qui ne seroit pas contraire aux engagements qu'il savoit que j'avois pris. Je le fis convenir de l'impossibilité d'en sortir, et je sortis moi-même[5] de l'hôtel de Condé, avec toute l'agitation d'esprit que vous vous pouvez imaginer.

1. Dans les ms H et Ch, et dans les éditions de 1717 A, 1718 B, F : *serez-vous.*

2. D'abord : *ne regardera point.* L'auteur a biffé ce dernier mot, et écrit à la suite : *pas ce point.*

3. « C'est là, dit M. Sainte-Beuve (*Causeries du lundi*, tome V, p. 57), un beau dialogue et mené avec franchise par les deux interlocuteurs, qui vont devenir des adversaires. Des deux parts, le caractère et le langage sont observés. Condé et Retz se séparent, chacun dans son opinion, mais avec estime : l'un pour la cour, et se décidant, tout bien pesé, à la défendre; l'autre, restant coadjuteur, et, avant tout, défenseur de Paris. »

4. Retz a écrit, par mégarde, *honnestés.*

5. *Moi-même* est en interligne.

Montrésor et Saint-Ibar arrivèrent chez moi justement dans le temps que j'achevois de dicter à Laigue la conversation que j'avois eue avec Monsieur le Prince, et ils n'oublièrent rien pour m'obliger à envoyer, dès ce moment, à Bruxelles. Quoique je sentisse dans moi-même beaucoup de peine à être le premier qui eût mis dans nos affaires le grain de catholicon d'Espagne[1], je m'y résolus par la nécessité, et je commençai à en dresser[2] l'instruction, qui devoit contenir plusieurs chefs, et dont la conclusion fut remise, par cette raison, au lendemain matin.

La fortune me présenta, l'après-dînée, un moyen plus agréable et plus innocent. J'allai, par un pur hasard, chez Mme de Longueville[3], que je voyois fort peu parce que j'étois extrêmement ami de Monsieur son mari, qui n'étoit pas l'homme de la cour[4] le mieux avec elle.

1. C'est-à-dire, comme M. Littré dans son *Dictionnaire* traduit ici ces mots : « l'influence espagnole. » *Catholicon*, au propre, est un terme de pharmacie, désignant, dit Furetière, « le premier des remèdes purgatifs, » et nommé *catholicon* « parce qu'il est *universel* pour purger toutes les humeurs. » La *Satire Ménippée de la vertu du catholicon d'Espagne* a rendu le mot fameux dans le sens où le prend ici notre auteur. Cette satire s'ouvre par une scène intitulée *Avant-propos* dans l'édition de 1593, et qui est un des meilleurs morceaux de tout l'ouvrage. Deux charlatans, l'un Espagnol, l'autre Lorrain, vantent chacun à l'envi, dans la cour du Louvre, leur catholicon, pendant que dans le palais on fait les préparatifs pour la tenue prochaine des états généraux (1593).
2. Les manuscrits H et Ch, et toutes les anciennes éditions ont *dicter*, au lieu de *dresser*.
3. Si hasard il y eut, c'était, il faut l'avouer, un hasard bien opportun. Jamais visite fortuite n'a mieux ressemblé à une démarche habilement calculée. Mme de Longueville était alors à Noisy-le-Roi, sur les hauteurs de Versailles, dans une maison de l'archevêque de Paris, oncle du Coadjuteur, où elle s'était retirée pendant sa grossesse. Nous donnerons des détails sur cette maison des Gondi, dans la *Biographie de Retz*, ainsi que sur la maison de Saint-Cloud.
4. L'homme du monde de la cour. (1859, 1866.)

Je la trouvai seule; elle tomba, dans la conversation, sur les affaires publiques, qui étoient à la mode. Elle me parut enragée contre la cour[1]. Je savois par le bruit public qu'elle l'étoit au dernier point contre Monsieur le Prince. Je joignis ce que l'on en disoit dans le monde à ce que j'en tirois de certains mots qu'elle laissoit échapper. Je n'ignorois pas que M. le prince de Conti étoit absolument en ses mains[2]. Toutes ces idées me frappèrent tout d'un coup l'imagination, et y firent naître celles dont je vous rendrai compte, après que je vous aurai un peu éclairci le détail que je vous viens de toucher.

Mademoiselle de Bourbon avoit eu l'amitié du monde

1. Quoique l'union, comme il vient d'être dit, ne fût pas grande entre les deux époux, Mme de Longueville épousait le ressentiment de son mari contre la Reine et le Cardinal. M. de Longueville venait de demander la charge de colonel général des Suisses, devenue vacante par la mort de Bassompierre; la cour n'avait pu se décider à remettre un emploi de cette importance dans des mains qui lui étaient suspectes, et bien qu'à la place de cette faveur, on lui en eût accordé une autre bien précieuse à un gouverneur de Normandie, le commandement du château de Caen, il était loin d'être satisfait, et avait quitté les négociations de Munster pour revenir en France.

2. Voyez le chapitre IV de *la Jeunesse de Mme de Longueville*. M. Cousin y explique les relations qu'avaient entre eux les divers membres de la famille de Condé. Voyez en particulier, pour ce qui concerne le prince de Conti, p. 289-292 : « Ébloui de sa beauté, de sa grâce, de sa renommée (*de Mme de Longueville*), il s'était mis à l'aimer *plutôt en honnête homme qu'en frère*, dit Mme de Motteville. » — En copiant ce passage de M. Cousin, nous devons faire remarquer que celui qu'il emprunte à Mme de Motteville n'a pas précisément le sens qu'il lui donne : « Il souhaita de lui plaire, dit-elle (tome I, p. 336), et plutôt en qualité d'honnête homme que comme son frère; il avoit de l'esprit, et il y réussit facilement. » Tout le monde, il est vrai, n'était pas aussi bienveillant que Mme de Motteville, et le *Recueil des chansons* de Maurepas contient plus d'un couplet virulent sur ces rapports de famille, entre autres une chanson de 1645, tome XXII, p. 29 (manuscrits de la Bibliothèque impériale, Fonds français, 12637).

la plus tendre pour Monsieur son frère aîné ; et Mme de Longueville, quelque temps après son mariage, prit une rage et une fureur contre lui, qui passa jusques à un excès incroyable. Vous croyez aisément qu'il n'en falloit pas davantage dans le monde pour faire faire des commentaires fâcheux sur une histoire[1] de laquelle l'on ne voyoit pas les motifs. Je ne les ai jamais pu pénétrer ; mais j'ai toujours été persuadé que ce qui s'en disoit dans la cour n'étoit pas véritable, parce que si il eût été vrai qu'il y eût eu[2] de la passion dans leur amitié, Monsieur le Prince n'auroit pas conservé pour elle la tendresse qu'il y conserva toujours dans la chaleur même de l'affaire de Coligni. J'ai observé qu'ils ne se brouillèrent qu'après sa mort[3], et je sais, de

1. D'abord : *l'histoire*, qui ensuite a été biffé et remplacé par *une histoire*.
2. Le participe *eu* est ajouté en interligne.
3. Le comte de Coligny, blessé par le duc de Guise (12 décembre 1643) dans un duel qui eut pour cause les lettres trouvées chez Mme de Montbazon, mourut, ou de sa blessure ou de chagrin, au mois de mai 1644: voyez tome I, p. 221 et note 6. « Pour rendre Mme de Longueville plus touchante, dit M. Cousin, dans *la Jeunesse de Mme de Longueville*, p. 265-267, on l'a représentée partageant la passion qu'elle inspirait ; mais rien ne prouve qu'elle eût en effet de l'amour pour Coligny. Elle l'aimait comme un des compagnons de son enfance, comme un des camarades de son frère, comme un gentilhomme presque de son rang, dont elle n'avait aucune raison de repousser les hommages, et qui lui plaisait par une tendresse persévérante et dévouée. Elle lui permettait de soupirer pour elle et de se déclarer son chevalier à la manière espagnole, selon les principes de Mme de Sablé et des précieuses de l'hôtel de Rambouillet, qui ne défendaient pas aux hommes de les servir et de les adorer, pourvu que ce fût de la façon la plus respectueuse. Telles étaient les mœurs de cette époque.... Retz affirme seul que Coligny était aimé, et il dit le tenir de Condé lui-même ; mais qui ne connaît la légèreté de Retz? qui voudrait s'en rapporter à son témoignage quand il est seul, et sur des choses où il n'a pas été personnellement mêlé ? »

science¹ certaine, que Monsieur le Prince savoit que Madame sa sœur aimoit véritablement Coligni. L'amour passionné du prince de Conti pour elle donna à cette maison un certain air d'inceste, quoique très-injustement pour l'effet², que la raison au contraire que je viens de vous alléguer, quoique, à mon sens, décisive, ne put dissiper.

Je vous ai marqué ci-dessus que la disposition où je trouvai Mme de Longueville me donna lieu de penser à préparer une défense pour Paris plus proche, plus naturelle et moins odieuse que celle d'Espagne. Je connoissois bien la foiblesse de M. le prince de Conti, presque encore enfant; mais je savois, en même temps, que cet enfant étoit prince du sang. Je ne voulois qu'un nom pour animer ce qui, sans un nom, ne seroit que fantôme. Je me répondois de M. de Longueville, qui étoit l'homme du monde qui aimoit le mieux le commencement de toutes affaires³. J'étois fort assuré que le maréchal de la Mothe⁴, enragé contre la cour, ne se détacheroit point de M. de Longueville, à qui il avoit été attaché vingt ans durant, par une pension, qu'il avoit voulu même retenir, par reconnoissance, encore après⁵ qu'il eut été fait maréchal de France. Je voyois M. de

---

1. L'édition de 1859, 1866 substitue *source* à *science*.

2. Les mots : *quoique très-injustement pour l'effet*, ont été ajoutés par Retz à la marge.

3. Retz a déjà dit la même chose du duc de Longueville dans le récit de la scène du 26 août au Palais-Royal : voyez ci-dessus, p. 19.

4. Philippe de la Mothe-Houdancourt, duc de Cardonne, en Espagne, fils de Philippe de la Mothe et de Louise du Plessis-Piquet, naquit en 1605; il fut maréchal de France (le 2 avril 1642) et vice-roi de Catalogne. N'ayant eu que peu de succès dans la campagne de 1644 contre la Catalogne, il fut rappelé en France, arrêté à Lyon et emprisonné à Pierre-Encise; il venait tout récemment de reparaître à la cour (1ᵉʳ octobre 1648), mais le cœur encore plein de ressentiment. Il mourut en mars 1657.

5. Les ms H, Ch, et toutes les anciennes éditions omettent *après*.

Bouillon très-mécontent et presque réduit à la nécessité par le mauvais état de ses affaires domestiques et par les injustices que la cour lui faisoit. J'avois considéré tous ces gens-là, mais je ne les avois considérés[1] que dans une perspective éloignée, parce qu'il n'y en avoit aucun de tous ceux-là qui fût capable d'ouvrir la scène. M. de Longueville n'étoit bon que pour le second acte. Le maréchal de la Mothe, bon soldat, mais de très-petit sens, ne pouvoit jamais jouer le premier personnage. M. de Bouillon l'eût pu soutenir; mais sa probité étoit plus problématique que son talent; et j'étois bien averti, de plus, que Madame sa femme[2], qui avoit un pouvoir absolu sur son esprit, n'agissoit en quoi que ce soit que par les mouvements d'Espagne. Vous ne vous étonnez pas, sans doute, de ce que je n'avois pas fixé des vues aussi vagues et aussi brouillées[3] que celles-là, et de ce que je les réunis pour ainsi dire en la personne de M. le prince de Conti, prince du sang, et qui par sa qualité concilioit et approchoit, pour ainsi parler, tout ce qui paroissoit le plus éloigné à l'égard des uns et des autres.

Dès que j'eus ouvert à Mme de Longueville le moindre jour du poste qu'elle pourroit tenir, en l'état où les affaires alloient tomber, elle y entra avec des emportements de joie que je ne vous puis exprimer. Je ménageai avec soin ces dispositions; j'échauffai[4] M. de Lon-

1. *Considéré*, sans accord, dans le ms R.
2. Éléonore-Catherine-Fébronie de Bergh, fille du comte de Bergh, gouverneur de Frise; elle était donc née sujette du roi d'Espagne dans ses provinces des Pays-Bas; elle épousa le duc de Bouillon en février 1634, et en 1637 l'amena à abjurer la religion protestante; elle mourut en 1657.
3. Dans les éditions de 1837 et de 1843 : *embrouillées*.
4. Je ménageois de loin ses dispositions; j'échauffois.... (Ms H, Ch, 1717 A, 1718 B, F.)

gueville, et par moi-même et par Varicarville, qui étoit son pensionnaire, et auquel il avoit, avec raison, une parfaite confiance, et je me résolus de ne lier aucun commerce avec Espagne[1] et d'attendre que les occasions, que je jugeois bien n'être que trop proche[2], donnassent lieu à une conjoncture où celui que nous y prendrions infailliblement parût[3] plutôt venir des autres que de moi. Ce parti, quoique très-fortement contredit par Saint-Ibar et par Montrésor, fut le plus judicieux; et vous verrez par les suites que je jugeai sainement en jugeant qu'il n'y avoit plus lieu de précipiter ce remède, qui est doublement dangereux quand il est le premier appliqué. Il a toujours besoin de lénitifs qui y préparent[4].

1. Voyez ci-dessus, p. 63 et p. 109; et à la page 121, *d'Espagne*. L'omission de l'article devant *Espagne* est une habitude, sinon constante, au moins très-fréquente.

2. Retz a écrit ainsi, *proche*, adverbialement.

3. Après *prendrions*, Retz avait écrit d'abord *par*; puis il a biffé ces premières lettres de *parût*, pour ajouter *infailliblement*.

4. Cette phrase est ainsi défigurée dans un bon nombre d'anciennes éditions (1718 C, D, E, 1719-1828) : « qu'il n'y avoit plus lieu (*ou de lieu*) de précipiter ce remède, qui est doublement dangereux, et qui, quand il est le premier appliqué, a toujours besoin de lénitifs qui y préparent. » — A la suite de *préparent*, il y a, dans le ms R, six lignes raturées, comme les copies H et Ch, qui les omettent, le disent en note. Les éditeurs de 1837-1866 les donnent ainsi : « La sincérité qui m'a obligé à vous faire une confession de ma faute, en ce qui a touché Mme de la Meilleraie, me force à vous faire en ce lieu mon éloge sur (ce qui regarde Mme de Longueville). » Nous voulons bien croire que leur lecture est exacte; mais nous ne pouvons, quant à nous, déchiffrer, sous les ratures, que les mots : *m'a obligé.... vous faire une confession de ma faute....* On se souvient que plus haut (tome I, p. 203) Retz avait déjà supprimé un autre passage où il rappelait qu'il avait été amoureux de Mme de la Meilleraye. — Les copies H et Ch et les éditions de 1719-1828 font des mots : « ce qui regarde Mme de Longueville, » qui d'abord terminaient la phrase effacée, le commencement de la phrase suivante, en ajoutant *pour* : « Pour ce qui regarde Mme de Lon-

.... ce qui regarde Mme de Longueville. La petite vérole lui avoit ôté la première fleur de sa beauté[1]; mais elle lui en avoit laissé presque tout l'éclat; et cet éclat, joint à sa qualité, à son esprit et à sa langueur, qui avoit en elle un charme particulier, la rendoit une des plus aimables personnes de France[2]. J'avois le cœur du monde le plus propre pour l'y placer entre Mmes de Guémené et de Pommereu. Je ne vous dirai pas qu'elle l'eût agréé; mais je vous dirai bien que ce ne fut pas la vue de l'impossibilité[3] qui m'en fit rejeter la pensée, qui fut même assez vive dans les commencements[4]. Le bénéfice n'étoit pas vacant; mais il n'étoit pas desservi[5].

gueville, la petite vérole.... » Dans le ms Ch, *pour* a été ajouté après coup, d'une autre encre.

1. Elle avait eu la petite vérole, très-fréquente, comme on sait, en ce temps-là, peu de temps après son mariage, dans l'automne de 1642. Mademoiselle, dans ses *Mémoires* (tome I, p. 56), dit qu'elle en resta marquée. Voyez sur sa maladie, qui émut tout l'hôtel de Rambouillet, *Madame de Sablé*, par M. Cousin, chapitre I, *la Jeunesse de Mme de Longueville*, chapitre III, p. 206, et les *Lettres de Godeau*, lettre 76, p. 243, édition de 1713.

2. Voyez dans *la Jeunesse de Mme de Longueville*, p. 5-17, le portrait physique et moral de cette princesse par M. Cousin. Ce portrait, composé à l'aide des tableaux et gravures qu'on a conservés d'elle, est, on l'a dit, l'œuvre d'un amant passionné, et comme une sorte d'hymne à sa beauté. M. Cousin revient à son sujet favori dans le chapitre I de *la Société française du dix-septième siècle*, à propos d'Artamène, l'héroïne du *Grand Cyrus* de Mlle de Scudéry, qui n'était autre que Mme de Longueville.

3. De l'impossible. (1837-1866.)

4. Joly (tome I, p. 45) confirme ainsi ce passage des *Mémoires:* « Depuis quelque temps il avoit des sentiments fort vifs et fort tendres pour Mme de Longueville, et il espéra que le séjour de Paris pourroit lui fournir des occasions de l'entretenir plus souvent, et peut-être de prendre des avantages sur le prince de Marsillac, qu'il regardoit comme son rival. »

5. Cette figure, plus qu'étrange sous la plume d'un cardinal, se trouve souvent dans la *Carte du pays de Braquerie*, publiée, nous l'avons dit, à la fin du tome IV du *Tallemant des Réaux* de M. Paulin

M. de la Rochefoucauld[1] étoit en possession ; mais il étoit en Poitou. J'écrivois tous les jours trois ou quatre billets, et j'en recevois bien autant. Je me trouvois très-souvent à l'heure du réveil, pour parler plus librement d'affaire[2]. J'y concevois beaucoup d'avantage, parce que je n'ignorois pas que ce pourroit être l'unique moyen de m'assurer de M. le prince de Conti pour les suites. Je crus, pour ne vous rien celer, y entrevoir de la possibilité. La seule vue de l'amitié étroite que je professois avec le mari l'emporta sur le plaisir et sur la politique[3].

Je ne laissai pas de prendre une grande liaison d'affaire avec Mme de Longueville, et par elle un commerce avec M. de la Rochefoucauld, qui revint trois semaines ou un mois après ce premier engagement. Il faisoit croire à M. le prince de Conti qu'il le servoit dans la passion qu'il avoit pour Madame sa sœur ; et lui et elle, de concert, l'avoient tellement aveuglé, que plus de quatre ans après il ne se doutoit encore de quoi que ce soit.

Comme M. de la Rochefoucauld n'avoit pas eu trop

Paris, et que nous avons déjà plusieurs fois citée. — Les éditions de 1718 C, D, E ont altéré cette phrase de la façon singulière que voici : « Le bénéfice n'étoit pas vacant ; il n'étoit que desservi. »

1. François, second duc de la Rochefoucauld, né en 1613, mort en 1680 ; il portait à cette époque, le duc son père vivant encore, le titre de *prince de Marsillac*. Tous les contemporains, et M. Cousin après eux, attribuent à son influence la détermination que prit Mme de Longueville d'entrer dans la Fronde.

2. Ici, et sept lignes plus loin, *affaire* est au singulier dans le manuscrit.

3. Après *politique*, quatre lignes ont été effacées dans le ms R. Quelqu'un a essayé de les déchiffrer et écrit, au-dessus des ratures, ces mots, peu intelligibles : « et j'ai conu à l'heure qu'il est, autant de considération que j'en ai eu toute ma vie de doubter du contraire. » Les éditions de 1837-1866 donnent ce passage en mettant *conçu* pour *conu*, et avec cette autre modification : « autant de considérations de le croire que j'en ai eu.... »

bon bruit dans l'affaire des Importants, dans laquelle l'on l'avoit accusé de s'être raccommodé à la cour à leurs dépens (ce que j'ai su toutefois depuis, de science certaine, n'être pas vrai), je n'étois pas trop content de le trouver en cette société. Il fallut pourtant s'en accommoder. Nous prîmes toutes nos mesures. M. le prince de Conti, Mme de Longueville, Monsieur son mari et le maréchal de la Mothe s'engagèrent de demeurer à Paris et de se déclarer si l'on l'attaquoit. Broussel, Longueil et Viole promirent tout au nom du Parlement, qui n'en savoit rien. M. de Retz[1] fit les allées et venues entre eux et Mme de Longueville, qui prenoit des eaux à Noisi[2] avec M. le prince de Conti. Il n'y eut que M. de Bouillon qui ne voulut être nommé à personne sans exception : il s'engagea avec moi uniquement. Je le voyois assez souvent la nuit, et Mme de Bouillon y étoit toujours présente : si cette femme eût eu autant de sincérité que d'esprit, de beauté, de douceur et de

---

1. *Rais*, dans le manuscrit.
2. *Poissy*, au lieu de *Noisy*, dans les ms H, Ch, et dans 1717 A, 1718 B, F. Les *Mémoires du P. Rapin* (tome I, p. 205 et 206) confirment ce détail : « La duchesse de Longueville, mécontente du prince de Condé,... qui avoit fait des plaintes de sa conduite au duc de Longueville, son mari, flatta le Coadjuteur; il vint à Noisy avec le père de Gondi, le duc de Retz, et quelques autres personnes importantes de Port-Royal. (*C'est l'idée fixe du P. Rapin de rendre les jansénistes responsables de tout.*) On parla du ministre et du ministère avec toute la liberté que la sûreté du lieu et de la compagnie pouvoit donner; et sur la proposition que fit le premier le duc de Retz, instruit par le Coadjuteur, son frère, de penser à un parti contre le cardinal Mazarin, il fut résolu qu'on y penseroit. On laissa le soin d'en imaginer les moyens au duc de Longueville et au Coadjuteur, qui étoient l'un et l'autre malcontents, amis et alliés, circonstances alors capables de leur donner toute la confiance réciproque que demandoit l'exécution d'un si grand dessein. C'est tout ce qu'on a pu savoir de ce qui se fit en cette conférence. » Voyez aussi les *Fragments historiques de Racine*, édition de M. Mesnard, tome V, p. 85.

vertu, elle eût été une merveille accomplie. J'en fus très-piqué ; mais je n'y trouvai pas la moindre ouverture ; et comme la piqûre ne me fit pas mal fort longtemps, je crois que j'eusse parlé plus proprement si j'eusse dit que je crus en être très-piqué.

Après que j'eus préparé assez à mon gré la défensive, je pris la pensée de faire, si il étoit possible, en sorte que la cour ne portât pas les affaires à l'extrémité[1]. Vous concevez facilement l'utilité de ce dessein[2], et vous en avouerez la possibilité, quand je vous dirai que l'exécution[3] n'en tint qu'à l'opiniâtreté qu'eut le Ministre de ne pas agréer une proposition, qui m'avoit été suggérée par Launai-Gravai[4], et qui, de l'agrément même du Parlement, eût suppléé[5], au moins pour beaucoup, aux retranchements faits par cette compagnie. Cette proposition, dont le détail seroit trop long et trop ennuyeux, fut agitée chez Viole, où le Cogneux et beaucoup d'au-

1. Retz avait écrit d'abord : « Je pris tout ensemble les deux pensées du monde qui paroissoient les plus contraires, l'une de faire, si il étoit possible, en sorte que la cour ne portât pas les affaires à l'extrémité, et l'autre d'avilir par tous les moyens qui me pourroient venir dans l'esprit la personne du Mazarin. » Il a ensuite corrigé de sa main cette phrase pour la réduire à ce que nous donnons.

2. Il y avait d'abord : *de ces desseins*. L'auteur a biffé les deux *s*, pour mettre ces mots d'accord avec sa nouvelle rédaction.

3. Après *l'exécution*, on déchiffre, sous une rature : *du premier*.

4. Jean de Gravé, sieur de Launay, riche financier, que son improbité fit emprisonner en même temps que la Raillère. (Voyez la *Bibliographie des Mazarinades*, tome I, p. 125.) On doit regretter, dit avec raison M. Bazin, que Retz n'indique pas cet expédient, proposé par Launay-Gravé, et que le Coadjuteur conseillait à Mazarin au moment même où il désirait le plus sa perte. La seconde femme de ce financier, Françoise Godet des Marais, sœur de l'évêque de Chartres, devenue veuve, eut, dit-on, une grande influence sur Colbert ; elle épousa, en 1661, Antoine de Brouilly, marquis de Piennes.

5. D'abord : *suppléoit*; la désinence a été corrigée, et *eust* est ajouté au-dessus de la ligne.

tres gens du Parlement se trouvèrent. Elle fut approuvée; et si le Ministre eût été assez sage pour la recevoir de bonne foi, je suis persuadé et que l'État eût soutenu la dépense nécessaire et qu'il n'y auroit point eu de guerre civile.

Quand je vis que la cour ne vouloit même son bien qu'à sa mode, qui n'étoit jamais bonne, je ne songeai plus qu'à lui faire du mal, et[1] ce ne fut que dans ce moment où je pris l'entière et pleine résolution d'attaquer personnellement le Mazarin, parce que je crus que ne pouvant l'empêcher de nous attaquer, nous ferions sagement de l'attaquer nous-mêmes, par des préalables qui donneroient dans le public un mauvais air à son attaque.

L'on peut[2] dire avec fondement que les ennemis de ce ministre avoient un avantage contre lui très-rare, et que l'on n'a presque jamais contre les gens qui sont dans sa place. Leur pouvoir fait, pour l'ordinaire, qu'ils ne sont pas susceptibles de la teinture du ridicule; elle prenoit[3] sur le Cardinal, parce qu'il disoit des sottises, ce qui n'est pas ordinaire à ceux même qui en font dans ces sortes de postes. Je lui attachai Marigni[4],

1. Après *et*, on déchiffre sous les ratures : « en attaquant personnellement le Mazarin. »

2. Retz avait commencé par écrire *pouv;* puis il a effacé ces premières lettres de *pouvoit*, et mis à la marge *peut*.

3. Dans la plupart des anciennes éditions, *prévaloit;* et deux lignes plus bas, *détachai*, pour *attachai*.

4. Jacques Carpentier de Marigny, né au village de Marigny, près de Nevers, était un des hommes de lettres qui étaient allés chercher fortune auprès de la reine de Suède, Christine. Il se trouvait à Rome quand Retz y fit son voyage. D'après Joly (tome I, p. 21), le jour des Barricades, pendant que le Coadjuteur affectait de donner par les rues des bénédictions, « bien plus propres à exciter le peuple qu'à l'apaiser, les sieurs d'Argenteuil et de Marigny, qui le tenoient sous les bras, encourageoient le peuple à tenir

qui revenoit tout à propos de Suède, et qui s'étoit comme donné à moi. Le Cardinal avoit demandé à Bouqueval[1], député du grand conseil, si il ne croiroit pas être obligé d'obéir au Roi, en cas que le Roi lui commandât de ne point porter de glands à son collet ; et il s'étoit servi de cette comparaison assez sottement, comme vous voyez, pour prouver l'obéissance aux députés d'une compagnie souveraine. Marigni paraphrasa ce mot[2], en prose et en vers, un mois ou cinq semaines devant que le Roi sortît de Paris ; et l'effet que fit cette paraphrase est inconcevable. Je pris cet instant pour mettre l'abomination dans le ridicule, ce qui fait le plus dangereux et le plus irrémédiable de tous les composés.

Vous avez vu ci-dessus[3] que la cour avoit entrepris d'autoriser les prêts par des déclarations, c'est-à-dire, à proprement parler, qu'elle avoit entrepris d'autoriser les usures par une loi vérifiée en Parlement, parce que ces prêts qui se faisoient au Roi, par exemple sur les tailles, n'étoient jamais qu'avec des usures immenses. Ma dignité m'obligeoit à ne pas souffrir un mal et un

bon. » Le zèle de Marigny ne demeura pas sans récompense : le gai chansonnier fut en effet pourvu de bonne heure d'un canonicat, et il se montra aussi bon chanoine que son protecteur était bon archevêque. Il mourut en 1670.

1. Ce Bouqueval, député du grand conseil, en était alors le doyen.

2. M. Moreau, dans la *Bibliographie des Mazarinades* (tome II, p. 325), se borne à citer, sous le n° 2686, la *Paraphraze de Marigny sur les glands*, sans en rien dire de plus. Dans le *Choix de Mazarinades* du même auteur se trouve une pièce de vers intitulée : *Lettre à Monsieur le Cardinal, burlesque*, où le propos de Mazarin à Bouqueval est rappelé (tome I, p. 307) d'une manière assez spirituelle, et expliqué, au bas de la page, par une note du temps, conforme à ce que nous dit Retz. M. Louis Paris a publié, dans son *Cabinet historique*, un grand nombre de lettres de Marigny à Lenet ; elles éclairent assez bien quelques détails de la Fronde. (*Passim*, tomes I à X. *Documents*.)

3. Voyez tome I, p. 324 et suivantes.

scandale aussi général et aussi public. Je remplis très-exactement et très-pleinement mon devoir.* Je fis une assemblée fameuse de curés, de chanoines, de docteurs, de religieux ; et sans[1] avoir seulement prononcé le nom du Cardinal dans toutes ces conférences, où je faisois au contraire toujours semblant de l'épargner, je le fis passer, en huit jours, pour le Juif le plus convaincu qui fût en Europe[2].

Le Roi sortit de Paris justement à ce moment, et je l'appris[3], à cinq heures du matin, par l'argentier de la Reine, qui me fit éveiller, et qui me donna une lettre écrite de sa main, par laquelle elle me commandoit, en des termes fort honnêtes, de me rendre dans le jour à Saint-Germain. L'argentier ajouta de bouche que le Roi venoit de monter en carrosse pour y aller, et que toute l'armée étoit commandée pour s'avancer. Je lui répon-

---

1. Après *sans*, Retz avait commencé par écrire *nommer*, qu'il a ensuite biffé.

2. On lit dans le *Journal de Dubuisson Aubenay* (p. 61), à la date du 30 décembre 1648 : « Déclaration du Roi, par laquelle il est licite à toutes personnes de pouvoir prêter et faire avances au Roi à dix pour cent d'intérêt, envoyée à la chambre des comptes pour être vérifiée : sur quoi elle étoit mi-partie et prête à faire grand vacarme.... En ce même temps, l'archevêque de Paris (*plus exactement :* le Coadjuteur), à ce que l'on dit, assembla en Sorbonne, où les docteurs résolurent qu'il y avoit usure et péché mortel à prêter au Roi à dix pour cent ou à autre tel intérêt différent de celui des rentes permises à constituer, selon les ordonnances des rois passées en loi et usage commun des peuples, et que partant le Roi ne pouvoit établir tel prêt, ni ses sujets le faire et accepter, ni les parlements l'autoriser ou tolérer. » Mme de Motteville (tome II, p. 271 et 272) parle également d'une démarche faite par les curés auprès du Coadjuteur, qui l'avait suscitée, contre les prêts. Molé dit aussi (tome III, p. 307) : « On prit chaudement cette occasion. Monsieur le Coadjuteur ne s'oublia pas, voulant exciter les curés pour en parler à leur prône ; mais cet orage fut dissipé. »

3. D'abord : *et je ne l'appris que*. Retz a biffé *ne* et *que* ; il a écrit *à* au-dessus de la ligne.

dis simplement que je ne manquerois pas d'obéir. Vous me faites bien la justice d'être persuadée que je n'en eus pas la pensée.

Blancménil entra dans ma chambre, pâle comme un mort. Il me dit que le Roi marchoit au Palais avec huit mille chevaux. Je l'assurai qu'il étoit sorti de la Ville[1] avec deux cents. Voilà la moindre des impertinences qui me furent dites depuis les cinq heures du matin jusques[2] à dix. J'eus toujours une procession de gens effarés, qui se croyoient perdus. Mais j'en prenois bien plus de divertissement que d'inquiétude, parce que j'étois averti, de moment à autre, par les officiers des colonelles, qui étoient à moi, que le premier mouvement du peuple, à la première nouvelle, n'avoit été que de fureur, à laquelle la peur ne succède jamais que par degrés; et je croyois avoir de quoi couper, devant qu'il fût nuit, ces degrés; car quoique Monsieur le Prince, qui se défioit de Monsieur son frère, l'eût été prendre dans son lit et l'eût emmené avec lui à Saint-Germain, je ne doutois point, Mme de Longueville étant demeurée à Paris[3],

1. Qu'il étoit sorti dès la veille. (1717.)
2. Dans le manuscrit original, *jusques* est en interligne, au-dessus d'un mot rayé.
3. Cette nuit-là, Mme de Longueville, à l'occasion de la fête des Rois, avait couché chez sa mère, à l'hôtel de Condé; et, comme sa mère et sa belle-sœur, elle avait reçu avis du départ, avec invitation de suivre la cour. Pour s'en défendre, elle prétexta sa grossesse, la crainte qu'elle avait de déplaire à son mari, et finit par dire qu'elle n'avait rien à redouter des Parisiens. A la suite de ces refus, la princesse douairière de Condé l'avait laissée dans son lit, et était allée rejoindre le Roi, avec sa belle-fille et le jeune duc d'Enghien, au Cours-la-Reine, rendez-vous général. Pour les détails, voyez les *Mémoires de Mme de Motteville* (tome II, p. 277-289), ceux de Mademoiselle de Montpensier (édition Chéruel, tome I, p. 194 et suivantes), et dans la *Bibliographie des Mazarinades* (tome III, p. 300), la longue liste de toutes les pièces, officielles ou non, imprimées à l'occasion de cette fuite.

que nous le revissions bientôt; et d'autant plus que je savois que Monsieur le Prince, qui ne le craignoit ni ne l'estimoit, ne pousseroit pas sa défiance jusques à l'arrêter. J'avois de plus reçu, la veille, une lettre de M. de Longueville, datée de Rouen, par laquelle il m'assuroit qu'il arriveroit le soir de ce jour-là à Paris.

Aussitôt que le Roi fut sorti, les bourgeois, d'eux-mêmes[1] et sans ordre, se saisirent de la porte Saint-Honoré[2]; et dès que l'argentier de la Reine fut sorti de chez moi, je mandai à Brigalier d'occuper, avec sa compagnie, celle de la Conférence. Le Parlement s'assembla, au même temps, avec un tumulte de consternation[3]; et je ne sais ce qu'ils eussent fait, tant ils étoient

---

1. Ici encore, *même* est écrit sans *s*, dans le manuscrit autographe.

2. Voyez la VIIIe feuille du *Plan de Gomboust*. Depuis 1634, la porte Saint-Honoré était dans la rue Neuve-Saint-Honoré, à la hauteur de la rue de la Paix, vers l'extrémité de la rue Saint-Honoré actuelle; auparavant, elle était en face des Tuileries et de la rue du Rempart. Elle fut rasée en 1733. — La porte de la Conférence, mentionnée à la fin de la phrase, était sur la rive droite de la Seine, au bout de la terrasse des Tuileries. On dit qu'elle devait son nom au souvenir de la première des conférences qui se tinrent en 1593 entre les députés de Henri IV et les ligueurs, et qu'on appelle les *Conférences de Suresnes;* c'était par cette porte que les députés sortaient pour s'y rendre. Son ancien nom était *Porte-Neuve;* on l'appelait encore ainsi en 1588, lorsque Henri III s'échappa, par cette voie, de Paris, avant les états de Blois. Large de dix toises et profonde de cinq, elle était munie d'un pont-levis s'abaissant sur un pont dormant. Voyez la *Topographie historique du vieux Paris*, par Ad. Berty (tome I, p. 320-322); il s'y trouve une vue de cette porte gravée par A. Guillaumot, d'après Israel Sylvestre et Pérelle. Elle fut démolie en 1730.

3. Pour les discussions du Parlement, voyez le *Journal d'Olivier d'Ormesson*, et le manuscrit de la Sorbonne, tome I, p. 603 et suivantes; en général, ils rendent mieux qu'Omer Talon, Molé, le *Journal du Parlement* et *l'Histoire du temps*, la physionomie de ces orageuses séances.

effarés[1], si l'on n'eût trouvé le moyen de les animer par leur propre peur. Je l'ai observé mille fois : il y a des espèces de frayeurs qui ne se dissipent que par des frayeurs d'un plus haut degré. Je priai Vedeau, conseiller, que je fis appeler dans le parquet des huissiers, d'avertir la Compagnie qu'il y avoit à l'Hôtel de Ville une lettre du Roi, par laquelle il donnoit part au provôt[2] des marchands et aux échevins des raisons qui l'avoient obligé à sortir de sa bonne ville de Paris, qui étoient en substance : Que quelques officiers de son parlement[3] avoient intelligence[4] avec les ennemis de l'État, et qu'ils avoient même conspiré de se saisir de sa personne[5]. Cette lettre, jointe à la connoissance que l'on avoit que le président le Féron[6], provôt des

1. Ce petit membre de phrase est omis dans les ms H, Ch, et dans 1717 A, 1718 B, F. Le ms H omet aussi, deux et trois lignes plus loin, les mots : « qui ne se dissipent que par des frayeurs. »
2. Nous reproduisons l'orthographe du manuscrit original.
3. Il y a, après *Parlement*, deux ou trois mots effacés, illisibles.
4. Les mots *avoient intelligence* ont été biffés, puis récrits par Retz.
5. La lettre du Roi et celles que le duc d'Orléans et le prince de Condé envoyèrent dans la même journée se trouvent tout entières dans les *Registres de l'Hôtel de Ville* (tome I, p. 62 et 63), dans le *Journal du Parlement* de 1649, p. 5, et dans *l'Histoire du temps*, p. 43-45. La citation de Retz est exacte et presque textuelle. Cette lettre du Roi, qui avait le tort d'engager la lutte par une accusation mensongère contre le Parlement, produisit l'effet que Retz en attendait, une protestation énergique et des mesures qu'on peut appeler révolutionnaires. Dans leurs lettres, conçues à peu près dans les mêmes termes, Gaston et Condé prennent, chacun de son côté, la responsabilité du conseil donné au Roi de prendre la fuite : c'était avouer implicitement l'intention de mettre à couvert la Reine et Mazarin. Au sujet de la fuite du Roi, on peut aussi voir, à la Bibliothèque nationale, dans la collection Dupuy, n° 775, f°s 83 et 84, la longue lettre que Mazarin écrivit à M. de Fontenay, ambassadeur de France à Rome.
6. Jérôme le Féron, seigneur d'Orville et de Louvres en Parisis, colonel de la garde bourgeoise, président de la seconde chambre des enquêtes, prévôt des marchands depuis le 5 mars 1646 jusqu'au

marchands, étoit tout à fait dépendant de la cour, émut toute la Compagnie au point qu'elle se la fit apporter sur l'heure même, et qu'elle donna arrêt par lequel il fut ordonné que le bourgeois prendroit[1] les armes ; que l'on garderoit les portes de la ville ; que[2] le prévôt des marchands et le lieutenant civil pourvoiroient au passage des vivres, et que l'on délibéreroit, le lendemain au matin, sur la lettre du Roi. Vous jugez, par la teneur de cet arrêt[3] bien interlocutoire[4], que la terreur du Parlement n'étoit pas encore bien dissipée. Je ne fus pas touché de son irrésolution, parce que j'étois persuadé que j'aurois dans peu de quoi le fortifier.

Comme je croyois que la bonne conduite vouloit que le premier pas, au moins public, de désobéissance vînt de ce corps, qui justifieroit celle des particuliers, je jugeai à propos de chercher une couleur au peu de soumission que je témoignois à la Reine en n'allant pas à Saint-Germain. Je fis mettre mes chevaux au carrosse, je reçus les adieux de tout le monde, je rejetai avec une fermeté admirable toutes les instances que l'on me fit pour m'obliger à demeurer ; et par un malheur[5] signalé, je trouvai, au bout de la rue[6] Neuve-Notre-Dame[7], du Buisson, marchand de bois, et qui avoit beaucoup de

---

16 août 1650 ; il se montra très-inférieur au rôle qu'il eut à remplir dans les années difficiles de 1648 et de 1649, et fut presque toujours éclipsé par le premier échevin Fournier, qui penchait fort pour la Fronde.

1. Le ms H et toutes les éditions antérieures à la nôtre donnent le pluriel : « les bourgeois prendroient. »

2. D'abord, *et que; et* a été biffé.

3. Après *arrêt*, le mot *que* a été biffé, pour être récrit après *interlocutoire*.

4. C'est-à-dire, qui, malgré cette remise, préjugeait le fond.

5. La plupart des anciennes éditions changent *malheur* en *bonheur*.

6. *De la rue* est écrit en interligne.

7. La *Table du Plan de Gomboust*, dressée par M. le Roux de

crédit sur les ports¹. Il étoit absolument à moi ; mais il se mit ce jour-là en mauvaise humeur. Il battit mon postillon ; il menaça² mon cocher. Le peuple, accourant en foule, renversa mon carrosse ; et les femmes du Marché-Neuf firent d'un étau³ une machine sur laquelle elles me rapportèrent, pleurantes et hurlantes⁴, à mon logis⁵. Vous ne doutez pas de la manière dont cet effort

---

Lincy, n'indique pas une rue Neuve-Notre-Dame[a] ; par contre, elle indique deux rues Notre-Dame : une, feuille v, dans la Cité, entre le parvis Notre-Dame et la rue de la Juifverie ; l'autre, feuille III, entre la rue Saint-Victor et celle de la Clef : c'est de la première qu'il s'agit. Le Marché-Neuf, nommé un peu plus loin, était tout près de là ; il commençait au portail de Saint-Germain le Vieux et finissait, comme nous l'avons dit (p. 15, note 5), à celui des bouts du pont Saint-Michel qui donnait dans la Cité.

1. *Sur les ponts*, dans les ms H, Ch, et dans toutes les anciennes éditions.

2. Retz écrit *menassa*, orthographe assez ordinaire de son temps. Les éditions de 1837-1866 donnent : « et me rossa mon cocher. »

3. *Étau* (on ne dit plus aujourd'hui qu'*étal* en ce sens), table sur laquelle on vend de la viande, du poisson, etc.

4. Les ms H, Ch, et toutes les anciennes éditions ont ôté l'accord : « pleurant et hurlant. » — A la ligne suivante, les mêmes textes donnent *effet*, au lieu d'*effort*.

5. Voici ce que dit sur cet épisode le *Journal du Parlement* (p. 6) : « Monsieur le Coadjuteur avoit aussi reçu une lettre de cachet portant ordre de se rendre auprès de la personne du Roi, à Saint-Germain. Il tenta de sortir par plusieurs portes ; mais elles étoient si bien gardées et l'ordre y étoit si bien observé qu'il ne put en venir à bout, non plus que plusieurs autres qui firent leur possible pour s'en aller. » Retz tient à nous faire deviner, on le voit clairement au ton ironique de son récit, que cet essai de fuite n'était qu'une feinte, une comédie arrangée d'avance par lui et ses amis. — Mme de Motteville raconte dans ses *Mémoires* (tome II, p. 290) comment elle rencontra, elle, de réels et sérieux obstacles, et fut contrainte de demeurer dans Paris. — Le P. Rapin (tome I, p. 247) nous montre le Coadjuteur tenant conseil avec ses amis :

[a] La plupart des anciennes éditions donnent simplement : « rue Notre-Dame. »

de mon obéissance fut reçu à Saint-Germain. J'écrivis à la Reine et à Monsieur le Prince, en leur témoignant la douleur que j'avois d'avoir si mal réussi dans ma tentative. La première répondit au chevalier de Sévigné[1], qui

« Laigues, déjà soupçonné de lui inspirer des pensées plus hardies, [*prétendait*] qu'il devoit faire mine d'obéir, l'ordre étant si exprès, car le Roi lui avoit écrit lui-même, mais qu'il eût des gens apostés pour l'en empêcher. Sur quoi le Coadjuteur, sans leur répondre, prit de son chef son parti : il monte en carrosse, fait dire dans le voisinage qu'il a ordre d'aller à Saint-Germain ; mais il ne fut pas sorti du cloître Notre-Dame, en équipage d'un voyage, qu'il fut arrêté par la populace et reconduit à l'Archevêché ; et croyant avoir par là satisfait à l'ordre qu'il avoit, il ne pensa plus qu'à brouiller encore plus les affaires. » — Le prince de Talleyrand, que nous avons déjà rapproché de Retz, imita sa ruse dans une circonstance analogue. « On sait, dit M. Sainte-Beuve (*Monsieur de Talleyrand*, 1870, p. 119 et 120), que M. de Talleyrand fit semblant de vouloir sortir de Paris pour suivre l'Impératrice à Blois (1814), et qu'il s'arrangea de manière à se faire arrêter à la barrière. Revenu à son hôtel, il ne pensa plus qu'à ménager et à hâter l'entrée des souverains alliés. » — Dubuisson Aubenay (p. 9 et 10) semble croire à la sincérité de Retz : « Le coadjuteur de Paris et l'évêque de Sarlat, pensant aller ensemble à Saint-Germain, furent refusés à la porte Saint-Honoré, et même à celle de Saint-Jacques, où ils feignoient vouloir aller voir le P. de Gondy à Saint-Magloire. La duchesse de Lesdiguières, qui pensoit aussi sortir à pied, à la dérobée, par la porte Saint-Antoine, en fut empêchée, et maltraitée. » — Le *Journal du Parlement* (p. 6) dit de même : « Elles (*les portes*) étoient bien gardées, et l'ordre y étoit si bien observé qu'il (*le Coadjuteur*) n'en put venir à bout. »

1. René-Bernard-Renaud de Sévigné, chevalier de Malte, né vers 1610. Son frère aîné, Charles de Sévigné, était, par alliance, cousin germain du Coadjuteur : il avait épousé Marguerite de Vassé, fille de Lancelot de Vassé et de Françoise de Gondi, sœur du père de notre auteur. Renaud de Sévigné commanda, comme nous le verrons, le *régiment de Corinthe*. En 1650, il rompit ses vœux de Malte, et épousa la veuve du comte de la Vergne, mère de Mme de la Fayette. Devenu veuf, il se retira à Port-Royal, où il mourut en mars 1676. Voyez la *Notice sur le chevalier de Sévigné*, par M. Frédéric Saulnier (1865), et le *Port-Royal* de M. Sainte-Beuve, *appendice* du tome IV, p. 581 et 582, et tome V, p. 94-99.

lui porta ma lettre, avec une[1] hauteur de mépris ; le second ne put s'empêcher, en me plaignant, de témoigner de la colère. La Rivière éclata contre moi par des railleries, et le chevalier de Sévigné vit clairement que les uns et les autres étoient persuadés qu'ils nous auroient dès le lendemain la corde[2] au cou.

Je ne fus pas beaucoup ému de leurs menaces ; mais je fus très-touché d'une nouvelle que j'appris le même jour, qui étoit que M. de Longueville, qui, comme je vous ai dit, revenoit de Rouen, où il avoit fait un voyage de dix ou douze jours, ayant appris la sortie du Roi à six lieues de Paris, avoit tourné tout court à Saint-Germain. Mme de Longueville ne douta point que Monsieur le Prince ne l'eût gagné, et qu'ainsi M. le prince de Conti ne fût infailliblement arrêté. Le maréchal de la Mothe lui déclara, en ma présence, qu'il feroit sans exception tout ce que M. de Longueville voudroit, et contre et pour la cour. M. de Bouillon se prenoit à moi de ce que des gens[3] dont je l'avois toujours assuré prenoient[4] une conduite aussi contraire à ce que je lui en avois dit mille fois. Jugez, je vous supplie, de mon embarras, qui étoit d'autant plus grand que Mme de Longueville me protestoit qu'elle n'avoit eu, de tout le jour, aucune nouvelle de M. de la Rochefoucauld, qui étoit toutefois parti, deux heures après le Roi, pour fortifier et pour ramener M. le prince de Conti.

Saint-Ibar revint encore à la charge pour m'obliger à l'envoyer, sans différer, au comte de Fuensaldagne. Je ne fus pas de son opinion, et je pris le parti de faire

---

1. *Un*, pour *une*, par mégarde, dans le ms R.
2. Retz écrit *chorde*.
3. L'orthographe du manuscrit est tour à tour *gents* et *gens*.
4. La plupart des anciennes éditions ont changé *prenoient* en *tenoient*.

partir pour Saint-Germain le marquis de Noirmoutier[1], qui s'étoit lié avec moi depuis quelque temps, pour savoir, par son moyen, ce que l'on pouvoit attendre de M. le prince de Conti et de M. de Longueville. Mme de Longueville fut de ce sentiment, et Noirmoutier partit sur les six heures du soir.

Le lendemain au matin, qui fut le lendemain de la fête des Rois, c'est-à-dire le 7 de janvier, la Sourdière, lieutenant des gardes du corps[2], entra dans le parquet des gens du Roi[3], et leur donna une lettre de cachet, adressée à eux, par laquelle le Roi leur ordonnoit de dire à la Compagnie qu'il lui commandoit de se transporter à Montargis et d'y attendre ses ordres. Il y avoit aussi entre les mains de la Sourdière un paquet fermé pour le Parlement, et une lettre pour le Premier Président[4]. Comme l'on n'avoit pas lieu de douter du con-

---

1. Dans le ms R, ce nom est écrit tantôt *Noirmoustié* et tantôt *Noirmoustier*.

2. Le *Journal du Parlement* (p. 6) et le *Journal* inédit de Paris (Bibliothèque nationale, 10273, folio 167) lui donnent le même nom que Retz; selon d'Ormesson (tome I, p. 605) et Mme de Motteville, qui en fait un capitaine (tome II, p. 292), le messager royal s'appelait de Lisle. Le P. Rapin (tome I, p. 247) lève toute incertitude; il avait ces deux noms : « Pendant qu'on délibéroit au Parlement pour la sûreté de Paris, un gentilhomme, nommé Delisle de la Sourdière, lieutenant des gardes du corps, se présenta à la porte de Saint-Honoré. » On trouve aussi les deux noms à la fois dans les manuscrits de Dupuy, n° 775, f° 92 : « M. de Lisle la Sourdière, du 4 et 21 juin 1647.... 6000 livres. » La pièce porte le titre : *Abregé du compte de la recepte et depenses de Mazarin depuis 1641 jusqu'en 1648* (folios 89 à 93).

3. On appelait *gens du Roi* (ici *gens* dans le ms R) ceux qui étaient chargés du ministère public dans l'ancienne organisation judiciaire; le nom de *parquet*, et *parc* au seizième siècle, vient de l'enceinte réservée où ils siégeaient. Au parlement de Paris, ce parquet ne pouvait être croisé, c'est-à-dire traversé, que par les princes qui, dans les lits de justice, allaient prendre place sur les hauts siéges.

4. La Reine et Mazarin auraient voulu que le Premier Président

tenu, que l'on devinoit assez par celui de la lettre écrite aux gens du Roi¹, l'on crut qu'il seroit plus respectueux de ne point ouvrir un paquet auquel l'on étoit déterminé par avance de ne pas obéir. L'on le rendit tout fermé à la Sourdière, et l'on arrêta d'envoyer les gens du Roi² à Saint-Germain pour assurer la Reine de l'obéissance du Parlement, et pour la supplier de lui permettre de se justifier de la calomnie qui lui avoit attiré³ la lettre écrite la veille au prévôt des marchands.

Pour soutenir un peu la dignité, l'on ajouta dans l'arrêt que la Reine seroit très-humblement suppliée de vouloir nommer les calomniateurs, pour être procédé contre eux selon la rigueur des ordonnances⁴. La vérité est que l'on eut bien de la peine à y faire insérer cette

eût donné l'exemple de quitter Paris, et se plaignirent de sa conduite; « mais, dit-il dans ses *Mémoires*, tome III, p. 315, il ne me vint jamais à l'esprit d'abandonner cette place (*Paris*) au milieu de l'orage, et il valoit bien mieux conduire le vaisseau au port desiré. » Voyez aussi *le Parlement et la Fronde*, *Vie de Mathieu Molé*, par M. de Barante, p. 165.

1. D'Ormesson (tome I, p. 605) explique un peu ce passage : « Devant que de le faire entrer (*le lieutenant Delisle de la Sourdière*) et de s'engager, l'on manda les gens du Roi pour savoir ce que c'étoit que ce paquet, et s'ils avoient eu une lettre de cachet. D'abord ils se défendirent de le dire. Enfin, étant pressés, ils dirent avoir reçu une lettre de cachet, par laquelle le Roi leur mandoit qu'il transféroit le Parlement à Montargis, et enjoignoit à tous officiers de sortir de Paris dans le jour, à peine de désobéissance. » Pour le reste de la séance, l'insistance du messager royal, etc., voyez la suite du compte rendu de d'Ormesson, et le manuscrit de la Sorbonne, tome II, folios 16-19. Ils confirment le récit de nos *Mémoires*, avec plus de détails.

2. Les gens du Roi étaient alors Talon, Bignon, comme avocats généraux, et de Méliand, comme procureur général (*Journal du Parlement*, p. 6).

3. Que lui avoit attirée. (1859-1866.)

4. Cet avis fut ouvert par le conseiller Deslandes Payen.

clause, que toute la Compagnie étoit fort consternée, et au point que Broussel, Charton, Viole, Loisel, Amelot et cinq autres, des noms desquels je ne me souviens pas, qui ouvrirent l'avis de demander en forme l'éloignement du cardinal Mazarin, ne furent suivis de personne, et furent même traités d'emportés[1]. Vous observerez, s'il vous plaît, qu'il n'y avoit que la vigueur, dans cette conjoncture, où l'on pût trouver même apparence de sûreté. Je n'en ai jamais vu où j'aie trouvé tant de foiblesse. Je courus toute la nuit, et je n'y gagnai que ce que je vous viens de dire.

La chambre des comptes eut, le même jour, une lettre de cachet, par laquelle[2] il lui étoit ordonné d'aller à Orléans, et le grand conseil reçut commandement d'aller à Mantes. La première députa pour faire des remontrances; le second offrit d'obéir, mais la Ville lui refusa

---

1. Molé, dans ses *Mémoires*, tome III, p. 317, modifie un peu ce que rapporte ici Retz : « L'esprit général du Parlement étoit de maintenir l'autorité royale, et encore qu'il fût offensé par les lettres de cachet, si on peut l'être de son souverain, néanmoins on préféroit le devoir à toute autre considération; et le nombre de ceux qui, pour se venger, vouloient demander l'éloignement du Cardinal fut si petit qu'il fut réduit à sept.... Ces sept (*Retz parle de* dix, *et le* Journal du Parlement, *p.* 6, *de* douze) faisoient déjà état de quitter la France pour un temps et de se retirer à Venise. » L'Hôtel de Ville, à ce que rapporte d'Ormesson (p. 606), et son témoignage est confirmé par les *Registres de l'Hôtel de Ville* (p. 76), députa, sans en parler au Parlement, deux échevins et deux conseillers de Ville pour aller à Saint-Germain. « Pour nous, ajoute d'Ormesson, maître des requêtes du quartier de janvier, nous envoyâmes Engrand, notre huissier, pour recevoir les ordres de Monsieur le Chancelier et l'assurer que nous les exécuterions. » La chambre des aides et la cour des comptes agirent de même; le grand conseil assigna sa première audience pour Mantes, où la cour le reléguait. Tout cela est bien, au point de vue de notre auteur, cette faiblesse, cette molle conduite dont il se plaint quelques lignes plus bas.

2. Retz, par inadvertance, a écrit *par lequel*.

des passe-ports. Il est aisé de concevoir l'état où je fus tout ce jour-là, qui effectivement me parut le plus affreux de tous ceux que j'eusse passés[1] jusque-là dans ma vie. Je dis jusque-là, car j'en ai eu depuis de plus fâcheux. Je voyois le Parlement sur le point de mollir, et je me voyois, par conséquent, dans la nécessité ou de subir avec lui le joug du monde le plus honteux et même le plus dangereux pour mon particulier, ou de m'ériger purement et simplement en tribun du peuple, qui est le parti de tous[2] le moins sûr et même le plus bas, toutes les fois qu'il n'est pas revêtu[3].

La foiblesse de M. le prince de Conti, qui s'étoit laissé emmener[4] comme un enfant par Monsieur son frère, celle de M. de Longueville, qui au lieu de venir rassurer ceux avec lesquels il étoit engagé, avoit été offrir à la Reine ses services, la déclaration de MM. de Bouillon et de la Mothe l'avoient fort dégarni, ce tribunat. L'imprudence du Mazarin le releva. Il fit refuser par la Reine audience aux gens du Roi; ils revinrent dès le soir à Paris, convaincus que la cour vouloit pousser toutes choses à l'extrémité[5].

1. Dans le ms R, *passé*, sans accord.
2. *Du monde*, pour *de tous*, dans les ms H, Ch, et dans toutes les anciennes éditions.
3. « Les anciennes éditions (*pas toutes*) avaient cru la phrase imparfaite, et avaient ajouté *de force*; c'était à tort, dit M. Bazin. L'expression est empruntée à la langue militaire, où le Cardinal se complait à prendre ses figures. Un ouvrage *revêtu* est celui qui est entouré de pierre ou de brique. L'application s'en comprend fort bien. » Nous ferons remarquer, à l'appui de cette juste observation de M. Bazin, que *dégarni*, dans l'alinéa suivant, continue la métaphore, de même que *releva* est en rapport avec *le plus bas*, qui précède.
4. *Arrêter*, au lieu d'*emmener*, dans les deux copies et dans 1717 A, 1718 B, F. — Les mêmes textes, quatre lignes plus loin, font de *tribunat*, *tribunal*.
5. Voyez, pour la réception faite aux gens du Roi le 7 janvier,

Je vis mes amis toute la nuit; je leur montrai les avis que j'avois reçus de Saint-Germain, qui étoient que Monsieur le Prince avoit assuré la Reine qu'il prendroit Paris en quinze jours, et que M. le Tellier, qui avoit été procureur du Roi au Châtelet, et qui, par cette raison, devoit avoir connoissance de la police, répondoit que la cessation de deux marchés affameroit la ville[1]. Je jetai par là dans les esprits l'opinion de l'impossibilité de l'accommodement, qui n'étoit dans la vérité que trop effective.

Les gens du Roi firent, le lendemain au matin, leur rapport du refus de l'audience; le désespoir s'empara de tous les esprits, et l'on donna tout d'une voix, à la réserve de celle de Bernai[2], plus cuisinier que conseil-

---

Mme de Motteville, tome II, p. 293, le manuscrit de la Sorbonne, folios 19-22, et surtout le *Journal de d'Ormesson*, p. 607-609. Mme de Motteville ajoute très-sensément (p. 294) : « D'habiles gens crurent que si la Reine les eût écoutés, dans l'état où ils étoient alors, remplis d'étonnement et vides d'espérance, leur repentir eût été véritable; qu'ils auroient volontiers chassé les plus coupables de leur compagnie, afin d'éviter les maux qu'ils avoient raison de craindre, etc. »

1. Le P. Rapin (tome I, p. 243) nomme aussi le Tellier comme auteur de cet avis; mais une note de M. L. Aubineau dit que le comte de Brienne l'attribue au président le Bailleul, qui avait été lieutenant civil et prévôt des marchands.

2. Hennequin de Bernay, conseiller de la grand'chambre, abbé de Bernay en Normandie, opina de renvoyer à la Reine (*Journal du Parlement*, p. 7). Il était célèbre en effet par sa cuisine. « Il étoit tellement féru de la vision de tenir la meilleure table de Paris, qu'il en étoit ridicule. On l'appeloit *le cuisinier de satin*, car il alloit dans sa cuisine, on lui mettoit un tablier, il tâtoit à tout, et faisoit tout cela fort sottement.... Il disoit : « Mangez de cela, vous n'en « trouverez pas de si bien apprêté ailleurs. » (Tallemant, tome V, p. 44.) Guy Patin (lettre du 7 mars 1651, tome II, p. 70) l'appelle *le cabaretier de la cour*. Une des chansons du *Recueil Maurepas* (tome XXII, p. 58) le raille en ces termes :

« Monsieur de Bernay y vint
En satin,
Tenant sa lardoire en main.... »

ler, ce fameux arrêt du 8 de janvier 1649, par lequel le cardinal Mazarin fut déclaré ennemi du Roi et de l'État, perturbateur du repos public, et enjoint à tous les sujets du Roi de lui courir sus[1].

L'après-dînée, l'on tint la police générale par les députés du Parlement, de la chambre des comptes, de la cour des aides, M. de Montbazon, gouverneur de Paris, prévôt des marchands et échevins[2], et les commu-

1. L'arrêt se trouve dans les *Registres de l'Hôtel de Ville*, tome I, p. 85 et 86, et dans la *Suite de l'Histoire du temps*, p. 53 et 54. Voyez aussi cette importante séance dans d'Ormesson, p. 607. Molé (tome III, p. 319 et 320) a fait un tableau saisissant du désordre où se trouvait alors Paris; il le termine par ces mots : « Misérable état de sujets! effets sinistres d'un mauvais conseil! » — « Cet arrêt du Parlement, dit le P. Rapin, tome I, p. 248, renversa toutes les mesures qu'on commençoit à prendre pour pacifier les choses. Les gens de la cour en firent eux-mêmes des railleries; le duc de Châtillon et le chevalier de Rivière, tous deux alors favoris du prince de Condé, furent le matin, avant qu'il fût levé, à la porte de sa chambre, lui crier en ton de colporteur : *Arrêt du Parlement contre le Mazarin!* » Voyez, dans la *Bibliographie des Mazarinades*, tome III, p. 300 et 301, le catalogue des pièces et écrits de tout genre qui se rattachent à cette journée du 8 janvier. Nous mentionnerons, entre autres, un pamphlet que Naudé classe parmi les pièces soutenues et raisonnables : c'est le *Contrat de mariage du Parlement avec la ville de Paris*; Mazarin croyait que le Coadjuteur y avait eu quelque part. M. Moreau l'a publié dans son *Choix de Mazarinades* (tome I, p. 39-50). On fit une réponse à ce *Contrat de mariage*, sous le titre de : *Bandeau levé de dessus les yeux des Parisiens* (voyez même tome, p. 228). Comme accompagnement du contrat de mariage, on publia, vers la même date (8 janvier), une gravure qui représente la Fronde, avec cette légende : *Le salut de la France dans les armes de Paris.* Cette gravure se trouve au cabinet des estampes de la Bibliothèque nationale (collection Fontette); nous l'avons décrite dans *la Misère au temps de la Fronde*, p. 120. Le *Recueil Maurepas*, tome XXII, p. 122, renferme aussi un assez bon dizain sur ce *Contrat de mariage de Paris avec le Parlement*.

2. C'est-à-dire le prévôt des marchands et les échevins. Quand Retz réunit les deux mots *prévôt* et *échevins*, il emploie le second sans *les*, lors même qu'il met *le* devant le premier : voyez deux

nautés des six corps des marchands. Il fut arrêté que le provôt des marchands et échevins[1] donneroient des commissions pour lever quatre mille chevaux et dix mille hommes de pied[2]. Le même jour, la chambre des comptes et la cour des aides députèrent vers la Reine, pour la supplier de ramener le Roi à Paris. La Ville députa aussi au même effet. Comme la cour étoit encore persuadée que le Parlement foibliroit, parce qu'elle n'avoit pas encore reçu la[3] nouvelle de l'arrêt, elle répondit très-fièrement à ces députations. Monsieur le Prince s'emporta même beaucoup contre le Parlement, devant la Reine, en parlant à Amelot, premier président de la cour des aides[4], et la Reine répondit à tous ces corps

lignes plus loin. La plupart des anciennes éditions ajoutent des articles.

1. Le prévôt des marchands et l'Échevin. (1837-1866.)
2. C'est le nombre demandé par Payen dans la délibération (voyez d'Ormesson, tome I, p. 610). L'arrêt du 8 janvier ordonne seulement d'une manière générale qu'il sera fait levée de gens de guerre en nombre suffisant : voyez les *Registres de l'Hôtel de Ville*, tome I, p. 85 ; à la page 91 se trouve le récit de la députation de la Ville à Saint-Germain.
3. *La* est en interligne.
4. Jacques Amelot, seigneur de Beaulieu, marquis de Mauregart-Amelot et du Mesnil-Madame Rance, premier président de la cour des aides depuis 1643. Il termine sa harangue par une assurance d'obéissance *dans les formes prescrites par les ordonnances*. Le Chancelier, répétant ces mots avec aigreur, Amelot repartit : « Oui, Monsieur, dans les formes prescrites, et, sans doute, vous avez assez vieilli dans le Parlement pour n'ignorer pas que les compagnies souveraines n'ont point d'obéissance aveugle. Ceux qui les composent se sont obligés par serment d'exécuter les ordonnances vérifiées avec liberté de suffrage, et non celles d'autorité absolue ; mais peut-être, depuis que vous êtes sorti du Parlement, vous avez oublié ces maximes : il faut vous en ressouvenir. » Le Chancelier gardant le silence, Monsieur le Prince répondit brusquement que la maison de Bourbon saurait bien se passer des compagnies, et congédia les députés. Selon d'Ormesson (p. 617), le prince aurait ajouté, parlant d'Amelot : « Il faut l'envoyer aux

qu'elle ne rentreroit jamais à Paris, ni le Roi ni elle, que le Parlement n'en fût dehors.

Le lendemain au matin, qui fut le 9 de janvier, la Ville reçut une lettre du Roi, par laquelle il lui étoit commandé de faire obéir le Parlement et de l'obliger à se rendre à Montargis. M. de Montbazon, assisté de Fournier, premier échevin, d'un autre échevin et de quatre conseillers de Ville, apportèrent la lettre au Parlement; et ils lui protestèrent, en même temps, de ne recevoir d'autres ordres que ceux de la Compagnie[1], qui fit, ce même matin-là, le fonds nécessaire pour la levée des troupes.

L'après-dînée, l'on tint la police générale, dans laquelle tous les corps de la Ville et[2] tous les colonels et capitaines de quartiers jurèrent une union pour la défense commune. Vous avez sujet de croire que j'en avois moi-même d'être satisfait de l'état des choses, qui ne me permettoit plus de craindre d'être abandonné; et vous en serez encore bien plus persuadée, quand je vous aurai dit que le marquis de Noirmoutier m'assura, dès le lendemain qu'il fut arrivé à Saint-Germain, que M. le prince de Conti et M. de Longueville étoient très-bien disposés, et qu'ils eussent été déjà à Paris, si ils n'eussent cru assurer mieux leur sortie de la cour en s'y

---

Petites-Maisons, c'est un fol. » Voyez *Sommaire relation de ce qui s'est passé à Saint-Germain en la députation de la cour des aides pour le retour de Leurs Majestés à Paris*, avec la harangue de M. Amelot, premier président, sur ce sujet, et sa réplique sur la réponse de Monsieur le Chancelier de la part de la Reine, au sujet de l'éloignement du Roi, 1649, 8 pages; et *l'Histoire du temps*, p. 67-77.

1. Les députés de la Ville se contentèrent de dire qu'ils n'avaient pas voulu délibérer sur cette lettre avant de l'avoir communiquée au Parlement, lui demandant « qu'il lui plût pourvoir, selon l'exigence des cas. » (*Registres de l'Hôtel de Ville*, tome I, p. 97.)

2. Les éditions de 1718 C, D, E omettent ici près de cinq lignes, depuis *apportèrent*, jusqu'à « les corps de la Ville et ».

montrant quelques jours durant. M. de la Rochefoucauld écrivoit au même sens à Mme de Longueville.

Vous croyez sans doute toute cette affaire en bon état : vous allez toutefois avouer que cette même étoile qui a semé de pierres tous les chemins par où j'ai passé me fit trouver dans celui-ci[1], qui paroissoit si ouvert et si aplani, un des plus grands obstacles et un des plus grands embarras que j'aie rencontrés[2] dans tout le cours de ma vie.

L'après-dînée du jour que je vous viens de marquer, qui fut le 9 de janvier, M. de Brissac, qui avoit épousé ma cousine, mais avec qui j'avois fort peu d'habitude[3], entra chez moi, et il me dit en riant : « Nous sommes de même parti ; je viens servir le Parlement. » Je crus que M. de Longueville, de qui il étoit parent proche à cause de sa femme, pouvoit l'avoir engagé, et pour m'en éclaircir j'essayai de le faire parler, sans m'ouvrir toutefois à lui[4] à tout hasard. Je trouvai qu'il ne savoit quoi que ce soit ni de M. de Longueville ni de M. le prince de Conti, qu'étant peu satisfait du Cardinal et moins encore du maréchal de la Meilleraie, son beau-frère[5], il venoit chercher son[6] aventure dans un parti où il crut que notre alliance pourroit ne lui être pas inutile. Après une

1. *Celui*, au lieu de *celui-ci*, dans les ms H, Ch, et dans toutes les éditions antérieures à la nôtre. Celles de 1837-1866 ont ensuite changé *ouvert* en *glissant*.

2. *Rencontré*, sans accord, dans le ms R.

3. Retz l'a cependant déjà cité (voyez ci-dessus, p. 45) comme un de ceux qui l'accompagnaient le 27 août 1648. Nous le reverrons encore souvent aux côtés du Coadjuteur, et en particulier dans cette fameuse journée où Retz faillit être broyé entre deux portes par la Rochefoucauld. Voyez aussi tome I, p. 92, note 5.

4. Les mots *à lui* sont en interligne.

5. On a vu (tome I, p. 134, note 2) que la Meilleraye avait épousé Marie de Cossé Brissac, sœur du duc de Brissac.

6. Presque toutes les anciennes éditions omettent *son*.

conversation d'un demi-quart d'heure, il vit par la fenêtre que l'on mettoit mes chevaux à mon carrosse. « Ah ! mon Dieu ! dit-il, ne sortez pas ; voilà M. d'Elbeuf[1] qui sera ici dans un moment. — Et que faire ? lui répondis-je ; n'est-il pas à Saint-Germain ? — Il y étoit, reprit froidement M. de Brissac ; mais comme il n'y a pas trouvé[2] à dîner, il vient voir si il trouvera à souper à Paris[3]. Il m'a juré plus de dix fois, depuis le pont de Neuilli, où je l'ai rencontré, jusques à la Croix-du-Tiroir, où je l'ai laissé, qu'il feroit bien mieux que son cousin M. du Maine ne fit à la Ligue. »

Jugez, s'il vous plaît, de ma peine. Je n'osois m'ouvrir à qui que ce soit que j'attendisse M. le prince de Conti et M. de Longueville, de peur de les faire arrêter à Saint-Germain. Je voyois un prince de la maison de Lorraine, dont le nom est toujours agréable à Paris, prêt à se déclarer et à être déclaré certainement général des troupes, qui n'en avoient point, et qui en avoient un besoin pressant par les minutes[4]. Je savois que le maré-

1. Charles de Lorraine, de la maison de Guise, duc d'Elbeuf, né en 1596, marié en 1619 à Catherine-Henriette, fille naturelle de Henri IV et de Gabrielle d'Estrées ; sorti de France en 1631 pour servir le parti de la Reine mère et de Gaston d'Orléans, il rentra en 1643. A l'époque de la Fronde, il était gouverneur de Picardie ; il mourut en novembre 1657.

2. Retz, par inadvertance, a mis *trouver*, à l'infinitif.

3. Le duc d'Elbeuf était parti de Saint-Germain, dit Mme de Motteville (tome II, p. 297), sous prétexte que Mme d'Elbeuf, sa mère, était malade. — « Sur les neuf heures du soir (7 janvier), dit Dubuisson (p. 11), M. d'Elbeuf entra par la porte Saint-Antoine, lui vingtième. Les opinions là-dessus ont couru différentes : les uns disent qu'il vient s'offrir au Parlement et se rendre chef du peuple ; autres ne s'y fient pas. Aucuns disent qu'il a fait effort depuis pour resortir, et qu'il n'a pu. »

4. La plupart des anciennes éditions omettent les mots : « par les minutes ; » les ms H, Ch, 1717, 1717 A, 1718 B, F y substituent : « dans cette conjoncture. »

chal de la Mothe, qui se défioit toujours de l'irrésolution naturelle à M. de Longueville, ne feroit pas un pas qu'il ne le vît ; et je ne pouvois douter que M. de Bouillon n'ajoutât encore la présence de M. d'Elbeuf, très-suspect à tous ceux qui le connoissoient sur le chapitre de la probité, aux motifs qu'il trouvoit pour ne point agir dans l'absence de M. le prince de Conti. De remède, je n'en voyois point. Le provôt des marchands étoit, dans le fond du cœur, passionné pour la cour, et je ne le pouvois ignorer. Le Premier Président n'en étoit pas esclave comme l'autre, mais l'intention certainement y étoit ; et de plus, quand j'eusse été aussi assuré d'eux que de moi-même, que leur eussé-je[1] pu proposer dans une conjoncture où les peuples enragés ne pouvoient pas ne pas s'attacher au premier objet, et où ils eussent pris pour mensonge et pour trahison tout ce que l'on leur eût dit, au moins publiquement, contre un prince qui n'avoit rien du grand de ses prédécesseurs que les manières de l'affabilité, ce qui étoit justement ce que j'avois à craindre en ce moment ? Sur le tout, je n'osois me promettre tout à fait que M. le prince de Conti et M. de Longueville vinssent sitôt qu'ils me l'assuroient.

J'avois écrit, la veille, au second, comme par un pressentiment, que je le suppliois de considérer que les moindres instants étoient précieux, et que le délai, même fondé, dans le commencement des grandes affaires, est toujours dangereux. Mais je connoissois son irrésolution. Supposé même qu'ils arrivassent dans un demi-quart d'heure, ils arrivoient toujours après un homme qui avoit l'esprit du monde le plus artificieux, et qui ne manqueroit pas de donner toutes les couleurs qui pourroient jeter dans l'esprit des peuples la défiance,

---

1. Retz a écrit *eussai-je* (*eussaïe*).

assez aisée à prendre¹ dans les circonstances d'un frère et d'un beau-frère de Monsieur le Prince. Véritablement, pour me consoler, j'avois pour prendre mon parti sur ces réflexions peut-être deux moments, peut-être un quart d'heure pour le plus. Il n'étoit pas encore passé, quand M. d'Elbeuf entra chez moi, qui me dit tout ce que la cajolerie de la maison de Guise lui put suggérer. Je vis ses trois enfants derrière lui, qui ne furent pas tout à fait si éloquents, mais qui me parurent avoir été bien sifflés. Je répondis à leurs honnètetés avec beaucoup de respect et avec toutes les manières qui pouvoient couvrir mon jeu. M. d'Elbeuf me dit qu'il alloit de ce pas à l'Hôtel de Ville lui offrir son service : à quoi lui ayant répondu que je croyois qu'il seroit plus obligeant pour le Parlement qu'il s'adressât, le lendemain, directement aux chambres assemblées, il demeura fixé dans sa première résolution, quoiqu'il me vînt d'assurer qu'il vouloit en tout suivre mes conseils.

Aussitôt qu'il fut monté en carrosse, j'écrivis un mot à Fournier², premier échevin, qui étoit de mes amis, qu'il prît garde que l'Hôtel de Ville renvoyât M. d'Elbeuf au Parlement³. Je mandai à ceux des curés qui

---

1. Jeter de la défiance dans l'esprit des peuples, assez aisés à en prendre. (Ms H, 1717 A, 1718 B, F.)

2. Fournier, président en l'élection de Paris, et premier échevin, du 19 août 1647 au 16 août 1649. Il fit preuve de zèle et de courage dans la journée des Barricades. Il est souvent question de lui dans les *Registres de l'Hôtel de Ville pendant la Fronde*.

3. Contrairement à l'opinion de M. Bazin, et au récit que va faire Retz, nous ne voyons nulle part que la municipalité de Paris, au lieu de déclarer elle-même le duc d'Elbeuf général, l'ait renvoyé au Parlement. Nous lisons, dans les *Registres de l'Hôtel de Ville* (tome I, p. 101-104) : « M. Menardeau, conseiller au Parlement, a assuré la Compagnie.... qu'il savoit de bonne part que si M. le duc d'Elbeuf étoit prié, de la part de la Compagnie, de prendre la conduite et le gouvernement de l'armée qu'on étoit prêt à mettre sur pied,

étoient le plus intimement à moi de jeter la défiance, par leurs ecclésiastiques, dans l'esprit des peuples, de l'union qui avoit paru entre M. d'Elbeuf et l'abbé de la Rivière. Je courus toute la nuit, à pied et déguisé[1], pour faire connoître à ceux du Parlement auxquels je n'osois m'ouvrir touchant M. le prince de Conti et M. de Longueville, qu'ils ne se devoient pas abandonner à la conduite d'un homme aussi décrié sur le chapitre de la bonne foi, et qui leur faisoit bien connoître les intentions qu'il avoit pour leur compagnie, puisqu'il s'étoit adressé à l'Hôtel de Ville d'abord, sans doute en vue de le diviser du Parlement. Comme j'avois eu celle de gagner du temps, en lui conseillant d'attendre jusques au lende-

qu'il l'accepteroit volontiers : ce qui ayant été agréablement reçu, toute la Compagnie députe M. Fournier, premier échevin, avec ledit sieur Menardeau, pour aller faire cette prière audit sieur duc d'Elbeuf, qui partirent à l'heure même.... » Le duc d'Elbeuf ayant pris place à la séance de la municipalité, dans la chaire qu'on lui avait préparée, le prévôt des marchands « lui a fait compliment, et dit que toute la ville avoit grande joie de le voir parmi cette compagnie; que cela lui feroit prendre cœur, étant conduite par les ordres d'un si digne chef. A quoi ledit seigneur duc répliqua qu'il tenoit à honneur le choix que la Ville avoit fait de sa personne, qu'il a toujours eu beaucoup d'affection de la servir, ce qu'il témoigneroit en ce rencontre, les assurant qu'il mettroit tout ce que Dieu lui avoit donné de vie et de biens pour la conservation du service du Roi et sûreté de ladite ville.... Tout le reste de la soirée, qui étoit déjà fort avancée, se passa en des témoignages d'affection réciproques; et prirent heure au lendemain pour aller au Parlement. » — Dubuisson Aubenay (tome I, p. 14) dit aussi : « Ce jour 9ᵉ (*janvier*), le duc d'Elbeuf fut à l'Hôtel de Ville se présenter et fut agréé pour être général des armes. » D'Ormesson, que nous citerons plus loin (p. 154, note 2), ne conduit d'Elbeuf au Parlement que pour y déclarer qu'il a accepté le commandement. Seul, le *Journal du Parlement* de 1649 (p. 10) dit qu'à l'Hôtel de Ville « on fit réponse au duc d'Elbeuf qu'il falloit s'adresser au Parlement. » C'est vraisemblablement la source de l'erreur, bien probable, de Retz et de M. Bazin.

1. Retz a écrit, par inadvertance, *déguisai* (*desguisai*), pour *déguisé*.

main pour lui offrir son service devant que de se présenter à la Ville, je me résolus, dès que je vis qu'il ne prenoit pas mon conseil, de me servir contre lui-même de celui qu'il suivoit ; et je trouvai effectivement que je faisois effet dans beaucoup d'esprits. Mais comme je ne pouvois voir que peu de gens dans le peu de temps que j'avois, et que, de plus, la nécessité d'un chef qui commandât les troupes ne souffroit presque point de délai, je m'apercevois que mes raisons touchoient beaucoup plus les esprits que les cœurs, et pour vous dire le vrai, j'étois fort embarrassé, et d'autant plus que j'étois bien averti que M. d'Elbeuf ne s'oublioit pas.

Le président le Cogneux, avec qui il avoit été fort brouillé lorsqu'ils étoient tous deux avec Monsieur[1] à Bruxelles[2], et avec qui il se croyoit raccommodé, me fit voir un billet qu'il lui avoit écrit de la porte Saint-Honoré, en entrant dans la ville, où étoient ces propres mots : « Il faut aller faire hommage au Coadjuteur ; dans trois jours il me rendra ses devoirs. » Le billet étoit signé : L'Ami du cœur. Je n'avois pas besoin de cette preuve pour savoir qu'il ne m'aimoit pas. J'avois été autrefois brouillé avec lui, et je l'avois prié un peu brusquement de se taire dans un bal chez Mme Perroché[3], dans lequel il me sembloit qu'il voulût faire une raillerie

1. A *Monsieur* les ms H et Ch substituent *Monsieur le Prince;* après *tous*, ils omettent *deux*, de même que 1717 A, 1718 B, F.

2. De 1633 à 1635 le Coigneux avait accompagné Gaston en qualité de son chancelier et de chef de son conseil. — Le Coigneux habitait à Paris une maison qui depuis devint successivement l'hôtel de Navailles et l'hôtel de Villars, rue de Grenelle-Saint-Germain. Voyez Brice, *Description de Paris*, tome III, p. 486, éd. de 1752.

3. Les éditeurs écrivent ce nom très-diversement, la plupart avec un ou deux *r;* celui de 1859-1866 met *Pénoche*. Il s'agit très-probablement ici de Françoise Busson, qui, au rapport de Tallemant (tome V, p. 400), semble avoir été assez galante. Elle était mariée à Guillaume *Perrochel*, maître des comptes, mort en 1655, qui est peut-

de Monsieur le Comte, qu'il haïssoit fort, parce qu'ils étoient tous deux, en ce temps-là, amoureux de Mme de Montbazon[1].

Après avoir couru la ville jusques à deux heures, je revins chez moi presque résolu de me déclarer publiquement contre M. d'Elbeuf, de l'accuser d'intelligence avec la cour, de faire prendre les armes, et de le prendre lui-même, ou au moins de l'obliger à[2] sortir de Paris. Je me sentois assez de crédit dans le peuple pour le pouvoir entreprendre judicieusement; mais il faut avouer que l'extrémité étoit grande, par une infinité de circonstances, et particulièrement par celle d'un mouvement, qui ne pouvoit être médiocre dans une ville investie, et investie par son roi.

Comme je roulois toutes ces différentes pensées dans ma tête, qui n'étoit pas, comme vous vous pouvez imaginer, peu agitée, l'on me vint dire que le chevalier de la Chaise, qui étoit à M. de Longueville, étoit à la porte de ma chambre. Il me cria en entrant : « Levez-vous, Monsieur; M. le prince de Conti et M. de Longueville sont à la porte Saint-Honoré[3]; et le peuple, qui crie et qui dit qu'ils viennent trahir la Ville, ne les veut pas laisser entrer[4]. » Je

---

être le même que le *Perrochet* des *Mémoires de Molé* (tome III, p. 482). Retz reparlera de lui plus loin, au tome III, p. 390, où l'éditeur de 1859 le nomme cette fois *Perroche*. Rapin (tome I, p. 319) mentionne aussi un Charles Perrochel, grand audiencier de France, marié à Marie-Charles de Gibercourt.

1. Ceci serait antérieur à 1631, puisque le comte de Soissons était mort quand le duc d'Elbeuf, parti de France en 1631, revint en 1643. Tallemant, dans la liste des amants de Mme de Montbazon (tome IV, p. 467), nomme le comte de Soissons, mais non d'Elbeuf.

2. Les prendre moi-même pour l'obliger de.... (Ms H et Ch, 1717 A, 1718 B, F.)

3. Nous sommes au matin du 10 janvier, un dimanche. Dubuisson (p. 18) indique en effet l'arrivée des princes dans la nuit.

4. Mademoiselle de Montpensier dit dans ses *Mémoires* (tome I,

m'habillai en diligence, j'allai prendre le bonhomme Broussel¹, je fis allumer huit ou dix flambeaux, et nous allâmes, en cet équipage, à la porte Saint-Honoré. Nous trouvâmes déjà tant de monde dans la rue, que nous eûmes peine à percer la foule; et il étoit grand jour quand nous fîmes ouvrir la porte, parce que nous employâmes beaucoup de temps à rassurer les esprits,

p. 201) : Ce départ des deux princes « alarma assez d'abord, et ce n'étoit pas pour le regret qu'on eût du prince de Conti ni de M. de Longueville, ni la crainte du mal qu'ils pouvoient faire. Monsieur le Prince étoit allé visiter Charenton; il arriva très-tard, et l'on craignoit qu'il ne fût de la partie, et que les autres ne l'eussent été joindre. » Mme de Motteville (tome II, p. 303 et suivantes) donne plus de détails sur le départ des princes : « La Reine m'a depuis fait l'honneur de me conter que le soir précédent de leur fuite de Saint-Germain, le prince de Conti avoit fait la meilleure mine du monde, qu'il n'avoit de sa vie paru plus gai, et qu'il étoit celui de tous qui menaçoit le plus hardiment les Parisiens; que le duc de Longueville n'avoit pas été de même, et qu'elle l'avoit trouvé si sombre et si visiblement interdit, qu'elle et son ministre s'en étoient aperçus, et, sans en deviner la cause, en avoient eu de l'étonnement. On a depuis su que, sur le chemin de Paris, le duc de Longueville s'arrêta, et qu'il dit au prince de Conti : « Monsieur, retour-« nons auprès du Roi, et ne mettons point le feu aux quatre coins « de la France, comme il est indubitable que cela arrivera par notre « séparation. » Ce jeune prince.... tint bon contre les louables sentiments de.... son beau-frère. » Selon le même auteur (p. 301), Mme de Longueville, en appelant son mari, « voulut se faire une destinée qui fût digne d'elle, en augmentant la grandeur de la maison où elle étoit entrée, afin qu'elle pût l'approcher davantage de la sienne. »

1. Le *Journal du Parlement* (p. 10) dit en effet qu'il fallut aller chercher les clefs de la porte Saint-Honoré chez Broussel; il rapporte aussi que l'on avertit le Coadjuteur, qui alla quérir les deux princes dans son carrosse. D'Ormesson (tome I, p. 619) entre dans plus de détails, et ajoute que Blancmesnil était avec Retz et Broussel. — L'usage des torches et des flambeaux était alors une nécessité; les rues n'avaient pas encore de lanternes. Le 22 octobre 1661, Louis XIV établit dans sa ville de Paris des porte-lanternes et porte-flambeaux à louage : voyez *le Palais Mazarin*, par M. de Laborde, p. 291 et p. 298.

qui étoient dans une défiance inimaginable. Nous haranguâmes le peuple, et nous amenâmes à l'hôtel de Longueville[1] M. le prince de Conti et Monsieur son beau-frère.

J'allai en même temps chez M. d'Elbeuf lui faire une manière de compliment, qui ne lui eût pas plu[2]; car ce fut pour lui proposer de ne pas aller au Palais, ou au moins de n'y aller qu'avec les autres et après avoir conféré ensemble de ce qu'il y auroit à faire pour le bien du parti. La défiance générale que l'on avoit de tout ce qui avoit le moins du monde de rapport à Monsieur le Prince nous obligeoit à ménager avec bien de la douceur ces premiers moments. Ce qui eût peut-être été facile la veille eût été impossible et même ruineux le matin du jour suivant; et ce M. d'Elbeuf, que je croyois pouvoir chasser de Paris le 9, m'en eût chassé apparemment le 10, si il eût su prendre son parti, tant le nom de Condé étoit suspect au peuple.

Dès que je vis qu'il avoit manqué le moment dans lequel nous fîmes entrer M. le prince de Conti, je ne doutai point que, comme le fond des cœurs étoit pour moi, je ne les ramenasse, avec un peu de temps, où il me plairoit; mais il falloit ce peu de temps, et c'est pourquoi mon avis fut, et il n'y en avoit point d'autre, de ména-

---

1. A cette époque, l'hôtel de Longueville était l'ancien hôtel d'Alençon, décrit par Sauval, tome I, p. 65-70, et surtout p. 119. Il était situé rue des Poulies, parmi les riches hôtels qui bordaient le côté droit de cette rue depuis la rue Saint-Honoré jusqu'à la Seine, et qui, avec leurs dépendances et leurs jardins, s'étendaient jusqu'au Louvre. Une grande partie de ces hôtels disparut lorsqu'en 1663 Louis XIV songea à achever le Louvre. Alors Mme de Longueville acheta l'hôtel du duc d'Épernon, rue Saint-Thomas du Louvre, à côté de l'hôtel de Rambouillet. Voyez le *Plan de Gomboust*, feuille v, et la *Notice* de M. le Roux de Lincy.

2. Première rédaction, corrigée par Retz : *qui ne lui plut pas.*

ger M. d'Elbeuf, et de lui faire voir qu'il pourroit trouver sa place et son compte en s'unissant avec M. le prince de Conti et avec M. de Longueville. Ce qui me fait croire que cette proposition ne lui auroit pas plu, comme je vous le disois à cette heure[1], est qu'au lieu de m'attendre chez lui, comme je l'en avois envoyé prier, il alla au Palais[2]. Le Premier Président, qui ne vouloit pas que le Parlement allât à Montargis, mais qui ne vouloit point non plus de guerre civile, reçut M. d'Elbeuf à bras ouverts, précipita l'assemblée des chambres, et quoi que pussent dire Broussel, Longueil, Viole, Blancmesnil, Novion, le Cogneux, fit déclarer général M. d'Elbeuf, dans la vue, à ce que m'a depuis avoué[3] le président de Mesme, qui se faisoit l'auteur de ce conseil, de faire une[4] division dans le parti, qui n'eût pas été, à son compte[5], capable d'empêcher la cour de s'adoucir, et qui l'eût été toutefois[6] d'affoiblir assez la faction pour

1. Comme je vous le disois tout à l'heure. (1718 C, D, E.)
2. Il y alla accompagné du duc de Brissac, allié de Retz. Selon d'Ormesson (tome I, p. 618 et 619), il y avait été appelé : « MM. de Broussel et Menardeau firent la relation de ce qui s'étoit passé à l'Hôtel de Ville, où étant assemblés dans la nécessité de choisir un chef, ils avoient jeté les yeux sur M. d'Elbeuf, trouvant en lui la naissance, la capacité et l'affection au service du Roi et de l'État; qu'ils avoient député M. Menardeau vers lui pour le prier d'accepter cette charge, laquelle ayant pris à honneur de recevoir, il étoit venu à l'Hôtel de Ville, où il l'avoit acceptée, et qu'ils l'avoient prié d'en venir faire sa déclaration au Parlement. » Elbeuf la fit immédiatement; puis, après avoir offert « le service et l'épée de M. de Brissac, ce qui fut accepté avec civilité, » il se rendit de nouveau à l'Hôtel de Ville.
3. D'abord : « à ce que m'a dit depuis. » Retz a effacé *dit* et écrit *avoué* (*aduoué*) après *depuis*.
4. *Une* est en interligne.
5. Première rédaction, corrigée par l'auteur : « qui ne seroit pas, à leur compte. »
6. Après *toutefois*, Retz avait mis d'abord ces mots, qu'il a biffés : « de l'affoiblir assez pour donner moins de desir. »

la rendre moins dangereuse et moins durable. Cette pensée m'a toujours paru une de ces visions dont la spéculation est belle et la pratique impossible : la méprise en ces matières est toujours très-périlleuse.

Comme je ne trouvai point M. d'Elbeuf, que ceux à qui j'avois donné ordre de l'observer me rapportèrent qu'il avoit pris le chemin du Palais, et que j'eus appris que l'assemblée des chambres avoit été avancée, je me le tins pour dit : je ne doutai point de la vérité, et je revins en diligence à l'hôtel de Longueville, pour obliger M. le prince de Conti et M. de Longueville d'aller, sur l'heure même, au Parlement. Le second n'avoit jamais hâte, et le dernier[1], fatigué de sa mauvaise nuit, s'étoit mis au lit. J'eus toutes les peines du monde à le persuader de se relever. Il se trouvoit mal, et il tarda tant que l'on nous vint dire que le Parlement étoit levé et que M. d'Elbeuf marchoit à l'Hôtel de Ville, pour y prêter le serment et prendre le soin de toutes les commissions qui s'y délivroient. Vous concevez aisément l'amertume de cette nouvelle. Elle eût été plus grande, si la première occasion que M. d'Elbeuf avoit manquée ne m'eût donné lieu d'espérer qu'il ne se serviroit pas mieux[2] de la seconde. Comme j'appréhendai toutefois que le bon succès de cette matinée ne lui élevât le cœur, je crus qu'il ne lui falloit pas laisser trop de temps de se reconnoître, et je proposai à M. le prince de Conti[3] de venir au Parlement l'après-dînée, de s'offrir à la Compagnie,

---

1. Nous reproduisons le texte du manuscrit original ; mais il y a encore là un *lapsus calami* : il faut évidemment, comme on a fait dans presque toutes les éditions antérieures à la nôtre, substituer *premier* à *dernier*.
2. Ne se serviroit pas même. (1718 C, D, E, 1719-1828.)
3. Retz avait ajouté d'abord : « et à M. de Longueville, » qu'il a ensuite biffé.

et d'en demeurer[1] simplement et précisément dans ces termes, qui se pourroient expliquer plus et moins fortement[2], selon qu'il trouveroit[3] l'air du bureau dans la grande chambre, mais encore plus selon que je le trouverois moi-même dans la salle, où, sous le prétexte que je n'avois pas encore de place au Parlement, je faisois état de demeurer pour avoir l'œil sur le peuple.

M. le prince de Conti[4] se mit dans mon carrosse, sans aucune suite que la mienne de livrée, qui étoit fort grande, et qui me faisoit, par conséquent, reconnoître de fort loin : ce qui étoit assez à propos en cette occasion, et qui n'empêchoit pourtant pas que M. le prince de Conti ne fît voir aux bourgeois qu'il prenoit confiance en eux, ce qui n'y étoit pas moins nécessaire. Il n'y a rien où il faille plus de précautions qu'en tout ce qui regarde les peuples, parce qu'il n'y a rien de plus déréglé ; il n'y a rien où il les faille plus cacher, parce qu'il n'y a rien de plus défiant. Nous arrivâmes au Palais devant M. d'Elbeuf; l'on cria sur les degrés et dans

1. Après *demeurer*, il y a *là*, effacé.
2. Les ms H et Ch, et toutes les édition anciennes changent *fortement* en *favorablement*.
3. D'abord, *qu'ils trouveroient*; Retz, qui a rayé un peu plus haut le nom de *Longueville*, a effacé les signes du pluriel.
4. Ici encore, et cinq lignes plus loin, notre auteur, après « M. le prince de Conti, » a effacé « et M. de Longueville; » puis il a corrigé en singuliers les pluriels *mirent*, *fissent* et *ils prenoient*. Plus bas de même, à la fin de l'alinéa, il a changé *ces deux princes* en *ce prince*, et *les eus* en *l'eus*. — Une question de préséance avait fait convenir dans le Parlement que le prince de Conti serait d'abord reçu seul, le duc de Longueville ayant déclaré qu'il ne voulait pas être placé au-dessous du duc d'Elbeuf, auquel le Parlement donnait la première place après le prince de Conti, prince du sang royal. Retz avait sans doute oublié ce fait; puis, se le rappelant, il a fait les modifications que nous venons d'indiquer. Il parle lui-même, un peu plus loin (p. 163 et 164), de cette « nécessité de convenir, au préalable, » de la place du duc de Longueville.

la salle[1] : « Vive le Coadjuteur! » mais à la réserve des gens que j'y avois fait trouver, personne ne cria : « Vive Conti! » Et comme Paris fournit un monde plutôt qu'un nombre dans les émotions, quoique j'y eusse beaucoup de gens apostés, il me fut aisé de juger que le gros du peuple n'étoit pas guéri de la défiance; et je vous confesse que je fus bien aise quand j'eus tiré ce prince de la salle, et que je l'eus mis dans la grande chambre.

M. d'Elbeuf arriva, un moment après, suivi de tous les gardes de la ville, qui l'accompagnoient depuis le matin comme général. Le peuple éclatoit de toutes parts, criant : « Vive Son Altesse! vive Elbeuf! » et comme on crioit en même temps : « Vive le Coadjuteur! » je l'abordai avec un visage riant, et je lui dis : « Voici un écho, Monsieur, qui m'est bien[2] glorieux. — Vous êtes trop honnête, » me répondit-il, et en se tournant aux gardes, il leur dit : « Demeurez à la porte de la grande chambre. » Je pris cet ordre pour moi, et j'y demeurai pareillement avec ce que j'avois de gens le plus à moi, qui étoient en bon nombre. Comme le Parlement fut assis, M. le prince de Conti prit la parole et dit qu'ayant connu à Saint-Germain les pernicieux conseils que l'on donnoit à la Reine, il avoit cru qu'il étoit obligé, par sa qualité de prince du sang, de s'y opposer. Vous voyez assez la suite de ce discours. M. d'Elbeuf, qui, selon le caractère de tous les foibles, étoit rogue[3] et fier, parce qu'il se croyoit le plus fort, dit qu'il savoit le respect qu'il devoit à M. le prince de Conti, mais qu'il ne pouvoit s'empêcher de dire que c'étoit lui qui avoit rompu la glace, qui s'étoit offert le

---

1. Sur les degrés de la salle. (1717, 1718 C, D, E, 1719-1828.)
2. Il y a, après *bien*, un mot effacé, illisible.
3. *Roque* dans 1837; *rauque* dans 1843-1866; *rouge* dans 1723 *arrogant* dans 1718 C, D, E, 1817 et 1820

premier à la Compagnie, et qu'elle lui ayant fait l'honneur de lui confier le bâton de général, il ne le quitteroit jamais qu'avec la vie[1]. La cohue du Parlement, qui étoit, comme le peuple, en défiance de M. le prince de Conti, applaudit à cette déclaration, qui fut ornée de mille périphrases très-naturelles au style de M. d'Elbeuf. Toucheprés[2], capitaine de ses gardes, homme d'esprit et de cœur, les commenta dans la salle. Le Parlement se leva après avoir donné arrêt par lequel il enjoignoit, sous peine de crime de lèse-majesté, aux troupes de n'approcher Paris de vingt lieues, et je vis bien que je devois me contenter, pour ce jour-là, de ramener M. le prince de Conti sain et sauf à l'hôtel de Longueville. Comme la foule étoit grande, il fallut que je le prisse presque entre mes bras au sortir de la grande chambre. M. d'Elbeuf, qui croyoit être maître de tout, me dit d'un ton de raillerie, en entendant les cris du peuple, qui, par reprises, nommoient son nom et le mien en-

1. D'Ormesson (tome I, p. 621 et 622) n'est pas d'accord avec Retz. Selon lui, le duc d'Elbeuf consentit sur-le-champ à n'être que le second : M. d'Elbeuf prit ensuite la parole, « et dit que le respect qu'il devoit à la naissance de M. le prince de Conti, et la passion qu'il avoit dans son cœur de l'honorer, faisoient qu'il remettoit volontiers entre ses mains le commandement des armes qui lui avoit été donné, et prendroit à honneur de lui obéir, mais qu'il prioit Messieurs de considérer qu'autre que lui ne pourroit avoir le commandement sous M. le prince de Conti ; qu'il n'en pouvoit souffrir le partage. Monsieur le Premier Président répondit qu'il n'y avoit point de contestation pour cela.... M. d'Elbeuf disoit hautement qu'il cédoit à M. le prince de Conti pour l'amour de Messieurs du Parlement, car il pourroit lui contester le commandement, ayant sa commission et pris possession de sa charge; mais que pour partager la lieutenance, il ne le pouvoit ; que son honneur étoit engagé, et que son épée étoit pointue, qu'il avoit le premier rompu la glace; qu'il avoit offert son service dans un temps périlleux. »

2. Probablement le baron de *Toucheprest*, de la maison de Mesnard Toucheprest, dans l'élection de Thouars.

semble : « Voilà, Monsieur, un écho qui m'est bien glorieux. » A quoi je lui répondis : « Vous êtes trop honnête; » mais d'un ton un peu plus gai qu'il ne me l'avoit dit; car quoiqu'il crût ses affaires en fort bon état, je jugeai, sans balancer, que les miennes seroient bientôt dans une meilleure condition que les siennes, dès que je vis qu'il avoit encore manqué cette seconde occasion. Le crédit parmi les peuples, cultivé et nourri de longue main, ne manque jamais à étouffer, pour peu qu'il ait de temps pour[1] germer, ces fleurs minces et naissantes[2] de la bienveillance publique, que le pur hasard fait quelquefois pousser[3]. Je ne me trompai pas dans ma pensée, comme vous allez voir.

Je trouvai, en arrivant à l'hôtel de Longueville, Quincerot[4], capitaine de Navarre, et qui avoit été nourri page du marquis de Ragni, père de Mme de Lesdiguière[5]. Elle me l'envoyoit de Saint-Germain, où elle étoit[6], sous prétexte de répéter quelque prisonnier; mais, dans le vrai, pour m'avertir que M. d'Elbeuf, une heure après avoir appris l'arrivée de M. le prince de Conti et de M. de Longueville à Paris, avoit écrit à la Rivière ces propres mots : « Dites à la Reine et à Monsieur que ce diable de Coadjuteur perd tout ici; que dans deux jours je n'y aurai aucun pouvoir; mais que si ils veulent me faire un bon parti, je leur témoignerai que je ne suis pas

---

1. D'abord Retz avait écrit *de*; puis il y a substitué *pour*.
2. Première rédaction, biffée : « fragiles et naissantes. »
3. D'abord : « fait pousser quelquefois. » Retz a effacé le mot *pousser*, pour le récrire après *quelquefois*.
4. De *Quincerot*, les éditions de 1718 C, D, E font *Zuincent*; la plupart des autres impressions anciennes, *Vincerot*.
5. Voyez tome I, p. 100, note 1.
6. Le manuscrit de Dubuisson Aubenay (tome I, p. 13) nous apprend, à la date du 7 janvier, que « Mme de Lesdiguières se sauve (*de Paris*) sur une charrette, et travestie en paysanne. »

venu à Paris avec une aussi mauvaise intention qu'ils se le persuadent. » La Rivière montra ce billet au Cardinal, qui s'en moqua, et qui le fit voir au maréchal de Villeroi. Je me servis très-utilement de cet avis. Sachant que tout ce qui a façon de mystère est bien mieux reçu dans les peuples, j'en fis un secret à quatre cents ou cinq cents [1] personnes. Les curés de Saint-Eustache [2], de Saint-Roch [3], de Saint-Méri [4] et de Saint-Jean [5] me mandèrent, sur les neuf heures du soir, que la confiance que M. le prince de Conti avoit témoignée au peuple, d'aller tout seul et sans suite dans mon carrosse se mettre entre les mains [6] de ceux mêmes qui crioient contre lui, avoit fait un effet merveilleux.

Les officiers des quartiers, sur les dix heures, me fi-

1. « A 400 ou 500, » dans le manuscrit, où les nombres sont le plus souvent écrits en chiffres.
2. Pierre Martin, curé de Saint-Eustache de 1644 à 1671, docteur en théologie de la maison de Navarre en 1645.
3. Jean Rousse, docteur en Sorbonne et curé de Saint-Roch de 1633 à 1659, prit une vive part à la Fronde et fut un des partisans les plus dévoués du Coadjuteur; il le félicita au nom de la faculté de théologie, en 1652, sur sa promotion au cardinalat. M. Moreau, d'ordinaire si bien renseigné sur tous les personnages de l'époque, l'appelle à tort Jean Brousse, le confondant sans doute avec Jacques Brousse, également docteur en théologie et chanoine de Saint-Honoré, à Paris. Voyez dans la *Bibliographie des Mazarinades*, à ce nom de Jean Brousse (tome III, p. 391), les renvois aux divers pamphlets que composa Jean Rousse.
4. Il y avait, depuis le quatorzième siècle, deux curés à Saint-Méry (Retz écrit *Merri*), dont chacun exerçait une semaine sur deux. Voyez dans les *Mémoires du P. Rapin*, tome I, p. 60, une note de M. Aubineau à ce sujet; les deux titulaires étaient alors Étienne Barré, curé chevecier, et Henri Duhamel; il s'agit probablement de ce dernier, qui prit, comme Rousse, une grande part à la Fronde, et fut banni de sa paroisse en 1654.
5. La paroisse de Saint-Jean en Grève, dont il s'agit ici très-probablement, avait pour curé Pierre Loisel, qui fut plusieurs fois chancelier de l'Université et sept fois recteur.
6. Il y avait d'abord : « leurs mains; » *leurs* a été corrigé en *les*.

rent tenir cinquante et plus de billets, pour m'avertir que leur travail avoit réussi, et que les dispositions étoient sensiblement et visiblement changées. Je mis Marigni en œuvre, entre dix et onze[1], et il fit ce fameux couplet, l'original de tous les triolets :

Monsieur d'Elbeuf et ses enfants[2],

1. Entre dix et douze. (Ms H, Ch, 1717 A, 1718 B, F.)
2. On a composé dans ce temps un nombre infini de triolets, forme de couplet très-propre à la moquerie, par le triple retour d'un même vers. Parmi ceux qu'on a faits sur le duc d'Elbeuf, il y en a plusieurs qui ont le vers initial cité par notre auteur; mais tous ceux qui commencent ainsi se rapportent, excepté le suivant, à des faits postérieurs au temps où nous sommes :

> Monsieur d'Elbeuf et ses enfants
> Ont fait tous quatre des merveilles.
> Ils sont pompeux et triomphants,
> Monsieur d'Elbeuf et ses enfants.
> L'on dira jusqu'à deux mille ans,
> Comme une chose sans pareilles :
> « Monsieur d'Elbeuf et ses enfants
> Ont fait tous quatre des merveilles. »

M. Moreau, dans la *Bibliographie des Mazarinades* (tome III, p. 224 et 225), cite ce triolet sous le n° 3855, avec quatre autres, raillant également le duc d'Elbeuf. L'aîné de la famille est probablement celui-ci, qui est en tout cas le plus mordant et qu'on trouve en tête des autres dans les recueils :

> Ce pauvre Monseigneur d'Elbeuf[a],
> Qui n'avoit aucune ressource,
> Et qui ne mangeoit que du bœuf,
> Ce pauvre Monseigneur d'Elbeuf
> A maintenant un habit neuf
> Et quelques justes[b] dans sa bourse,
> Ce pauvre Monseigneur d'Elbeuf,
> Qui n'avoit aucune ressource.

M. Bazin cite aussi les cinq triolets; quatre se trouvent également, avec quelques différences, dans l'éd'tion des *Mémoires* de

[a] *Variante :* Monseigneur le prince d'Elbeuf
[b] *Justes* était alors le mot populaire pour désigner les pièces de monnaie à l'effigie de Louis XIII, dit *le Juste.*

que vous avez tant ouï chanter à Caumartin[1]. Nous allâmes, entre minuit et une heure, M. de Longueville, le maréchal de la Mothe et moi, chez M. de Bouillon, qui étoit au lit avec la goutte, et qui, dans l'incertitude des choses, faisoit grande difficulté de se déclarer. Nous lui fîmes voir notre plan et la facilité de l'exécution. Il la comprit, il y entra. Nous prîmes toutes nos mesures; je donnai moi-même les ordres aux colonels et aux capitaines qui étoient de mes amis.

Vous concevrez mieux notre projet par le récit de son exécution, sur laquelle je m'étendrai, après que j'aurai encore fait cette remarque, que le coup le plus dangereux que je portai à M. d'Elbeuf, dans tout ce mouvement, fut l'impression que je[2] donnai, par les habitués des paroisses, qui le croyoient[3] eux-mêmes, que je donnai, dis-je, au peuple, qu'il avoit intelligence avec les troupes du Roi, qui, le soir du 9, s'étoient saisies[4] du poste de[5] Charenton[6]. Je le trouvai, au moment que ce

---

1837 (p. 92). Nous donnerons en appendice un choix de triolets dirigés contre les principaux personnages des *Mémoires*.

1. Louis-François le Fèvre de Caumartin, seigneur de Boissy, etc., petit-fils du garde des sceaux de ce nom; né en juillet 1624, conseiller au Parlement en 1643, maître des requêtes en 1653, il était l'ami le plus intime du cardinal de Retz; il mourut en mars 1687. Il était neveu de cette Marie le Fèvre qui épousa le sieur de Bossut, baron d'Escry, fils d'une tante du Coadjuteur. Il était des amis de Mme de Sévigné : voyez ci-dessus la note 5 de la page 58.

2. Après *je*, il y a dans le ms R *leur*, effacé.

3. *Crioient*, au lieu de *croyoient*, dans 1843-1866.

4. Par inadvertance, Retz a écrit *saisis*, pour *saisies*.

5. *De* est en interligne.

6. L'armée royale, se trouvant trop faible pour investir Paris, devait d'abord s'emparer de deux ouvertures, Charenton et Saint-Cloud. Selon d'Ormesson (tome I, p. 622), les troupes qui étaient à Charenton « avoient fait un retranchement dans la vallée de Fécamp (*dont il sera parlé un peu plus loin*, p. 212, *note* 3), et.... ils venoient piller jusqu'à la croix de Picpus;... Monsieur le Prince

bruit se répandoit, sur les degrés de l'Hôtel de Ville, et il me dit : « Que diriez-vous qu'il y ait des gens assez méchants pour dire que j'ai fait prendre Charenton? » Et je lui répondis[1] : « Que diriez-vous qu'il y ait des gens assez scélérats pour dire que M. le prince de Conti est venu ici de concert avec Monsieur le Prince? »

Je reviens à l'exécution du projet que je vous ai déjà touché ci-dessus. Comme je vis l'esprit des peuples assez disposé et assez revenu de sa méfiance pour ne pas s'intéresser pour M. d'Elbeuf, je crus qu'il n'y avoit plus de mesures à garder, et que l'ostentation seroit[2] aussi à propos ce jour-là que la modestie avoit été de saison la veille.

M. le prince de Conti et M. de Longueville prirent un grand et magnifique carrosse de Mme de Longueville, suivi d'une très-grande quantité de livrées. Je me mis auprès du premier à la portière, et l'on marcha ainsi au Palais en pompe et au petit pas[3]. M. de Longueville n'y étoit pas venu la veille, et parce que je croyois qu'en cas d'émotion l'on auroit plus de respect et pour la tendre jeunesse et pour la qualité de prince du sang de M. le prince de Conti que pour la personne de M. de Longueville, qui étoit proprement la bête de M. d'Elbeuf[4], et parce que M. de Longueville, n'étant point pair, n'avoit point de séance au Parlement, et qu'ainsi il avoit été de nécessité de convenir, au préalable, de sa place, que l'on

étoit à Saint-Maur, et l'on craignoit qu'il ne vînt brûler le faubourg Saint-Antoine; ils avoient pillé Bercy » (10 janvier).

1. Ici Retz a effacé *je lui répondis*, qu'il avait répété par mégarde. *Que diriez-vous* est en marge.

2. D'abord : *étoit*, qui a été biffé et remplacé par *seroit*.

3. Le 11 janvier.

4. Retz écrit ici *d'Elbeux* (*Delbeux*). Son orthographe ordinaire est *Delbeuf*.

lui donna au-dessus du Doyen, de l'autre côté des ducs et pairs.

Il offrit d'abord à la Compagnie ses services, Rouen, Caen, Dieppe et toute la Normandie[1], et il la supplia de trouver bon que, pour sûreté de son engagement[2], il fît loger à l'Hôtel de Ville Madame sa femme, Monsieur son fils et Mademoiselle sa fille[3]. Jugez, s'il vous plaît, de l'effet que fit cette proposition. Elle fut soutenue et fortement et agréablement par M. de Bouillon, qui entra appuyé, à cause de ses gouttes[4], sur deux gentilshommes. Il prit place au-dessous de M. de Longueville, et il coula, selon que nous l'avions concerté la nuit, dans son discours[5] qu'il serviroit le Parlement avec beaucoup de joie sous les ordres d'un aussi grand prince que M. le prince de Conti. M. d'Elbeuf s'échauffa à ce mot, et il répéta ce qu'il avoit dit la veille, qu'il ne quitteroit qu'avec la vie le bâton de général[6]. Le murmure s'é-

---

1. Nous avons donné dans *la Misère au temps de la Fronde*, p. 112 et 113, la curieuse lettre, inédite alors, par laquelle Longueville invite le parlement de Rouen à soulever la Normandie et à suivre l'exemple de la capitale.

2. Les ms H, Ch, et toutes les anciennes éditions omettent *sûreté*, et donnent : « pour l'engagement (*ou* pour engagement) de sa parole. »

3. Son fils avait trois ans ; sa fille, plus tard Mme de Nemours, née de son premier mariage, en avait vingt-quatre.

4. De sa goutte. (1718 C, D, E, 1719-1828.)

5. Le discours du duc de Bouillon se trouve dans le manuscrit 10273 de la Bibliothèque nationale, intitulé *Journal de Paris* (5 volumes in-8°, encore inédits), tome I, p. 183 et 184. Il se termine pa ces mots : « Je suis d'assez bonne maison pour ne devoir pren-» dre les ordres que des princes du sang, et néanmoins je ne refu-« serai point de servir sous M. d'Elbeuf, dont je suis serviteur, et « me contenterai d'une pique, si je ne suis pas digne d'un plus « grand emploi. » Ce discours si affecté, ajoute le narrateur, ne plut aucunement à la plus sage partie de la Compagnie, ainsi qu'il parut par la réponse de Monsieur le Premier Président. »

6. Le duc d'Elbeuf, dit d'Ormesson (tome I, p. 623), « trouvoit

leva sur ce commencement de contestation, dans lequel M. d'Elbeuf fit voir qu'il avoit plus d'esprit que de jugement. Il parla fort bien, mais[1] il ne parla pas à propos : il n'étoit plus temps de contester, il falloit plier. Mais j'ai observé que les gens foibles ne plient jamais quand ils le doivent.

Nous lui donnâmes, à cet instant, le troisième relais[2], qui fut l'apparition du maréchal de la Mothe, qui se mit au-dessous de M. de Bouillon, et qui fit à la Compagnie le même compliment que lui[3]. Nous avions concerté de ne faire paroître sur le théâtre ces personnages que l'un après l'autre, parce que nous avions considéré que rien ne touche et n'émeut tant les peuples, et même les compagnies, qui tiennent toujours beaucoup du peuple, que la variété des spectacles. Nous ne nous y trompâmes pas, et ces trois apparitions qui se suivirent[4] firent un effet sans comparaison plus prompt et plus grand qu'elles ne l'eussent fait si elles se fussent unies. M. de Bouillon, qui n'avoit pas été de ce sentiment, me l'avoua le lendemain, devant même que de sortir du Palais.

très-bon que M. de Bouillon demandât à commander la cavalerie dans une armée qu'il commandoit. » Quant au bâton de général, il n'en fut plus question le 11; nous avons vu que le duc d'Elbeuf l'avait cédé la veille au prince de Conti.

1. Les mots : « Il parla fort bien, mais, » sont omis par les ms H, Ch, et par toutes les anciennes éditions. — A la fin de l'alinéa, le ms H omet aussi « quand ils le doivent. »

2. « On dit, en termes de chasse, *donner le relais*, pour dire : lâcher après la bête que l'on court les chiens placés en relais. » (*Dictionnaire de l'Académie* de 1694, à l'article RELAIS.)

3. Voici ce que dit à ce sujet (tome I, p. 184 et 185) le *Journal de Paris* que nous venons de citer : « M. le maréchal de la Mothe vint ensuite jouer son personnage..., fit à peu près le même compliment que M. de Bouillon..., sinon qu'il fit paroitre assez clairement que son intention n'étoit pas d'obéir aux ordres de M. d'Elbeuf, mais seulement à ceux de Son Altesse. »

4. Qui suivirent. (1837-1866.)

Monsieur le Premier Président, qui étoit tout d'une pièce, demeura dans sa pensée de se servir de cette brouillerie pour affoiblir la faction, et proposa de laisser la chose indécise jusques à l'après-dînée, pour donner temps à ces Messieurs de s'accommoder. Le président de Mesme, qui étoit pour le moins aussi bien intentionné pour la cour que lui, mais qui avoit plus de vue et plus de jointure[1], lui répondit à l'oreille, et je l'entendis[2] : « Vous vous moquez, Monsieur; ils s'accommoderoient peut-être aux dépens de notre autorité, mais nous en sommes plus loin[3] : ne voyez[-vous[4]] pas que M. d'Elbeuf est pris pour dupe et que ces gens ici sont les maîtres? » Le président le Cogneux, à qui je m'étois ouvert la nuit, éleva sa voix et dit : « Il faut finir devant que de dîner, dussions-nous dîner à minuit. Parlons en particulier à ces Messieurs. » Il pria en même temps M. le prince de Conti et M. de Longueville d'entrer dans la quatrième des enquêtes[5], dans laquelle l'on entre de la grande chambre; et MM. de Novion et de Bellièvre[6],

1. *Jointure*, dans ce sens figuré, qui n'est donné ni par l'*Académie*, ni par *Furetière*, ni par *Trévoux*, signifie, dit M. Littré dans son *Dictionnaire* : « adresse à trouver les joints, les opportunités, les facilités des choses. » Nous croyons qu'ici, par opposition à *tout d'une pièce*, la vraie traduction est *souplesse*. — Les éditions de 1717 A, 1718 B, F remplacent *jointure* par *droiture*; la plupart des autres (1718 C, D, E, 1719-1828) ont le pluriel *jointures*.

2. Retz n'était pas dans la grand'chambre, où il n'avait pas encore droit d'entrer. S'il a entendu ces mots, ce ne peut être que dans les allées et venues de plusieurs membres du Parlement qui s'entremirent pour accorder entre eux les compétiteurs au commandement. Voyez ci-après (p. 167, note 1), un passage de d'Ormesson relatif à cette séance; le président de Mesmes n'y est pas nommé.

3. Plus loin que vous ne pensez. (1719-1828.)

4. L'auteur a passé, par inadvertance, le mot *vous*.

5. Ces mots sont ainsi écrits : « dans la 4 des enquestes. »

6. Pomponne de Bellièvre, président à mortier, par démission de son père, en 1642. Il succéda à Molé comme premier président; il

qui étoient de notre correspondance, menèrent M. d'Elbeuf, qui se faisoit encore tenir à quatre, dans la seconde[1].

Comme je vis les affaires en pourparler, et la salle du Palais en état de n'en rien appréhender, j'allai, en diligence, prendre Mme de Longueville, Mademoiselle sa belle-fille[2], et Mme de Bouillon, avec leurs enfants, et je les menai avec un espèce de triomphe[3] à l'Hôtel de Ville[4].

mourut en possession de cette charge, en 1657, après avoir présidé, à ce titre, à l'institution de l'Hôpital-Général de Paris, en 1657.

1. D'après d'Ormesson (tome I, p. 623; voyez aussi Dubuisson Aubenay, p. 22), « M. d'Elbeuf se retira dans le greffe; MM. de Novion, de Bellièvre, le Coigneux, de Blancmesnil et Viole firent toutes les allées et venues, et tout étant réglé, le Parlement déclara M. le prince de Conti généralissime, et pour ses lieutenants MM. d'Elbeuf, de Bouillon, de la Mothe. » Retz dit *la seconde chambre*, d'après le *Journal du Parlement*, p. 13.

2. Les ms H, Ch, et toutes les anciennes éditions omettent les mots « Mademoiselle sa belle-fille. »

3. Retz écrit *triumfe*. Pour le masculin *un*, voyez ci-dessus, p. 105, note 2.

4. Suivant le *Journal du Parlement* (p. 12), les mères des deux familles, avec les enfants, furent « conduites en l'Hôtel de Ville par aucuns de Messieurs de la Compagnie. » Voici ce que nous trouvons dans Omer Talon (tome VI, p. 18) : « M. de Longueville, pour otage de sa fidélité, donna Madame sa femme, Mademoiselle sa fille et Monsieur son fils, qu'il conduisit à l'Hôtel de Ville, où on leur donna logement. Ensuite M. le duc de Bouillon, s'étant déclaré, est aussi entré dans le Parlement, et a pris place au-dessous de M. de Longueville, et pour assurance de sa fidélité, offrit ses quatre enfants, lesquels il fit apporter dans la grand'chambre. » — Les *Registres de l'Hôtel de Ville* (tome I, p. 115) nous donnent les détails suivants, qui, pour ne ressembler en rien au tableau peint par Retz, ne manquent pas d'intérêt : « En même temps est venue nouvelle que Mme la duchesse de Longueville et Mlle de Longueville étoient descendues de carrosse, et qu'elles venoient loger en l'Hôtel de Ville, ce qui auroit donné sujet à Messieurs les prévôt des marchands et échevins de se lever pour les aller recevoir : ce qu'ils ne purent sitôt faire, qu'ils ne trouvèrent lesdites dames qui se promenoient dans la grande salle, qui leur dirent d'abord que M. de Longueville n'ayant

La petite vérole avoit laissé à Mme de Longueville, comme je vous l'ai déjà dit en un autre lieu[1], tout l'éclat de la beauté, quoiqu'elle lui eût diminué la beauté[2]; et celle de Mme de Bouillon, bien qu'un peu effacée, étoit toujours très-brillante. Imaginez-vous, je vous supplie, ces deux personnes sur le perron de l'Hôtel de Ville, plus belles en ce qu'elles paroissoient négligées, quoiqu'elles ne le fussent pas. Elles tenoient chacune un de leurs enfants entre leurs bras, qui étoient beaux comme leurs mères[3]. La Grève étoit pleine de peuple jusques au-dessus des toits; tous les hommes jetoient des cris de joie; toutes les femmes pleuroient de tendresse. Je jetai cinq cents[4] pistoles par les fenêtres de l'Hôtel de Ville; et après avoir laissé Noirmoutier et Miron auprès des dames, je retournai

point de plus chers gaiges, il les envoyoit ici pour répondre de sa fidélité, et qu'elles demandoient le couvert. A quoi ces Messieurs répondirent qu'il y avoit peu de logement à l'Hôtel de Ville pour des personnes de leur qualité, et que la Ville n'étoit point en doute de l'affection et bienveillance que M. de Longueville avoit pour elle; mais ayant dit qu'elles s'accommoderoient ainsi qu'il leur plairoit, et voyant que c'étoit tout de bon, lesdits sieurs les conduisirent dans la vieille chambre du greffier, qui répond sur la rue du côté de Saint-Jean, où elles firent apporter des lits et quelques serges de l'hôtel de Longueville[a]. » On voit que dans aucun de ces documents il n'est question de Retz ni de cette sorte de triomphe qu'il décrit.

1. Cette incise est ajoutée en marge. Voyez ci-dessus, p. 112.
2. L'édition de 1859-1866 omet ce membre de phrase, que les ms H, Ch, et les impressions de 1717 A, 1718 B, F donnent ainsi : « quoiqu'elle l'eût diminuée. »
3. Qui étoient beaux comme mères. (1837 et 1843.) Ces mots sont omis dans les éditions de 1717 A, 1718 B, F.
4. Retz écrit *cinq cent*, sans *s*.

[a] D'après ce qu'il nous est permis de conjecturer, la vieille chambre où furent logées la duchesse de Longueville et sa fille devait se trouver à droite en entrant par la vieille tour, non loin du grand escalier de l'Hôtel de Ville. (*Note des éditeurs des* Registres.)

au Palais, et j'y arrivai avec une foule innombrable de gens armés et non armés.

Touchéprés, capitaine des gardes de M. d'Elbeuf, dont il me semble vous avoir déjà parlé[1], et qui m'avoit fait suivre, étoit entré un peu devant que[2] je fusse dans la cour du Palais, étoit entré, dis-je, dans la seconde[3] pour avertir son maître, qui y étoit toujours demeuré, qu'il étoit perdu si il ne s'accommodoit : ce qui fut cause que je le trouvai fort embarrassé et même fort abattu. Il le fut bien davantage quand M. de Bellièvre, qui l'avoit amusé à dessein, me demandant qu'est-ce que[4] c'étoit que des tambours qui battoient, je lui répondis qu'il en alloit bien entendre d'autres, et que les gens de bien étoient las de la division que l'on essayoit de faire dans la Ville. Je connus à cet instant que l'esprit dans les grandes affaires n'est rien sans le cœur. M. d'Elbeuf ne garda plus même les apparences. Il expliqua ridiculement tout ce qu'il avoit dit ; il se rendit à plus que l'on ne voulut ; et il n'y eut que l'honnêteté et le bon sens de M. de Bouillon qui lui conservât la qualité de général et le premier jour[5], avec MM. de Bouillon et de la Mothe, également généraux avec lui, sous l'autorité de M. le prince de Conti, déclaré, dès le même instant, généra-

1. Voyez ci-dessus, p. 158 et note 2.
2. Après *que*, l'auteur avait mis d'abord *j'entrasse;* puis il a biffé cette première rédaction.
3. « Dans la seconde chambre des enquêtes. » C'est bien probablement par inadvertance que l'auteur a omis le mot *chambre*.
4. Retz a écrit *quesceque* ou *quesseque*.
5. *Le premier jour*, d'après l'explication fournie par le *Journal du Parlement* (p. 14), signifie que le duc d'Elbeuf, le duc de Bouillon et le maréchal de la Mothe furent déclarés lieutenants généraux du prince de Conti, pour commander chacun son jour, à commencer par le duc d'Elbeuf. — Aux mots *le premier jour* un certain nombre d'anciennes éditions (1719-1828) substituent *le premier rang*.

lissime des armes¹ du Roi, sous les ordres du Parlement.

Voilà ce qui se passa le matin du 11 de janvier. L'après-dînée, M. d'Elbeuf, à qui l'on avoit donné cette commission pour le consoler, somma la Bastille², et le soir il y eut une scène à l'Hôtel de Ville, de laquelle il est à propos de vous rendre compte, parce qu'elle eut beaucoup plus de suite qu'elle ne méritoit. Noirmoutier, qui avoit été fait la veille lieutenant général, sortit avec cinq cents chevaux de Paris pour pousser des escarmoucheurs des troupes³ que nous appelions du Mazarin, qui venoient faire le coup de pistolet dans les faubourgs⁴. Comme il revint descendre à l'Hôtel de Ville, il entra avec Matha⁵, Laigue et la Boulaie⁶, encore tous

---

1. *Des armées*, dans les ms H, Ch, et dans toutes les anciennes éditions.

2. Du Tremblay, gouverneur de la Bastille, ayant refusé d'en rendre les clefs, fut assiégé le 12 janvier et battu de six canons. Comme il n'avait que vingt-deux soldats pour défendre la forteresse, il capitula le jour même, avec promesse de rendre la place s'il n'était secouru dans les vingt-quatre heures; il en ouvrit les portes le 13 à midi. Le gouvernement en fut donné à Broussel, avec son fils de Louvières pour lieutenant. Voyez les *Registres de l'Hôtel de Ville*, tome I, p. 130; on peut les consulter également (p. 120) sur l'organisation des forces de Paris : on y voit figurer le Coadjuteur pour la levée d'un régiment de cavalerie de quatre cents maîtres; le commandement en était confié au chevalier de Sévigné : voyez ci-dessus, p. 135, note 1.

3. Des escarmouches contre les troupes que nous appelions des mazarins. (Ms H, Ch, 1717 A, 1718 B, F.) — Dans la copie Ch, il y a *des*, changé en *contre les*.

4. Le faubourg. (1718 C, D, E, 1719-1828.)

5. Charles de Bourdeille, comte de Matha (ou Mastas, en Saintonge), capitaine au régiment des gardes depuis 1640, petit-neveu de Brantôme et cousin germain de Montrésor. Il s'attachera plus tard à Condé et sera un des frondeurs les plus ardents. Il mourut en 1674.

6. Maximilien Échalard, marquis de la Boulaye, né en 1612,

cuirassés[1], dans la chambre de Mme de Longueville, qui étoit toute pleine de dames. Ce mélange d'écharpes bleues, de dames, de cuirasses, de violons, qui étoient dans la salle, de trompettes qui étoient dans la place, donnoit un spectacle qui se voit plus souvent dans les romans qu'ailleurs[2]. Noirmoutier, qui étoit grand amateur de *l'Astrée*[3], me dit : « Je m'imagine que nous sommes assiégés dans Marcilli[4]. — Vous avez raison, lui répondis-je : Mme de Longueville est aussi belle que Galatée[5]; mais Marcillac (M. de la Rochefoucauld le père

---

mort en 1668. Il avait épousé Louise de la Marck, fille du duc de Bouillon. C'était le premier homme de cour qui fût venu se joindre aux Parisiens; le marquis de Noirmoutier et le prince de Marsillac avaient suivi le prince de Conti. Nous le retrouverons plus tard, en 1649, à l'occasion d'un curieux procès, qui a été publié par la Société de l'histoire de France, en 1862.

1. Dans le manuscrit, *touts cuirassés*. Dans les éditions de 1718 C, D, E, 1719-1866, *tout cuirassé*, au singulier; dans les ms H, Ch, et 1717 A, 1718 B, F, *tout encuirassé*.

2. Un spectacle qui seroit plus séant dans les romans qu'ailleurs. (Ms H, Ch, 1717 A, 1718 F.) Les éditions de 1837-1866 ont *se voyoit*, au lieu de *se voit*. La copie Ch avait d'abord notre texte, c'est-à-dire la leçon du manuscrit original; mais on y a ensuite substitué celle du ms H : les mots *se voit* et *souvent* ont été biffés, et on a écrit au-dessus *seroit.... séant*.

3. *De l'Astrée* est écrit en interligne. — Tallemant des Réaux (tome V, p. 184) nous apprend que dans la société de Retz « on se divertissoit, entre autres choses, à s'écrire des questions sur *l'Astrée*; et qui ne répondoit pas bien payoit, pour chaque faute, une paire de gants de Frangipane.... » On sait que Camus, évêque de Belley, appelait *l'Astrée* « le bréviaire des courtisans. » Voyez sur ce roman les *Études sur* l'Astrée *et sur Honoré d'Urfé*, par M. Bonafous (1846, in-8º), particulièrement aux pages 161-185, où *l'Astrée* est analysée; voyez aussi *le Roman pastoral*, par M. de Loménie, dans la *Revue des Deux-Mondes* du 15 juillet 1858 (p. 446-480).

4. Marcilly est la capitale du Forez et des États d'Amasis, dans le roman de *l'Astrée*.

5. Galathée, un des principaux personnages de *l'Astrée*. Cette nymphe était fille de la princesse Amasis, souveraine du Forez. Les

n'étoit pas encore mort¹) n'est pas si honnête homme que Lindamor². » Je m'aperçus, en me retournant, que le petit Courtin³, qui étoit dans une croisée, pouvoit m'avoir entendu : c'est ce que je n'ai jamais su au vrai; mais je n'ai pu aussi jamais deviner d'autre cause de

clefs de *l'Astrée*, et en particulier celle de l'édition de 1733 (10 volumes in-12), disent, tome X, p. 679, que d'Urfé désignait sous ce nom la reine Marguerite, femme de Henri IV. Honoré d'Urfé « pendant les guerres de la Ligue fut pris par les gens de la Reine, et conduit au château d'Usson en Auvergne, où elle fut si longtemps comme en prison. Jeune et beau comme il étoit, on prétend que le prisonnier ne lui déplut pas. » D'Urfé, non plus que Retz, « n'étoit méconnoissant, » et il donna une des premières places de son livre à Marguerite.

1. Il mourut en 1650.

2. Lindamor est, dans le roman, un jeune chevalier, attaché d'abord au service de Galathée, et qui eut le bonheur de lui plaire. Polémas, général des troupes d'Amasis, redoutant la rivalité de Lindamor, employa les sortiléges du faux druide Clémanthe pour persuader à la nymphe que la première personne qu'elle trouverait dans une certaine partie du rivage du Lignon serait l'époux que le Ciel lui destinait. Polémas se rend sur les bords du fleuve, mais il arrive trop tard ; et, avant sa venue, Galathée a sauvé Céladon, qui, de désespoir d'avoir déplu à Astrée, avait voulu se noyer. Cet incident complique d'abord toutes les situations; mais bientôt le traître Polémas, furieux de n'avoir pu obtenir par la ruse les bonnes grâces de Galathée, se décide à employer la violence pour se rendre maître à la fois de l'objet de sa passion et du trône d'Amasis : il attaque la ville de Marcilly. Heureusement Lindamor, Sigismond, Rosiléon et d'autres chevaliers viennent au secours d'Amasis et de Galathée. Lindamor propose de terminer la guerre par un combat de trois contre trois. Polémas accepte et est tué par Lindamor. La paix est rétablie, et Amasis reconnaissante donne Galathée à Lindamor.

3. Par le nom de *petit Courtin* on désignait Achille Courtin ; il était de fort petite taille, mais très-bien fait. Le *Portrait des maîtres des requêtes* dit de lui : « Bon sens, habile en sa profession, beau-frère de Picart. » Il était, dit Conrart (tome XXVIII, p. 576), maître des requêtes, et chef du conseil du prince de Conti. M. Bazin l'a confondu avec son fils Honoré Courtin, qui fut ambassadeur en Angleterre et en Allemagne. Voyez Tallemant des Réaux, tome V, p. 301 et 302.

la première haine que M. de la Rochefoucauld a cue[1] pour moi.

Je sais que vous aimez les portraits, et j'ai été fâché, par cette raison, de n'avoir pu vous en faire voir jusques ici presque aucun qui n'ait été de profil et qui n'ait été par conséquent fort imparfait. Il me sembloit que je n'avois pas assez de grand jour dans ce vestibule dont vous venez de sortir, et où vous n'avez vu que les peintures légères des préalables[2] de la guerre civile. Voici la galerie où les figures vous paroîtront dans leur étendue, et où je vous présenterai les tableaux[3] des personnages que vous verrez plus avant dans l'action. Vous jugerez, par les traits particuliers que vous pourrez remarquer dans la suite, si j'en ai bien pris l'idée. Voici le portrait de la Reine, par lequel il est juste de commencer[4] :

1. *Eu*, sans accord, dans le manuscrit.
2. Les éditions de 1718 C, D, E, 1719-1828 remplacent *préalables* par *préliminaires*.
3. D'abord, *les peintures*, qui a été biffé, et remplacé, en marge, par *les tableaux*. Les copies H, Ch et toutes les éditions anciennes déplacent les mots *les tableaux*; elles donnent ainsi ce passage : « Je vous représenterai les (*ou* des) personnages que, etc. Vous jugerez, par les tableaux et les traits particuliers (*ou* par les tableaux, des traits particuliers), que, etc. »
4. Les portraits étaient à la mode avant Retz et de son temps : on connaît ceux qu'ont tracés Mlle de Scudéry, dans ses romans, Mademoiselle de Montpensier, Bussy Rabutin, etc. « C'est à ce moment, dit Sainte-Beuve dans ses *Causeries du lundi*, tome V, p. 58 et 59, qu'en artiste qu'il (*Retz*) est la plume à la main, se considérant comme sorti du préambule et du vestibule de son sujet, il se donne carrière, et, tandis qu'il n'avait dessiné jusque-là les personnages que de profil, il les montre en face et en pied, comme dans une galerie : il ne fait pas moins de dix-sept portraits, tous admirables de vie, d'éclat, de finesse, de ressemblance, car l'impartialité s'y trouve même quand il peint des ennemis. Parmi ces dix-sept portraits, dont pas un qui ne soit un chef-d'œuvre, on distingue surtout ceux de la Reine, de Gaston duc d'Orléans, du prince de

La[1] Reine avoit, plus que personne que j'aie jamais vu, de cette sorte d'esprit qui lui étoit nécessaire pour ne pas paroître sotte à ceux qui ne la connoissoient pas. Elle avoit plus d'aigreur que de hauteur, plus de hauteur que de grandeur, plus de manières[2] que de fond, plus d'inapplication[3] à l'argent que de libéralité, plus de libéralité que d'intérêt, plus d'intérêt que de désintéressement, plus d'attachement que de passion, plus de dureté que de fierté, plus de mémoire des injures que des bienfaits, plus d'intention de piété que de piété[4].

Condé, de M. de Turenne, de M. de la Rochefoucauld, de Mme de Longueville et de son frère le prince de Conti, de Mme de Chevreuse et de Mme de Montbazon, celui enfin de Mathieu Molé. Cette galerie, dont les traits cent fois répétés et reproduits depuis remplissent toutes nos histoires, est la gloire du pinceau français, et on peut dire qu'avant Saint-Simon il ne s'était rien écrit de plus vif, de plus éclatant, de plus merveilleusement animé. Même depuis Saint-Simon, rien n'a pâli dans cette galerie de Retz, et on admire seulement la différence de manière, quelque chose de plus court, de plus clair, de plus délié en coloris, mais qui ne pénètre pas moins dans le vif des âmes.... Il faudrait tout citer, tout rappeler dans ces tableaux d'une touche à la fois si forte et si ravissante. Ces portraits, venant après la belle conversation politique avec le prince de Condé, après les merveilleuses scènes de comédie des premiers jours des Barricades, et après les grandes et hautes considérations qui précèdent, composent une entrée en matière et une exposition unique, qui subsiste, même quand le reste de la pièce ne tient pas. » Voyez aussi ce qu'ont dit de ces portraits M. Topin (p. 115 et 116) et M. Joseph Michon (p. 29 et 30), dans leurs *Études sur Retz*.

1. A ce premier portrait, une autre main que celle de Retz a écrit en marge : PORTRAIT DE LA REINE; au second : PORTRAIT DE M. LE DUC D'ORLÉANS; au troisième : M. LE PRINCE. Aux suivants, il n'y a pas de titres.

2. Les éditions de 1837-1866 donnent le singulier, au lieu du pluriel : « plus de manière. »

3. De désapplication. (1718 C, D, E.)

4. Les mots : « plus d'intention de piété que de piété, » ont été ajoutés en marge.

plus d'opiniâtreté que de fermeté, et plus d'incapacité que de¹ tout ce que dessus².

M. le duc d'Orléans avoit, à l'exception du courage, tout ce qui étoit nécessaire à un honnête homme; mais comme il n'avoit rien, sans exception, de tout ce qui peut distinguer un grand homme, il ne trouvoit rien dans lui-même qui pût ni suppléer ni même soutenir sa foiblesse. Comme elle régnoit dans son cœur par la frayeur, et dans son esprit par l'irrésolution, elle salit³ tout le cours de sa vie. Il entra dans toutes les affaires, parce qu'il n'avoit pas la force de résister à ceux qui l'y entraînoient pour leurs intérêts; il n'en sortit jamais qu'avec honte, parce qu'il n'avoit pas le courage de les soutenir. Cet ombrage amortit, dès sa jeunesse, en lui les couleurs même les plus vives et les plus gaies, qui devoient briller naturellement dans un esprit beau et éclairé, dans un enjouement aimable, dans une intention très-bonne, dans un désintéressement complet et dans une facilité de mœurs incroyable.

Monsieur le Prince⁴ est né capitaine, ce qui n'est jamais arrivé qu'à lui, à César et à Spinola⁵. Il a égalé le pre-

1. Les ms H, Ch, et 1717 A, 1718 B, F omettent *de;* la leçon de 1719-1828 est : « que de tout ce que j'ai dit ci-dessus; » celle de 1718, C, D, E : « que tout ce que j'ai dit ci-dessus ne peut l'exprimer. »
2. On peut comparer à ce portrait l'appréciation bien différente, un peu trop flattée à notre sens, et plutôt récit que portrait, que M. Cousin fait d'Anne d'Autriche dans *Madame de Chevreuse*, p. 201 et suivantes.
3. *Salit* est écrit après un autre mot, biffé, peut-être *corrompt*.
4. Pour Condé, on peut voir, en se tenant un peu en garde contre l'enthousiasme du peintre, M. Cousin dans *la Jeunesse de Mme de Longueville*, p. 144, 306, 332 et 333, et dans *la Société française au* XVIIe *siècle*, tome I, chapitre II.
5. Célèbre général italien au service de l'Espagne, né à Gênes en 1630 ; il se rendit surtout célèbre par les siéges d'Ostende, de Bréda et de Casal. Tout porte à croire que, sans le mauvais vouloir de la

mier ; il a passé le second. L'intrépidité est l'un des moindres traits de son caractère. La nature lui avoit fait l'esprit aussi grand que le cœur. La fortune, en le donnant à un siècle de guerre, a laissé au second toute son étendue; la naissance, ou plutôt l'éducation, dans une maison attachée et soumise au cabinet, a donné des bornes trop étroites au premier. L'on ne lui a pas inspiré d'assez bonne heure les grandes et générales maximes, qui sont celles qui font et qui forment ce que l'on appelle l'esprit de suite[1]. Il n'a pas eu le temps de les prendre par lui-même, parce qu'il a été prévenu, dès sa jeunesse, par la chute imprévue des grandes affaires et par l'habitude au bonheur. Ce défaut a fait qu'avec l'âme du monde la moins méchante, il a fait des injustices; qu'avec le cœur d'Alexandre, il n'a pas été exempt, non plus que lui, de foiblesse; qu'avec un esprit merveilleux, il est tombé dans des imprudences; qu'ayant toutes les qualités de François de Guise[2], il n'a pas servi l'État, en de certaines occasions[3], aussi bien qu'il le devoit; et qu'ayant toutes celles de Henri du même nom, il n'a pas poussé la faction où il le pouvoit. Il n'a pu remplir son mérite, c'est un défaut; mais il est rare, mais il est beau.

M. de Longueville avoit, avec le beau[4] nom d'Orléans, de la vivacité, de l'agrément, de la dépense, de la libéralité, de la justice, de la valeur, de la grandeur, et il ne fut jamais qu'un homme médiocre, parce qu'il eut

cour d'Espagne, il eût développé avec encore plus d'éclat ses grands talents stratégiques.

1. *De suite* a été biffé, puis récrit d'une autre encre, en interligne.
2. Le second des Guise, celui qui défendit Metz et reprit Calais, le fils de Claude et le père de Henri dit le Balafré, nommé deux lignes plus loin, qui fut assassiné à Blois en 1588.
3. *En de certaines occasions* a été ajouté en marge.
4. *Beau* est en interligne.

toujours des idées qui furent infiniment au-dessus de sa capacité. Avec la grande qualité et les grands desseins, l'on n'est jamais compté pour rien; quand l'on ne les soutient pas, l'on n'est pas compté pour beaucoup[1]; et c'est ce qui fait le médiocre[2].

M. de Beaufort n'en étoit pas jusques à l'idée des grandes affaires : il n'en avoit que l'intention. Il en avoit ouï parler aux Importants; il en avoit un peu retenu du jargon. Celui-là, mêlé avec les expressions qu'il avoit tirées très-fidèlement de Mme de Vendôme[3], formoit[4] une langue qui eût déparé le bon sens de Caton[5]. Le sien étoit court et lourd[6], et d'autant plus qu'il étoit obscurci par la présomption. Il se croyoit habile, et c'est ce qui le faisoit paroître artificieux[7], parce que l'on connoissoit d'abord qu'il n'avoit pas assez d'esprit pour être fin[8]. Il étoit brave de sa personne, et plus qu'il

---

1. Après *beaucoup*, Retz a effacé « de choses. »
2. Voyez le portrait que M. Cousin a fait du duc de Longueville aux pages 202-204 de *la Jeunesse de Mme de Longueville*.
3. Mme de Vendôme, mère de Beaufort, était, dit Tallemant des Réaux (tome V, p. 409), « une bonne idiote. » M. Paulin Paris donne, dans ses savantes notes (p. 414 et 415), deux preuves curieuses de cet idiotisme, qui ne pouvait manquer de se manifester dans son langage. Pour le parler de son fils, voyez ci-après, p. 178, note 1, et p. 193, note 2.
4. *Formoient*, au pluriel, dans les éditions de 1837-1866.
5. C'est une allusion, selon toute apparence, non à Caton le censeur, mais à Dionysius Cato, « le maître de sagesse, » l'auteur des fameux distiques *De moribus*, sentences fort à la mode en ce temps-là : voyez les *Mélanges d'histoire et de littérature* de Vigneul-Marville, tome I, p. 54 et 55 (édition de 1700).
6. Le sien était court et très-court. (Ms Ch, 1717 A, 1718 B, F.) — Dans le manuscrit original, *court* est au-dessus de la ligne.
7. Retz a effacé puis récrit *paroître*. — La Rochefoucauld, dans ses *Mémoires* (édition Michaud et Poujoulat, p. 392), ne se contente pas de dire qu'il *paroissoit* artificieux, mais affirme qu'il *l'étoit en tout*.
8. Pas assez d'esprit pour cette fin. (1717, 1718 C, D, E, 1719-1828.)

n'appartenoit à un fanfaron : il l'étoit en tout sans exception ; en rien plus faussement qu'en galanterie. Il parloit et il pensoit comme le peuple[1], dont il fut l'idole quelque temps : vous en verrez les raisons[2].

M. d'Elbeuf n'avoit du cœur que parce qu'il est impossible qu'un prince de la maison de Lorraine n'en ait point. Il avoit tout l'esprit qu'un homme qui a beaucoup plus d'art que de bon sens peut avoir. C'étoit le galimatias du monde le plus fleuri. Il a été le premier prince

1. « Il (*Beaufort*) formoit un certain jargon de mots si populaires et si mal placés, que cela le rendoit ridicule à tout le monde, quoique ces mots qu'il plaçoit si mal n'eussent peut-être pas laissé de paroitre fort bons, s'il avoit su les placer mieux, n'étant mauvais seulement que dans les endroits où il les mettoit... : ce qui donna lieu de dire pour l'excuser de ce qu'il parloit avec tant de dérangement et si grossièrement, qu'il falloit bien qu'un roi parlât la langue de ses sujets ; car son grand pouvoir parmi le peuple lui avoit acquis le titre de *roi des Halles*. » (*Mémoires de la duchesse de Nemours*, édition de 1751, p. 125 et 126.)

2. Sur Beaufort, voyez M. Cousin dans *Madame de Chevreuse*, p. 221-223, et en divers endroits de *la Jeunesse de Mme de Longueville*. — Dans le recueil manuscrit de *Chansons* de la Bibliothèque nationale (12637, tome XXII, p. 79), il y a huit couplets de Blot qui confirment assez bien l'appréciation de Retz ; voici les trois premiers :

>Beaufort de bonne renommée,
>Qui sut ravitailler Paris,
>Doit toujours tirer son épée,
>Sans jamais dire son avis.
>
>S'il veut servir toute la France,
>Qu'il n'approche pas du barreau [a],
>Qu'il rengaine son éloquence,
>Et tire le fer du fourreau.
>
>Dans un combat il brille [b], il tonne,
>On le redoute avec raison ;
>Mais de la sorte qu'il raisonne,
>On le prendroit pour un oison.

[a] Le texte porte fautivement :
>Qu'il n'approche plus du boureau (*sic*).

[b] *Variante :* Dans un combat il brûle, il tonne.

que la pauvreté ait avili; et peut-être jamais homme n'a eu moins que lui l'art de se faire plaindre dans sa misère. La commodité ne le releva pas; et si il fût parvenu jusques à la richesse, l'on l'eût envié comme un partisan, tant la gueuserie lui paroissoit propre et faite pour lui.

M. de Bouillon étoit d'une valeur éprouvée et d'un sens profond. Je suis persuadé, par ce que j'ai vu de sa conduite, que l'on a fait tort à sa probité[1] quand on l'a décriée. Je ne sais si l'on n'a point fait quelque faveur à son mérite, en le croyant capable de toutes les grandes choses qu'il n'a point faites[2].

M. de Turenne a eu, dès sa jeunesse, toutes les bonnes qualités, et il a acquis les grandes d'assez bonne heure. Il ne lui en a manqué aucune que celles dont il ne s'est[3] pas avisé. Il avoit presque toutes les vertus comme naturelles; il n'a jamais eu le brillant d'aucune. L'on l'a cru plus capable d'être à la tête d'une armée que d'un parti, et je le crois aussi, parce qu'il n'étoit pas naturellement entreprenant. Mais toutefois qui le sait? Il a toujours eu en tout, comme en son parler, de certaines obscurités qui ne se sont développées que dans les occasions, mais qui ne s'y sont jamais[4] développées qu'à sa gloire.

Le maréchal de la Mothe avoit beaucoup de cœur. Il étoit capitaine de la seconde classe; il n'étoit pas homme de beaucoup de sens. Il avoit assez de douceur et de facilité dans la vie civile. Il étoit très-utile dans un parti, parce qu'il y étoit très-commode.

---

1. Les ms H, Ch, et toutes les éditions anciennes substituent *réputation* à *probité*.
2. Les mots *faites*, et, sept lignes plus bas, *parti*, ont été effacés, puis récrits.
3. Devant *ne s'est*, il y a *n'a*, biffé.
4. *Jamais* est écrit en interligne.

J'oubliois presque M. le prince de Conti, ce qui est un bon signe pour un chef de parti[1]. Je ne crois pas vous le pouvoir mieux dépeindre, qu'en vous disant que[2] ce chef de parti étoit un zéro[3], qui ne multiplioit que parce qu'il étoit prince du sang. Voilà pour le public. Pour ce qui étoit du particulier, la méchanceté faisoit en lui ce que la foiblesse faisoit en M. le duc d'Orléans. Elle inondoit toutes les autres qualités, qui n'étoient d'ailleurs que médiocres et toutes semées de foiblesses[4].

Il y a toujours eu du je ne sais quoi en tout M. de la Rochefoucauld. Il a voulu se mêler d'intrigue[5], dès son enfance, et dans un temps où il ne sentoit pas les petits intérêts, qui n'ont jamais été son foible; et où il ne connoissoit pas les grands, qui, d'un autre sens[6], n'ont pas été son fort. Il n'a jamais été capable d'aucune affaire, et je ne sais pourquoi; car il avoit des qualités qui eussent suppléé, en tout autre, celles qu'il n'avoit pas[7]. Sa vue n'étoit pas assez étendue, et il ne voyoit pas même tout ensemble ce qui étoit à sa portée; mais son bon sens, et très-bon dans la spéculation, joint à sa douceur, à son insinuation et à sa facilité de mœurs, qui

1. Les mots : « ce qui est un bon signe pour un chef de parti, » sont en marge, avec un signe de renvoi après *Conti*.
2. Après *que* il y a dans l'original cinq lignes biffées, dont nous n'avons pu lire que le commencement : « Si j'avois tout à fait oublié ce chef de parti, vous ne perdriez rien qui fût.... » Ce qui suit est indéchiffrable.
3. Les ms H, Ch, et 1717 A, 1718 B, F changent *zéro* en *héros*.
4. Voyez le portrait du même prince par M. Cousin, dans *la Jeunesse de Mme de Longueville*, p. 289-292.
5. D'*intrigues*, au pluriel, dans les ms H, Ch, et dans toutes les éditions.
6. *D'un autre sens*, d'un autre côté.
7. Près de deux lignes ont été ici biffées au manuscrit autographe : « mais son bon sens, et très-bon dans la spéculation; » Retz les a récrites un peu plus bas.

est admirable [1], devait récompenser plus qu'il n'a fait le défaut de sa pénétration. Il a toujours eu une irrésolution habituelle ; mais je ne sais même à quoi attribuer cette irrésolution. Elle n'a pu venir en lui de la fécondité de son imagination, qui n'est rien moins que vive. Je ne la puis donner à la stérilité de son jugement ; car, quoiqu'il ne l'ait pas exquis dans l'action, il a un bon fonds de raison. Nous voyons les effets de cette irrésolution, quoique nous n'en connoissions pas la cause. Il n'a jamais été guerrier, quoiqu'il fût très-soldat [2]. Il n'a jamais été, par lui-même, bon courtisan, quoiqu'il ait [3] eu toujours bonne intention de l'être. Il n'a jamais été bon homme de parti, quoique toute sa vie il y ait été engagé. Cet air de honte et de timidité que vous lui voyez dans la vie [4] civile s'étoit tourné, dans les affaires, en air d'apologie. Il croyoit toujours en avoir besoin [5], ce qui, joint à ses *Maximes*, qui ne marquent pas assez de foi en la vertu, et à sa pratique, qui a toujours été de chercher à sortir des affaires avec autant d'impatience qu'il y étoit entré, me fait conclure qu'il eût beaucoup mieux fait de se connoître et de se réduire

1. Qui étoit admirable. (Ms H, Ch, 1717 A, 1718 B, F.) Dans le ms Ch, *étoit* est écrit en interligne, au-dessus de *est*, biffé.
2. « Soldat, dit Furetière (1690), se dit de tout homme de guerre qui est brave. » — M. Sainte-Beuve, dans ses *Nouveaux lundis*, tome V, p. 385, donne le vrai sens de ce mot sous la plume de Retz : « Un homme qui n'avait que ce talent-là (*le génie de la guerre*), mais qui l'avait, et qui vit de près la Rochefoucauld à l'œuvre, le comte de Coligny a dit de lui, tout en reconnaissant qu'il avait du cœur comme soldat, mais en le déprisant et l'anéantissant comme capitaine : « C'est le génie le plus bouché pour la « guerre qui ait été en France depuis il y a cent ans. » Le mot dans sa crudité est mémorable. »
3. Ici Retz a mis *aie*. — 4. *Vie* a été biffé, puis récrit.
5. N'y a-t-il pas là une allusion malicieuse à un écrit de la Rochefoucauld : *Apologie de M. le Prince de Marsillac*, composé vers

à passer, comme il l'eût pu, pour le courtisan le plus poli[1] qui eût paru dans son siècle[2].

Mme de Longueville a naturellement bien du fonds[3] d'esprit, mais elle en a encore plus le fin et le tour. Sa capacité, qui n'a pas été aidée par sa paresse[4], n'est pas allée jusques aux affaires, dans lesquelles la haine contre Monsieur le Prince l'a portée, et dans lesquelles la galanterie l'a maintenue. Elle avoit une langueur dans les manières, qui touchoit plus que le brillant de celles mêmes qui étoient plus belles. Elle en avoit une, même dans l'esprit, qui avoit ses charmes, parce qu'elle avoit[5] des réveils lumineux et surprenants. Elle eût eu peu de défauts, si la galanterie ne lui en eût donné beaucoup. Comme sa passion l'obligea à ne mettre la politique

---

1649, et publié par M. Cousin dans la 3ᵉ édition de *la Jeunesse de Mme de Longueville*, p. 475-491? Plus d'une fois Retz nous dit qu'il n'aime pas les apologies, qu'il les trouve insupportables : voyez ci-dessus, p. 32, et p. 38. Cependant il avoue (tome III, p. 92, édition de 1859) qu'il s'est un jour rendu coupable, lui aussi, d'une apologie, non pas personnelle, il est vrai, mais de tout le parti, intitulée : *Défense de l'ancienne et légitime Fronde*; en outre, on lui attribue généralement l'*Apologie pour les Frondeurs* : voyez Moreau, *Bibliographie des Mazarinades*, tome I, p. 292, et p. 55 et 56.

1. Après *poli*, il y a dans l'original ces deux lignes, biffées : « et pour le plus honnête homme à l'égard de la vie commune. » Ce passage effacé se lit dans les ms H et Ch, et dans toutes les éditions antérieures à 1843.

2. Comparez les portraits de la Rochefoucauld par M. Cousin, dans *Madame de Sablé*, p. 133-135, et dans *la Jeunesse de Mme de Longueville*, p. 294 et 295. Il nous semble que Retz, dans cette peinture, prend bien sa revanche, sans être injuste, du portrait que la Rochefoucauld avait fait de lui : voyez le *la Rochefoucauld* de M. Gilbert, tome I, p. 17-21.

3. Dans le ms Ch, il y avait d'abord *fond*; mais on y a substitué *feu*, qui est aussi la leçon de 1717 A, 1718 B, F.

4. D'abord, *langueur*, biffé ; *paresse* est écrit au-dessus.

5. Les éditions de 1718 C, D, E, 1719-1828 ajoutent ici cette incise : « si l'on (*ou si on*) peut le dire. »

qu'en second dans sa conduite, d'héroïne d'un grand parti elle en devint l'aventurière. La grâce a rétabli ce que le monde ne lui pouvoit rendre[1].

Mme de Chevreuse[2] n'avoit plus même de restes de beauté[3] quand je l'ai connue. Je n'ai jamais vu qu'elle en qui la vivacité suppléât le[4] jugement. Elle lui donnoit même assez souvent des ouvertures si brillantes,

1. Nous avons trop souvent cité, pour avoir besoin d'y renvoyer ici le lecteur, les deux volumes que M. Cousin a consacrés à Mme de Longueville et à la tendre admiration qu'il avait conçue pour elle.

2. Marie de Rohan, fille d'Hercule de Rohan, duc de Montbazon, sœur germaine du prince de Guémené, née en décembre 1600, mariée en septembre 1617 au connétable de Luynes, veuve en 1621, remariée, à la fin de 1622, à Claude de Lorraine, duc de Chevreuse. Elle avait été bannie du royaume, d'abord en 1626; rentrée en 1628, elle s'enfuit en 1637 en Espagne, puis en Angleterre, et ne revint qu'à la mort de Louis XIII, en 1643, pour retomber assez vite dans la disgrâce de la Reine, son ancienne amie. En 1644, elle avait reçu ordre de quitter la cour, et, après quelque séjour dans ses maisons, elle était retournée à Bruxelles. Son mari était toujours demeuré en France, et il vint offrir, le 17 janvier 1649, son service au Parlement. Mme de Chevreuse mourut en 1679.

3. Voyez dans la *Carte du pays de Braquerie*, au tome IV du *Tallemant des Réaux* de M. Paulin Paris (p. 528 et 529), le tableau allégorique, fort peu attrayant, intitulé *Chevreuse;* on le suppose, il est vrai, postérieur de cinq ans à la date où nous sommes. — Voyez d'autre part *Madame de Chevreuse*, par M. Cousin (édition de 1862, p. 87-89, 302, 310 et 311); dans une note de la page 311, il discute ces mots de Retz que *Mme de Chevreuse* (en 1649) *n'avoit plus même de restes de beauté* : « Cela ne se peut, dit-il, car elle en avait encore en 1657, comme on le voit par le portrait de Ferdinand, gravé par Balechou, dans *l'Europe illustre* d'Odieuvre, où elle est représentée en veuve, avec une figure si fine, si expressive, si distinguée. » Mais n'est-ce pas exagérer un peu, quant à la fidélité, et particulièrement quant à l'exactitude chronologique, la confiance qu'on doit avoir aux peintres et aux graveurs? Mme de Motteville, à la date du 8 août 1649 (tome III, p. 7), s'exprime comme Retz au sujet de la beauté de Mme de Chevreuse : « Son visage n'avoit plus guère de traces de sa beauté passée. »

4. Les copies H, Ch, et la plupart des éditions corrigent *le* en *au*.

qu'elles paroissoient comme des éclairs[1]; et si sages, qu'elles n'eussent pas été désavouées par les plus grands hommes de tous les siècles [2]. Ce mérite toutefois ne fut que d'occasion. Si elle fût venue dans un siècle où il n'y eût point eu d'affaires, elle n'eût pas seulement imaginé qu'il y en pût avoir. Si le prieur des Chartreux lui eût plu, elle eût été solitaire de bonne foi. M. de Lorraine[3], qui s'y attacha, la jeta dans les affaires; le duc de Buckingham[4] et le comte de Holland[5] l'y entretinrent; M. de Châteauneuf[6] l'y amusa[7]. Elle s'y aban-

---

1. « Qu'elles paroissoient comme des éclairs » a été ajouté en marge, dans l'original, avec un signe de renvoi après *brillantes*.

2. Des siècles passés. (Ms H, Ch, 1717 A, 1718, B, F.)

3. Charles IV, duc souverain de Lorraine et de Bar, né en 1604, duc en 1624, comme réunissant le droit de son père et celui de sa femme et cousine Nicole, dépossédé de ses États par Louis XIII, en 1633, depuis chef d'armée au service de la maison d'Autriche ou de l'Espagne. — Voyez sur cette liaison *Madame de Chevreuse*, par M. Cousin, p. 85 et suivantes, et l'excellent ouvrage de M. d'Haussonville, *Histoire de la réunion de la Lorraine à la France*, surtout le chapitre VIII du tome I.

4. Dans l'original, *Buchincham*, ici et onze lignes plus loin; dans les ms H et Ch, *Bouquinquan*; dans le ms Ch, on avait d'abord écrit *Buchencam*. — M. Cousin, dans *Madame de Chevreuse* (p. 52), réfute, comme une supposition mal fondée, cette assertion de Retz, d'une liaison avec Buckingham.

5. Henri Rich, lord Kensington, Iᵉʳ comte de Holland (*Ioland* dans l'édition de 1717), vint en France comme ambassadeur d'Angleterre, l'an 1624, pour le mariage du roi Charles Iᵉʳ avec Henriette de France; il mourut sur l'échafaud en 1649.

6. Charles de l'Aubespine, marquis de Châteauneuf, né en 1580, garde des sceaux en 1630, présida la commission qui condamna Montmorency : ce qui indisposa à jamais contre lui les Montmorency et les Condé; il fut, pour intrigues avec Mme de Chevreuse et le parti de la Reine, disgracié et mis en prison en 1633; rendu à la liberté en 1643, il demeura sans crédit depuis ce temps, et fut de nouveau éloigné lors de l'arrestation de Chavigny. M. Cousin parle longuement de lui dans *Madame de Chevreuse*, p. 93, 391, 411; et dans *Madame de Longueville pendant la Fronde*, chapitre II.

7. L'intrigue de 1633 contre Richelieu était si téméraire qu'il

donna, parce qu'elle s'abandonnoit à tout ce qui plaisoit à celui qu'elle aimoit[1]. Elle aimoit sans choix, et purement parce qu'il falloit qu'elle aimât quelqu'un. Il n'étoit pas même difficile de lui donner, de partie faite[2], un amant; mais dès qu'elle l'avoit pris, elle l'aimoit uniquement et fidèlement. Elle nous a avoué, à Mme de Rhodes[3] et à moi, que par un caprice, ce disoit-elle, de la fortune, elle n'avoit jamais aimé le mieux ce qu'elle avoit estimé le plus, à la réserve toutefois, ajouta-t-elle, du pauvre Buckingham. Son dévouement à sa passion[4], que l'on pouvoit dire éternelle quoiqu'elle changeât d'objet, n'empêchoit pas qu'une mouche ne lui donnât[5]

faut croire que ce fut plutôt Mme de Chevreuse qui y poussa l'amoureux garde des sceaux, alors âgé de cinquante ans.

1. A celui qui l'aimoit. (1717 A, 1718 B, F.) — Les éditions de 1718 C, D, E, 1719-1820 ne mettent qu'une fois *elle aimoit*, et continuent ainsi la phrase : « à celui qu'elle aimoit sans choix, etc. »

2. C'est-à-dire en se concertant pour cela, et par une sorte de complot et de gageure. C'est une allusion à l'anecdote que notre auteur rapporte plus loin (tome II, p. 33 de l'édition de 1859), et que M. Cousin traite de « calomnie ridicule. » Voyez *Madame de Chevreuse*, p. 14, note 1, et, sur toute la liaison avec Laigues, p. 310 et 311.

3. Louise, l'un des six enfants naturels de Louis III de Lorraine, cardinal de Guise, archevêque de Reims (quoique simple diacre), et de Charlotte des Essars (ancienne maîtresse de Henri IV); elle épousa, en 1639, Claude Pot, seigneur de Rhodes, grand maître des cérémonies de France, charge qui, pendant un siècle, c'est-à-dire depuis qu'Henri III l'avait créée en 1585, était demeurée dans cette famille, lorsque Charles Pot la vendit, en 1684, à Jules-Armand Colbert, marquis de Blainville. — Il y a « M. (*au lieu de* Mme) de Rhodes » dans le ms Ch et dans quelques-unes des premières éditions.

4. Son dévouement à la passion. (Ms H, Ch, et toutes les éditions anciennes.) — Dans 1718 C, D, E, il y a *éternel*, pour *éternelle*.

5. N'empêchoit pas qu'une mouche lui donnoit. (1837-1866.) — Trois lignes plus haut, ces mêmes éditions portent *ajoutoit-elle*, pour *ajouta-t-elle*.

quelquefois des distractions¹; mais elle en revenoit toujours avec des emportements qui les faisoient² trouver agréables. Jamais personne n'a fait moins d'attention sur les périls, et jamais femme n'a eu plus de mépris pour les scrupules et pour les devoirs : elle ne reconnoissoit que celui de plaire à son amant³.

Mlle de Chevreuse⁴, qui avoit plus de beauté que d'agrément, étoit sotte jusques au ridicule par son naturel. La passion lui donnoit de l'esprit et même du sérieux et de l'agréable, uniquement⁵ pour celui qu'elle aimoit; mais elle le traitoit bientôt comme ses jupes : elle les mettoit dans son lit quand elles lui plaisoient; elle les brûloit, par une pure aversion, deux jours après⁶.

Madame la Palatine⁷ estimoit autant la galanterie

---

1. Ceci doit être compris dans le sens, indiqué par Mme de Motteville (tome I, p. 156), que Mme de Chevreuse « étoit distraite dans ses discours et très-occupée des chimères que son inclination à l'intrigue lui donnoit. »

2. Retz a, par mégarde, mis *faisoit*, au singulier.

3. M. Cousin a discuté phrase par phrase tout ce caractère dans *Madame de Chevreuse*, p. 13-17. « Ce portrait, dit-il, est outré et chargé comme tous ceux de Retz, et destiné à amuser la curiosité maligne de Mme de Caumartin[a]; sans être faux, il est d'une sévérité poussée jusqu'à l'injustice.... D'ailleurs Retz se trompe entièrement sur l'ordre de ses aventures, il en oublie (*par exemple, Chalais*), et il en invente. »

4. Charlotte-Marie de Lorraine, la seconde des trois filles de la duchesse de Chevreuse, était née en 1627. Elle suivit sa mère pendant ses exils d'Angleterre, de Flandre et d'Allemagne, jusqu'en 1649, et mourut le 7 novembre 1652. Daret a laissé d'elle un très-beau portrait gravé.

5. *Uniquement* est en interligne.

6. Deux heures après. (1718 C, D, E, 1719-1820.)

7. Anne de Gonzague Clèves, fille de Charles duc de Mantoue Nevers, et sœur de la reine de Pologne; mariée, en 1645, à Édouard de Bavière, prince palatin du Rhin, après avoir été pendant cinq ans maîtresse ou femme du duc de Guise Henri II. Le musée de

[a] Voyez plus haut, p. 58, note 5; et ci-après, p. 217, note 5.

qu'elle en aimoit le solide. Je ne crois pas que la reine Élisabeth d'Angleterre ait eu plus de capacité pour conduire un État[1]. Je l'ai vue dans la faction, je l'ai vue dans le cabinet, et je lui ai trouvé partout également de la sincérité.

Mme de Montbazon étoit d'une très-grande beauté. La modestie manquoit à son air. Sa morgue[2] et son jargon eussent suppléé, dans un temps calme, à son peu d'esprit. Elle eut peu de foi dans la galanterie, nulle dans les affaires. Elle n'aimoit rien que son plaisir et, au-dessus de son plaisir, son intérêt. Je n'ai jamais vu personne qui eût conservé dans le vice si peu de respect pour la vertu[3].

Si ce n'étoit pas un[4] espèce de blasphème de dire qu'il y a quelqu'un, dans notre siècle, plus intrépide que le grand Gustave[5] et Monsieur le Prince, je dirois que ç'a été Molé, premier président[6]. Il s'en est fallu beaucoup

---

Versailles (salon d'Apollon) possède un merveilleux portrait d'elle, unissant la force et la grâce, celui d'une beauté à la fois française et italienne. Dans la *Carte du pays de Braquerie* (tome IV des *Historiettes de Tallemant des Réaux*, p. 528), l'allégorie qui la concerne est de la plus grossière crudité.

1. M. Cousin, dans *Madame de Chevreuse* (p. 317 et 318), trouve la comparaison avec Élisabeth un peu exagérée; il comparerait plus volontiers la Palatine à Mazarin pour le génie diplomatique.

2. Ici, comme plus haut (voyez p. 182, note 5), beaucoup d'éditions anciennes adoucissent la pensée par l'addition des mots : « si l'on peut le dire. »

3. Voyez son portrait par M. Cousin, dans *la Jeunesse de Mme de Longueville*, p. 230-234; les deux peintures se ressemblent; voyez aussi celles que nous ont laissées Mme de Motteville, tome I, p. 38, et Tallemant des Réaux, tome IV, p. 462.

4. Voyez plus haut, p. 105, note 2, et p. 167.

5. Gustave-Adolphe. A la suite de *Gustave*, Retz a biffé les mots : *le roi de Suède*.

6. Mathieu Molé, né en 1584, premier président au parlement de Paris depuis 1641.

que son esprit n'ait été[1] si grand que son cœur. Il ne laissoit pas d'y avoir quelque rapport, par une ressemblance qui n'y étoit toutefois qu'en laid[2]. Je vous ai déjà dit[3] qu'il n'étoit pas congru dans sa langue, et il est vrai; mais il avoit une sorte d'éloquence qui, en charmant[4] l'oreille, saisissoit l'imagination. Il vouloit le bien de l'État préférablement à toutes choses, même à celui de sa famille, quoiqu'il parût l'aimer trop pour un magistrat[5]; mais il n'eut pas le génie assez élevé pour connoître d'assez bonne heure celui qu'il eût pu faire. Il présuma trop[6] de son pouvoir; il s'imagina qu'il modéreroit la cour et sa compagnie : il ne réussit ni à l'un ni à l'autre. Il se rendit suspect à tous les deux, et ainsi il fit du mal avec de bonnes intentions. La préoccupation y contribua beaucoup. Elle[7] étoit extrême en tout; et j'ai même observé qu'il jugeoit toujours des actions par les hommes et presque jamais des hommes par les actions. Comme il avoit été nourri dans les formes du Palais, tout ce qui étoit extraordinaire lui étoit suspect. Il n'y a guère de disposition[8] plus dangereuse en ceux

---

1. Que son esprit ait été. (Ms H, 1717, 1717 A, 1718 B, F, 1837-1843.) — Ici Retz a bien mis *ait* avec un *t*.

2. Qu'un laid. (Ms H, Ch.) — Qu'en l'air. (1718 C, D, E.)

3. Ci-dessus, p. 52.

4. *Charmant* est écrit au-dessus de *flattant*, qui a été biffé. Toutes les éditions antérieures à 1837 ont remplacé *charmant* par *choquant*.

5. Plusieurs mémoires de cette époque reprochent à Molé d'avoir quelquefois montré trop de complaisance envers la cour dans l'intérêt de ses enfants : voyez en particulier les *Mémoires de M. de Bordeaux*, par M. G. D. C. (Gatien de Courtilz), 1758, tome II, p. 72. A l'occasion des dépenses des fils de Molé, Mazarin disait que cette *grande barbe* lui coûtait plus à entretenir qu'une douzaine d'autres.

6. Après « Il présuma trop, » Retz avait écrit : « et il présuma trop peu, » qu'il a biffé.

7. *Il*, pour *Elle*, dans les ms H, Ch, 1717 A, 1718 B, F.

8. *Dispositions*, au pluriel, dans 1837-1866 et plusieurs des éditions antérieures.

qui se rencontrent dans les affaires[1] où les règles ordinaires n'ont plus de lieu[2].

Le peu de part que j'ai eu dans celles dont il s'agit en ce lieu me pourroit peut-être donner la liberté d'ajouter ici mon portrait ; mais outre que l'on ne se con-

---

1. Retz, après avoir d'abord biffé le mot *affaires*, l'a récrit au-dessus de la ligne.

2. M. Cousin dit, dans le *Journal des savants* (1854, p. 760) : « Le portrait que Retz a tracé du premier président Molé est d'une touche à la fois si fine et si forte, qu'il a séduit et subjugué tous les historiens, et qu'il est et restera en possession de représenter Mathieu Molé aux yeux de la postérité. Cependant ce portrait, s'il est permis de le dire, supprime un peu trop les nuances qui composent la physionomie, et il marque seulement les grands traits : il n'est pas faux, sans être tout à fait vrai. Retz peint à merveille l'héroïque fermeté de Molé dans les scènes orageuses de la Fronde, devant les émeutes de la rue et devant celles de l'Assemblée. Mais, selon nous, il diminue Molé quand il en porte ce jugement général que « le Premier Président étoit tout d'une pièce[a]. » Retz a pris ici l'apparence pour la réalité. N'ayant vu Molé que dans la Fronde, et presque toujours par un seul côté, lorsqu'il luttait contre les factions, il n'a exprimé que ce côté-là. Il y en avait bien d'autres, et Mathieu Molé n'est pas moins remarquable par l'habileté et la prudence que par l'intrépidité.... Il fléchit un peu, nous l'avouons, sous la main de fer de Richelieu (p. 765 et 766).... Mathieu Molé est un très-grand magistrat, c'est même un grand homme ; mais c'est un homme enfin, et nous le reverrons dans la Fronde, servant en même temps le Parlement et le Roi avec un courage et un tact admirables, rude et même, comme le dit Retz, peu congru dans son langage, mais très-fin dans le fond de sa conduite, et, au lieu d'être tout d'une pièce, s'accommodant parfaitement aux circonstances, attaché au bien de l'État, le mettant au-dessus de tous les partis, et sachant aussi faire sa route, et de premier président devenant garde des sceaux (p. 767). » — Voyez aussi sur Molé : M. de Barante, *le Parlement et la Fronde*, *Vie de Mathieu Molé*, et les *Mémoires de Molé*, publiés pour la Société de l'Histoire de France, par M. Aimé Champollion-Figeac, 4 volumes in-8° (1855-1857).

---

[a] Ce « jugement général » n'est point dans le portrait ; c'est un trait détaché que nous avons vu plus haut, p. 166.

noît jamais assez bien pour se peindre raisonnablement[1] soi-même, je vous confesse que je trouve une satisfaction si sensible à vous soumettre uniquement et absolument le jugement de tout ce qui me regarde, que je ne puis seulement me résoudre à m'en former, dans le plus intérieur de mon esprit, la moindre idée. Je reprends le fil de l'histoire.

*Le commandement des armes ayant été réglé, comme je vous l'ai dit ci-dessus[2], l'on continua à travailler aux fonds nécessaires pour la levée et pour la subsistance des troupes[3]. Toutes les compagnies et tous les corps se cotisèrent[4], et Paris enfanta, sans douleur, une armée complète, en huit jours. La Bastille se rendit[5], après avoir enduré, pour la forme, cinq ou six coups de canon. Ce fut un assez plaisant spectacle de voir les femmes, à ce fameux siége, porter leurs chaires[6] dans

---

1. *Naturellement*, pour *raisonnablement*, dans les ms H, Ch, et dans toutes les éditions antérieures à 1837.

2. Voyez p. 169 (et la note 5), et p. 170.

3. Voyez, pour ces dépenses, les *Registres de l'Hôtel de Ville pendant la Fronde*, tome II, p. 132-134, où est mentionné, entre autres, « un régiment de cavalerie de huit compagnies, à Monsieur le Coadjuteur; » il était appelé, du nom de l'archevêché *in partibus* de Retz, *régiment de Corinthe*. Ce régiment avait pour devise des flèches avec ces mots du *psaume* XLIV (verset 6) : *In corda inimicorum Regis*. Le commandement, nous l'avons dit (p. 135, note 1), en était confié au chevalier Renaud de Sévigné. D'après le *Journal de Dubuisson Aubenay* (24 janvier), Retz devait lever aussi un régiment d'infanterie; nous ne voyons pas qu'il ait donné suite à cette intention : deux emprunts contractés par lui les 5 et 30 janvier 1649 (voyez à l'*Appendice*) permettent de supposer que le nerf de la guerre lui manqua.

4. S'unirent. (Ms H, Ch, 1717-1828.) — Se constituèrent. (1837-1866.)

5. Le 13 janvier.

6. *Chaires* ou *chaises* dans l'autographe; plutôt *chaires*.

le jardin de l'Arsenal, où étoit la batterie, comme au sermon[1].

M. de Beaufort, qui, depuis qu'il s'étoit sauvé du bois de Vincennes[2], s'étoit caché dans le Vendomois de maison en maison, arriva ce jour-là à Paris[3], et il vint descendre chez Prudhomme[4]. Montrésor, qu'il avoit envoyé querir dès la porte de la Ville, vint me trouver en même temps, pour me faire compliment de sa part et pour me dire qu'il seroit, dans un quart d'heure, à mon logis. Je le prévins, j'allai chez Prudhomme; et je ne trouvai pas que sa prison lui eût donné plus de sens. Il est toutefois vrai qu'elle lui avoit donné plus de réputation. Il l'avoit soutenue avec fermeté, il en étoit sorti avec cou-

1. En voyant la Fronde commencer, comme plus tard notre grande révolution, par la prise de la Bastille, M. Curnier, dans son *Cardinal de Retz* (tome I, p. 217), fait cette réflexion : « La Fronde est à cette révolution ce que la comédie du 13[a] janvier 1649 est au grand drame du 14 juillet 1789. Qu'un tel rapprochement met bien en lumière la différence des deux époques! » Dans cet épisode de la Fronde, c'est le plaisant qui domine : « J'oubliois, dit d'Ormesson (tome I, p. 632), de mettre la contestation de M. Lefebvre et de M. Portail pour entrer le premier dans la Bastille, l'un ayant fait la garde à la porte ordinaire, l'autre du côté de la brèche, et que M. d'Elbeuf y étoit entré les tenant par la main, le plus ancien à droite et l'autre à gauche. On étoit convenu que le plus ancien y feroit garde vingt-quatre heures, et l'autre vingt-quatre heures après. »
2. Le 31 mai 1648 : voyez ci-dessus, p. 90, note 2.
3. Le 13 janvier, jour de la reddition de la Bastille.
4. Les frères Prudhomme, étuvistes ou baigneurs. Leur maison était en ce temps-là l'hôtel garni des gens de qualité. Retz nous dit plus loin (édition de 1859, tome IV, p. 14), que Prudhomme « logeoit dans la rue d'Orléans. » Nous voyons dans le *Plan de Paris de Comboust* qu'il y avoit, à cette époque, trois rues d'Orléans; celle où habitait le baigneur était au Marais entre les rues des Quatre-Fils et de Berry : voyez les *Lettres de Mme de Sévigné*, tome I, p. 392, note 2.

[a] M. Curnier a mis, par erreur, le 16.

rage[1] ; ce lui étoit même un mérite que[2] de n'avoir pas quitté les bords de Loire[3] dans un temps où il est vrai qu'il falloit et de l'adresse et de la fermeté pour les tenir.

Il n'est pas difficile de faire valoir, dans le commencement d'une guerre civile, celui[4] de tous ceux qui sont mal à la cour. C'en est un grand que de n'y être pas bien. Comme il y avoit déjà quelque temps qu'il m'avoit fait assurer par Montrésor qu'il seroit très-aise de prendre liaison avec moi, et que je prévoyois bien l'usage auquel je le pourrois mettre, j'avois jeté, par intervalles et sans affectation, dans le peuple, des bruits avantageux pour lui. J'avois orné de mille belles couleurs une entreprise que le Cardinal avoit fait faire sur lui par du Hamel[5]. Montrésor, qui l'informoit avec exactitude

1. Retz avait écrit d'abord : « avec adresse et avec courage ; » puis il a biffé *avec adresse* : il a employé ce substantif deux lignes plus loin.

2. Les ms H, Ch, et les éditions antérieures à 1837 suppriment *que*.

3. « De la Loire, » dans les ms H, Ch, et dans toutes les éditions antérieures à la nôtre, sauf celle de 1837. Dans le ms H, *la* est ajouté en interligne.

4. C'est-à-dire « le mérite, » ce qui est la leçon de la plupart des éditions anciennes, à partir de 1718. Le mot est exprimé cinq lignes plus haut. Le rapport est peut-être un peu hardi, pas assez toutefois, ce nous semble, pour qu'il y ait lieu à un doute comme celui que marque le mot *sic* placé à la suite de cette phrase dans l'édition de 1859-1866.

5. Jacques du Hamel, gentilhomme du Dauphin, capitaine de chevau-légers, gouverneur des ville et château de Saint-Dizier, était fils de Jean du Hamel, seigneur du Hamel de Bourzeville, et neveu de Nicolas du Hamel, premier écuyer de Henri de Guise le Balafré. Jean et Nicolas furent les auteurs de deux branches de cette maison encore existantes aujourd'hui en Champagne et en Guyenne. Dans la *Requête du duc de Vendôme présentée au parlement de Paris* en septembre 1648, il est dit qu'après l'évasion de Vincennes, « il n'y avoit eu lieu du Royaume où les promesses d'une

des obligations qu'il m'avoit, avoit mis¹ toutes les dispositions nécessaires pour une grande union entre nous. Vous croyez aisément qu'elle ne lui étoit pas désavantageuse en l'état où j'étois dans le parti; et elle m'étoit comme nécessaire, parce que ma profession pouvant m'embarrasser en mille rencontres, j'avois besoin d'un homme que je pusse, dans les conjonctures, mettre devant moi². Le maréchal de la Mothe étoit si dépendant de M. de Longueville, que je ne m'en pouvois pas répondre. M. de Bouillon n'étoit pas un sujet à être gouverné. Il me falloit un fantôme, mais il ne me falloit qu'un fantôme³; et par bonheur pour moi, il se trouva que ce fantôme fut petit-fils d'Henri le Grand; qu'il parla comme on parle aux halles⁴, ce qui n'est pas ordi-

prodigieuse récompense n'eussent excité les assassins qui étoient en quête du duc de Beaufort, et dont le chef, connu sous le nom de du Hamel Sancerye, avoit paru dans la plus grande partie des terres du duc, son père, employant toutes sortes de ruses et même le sacrilége, avec profusion d'argent, pour suborner les vassaux et avoir la tête de ce prince; les troupes destinées à l'escorte de cet assassin allant et venant partout où son dessein le conduisoit, et cela pendant le plus pressant besoin de la guerre. » Voyez, ci-dessus, p. 90, note 1

1. On s'attendrait à *pris;* mais, dans l'original, il y a bien *mis.*
2. *Moi* est précédé de *le*, biffé.
3. Ce membre de phrase : « mais, etc. » est omis dans les ms H et Ch.
4. Il mêlait, dit-on, à son parler populaire les plus étranges méprises de langage. « De fait, dit Eugène Sue dans l'*Histoire de la marine française au* XVIIe *siècle* (tome I, p. 348, 2e édition, 1845), l'excessive ignorance du duc de Beaufort lui rendait habituels une foule de coq-à-l'âne. » Dans un pamphlet de 1652 (Bibliothèque nationale $\frac{L^{b37}}{2325}$ et $\frac{L^{b37}}{2325}$), on lui fait dire *hémisphères* pour *émissaires*, *constellation* pour *consternation*, *conclusions* pour *contusions*. E. Sue ajoute : « Sa correspondance relative à la marine,... qui fut évidemment rédigée par un secrétaire et écrite d'ailleurs dans les derniers temps de sa vie, alors qu'il avait un peu épuré son langage, conserve pourtant encore quelques traces de cette singulière phraséologie. » — Voyez ci-dessus, p. 177, et p. 178 et note 1.

naire aux enfants d'Henri le Grand, et qu'il eut[1] de grands cheveux[2] bien longs et bien blonds. Vous ne pouvez vous imaginer le poids de cette circonstance, vous ne pouvez concevoir l'effet qu'ils firent dans le peuple.

Nous sortîmes ensemble de chez Prudhomme, pour aller voir M. le prince de Conti. Nous nous mîmes en même portière. Nous arrêtâmes[3] dans la rue Saint-Denis et dans la rue Saint-Martin. Je nommai, je montrai et je louai M. de Beaufort. Le feu se prit en moins d'un instant. Tous les hommes crièrent : « Vive Beaufort ! »[4] toutes les femmes le baisèrent[5] ; et nous eû-

1. Les trois verbes *fut*, *parla*, *eut*, sont ainsi à l'indicatif dans le manuscrit.
2. Devant « et qu'il eut », les éditions de 1718 C, D, E ajoutent ces deux membres de phrase : « et que ses manières furent celles d'un petit-maître ; qu'il eut de petits riens populaires. »
3. « Nous nous arrêtâmes, » dans le ms H, et toutes les éditions antérieures à la nôtre.
4. Ce commencement de phrase : « Tous les hommes, etc., » est omis dans les copies H, Ch, et dans toutes les éditions anciennes.
5. Le satirique Gui Patin écrit en 1649, le 14 mai (*Lettres*, tome II, p. 513-514, édition de Réveillé-Parise) : « On ne parle ici que de M. le duc de Beaufort, pour qui les Parisiens, et particulièrement toutes les femmes, ont une dévotion très-particulière. Comme il jouoit à la paume dans un tripot du Marais du Temple, il y a quatre jours, la plupart des femmes de la Halle s'en alloient par pelotons le voir jouer et lui faire des vœux pour sa prospérité. Comme elles faisoient du tumulte pour entrer et que ceux du logis s'en plaignoient, il fallut qu'il quittât le jeu et qu'il vînt lui-même à la porte mettre le holà : ce qu'il ne put faire sans permettre que ces femmes entrassent en petit nombre, les unes après les autres, pour le voir jouer ; et s'apercevant qu'une de ces femmes le regardoit de bon œil, il lui dit : « Eh bien, ma commère, vous avez « voulu entrer ; quel plaisir prenez-vous à me voir jouer et à me « voir perdre mon argent? » Elle lui répondit aussitôt : « Monsieur « de Beaufort, jouez hardiment ; vous ne manquerez pas d'argent : « ma commère que voilà et moi vous avons apporté deux cents « écus, et, s'il en faut davantage, je suis prête d'en retourner

mes¹, sans exagération, à cause de la foule, peine de passer jusques à l'Hôtel de Ville. Il présenta, le lendemain, requête au Parlement, par laquelle il demandoit à être reçu à se justifier de l'accusation intentée contre lui, d'avoir entrepris contre la personne du Cardinal : ce qui fut accordé et exécuté le jour d'après.

MM. de Luines² et de Vitri³ arrivèrent dans le même temps à Paris⁴, pour entrer dans le parti ; et le Parle-

« querir encore autant. » Toutes les autres femmes commencèrent aussi à crier qu'elles en avoient à son service, dont il les remercia. Il fut visité ce jour-là par plus de deux mille femmes.... » Une autre fois, ces mêmes femmes de la Halle sont allées jusqu'à lui offrir de lui faire « une pension de soixante mille livres. Il a dit tout haut que, si on le persécutoit à la cour, que pour être en assurance il viendroit se loger au milieu des Halles, où plus de vingt mille hommes le garderoient. » De là son surnom de *roi des Halles;* on le nommait aussi *l'amiral du Port-au-Foin.*

1. Retz, après *eûmes*, avait d'abord écrit *peine*, qu'il a biffé, pour l'employer un peu plus loin.

2. Louis-Charles d'Albert, duc de Luynes, fils unique du connétable de Luynes et de Marie de Rohan, sa première femme, depuis duchesse de Chevreuse, naquit en 1620. Il épousa d'abord Marie-Louise Seguier, fille unique de Pierre Seguier, marquis d'O, cousin germain du Chancelier (ceci explique pourquoi l'hôtel où se réfugia le Chancelier le 27 août 1648 est appelé tantôt l'hôtel d'O, tantôt l'hôtel de Luynes), puis Anne de Rohan Montbazon, sa tante, et enfin Marguerite d'Aligre ; il mourut en 1690.

3. François-Marie de l'Hôpital, fils ainé du maréchal de Vitry, mort en 1644. Il était gendre du sieur de Rhodes, ayant épousé une fille de son premier mariage. Voici ce que rapporte Dubuisson Aubenay à son sujet : « 14 janvier. — Le marquis de Vitry arrive à Paris et assure Meaux, son gouvernement, à Paris. Il amène un régiment entier au service, qui est celui de la Reine, qu'il a toujours commandé depuis la Régence. Il est mal content de ce qu'ayant un brevet de duc et pair, on ne lui a pas permis les mêmes honneurs qu'on a permis à M. de Liancourt, aux maréchaux d'Estrées, de la Meilleraie, etc., par avance. »

4. Le duc de Luynes et le marquis de Vitry arrivèrent à Paris le 14 janvier ; de Luynes fit sa déclaration au Parlement le 18 janvier 1649.

ment donna ce fameux arrêt par lequel il ordonna que tous les deniers royaux étants[1] dans toutes les recettes générales et particulières du Royaume seroient saisis et employés à la défense commune[2].

Monsieur le Prince établit de sa part ses quartiers. Il posta le maréchal du Plessis[3] à Saint-Denis, le maréchal de Gramont[4] à Saint-Cloud, et Palluau[5], qui a été depuis le maréchal de Clérembaut, à Sèvres[6]. L'activité naturelle à Monsieur le Prince fut[7] encore merveilleusement allumée par la colère qu'il eut de la déclaration de M. le prince de Conti et de M. de Longueville, qui avoit jeté la cour dans une défiance si grande de ses intentions[8], que le Cardinal, ne doutant point d'abord qu'il ne fût de concert avec eux, fut sur le point de quitter la cour, et ne se rassura point[9] qu'il ne l'eût vu de retour à Saint-Germain des quartiers où il étoit allé

---

1. Retz écrit ainsi *étants* (*estants*), avec accord.
2. L'arrêt est du 19 janvier. Voyez pour toutes ces mesures financières les *Registres de l'Hôtel de Ville*, tome I, p. 155; le *Journal de d'Ormesson*, tome I, p. 636; la *Suite du Journal du Parlement*, p. 135 et 136; et la *Suite de l'Histoire du temps*, p. 132.
3. César de Choiseul, comte du Plessis-Praslin, maréchal de France en 1645. Il a laissé des *Mémoires*, publiés de son vivant, en 1676, qui parlent de ce siége de Paris et du rôle qu'il y a joué. (Collection Michaud, tome XXXI, p. 400 et suivantes.)
4. Dans le manuscrit autographe, *Grammont*; dans le ms H et 1717 A, *Grandmont*.
5. Philippe de Clérambault, comte de Palluau, mestre de camp de la cavalerie légère, maréchal de France en 1652; il mourut en 1665.
6. L'orthographe constante de l'original, des copies H, Ch, R, Caf., et des éditions antérieures à 1817, est *Seue*, *Sève* ou *Sève*.
7. Retz a écrit d'abord *étoit*, qu'il a ensuite remplacé, au-dessus de la ligne, par *fut*.
8. *Intentions* est changé en *intérêts*, dans les éditions anciennes, sauf les deux de 1717 et deux des cinq de 1718.
9. *Point* est en interligne.

donner les ordres¹. Il éclata, en y arrivant, avec fureur contre Mme de Longueville particulièrement, à qui Madame la Princesse la mère, qui étoit aussi à Saint-Germain, en écrivit le lendemain tout le détail. Je lus ces mots, qui étoient dans la même lettre : « L'on est ici si déchaîné contre le Coadjuteur, qu'il faut que j'en parle comme les autres. Je ne puis toutefois m'empêcher de le remercier de ce qu'il a fait pour la pauvre reine d'Angleterre. »

Cette circonstance est curieuse par la rareté du fait. Cinq ou six jours devant que le Roi sortît de Paris, j'allai chez la reine d'Angleterre, que je trouvai dans la chambre de Madame² sa fille, qui a été depuis Madame d'Orléans. Elle me dit d'abord : « Vous voyez, je viens tenir compagnie à Henriette. La pauvre enfant n'a pu se lever aujourd'hui faute de feu. » Le vrai étoit qu'il y avoit six mois que le Cardinal n'avoit fait payer la Reine de sa pension ; que les marchands ne vouloient plus fournir, et qu'il n'y avoit pas un morceau de bois dans la maison. Vous me faites bien la justice d'être persuadée³ que Madame d'Angleterre ne demeura pas, le lendemain, au lit, faute d'un fagot ; mais vous croyez bien aussi que ce n'étoit pas ce que Madame la Princesse vouloit dire dans son billet. Je m'en ressouvins au bout de quelques jours. J'exagérai la honte de cet abandonnement, et le Parlement envoya quarante mille livres à la reine d'Angleterre⁴. La postérité aura peine

1. Voyez ce qui a été dit plus haut, p. 151, note 4, d'après Mme de Motteville et Mademoiselle de Montpensier.
2. *Mademoiselle*, dans presque toutes les éditions anciennes.
3. *Persuadé*, au masculin, dans les ms H, Ch, et dans 1717 A, 1718 B, F.
4. « Du mercredi 13ᵉ janvier, dit la *Suite du Journal du Parlement* (p. 15), les chambres se seroient assemblées à l'ordinaire et y auroit été arrêté de donner vingt mille livres à la reine d'Angle-

à croire qu'une fille[1] d'Angleterre, et petite-fille de Henri[2] le Grand, ait[3] manqué d'un fagot pour se lever au mois de janvier dans le Louvre[4]. Nous avons horreur, en lisant les histoires, de lâchetés moins monstrueuses que celle-là; et le peu de sentiment que je trouvai dans la plupart des esprits sur ce fait m'a obligé de faire, je crois, plus de mille fois cette[5] réflexion, que les exemples du passé touchent sans comparaison plus les hommes que ceux de leur siècle. Nous nous accoutumons à

terre, et de les délivrer à son trésorier, attendu le besoin qu'elle en avoit, n'ayant été payée depuis six mois de ses pensions, ce qui auroit été le jour même exécuté. » D'Ormesson (tome I, p. 628), Mme de Motteville (tome II, p. 343), et Dubuisson Aubenay ne parlent également que de vingt mille livres. Retz, s'attribuant l'honneur de la pensée du don, double la somme. Selon d'Ormesson, la proposition fut faite par le président Perrot. Dubuisson ajoute de curieux détails, p. 35 : « Ce même jour, 13ᵉ janvier, la reine d'Angleterre envoya le matin vers le Parlement assemblé représenter sa nécessité. C'est sa faute et le mauvais ménage des siens, car le Roi lui a payé le mois d'octobre dernier; cependant elle doit tout à ses pourvoyeurs et marchands, qui ne lui veulent plus rien donner sans argent. Le Parlement lui a donc ordonné vingt mille francs sur son fonds. La reine d'Angleterre a représenté sa nécessité par le moyen de quelques-uns du Parlement, à qui la duchesse de Bouillon l'avoit fait savoir; mais elle a depuis envoyé remercier le Parlement, et n'a voulu prendre ladite somme, soit à cause de sa modicité, soit de crainte d'offenser la Reine. » La reine d'Angleterre était au Louvre depuis le 24 septembre; elle avait, à cette époque, quitté Saint-Germain, pour faire place à la cour, quand celle-ci y vint de Ruel. Mme de Motteville (tome I, p. 222) nous apprend que, lorsque Henriette arriva à Paris en 1644, « on la mena loger au Louvre, qui pour lors étoit abandonné, et pour maison de campagne on lui donna Saint-Germain. »

1. *Reine*, au lieu de *fille*, dans 1717, 1718 C, D, E, 1719-1820.
2. Ici Retz a bien écrit, comme p. 176, *de Henri;* plus haut, p. 193 et p. 194, il a mis deux fois *d'Henri*.
3. Dans l'original *aie*.
4. Les éditions de 1718 C, D, E, et les suivantes antérieures à 1837 ajoutent ici : « et sous les yeux d'une cour de France. »
5. Le mot *cette* a été ajouté en interligne, d'une autre encre.

SECONDE PARTIE. [Janvier 1649]

tout ce que nous voyons¹ ; et je vous ai dit quelquefois que je ne sais si le consulat du cheval de Caligula² nous auroit autant surpris que nous nous l'imaginons³.

Le parti ayant pris sa forme, il n'y manquoit plus que l'établissement du cartel, qui se fit sans négociation. Un cornette de mon régiment⁴ ayant été pris par un parti du régiment de la Villette, fut mené à Saint-Germain,

1. « Ce que nous voyons » est écrit en marge.
2. Le consulat que Caligula, si la mort ne l'eût prévenu, destinait à son cheval *Incitatus*, dit Suétone, *Caligula*, chapitre LV.
3. Le premier volume du manuscrit autographe des *Mémoires* finit ici par trois feuillets qui ne sont point à leur place[a]. C'est également ici que se termine la copie de M. de Chantelauze; nous en avons heureusement deux pour la remplacer : 1º celle de la Bibliothèque nationale, qui a été trouvée à Moyen-Moûtier en même temps que le manuscrit original; 2º celle de M. le comte de Caffarelli. Nous désignons la première par *copie R*, et ainsi la seconde : *ms* ou *copie Caf*. Nous avons dit (tome I, p. 49-52) quelle importance avaient à nos yeux ces deux copies. Nous relèverons dans les notes les principales variantes de l'une et de l'autre, et les corrections dignes d'intérêt que porte la seconde, en regrettant que le correcteur qui, probablement à la demande de l'auteur, avait entrepris la révision (c'était, croyons-nous, Caumartin : nous donnerons nos raisons à l'*Appendice*) ne l'ait pas poussée au delà du feuillet 42ᵉ. C'est aussi peu après que cessent les ratures, les soulignements au crayon rouge ou à l'encre, et toutes les marques de correction, qui surtout abondent tout au commencement. Peut-être, si nous avions le tome I, qui n'existe plus ou a été du moins introuvable pour nous, y verrions-nous accompli, d'un bout à l'autre, le travail de retouche et de critique : voyez p. 200, note 2.
4. Dans le ms Caf. le réviseur a substitué *Sevigni* (voy. p. 135, note 1) à *mon régiment*. A la suite, ce ms et la copie R portent : « de celui de la Villette; » mais, dans le premier, ces mots ont été

[a] Le premier de ces feuillets n'est pas entier, le tiers supérieur a été enlevé, ce qui reste est écrit des deux côtés; le second et le troisième ne sont écrits que sur le recto. Les pages sont marquées 755ᵇⁱˢ, 755ᵗᵉʳ, 755⁴, 755⁵. Les trois premières contiennent un récit inachevé (il manque, à la fin, quelques lignes), qui se rapporte à l'an 1652 (p. 158 et 159 du tome III de l'édition de 1859). Sur la quatrième est un autre fragment, de huit lignes, tronqué au commencement, et dont nous n'avons pas encore trouvé la place.

et la Reine commanda sur l'heure que l'on lui tranchât la tête. Le grand prévôt, qui ne douta point de la conséquence[1], et qui étoit assez de mes amis, m'en avertit, et j'envoyai, en même temps, un trompette à Palluau, qui commandoit dans le quartier de Sèvres, avec une lettre très-ecclésiastique[2], mais qui faisoit entendre les inconvénients de la suite, d'autant plus proche que nous avions aussi des prisonniers, entre autres M. d'Olonne[3], qui avoit été arrêté comme il se vouloit

rayés. Nous ne trouvons pas d'autre mention que celle-ci du cornette sauvé par Retz.

1. Tel est aussi le texte de la copie Caf., mais il y a été ainsi corrigé par le réviseur : « qui vit la conséquence de cet ordre. » Après *avertit*, on y a biffé *et*.

2. Au commencement du manuscrit Caffarelli (voyez notre tome I, p. 50-52) se trouvent quatre feuillets, dont un blanc, qui contiennent trente-huit notes ou observations critiques, écrites, nous ne savons par qui, mais adressées, selon toute apparence, à Retz lui-même par une personne à laquelle il avait soumis le manuscrit original ou une copie de ses *Mémoires*. Malheureusement cette annotation intéressante ne s'étend pas plus loin que les corrections, ratures, etc., dont nous avons parlé un peu plus haut (p. 199, note 3), c'est-à-dire pas au delà des quarante-deux premiers feuillets de la copie Caffarelli. La première note du critique se rapporte à ce passage; elle est ainsi conçue : « Une lettre ecclésiastique ne signifie rien et sent la raillerie. Il vaut mieux dire [que] vous fûtes touché de cet avis; que tous ceux qui étoient dans le parti protestoient hautement que si on coupoit une tête à Saint-Germain, il en falloit couper deux à Paris; qu'il n'y avoit que ce moyen de faire entendre raison à la Reine et au Cardinal; qu'autrement tous les gens de qualité quitteroient le parti, n'étant pas juste qu'ils demeurassent exposés aux roues et aux gibets, s'ils étoient pris prisonniers; que vous eûtes horreur de cette barbarie, que vous jugeâtes que si on commençoit à répandre du sang, de quelque manière que ce fût, que cela iroit loin; vous souhaitiez que les choses se pussent adoucir et qu'on n'en vînt pas à de si grandes aigreurs, etc. »

3. Louis de la Trémoille, comte d'Olonne, fils du marquis de Royan, né en 1626, et non encore marié : il sera plus tard question de son mariage avec Mlle de la Loupe; il mourut en 1686.

sauver habillé en laquais. Palluau alla sur l'heure à Saint-Germain, où il représenta les conséquences de cette exécution. L'on obtint de la Reine, à toute[1] peine, qu'elle fût différée jusques au lendemain ; l'on lui fit comprendre, après, l'importance de la chose ; l'on échangea mon cornette, et ainsi le quartier[2] s'établit insensiblement.

Je ne m'arrêterai pas[3] à vous rendre compte du détail de ce qui se passa dans le siége de Paris, qui commença le 9 de janvier 1649 et qui fut levé le 1 d'avril de la même année, et je me contenterai de vous en dater[4] seulement[5] les journées les plus considérables. Mais devant que de descendre à ce particulier, je crois qu'il est à propos de faire deux ou trois remarques qui méritent de la réflexion[6].

1. Le correcteur a rayé *à toute* dans la copie Caf. et écrit *avec* au-dessus ; deux lignes plus bas, il y a remplacé le possessif *mon* par l'article *le* devant *cornette*.

2. Le ms H, et toutes les éditions antérieures à la nôtre, sauf 1837, portent *cartel* ou *quartel*; mais les copies R et Caf. donnent bien *quartier*, de même que le manuscrit original, où le mot a été retouché au milieu, mais est resté très-lisible. Au reste, *quartier* offre un très-bon sens : « On dit dans la guerre *régler le quartier*, pour dire régler les conditions pour les échanges et les rançons des prisonniers. » (*Dictionnaire de l'Académie* de 1694.)

3. Les copies R et Caf., et toutes les anciennes éditions remplacent *arrêterai* par *étendrai*.

4. *En dater* a été rayé par le correcteur dans la copie Caf., et au-dessus il a écrit *marquer*.

5. Après *seulement* Retz avait écrit d'abord : « cinq ou six jours des ; » puis il a biffé les quatre premiers mots et changé le *d* de *des* en *l*. Les copies R, H et Caf. ont *jours*, au lieu de *journées*.

6. Dans la copie Caf., les mots : « remarques qui méritent de la réflexion, » sont soulignés à l'encre, et à la marge on a mis *mf* (cela veut-il dire : *mauvaise frase*, comme parfois on écrivait alors, ou *mauvais français?*). Un peu plus loin (p. 203), dans ce passage : « tout le Royaume branla, » le dernier mot a été souligné au crayon rouge, et il y a en marge *mm*, voulant peut-être dire : *mauvais mot*.

La[1] première est qu'il n'y eut jamais ombre[2] de mouvement dans la Ville, quoique tous les passages des rivières fussent occupés[3] par les ennemis, et que leurs partis courussent continuellement du côté de la terre. L'on peut dire même que l'on n'y reçut[4] presque aucune incommodité ; et l'on doit ajouter qu'il ne parut pas que l'on en eût[5] seulement peur, que le 23 de janvier, et le 9 et 10 de mars[6], où l'on vit dans les marchés une petite étincelle d'émotion[7], plutôt causée par la malice et[8] par l'intérêt des boulangers que par le manquement de pain[9].

1. A la marge de ce paragraphe, il y a dans la copie Caffarelli le renvoi 2, et, au même chiffre, le premier feuillet des observations critiques porte ce qui suit : « Il faudroit un peu de réflexion en passant sur ce grand attachement que les peuples de Paris et des provinces avoient pour le Parlement. Il avoit attaqué un ministère haï et méprisé, et depuis un an il avoit voulu remédier à tous les maux qui les affligeoient, et par une pente fort douce et fort agréable les avoit conduits insensiblement, etc. »

2. Retz écrit *umbre*. Nous aurions pu faire remarquer depuis longtemps que devant les nasales il met d'ordinaire *u* au lieu d'*o*. Ainsi : *function*, *coniuncture*, *unze*, *triumfe*, etc. — Dans la copie Caffarelli, le réviseur a effacé *jamais ombre de* et écrit au-dessus *aucun*, puis ajouté *considérable* après *mouvement*, et rayé encore les derniers mots de la phrase : « du côté de la terre, » ou plutôt « de la *teste*, » car telle est la leçon de cette copie. Dans le reste de l'alinéa il a introduit les modifications suivantes : « que l'on en reçut très-peu d'incommodité, et qu'il ne parut pas que l'on en eût seulement peur, que le 23e de janvier. Il est vrai que le 9e et le 20e (*sic*) de mars il y eut dans les marchés quelque émotion. »

3. Fermés et occupés. (1718 C, D, E, 1719-1828.)
4. Après *reçut*, il y a, dans l'original, *même*, effacé.
5. Dans la copie R : « que l'on y eût. »
6. Les mots : « et le 9 et 10 de mars, » ont été ajoutés en marge ; « et 10 » est d'une autre encre.
7. Un peu d'émotion. (Ms H, 1717 A, 1718 B, F.)
8. Retz avait écrit d'abord *ou plutôt*, qu'il a ensuite biffé, à cause de la répétition, pour mettre *et* au-dessus.
9. Il ne nous est pas possible d'accepter ici le jugement du Coad-

La seconde est qu'aussitôt que Paris se fut déclaré, tout le Royaume branla[1]. Le parlement d'Aix, qui arrêta le comte d'Alais, gouverneur de Provence[2], s'unit à celui de Paris. Celui de Rouen, où M. de Longueville étoit allé dès le 20 de janvier, fit la même chose. Celui de Toulouse fut sur le penchant, et ne fut retenu que par la nouvelle de la conférence de Ruel, dont je vous parlerai dans la suite. Le prince de Harcourt, qui est M. le duc d'Elbeuf d'aujourd'hui, se jeta dans Montreuil, dont il étoit gouverneur, et prit le parti du Parlement[3]. Reims, Tours et Poitiers prirent les armes en sa faveur[4]. Le duc de la Trémouille[5] fit publiquement des levées pour lui; le duc de Retz[6] lui offrit son service et Belle-Isle. Le Mans

juteur : les *Registres de l'Hôtel de Ville* et notre livre *la Misère au temps de la Fronde* fournissent mille preuves des souffrances réelles de Paris et de la banlieue. La situation des provinces était encore pire, comme on peut le voir aussi dans notre écrit, que nous venons de citer, et particulièrement au chapitre vi.

1. Voyez, p. 201, la fin de la note 6.
2. Louis de Valois, comte d'Alais, né en 1596, fils de Charles de Valois, duc d'Angoulême (bâtard, encore vivant, de Charles IX). Le comte d'Alais était gouverneur de Provence depuis 1637; il fut arrêté dans la ville d'Aix, par le peuple soulevé, le 20 janvier 1648. Voyez *la Misère au temps de la Fronde*, p. 108 et suivantes. — Les mots : *qui arrêta le comte d'Alais, gouverneur de Provence*, ont été ajoutés en marge au manuscrit.
3. Le correcteur du manuscrit Caffarelli a changé ceci en : « se déclara pour le Parlement. » Un peu plus loin, il a effacé *pour lui* après *levées*, et *lui* après *le duc de Raiz*.
4. Voyez, pour toutes ces agitations provinciales, *la Misère au temps de la Fronde*, chapitre v.
5. Henri seigneur de la Trémoille, duc de Thouars, prince de Tarente et de Talmond, né le 22 décembre 1598, mort en 1674. M. Imbert a publié, en 1867, une intéressante monographie sur ce prince : *Registre de correspondance et Biographie du duc Henri de la Trémoille*, in-8°; voyez aussi Haag, *la France protestante*.
6. *Rais* dans le manuscrit original, comme toujours, et dans la copie R; *Raiz* dans la copie Caffarelli.

chassa son évêque et toute la maison de Lavardin¹, qui étoit attachée à la cour; et Bordeaux n'attendoit pour se déclarer que les lettres que² le parlement de Paris avoit écrites³ à toutes les compagnies souveraines et à toutes les villes du Royaume, pour les exhorter à s'unir avec lui contre l'ennemi commun. Ces lettres furent interceptées du côté de Bordeaux⁴.

La troisième remarque est que dans le cours de ces trois mois de blocus, pendant lesquels le Parlement s'assembloit réglément tous les matins et quelquefois même les après-dînées, l'on n'y traita, au moins pour l'ordinaire, que de matières si légères et si frivoles⁵, qu'elles eussent pu être terminées par deux commissaires, en un quart d'heure à chaque matin. Les plus ordinaires étoient les avis que l'on recevoit, à tous les instants, des meubles ou de l'argent que l'on prétendoit être cachés chez les partisans et chez les gens de

1. La maison de Beaumanoir de Lavardin avait alors pour chef, depuis la mort de Henri de Beaumanoir, marquis de Lavardin, arrivée en 1644, un enfant de cinq ans, dont la mère était Marguerite de Rostaing, et qui avait pour oncle l'évêque du Mans, Philibert-Emmanuel de Beaumanoir de Lavardin, lequel mourut en 1671, à l'âge de cinquante-quatre ans.

2. Retz a substitué *que* à *du*, qu'il avait mis d'abord.

3. *Écrit*, sans accord, dans l'original et dans les copies.

4. Voyez au chapitre v de *la Misère au temps de la Fronde*, p. 116 et suivantes. — En marge, à la fin de cet alinéa, est le 3ᵐᵉ renvoi de la copie Caffarelli : « La vérité est que le président le Cogneux, qui fut commis avec dix députés des chambres pour écrire (*première rédaction, biffée :* donner avis) à tous les parlements et à toutes les villes du Royaume, ne songea qu'à faire sa cour de cette commission. On écrivit fort peu de lettres; la plupart furent interceptées : ce qui fit un fort grand tort au parti, car la plupart des villes n'attendoient que, etc. » — Les copies R, H et Caf., et toutes les anciennes éditions portent : « Guyenne *ou* Guienne, » au lieu de *Bordeaux*.

5. Aux mots *si frivoles*, le correcteur de la copie Caffarelli a sub-

la cour[1]. De mille, il ne s'en trouva pas dix[2] de fondés; et cet entêtement pour des bagatelles, joint à l'acharnement que l'on avoit à ne se point départir des formes, en des affaires qui y étoient directement opposées, me fit[3] connoître de très-bonne heure que les compagnies qui sont établies pour le repos ne peuvent jamais être propres au mouvement. Je reviens au détail.

Le 18 de janvier, je fus reçu conseiller au Parlement[4],

stitué : « de si petite conséquence; » six et sept lignes plus loin, *véritables* à *fondés*, après avoir effacé *De mille;* puis, *l'attachement* à *l'acharnement*. Enfin il a modifié ainsi la fin de l'alinéa : « .... ne peuvent jamais être propres à de si grandes affaires. Je m'étendrai davantage ailleurs sur cette considération. »

1. Les *Registres de l'Hôtel de Ville*, le *Journal* inédit *de Dubuisson Aubenay*, et le *Journal de d'Ormesson* abondent en faits de ce genre. Le blâme relatif à ces faux avis peut étonner sous la plume de Retz; car lui-même un jour fut de ceux qui le méritèrent : « Monsieur le Coadjuteur, dit le manuscrit de Dubuisson (p. 77, 30 janvier), est allé au Parlement, menant un homme indicateur de la cache du cardinal Mazarin où est sa vaisselle d'or et d'argent et un trésor que le bruit est valoir neuf cent mille livres. » Plus tard, Dubuisson a écrit à la suite de cette phrase le mot *néant*, ce qu'il fait souvent quand il apprend qu'un fait est mal fondé; quelquefois il met cette autre note : *faux*.

2. Dans la copie R : « il ne s'y en trouva pas dix.... »

3. *Fit* est écrit au-dessus de *firent*, biffé.

4. « Le 12 janvier, dit d'Ormesson (tome I, p. 626), M. de Novion proposa de donner séance à Monsieur le Coadjuteur. M. Viole se joignit à cette proposition, dit que Monsieur le Coadjuteur étoit l'auteur de tout ceci, avoit servi de lien entre tous les gens d'honneur, et avoit fait venir M. le prince de Conti et M. de Longueville. Chacun dit qu'il falloit lui faire cette grâce et lui donner séance. M. de Mesmes prit la parole, dit que, si à chaque proposition l'on prenoit cet usage de crier *omnes*, ce n'étoit plus que confusion et l'on s'engageroit bien aisément; ce n'étoit pas que la proposition ne fût bonne et pour une personne dont l'on ne pouvoit assez reconnoître le mérite; mais qu'il le falloit faire dans les formes; qu'il falloit que Monsieur l'Archevêque témoignât à la Compagnie le desirer, puisqu'il s'agissoit de donner sa place; que l'ordre de la Compagnie étoit de ne jamais donner la place d'un homme vivant,

pour y avoir place et voix délibérative en l'absence de
mon oncle ; et l'après-dînée, nous signâmes[1], chez M. de

sans envoyer savoir s'il le trouvoit bon ; qu'il en avoit vu user ainsi
à tous les officiers, quoique l'on apportât leur procuration ; que l'on
en usoit ainsi à la réception de tous les gardes des sceaux ; ainsi
qu'il falloit savoir le sentiment de l'Archevêque ; que s'il ne le vouloit point, l'intention de la Compagnie n'étoit pas de donner une
seconde place, mais celle de Monsieur l'Archevêque en son absence.
Ainsi il arrêta toute la chaleur de la Compagnie, qui trouva qu'il
avoit raison. » — Le 18, on apporta le consentement de l'Archevêque, et on revint sur la question ; il y eut encore quelque difficulté au sujet du serment que Retz devait faire[a] ; le 21, il prêta
serment et fut reçu « sans information, » ajoute d'Ormesson
(p. 638). Le même jour, Retz voyant les difficultés d'argent qu'é-
prouvait le Parlement, « a offert sa vaisselle d'argent et ainsi (*firent*)
les plus zélés. » — Nous ferons remarquer que notre auteur si pro-
lixe sur les détails qui flattent sa vanité, ne dit pas un mot de cette
discussion. Ce petit échec d'amour-propre une fois subi, Retz,
comme le dit très-bien M. Curnier (p. 248), « trouvait dans l'exercice de ce droit l'immense avantage de diriger lui-même son batail-
lon, de l'exciter, dans les occasions importantes, du geste et de la
voix, de dresser ses batteries suivant les exigences du moment. Avec
le rare talent qu'il avait pour l'intrigue, avec sa merveilleuse fa-
conde, il ne pouvait manquer d'être en quelque sorte maître des
délibérations, en y apportant non-seulement le poids de son vote,
mais encore celui de son prodigieux ascendant. » Selon Mme de Motteville (tome II, p. 313), « le Premier Président, soit par quelque
animosité particulière, soit pour faire quelque service à la cour,
empêcha le Coadjuteur de prendre séance au Parlement ; » mais « il
ne put pas s'y opposer longtemps, car le Coadjuteur avoit beaucoup
d'amis. Il la prit malgré lui, disant qu'il y avoit des exemples où
les Coadjuteurs avoient pris la place des Archevêques. » Dubuisson
(tome I, p. 55) nous apprend que Retz « fut assis au banc et rang
des ducs-pairs et conseillers honoraires, après ceux d'épée et devant ceux de robe. »

1. On signa. (Correction du réviseur Caf.)

[a] Dans la séance du 18 janvier « M. de Broussel dit qu'il falloit le recevoir
(*Retz*) sans prêter serment, ayant prêté au Roi le serment de fidélité ; Monsieur le Premier Président dit qu'en la réception d'un conseiller on faisoit trois
sortes de serment, desquels Monsieur le Coadjuteur ne pouvoit se dispenser,
ne les ayant pas faits en faisant celui de fidélité, savoir est : rendre justice,
garder les ordonnances et tenir les délibérations de la Compagnie secrètes : à

Bouillon[1], un engagement[2] que les principales personnes du parti[3] prirent ensemble[4]. En voici les noms : MM. de

1. L'hôtel de Bouillon était dans la rue Neuve-des-Bons-Enfants. Voyez le *Plan de Paris de Gomboust,* feuille v.
2. Retz avait écrit d'abord : « une espèce d'union, » qu'il a ensuite biffé. Molé, qui donne l'acte dans ses *Mémoires* (tome III, p. 337 et 338), le nomme « un traité d'union. » Le mot *engagement* est effacé, au crayon rouge, dans la copie Caffarelli. — Le texte imprimé de ce traité ne porte pas de date. Il en existe à la Bibliothèque nationale un original manuscrit, dont M. le comte de Laborde a publié un fac-simile, dans *le Palais Mazarin,* p. 40, et d'après lequel nous donnons nous-même cet acte, dans l'*Appendice* de notre tome II; la liste des signatures y diffère notablement de celle que nous lisons dans notre texte. M. Champollion-Figeac, dans une note sur l'endroit que nous venons de citer des *Mémoires de Molé,* parle par erreur d'un autre original annexé au manuscrit Caffarelli. Le document qu'il a sans doute en vue est un engagement de janvier 1651.
3. *Du parti* est omis dans les éditions de 1719-1828.
4. En regard de ce passage se trouve, à la marge, dans la copie Caffarelli, le chiffre 4, qui nous renvoie à une double note critique, d'abord à cette question : « M. le prince de Conti ne signat-il pas[a]? » puis à cette observation : « Il ne faut pas passer cette signature si légèrement. Je voudrois y faire un peu plus de réflexion et ne signer qu'à regret; vous fîtes ce que vous pûtes pour vous en défendre; il vous paroissoit que cela ne convenoit point à une personne de votre profession, ni au poste où vous étiez, qui vous lioit assez aux intérêts de la ville de Paris, sans qu'il fût besoin de le faire par des écrits qui sentent toujours la ligue et la faction; vous vous défendîtes donc, mais ce fut inutilement. Toutes ces personnes, qui étoient de vos parents et de vos amis, vous pressèrent avec tant d'instance, et il se joignit à leurs sentiments tant de personnes principales du Parlement et de la Ville, que vous ne pûtes vous défendre de signer. Vous aperçûtes, dès ce premier pas, le malheur qu'il y a d'être dans les partis. On n'est plus le maître de sa conduite particulière, et souvent on se trouve engagé à aller plus loin qu'on ne voudroit. »

quoi Monsieur le Premier Président dit qu'il falloit voir les registres et remettre l'affaire au premier jour, ce qui fut arrêté. » (*Suite du Journal du Parlement,* p. 24.)

[a] Nous pouvons répondre que sa signature : ARMAND DE BOURBON, se trouve en effet dans l'original de la Bibliothèque nationale, avec plusieurs autres omises par Retz.

Beaufort, de Bouillon, de la Mothe, de Noirmoutier, de Vitri, de Brissac, de Maure[1], de Matha, de Cu-

1. Louis de Rochechouart, comte de Maure. Lui et sa femme, suivant Tallemant (tome III, p. 158-161), faisaient tout le contraire des autres, se laissant plus gouverner par l'humeur que par la raison. C'est le désordre de ses affaires, autant que le bien public, qui l'engagea dans le parti de Paris. C'était aussi le ressentiment de sa femme, mécontente de la Reine qui « n'étoit pas entrée, dit Mme de Motteville (tome II, p. 395), dans les sentiments de vengeance que la comtesse de Maure avoit souhaités d'elle au sujet de la mort de Marillac (*son oncle*), dont elle prétendoit faire revoir le procès, comme ayant été condamné injustement. » Bachaumont a fait des triolets assez plaisants sur le comte de Maure :

> « Je suis d'avis de batailler,
> Dit le brave comte de Maure ;
> Il n'est plus saison de railler,
> Je suis d'avis de batailler.
> Il les faut en pièces tailler,
> Et les traiter de Turc à Maure.
> Je suis d'avis de batailler, »
> Dit le brave comte de Maure.
>
> Buffle à manches de velours noir
> Porte le grand comte de Maure.
> Sur ce guerrier qu'il fait beau voir
> Buffle à manches de velours noir !
> Condé, rentre dans ton devoir,
> Si tu ne veux qu'il te dévore.
> Buffle à manches de velours noir
> Porte le grand comte de Maure.

Condé, dit-on, répondit ainsi :

> C'est un tigre affamé de sang
> Que ce brave comte de Maure.
> Quand il combat au premier rang,
> C'est un tigre affamé de sang ;
> Mais il n'y combat pas souvent :
> C'est pourquoi Condé vit encore.
> C'est un tigre affamé de sang
> Que ce brave comte de Maure.

Un quatrième triolet fut ajouté par Bautru, lors des secondes conférences de Ruel :

> Le Maure consent à la paix,
> Et la va signer tout à l'heure.

gnac¹, de Barierre², de Silleri³, de la Rochefoucauld, de Laigue, de Béthune, de Luines, de Chaumont⁴, de Saint-Germain d'Achon⁵ et de Fiesque⁶.

> Si Mazarin part pour jamais *ᵃ*,
> Le Maure consent à la paix.
> Qu'on supprime les triolets,
> Et que le buffle lui demeure :
> Le Maure consent à la paix,
> Et la va signer tout à l'heure.

— Voyez *Madame de Sablé*, par M. Cousin, p. 277 et 278 ; à l'*Appendice* du même ouvrage, p. 435-498, il donne un certain nombre de lettres et de dépêches du comte et de la comtesse de Maure, « instructives pour l'histoire des partis pendant la Fronde. »

1. Pierre de Caumont, marquis de Cugnac, petit-fils du maréchal de la Force. « Il commanda, dit Dubuisson Aubenay (p. 100), un régiment entretenu par la Ville. »

2. Henri de Taillefer, sieur de Barrière, « gentilhomme de devers le Bordelois, frère de Mme de Flavacourt..., fille d'honneur d'Anne d'Autriche. » (Tallemant des Réaux, tome III, p. 421.) — « Ce gentilhomme, dit M. Bazin, avait été autrefois un des serviteurs les plus dévoués de la Reine, à laquelle il avait offert de tuer le cardinal de Richelieu ; puis il s'était lié avec les Importants, et il avait obtenu de n'être pas disgracié avec eux ; on l'avait laissé cependant sans emploi. » Dubuisson nous apprend (p. 73) qu'on lui donna cent mille livres des deniers publics, « pour faire le régiment de Conti, » qu'il devait commander ; et nous savons par Mme de Motteville (tome II, p. 355) que c'était un régiment de cavalerie.

3. Louis-Roger Brûlart, marquis de Sillery, fils de Pierre Brûlart, marquis de Sillery, vicomte de Puisieux ; né en 1619, marié en 1638 à la sœur du prince de Marsillac, il était mestre de camp de l'infanterie.

4. Nous croyons qu'il s'agit ici de Guy de Chaumont, marquis d'Orbec et de Guitry, plus tard grand maître de la garde-robe.

5. Jacques marquis de Saint-Germain d'Achon ou d'Apchon.

6. Outre les noms ici imprimés, le manuscrit en donne quelques-uns d'effacés : après *Beaufort*, « d'Elbeuf ; » après *Brissac*, « de Lillebonne, de Rieux ; » après *Maure*, « de Sevigni, » que les copies H et R placent plus loin, à la suite de *Laigue;* après *Luines*, « d'Estissac, »

ᵃ Variante : Pourvu qu'il ait de bons brevets.

Le 21 du même mois, l'on lut, l'on examina et l'on publia ensuite les remontrances par écrit que le Parlement avoit ordonné[1], en donnant l'arrêt contre le cardinal Mazarin, devoir être faites au Roi[2]. Elles étoient sanglantes contre le Ministre, et elles ne servirent proprement que de manifeste, parce que l'on ne les voulut pas recevoir à la cour, où l'on prétendoit que le Parlement, que l'on y avoit supprimé, par une déclaration, comme rebelle[3], ne pouvoit plus parler en corps.

nom que Retz a écrit une seconde fois, puis effacé, entre *d'Achon* et *de Fiesque*. — La copie Caf. omet, après *la Rochefoucauld*, « de Laigue » et « de Béthune; » et elle a de plus, à la marge, de la main du correcteur, sans renvoi qui marque la place, « de Bois-Dauphin. » Cette même copie et la copie R séparent *Saint-Germain* et *d'Achon* (*Dachon*) par une virgule, comme si ces noms désignaient deux personnes différentes. La copie H donne, après *Brissac*, « de Moüy; » après *Saint-Germain*, elle change *Dachon* en *d'Harcourt*. — Les éditions offrent, dans cette liste de noms, une grande variété. Celles de 1837 et de 1843 sont les seules qui donnent, la première entre crochets, les noms raturés après *Brissac* et *Luines*; à *Lillebonne*, très-effacé, mais pourtant déchiffrable, elles ont substitué *Soubise*.

1. Le correcteur du manuscrit Caffarelli a remplacé *ordonné* par *arrêté de faire*, et ensuite il a effacé les derniers mots de la phrase : « devoir être faites au Roi. » Cinq lignes plus loin, il substitue *ayant été* à *que l'on y avoit*.

2. C'était la « très-humble remontrance du Parlement au Roi et à la Reine régente, » rédigée en vertu de l'arrêt rendu contre le Cardinal le 8 janvier 1649. Elle est imprimée dans la *Suite du Journal du Parlement*, p. 28-36, et dans *l'Histoire du temps*, p. 135-166. Dubuisson Aubenay, p. 55, l'appelle « remontrance servant de manifeste contre Mazarin. » La Reine, comme nous l'apprend Mme de Motteville (tome II, p. 327), résistait à toutes ces attaques; elle citait l'exemple de la révolution d'Angleterre, où le renvoi de Strafford n'avoit fait qu'augmenter les prétentions des révoltés.

3. Le ms H et toutes les anciennes éditions omettent ici les mots : *par une déclaration;* et encore, un peu plus loin (p. 211), cette petite phrase : « Le 25, l'on saisit tout ce qui se trouva dans la maison du Cardinal. »

Le 24, MM. de Beaufort et de la Mothe sortirent pour une entreprise qu'ils avoient formée sur Corbeil. Elle fut prévenue par Monsieur le Prince, qui y jeta des troupes[1].

Le 25, l'on saisit tout ce qui se trouva dans la maison du Cardinal[2].

1. D'Ormesson (tome I, p. 641 et 642) donne quelques détails sur cette ridicule entreprise. Elle indisposa les Parisiens, déjà mécontents des taxes continuelles. — A la même date, le *Journal historique de Paris* (Bibliothèque nationale, manuscrit 10273, f° 203) accuse le Coadjuteur d'avoir proposé dans le Parlement de confisquer la vaisselle d'argent des particuliers pour en faire de la monnaie, afin de lever des gens de guerre en si grand nombre qu'ils fussent capables de sortir à la campagne et de faire venir des vivres. Le *Journal* ajoute que ce projet fut rejeté.

2. Retz omet, à cette date, deux faits qui le regardent et ne sont pas sans importance. L'un est un succès oratoire à la suite d'un sermon prêché dans l'église Saint-Paul le 25 janvier, succès constaté par la *Gazette*, par d'Ormesson, Omer Talon, le P. Rapin, Dubuisson Aubenay et le *Journal historique de Paris*. Nous y reviendrons en parlant des Sermons. — Ce succès oratoire était tristement compensé, trois jours après, par un échec militaire qui dut être bien sensible au belliqueux prélat : « Le 21, dit Dubuisson (p. 72), la nuit, le régiment du Coadjuteur, qu'on appelle les *Corinthiens*, commandé par le chevalier de Sevigny, a été rencontré au pont Antony, allant pour favoriser l'avance et passage des vivres pour Paris, et, chargé par le parti contraire, plus fort, a été défait; vingt hommes y ont été tués, le reste est retourné à Paris, à la débandade. Le lendemain vendredi 29, matin, le Coadjuteur, étant en sa séance en Parlement, l'a ainsi raconté. Sevigny a été jeté dans un fossé et passé pour mort, et on l'a été quérir en un carrosse de Paris. » Selon d'Ormesson (tome I, p. 645 et 646), la rencontre eut lieu à Lonjumeau; Sévigné n'était sorti qu'avec cent quatre-vingts chevaux, et avait été attaqué par cinq cents chevaux et huit cents mousquetaires; « après la première charge, tous ses gens s'en étoient fuis, et son cheval s'étant abattu, toute la cavalerie lui avoit passé sur le corps, dont il étoit tout moulu, et sans blessure. » C'était, on le voit, un échec dans des conditions très-inégales, et qui pouvait s'accepter; mais « ce qu'il y eut de plus cruel pour le Coadjuteur, dit M. Bazin, dans son *Histoire de France sous.... le Ministère de Mazarin* (tome IV, p. 13), fut une raillerie dont il

Le 29, M. de Vitri, étant sorti avec un parti de cavalerie pour[1] amener Madame sa femme, qui venoit de Coubert[2] à Paris, trouva dans la vallée de Fescan[3] des Allemands du bois de Vincennes[4], qu'il poussa jusque dans les barrières du château. Tancrède[5], le prétendu fils de M. de Rohan, qui s'étoit déclaré pour nous la veille, fut tué malheureusement en cette petite occasion[6].

pouvoit être jaloux : on appela cette défaite « la première aux Corinthiens; » et la preuve qu'il en fut touché, c'est que ce bon mot n'a pas trouvé place dans ses *Mémoires.* » Voyez à l'*Appendice.*

1. Ici l'auteur a biffé *ram*, commencement de *ramener.*

2. Coubert est une commune de Seine-et-Marne, sur la rive droite de la Seine, dans le canton de Brie-Comte-Robert.

3. Ce nom de *Fescan* désigne une vallée située tout près de Charenton, au nord-ouest, non loin des fameux jardins du financier Rambouillet, à Reuilly, que nous rencontrerons plus loin. Elle est aujourd'hui comprise dans le parcours du boulevard Daumesnil. Nous la trouvons indiquée, sous le nom de *Fécan*, entre la Grande-Pinte et la grande avenue de Saint-Maur, avec la hauteur voisine, appelée de même *de Fescan* (voyez ci-après, p. 215), dans une *Carte des environs de Paris* de N. de Fer (1717); dans la carte de l'abbé de la Grive (1740), l'orthographe est *Fécamp*, comme ci-dessus dans la note 6 de la page 162.

4. De la garnison de Vincennes. (Correction du réviseur Caf.)

5. Retz a écrit *Tancred.*

6. La duchesse de Rohan l'avait présenté en 1645, comme né d'elle pendant la vie de son défunt mari; par son moyen, elle voulait enlever à sa fille, mariée contre son gré, la succession de son père; par arrêt de 1646, le Parlement le déclara enfant supposé. Le duc de Rohan Chabot était resté dans le parti de la cour; le prétendu fils prit le parti du Parlement, espérant peut-être un nouveau jugement. Selon d'Ormesson (tome I, p. 646), on le reconnaissait déjà pour duc de Rohan. Il fut blessé le 31 janvier, et mourut le 1er février. Tallemant des Réaux a raconté (tome III, p. 417-421) l'histoire des amours de Mme de Rohan, la naissance de Tancrède, etc.; voyez aussi Mme de Motteville, tome II, p. 323 et suivantes. M. Henri Martin a composé un roman historique sur ce Tancrède, sujet déjà traité par le P. Griffet. Scudéry fit à l'occasion de cette mort une pièce de vers (Paris, 1649, 4 pages) : voyez la *Bibliographie des Mazarinades*, tome III, p. 37, n° 3081.

Le 1 de février*, M. d'Elbeuf mit garnison dans Brie Comte-Robert, pour favoriser le passage des vivres qui venoient de la Brie.

Le 8[1] du même mois, Talon[2], l'un des avocats généraux, proposa au Parlement de faire quelque pas de respect et de soumission vers[3] la Reine, et sa proposition fut appuyée par Monsieur le Premier Président et par M. le président de Mesme. Elle fut rejetée de toute la Compagnie, même avec un fort grand bruit, parce que l'on la crut avoir été[4] faite de concert avec la cour. Je ne le crois pas; mais j'avoue que le temps de la faire n'étoit pas pris dans les règles de la bienséance. Aucun des généraux n'y étoit présent, et je m'y opposai fortement par cette raison[5].

Le soir du même jour, Clanleu[6], que nous avions

1. Dans la copie R et dans 1718 C, D, E : « le 28. »
2. Omer Talon, né en 1595, avocat général au Parlement de Paris après son frère Jacques, en 1632 ; il mourut en 1652. Son fils Denis, qui lui succéda au Parlement, a continué les *Mémoires* laissés par lui, jusqu'en avril 1653. D'Ormesson (tome I, p. 652) rapporte qu'auparavant déjà l'archevêque de Toulouse avait cherché à ouvrir les négociations pacifiques, dont Mme de Motteville (tome I, p. 326 et 327) dit aussi un mot.
3. *Envers*, pour *vers*, dans le ms H et toutes les éditions anciennes.
4. Le correcteur du ms Caf. modifie ainsi cette fin de phrase : « par Messieurs les Premier Président et président de Mesmes ; » deux lignes plus loin, il raye *avoir été* ; puis, à la fin de l'alinéa, tout ce qui suit « Je ne le crois pas. » Voyez la note suivante.
5. Ici se trouve le renvoi 5 de la copie Caffarelli : « Pour moi, je déclarai que je me porterois toujours à tout ce qui seroit jugé le plus utile pour le bien de la paix et de plus respectueux pour leurs Majestés, mais qu'il étoit juste que Messieurs les généraux, qui étoient absents, fussent appelés à cette délibération. »
6. Clanleu, maréchal de camp. — L'avis dut être non pas du 8, mais du 7, puisque le combat eut lieu le 8, pendant que le Parlement délibérait sur la proposition de Talon. Cette affaire de Charenton fut la grosse aventure de cette guerre ; il en est parlé dans tous les mémoires du temps. On peut voir dans la *Bibliographie des*

mis[1] dans Charenton avec trois mille hommes, eut avis que Monsieur d'Orléans et Monsieur le Prince marchoient[2] à lui avec sept mille hommes de pied et[3] quatre mille chevaux et du canon. Je reçus en même temps un billet de Saint-Germain, qui portoit la même nouvelle.

M. de Bouillon, qui étoit au lit de la goutte, ne croyant pas la place tenable, fut d'avis d'en retirer les troupes et de garder seulement le milieu du pont. M. d'Elbeuf, qui aimoit Clanleu et qui croyoit qu'il lui

Mazarinades (tome III, p. 305 et 306) une liste de dix-neuf écrits auxquels elle donna naissance. Dans un grand nombre, c'est Châtillon, mourant ou mort, qui reproche à Condé sa conduite envers Paris. Dans le mémoire que Mazarin envoya en 1665 au Pape pour lui faire connaître la conduite du cardinal de Retz, qu'il voulait alors obliger à renoncer à l'archevêché de Paris, il est dit que tout Paris avait vu le Coadjuteur, « monté sur un cheval de bataille, armé de pistolets et d'épée, à la tête du régiment de Corinthe, aller en cet équipage combattre avec les rebelles les troupes du Roi qui attaquaient le bourg de Charenton. » Nous n'avons vu nulle part ailleurs la moindre allusion à cette sortie de Retz. Dans ce même mémoire, Mazarin dirige contre lui une autre accusation qui n'est pas mieux prouvée, celle « d'avoir prêché séditieusement, dans l'église Saint-Paul, qu'il falloit vendre les vases sacrés et l'argenterie des églises pour une si sainte et si juste guerre. »

1. Qu'on avoit mis. (Correction du réviseur Caf.)

2. Dans le manuscrit original : *marchoit*.

3. Dans le ms Caf., le correcteur a effacé cet *et*, et remplacé, trois lignes plus bas, *de la goutte* par *avec la goutte*. — Toutes les éditions anciennes, sauf celle de 1717, ajoutent, devant *de la goutte*, soit *malade*, soit *attaqué*. — Les nombreux accès de goutte de M. de Bouillon furent souvent chansonnés ; nous trouvons dans le *Recueil Maurepas* (tome XXII, p. 159) le triolet suivant :

> Le brave Monsieur de Bouillon
> Est incommodé de la goutte.
> Il est hardi comme un lion,
> Le brave Monsieur de Bouillon ;
> Mais s'il faut rompre un bataillon,
> Ou mettre le Prince en déroute,
> Le brave Monsieur de Bouillon
> Est incommodé de la goutte.

feroit acquérir de l'honneur à bon marché, parce qu'il ne se persuadoit pas que l'avis fût véritable, ne fut pas du même sentiment[1]. M. de Beaufort se piqua de brave[2]. Le maréchal de la Mothe crut, à ce qu'il m'a avoué[3] depuis, que Monsieur le Prince ne hasarderoit pas cette attaque à la vue de nos troupes, qui se pouvoient poster trop avantageusement. M. le prince de Conti se laissa aller au plus grand bruit, comme tous les hommes foibles ont accoutumé de faire. L'on manda à Clanleu de tenir, et l'on lui promit d'être à lui à la pointe du jour; mais l'on ne lui tint pas parole. Il faut un temps infini pour faire sortir des troupes par les portes de Paris[4]. L'on ne fut en bataille sur la hauteur de Fescan qu'à sept heures du matin[5], quoique l'on eût commencé à défiler dès les onze heures du soir. Monsieur le Prince attaqua Charenton à la pointe du jour; il l'emporta, après y avoir perdu M. de Châtillon[6], qui étoit lieutenant général dans son

1. De même sentiment. (Copies R, H, 1717, 1717 A, 1718 B, F.) — Dans toutes les autres éditions anciennes : « de ce sentiment. »

2. Se piqua de bravoure. (1718 C, D, E, 1719-1828.) — Se piquoit d'être brave. (1717 A, 1718 B, F.)

3. M'avoua. (Copie R, Caf., et toutes les anciennes éditions.)

4. Des troupes d'une ville comme Paris. (Correction du réviseur Caf.) Quatre lignes plus loin, il a remplacé les mots : « après avoir perdu » (*y* est omis dans la copie); par *et y perdit*. — « Par les portes de Paris, » est changé en *hors Paris* dans le ms H et dans quelques éditions anciennes; dans les autres, en *hors de Paris*.

5. Le 8 février 1649.

6. Gaspard, duc de Coligny, était le frère de Coligny, mort des suites de son duel pour Mme de Longueville. — Le succès de Charenton, dit Mademoiselle de Montpensier dans ses *Mémoires* (tome I, p. 203), causa une grande joie à Saint-Germain. « Il n'y eut que Mme de Châtillon qui en fut affligée. Son affliction fut modérée par suite de l'amitié que son mari avoit pour Mlle de Guerchi, et même dans le combat il avoit une de ses jarretières (*bleues*) nouée à son bras. »

armée[1]. Clanleu s'y fit tuer, ayant refusé quartier ; nous y perdîmes quatre-vingts officiers ; il n'y en eut que douze ou quinze de tués de l'armée de Monsieur le Prince. Comme notre armée commençoit à marcher, elle vit la sienne, sur deux lignes, sur l'autre côté[2] de la hauteur. Aucun des partis ne se pouvoit attaquer, parce qu'aucun ne se vouloit exposer à l'autre[3], à la descente du vallon. L'on se regarda et l'on s'escarmoucha tout le jour, et Noirmoutier, à la faveur de ces escarmouches, fit[4] un détachement de mille chevaux[5], sans que Monsieur le Prince s'en aperçût, et[6] il alla du côté d'Étampes pour querir et pour escorter un fort grand convoi[7] de toute sorte de bétail qui s'y étoit assemblé. Il est à remarquer que toutes les provinces accouroient à Paris, et parce que l'argent y étoit en abondance et parce que tous les peuples étoient presque également passionnés pour sa défense.

Le 10, M. de Beaufort et M.[8] de la Mothe sortirent

1. Retz avait d'abord écrit à la suite du mot *armée* : « et comme la nôtre commençoit, » puis il a effacé *et* et *la* et mis *armée* au-dessus de la ligne, après avoir ajouté, en marge, entre le premier *armée* et *Comme* toute la phrase : « Clanleu s'y fit tuer », jusqu'à : « de Monsieur le Prince. » Les copies R, H et Caf., qui ont introduit dans le texte la phrase marginale, ont gardé, à la suite, la première rédaction : « Comme la nôtre commençoit.... »

2. De l'autre côté. (Ms H., Caf., 1717-1828.)

3. *A l'autre* a été effacé dans la copie Caffarelli.

4. Retz avait commencé par mettre *prit*, au lieu de *fit*.

5. Détacha mille chevaux. (Ms H, 1717-1828.)

6. Le correcteur du ms Caf. retranche *et*, et commence ici une nouvelle phrase ; à la ligne suivante, il efface les deux *pour* ; puis, à l'avant-dernière ligne de l'alinéa, *parce* et *presque*. Un peu avant, il a ajouté, après *à Paris*, et : « y envoyoient des vivres. »

7. Dans le ms R, *convoi* est biffé, puis écrit de nouveau à la suite.

8. *M.* est ajouté en interligne. — A la ligne suivante, le correcteur de la copie Caf. a effacé *et*.

pour favoriser le retour de Noirmoutier, et ils trouvèrent le maréchal de Gramont dans la plaine de Villejuif[1], qui avoit deux mille hommes de pied des gardes suisses et françoises et deux mille chevaux. Nerlieu, cadet de Beauveau[2], bon officier, qui commandoit la cavalerie des Mazarins[3], étant venu avec beaucoup de vigueur à la charge, fut tué par les gardes de M. de Beaufort dans la porte de Vitri[4]. Briolle[5], père de celui que vous connoissez, arracha l'épée à M. de Beaufort. Les ennemis plièrent, leur infanterie même s'étonna, et il est constant que les piques des bataillons des gardes

---

1. Chef-lieu de canton de l'arrondissement de Sceaux, à huit kilomètres de Paris. — L'orthographe du manuscrit est *pleine* (sic) de *Villeiuifve*.

2. Charles de Beauvau, baron de Nerlieu ou Noirlieu, mestre de camp d'un régiment au service du Roi. Voyez sur ce petit combat les *Mémoires de Mademoiselle*, tome I, p. 205 (elle appelle Nerlieu « un homme de grand mérite »); et le *Journal de d'Ormesson*, tome I, p. 658 et 659. Dubuisson Aubenay (p. 104) donne plus de détails : voyez la note 4 de la page suivante.

3. Dans les copies R et Caf., *du Mazarin;* dans le ms H et toutes les éditions anciennes, *de Mazarin.*

4. Vitry est une commune du canton de Villejuif, à huit kilomètres de Paris, à trois de Villejuif à l'est.

5. Le comte de Briord ou Briolle (dans la copie H, *Brion;* et dans la plupart des éditions anciennes, *Brion* ou *Brionne*) était mestre de camp du régiment de Condé-Cavalerie, comme nous l'apprend Mademoiselle de Montpensier, dans ses *Mémoires*, tome I, p. 205. Son fils, qui fut premier écuyer de Monsieur le Duc, ambassadeur à Turin, etc., avait de bonnes et habituelles relations avec Mme de Sévigné et Bussy Rabutin. Il est nommé une douzaine de fois dans les *Lettres de Mme de Sévigné;* voyez sur lui, au tome III de ces lettres, la note 13 de la page 207. Les mots qui suivent, et qu'on a soulignés, par un trait fort léger, dans la copie Caffarelli, à savoir : « père de celui que vous connoissez, » sont donc une confirmation nouvelle de la conjecture exprimée ci-dessus, p. 58, note 5. Nous en trouvons d'autres dans la manière dont Retz mentionne le duc de Chaulnes, le comte de la Marck, fils du marquis de la Boulaye, du Gué Bagnols, Jean-Jacques de Mesmes, Caumartin, etc.

commençoient à se toucher et à faire un cliquetis qui est toujours marque de confusion, quand le maréchal de la Mothe fit faire halte et ne voulut pas exposer le convoi, qui commençoit à paroître, à l'incertitude d'un combat. Le maréchal de Gramont fut tout heureux de se retirer[1], et le convoi rentra[2] dans Paris, accompagné, je crois, de plus de cent mille hommes, qui étoient sortis en armes au premier[3] bruit qui avoit couru que M. de Beaufort étoit engagé[4].

1. Le ms H et toutes les éditions anciennes donnent simplement : *se retira;* deux lignes plus loin, ces mêmes textes omettent *en armes*.
2. Dans la copie R, dans les ms H, Caf., et dans toutes les anciennes éditions : *entra*.
3. *Premier* est omis dans les copies R, H, et toutes les anciennes éditions.
4. « Sur l'après-diner (*du 10 février*), dit Dubuisson (p. 104), grand alarme à Paris, et tous bourgeois avec leurs armes vont à la débandade au secours. Le prince d'Harcourt fut vu passer, suivi d'environ dix cavaliers, au petit galop, venant de devers la place Royale, par le carrefour de la Couture-Sainte-Catherine, et menant par devant Saint-Paul. En ce même temps, l'on vit du quai de l'Arsenal la cavalerie de la Ville sur le haut de Juvisy retourner en deçà et descendre une bonne partie avec de l'infanterie, à travers du coteau au bord de la rivière, où ils font halte et ralliement, puis entrent par la porte Saint-Bernard. Le bruit est que le duc de Beaufort, qui étoit engagé, a été rescous. Le marquis de Nermonstier (*Noirmoutier*) y fit fort bien, et le baron de Nerlieu, de l'autre parti, y fut tué. Cependant le convoi venu d'Étampes est passé bravement avec tous les bœufs, au nombre de cinq ou six cents, autres disent huit cents, qui est pour la fourniture ordinaire d'une semaine à la Ville, porcs et moutons au nombre de six mille, et que l'on a laissé escorter de bonne cavalerie. Pour les charrettes restées derrière, il n'en est point entré qu'environ vingt; mais il y avoit cent cinquante chevaux et deux cents hommes chargés de farines et de pains. On a même amené quelques prisonniers du parti contraire, entre lesquels est le baron d'Alez (*d'Alais*). C'étoit le maréchal de Gramont qui étoit à la hauteur de Villejuive et Bicêtre pour incommoder ce convoi. » Voyez aussi sur cette affaire le *Journal du Parlement*, p. 71; et ces deux pièces de l'époque : *la Manne céleste ou l'heureuse arrivée du premier convoi de vivres à*

L'onzième, Brillac[1], conseiller des enquêtes et homme de réputation[2] dans le Parlement, dit, en pleine assemblée des chambres, qu'il falloit penser à la paix ; que le bourgeois se lassoit de fournir à la subsistance des troupes, et que[3] tout retomberoit à la fin sur la Compagnie ; qu'il savoit de science certaine que la proposi-

Paris, avec la généreuse sortie des Parisiens (Paris, 8 pages, 1649) ; et *Vers burlesques envoyés à Monsieur Scarron sur l'arrivée du convoi à Paris* (Paris, 4 pages, 1649). Une note manuscrite du temps, qui est probablement de Dubuisson Aubenay, donne à ces deux pièces la date du 10 février 1649, date qui n'a pas été indiquée par M. Moreau dans sa *Bibliographie des Mazarinades* (tome III, p. 265). — Au renvoi 6 du manuscrit Caffarelli, se rapportant à la fin de cet alinéa, on lit : « Il parut ce jour-là une grande inclination de tous les peuples pour M. de Beaufort ». La note est fort juste ; Dubuisson (p. 107 et 108) est curieux sur ce sujet : « Le marquis de la Boulaye, dès la nuit du 11, va pour faire venir le reste du convoi, consistant en charrettes. M. de Beaufort se repose et demeure au lit. Nombre de bourgeois le vont voir à son lever et se conjouir de son retour, se plaignant de n'avoir pas été avertis à temps, le jour précédent, du péril où il étoit ; il dit avoir envoyé de bon matin avertir, et son envoyé dit être venu droit au prince de Conti et en l'Hôtel de Ville. Le peuple est en cervelle pour cela, et menace le prévôt des marchands. M. de Beaufort est tout leur soin et leur amour. »

1. « Conseiller de la quatrième chambre des enquêtes, homme de condition, d'honneur et d'esprit, » dit Dubuisson (p. 108), qui confirme le récit de notre auteur. Voyez aussi le *Journal du Parlement*, p. 72 ; le *Journal de Paris*, p. 227 et 228 ; *Omer Talon*, tome III, p. 40 ; et surtout *d'Ormesson* (tome I, p. 659 et 660), qui rapporte avec soin ces efforts du parti de la paix, auquel il appartenait.

2. Devant *réputation*, le réviseur de la copie Caffarelli ajoute, entre les lignes, *quelque* ; et, à la ligne suivante, après *penser à la paix*, ces mots : « qu'il n'y avoit déjà eu que trop de sang répandu. » Plus loin (p. 220, lignes 5-8), il a effacé tout le jugement sur Brillac et Aubry, depuis *dont le premier*, jusqu'à *Saint-Germain* ; deux lignes plus bas, il a remplacé *touchant* par *sur* ; et, tout à la fin du paragraphe, devant *matin*, il a biffé *au*, qui est également supprimé dans le ms H et dans toutes les éditions anciennes.

3. *Que* est en interligne dans le manuscrit original.

tion[1] seroit très-agréée[2] par la cour. Le président Aubri[3], de la chambre des comptes, avoit parlé la veille au même sens dans le conseil[4] de l'Hôtel de Ville; et vous allez voir que l'on se servoit, à Saint-Germain, de la[5] crédulité de ces deux hommes, dont le premier n'avoit de capacité que pour le Palais et le second n'en avoit pour rien : vous allez voir, dis-je, que l'on s'en servoit à Saint-Germain pour couvrir une entreprise que l'on y avoit formée sur Paris. Le Parlement s'échauffa beaucoup touchant la proposition. L'on contesta de part et d'autre assez longtemps; et il fut enfin résolu[6] que l'on en délibéreroit le lendemain au matin.

Le lendemain, qui fut le 12 de février, Michel[7], qui

---

1. Après *proposition*, les mots : « d'un accommodement, » sont ajoutés, au-dessus de la ligne, dans la copie R, et cette addition a passé dans le texte de toutes les éditions anciennes.

2. Dans le manuscrit : *agréé*.

3. Robert Aubry, sieur de Brevannes, président à la chambre des comptes. On voit bien dans les *Registres de l'Hôtel de Ville* (tome I, p. 220) qu'il fut présent au conseil; mais il n'y est pas question d'une proposition de paix, soit qu'elle n'ait pas été faite, soit qu'elle ait été omise dans les registres par négligence ou à dessein. Retz doit avoir pris ce renseignement dans le *Journal du Parlement*, à l'endroit cité (p. 72).

4. Retz avait écrit d'abord : *l'assemblée*, qu'il a biffé ensuite, pour écrire auprès, en marge, *le conseil*.

5. Ici l'auteur a rayé la syllabe *foi*, commencement de *foiblesse*; plus loin, *la* devant *capacité*; cinq lignes plus bas, il a écrit *d'autres*, au pluriel.

6. Conclu. (Copies R, H, Caf., et toutes les anciennes éditions.)

7. Les *Registres de l'Hôtel de Ville*, tome III, p. 280, nomment un sieur Michel, lieutenant-colonel du président Tubeuf, colonel du quartier du Louvre; c'est peut-être celui dont il s'agit ici; toutefois, dans le récit fait au Parlement et à l'Hôtel de Ville le 12 février, M. de Longueil dit que le Michel dont parle Retz commandait à la porte Saint-Honoré, pour son père le président de Maisons. Dans les *Mémoires de Molé* (tome III, p. 343), le sieur Michel est

commandoit[1] la garde de la porte Saint-Honoré, vint avertir le Parlement qu'il s'y étoit présenté un héraut[2] revêtu de sa cotte d'armes et accompagné de deux trompettes, qui demandoit de parler à la Compagnie, et qui avoit trois paquets, l'un pour elle, l'autre pour M. le prince de Conti et l'autre pour l'Hôtel de Ville[3]. Cette nouvelle arriva justement dans le moment que l'on étoit encore devant le feu de la grande chambre, et que l'on étoit sur le point de s'asseoir; tout le monde s'y entretenoit de ce qui étoit arrivé la veille, à onze[4] du soir, dans les halles, où le chevalier de la Valette[5]

dit « capitaine d'une compagnie du quartier Saint-Honoré, sous la colonelle du sieur Martineau, conseiller au Parlement. »

1. Dans les copies R, H, et les éditions de 1717 et 1718 : *commandoit à*, et trois lignes plus loin : « demandoit (*copie* R : demandoient) à parler. » Le correcteur de la copie Caffarelli, où *de parler* est également remplacé par *à parler*, de même que dans le ms H et les éditions anciennes, change, au commencement de l'alinéa, *lendemain* en *jour suivant*.

2. C'était, comme il est dit dans la première des lettres mentionnées ci-après, p. 288, note 1, « le héraut du titre de Navarre. »

3. Le ms H et toutes les anciennes éditions ont ici une petite lacune; ils ne reprennent qu'aux mots : « on étoit sur le point de s'asseoir; » la lacune dans les copies R et Caf. est moins longue, et ne comprend que les mots : « encore devant le feu de la grande chambre, et que l'on étoit. »

4. Dans le manuscrit original : « à 11 du soir. »

5. Jean Louis, chevalier de la Valette, fils naturel du feu duc d'Épernon (le réviseur de la copie Caf. ajoute en interligne : « bâtard du duc d'Épernon »). Général de l'armée navale des Vénitiens en 1645, il était, à l'époque de la Fronde, lieutenant général des armées du Roi. Il habitait à Paris, rue des Petits-Champs, à l'hôtel du Languedoc, et avait obtenu du Parlement un passe-port pour sortir de la Ville. Le 11 au soir, on ordonna au capitaine de la rue des Petits-Champs de veiller sur la maison de la Valette et d'y empêcher toute violence de la part du peuple, si besoin était. Voyez pour les détails de cette affaire la Valette, le *Journal du Parlement*, p. 75 et suivantes, et les *Registres de l'Hôtel de Ville*, tome I, p. 223 et suivantes.

avoit été pris, semant des billets très-injurieux pour le Parlement et encore plus pour moi[1]. Il fut amené à l'Hôtel de Ville, et je le trouvai[2] sur les degrés comme je descendois de la chambre de Mme de Longueville. Comme[3] je le connoissois extrêmement, je lui fis civilité, et je fis même retirer une foule de peuple

1. M. Moreau a publié, dans le *Choix de Mazarinades* (tome I, p. 179-190), deux billets ou petits pamphlets, distribués, dit-il, par la Valette à Paris, dans la nuit du 11 février. Ils sont intitulés, l'un : « Lis et fais »; l'autre : « A qui aime la vérité »; leur auteur probable est l'évêque de Dol, Cohon, dont il sera parlé plus bas, p. 228 et note 5. Ils sont assez durs pour tous les frondeurs ; mais Retz n'y est pas plus maltraité que les autres ; voici ce qui est dit à son sujet dans le premier : « Le Coadjuteur veut se venger de ce qu'on a rabattu le vol trop hautain qu'il prenoit, voulant joindre le commandement temporel au spirituel, c'est-à-dire le gouvernement de Paris à l'archiépiscopat. » M. Moreau fait suivre ces deux pamphlets (p. 190-207) d'un autre écrit qui les complète et qui commence par ces mots : « Le Roi veut que le Parlement sorte de Paris ». Il doit avoir été distribué dans Paris à peu près en même temps et de la même manière. Une réimpression de cette pièce est mentionnée sous le n° 1160 de la *Bibliographie des Mazarinades* (tome I, p. 341). « Comme elle avoit été publiée, dit M. Moreau, dans l'intérêt et par ordre de la cour, l'éditeur parisien, qui vouloit se mettre en règle avec la justice de la Fronde, y a ajouté cette seule ligne : « Par cet écrit, on peut juger des intentions qu'ont les ennemis du Parlement. » — Le manuscrit Dubuisson de la bibliothèque Mazarine (H. 2786) renferme une foule de documents de l'époque, reliés à la fin de chaque volume. A la page 768 du tome I, se trouve la pièce *Lis et fais*, sous la forme même de placard, prêt à être affiché sur les murs; il y a quelques différences entre le texte de ce placard et celui de la pièce publiée par M. Moreau. Le même érudit a donné, au tome III de la *Bibliographie des Mazarinades*, p. 307, la longue liste des pamphlets qui répondirent à ceux-ci. M. Bazin semble croire que ces pamphlets injurieux : *Lis et fais, A qui aime la vérité*, avaient été exprès répandus par les chefs du parti; la supposition nous paraît peu vraisemblable.

2. Dans la copie R, et dans 1718 C, D, E, 1719-1828 : « où je le trouvai. »

3. Le réviseur de la copie Caffarelli efface ici *Comme*, et à l'avant-dernière ligne du paragraphe, *et*.

qui le maltraitoit. Mais je fus bien surpris quand je vis qu'au lieu de répondre à mes honnêtetés, il me dit d'un ton fier : « Je ne crains rien ; je sers mon Roi. » Je fus moins étonné de sa manière d'agir quand l'on me fit voir ces placards, qui ne se fussent pas en effet accordés avec des compliments. Les bourgeois m'en mirent entre les mains cinq ou six cents copies, qui avoient été trouvées dans son carrosse. Il ne les désavoua point[1]. Il continua à me parler hautement. Je ne changeai pas[2] pour cela de ton avec lui. Je lui témoignai la douleur que j'avois de le voir dans ce malheur, et le provôt des marchands l'envoya prisonnier à la Conciergerie[3].

Cette aventure, qui n'avoit pas déjà beaucoup de rapport avec ces bonnes dispositions de la cour[4] à la paix,

1. Cette petite phrase est omise dans le ms H et dans toutes les anciennes éditions.

2. Ici Retz a changé *point*, qu'il avait mis d'abord, en *pas*.

3. Parmi les documents manuscrits que contient la copie du *Journal de Dubuisson*, on trouve au tome I, p. 770 et 771, une déclaration du Roi en faveur de la Valette, par laquelle le Roi l'avoue pour tout ce qu'il a fait. Le *Journal du Parlement*, p. 79 et 80, fait allusion à cette déclaration, envoyée, dit-il, par Condé au duc de Bouillon. On sursit à l'instruction du procès de la Valette, poursuivi par le Parlement pour avoir exposé des libelles diffamatoires tendants à sédition ; il fut incarcéré à la Bastille. Ses meubles et sa vaisselle, d'une valeur de huit cents marcs, furent saisis pour être convertis en espèce monnayée, et les deniers qui en provinrent furent employés aux frais de la guerre et à payer les dettes de la Valette ; mais, après la paix de Ruel, la cour, pour laquelle il souffrait, obtint bientôt sa liberté, ainsi que le constate une longue lettre du 5 avril, écrite par Saintot, agent secret de le Tellier, qui se trouve à la Bibliothèque nationale, dans un recueil des *Papiers d'État de le Tellier* (Fonds français, nº 4231, p. 102) : « Le chevalier de la Valette et la Raillière (*financier célèbre par ses exactions*) sortirent hier au soir, ainsi que j'avois eu l'honneur de vous mander. »

4. *De la cour* est écrit entre les lignes. — Le correcteur Caf. a ainsi modifié le commencement de cette phrase : « Cette aventure et beaucoup d'autres choses que l'on découvrit n'avoient pas grand rapport avec les bonnes dispositions de la cour, dont Brilhac (*sic*), etc. »

dont Brillac et le président Aubri s'étoient vantés d'être si bien et si particulièrement informés, cette aventure, dis-je, jointe à l'apparition d'un héraut, qui paroissoit[1] comme sorti d'une machine, à point nommé, ne marquoit que trop visiblement un dessein formé. Tout[2] le Parlement le voyoit comme tout le reste du monde; mais tout ce Parlement étoit tout propre à s'aveugler dans la pratique, parce qu'il est si accoutumé, par les règles de la justice ordinaire, à s'attacher aux formalités, que dans les extraordinaires il ne les peut jamais démêler de la substance. « Il faut prendre garde à ce héraut : il ne vient pas pour rien; voilà trop de circonstances ensemble; l'on amuse par des propositions, l'on envoie des semeurs de billets pour soulever[3] le peuple; un héraut paroît le lendemain : il y a du mystère. » Voilà ce que toute la Compagnie disoit, et toute cette même compagnie ajoutoit : « Mais que faire? Un parlement refuser[4] d'entendre un héraut de son roi! un héraut que l'on ne refuse même jamais de la part d'un ennemi! » Tous parloient sur ce ton, et il n'y avoit de différence que le plus haut et le plus bas. Ceux qui étoient dévoués à la cour éclatoient; ceux qui étoient bien intentionnés pour le parti ne prononçoient pas si fermement les dernières syllabes. L'on envoya prier M. le prince de Conti et Messieurs les généraux[5] de ve-

1. *Sembloit*, dans les copies R, H, Caf., et dans toutes les anciennes éditions.

2. Ici et à la ligne suivante, le correcteur du manuscrit Caffarelli a effacé *tout* devant *Parlement*; plus loin, après *accoutumé*, il a ajouté *d'agir* (par mégarde pour *à agir*, vu la suite); puis *et* devant *à s'attacher*. Il a en outre souligné, sans doute en signe de blâme, *la pratique* et *de la substance*.

3. Dans le manuscrit original, *soulever* est écrit au-dessus d'é*mouv*[*oir*], biffé.

4. Après *refuser*, Retz avait d'abord écrit : *à*, qu'il a biffé.

5. Selon le *Journal de d'Ormesson* (tome I, p. 662), Retz arriva

nir prendre leur place; et cependant que l'on attendoit, les uns dans la grande chambre, les autres dans la seconde, les autres dans la quatrième, je pris le bonhomme Broussel à part, et je lui ouvris un expédient qui ne me vint dans l'esprit[1] qu'un quart d'heure devant que l'on eût pris séance.

Ma première vue, quand je connus que le Parlement se disposoit à donner entrée au héraut, fut de faire prendre les armes[2] à toutes les troupes, de le faire passer dans les files[3] en grande cérémonie, et de l'environner tellement, sous prétexte d'honneur, qu'il ne fût presque[4] point vu et nullement entendu du peuple. La seconde fut meilleure et remédia beaucoup mieux à tout[5]. Je proposai à Broussel, qui, comme des plus anciens de la grande chambre, opinoit des premiers, de dire qu'il ne concevoit pas[6] l'embarras où l'on témoignoit être dans ce[7] rencontre; qu'il n'y avoit qu'un parti[8], qui étoit de refuser toute audience et même toute entrée au héraut, sur ce que ces sortes de gens n'étoient jamais en-

au Parlement avec le prince de Conti, le duc de Beaufort et le duc de Luynes; et la délibération commença aussitôt sur l'affaire du héraut.

1. *Dans l'esprit* est en interligne; Retz l'avait d'abord placé à la fin de la phrase, après les mots *pris séance*.

2. D'abord, à la suite du mot *armes*, Retz avait mis : « au peuple et; » puis il a biffé ces trois mots, que l'édition de 1843 a ajoutés au texte.

3. *Les filés*, dans la copie R; *les filets*, dans 1718 C, D, E; *les défilés*, dans 1719-1828.

4. *Presque* est en interligne.

5. Ce dernier membre de phrase : « et remédia, etc., » est omis dans le ms H et dans toutes les éditions anciennes.

6. Ici encore Retz a corrigé *point* en *pas*.

7. Le ms H et les anciennes éditions, sauf celles de 1718 C, D, E, substituent le féminin *cette* au masculin *ce*.

8. Après *parti*, il y a *unique*, effacé. — Le *de* qui, à la ligne suivante, précède *refuser* est ajouté en interligne.

voyés qu'à des ennemis ou à des égaux; que cet envoi n'étoit qu'un artifice très-grossier du cardinal Mazarin, qui s'imaginoit qu'il aveugleroit assez et le Parlement et la Ville pour les obliger à faire le pas du monde le plus irrespectueux et le plus criminel, sous prétexte d'obéissance. Le bonhomme Broussel, qui demeura persuadé de la force de ce raisonnement, quoiqu'il n'eût assurément qu'une apparence très-légère, le poussa jusques aux larmes[1]. Toute la Compagnie s'émut. L'on comprit tout d'un coup que cette réponse étoit la naturelle. Le président de Mesme, qui voulut alléguer des exemples de vingt-cinq ou trente hérauts envoyés par des rois à leurs sujets, fut repoussé et sifflé[2] comme si il eût dit la chose du monde la plus extravagante; l'on ne voulut presque pas[3] écouter ceux qui opinèrent au contraire, et il passa à refuser l'entrée de la Ville au héraut, et de[4] charger Messieurs les gens du Roi d'aller à Saint-Germain rendre raison à la Reine de ce refus[5].

M. le prince de Conti et l'Hôtel de Ville se servirent du même prétexte pour ne pas entendre le héraut et pour

1. Le poussa jusqu'au vif. (Ms H, 1717 A, 1718 B, F.)
2. Dans le manuscrit original et dans la copie R, *chifflé;* dans le ms Caf., *chiflé.*
3. Dans la copie R, et dans la plupart des éditions anciennes, *pas presque.*
4. Retz a bien mis ainsi, et les copistes et éditeurs après lui, d'abord *à*, puis *de*. Le texte de 1717 est le seul qui ait *à refuser* et *à charger.*
5. Voyez la délibération dans le *Journal de d'Ormesson*, tome I, p. 662-665. Molé donne dans ses *Mémoires*, tome III, p. 342-348, le procès-verbal, fait par le héraut, du refus que lui oppose le Parlement de le recevoir. — D'Ormesson ne fait pas mention du président de Mesmes, et le *Journal du Parlement* (p. 75) lui attribue un avis tout contraire à celui que lui prête notre auteur. Guy Joly (tome I, p. 66, note) dit au sujet de cette séance : « J'ai ouï dire au cardinal de Retz et à mon père que ce qui fut dit dans cette occasion est ce qu'ils ont entendu de plus beau dans leur vie. »

ne pas recevoir les paquets, qu'il laissa, le lendemain, sur la barrière de la porte Saint-Honoré. Cet incident, joint à la prise du chevalier de la Valette, fit que l'on ne se ressouvint pas seulement de la résolution que l'on avoit faite, la veille, de délibérer sur la proposition de Brillac[1]. L'on n'eut que de l'horreur et[2] de la défiance pour ces fausses lueurs[3] d'accommodement ; et l'on s'aigrit bien davantage, quelques jours après[4], dans lesquels[5] on apprit le détail de l'entreprise. Le chevalier de la Valette, esprit[6] noir, mais déterminé, et d'une valeur propre et portée à entreprendre, ce qui n'a pas été ordinaire à

1. Ici, au renvoi 7[a] de la copie Caffarelli, on lit ces mots curieux : « L'affaire du héraut ne me semble pas bien narrée : comme ce fut une délibération très-importante et un des plus beaux endroits, il mérite d'être travaillé. Il faut voir pour cela tous ceux qui en ont écrit et en conférer. » Voyez à l'*Appendice* la pièce intitulée : *Instruction générale du héraut allant vers le Parlement, le corps de Ville et le prince de Conti, à Paris, le* 12 *février* 1649. Une copie manuscrite de cette pièce se trouve insérée entre les feuillets 4 et 5 du manuscrit Caffarelli ; elle a déjà été publiée, avec des variantes de peu d'importance, dans le *Bulletin de la Société de l'histoire de France* (2de partie, tome II, p. 142-145, 1835), d'après un manuscrit de la bibliothèque de l'Arsenal.
2. Les mots : « de l'horreur et, » sont omis dans le ms H et dans toutes les éditions anciennes. Ce manuscrit et ces éditions ont, aux lignes suivantes, diverses autres lacunes, celles de *et portée*; de tout le membre de phrase : « ce qui n'a pas été ordinaire, etc.; » des mots : « pour cet effet du trouble et, » ou seulement « du trouble et ».
3. Le ms H remplace *ces fausses lueurs* par *ces leurres;* 1717 A, 1728 B, F, par *ces lettres*. Le ms Caf. et les autres éditions anciennes omettent seulement *fausses*.
4. *Après* est suivi, dans le manuscrit original, de *que*, biffé.
5. A *dans lesquels* le ms H et, hormis 1717, toutes les éditions antérieures à 1837 substituent *quand*.
6. *Esprit* est en interligne.

[a] Il y a, par erreur, un chiffre 6 à la marge du manuscrit; le suivant est bien 8. »

celle de notre siècle, avoit formé le dessein de nous tuer, M. de Beaufort et moi, sur les degrés du Palais, et de se servir pour cet effet du trouble et de la confusion qu'il espéroit qu'un spectacle¹ aussi extraordinaire que celui de ce héraut jetteroit dans la Ville. La cour a toujours nié ce complot à l'égard de notre assassinat²; car elle avoua et répéta³ même le chevalier de la Valette à l'égard des placards⁴. Ce que je sais, de science certaine, est que Cohon, évêque de Dol⁵, dit l'avant-

1. Retz a écrit, puis effacé, puis récrit le mot *spectacle*.

2. Dans les copies R, H, Caf., et dans toutes les anciennes éditions : « à l'égard de l'entreprise sur nos personnes. »

3. C'est-à-dire *redemanda;* à ce mot l'édition de 1837 a substitué *respecta*.

4. On lit dans le *Journal de Dubuisson Aubenay*, au 14 février (p. 117) : « Trompette de la cour de Saint-Germain, déclarant qu'on y avouoit tout ce qui avoit été fait par le chevalier de la Valette, surpris en semant des libelles de nuit. Monsieur le Prince en a écrit en cette conformité à M. le duc de Bouillon, avec menace de traiter des officiers qu'il a du régiment de ce duc en la même sorte que ce chevalier sera traité de par deçà. » C'était constituer la Valette prisonnier de guerre. Dubuisson ajoute (p. 118) : « On ne laisse pas d'instruire le procès du chevalier de la Valette; mais on surseoira le jugement.» On se contenta de la confiscation de l'argenterie, dont nous avons déjà parlé (p. 223, note 3). Quant au projet d'assassinat, il n'en est pas question ailleurs qu'ici.

5. Anthime-Denis ou Antoine-Denis Cohon, évêque d'abord de Nimes, puis de Dol, en Bretagne, était du parti de la cour; aussi est-il souvent fort maltraité dans les pamphlets de l'époque : une des plaisanteries les plus ordinaires est de l'appeler « évêque de Dol et de Fraude. » Dans un pamphlet intitulé : *Conseil nécessaire donné aux bourgeois de Paris*, où on le présente comme l'auteur des billets distribués par le chevalier de la Valette, on l'appelle « comédien dans la chaire, fils d'un cabaretier du pays du Maine. » C'était une erreur : Cohon avait été élevé au Mans, mais il était né dans l'Anjou. Dans un autre libelle : *Nouvelle proposition faite par les bourgeois de Paris à Messieurs du Parlement*, on suppose une requête dans laquelle on demande de confier auxdits bourgeois le châtiment de Mazarin; on désire « le coupler (*sic*) avec l'insolent Cohon à la queue d'un cheval, duquel Delaulne, le maltôtier, sera le conduc-

veille[1] à l'évêque d'Aire que M. de Beaufort et moi ne serions pas en vie dans trois jours[2].

Le 19, M. le prince de Conti dit au Parlement qu'il y avoit au parquet des huissiers un gentilhomme envoyé de M.[3] l'archiduc Léopold[4], qui étoit gouverneur des

teur ou chartier (sic), pour leur faire voir les longueurs et largeurs de toutes les rues de Paris; puis, attachés à deux poteaux, nos enfants s'exerceront avec leurs frondes à qui visera le plus droit à eux. » Cohon avait été chargé de prononcer l'oraison funèbre du prince de Condé (8 janvier 1647).

1. *L'avant-veille* est effacé, au crayon rouge, dans la copie Caf.

2. Dans un pamphlet, intitulé : *Lettre interceptée du sieur Cohon, contenant son intelligence et cabale secrète avec Mazarin* (16 février 1649, 7 pages), il est question de Boutant, évêque d'Aire, comme devant bientôt aller rendre compte à Saint-Germain du résultat de ses démarches auprès de quelques-uns des chefs du parti. Cette lettre, qui est au moins très-vraisemblable, si elle n'est pas authentique, fut dénoncée au Parlement par le président de Novion (18 février), et elle donna naissance, contre les deux évêques, à un procès criminel, dont il est parlé dans le *Journal du Parlement* (p. 83 et 84), et dans le *Journal de d'Ormesson* (p. 669). L'évêque d'Aire, pour sa récompense, fut, à la fin de février, nommé évêque d'Évreux. — Les copies R, H et Caf. et les éditions antérieures à 1837 donnent ici, avec quelques variantes çà et là, les lignes suivantes, qui sont évidemment de Retz, bien qu'elles ne se trouvent pas dans le manuscrit autographe de la Bibliothèque nationale : « Et ce qui est à remarquer est qu'il[a] lui parla, dans la même conversation, de Monsieur le Prince, comme d'un homme qui n'étoit pas assez décisif, et auquel on ne pouvoit pas dire toute chose. Cela m'a fait juger que Monsieur le Prince ne savoit pas le fond du dessein du chevalier de la Valette. J'ai toujours oublié de lui en parler. » On peut présumer que Retz a commis là un oubli prémédité, sachant sans doute mieux que personne ce qu'il y avait de vrai dans ce projet d'assassinat.

3. Dans la copie Caf., *Monseigneur*, effacé. — A la phrase suivante, le réviseur de cette copie a fait ce changement : « Les gens du Roi entrèrent, *à la fin de ce discours*, pour rendre compte, etc. » Dans le manuscrit original les mots : *discours de* sont écrits à la marge.

4. Voyez ci-dessus la note 6 de la page 63, où il s'est glissé, par

[a] Les mots : « ce qui est à remarquer est que, » ne sont que dans le ms Caf.; les autres textes commencent par : « Et il lui parla. »

Pays-Bas pour le roi d'Espagne, et que ce gentilhomme demandoit audience à la Compagnie. Les gens du Roi entrèrent, au dernier mot du discours de M. le prince de Conti, pour rendre compte de ce qu'ils avoient fait à Saint-Germain, où ils avoient été reçus admirablement[1]. La[2] Reine avoit extrêmement agréé les raisons pour lesquelles la Compagnie avoit refusé l'entrée au héraut; elle avoit assuré les gens du Roi que bien qu'en l'état où étoient les choses, elle ne pût pas reconnoître les délibérations du Parlement pour des arrêts[3] d'une compagnie souveraine, elle ne laissoit pas de recevoir avec joie les assurances qu'il[4] lui donnoit de son respect et de sa soumission; et que pour peu que le Parlement donnât

suite d'une faute d'impression, une fausse date. L'archiduc Léopold-Guillaume, qui était fils, comme nous l'avons dit, de l'empereur Ferdinand II, et frère de l'empereur Ferdinand III, et qui fut gouverneur des Pays-Bas de 1647 à 1656, mourut en novembre 1662.

1. D'Ormesson (tome I, p. 664) nous dit que beaucoup dans le Parlement avaient voté la proposition de Broussel, inspirée ou non par Retz : « C'étoit exécuter la proposition de M. de Brillac et faire le premier pas que l'on vouloit à la cour que le Parlement fît pour l'accommodement. » En effet, le jour même, 12 février, les gens du Roi, Talon, Méliand et Bignon, avaient demandé des passe-ports, qu'ils avaient obtenus le 16, et s'étaient rendus à Saint-Germain le 17; revenus à Paris le 18, ils vinrent faire le 19 au Parlement la relation de leur voyage. On trouve la harangue d'Omer Talon dans ses *Mémoires* (tome VI, p. 51 et 52), et dans le *Journal du Parlement* (p. 85 et 86). D'Ormesson (p. 671) donne quelques détails omis par Talon et une analyse très-exacte de son discours. Guy Joly (tome I, p. 67) croit, ainsi que lui, que cette « momerie de héraut » avait été concertée avec les parlementaires amis de la cour. »

2. En regard de cette phrase se trouve en marge, dans la copie Caffarelli, le chiffre qui renvoie à la note 8, ainsi conçue : « Le cardinal Mazarin s'étoit aperçu de la faute qu'il avoit faite lorsqu'il avoit renvoyé, la première fois, les gens du Roi sans les entendre. »

3. « Pour les arrêts, » dans le ms H et les éditions de 1717 A, 1718 B, F, 1837-1866.

4. Retz avait écrit d'abord *qu'elle*, et il l'a ensuite corrigé en

SECONDE PARTIE. [Février 1649]

d'effet[1] à ses assurances, elle lui donneroit[2] toutes les marques de sa bonté et même de sa bienveillance[3], et en général et en particulier. Talon, avocat général, et qui parloit toujours avec dignité et avec force, fit ce rapport avec tous les ornements qu'il lui put donner, et il conclut par une assurance qu'il donna lui-même, en termes fort pathétiques[4], à la Compagnie, que si elle vouloit faire une députation à Saint-Germain, elle y seroit très-bien reçue et pourroit être d'un grand acheminement à la paix. Le Premier Président lui ayant dit ensuite qu'il y avoit à la porte de la grande chambre un envoyé de l'Archiduc, Talon, qui étoit habile, en prit sujet[5] de fortifier son opinion. Il marqua que la providence de Dieu faisoit naître, ce lui sembloit, cette occasion pour avoir plus de lieu de témoigner encore davantage au Roi la fidélité du Parlement en ne donnant point d'audience à l'envoyé, et en rendant simplement compte à la Reine du respect que l'on conservoit pour elle en la refusant[6]. Comme cette apparition d'un député d'Espagne dans

---

qu'il; il y a *qu'elle* dans les copies R, H et Caf., et dans les éditions de 1717 A, 1718 B, F, 1837-1866. Les autres éditions ont remplacé *qu'il, qu'elle,* par « que la Compagnie ».

1. *D'effets,* au pluriel, dans les copies R et Caf.

2. Le réviseur du manuscrit Caffarelli a remplacé « elle lui donneroit » par : « il recevroit du Roi et d'elle; » puis, dans cette correction, il a biffé les mots *du Roi et.*

3. Les mots : « et même de sa bienveillance, » manquent dans le ms Caf. et dans presque toutes les anciennes éditions.

4. En forme pathétique. (Ms H, 1717 A, 1718 B, F.)

5. Il y a dans le manuscrit original : « en prit de sujet. » Retz, après *prit,* a effacé *encore plus* (reproduit dans les éditions de 1837-1866), et c'est sans doute par distraction qu'il a laissé *de.*

6. A la fin de son discours, rapporté, nous l'avons dit, au tome VI de ses *Mémoires,* Talon se contente de dire (p. 52), au nom des gens du Roi, que l'envoyé de l'Archiduc « ne doit pas être ouï dans la Compagnie jusqu'à ce que la Reine en ait été avertie. »

le parlement de Paris fait une scène qui n'est pas fort ordinaire dans notre histoire, je crois qu'il est à propos de la reprendre[1] un peu de plus loin.

Vous[2] avez déjà vu que Saint-Ibar[3], qui entretenoit toujours beaucoup de correspondance avec le comte de Fuensaldagne[4], m'avoit pressé, de temps en temps, de lier un commerce[5] avec lui, et je vous ai aussi rendu compte des raisons[6] qui m'en avoient empêché. Comme je vis que nous étions assiégés, que le Cardinal envoyoit

1. Aux premiers mots de ce membre de phrase le ms H et les anciennes éditions substituent *reprenons* ou *reprenons-la* ou encore *reprenons la chose.*

2. Ici se place cette 9° note de la copie Caffarelli : « Il faut bien se garder de prendre sur soi l'envoi du député de l'Archiduc. Sur ce chapitre on peut bien suivre ; mais il ne faut primer. On peut bien dire que vous fûtes courtisé par Saint-Ibal, qui écrivoit à Montrésor, son cousin, et qu'il vous pressoit de la part d'Espagne : à quoi vous répondîtes toujours que vous ne seriez jamais l'auteur d'une liaison avec l'Espagne ; que vous étiez trop François pour cela ; que cela étoit bon à M. d'Elbeuf, qui avoit été quinze ans avec eux ; que pour vous, vous [vous] tiendriez uni avec le Parlement, parce que cette union étoit votre justification. » — Entre les feuillets 248 et 249 de la même copie est intercalée une page, d'une écriture assez semblable à celle des annotations, qui se rapporte à cet endroit. Nous la donnerons à l'*Appendice* du tome II. C'est le récit d'une conversation entre Retz et Caumartin, dans laquelle celui-ci, la veille du jour où le député de l'Archiduc parut dans le Parlement, fait tout son possible pour détourner son ami de « prendre des mesures avec Espagne. »

3. Dans les copies R et Caf., *Saint-Ibal;* dans le manuscrit original, on a ici et plusieurs fois dans la suite corrigé, d'une autre encre, l'*r* final en *l.*

4. Le comte de Fuensaldaña était capitaine général des Pays-Bas sous l'archiduc Léopold-Guillaume d'Autriche : voyez ci-dessus, la note 5 de la page 63. — Dans la copie R, *Fensadaigne;* dans le ms Caf., ici *Fonsaldagne,* mais ensuite *Fuensaldagne.*

5. Dans la copie H et dans toutes les anciennes éditions : « de lier commerce. »

6. Le correcteur du manuscrit Caffarelli remplace « rendu compte des raisons, » par « expliqué les raisons. »

Vautorte[1] en Flandres pour commencer quelque négociation avec les Espagnols, et que je connus que notre parti étoit assez formé pour n'être pas chargé en mon particulier de l'union avec les ennemis de l'État, je ne fus plus si scrupuleux ni si délicat, et je fis écrire par Montrésor[2] à Saint-Ibar, qui n'étoit plus en France, et qui étoit tantôt à la Haie et tantôt à Bruxelles, qu'en l'état où étoient les affaires, je croyois pouvoir écouter avec honneur les propositions que l'on me pourroit faire pour le secours de Paris; que je le priois toutefois de faire en sorte que l'on ne s'adressât pas à moi directement et que[3] je ne parusse en rien de ce qui seroit public[4]. Ce qui m'obligea d'écrire, en ce sens, à Saint-Ibar, ou plutôt de lui faire écrire, fut qu'il m'avoit fait dire lui-même par Montrésor que les Espagnols, qui savoient qu'il n'y avoit que moi à Paris qui fût proprement maître du peuple, et qui voyoient que je ne leur faisois point parler, commençoient à s'imaginer que je pouvois avoir quelque mesure à la cour qui m'en empêchoit; et qu'ainsi ne comp-

---

1. François Gruget, sieur de Vautorte, agent diplomatique souvent employé par le cardinal Mazarin. Il avait été avocat général au grand conseil et devint Conseiller d'État. — On voit par un billet de la Reine à la date du 22 mars 1649, cité dans les *Mémoires de Molé* (tome III, p. 429 et 430), qu'elle avait « envoyé depuis peu le sieur de Vautorte à Bruxelles. »

2. « Par Montrésor » manque dans les copies R, H et Caf., et dans toutes les éditions anciennes.

3. Après *que* Retz a effacé les mots : « la lettre que. »

4. Ceci pourrait être (M. Bazin n'en doute point) une ingénieuse invention de notre auteur, pour nous expliquer comment en public on ne s'adressait pas à lui, quoique, à l'entendre, il dirigeât tout. Ajoutons toutefois qu'on sait d'ailleurs qu'il était déjà, d'assez longue main, engagé avec l'Espagne; Guy Joly, son détracteur, dit même (tome I, p. 68) qu'Arnolfini, l'envoyé de l'Archiduc, choisi par Mme de Chevreuse, laquelle était alors à Bruxelles, « avoit ordre de négocier principalement avec le Coadjuteur et avec ceux qui étoient le plus dans la confidence de cette dame. »

tant rien, à l'égard de Paris, sur les autres généraux, ils pourroient bien donner dans les offres immenses que le Cardinal leur faisoit faire tous les jours. Je connus, par un mot que Mme de Bouillon laissa échapper, qu'elle en savoit autant que Saint-Ibar; et de concert avec Monsieur son mari et avec elle, je fis le pas dont je viens de vous rendre compte, et[1] j'insinuai, du même concert, que l'on nous feroit plaisir de faire ouvrir la scène par M. d'Elbeuf. Comme il avoit été, dans le temps du cardinal de Richelieu, douze ou quinze ans[2] en Flandre, à la pension d'Espagne, la voie paroissoit toute naturelle. Elle fut prise aussi[3], aussitôt qu'elle fut proposée. Le comte de Fuensaldagne fit partir, dès le lendemain, Arnolfini, moine bernardin, qu'il fit habiller[4] en cavalier, sous le nom de dom Joseph de Illescas[5]. Il arriva chez M. d'Elbeuf, à deux heures après minuit[6], et il lui donna un

1. *Et* manque dans les copies R, H, Caf. et toutes les éditions antérieures à la nôtre. La copie R, ainsi que le ms H, et 1717, 1718 C, D, E, donne ensuite « de (pour *du*) même concert; » 1717 A, 1718 B, F : « de même de concert. »

2. Douze à quinze ans. (1837-1866.)

3. Devant *aussitôt*, les copies H, R et Caf. omettent *aussi*.

4. Dans les copies R, H, Caf., et la plupart des anciennes éditions, « qui se fit habiller; » à la fin de la phrase, les copies R et Caf., pour *Illescas*, donnent *Illouas*; le ms H, *Illovus*; 1717, *de Illovas*.

5. M. Aubineau, dans son édition des *Mémoires du P. René Rapin*, tome I, p. 270, a écrit sur ce personnage une note d'où nous extrayons ce qui suit : « Il serait curieux que le bernardin dom Diego[a] Arnolfini de Illescas fût le religieux de Cîteaux que l'assemblée du clergé de 1641 recommandoit à la Sorbonne de charger de faire une *Somme morale* en réponse au livre du P. Bauny. » C'étoit, dit Guy Joly (tome I, p. 68), un « homme de peu de considération, mais qui ne manquoit pas d'esprit. »

6. Selon Guy Joly (p. 68), « il y avoit plus de quinze jours que cet envoyé étoit à Paris, quelques-uns de la Compagnie ayant travaillé pendant ce temps à lui dresser une créance, dont on accu-

[a] Au lieu de *Joseph*, comme l'appelle notre auteur. *Diego* est une des formes qui, en espagnol, correspondent à notre prénom *Jacques*.

petit billet de créance¹; il la lui expliqua telle que vous vous la pouvez imaginer.

M. d'Elbeuf se crut le plus considérable homme du parti; et le lendemain, au sortir du Palais, il nous mena tous dîner chez lui, c'est-à-dire tous ceux qui étoient les plus considérables², en nous disant qu'il avoit une affaire importante à nous communiquer. M. le prince de Conti, MM. de Beaufort et de la Mothe, et les présidents le Cogneux, de Bellièvre, de Nesmond³, de Novion et Viole s'y trouvèrent. M. d'Elbeuf, qui étoit grand saltimbanque de son naturel, commença la comédie par la tendresse qu'il avoit pour le nom françois, qui ne lui avoit pas permis d'ouvrir seulement un petit billet qu'il avoit reçu d'un lieu suspect. Ce lieu ne fut nommé qu'après deux ou trois circonlocutions toutes pleines de scrupules et de mystères, et le président de Nesmond⁴, qui, avec tout le feu d'un esprit gascon, étoit l'homme du monde le plus simple, remplit la seconde scène d'aussi bonne foi qu'il y avoit eu d'art à la première⁵. Il regarda ce billet que M. d'Elbeuf avoit jeté sur la table, très-proprement recacheté, comme l'holocauste du sabbat⁶.

soit particulièrement le président de Bellièvre et le sieur de Longueil. »

1. A ceci s'applique la note 10 du ms Caf. : « On ne s'imagine point cette créance; il la faut dire. »

2. D'abord Retz avait ajouté *du parti*, qu'il a biffé ensuite pour éviter une répétition de deux des mots précédents.

3. François-Théodore de Nesmond, seigneur de Couberon, président à mortier depuis le 20 décembre 1636; il mourut en 1664, âgé de soixante-six ans : son père avait été premier président à Bordeaux.

4. Dans la copie Caffarelli, le nom propre *de Nesmond* a été ici ajouté au-dessus de la ligne par le correcteur.

5. D'aussi bonne foi qu'il y avoit eu sujet de rire à la première. (Ms H., 1717 A, 1718 B, F.)

6. C'est-à-dire comme une chose interdite à tous ceux qu'un dé-

Il dit que M. d'Elbeuf avoit eu grand tort d'appeler des membres du Parlement à une action de cette nature. Enfin le président le Cogneux, qui s'impatienta de toutes ces niaiseries[1], prit le billet, qui avoit effectivement bien plus d'air[2] d'un poulet que d'une lettre de négociation ; il l'ouvrit, et après avoir lu ce qu'il contenoit, qui n'étoit qu'une simple créance, et avoir entendu de la bouche de M. d'Elbeuf ce que le porteur de la créance lui avoit dit, nous fit une pantalonnade digne des premières scènes[3] de la pièce. Il tourna en ridicule toutes les façons qui venoient d'être faites ; il alla au-devant de celles qui s'alloient faire ; et l'on conclut, d'une commune voix, à ne pas rejeter le secours d'Espagne[4]. La

voir tout spécial ne contraignait point à la faire. C'est une allusion à un passage de l'*Évangile de saint Matthieu*, chapitre XII, verset 5. Pour offrir l'holocauste du sabbat, que la loi prescrivait (voyez le livre des *Nombres*, chapitre XXVIII, versets 9 et 10), les prêtres étaient obligés de violer une autre loi, celle qui ordonnait de sanctifier par le repos le jour du sabbat. Retz écrit : *holaucauste*.

1. Le réviseur de la copie Caffarelli a effacé les mots : « de toutes ces niaiseries. »

2. Bien plus l'air. (Ms Caf.) — Plutôt l'air. (Ms H.) — *Plus l'air* (sans *bien*), dans toutes les anciennes éditions.

3. Retz, par mégarde, a écrit *scène*, sans *s*.

4. Le chiffre 11, placé en regard de ce passage, dans le ms Caf., renvoie à cette longue note : « Cela est coupé trop court. Il faut faire dire au président le Cogneux toutes les raisons pour recevoir l'assistance des Espagnols, et faire voir qu'il est de l'intérêt de l'État, aussi bien que de celui des particuliers, de les écouter et de se servir d'eux ; qu'on est dans une affaire qui peut changer à tous les moments ; que les peuples sont inconstants et se peuvent tourner contre le Parlement, si l'affaire duroit trop longtemps ; qu'il est du bien de l'État de la faire le plus tôt qu'on pourra ; qu'il n'y a jamais eu de division dans l'État où pareille chose ne soit arrivée ; qu'on peut se servir des Espagnols sans le devenir ; que la bonne intention justifiera assez ; que c'est un moyen sûr de faire entendre raison à la cour ; que M. le duc d'Orléans et Monsieur le Prince appréhenderont que l'affaire n'aille trop loin, et forceront la Reine et le Ma-

difficulté fut en la manière de le recevoir : elle n'étoit pas, dans la vérité, médiocre, par beaucoup de circonstances particulières.

Mme de Bouillon, qui s'étoit ouverte avec moi, la veille, du commerce qu'elle avoit avec Espagne, m'avoit expliqué[1] les intentions de Fuensaldagne, qui étoient de s'engager avec nous, pourvu qu'il fût assuré, de son

zarin à entendre à quelque accommodement raisonnable ; qu'il ne s'agissoit que de bien conduire ce négoce, en sorte qu'on se servît des Espagnols et qu'ils ne nous déshonorassent pas.

« Je souhaiterois que vous prissiez le parti contraire, et que vous fissiez voir que c'est ici un parti des parlements, qui auront horreur des Espagnols et de ceux qui s'entendront avec eux ; que ce sont des remèdes auxquels il ne faut venir qu'à l'extrémité, et qu'ils ne sont pardonnables que dans un besoin extrême, lorsqu'il s'agit de ne pas périr ; que rien ne presse ; que les Espagnols ont assez d'intérêt à empêcher que le parti du Parlement ne soit écrasé ; qu'ils feront d'eux-mêmes tout ce qu'il faudra pour cela ; qu'on peut répondre honnêtement sans s'embarquer avec eux, et leur dire même que l'on a des mesures à garder, qu'il pourroit venir d'autres occasions où l'on auroit recours à eux, mais qu'en cela on doit observer le mouvement et l'inclination des peuples et du Parlement....[a] Il y a mille belles raisons à dire là-dessus pour faire voir[b] qu'il n'étoit pas encore temps, que rien ne pressoit. Ce rôle sera très-honnête à jouer ; il faut que vous soyez entraîné et confesser dans la suite que, dans la vérité, la démarche des Espagnols fut cause de la paix, et qu'ils en furent les dupes, et tourner la chose d'une manière qui (sic) paroisse que vous ne vouliez point des Espagnols, mais que voyant des princes du sang, des ducs, des officiers de la couronne et particulièrement des présidents du Parlement, que vous ne pûtes vous défendre, etc. »

1. On peut être tenté d'abord de se demander ici comment il se fait que Retz, s'il était aussi avancé avec l'Espagne qu'il le dit, ne fût pas aussi bien instruit des intentions de Fuensaldagne que Mme de Bouillon ? Mais ce qui est dit ensuite du peu d'ouverture qu'il avait donné jusque-là au capitaine général à négocier avec lui répond jusqu'à un certain point à la question.

a Ces points sont dans l'original.
b L'annotateur avait d'abord écrit *voir*, qu'il a biffé ; puis *paroître*, qu'il a biffé également pour récrire *voir*.

côté, que nous nous engageassions avec lui[1]. Cet engagement ne se pouvoit prendre de notre part que par le Parlement ou par moi. Il doutoit fort du Parlement, dont il voyoit les deux principaux chefs, le Premier Président et le président de Mesme, incapables d'aucune proposition. Le peu d'ouverture que je lui avois donné[2] jusque-là à négocier avec moi, faisoit qu'il ne fondoit guère davantage sur ma conduite que sur celle du Parlement[3]. Il n'ignoroit pas ni le peu de pouvoir ni le peu de sûreté de M. d'Elbeuf; il savoit que M. de Beaufort étoit dans mes mains, et de plus que son crédit, à cause de son incapacité, n'étoit qu'une fumée. Les incertitudes perpétuelles de M. de Longueville et le peu de sens du maréchal de la Mothe ne l'accommodoient pas. Il se fût fié en[4] M. de Bouillon; mais M. de Bouillon ne lui pouvoit pas répondre de Paris : il n'y avoit aucun pouvoir; et même les gouttes, qui le tenoient dans le lit et qui l'empêchoient d'agir, avoient donné lieu aux gens de la cour à jeter des soupçons contre lui dans les esprits des peuples. Toutes ces considérations, qui embarrassoient Fuensaldagne, et qui le pouvoient fort naturellement[5] obliger à chercher ses avantages du côté de Saint-Germain, où l'on appréhendoit avec raison sa jonction avec nous :

1. L'auteur avait écrit d'abord : « pourvu qu'ils fussent assurés, de leur côté, que nous nous engageassions avec eux. » — Dans les copies R, H et Caf., et dans toutes les anciennes éditions, *engagerions* remplace *engageassions*.

2. Dans l'original et dans les copies R, H, Caf., et les éditions antérieures à la nôtre, sauf 1825, 1837-1866, *donné* s'accorde ainsi, comme cela doit être, avec *le peu*. Comparez p. 138.

3. La fin de la phrase : « que sur celle du Parlement, » est supprimée dans le ms H et toutes les anciennes éditions; et ensuite *pas* (après *ignoroit*), qui manque aussi dans les copies R, H, Caf.

4. *Fié à*. (Copies R, H, Caf. et 1717-1828.)

5. « Pouvoient fort aisément. » (Copies R et Caf.) — « Pouvoient aisément. » (Ms H et toutes les éditions anciennes.)

toutes ces considérations, dis-je, ne se pouvoient rectifier pour le bien du parti que par un traité du Parlement avec Espagne[1], qui étoit de toutes les choses du monde la plus impossible, ou par un engagement que j'y prisse moi-même, tout à fait positif.

Saint-Ibar, qui se ressouvenoit qu'il avoit autrefois[2] écrit sous moi une instruction[3] par laquelle je proposois cet engagement positif, ne doutoit pas que je ne fusse encore dans la même disposition, puisque je m'étois résolu à écouter ; et quoique Fuensaldagne ne fût pas de son avis, par la raison que je vous ai tantôt marquée[4], il ne laissa pas de charger l'envoyé de le tenter et de me témoigner même qu'il ne feroit aucun pas pour nous sans ce préalable. Cet envoyé, qui, devant que de voir M. d'Elbeuf, avoit eu deux jours de conférence[5] avec M. et Mme de Bouillon, s'en étoit clairement expliqué[6] avec eux, et c'est ce qui avoit obligé la dernière à s'ouvrir encore davantage avec moi, sur ce détail, qu'elle n'avoit fait jusque-là. Ce que la nécessité d'un secours prompt et pressant m'avoit fait résoudre autre-

1. Retz avait commencé par écrire *Fuensal[dagne]*, qu'il a ensuite biffé et remplacé par *Espagne*. — Dans les copies R, H et Caf., *avec l'Espagne*.
2. *Autrefois* est en interligne.
3. C'est celle dont Retz a déjà parlé au moment de la retraite de la cour à Ruel et de l'arrivée du prince de Condé à Paris, vers la fin de septembre 1648 : voyez ci-dessus, p. 74 et 75.
4. Page 233. — Cette incise : « par la raison que, etc., » manque dans le ms H, et dans toutes les éditions anciennes.
5. Tel est le texte des copies R, H et Caf., et des éditions de 1717, 1717 A, 1718 B, F; celles de 1718 C, D, E, 1719-1828, après *deux*, ajoutent *ou trois;* la leçon du manuscrit original est : « avoit eu *de* jours de conférence; » il nous paraît bien que l'auteur, par inadvertance, a mis *de* pour *deux*. L'édition de 1837 donne : « avoit eu de jour des conférences ; » celles de 1843-1866 : « avoit eu jour des conférences. »
6. *Expliqué* est écrit en marge.

fois de proposer, par l'instruction dont je viens de vous parler, n'étoit plus mon compte. Il ne pouvoit plus y avoir de secret dans le traité¹, qui, de nécessité, devoit être en commun avec des généraux dont les uns m'étoient suspects et les autres m'étoient redoutables. J'avois commencé à m'apercevoir que M. de la Rochefoucauld avoit fort altéré les bons sentiments de Mme de Longueville pour moi², et que par conséquent je ne pouvois pas compter sur M. le prince de Conti.

Je vous ai déjà expliqué le naturel de M. de Longueville et la force du maréchal de la Mothe³. Je n'ai rien à vous dire de M. d'Elbeuf. Je considérois M. de Bouillon, soutenu par l'Espagne, avec laquelle il avoit, par la considération de Sedan, les intérêts du monde les plus naturels, comme un nouveau duc du Maine qui en auroit mille autres, au premier jour, tout à fait séparés de ceux de Paris, et qui pourroit bien avec le temps, assisté de l'intrigue et de l'argent de Castille, chasser le Coadjuteur de Paris, comme le vieux M. du Maine en avoit chassé à la Ligue le cardinal de Gondi, son grand-oncle⁴. Dans la conférence que j'eus avec M. et Mme de

---

1. De sûreté dans un traité. (Copie Caf.)
2. Le Coadjuteur avait récemment encore baptisé avec pompe le fils dont Mme de Longueville était accouchée, à l'Hôtel de Ville, dans la nuit du 28 au 29 janvier, et qu'on avait nommé *Charles-Paris*. La cérémonie avait eu lieu à Saint-Jean en Grève. Voyez la *Gazette* de 1649, p. 85.
3. Le ms H et les anciennes éditions sautent deux lignes et portent : « J'aperçevois que M. de la Rochefoucauld avoit fort altéré les bons sentiments de Mme de Longueville et la force du maréchal de la Mothe ; » 1718 C, D, E substituent *aliéné* à *altéré* ; le ms H, 1717 A et 1718 B, C, F changent *Mme* en *M. de Longueville*.
4. Pierre de Gondi était frère d'Albert de Gondi, père de Philippe-Emmanuel de Gondi, père lui-même du Coadjuteur. Pierre de Gondi, cardinal et évêque de Paris, ne put rentrer dans cette ville, en 1591, pendant qu'elle était sous l'autorité du duc de Mayenne.

Bouillon touchant l'envoyé, je ne leur cachai rien de mes raisons, sans en excepter même la dernière, que j'assaisonnai, comme vous pouvez juger, de toute la raillerie la plus douce et la plus honnête qui me fut possible. Mme de Bouillon, qui ne faisoit, ou plutôt qui ne disoit[1] jamais de galanterie que de concert avec son mari, n'oublia rien de toute celle qui l'eût rendue l'une des plus aimables personnes du monde[2], quand même elle eût été laide[3], pour me persuader que je ne devois point balancer à traiter; et que Monsieur son mari et moi, joints ensemble par une liaison particulière, emporterions toujours si fort la balance, que les autres ne nous pourroient faire aucune peine.

M. de Bouillon, qui étoit fort habile, et qui connoissoit très-bien que je pensois et que je parlois selon mes véritables intérêts, revint tout d'un coup à mon avis, par une maxime qui devroit être très-commune et qui est pourtant très-rare. Je n'ai jamais vu que lui qui ne contestât jamais ce qu'il ne croyoit pas pouvoir obtenir. Il entra même obligeamment dans mes sentiments. Il dit à Mme de Bouillon que je jouois le droit du jeu[4], au poste où j'étois; que la guerre civile pourroit s'éteindre le lendemain; que j'étois archevêque de Paris pour toute ma vie; que j'avois plus d'intérêt que personne à sauver la ville; mais que je n'en avois pas un moindre à

---

1. Les mots : *ou plutôt qui ne disoit*, sont en marge, d'une autre encre, mais de la main de l'auteur. Dans la copie Caf. la construction est ainsi changée : « qui ne disoit, ou plutôt qui ne faisoit. »

2. Dans la copie Caf. : « la plus aimable personne du monde, » mais, trace du vrai texte, avec des *s* à *aimables* et à *personnes*.

3. Les copies R, H, Caf., et toutes les anciennes éditions ont ainsi allongé ce passage : « quand même elle eût été aussi laide qu'elle étoit belle. » Dans le manuscrit autographe, *pour*, après *laide*, a été biffé, puis récrit.

4. Le droit jeu. (Ms H, 1717 A, 1718 B, F.)

ne me point laisser de tache pour les suites[1] ; et qu'il convenoit, après ce que je venois de lui dire, que tout se pouvoit concilier. Il me fit pour cela une ouverture qui ne m'étoit point venue dans l'esprit, que je n'approuvai pas d'abord, parce qu'elle me parut impraticable, et à laquelle je me rendis à mon tour après l'avoir examinée : ce fut d'obliger le Parlement à entendre l'envoyé, ce qui feroit presque tous les effets que nous pouvions souhaiter. Les Espagnols, qui ne s'y attendoient point, seroient surpris fort agréablement ; le Parlement s'engageroit sans le croire lui-même ; les généraux auroient lieu de traiter[2] après ce pas, qui pourroit être interprété, dans les suites, pour une approbation tacite que le corps auroit donnée[3] aux démarches des particuliers. M. de Bouillon n'auroit pas de peine à faire concevoir à l'envoyé l'avantage que ce lui seroit, en son particulier, de pouvoir mander, par son premier courrier, à Monsieur l'Archiduc que le Parlement des pairs de France auroit reçu[4] une lettre et un député d'un général du roi d'Espagne dans les Pays-Bas. Il[5] espéroit que par une fort ample dépêche en chiffre, il feroit com-

---

1. Dans les copies R, H, Caf., et dans toutes les anciennes éditions : « que je n'en avois pas un moindre à ne m'en point détacher (déclarer, 1718 C) dans les suites. »

2. *Traiter* est écrit entre les lignes ; après *qui pourroit*, il y a un mot biffé, illisible.

3. Retz d'abord avait écrit : *donneroit* ; il a effacé ce mot et mis à la marge : *auroit donnée*.

4. Le parlement de Paris, le premier de France, avoit reçu. (Ms H, 1717 A, 1718 B, F.) — La copie R et toutes les anciennes éditions changent de même *auroit reçu* en *avoit reçu*.

5. L'auteur avait mis d'abord : *Monsieur de Bouillon* ; puis, au-dessus de ces mots biffés, il a écrit *Il*. Les copies R, H, Caf., et toutes les anciennes éditions n'ont pas le premier membre de phrase et commencent par : *L'on feroit comprendre* ; le manuscrit Caffarelli par : *lequel feroit*, etc.

prendre au comte de Fuensaldagne qu'il étoit de la bonne conduite de laisser quelqu'un dans le parti, qui, de concert même avec lui, parût n'entrer en¹ rien avec l'Espagne², et qui, par cette conduite, pût parer, à tout événement, aux inconvénients qu'une liaison avec les ennemis de l'État emportoit nécessairement avec soi, dans un parti où la considération du Parlement faisoit qu'il falloit garder des mesures sans comparaison plus justes sur ce point que sur tout autre; que ce personnage me convenoit préférablement, et par ma dignité et par ma profession, et qu'il se trouvoit par bonheur autant de l'intérêt commun que du mien propre³. La difficulté étoit de persuader au Parlement de donner audience au député de l'Archiduc, et cette audience étoit toutefois la seule circonstance qui pouvoit suppléer, dans l'esprit de ce député, le défaut de ma signature, sans laquelle il protestoit⁴ qu'il avoit ordre de ne rien faire. Nous nous abandonnâmes en cette occasion, M. de Bouillon et moi, à la fortune; et l'exemple que nous avions tout récent du héraut exclu⁵, sous le prétexte du monde le plus frivole⁶, nous fit espérer que l'on ne refuseroit pas⁷ à l'envoyé l'entrée pour laquelle l'on ne manqueroit pas de raisons très-solides.

Notre Bernardin, qui trouvoit beaucoup son compte à cette entrée, que l'on n'avoit pas seulement imaginée

---

1. *En*, et, sept lignes plus loin, *et* sont en interligne.
2. Ici, par exception, l'original a bien l'article devant *Espagne*.
3. Première rédaction : « du mien particulier. »
4. *Prétendoit*, dans le ms H et toutes les éditions anciennes; à la suite, les mêmes textes changent *ordre* en *droit*.
5. Dans le manuscrit original, *exclus*.
6. Le manuscrit Caffarelli porte, au renvoi 13 : « Je ne conviens pas que le prétexte fût frivole. » Voyez ci-dessus, p. 225 et 226.
7. L'auteur avait d'abord mis ici : *l'entrée*, qu'il a biffé ensuite pour le reporter après les mots : *à l'envoyé*.

à Bruxelles, fut plus que satisfait de notre proposition[1]. Il fit sa dépêche à l'Archiduc telle que nous la pouvions souhaiter; et il nous promit de faire, par avance et sans en attendre la réponse, tout ce que nous lui ordonnerions. Il usa de ces termes, et il avoit raison; car j'ai su depuis que son ordre portoit de suivre en tout et partout[2], sans exception, les sentiments de M. et de Mme de Bouillon.

Voilà où nous en étions quand M. d'Elbeuf[3] nous montra, comme une grande nouveauté, le billet que le comte de Fuensaldagne lui avoit écrit; et vous jugez facilement que je ne balançai pas à opiner qu'il falloit que l'envoyé présentât la lettre de Monsieur l'Archiduc au Parlement[4]. La proposition en fut reçue d'abord comme une hérésie; et, sans exagération, elle fut peu moins que sifflée par toute la Compagnie. Je persistai dans mon avis; j'en alléguai les raisons, qui ne persuadèrent personne. Le vieux président le Cogneux, qui avoit l'esprit plus vif et qui prit garde que je parlois de temps en temps d'une lettre de l'Archiduc, de laquelle il ne s'étoit rien dit, revint tout d'un coup à mon avis[5], sans m'en dire toutefois la véritable raison, qui étoit qu'il ne douta point que je n'eusse vu le dessous de

1. Renvoi 14 du manuscrit Caffarelli : « Cela est trop long, et est petit, inutile. »
2. En tout et pour tout. (1837-1866.)
3. Ici le chiffre 15, avec un trait vertical tracé au-dessous, à la marge du manuscrit Caffarelli, et étendant le conseil à toute la phrase suivante, renvoie au mot latin : *Dele*, « efface. »
4. Retz reprend ici son récit interrompu par la longue parenthèse des intrigues avec M. et Mme de Bouillon. Il en était resté au moment où, chez le duc d'Elbeuf, qui avait réuni à dîner les principaux Frondeurs, le président le Coigneux propose d'accepter le secours de l'Espagne : voyez plus haut, p. 236 et 237.
5. Renvoi 16 du manuscrit Caffarelli : « Cela est trop long et inutile; il faut le couper plus court. »

quelque carte[1] qui m'eût obligé à le prendre. Et comme la conversation se passoit avec assez de confusion, et que l'on alloit, en disputant tout debout, des uns aux autres, il me dit : « Que ne parlez-vous à vos amis en particulier[2]? l'on feroit ce que vous voudriez ; je vois bien que vous savez plus de nouvelles que celui qui croit nous les avoir apprises. » Je fus, pour vous dire le vrai, terriblement honteux de ma bêtise[3]; car je vis bien qu'il ne me pouvoit parler ainsi que sur ce que j'avois dit de la lettre de l'Archiduc au Parlement, qui, dans le vrai, n'étoit qu'un blanc-signé, que nous avions rempli chez M. de Bouillon[4]. Je serrai la main au président le Cogneux ; je fis signe à MM. de Beaufort et de la Mothe ; les présidents de Novion et de Bellièvre se rendirent à mon sentiment, qui étoit fondé uniquement sur ce que le secours d'Espagne, que nous étions obligés de recevoir comme un remède à nos maux, mais comme un remède que nous convenions[5] être dangereux et empirique, seroit infailliblement mortel à tous les particuliers, si il n'étoit au moins un peu passé par l'alambic du Parlement. Nous priâmes tous M. d'Elbeuf de faire trouver bon au Bernardin de conférer avec nous sur la forme seulement dont il auroit à se conduire[6]. Nous le

1. Le copiste du manuscrit Caffarelli a changé *carte* en *clarté*, ce qui semble supposer, dans le texte qu'il avait sous les yeux, l'orthographe *charte*, que nous voyons en effet çà et là dans notre original ; mais ici il porte bien *carte*. — Plus loin, le même copiste a changé *le prendre* en *reprendre*.

2. « En particulier » manque dans les copies R, H, et 1717-1828.

3. Les mots *ma bêtise* sont rayés au crayon rouge dans le ms Caf.

4. Renvoi 17 du manuscrit Caffarelli : « Il faut ôter cela, et dans la suite éviter les minuties. »

5. Dans la copie R : *connoissions*. C'est aussi la leçon de la copie H et de toutes les anciennes éditions, où en outre sont omis les mots : « mais comme un remède. »

6. Les diverses tentatives faites en vue de la paix par la cour et

vîmes la même nuit chez lui[1], le Cogneux et moi. Nous lui dîmes, en présence de M. d'Elbeuf, en grand secret, tout ce que nous voulions bien qui fût su; et nous avions concerté dès la veille, chez M. de Bouillon, tout ce qu'il devoit dire au Parlement. Il s'en acquitta très-bien et en homme d'entendement. Je vous ferai[2] un précis du discours qu'il y fit, après que je vous aurai rendu compte de ce qui se passa[3] lorsqu'il demanda audience, ou plutôt lorsque M. le prince de Conti la demanda pour lui.

Le président de Mesme[4], homme de très-grande capacité dans sa profession[5], et oncle de celui que vous voyez aujourd'hui, mais attaché jusques à la servitude à la cour, et par l'ambition qui le dévoroit et par sa timidité, qui étoit excessive : le président de Mesme, dis-je, fit une exclamation au seul nom de l'envoyé de l'Archiduc, éloquente et pathétique au-dessus de tout ce que j'ai lu en ce genre dans l'antiquité; et en se tournant, avec les yeux noyés dans les larmes, vers M. le prince de Conti : « Est-il possible, Monsieur, s'écria-t-il, qu'un prince du sang

ses partisans commençaient à effrayer le parti belliqueux de la Fronde; ses chefs espéraient arrêter les négociations en annonçant au Parlement le secours important de l'Espagne.

1. C'est-à-dire chez le duc d'Elbeuf.
2. D'abord Retz avait écrit : « Je vous dirai la; » il a effacé les deux derniers mots et mis à la suite : *ferai*.
3. Après *se passa*, les éditions de 1718 C, D, E, 1719-1828 ajoutent : « à ce sujet dans le Parlement; » puis les trois premières font commencer à *Lorsque* la phrase suivante, et ne mettent qu'une virgule après *pour lui*.
4. Le président de Mesmes s'appelait Henri seigneur d'Irval; son neveu, dont Retz parle ensuite, fut Jean-Jacques de Mesmes, qui était fils de Jean-Antoine (frère de Henri), et succéda à son père en 1672. Il est souvent question de ce neveu, comme d'un ami intime, dans les *Lettres de Mme de Sévigné* : voyez la *Table* de ces *Lettres*.
5. Le ms H et toutes les anciennes éditions omettent ici *très-grande*, et *dans sa profession*, et, six et sept lignes plus loin, *avec les*

de France propose de donner séance sur les fleurs de lis à un député du plus cruel ennemi des fleurs de lis [1]? »

Comme nous avions bien prévu cette tempête, il n'avoit pas tenu à nous d'exposer M. d'Elbeuf à ses premiers coups; mais il s'en étoit tiré assez adroitement, en disant que la même raison qui l'avoit obligé à rendre compte à son général de la lettre qu'il avoit reçue, ne lui permettoit pas d'en porter la parole en sa présence.

yeux noyés dans les larmes; à la ligne suivante, le manuscrit Caffarelli et 1717, 1717 A, 1718 B, F retranchent *s'écria-t-il*.

1. Les détails de cette scène sont rapportés au long dans le manuscrit de la Sorbonne : *Registres du Parlement*, tome II, fol. 213-229, et dans le *Journal de d'Ormesson*, tome I, p. 673-676. M. Bazin dit donc à tort que le Cardinal est le seul qui ait parlé de cette délibération. Il se trouve, au contraire, que Retz est narrateur moins complet, moins fidèle. Nous verrons tout à l'heure (p. 250, note 2) le critique du manuscrit Caffarelli lui reprocher de n'avoir pas fait assez voir combien la question fut débattue. A l'égard de l'envoyé [a], il y eut, d'après les *Registres du Parlement*, deux avis : l'un, celui du doyen, fut de ne pas écouter cet envoyé; il dit que « les exemples du passé nous doivent faire apprendre et connoître leur humeur (*l'humeur des Espagnols*), que autrefois, du temps de la Ligue, c'étoit le prétexte de la religion qui les faisoit agir, et que ce prétexte fut changé en réalité, lorsque, se croyant plus forts, ils demandèrent que le roi d'Espagne fût déclaré roi de France, ce que le Parlement empêcha fortement et renouvela la loi salique; qu'à présent les Espagnols prenoient le prétexte de la paix, beau en apparence, mais sous ce manteau ils cachoient le venin qu'ils jetteront sur les bons François, si l'on n'y prend garde. » — « M. de Mesmes, dit d'Ormesson (tome I, p. 673), fit des merveilles pour empêcher qu'on n'entendît l'envoyé. » Retz, moins laconique cette fois, rapporte les paroles mêmes que ce président adressa au prince de Conti, et laisse éclater, comme malgré lui, l'admiration qu'elles lui inspirent. Le manuscrit de la Sorbonne et le *Journal de d'Ormesson* ne disent rien de l'apostrophe du président de Mesmes au Coadjuteur, ni de l'adroite réponse de celui-ci; mais ce silence n'a rien de bien surprenant, et nous ne croyons pas qu'on doive nécessairement en conclure que notre auteur a brodé.

[a] Il est nommé, dans les *Registres*, « Saint-Amand de Séville, » et non, comme ailleurs, « Arnolfini » et « dom Joseph ou Diego de Illescas. »

Il falloit pourtant, de nécessité, quelqu'un qui préparât les voies et qui jetât dans une compagnie où les premières impressions ont un merveilleux pouvoir les premières idées de la paix particulière et générale que cet envoyé venoit annoncer. La manière dont son nom frapperoit d'abord l'imagination des Enquêtes, décidoit du refus ou de l'acceptation de son audience; et tout bien pesé et considéré de part et d'autre, l'on jugea qu'il y avoit moins d'inconvénient, sans comparaison, à laisser croire un peu de concert[1], qu'à ne pas préparer[2], par un canal ordinaire, non odieux et favorable, les drogues que l'envoyé d'Espagne nous alloit débiter[3]. Ce n'est pas que la moindre ombre de concert, dans ces compagnies que l'on appelle réglées, ne soit très-capable d'y empoisonner les choses même et les plus justes et les plus nécessaires. Je vous l'ai déjà dit quelquefois; et cet inconvénient étoit plus à craindre en cette occasion qu'en toute autre. J'y admirai M. de Bouillon, chez qui la résolution se prit de faire faire l'ouverture par M. le prince de Conti. Il n'y balança pas un moment; et rien ne marque tant le jugement solide d'un homme, que de savoir choisir entre les grands inconvénients. Je reviens au président de Mesme, qui s'attacha à M. le prince de Conti, et qui se tourna ensuite vers moi, en me disant ces propres paroles : « Quoi, Monsieur? vous refusez l'entrée au héraut de votre Roi, sous le prétexte du monde le plus frivole? » Comme je ne doutai point de la seconde partie de l'apostrophe, je la voulus prévenir, et je lui répondis :

1. Dans les copies R et H, et toutes les éditions anciennes : « un peu de concert avec l'Espagne. »
2. D'abord : « (qu'à) laisser prendre »; l'auteur a effacé cette première rédaction et écrit après *qu'à :* « ne pas préparer. »
3. Nouvelle allusion au *catholicon*.

« Vous me permettrez, Monsieur, de ne pas traiter de frivoles des motifs qui ont été consacrés par un arrêt. »

La cohue du Parlement s'éleva à ce mot, qui releva celui du président de Mesme, qui étoit effectivement très-imprudent, et il est constant qu'il servit fort contre son intention, comme vous pouvez croire, à faciliter l'audience à l'envoyé. Comme je vis que la Compagnie s'échauffoit et s'ameutoit contre le président de Mesme, je sortis, sous je ne sais quel prétexte, et je dis à Quatresous, conseiller des Enquêtes et le plus impétueux esprit qui fût dans le corps, d'entretenir l'escarmouche[1], parce que j'avois éprouvé plusieurs fois que le moyen le[2] plus propre pour faire passer une affaire extraordinaire dans les compagnies est d'échauffer la jeunesse contre les vieux[3]. Quatresous s'acquitta dignement de cette commission; il s'atêta[4] au président de Mesme et au Premier Président sur le sujet d'un certain la Raillière[5],

---

1. A la suite d'*escarmouche* sont ces mots effacés : « et même de l'échauffer », verbe qui se trouve trois lignes plus loin.

2. Retz avait mis d'abord : « qu'il n'y a rien de (plus propre) »; il a ensuite écrit au-dessus de la ligne *le moyen*, et corrigé son texte tel que nous le donnons.

3. Renvoi 18 du manuscrit Caffarelli : « Cela est trop petit. » Ici encore un trait vertical, en marge, étend la critique à la phrase suivante.

4. Tel est bien le mot que Retz a écrit (*s'atesta*). La première édition (1717) double le *t* : *s'attéta*; celles de 1717 A, 1718 B, F le changent en *s'adressa;* le ms H et 1718 C, D, E, 1719-1828, en *s'arrêta* (*s'arresta*). — L'étymologie rend bien raison du sens; en italien *attestare* signifie « joindre tête à tête, bout à bout, » *attestarsi*, « s'attaquer, en venir aux prises. » Nous ne trouvons pas ce verbe dans les dictionnaires du dix-septième siècle, ni, au commencement, dans *Nicot* (1606); ni, à la fin, dans *Richelet* (1680), *Furetière* (1690), l'*Académie* (1694).

5. La Raillière[a], fermier des Aides, s'était rendu fameux par ses

---

a Les éditions de 1718 C, D, E défigurent ce nom en *la Millière;* celles de 1719-1828, en *la Rablière*.

partisan fameux qu'il faisoit entrer dans tous ses avis, sur quelque matière où il pût opiner. Les Enquêtes s'échauffèrent pour la défense de Quatresous, que les présidents, qui à la fin s'impatientèrent de ses impertinences, voulurent piller[1]. Il fallut délibérer sur le sujet de l'envoyé; et, malgré les conclusions des gens du Roi et les exclamations des deux présidents et de beaucoup d'autres, il passa à l'entendre[2].

nombreuses exactions. Il était, avec Catelan, un des plus compromis au moment où les compagnies instituèrent, pour la réforme, la chambre de Saint-Louis. Arrêté comme espion du cardinal Mazarin, le 26 janvier 1649, il fut emprisonné à la Bastille; mais les commissaires qui devaient le juger ne furent nommés que le 25 février. Voyez, au sujet de ce personnage, Moreau, *Choix de Mazarinades*, tome I, p. 122 (*Catalogue des partisans*), et dans la *Bibliothèque des Mazarinades*, tome III, p. 304, la liste des nombreux pamphlets qui se rattachent à son arrestation. Nous avons vu (p. 223, note 3) qu'il fut délivré le 4 avril avec la Valette.

1. *Piller*, d'après la dernière édition du *Dictionnaire de l'Académie* (1835), ne se dit plus que « des chiens qui se jettent sur les animaux ou sur les personnes. » Autrefois (voyez l'édition de 1690) le mot se prenait aussi au figuré, pour dire injurier, déchirer en paroles. — Les éditions de 1717, 1719-1828 omettent *voulurent piller*, et par suite de cette omission, elles retranchent, dans les deux lignes précédentes, les relatifs *que* et *qui*; celles de 1718 C, D, E remplacent les deux verbes par « voulurent bien ploier, » et omettent le *que* seulement.

2. Renvoi 19 du manuscrit Caffarelli : « Après plusieurs minuties, vous ne dites point les raisons qui furent alléguées de part et d'autre pour recevoir ou pour exclure l'envoyé de l'Archiduc. Ce fut une très-belle délibération. Il n'y a rien de plus important dans cette histoire, et c'est un endroit qu'il faut travailler et faire avec soin : autrement ces *Mémoires* ne seroient qu'un maigre journal. » Cette délibération du 19 février fut, en effet, très-importante, et l'on comprend que l'annotateur trouve ici trop maigre le récit du Cardinal. Voici sommairement comment les choses se passèrent. Ce fut le prince de Conti qui d'abord annonça qu'un envoyé de l'Archiduc voulait présenter une lettre au Parlement; mais le Premier Président, sans relever sa proposition, fit entrer les gens du Roi, de retour de Saint-Germain. Talon rendit compte de leur mis-

L'on le fit entrer sur l'heure même ; l'on lui donna place au bout du bureau ; l'on le fit asseoir et couvrir[1]. Il présenta la lettre de l'Archiduc au Parlement, qui

---

sion : ils avaient vu la Reine le 17 février, sur les 7 heures du soir, et lui avaient expliqué le refus du Parlement de recevoir le héraut royal. L'accueil de la Reine et des princes avait été bienveillant pour le Parlement. Les gens du Roi s'étant retirés, le prince de Conti présenta de nouveau sa motion ; mais Molé ne voulut pas en délibérer sans prendre l'avis des gens du Roi, qui, introduits de nouveau, furent instruits de la proposition. Elle leur sembla si étrange qu'ils demandèrent à se concerter. Ils se retirèrent pour quelques instants, et bientôt Talon vint dire (d'après le manuscrit de la Sorbonne, folio 222) « qu'ils croyoient que l'on ne doit point entendre l'envoyé de l'Archiduc jusqu'à ce qu'ils aient su la volonté de la Reine sur ce sujet. » La délibération commença donc 1º sur la députation à envoyer à la Reine, 2º sur l'audience à donner ou à refuser à l'envoyé de l'Archiduc. Sur la députation tout le monde fut d'accord ; toutefois « Monsieur le Coadjuteur, dit d'Ormesson (tome I, p. 673), ne vouloit qu'envoyer simplement les gens du Roi ; » puis, à cent quinze voix contre soixante-dix, on passa à entendre le gentilhomme espagnol. L'arrêt porte (*Journal du Parlement*, p. 87) « que l'envoyé sera ouï en sa créance... ; il en seroit donné avis au Roi et à la Reine par députés, lesquels leur feront entendre que par respect la Cour n'a rien délibéré sur le dire de l'envoyé qu'elle ne sache leurs volontés ;... les supplieront de faire retirer les troupes des environs de Paris et de laisser les passages libres pour la commodité des vivres. » Cet arrêt ouvrait donc les négociations avec la Cour, et liait d'avance le Parlement au sujet de l'envoyé, dont l'audition ne devenait presque plus qu'un objet de curiosité.

1, D'Ormesson, tome I, p. 676, nous a conservé le portrait de l'envoyé espagnol. A la page 677 il fait une remarque qui prouve qu'il savait à quoi s'en tenir sur la mission du Bernardin, et que le dessous des cartes n'échappait point à sa pénétration : « L'accent du discours et la phrase étoient d'un étranger ; mais il étoit si bien instruit de nos affaires que je crus que son instruction avoit été donnée à Paris. » Plus loin il ajoute : « Chacun faisoit différent jugement sur cet envoyé. Les uns disoient que c'étoit une illusion... ; d'autres (et c'est, à mon avis, le plus vraisemblable), que l'envoyé vient effectivement de Flandres avec sa lettre, et qu'il ne s'est présenté si à propos que par la conduite d'aucuns de Paris qui lui ont donné partie de son instruction. »

n'étoit que de créance[1], et il l'expliqua en disant : « Que Son Altesse Impériale, son maître, lui avoit donné charge de faire part à la Compagnie d'une négociation que le cardinal Mazarin avoit essayé de lier avec lui depuis le blocus de Paris ; que le Roi Catholique n'avoit pas estimé qu'il fût sûr ni honnête d'accepter ses offres dans une saison où, d'un côté, l'on voyoit bien qu'il ne les faisoit que pour pouvoir plus aisément opprimer le Parlement, qui étoit en vénération à toutes les nations du monde, et où, de l'autre, tous les traités que l'on pourroit faire avec un ministre condamné seroient nuls de droit, d'autant plus qu'ils seroient faits sans le concours du Parlement, à qui seul il appartient de registrer et de vérifier les traités de paix pour les rendre sûrs et authentiques ; que le Roi Catholique, qui ne vouloit tirer aucun avantage des occasions présentes, avoit commandé à Monsieur l'Archiduc d'assurer Messieurs du Parlement, qu'il savoit être attachés aux véritables intérêts de Sa Majesté Très-Chrétienne, qu'il les reconnoissoit de très-bon cœur et avec joie pour arbitres de la paix ; qu'il se soumettoit à leur jugement, et que si ils acceptoient d'en être les juges, il laissoit à leur choix de députer de leur corps en tel lieu qu'ils voudroient, sans en excepter même Paris ; et que le Roi Catholique y envoieroit incessamment ses députés seulement pour y représenter ses raisons ; qu'il avoit fait avancer, en attendant leur réponse, dix-huit mille hom-

---

1. Le *Journal du Parlement* (p. 88) contient la lettre de créance, et la *Suite de l'Histoire du temps* (p. 275-277) la lettre où étaient les propositions de l'Archiduc, datée de Bruxelles, 10 février 1649. On trouve, sous forme directe dans *l'Histoire du temps*, et sous forme indirecte dans l'autre ouvrage, la harangue de l'envoyé, dont la Compagnie lui demanda copie (voyez ci-après, p. 255, note 1, et p. 257). Retz l'a parfaitement résumée. Voyez aussi les *Mémoires d'Omer Talon*, tome VI, p. 53-56.

SECONDE PARTIE. [Février 1649]   253

mes sur la frontière, pour les secourir en cas qu'ils en eussent besoin, avec ordre toutefois de ne rien entreprendre sur les places du Roi Très-Chrétien, quoiqu'elles fussent la plupart comme abandonnées; qu'il n'y avoit pas six cents hommes dans Péronne, dans Saint-Quentin et dans le Catelet; mais qu'il vouloit témoigner, en ce rencontre, la sincérité de ses intentions pour le bien de la paix, et qu'il donnoit sa parole que, dans le temps qu'elle se traiteroit, il[1] ne donneroit aucun mouvement à ses armes; que si elles pouvoient être, en attendant, de quelque utilité au Parlement, il n'avoit qu'à en disposer, qu'à les faire même commander[2] par des officiers françois, si il le jugeoit à propos, et qu'à prendre toutes les précautions qu'il croiroit nécessaires pour lever les ombrages que l'on peut toujours prendre, avec raison, de la conduite des étrangers[3]. »

Devant que l'envoyé fût entré, ou plutôt devant que l'on eût[4] délibéré sur son entrée[5], il y avoit eu beaucoup de contestation tumultuaire dans la Compagnie; et le président de Mesme n'avoit rien oublié pour jeter sur moi toute l'envie[6] de la collusion avec les ennemis de l'État, qu'il relevoit de toutes les couleurs qu'il trouvoit assez vives et assez apparentes dans l'opposition du héraut et du député[7]. Il est vrai que la conjoncture étoit

1. Retz avait mis d'abord : *qu'il;* puis il a biffé *qu'*.
2. Les mots : « qu'à les faire même commander, » sont omis dans les ms R, H et Caf. et dans toutes les anciennes éditions.
3. Renvoi 20 du manuscrit Caffarelli : « Ce n'est pas là toute la croyance *(créance)* de l'envoyé. »
4. Après *eût*, l'auteur a biffé *vint à.*
5. Ce membre de phrase : « ou plutôt, etc., » est omis dans la copie H et dans toutes les éditions anciennes.
6. Au même sens que le latin *invidia* : « tout l'odieux. »
7. Voyez à ce sujet les relations de d'Ormesson, tome I, p. 676, et des *Registres du Parlement*, aux pages déjà indiquées. — Les copies R, Caf., H, et les anciennes éditions portent : « dans (*ou de*)

très-fâcheuse; et quand il en arrive quelqu'une de cette nature, il n'y a de remède qu'à planer[1] dans les moments où ce que l'on vous objecte peut faire plus d'impression que ce que vous pouvez répondre, et à se relever dans ceux où ce que vous pouvez répondre peut faire plus d'impression que ce que l'on vous objecte[2]. Je suivis fort justement cette règle en ce rencontre, qui étoit délicat pour moi; car quoique le président de Mesme me désignât avec application et avec adresse, je ne pris rien pour moi, tant que je n'eus pour lui faire tête que ce que M. le prince de Conti avoit dit en général de la paix générale, dont il avoit été résolu qu'il parleroit en demandant audience pour le député, comme vous avez vu ci-dessus[3]; mais qu'il parleroit peu pour ne pas trop marquer de concert avec Espagne.

Quand l'envoyé s'en fut expliqué lui-même aussi amplement et aussi obligeamment pour le Parlement qu'il le fit, et quand je vis que la Compagnie étoit chatouillée

l'opposition du héraut de France; » ces trois copies et toutes ces éditions remplacent aussi, à la suite, « du député, » par : « de l'envoyé d'Espagne. »

1. *Planer* est rayé au crayon rouge dans la copie Caffarelli. C'est, au propre, un terme de fauconnerie, se disant de l'oiseau qui, sans attaquer ni s'élancer, sans daguer (comme l'on disait), se contente de se soutenir en l'air ou d'aller de plain ou de raser l'air sans presque remuer les ailes. « On le dit aussi d'un nageur qui se soutient sur l'eau étendu, avec peu d'agitation de corps. » Voyez le *Dictionnaire de Furetière*. — Le ms H et 1717 A, 1718 B, F, au lieu de *planer* donnent *ployer;* 1718 C, D, E, *plier;* et 1825, *planir*, avec une note qui explique que ce mot veut dire « faire le plongeon; » nous n'avons trouvé nulle part *planir* avec ce sens.

2. Le manuscrit Caffarelli dit, au sujet de ce passage, dans sa note 21 : « J'ôterois cette maxime, qui n'est pas grande chose. La suite est fort traînante et ennuyeuse. Il faut supprimer ou resserrer cette querelle avec le président de Mesmes. » Un long trait vertical étend la critique jusqu'au discours adressé par Retz à ce président.

3. Voyez p. 246 et suivantes.

du discours qu'il venoit de lui tenir, je pris mon temps pour rembarrer le président de Mesme, et je lui dis[1] : « Que le respect que j'avois pour la Compagnie m'avoit obligé à dissimuler et à souffrir toutes ses picoteries; que je les avois fort bien entendues; mais que je ne les avois pas voulu entendre, et que je demeurerois encore dans la même disposition, si l'arrêt, qu'il n'est jamais permis de prévenir, mais qu'il est toujours ordonné de suivre, ne m'ouvroit la bouche; que cet arrêt avoit réglé contre son sentiment l'entrée de l'envoyé d'Espagne, aussi bien que le précédent, qui n'avoit pas été non plus selon son avis, avoit porté l'exclusion du héraut; que je ne me pouvois imaginer qu'il voulût assujettir la Compagnie à ne suivre jamais que ses sentiments; que nul ne les honoroit et ne les estimoit plus que moi, mais que la liberté ne laissoit pas de se conserver dans l'estime même et dans le respect; que je suppliois Messieurs de me permettre de lui[2] donner une marque de celui que j'avois pour lui, en lui rendant un compte, qui peut-être le surprendroit, de mes pensées sur les deux arrêts du héraut et de l'envoyé, sur lesquels il m'avoit donné tant d'attaques : que pour le premier, je confessois que j'avois été assez innocent pour avoir failli à donner dans le panneau; et que si

1. D'après d'Ormesson (tome I, p. 677), il n'y eut, après le discours de l'envoyé, ni délibération ni autre discours : « Après qu'il eut achevé et eut fort bien parlé, Monsieur le Premier Président lui dit qu'il falloit qu'il donnât sa créance par écrit et signée de lui, et que la Cour verroit quelle réponse elle auroit à lui faire. Après quoi il se retira.... Il étoit trois heures lorsque la Compagnie se retira. » Voyez ci-après, p. 257, note 3.
2. Le ms H et 1717 A, 1718 B, F changent ici *lui* en *leur*, et, à la ligne suivante, en *eux*, puis en *leur*. Les éditions de 1718 C, D, E, substituant, au contraire, un pluriel à un singulier, remplacent, un peu avant, « je suppliois Messieurs » par « je le suppliois. »

M. de Broussel n'eût ouvert l'avis auquel il avoit passé, je tombois, par un excès de bonne intention, dans une imprudence qui eût peut-être causé la perte de la Ville, et dans un crime assez convaincu par l'approbation si solennelle que la Reine venoit de donner à la conduite contraire ; que pour ce qui étoit de l'envoyé, j'avouois que je n'avois été d'avis de lui donner audience que parce que j'avois bien connu, à l'air du bureau, que le plus de voix de la Compagnie alloit à lui donner[1] ; et que quoique ce ne fût pas mon sentiment particulier, j'avois cru que je ferois mieux de me conformer par avance à celui des autres[2], et de faire paroître, au moins dans les choses où l'on voyoit bien que la contestation seroit inutile, de l'union et de l'uniformité dans le corps. »

Cette manière humble et modeste de répondre à cent mots aigres et piquants que j'avois essuyés[3] depuis douze ou quinze jours et ce matin-là encore, et du Premier Président[4] et du président de Mesme, fit un effet que je ne vous puis exprimer, et elle effaça pour assez longtemps l'impression[5] que l'un et l'autre avoit[6] commencé de jeter dans la Compagnie, que je prétendois de la gouverner par mes cabales. Rien n'est si

---

1. Tel est bien le texte du manuscrit original ; le pronom s'omettait ainsi assez souvent au temps de Retz. Nos trois copistes et toutes les éditions, hormis celles de 1837 et de 1843, ajoutent *la* devant *lui*, 1859-1866 entre crochets.

2. Retz avait d'abord écrit : *autres que*, puis il a biffé *que*.

3. Retz a écrit par mégarde : *essuyai* (*essuiai*), au lieu de *essuyés*.

4. Le manuscrit porte : « du 1 Président. » — A la ligne précédente, Retz a mis *jour* (*iour*), sans *s*.

5. Retz avait mis d'abord : « et détruisit pour assez longtemps la machine ; puis il a biffé *détruisit* et *la machine*, et écrit *effaça* au-dessus du premier mot biffé, et *l'impression* à la suite du second.

6. Il y a ainsi *avoit*, au singulier, dans le manuscrit autographe et dans la copie R.

dangereux[1] en toute sorte de communautés; et si la passion du président de Mesme ne m'eût donné lieu de déguiser un peu le manége qui s'étoit fait dans ces deux scènes assez extraordinaires du héraut et de l'envoyé, je ne sais si la plupart de ceux qui avoient donné à la réception de l'un et à l'exclusion de l'autre, ne se fussent pas repentis d'avoir été d'un sentiment qu'ils eussent cru leur avoir été inspiré par un autre. Le président de Mesme voulut repartir[2] à ce que j'avois dit; mais il fut presque étouffé par la clameur qui s'éleva dans les Enquêtes. Cinq heures sonnèrent[3]; personne n'avoit dîné, beaucoup n'avoient pas déjeuné, et Messieurs les présidents eurent le dernier: ce qui n'est pas avantageux en cette matière.

L'arrêt qui avoit donné l'entrée au député d'Espagne portoit que l'on[4] lui demanderoit copie, signée de lui, de ce qu'il auroit dit au Parlement, que [l'on[5]] la mettroit dans le registre, et que l'on l'envoieroit par une députation solennelle à la Reine, en l'assurant de la fidélité du Parlement et en la suppliant de donner la paix à ses peuples et de retirer les troupes du Roi des environs de Paris. Le[6] Premier Président fit tous les ef-

1. *Gangreneux* dans le ms H, et dans 1717 A, 1718 B, F.
2. Le président de Mesme repartit. (Ms Caf.)
3. D'abord Retz avait écrit: « Il étoit cinq heures; » puis il a rayé les deux premiers mots pour prendre le tour que nous reproduisons. — Nous avons vu plus haut (p. 255, note 1) que, d'après le témoignage de d'Ormesson, auquel on peut joindre celui du manuscrit de la Sorbonne (tome II, f⁰ 229), la séance fut levée à trois heures. On peut supposer que la discussion que le Coadjuteur dit avoir engagée avec le président de Mesmes eut lieu après la séance, pendant les conversations particulières qui, d'après d'Ormesson, la suivirent.
4. Ici Retz a biffé un mot, peut-être: *donneroit*.
5. *L'on* manque dans l'original.
6. Cette phrase a été omise dans les copies R et H, et dans toutes les éditions antérieures à 1837.

forts imaginables pour faire insérer dans l'arrêt que la feuille même, c'est-à-dire l'original[1] du registre du Parlement, seroit envoyée à la Reine. Comme il étoit fort tard et[2] que l'on avoit bon appétit, ce qui influe plus que l'on ne se peut imaginer dans les délibérations[3], l'on fut sur le point d'y laisser mettre cette clause sans y prendre garde. Le président le Cogneux, qui étoit naturellement vif et pénétrant[4], s'aperçut le premier de la conséquence, et il dit, en se tournant vers un assez grand nombre de conseillers, qui commençoient à se lever : « J'ai, Messieurs, à parler à la Compagnie; je vous supplie de reprendre vos places; il y va du tout pour toute l'Europe. » Tout le monde s'étant remis[5], il prononça d'un air froid[6] et majestueux, qui n'étoit pas ordinaire à maître Gonin[7] (l'on lui avoit donné ce sobriquet), ces paroles pleines de bon sens : « Le roi d'Espagne nous prend pour arbitres de la paix générale : peut-être qu'il se moque de nous; mais il nous fait toujours honneur de nous le dire. Il nous offre ses troupes pour les faire marcher à notre secours,

1. Après *l'original*, Retz a biffé *même*.
2. *Et* est en interligne, au-dessus de *ce qui*, effacé et reporté plus loin après *appétit*.
3. Ce passage, depuis *bon appétit*, est rayé au crayon rouge dans le manuscrit Caffarelli, de même que plus loin les mots : *à maître Gonin*, etc., jusqu'à *sobriquet*.
4. Ce membre relatif est omis dans le ms H et dans toutes les éditions anciennes.
5. *Rassis*, au lieu de *remis*, dans le ms H, 1717 A, et les cinq textes de 1718.
6. Les éditions anciennes, sauf 1717 A, 1718 B, F, changent *froid* en *fort*.
7. « Employé seulement, dit M. Littré, dans cette locution populaire : *maître gonin*, homme adroit, rusé, fripon. » Il paraît que Gonin était le nom d'un célèbre faiseur de tours. — A *maître Gonin* les éditions de 1718 C, D, E substituent *Monsieur Gouin;* plus loin, 1717 A, 1718 B, F écrivent *soubriquet*.

et il est sûr que sur cet article il ne se moque pas de nous, et qu'il nous fait beaucoup de plaisir. Nous avons entendu son envoyé; et vu la nécessité où nous sommes, nous n'avons pas eu tort. Nous avons résolu d'en rendre compte au Roi, et nous avons eu raison. L'on se veut imaginer que pour rendre ce compte, il [1] faut que nous envoyions la feuille de l'arrêté [2]. Voilà le piége. Je vous déclare, Monsieur, dit-il en se tournant vers le Premier Président, que la Compagnie ne l'a pas entendu ainsi, et que ce qu'elle a arrêté est purement que l'on porte la copie et que l'original demeure au greffe. J'aurois souhaité que l'on n'eût pas obligé les gens à s'expliquer, parce qu'il y a des matières sur lesquelles [3] il est sage de ne parler qu'à demi; mais puisque l'on y force, je dirai, sans balancer, que si nous portons la feuille [4], les Espagnols croiront que nous soumettons [5] au caprice du Mazarin les propositions qu'ils nous font pour la paix générale, et même pour ce qui regarde notre secours : au lieu qu'en ne portant que la copie et en ajoutant, en même temps, comme la Compagnie l'a

1. Retz, après avoir écrit ici *faille*, l'a effacé, puis mis *faut*, en marge, à la suite de la rature.
2. « Jamais le Parlement ne faisait porter, remarque M. Bazin, la feuille de son registre. » On a même vu dans les *Mémoires* (tome I, p. 314 et 315) qu'il la refusait obstinément quand on la lui demandait. « Comme envoi de pièces originales, il ne pouvait s'agir tout au plus, ajoute M. Bazin, que de la lettre de l'Archiduc et du discours signé par l'envoyé. » — On trouve au tome III du fonds des Cinq cents de Colbert quatre copies, sur parchemin, d'arrêts du Parlement, envoyées à la cour pendant les mois de janvier et février 1649.
3. Retz a écrit, par mégarde, *lesquels*, au masculin.
4. Les mots : *la feuille,* sont à la marge; d'abord l'auteur avait écrit *l'original*, qu'il a biffé ensuite.
5. Dans les copies R et Caf, et 1717, 1718 C, D, E, 1719-1828 : « que nous commettons; » dans le ms H et 1717 A, 1718 B, F : « que nous nous conformons.... sur les propositions. »

très-sagement ordonné, de très-humbles remontrances pour faire lever le siége, toute l'Europe connoîtra que nous nous tenons en état de faire ce que le véritable service du Roi et le bien solide de l'État demandera[1] de notre ministère, si le Cardinal est assez aveugle pour ne se pas servir de cette conjoncture, comme il le doit. »

Ce discours fut reçu avec une approbation générale; l'on cria de toutes parts que c'étoit ainsi que la Compagnie l'entendoit. Messieurs des Enquêtes donnèrent à leur ordinaire maintes bourrades à Messieurs les présidents. Martineau[2], conseiller des Requêtes, dit publiquement que le *retentum*[3] de l'arrêt étoit que l'on feroit fort bonne chère[4] à l'envoyé d'Espagne, en attendant la réponse de Saint-Germain, qui ne pouvoit être que quelque méchante *rouse*[5] du Mazarin. Charton

1. *Demande* dans la copie R; *demandent* dans le ms H et 1717-1728.
2. Martineau, conseiller de la première chambre des requêtes, reçu conseiller de la Ville en 1646; depuis le 10 janvier 1649, il était aussi colonel de la milice. Il fut très-mêlé à la Fronde, et compris dans le nombre des exilés.
3. *Retentum.* « Article que les juges n'exprimaient pas dans un arrêt, mais qui ne laissait pas d'en faire partie et d'avoir son exécution. » (*Dictionnaire de M. Littré.*)
4. *Bonne chère*, bon accueil.
5. Le manuscrit autographe et la copie R portent ainsi *rouse* (pour *ruse*), imitation railleuse de la prononciation de Mazarin, ce qui confirme bien la leçon. La copie Caf. écrit *Rouze*, avec une majuscule et un *z*; les éditions de 1718 C, D, E y substituent *chicane;* tous les autres éditeurs et le ms H ont corrigé en *ruse*. — Les *Carnets de Mazarin* (voyez *carnet* XIII, p. 5 et 19) montrent que le Ministre écrivait comme il prononçait : *courés* pour *curés*, et (*carnet* XI) *bout* pour *but*, etc. Voici ce que nous lisons au sujet de ces italianismes dans les *Mélanges d'histoire et de littérature* recueillis par Vigneul-Marville (2ᵉ édition, 1700, tome I, p. 35) : « Le cardinal Mazarin conserva l'*ou* des Italiens jusqu'à sa mort; et de tous nos mots françois il n'y en a point qu'il prononçât plus volontiers

pria tout haut M. le prince de Conti de suppléer[1] à ce que les formalités du Parlement ne permettoient pas à la Compagnie de faire. Pontcarré dit qu'un Espagnol ne lui faisoit pas tant de peur qu'un Mazarin. Enfin il est certain que les généraux en virent[2] assez pour ne pas appréhender que le Parlement se fâchât des démarches qu'ils pourroient faire vers l'Espagne; et que M. de Bouillon et moi n'en eûmes que trop pour satisfaire pleinement l'envoyé de l'Archiduc, à qui nous fîmes valoir jusques aux moindres circonstances. Il en fut content au delà de ses espérances, et il dépêcha, dès la nuit, un second courrier à Bruxelles, que nous fîmes escorter jusques à dix lieues de Paris par cinq cents[3] chevaux. Ce courrier portoit la relation de tout ce qui s'étoit passé au Parlement[4]; les con-

que celui de *bourse*. Il ne cessa jamais de dire *Souisse, arquebouse*, etc. « *Souisse*, disoit-il un jour pour congédier un importun qui lui « demandoit un gros bénéfice, prends ton *arquebouse*, et va *touer* un « abbé pour que je donne *oune* abbaye à cet *houme*. » De son temps, on disoit à la cour, par complaisance, *chouse, houme, persoune*..., et cette méchante prononciation passa de la cour jusqu'aux beaux diseurs de la Ville : grande sottise. »

1. Le ms H et 1717 A, 1718 B, F défigurent ainsi ce passage : « Charton cria tout haut : « M. le prince de Conti vient « de suppléer, etc. »

2. Après *virent*, il y a trois mots effacés et presque illisibles, peut-être « et en eurent. »

3. Dans le manuscrit Caffarelli, le réviseur a effacé *cinq cents* et écrit au-dessus 50. — Quatre lignes plus loin, à « ce que je pouvois donner » il a substitué : « le peu que je pouvois prendre. »

4. Cette relation, en ce cas, était plus complète que le récit de Retz, qui est loin de rapporter, nous l'avons dit, « tout ce qui s'est passé dans cette séance. » Par ses omissions, il se ménage le moyen de faire un peu plus loin preuve de prévoyance, et dissimule un peu l'échec qu'éprouve le parti de la guerre dans le Parlement. Au sujet de l'envoyé d'Espagne, il tait aussi les moqueries dont les Parisiens le poursuivaient : voyez dans la *Bibliographie* de M. Moreau (tome III, p. 308) la liste des *Mazarinades* dont lui et

ditions que M. le prince de Conti et les autres généraux demandoient pour faire un traité avec le roi d'Espagne, et¹ ce que je pouvois donner en mon particulier d'engagement. Je vous rendrai compte de ce détail et de sa suite après que je vous aurai raconté ce qui se passa le même jour, qui fut le 19 de février.

Cependant que toute cette pièce de l'envoyé d'Espagne se jouoit au Palais, Noirmoutier sortit avec deux mille chevaux pour amener à Paris un convoi de cinq cents charrettes de farines², qui étoit à Brie-Comte-Robert³, où nous avions garnison. Comme il eut avis que le comte, depuis maréchal de Grancei⁴, venoit du côté de Lagni⁵ pour s'y opposer, il détacha M. de la Rochefoucauld, avec sept escadrons⁶, pour occuper un défilé par où les ennemis étoient obligés de passer. M. de la Rochefoucauld, qui avoit plus de cœur que d'expérience⁷, s'emporta de chaleur : il n'en demeura pas à son ordre, il sortit de son poste, qui lui étoit très-avantageux, et il chargea les en-

sa mission furent l'objet. Le *Choix de Mazarinades* (tome I, p. 223-227) en contient une, l'*Ode sur dom Joseph de Illescas, prétendu envoyé de l'archiduc Léopold*.

1. *Et* est en interligne.
2. « De quatre cents, » selon Dubuisson Aubenay, p. 127 et 135; « de quatre cent cinquante charettes et quantité de chevaux de somme, » selon le *Journal du Parlement*, p. 90.
3. Petite ville de l'arrondissement de Melun (Seine-et-Marne).
4. Jacques Rouxel, comte de Grancey, né en 1603, lieutenant général des armées du Roi, maréchal de France en 1651, mort en 1680.
5. Sur la Marne, chef-lieu de canton de l'arrondissement de Meaux (Seine-et-Marne).
6. Dans les copies R, H, Caf., et toutes les anciennes éditions : *dix-sept* ou, en chiffres, 17. — Le *Journal du Parlement*, p. 90, dit : « environ soixante chevaux; » celui de d'Ormesson (tome I, p. 679) : « sept cents chevaux. » Voyez aussi les *Registres de l'Hôtel de Ville*, tome I, p. 250 et 251.
7. Voyez son portrait, ci-dessus, p. 181, et la note 2.

nemis avec beaucoup de vigueur. Comme il avoit affaire à de vieilles troupes et qu'il n'en avoit que de nouvelles[1], il fut bientôt renversé. Il y fut blessé d'un fort grand coup de pistolet dans la gorge. Il y perdit Rosan[2], frère de Duras ; le marquis de Silleri, son beau-frère, y fut pris[3] prisonnier ; Rachecour, premier capitaine de mon régiment de cavalerie, y fut fort blessé ; et le convoi étoit infailliblement perdu, si Noirmoutier ne fût arrivé avec le reste des troupes. Il fit filer les charrettes du côté de Villeneuve-Saint-Georges[4] ; il marcha avec ses troupes en bon ordre par le grand chemin du côté de Gros-Bois[5], à la vue de Grancei, qui ne crut pas devoir hasarder de passer le pont Iblon devant lui[6]. Il rejoignit son

1. Les copies R, H, Caf., et toutes les éditions anciennes omettent les mots : « et qu'il n'en avoit que de nouvelles. »
2. Frédéric-Maurice de Durfort, comte de Rosan, né en 1626. Il reçut un coup de pistolet à l'épaule et un coup de mousquet dans le côté, et mourut, au mois de mai suivant, des suites de ses blessures. Son frère se nommait Jacques-Henri de Durfort, maréchal et duc de Duras ; ils étaient tous deux fils de Guy Aldonie de Durfort, marquis de Duras, alors encore vivant, et d'une sœur du duc de Bouillon, Élisabeth de la Tour.
3. Le ms Caf. omet *pris*; plus loin le réviseur y a fait ce changement : « du régiment de cavalerie de Sevigni. »
4. Au confluent de la Seine et de l'Yères, dans l'arrondissement de Corbeil (Seine-et-Oise).
5. Petit village dépendant de Boissy-Saint-Léger (Seine-et-Oise).
6. Le ms H, Caf., et les anciennes éditions donnent ainsi cette fin de phrase : « qui ne crut pas devoir hasarder de passer un pont qui se rencontroit sur le grand chemin devant lui (*quelques textes ont* rencontra; *d'autres*, rencontre). » Cette leçon pourrait venir de la copie R, où l'on a effacé *le* et *Iblon*, écrit *un* au-dessus de *le*, et ajouté en marge ces mots, se rapportant à *pont* : « qui se rencontre sur le chemin. » — Nous ne savons où est le pont Iblon. Faut-il peut-être substituer Ablon à Iblon ? Le village d'Ablon-sur-Seine est tout près de Villeneuve-Saint-Georges, au sud-ouest ; mais il n'y a pas là de pont aujourd'hui, et nous n'en trouvons pas sur les cartes du temps. Au reste, dans les environs, nous n'en voyons pas non plus dont la situation cadre bien avec le récit de notre auteur.

convoi[1] dans la plaine de Creteil[2], et il l'amena, sans avoir perdu une charrette, à Paris, où il ne rentra qu'à onze du soir[3].

Vous avez déjà vu deux actes de ce même 19 de février; en voici un troisième de la nuit qui le suivit, qui ne fut pas si public, mais duquel il est nécessaire que vous soyez informée en ce lieu, parce qu'il a trait[4] à beaucoup de faits particuliers que vous êtes sur le point de voir.

Je[5] vous ai dit ci-dessus que M. de Bouillon et moi,

1. « Le convoi.... fut si grand, dit d'Ormesson (tome I, p. 679), que le blé ramenda d'une pistole par setier et ne se vendit que trente-quatre livres. » Malheureusement cette baisse ne dura qu'un instant; car, à la date du 22 février, le jour même où d'Ormesson écrivait ce que nous venons de citer, Dubuisson Aubenay (f° 138) donne les renseignements que voici : « Le setier de farine, qui, ces jours passés, étoit, de cinquante-cinq livres, venu à trente-cinq ou quarante, est remonté, aux halles, à son ancien prix et jusques à soixante livres. La livre de pain, qui étoit baissée à trois sous, remonte à six : il y en a eu de la délicate boulangerie qui est allée ci-devant jusqu'à dix sols la livre. » Cette prompte reprise de la hausse venait de ce qu'à la suite du malheureux combat de la Rochefoucauld, Grancey s'était emparé de Lésigny[a], qui, dit d'Ormesson (p. 679), « ferme le passage de Brie et lui donne retraite pour pouvoir traverser tous les chemins, » c'est-à-dire intercepter facilement les convois.

2. Village situé sur la Marne, près de Charenton-le-Pont, dans l'arrondissement de Sceaux (Seine).

3. Voyez la relation officielle racontant ces divers engagements : *Combats donnés sur le chemin de Paris à Charenton et à Brie-Comte-Robert, les 16 et 18 de ce mois* (février 1649), 4 pages. Une autre édition ajoute au titre ces mots : *où les Parisiens ont eu, en deux rencontres, plus de six cents cavaliers tués, blessés ou faits prisonniers.* — Retz écrit : « jusqu'à 11 du soir. » L'ellipse est comblée dans la copie R : « onze heures. » L'alinéa suivant est omis dans le ms H et dans toutes les anciennes éditions.

4. Dans le manuscrit Caffarelli il y a *traits*, au pluriel, avec un signe de renvoi se rapportant à *sic*, qui est écrit à la marge, entre parenthèses. Il y a bien *trait*, sans *s*, dans l'original.

5. En regard de la seconde ligne de cet alinéa, le chiffre 22,

[a] Dans le canton de Brie-Comte-Robert, au nord de cette petite ville.

de concert avec les autres généraux, fîmes dépêcher, par l'envoyé de l'Archiduc, un courrier à Bruxelles, qui partit sur le minuit[1]. Nous nous mîmes à table pour souper chez M. de Bouillon, un moment après, lui, Madame sa femme et moi. Comme elle étoit fort gaie dans le particulier, et que de plus le succès de cette journée lui avoit encore donné de la joie, elle nous dit qu'elle vouloit faire débauche. Elle fit retirer tous ceux qui servoient, et elle ne retint que Riquemont, capitaine des gardes de Monsieur son mari, à qui l'un et l'autre avoit[2] confiance. La vérité est qu'elle vouloit parler en liberté[3] de l'état des choses, qu'elle croyoit admirablement bon. Je ne la détrompai pas tant que l'on fut à table, pour ne point interrompre son souper ni celui de M. de Bouillon, qui étoit assez mal de la goutte. Comme l'on fut sorti de table, je changeai de ton[4] : je leur représentai qu'il n'y avoit rien de plus délicat que

placé à la marge du manuscrit Caffarelli, renvoie à cette note : « Trop long, et toutes ces conversations de M. et Mme de Bouillon pareillement. Il y a même des endroits obscurs. Il ne faut pas que vous paroissiez vous opposer à la paix, ains (sic), au contraire, la souhaiter ardemment[a]; dire qu'*in omni modo* elle vous convient; que ne voulant point d'intérêt, vous trouverez toujours assez votre sûreté contre le Mazarin; avertir seulement M. de Bouillon de songer à la sienne, et tournant l'affaire de ce côté-là, faire avec lui une partie de ces raisonnements, dont il faut beaucoup retrancher. Il n'est pas nécessaire que Mme de Bouillon fasse tant de figures. »

1. « Sur la minuit. » (Copie Caf.) — « A minuit. » (Ms H et toutes les anciennes éditions.)

2. Dans le manuscrit original, et dans les copies R et Caf., il y a ainsi *avoit*, au singulier.

3. Retz d'abord avait mis : « en particulier; » il a biffé le second mot et écrit au-dessus : « liberté. »

4. « Je changeai de ton » manque dans le ms H et dans toutes les anciennes éditions. »

[a] Dans la note originale, *hardament* (sic). A la suite, il y a, avec un double *que* : « dire qu'*in omni modo* qu'elle vous convient.

le poste où nous nous trouvions, que si nous étions dans un parti ordinaire, qui eût la disposition de tous les peuples du Royaume aussi favorable que nous l'avions, nous serions incontestablement maîtres des affaires; mais que le Parlement, qui faisoit, d'un sens, notre principale force, faisoit, en deux ou trois manières, notre principale foiblesse; que bien qu'il parût de la chaleur et même[1] qu'il y eût de l'emportement très-souvent dans cette compagnie, il y avoit toujours un fonds d'esprit de retour, qui revivoit[2] à toute occasion; que, dans la délibération même du jour[3] où nous parlions, nous avions eu besoin de tout notre savoir-faire pour faire que le Parlement ne se mît pas à lui-même la corde au col[4]; que je convenois que ce que nous en avions tiré étoit utile pour faire croire aux Espagnols qu'il n'étoit pas si inabordable[5] pour eux qu'ils se l'étoient figuré; mais qu'il falloit convenir, en même temps, que si la cour se conduisoit bien, elle en tireroit elle-même un fort grand avantage, parce qu'elle se serviroit de la déférence[6], au moins apparente[7], de la Compagnie, qui lui rendoit compte de l'envoi du député, comme d'un motif capable de la porter à revenir avec bienséance de sa première

---

1. Après *même*, l'auteur a effacé un mot, probablement *de*, pour ajouter : *qu'il y eût*.

2. Dans les copies R, H et Caf., et toutes les éditions anciennes : *paroissoit*. L'auteur lui-même avait commencé par écrire *pa*, qu'il a biffé pour mettre à la suite *revivoit*, dont les éditions 1837-1866 ont fait *revenoit*.

3. D'abord : *du même jour*; Retz, pour éviter la répétition, a biffé *même*.

4. Les mots : « la corde au col, » sont rayés, au crayon rouge, dans la copie Caffarelli.

5. *Abominable*, dans le ms H et 1717 A, 1718 B, F.

6. *Différence*, pour *déférence*, dans les éditions de 1837 et 1843.

7. « Au moins apparente » est omis dans le ms H, dans toutes les éditions anciennes, et dans celle de 1859-1866.

hauteur[1] ; et de la députation solennelle[2] que le Parlement avoit résolu de lui faire, comme d'un moyen très-naturel pour entrer en quelque négociation; que je ne douterois point que le mauvais effet que le refus d'audience aux gens du Roi envoyés à Saint-Germain, le lendemain de la sortie du Roi, avoit produit[3] contre les intérêts de la cour, ne fût un exemple assez instructif pour elle, pour l'obliger à ne pas manquer l'occasion qui se présentoit : quand je n'en serois pas persuadé par celui que nous avions de la manière si bonne et si douce dont elle avoit reçu les excuses que nous lui avions faites de l'exclusion du héraut, qu'elle ne pouvoit pas ignorer toutefois n'avoir pour fondement que le prétexte du monde le plus mince[4] et le plus convaincu de frivole par tous les usages[5]; que le Premier Président et le président de Mesme, qui seroient assurément chefs de la députation, n'oublieroient rien pour faire connoître au Mazarin ses intérêts véritables dans cette conjoncture; que ces deux hommes n'avoient dans la tête que ceux du Parlement; que pourvu qu'ils le[6] tirassent d'affaire, ils auroient même de la joie à nous y laisser, en faisant un accommodement qui stipuleroit notre sûreté sans

1. A revenir à la bienséance en lui rendant sa première autorité. (Ms H, 1717 A, 1718 B, F.) — *Hauteur* est changé en *lenteur* dans 1718 C, D, E.

2. « Et de la députation si solennelle, » dans les copies R, H, Caf., et toutes les anciennes éditions.

3. Après *produit*, Retz avait commencé par mettre *po[ur]*, qu'il a ensuite effacé.

4. Le plus minime. (1837-1866.)

5. « Le plus convaincu, etc. » est omis dans le ms H et dans toutes les éditions anciennes.

6. *Se*, au lieu de *le*, dans les copies R et H, et dans toutes les éditions antérieures à la nôtre; le manuscrit Caffarelli a bien *le*, comme l'original. — A la ligne suivante, après *joie*, la copie R porte *de*, au lieu d'*à*.

nous la donner, et qui, en terminant la guerre civile, rétabliroit la servitude.

Mme de Bouillon, qui joignoit à une douceur admirable une vivacité perçante[1], m'interrompit à ce mot, et elle me dit : « Voilà des inconvénients qu'il falloit prévoir, ce me semble, devant l'audience de l'envoyé d'Espagne, puisque c'est elle qui les fait naître. » Monsieur son mari lui repartit brusquement : « Avez-vous perdu la mémoire de[2] ce que nous dîmes dernièrement sur cela, en cette même place, et ne prévîmes-nous pas, en général, ces inconvénients? Mais après les avoir balancés avec la nécessité que nous trouvâmes à mêler, de quelque façon que ce pût être, l'envoyé et le Parlement, nous prîmes celui qui nous parut le moindre, et je vois bien que Monsieur le Coadjuteur pense à l'heure qu'il est à remédier même à ce moindre. — Il est vrai, Monsieur, lui répondis-je, et je vous proposerai le remède que je m'imagine, quand j'aurai achevé de vous expliquer tous les inconvénients que je vois. Vous avez remarqué ces jours passés que Brillac, dans le Parlement, et le président Aubri dans le conseil de l'Hôtel de Ville[3], firent des propositions de paix auxquelles le Parlement faillit à donner presque[4] à l'aveugle; et il crut beaucoup faire que de se résoudre à ne point délibérer sans les généraux. Vous voyez qu'il y a beaucoup de gens dans les compagnies qui commencent à ne plus payer leurs taxes, et beaucoup d'autres qui affectent de laisser couler du désordre dans la police. Le gros du peuple, qui est ferme, fait

---

1. Cette proposition relative manque dans le ms H et toutes les anciennes éditions.
2. Entre *de* et *ce*, il y a *tout*, biffé.
3. Voyez ci-dessus, p. 219 et note 1, p. 220 et note 3.
4. Retz écrit ici *presques*; le plus souvent il met *presque*.

que l'on ne s'aperçoit pas encore de ce démanchement des parties, qui s'affoibliroient et se désuniroient en fort peu de temps si l'on ne travailloit avec application à les lier et à les consolider ensemble. La chaleur des esprits suffit pour faire cet effet au commencement. Quand elle s'allentit, il faut que la force y supplée : quand je parle de la force, je n'entends pas la violence, qui n'est presque jamais[1] qu'un remède empirique[2], j'entends celle que l'on tire de la considération où l'on demeure auprès de ceux de la part desquels vous peut venir le mal auquel vous cherchez le remède.

« Ce que vous faites présentement avec Espagne[3] commence à faire entrevoir au Parlement qu'il ne se doit pas compter pour tout. Ce que nous pouvons, M. de Beaufort et moi, dans le peuple, lui doit faire connoître qu'il nous y peut compter[4] pour quelque chose. Mais ces deux vues ont leur inconvénient comme leur utilité. L'union des généraux avec Espagne n'est pas assez publique pour jeter dans les esprits toute l'impression qui y seroit, d'un sens, nécessaire, et qui, de l'autre, si elle étoit plus déclarée, seroit pernicieuse. Cette même union n'est pas assez secrète pour ne pas donner lieu à cette même compagnie[5] d'en prendre avantage contre

1. Entre *jamais* et *qu'un* il y a trois mots biffés : « en tout... ; » le dernier mot est illisible.
2. Tout ceci, depuis : « je n'entends pas, » manque dans le ms H et toutes les anciennes éditions.
3. Dans les copies R et Caf., ici, et six lignes plus bas, et presque partout : « avec l'Espagne. » Un peu plus loin cependant (p. 270, ligne 12) ces deux manuscrits mettent bien « d'Espagne, » sans article.
4. Le copiste du manuscrit Caffarelli, sautant tout ce qui est entre ce verbe *compter* et celui qui est deux lignes plus haut, a ainsi défiguré ce passage : « .... à faire entrevoir au Parlement qu'il ne le doit pas compter entre le peuple pour quelque chose. »
5. L'auteur avait écrit : « à nos ennemis, » qu'il a effacé pour y substituer, en marge : « à cette même compagnie. »

vous[1] dans les occasions, qu'elle prendroit toutefois[2], encore plus tôt, si elle vous croyoit sans protection.

« Pour ce qui est du crédit que M. de Beaufort et moi avons dans les peuples, il est plus propre à faire du mal au Parlement qu'à l'empêcher de nous en faire. Si nous étions de la lie du peuple, nous pourrions peut-être avoir la pensée de faire ce que Bussi le Clerc[3] fit au temps de la Ligue, c'est-à-dire d'emprisonner, de saccager le Parlement. Nous pourrions avoir en vue de faire ce que firent les Seize[4] quand ils pendirent le président Brisson[5], si nous voulions être aussi dépendants d'Espagne que les Seize l'étoient. M. de Beaufort est petit-fils d'Henri le Grand[6], et je suis coadjuteur de Paris. Ce n'est ni notre honneur ni notre compte, et cependant il nous seroit plus aisé d'exécuter

---

1. Ici et à la ligne suivante, le ms H et toutes les éditions anciennes changent *vous* en *nous*.

2. Après *toutefois*, d'abord : *plus*, biffé et reporté après *encore*.

3. Le Clerc, qui se faisait appeler Bussy le Clerc, en mémoire du fameux duelliste Bussy d'Amboise, fut un des chefs de la faction des Seize pendant la Ligue. Il avait été d'abord maître d'armes, puis procureur au Parlement. Le duc de Guise lui donna le commandement de la Bastille. Après la ruine de la Ligue, il se retira à Bruxelles, où il reprit sa profession de maître d'armes; le Parlement le condamna à mort et le fit exécuter en effigie, pour la part qu'il avait prise au meurtre du président Brisson, et pour avoir emprisonné en masse cinquante à soixante membres de la Compagnie.

4. Retz écrit partout en chiffres : « les 16. »

5. Barnabé Brisson, jurisconsulte français, auteur du recueil de lois connu sous le nom de *Code Henri III*. Nommé par la Ligue premier président à la place d'Achille de Harlay, qu'on avait envoyé à la Bastille, il devint bientôt suspect aux Seize, et fut arrêté le 15 novembre 1591, à 9 heures, au moment où il se rendait au Palais, confessé à 10, et pendu à 11, à une poutre de la chambre du Conseil. Il demandait comme grâce qu'on lui laissât achever en prison un de ses ouvrages, déjà fort avancé.

6. Voyez ci-dessus, p. 198, note 2.

et ce que fit Bussi le Clerc et ce[1] que firent les Seize, que de faire que le Parlement connoisse ce que nous pourrions faire contre lui, assez distinctement pour s'empêcher de faire contre nous ce qu'il croira toujours facile, jusques à ce que nous l'en ayons empêché ; et voilà le destin et le malheur des pouvoirs populaires. Ils ne se font croire que quand ils se font sentir, et il est très-souvent de l'intérêt et même de l'honneur de ceux entre les mains de qui ils sont, de les faire moins sentir que croire. Nous sommes en cet état. Le Parlement penche ou plutôt tombe vers une paix et très-peu sûre et très-honteuse. Nous[2] soulèverions demain le peuple si nous voulions ; le devons-nous vouloir ? Et si nous le soulevons[3], et si nous ôtons l'autorité au Parlement, en quel abîme jetons-nous Paris dans les suites ? Tournons le feuillet. Si nous ne le soulevons pas, le Parlement croira-t-il que nous le puissions soulever, et ce même Parlement s'empêchera-t-il de faire des pas vers la cour qui le perdront peut-être, mais qui nous perdront infailliblement devant lui ?

« Vous direz bien, Madame, encore avec[4] plus de fondement à cette heure que tantôt, que je marque beaucoup d'inconvénients, mais que je marque peu de remèdes : à quoi je vous supplie de me permettre de vous répondre que je n'ai pas laissé de vous parler de[5]

1. *Ce* est en interligne.
2. Entre *nous* et *soulèverions*, nous croyons lire : « lui pourrions, » biffé.
3. Ce premier membre de phrase est omis dans les copies R, H, Caf., et dans toutes les anciennes éditions.
4. *Avec* est en interligne.
5. Le ms H et toutes les éditions anciennes abrègent ainsi ce passage : « Vous direz bien que je vous marque (*ou* que je marque) beaucoup d'inconvénients et peu de remèdes (*ou* de remède) : à quoi je réponds que je vous ai parlé de, etc. »

ceux qui se trouvent déjà naturellement dans le traité que vous projetez avec Espagne, et dans l'application que nous avons, M. de Beaufort et moi, à nous maintenir dans l'esprit des peuples; mais que comme je reconnois dans tous les deux de certaines qualités qui en affoiblissent la force et la vertu, j'ai cru être obligé, Monsieur, de rechercher dans votre capacité et dans votre expérience ce qui y pourroit suppléer; et c'est ce qui m'a fait prendre la liberté de vous rendre compte, Monsieur, d'un détail que vous auriez vu d'un coup d'œil, bien plus clairement et plus distinctement que moi, si votre mal vous avoit permis d'assister seulement une fois ou à[1] une assemblée du Parlement ou à un conseil de l'Hôtel de Ville. »

M. de Bouillon, qui ne croyoit nullement les affaires en cet état, me pria, un peu après l'interruption que je vous ai marquée[2], que me fit Mme de Bouillon[3], de lui mettre par écrit[4] tout ce que j'avois commencé et

---

1. Dans la copie R : « une fois ou deux à, etc. » Tel est aussi le texte des ms H et Caf. et des anciennes éditions. Ces manuscrits et ces éditions changent de plus *à une assemblée* en *aux assemblées*.

2. Nous ponctuons ainsi pour conserver le participe avec accord comme Retz l'a écrit : *marquée;* mais il est bien possible qu'il ait voulu faire dépendre le second *que* de *marqué*, et que nous corrigions, au moyen de la virgule ajoutée, un accord irrégulier.

3. Cette incise encore : « un peu après, etc., » est omise dans le ms H et toutes les anciennes éditions; de même que, plus loin, la fin de la phrase suivante : « et sur laquelle, etc. »

4. *Par écrit* est à la marge. Nous avons déjà vu plus haut, p. 112, notre auteur nous expliquer, d'une manière à peu près semblable, la conservation pour ainsi dire littérale d'un grand entretien politique. Seulement ici, c'est à la demande de son interlocuteur qu'il l'a, dit-il, rédigé, tandis que la première fois, c'était de son propre mouvement qu'il l'avait fait mettre par écrit. On verra plus loin, p. 276, note 2, que l'annotateur du manuscrit Caffarelli n'est pas dupe de ces petites ruses du narrateur, et qu'il les goûte peu.

tout ce que j'avois encore à lui dire. Je¹ le fis sur l'heure même et il m'en rendit, le lendemain, une copie que j'ai encore, écrite de la main de son secrétaire, et sur laquelle je viens de copier ce que vous en voyez ici. L'on ne peut être plus étonné ni plus affligé que le furent M. et Mme de Bouillon de ce que je venois de leur marquer de la disposition où étoient les affaires, et je n'en avois pas été moins surpris qu'eux. Il ne s'est jamais rien vu de si subit. La réponse douce et honnête que la Reine fit aux gens du Roi touchant le héraut, la protestation de pardonner sincèrement à tout le monde, les couleurs dont Talon, avocat général, embellit cette réponse, tournèrent en un instant presque tous les esprits. Il y eut des moments, comme je vous l'ai déjà dit, où ils revinrent à leur emportement², ou par les accidents qui survinrent, ou par l'art³ de ceux qui les y ramenèrent; mais le fond⁴ pour le retour y demeura toujours. Je le remarquai en tout et je fus bien aise de m'en ouvrir avec M. de Bouillon, qui étoit le seul homme de tête de sa profession qui fût dans ce parti, pour voir avec lui⁵ la conduite que nous aurions à y prendre. Je fis bonne mine avec tous les autres; je leur fis valoir les moindres circonstances presque avec autant de soin qu'à

1. A la marge de cette phrase, dans le manuscrit Caffarelli, est un chiffre 23 ; il est répété à la phrase suivante. Ce double chiffre renvoie à cette note : « Vous ne marquez pas assez cette disposition des affaires, et on ne la comprendra pas bien. » — Autre marque de critique, les mots : « Mme de Bouillon, de lui mettre par écrit, » sont, un peu plus haut, soulignés au crayon rouge.

2. Retz d'abord avait écrit : « à leur accord ; » il a effacé *accord* et mis à la marge *emportement*.

3. A *l'art* le ms H substitue *l'avis*; 1717 A, 1718 B, F, *les avis*.

4. Dans le manuscrit original, *fonds*; c'est l'orthographe à peu près constante de notre auteur : voyez le *Lexique*.

5. Après *lui*, Retz avait écrit ces mots, qu'il a ensuite biffés : « le parti que l'on prend[roit]. »

l'envoyé de l'Archiduc[1]. Le président de Mesme, qui à travers toutes les bourrades qu'il venoit de recevoir dans les deux dernières délibérations, avoit connu que le feu qui s'y étoit allumé n'étoit que de paille, dit au président de Bellièvre que, pour ce coup, j'étois la dupe et que j'avois pris le frivole pour la substance[2]. Le président de Bellièvre, à qui je m'étois ouvert, m'eût pu justifier si il l'eût jugé à propos; mais il fit[3] lui-même la dupe, et il railla le président de Mesme, comme un homme qui prenoit plaisir à se flatter soi-même[4].

M. de Bouillon ayant examiné, tout le reste de la nuit jusques à cinq heures du matin, le papier que je lui avois laissé à deux, et dont vous venez de voir la copie, m'écrivit[5], le lendemain, un billet par lequel il me prioit de me trouver chez lui à trois heures après midi. Je ne manquai pas de m'y rendre, et j'y trouvai Mme de Bouillon, pénétrée de douleur, parce que Monsieur son mari l'avoit assurée et que ce que je marquois dans mon écrit n'étoit que trop bien fondé, supposés[6] les faits dont il ne pouvoit pas croire que je ne fusse très-bien informé, et qu'il n'y avoit à tout cela qu'un remède, que non pas[7] seulement je ne prendrois pas,

1. Voyez plus haut, p. 261.
2. « Le frivole pour la substance » est encore souligné, au crayon rouge, dans la copie Caffarelli.
3. *Fut*, au lieu de *fit*, dans les ms H et Caf., et dans toutes les éditions antérieures à 1859.
4. Renvoi 24 du manuscrit Caffarelli : « Inutile et petit. » — A se flatter lui-même. (Ms H et toutes les anciennes éditions.)
5. Dans les copies R, H, Caf., et dans toutes les anciennes éditions : « me récrivit. » La copie H et ces éditions omettent en outre le membre incident : « et dont vous venez de voir la copie. »
6. *Supposés* est ainsi au pluriel dans le manuscrit autographe et dans les copies R et Caf.
7. *Pas* est rayé au crayon rouge dans le ms Caf., et omis dans toutes les éditions anciennes.

mais auquel même je m'opposerois. Ce remède étoit de laisser agir le Parlement pleinement à sa mode, de contribuer même, sous main et sans que l'on s'en pût douter, à lui faire faire des pas odieux au peuple, de commencer, dès cet instant, à le décréditer[1] dans le peuple[2], de jouer le même personnage à l'égard de l'Hôtel de Ville, dont le chef[3], qui étoit le président le Féron, prévôt des marchands, étoit déjà très-suspect, et de se servir ensuite de la première occasion que l'on jugeroit la plus spécieuse et la plus favorable pour s'assurer[4], ou par l'exil ou par la prison, des personnes de ceux dont nous ne nous pourrions pas répondre à nous-mêmes.

Voilà ce que M. de Bouillon me proposa sans balancer, en ajoutant que Longueil, qui connoissoit mieux le Parlement qu'homme du Royaume, et qui l'avoit été voir[5] sur le midi, lui avoit confirmé tout ce que je lui avois dit la veille de la pente que ce corps prenoit, sans s'en apercevoir soi-même, et que le même Longueil[6] étoit convenu avec lui que l'unique remède efficace et

---

1. Le manuscrit porte plutôt *descréditer* que *discréditer*. C'est aussi la leçon bien lisible de la copie R, et au reste l'orthographe ordinaire de notre auteur; *décréditer* est la leçon des ms H et Caf. et des anciennes éditions.

2. D'abord : « l'esprit du peuple; » Retz a biffé cette première rédaction, conservée dans 1837-1866, et écrit à la marge « le peuple. » Les copies R, H, Caf., et toutes les éditions anciennes substituent *public* à *peuple*.

3. *La clef*, au lieu de *le chef*, dans le ms H et dans quelques éditions (1717 A, 1718 B, F).

4. D'abord ici : « de ceux, » biffé et reporté un peu plus loin.

5. Et qu'il avoit été voir. (1837-1866.) Cette leçon est contraire aux faits : on sait que le duc de Bouillon était retenu chez lui par la goutte.

6. Tout ce que je lui avois dit la veille, et que le même Longueil. (Ms H, 1717 A, 1718 B, F.) — Les mêmes textes et 1717 omettent, à la fin de l'alinéa, « en ces termes; » 1718 C, D, E, 1719-1828 y substituent *ainsi*.

non palliatif étoit de penser de bonne heure à le purger. Ce fut son mot, et je l'eusse reconnu à ce mot. Il n'y a jamais eu d'esprit si décisif ni si violent ; mais il n'y en a jamais eu un qui ait pallié ses décisions et ses violences par des termes plus doux. Quoique le même expédient que M. de Bouillon me proposoit me fût déjà venu dans l'esprit, et peut-être avec plus de raison qu'à lui, parce que j'en connoissois la possibilité plus que lui, je ne lui laissai aucun lieu de croire que j'y eusse seulement fait la moindre réflexion, parce que je savois qu'il avoit le foible d'aimer à avoir imaginé le premier ; et c'est l'unique défaut que je lui aie connu dans la négociation. Après qu'il m'eut bien expliqué sa pensée, je le suppliai d'agréer que je lui misse la mienne par écrit, ce que je fis sur-le-champ en ces termes[1] :

« Je conviens de la possibilité de l'exécution ; mais je la tiens pernicieuse dans les suites, et pour le public et pour les particuliers[2], parce que ce même peuple dont vous vous serez servi pour abattre l'autorité des magistrats ne reconnoîtra plus la vôtre dès que vous serez obligé de leur[3] demander ce que les magistrats en exigent. Ce peuple a adoré le Parlement jusques à la guerre : il veut encore la guerre et il commence à n'avoir plus tant d'amitié pour le Parlement. Il s'imagine lui-même que cette diminution ne regarde que quelques mem-

1. Renvoi 25 du manuscrit Caffarelli : « Il y a quelque chose de fort bon dans ce discours ; mais il traîne sur la fin et devient ennuyeux ; il faut retrancher et serrer. Il ne faut point que vous l'ayez mis par écrit : il suffit que vous l'ayez dit. »

2. Après *particuliers*, Retz avait écrit : « elle l'est, au moins à mon avis, pour le public ; » mais il a biffé ces mots et mis à la suite de la rature : « parce que, etc. »

3. Les copies R, Caf., et la plupart des éditions anciennes omettent ce pluriel *leur* se rapportant au collectif *peuple*. Le ms H et 1717 A, 1718 B, F remplacent *de leur* par *d'en*.

bres de ce corps qui sont Mazarins : il se trompe, elle va à toute la Compagnie ; mais elle y va comme insensiblement et par degrés. Les peuples sont las quelque temps devant que de s'apercevoir qu'ils le sont. La haine contre le Mazarin soutient et couvre cette lassitude. Nous égayons les esprits[1] par nos satires, par nos vers, par nos chansons[2] ; le bruit des trompettes, des tambours et des timbales, la vue des étendards et des drapeaux[3] réjouit les boutiques ; mais au fond paye-t-on[4] les taxes avec la ponctualité avec laquelle l'on les a payées les premières

1. Le ms Caf. change *les esprits* en *nos esprits;* à la ligne suivante, *trompettes* en *trompes*.
2. Le département des manuscrits de la Bibliothèque nationale possède, dans le *Recueil Maurepas*, un volume (le tome XXII) presque exclusivement consacré aux chansons, satires, épigrammes composées dans les années 1648 et 1649; et dans le recueil Clairambault un autre volume sur la même époque, coté sous le numéro 12686 (Fonds français). Il y a aussi un grand nombre de pièces du même genre dans le recueil des *Chansons de Blot* à la bibliothèque Mazarine.
3. « La vue des étendards et des drapeaux, » est omis dans le ms H et toutes les éditions anciennes. — Nous avons déjà (p. 190, note 3) décrit le drapeau du régiment de Retz : des flèches avec la devise : *In corda inimicorum Regis*. Nous avons trouvé une description de la plupart des autres étendards dans un manuscrit de la Bibliothèque nationale (Fonds français, 25025), renfermant, dit une note au commencement du volume, tout ce qui s'est passé pendant la guerre de la Fronde, depuis le 25 décembre 1648 jusqu'à la fin de l'année 1651. « Les étendards de la ville de Paris portent une étoile d'or en champ d'azur, avec cette devise : *Regem quærimus;* ceux de M. de la Motte Houdancourt portent un Hercule gaulois qui assomme un Polyphème, avec ces mots : *Nullam habet ultio legem;* ceux de M. de Bouillon, une épée entourée de deux rameaux d'oliviers, avec cette devise : *Dabit ultio pacem;* ceux de M. de Beaufort sont chargés de flammes, avec cette inscription en lettre noire : *Ultrices scelerum flammæ;* ceux de Mgr le prince de Conti portent un Phaéton, renversé de son char, avec ces mots : *Meritas dabis, improbe, pœnas.* »
4. Dans le manuscrit autographe et dans la copie R : *paie on*, sans le *t* euphonique : dans le ms Caf.: *paye-t'-on* (sic).

semaines? Y a-t-il beaucoup de gens qui nous ait[1] imités, vous, M. de Beaufort et moi, quand nous avons envoyé notre vaisselle à la monnoie[2]? N'observez-vous pas que quelques-uns de ceux qui se croient encore très-bien intentionnés pour la cause commune commencent à excuser, dans les faits particuliers, ceux qui le sont le moins ? Voilà les marques infaillibles d'une lassitude qui est d'autant plus considérable, qu'il n'y a pas encore six semaines que l'on a commencé à courir[3] : jugez de celle qui sera causée par de plus longs voyages. Le peuple ne sent presque pas encore la sienne ; il est au moins très-certain qu'il ne la connoît pas. Ceux qui sont fatigués s'imaginent qu'ils ne sont qu'en colère, et cette colère est contre le Parlement, c'est-à-dire contre un corps qui étoit, il n'y a qu'un mois, l'idole du public, et pour la défense duquel il a pris les armes.

« Quand nous nous serons mis en la place de ce Parlement, quand nous aurons ruiné son autorité dans les esprits de la populace, quand nous aurons établi la nôtre, nous tomberons infailliblement dans les mêmes inconvénients, parce que nous serons obligés de faire les mêmes choses que fait aujourd'hui le Parlement. Nous ordonnerons des taxes, nous lèverons de l'argent, et il n'y aura qu'une différence, qui sera que la haine et l'envie que nous contracterons dans le tiers[4] de Paris, c'est-

---

1. L'auteur met ainsi *ait*, faisant accorder, ce semble, le verbe avec le sujet grammatical *beaucoup*. Les ms H, Caf. et toutes les éditions anciennes corrigent ce singulier en pluriel ; 1837-1866 remplacent *ait* par *ont*.

2. Retz n'en a rien dit dans ses *Mémoires* ; nous avons relaté le fait au moment voulu : voyez p. 206, fin de la note 4 de la page 205.

3. *Souffrir*, au lieu de *courir*, dans le ms H et dans les éditions de 1717 A, 1718 B, F.

4. Retz avait d'abord voulu écrire *la moitié ;* il s'est arrrêté au milieu du second mot et a biffé les deux, pour mettre à la suite : *le tiers.*

à-dire dans le plus gros [1] bourgeois, attaché, en je ne sais combien de manières différentes, à cette compagnie, dès que nous l'aurons attaqué, diminué ou abattu : que cette haine, dis-je, et cette envie produiront et achèveront contre nous [2], dans les deux autres tiers, en huit jours, ce que six semaines n'ont encore que commencé contre le Parlement. Nous avons dans la Ligue un exemple fameux de ce que je vous viens de dire. M. du Maine [3], trouvant dans le Parlement cet esprit que vous lui voyez, qui va toujours à unir les contradictoires [4] et à faire la guerre civile selon les conclusions des gens du Roi, se lassa bientôt de ce pédantisme. Il se servit, quoique couvertement, des Seize, qui étoient les quarteniers [5] de la Ville, pour abattre cette compagnie. Il fut obligé, dans la suite, de faire pendre quatre de ces Seize, qui étoient trop attachés à l'Espagne. Ce qu'il fit en cette occasion pour se rendre moins dépendant de cette couronne, fit qu'il en eut plus de besoin pour se soutenir contre le Parlement, dont les restes commençoient à se relever. Qu'arriva-t-il de tous ces mouvements [6] ? M. du Maine, l'un des plus grands hommes de son siècle [7], fut obligé

---

1. Retz, par mégarde, a écrit *grois*. — Les anciennes éditions donnent, quelques-unes, avec le ms H : « les plus gros bourgeois; » la plupart : « le plus gros des bourgeois. »

2. « Et achèveront contre nous » est ajouté à la marge.

3. A *du Maine* les éditions de 1718 C, D, E, et 1719-1828 substituent *de Mayenne*, ici et les deux autres fois que ce nom paraît dans la suite du paragraphe.

4. Terme elliptique, usité en logique : « les propositions contradictoires. » — Dans les copies R, H, Caf., et 1717, 1718 C, D, E, 1719-1828 : « les contradictions. »

5. Dans la copie R : *quantiniers*, probablement pour *quartiniers*, qui se trouve partout dans les *Registres de l'Hôtel de Ville*.

6. De tous ces inconvénients. (Ms H, 1717-1828.)

7. « L'un des plus grands hommes, etc. » est omis dans le ms H et toutes les éditions anciennes.

de faire un traité qui a fait dire à toute la postérité qu'il n'avoit su faire ni la paix ni la guerre. Voilà le sort de M. du Maine, chef d'un parti formé pour la défense de la religion, cimenté par le sang de MM. de Guise, tenus universellement pour les Machabées de leurs temps : d'un parti qui s'étoit déjà répandu dans toutes les provinces, et qui avoit déjà embrassé tout le Royaume. En sommes-nous là? La cour ne nous peut-elle pas ôter demain[1] le prétexte de la guerre civile, et par la levée du siége de Paris et par l'expulsion, si vous voulez[2], du Mazarin? Les provinces commencent à branler; mais enfin le feu n'y est pas encore assez allumé pour ne pas continuer avec plus d'application que jamais à faire de Paris notre capital[3]. Et ces fondements supposés, est-il sage de songer à faire[4] dans notre parti une division qui a ruiné celui de la Ligue, sans comparaison plus formé, plus établi et plus considérable que le nôtre? Mme de Bouillon dira encore que je prône toujours les inconvénients sans en marquer les remèdes ; les voici :

« Je ne parlerai point du traité que vous projetez avec Espagne, ni du ménagement du peuple : j'en suppose la nécessité. Il y en a un qui m'est venu dans l'esprit, qui

1. Oter des mains. (Ms H et 1717 A, 1718 B, F.)
2. Si vous le voulez. (1843-1866.)
3. Il y a ainsi *capital*, sans *e*, dans l'original, dans le ms Caf., et dans 1717, 1777-1866. Les autres éditions et le ms H portent *capitale*; dans la copie R, on avait mis d'abord *capitale*, mais on a effacé l'*e* final. — « Faire son capital de quelque chose, sur quelque chose, » signifie, dit l'Académie (1694), « faire un grand fondement sur quelque chose, faire état (*plutôt, je pense, faire très-grand état*) de quelque chose. » — Le ms H et 1717 A, 1718 B, F défigurent ainsi ce passage : « continuer.... l'affaire de Paris, notre capitale. » En outre, dans le ms H, on a mis le point devant *L'affaire*.
4. D'abord Retz avait écrit ici les mots : *une division*, qu'il a ensuite biffés, pour les reporter un peu plus loin. — Dans le ms Caf., *une décision;* dans 1718 C, D, E, 1719-1828, *une diversion*.

est très-capable, à mon opinion, de nous donner dans le Parlement toute la considération qui nous y est nécessaire. Nous avons une armée dans Paris, qui, tant qu'elle sera dans l'enclos des murailles, n'y sera [1] considérée que comme peuple. Je me suis aperçu de ce que je vous dis, peut-être plus de vingt fois depuis huit jours[2]. Il n'y a pas un conseiller dans les Enquêtes qui ne s'en croie le maître pour le moins autant que les généraux. Je vous disois, ce me semble, hier au soir, que le pouvoir que les particuliers prennent quelquefois dans les peuples n'y est jamais cru que par les effets, parce que ceux qui l'y doivent avoir naturellement par leur caractère en conservent toujours le plus longtemps qu'ils peuvent l'imagination, après qu'ils en ont perdu l'effectif. Faites réflexion, je vous supplie, sur ce que vous avez vu dans la cour sur ce sujet. Y a-t-il un ministre ni un courtisan qui jusques au jour des barricades n'ait[3] tourné en ridicule tout ce que l'on lui disoit de la disposition des peuples pour le Parlement? Et il est pourtant vrai qu'il n'y avoit pas un seul courtisan, ni un seul ministre, qui n'eût déjà[4] vu des signes infaillibles de la révolution. Il faut avouer que les barricades les devoient convaincre : l'ont-elles fait? Les ont-elles empêchés[5] d'assiéger Paris, sur le fondement que le caprice du peuple, qui l'avoit porté à l'émotion, ne le pourroit pas pousser jusques à la guerre ? Ce que nous faisons aujourd'hui, ce que nous faisons tous les jours, les pourroit, ce me semble, détromper de cette illusion : en sont-ils guéris ? Ne dit-on pas tous

---

1. Ici Retz a biffé *que*, pour le récrire après *considéré*.
2. Cette phrase manque dans le ms H et toutes les anciennes éditions.
3. Dans l'original, *n'aie*. — 4. *Déjà* est en interligne.
5. *Empêcné*, sans accord, dans l'original, dans les copies R, H, Caf., et dans toutes les éditions, sauf 1751, 1777, 1825.

les jours[1] à la Reine que le gros bourgeois est à elle, et qu'il n'y a dans Paris que la canaille achetée à prix d'argent qui soit au Parlement[2]? Je vous viens de marquer la raison pour laquelle les hommes ne manquent jamais de se flatter et de se tromper eux-mêmes en ces matières. Ce qui est arrivé à la cour arrive présentement au Parlement. Il a dans ce mouvement tout le caractère de l'autorité; il en perdra bientôt la substance[3]. Il le devroit prévoir, et par les murmures qui commencent à s'élever contre lui et par le redoublement de la manie du peuple pour M. de Beaufort et pour moi. Nullement : il ne le connoîtra jamais que par une violence actuelle et positive que l'on lui fera, que par un coup qui l'abattra ou qui l'abaissera[4]. Tout ce qu'il[5] verra de moins lui paroîtra une tentative que nous aurons faite contre lui, et dans laquelle nous n'aurons pu réussir. Il en prendra du courage, il nous poussera effectivement si nous plions, et il nous obligera par là à le perdre. Ce n'est pas notre compte, pour les raisons que je vous ai déduites ci-dessus[6]; et au contraire notre intérêt est de ne lui point faire de mal, pour ne point mettre de division dans notre parti, et d'agir toutefois d'une manière qui lui fasse voir qu'il ne peut faire son bien qu'avec nous.

1. D'abord *toujours* (*tousiours*); Retz a effacé la seconde syllabe et écrit à la suite de la correction : *les jours* (*iours*).

2. On lit dans le ms H et dans 1717 A, 1718 B, F les grossières altérations que voici : « .... la canaille attachée au poids d'argent qui est le Parlement. » Les deux phrases suivantes manquent dans les éditions de 1717 A, 1718 B, F.

3. *La substance* a été rayé de nouveau, au crayon rouge, dans le manuscrit Caffarelli : voyez p. 274, note 2.

4. « Ou qui l'abaissera » manque dans le ms H et toutes les anciennes éditions. Celles de 1718 C, D, E changent *abattra* en *abatte*.

5. Il y a *qui* dans la copie R : c'est aussi le premier texte du manuscrit original, où, d'une encre plus récente, on a ajouté une *l*.

6. « Pour les raisons, etc. » est omis dans le ms H et 1717-1828.

« Il n'y a point de moyen plus efficace, à mon avis, pour cela, que de tirer notre armée de Paris, de la poster[1] en quelque lieu où elle puisse être hors de l'insulte des ennemis, et d'où elle puisse toutefois favoriser nos convois ; et de se faire demander cette sortie par le Parlement même, afin qu'il n'en prenne point d'ombrage, ou, au moins, afin qu'il n'en prenne que quand il sera bon pour[2] nous qu'il en ait[3], pour l'obliger à y garder plus d'égards. Cette précaution, jointe aux autres que vous avez déjà résolues, fera que cette compagnie se trouvera, presque sans s'en être aperçue, dans la nécessité d'agir de concert avec nous ; et la faveur des peuples, par laquelle seule nous la pouvons véritablement retenir[4], ne lui paroîtra plus une fumée, dès qu'elle la verra

1. Dans l'écriture de Retz il est ordinairement bien difficile de distinguer *rt* de *st*; nous croyons qu'ici il y a plutôt *poster* que *porter*. — Un des meilleurs pamphlets de la Fronde et des plus remarqués, puisqu'il donna naissance à huit autres pour ou contre, confirme la justesse de la prévision de Retz. C'est la *Lettre d'avis à Messieurs du Parlement de Paris, écrite par un Provincial;* elle est à la date du 4 mars 1649, et se trouve dans le *Choix de Mazarinades* de M. Moreau, tome I, p. 358-408. L'auteur, après avoir dit qu'il aurait envoyé sa lettre plus tôt si la province n'avait reçu à toute heure, de la part des ministres de Saint-Germain, « des gazettes et des billets où l'on disoit que Paris étoit aux abois, que l'ardeur des bourgeois n'étoit qu'un feu de paille,... qu'ils étoient sur le point d'aller à Saint-Germain, la corde au col, pour demander pardon de ne s'être pas laissés mourir de faim, » ajoute (p. 360) : « Mais *votre voste* nous a enfin désabusés et assurés du bon ordre de votre ville et de la bonne intelligence qui est entre les bourgeois et vous : ce qui m'a obligé de dépêcher la présente et de vous l'envoyer, etc. » L'exemplaire de la réserve, à la Bibliothèque nationale (*Recueil Fontanieu*, tome CLXV), porte cette note manuscrite : « par Jean Beaudeau, chevalier, marquis de Clanleu, gouverneur pour Sa Majesté de la ville de Château-Chinon. »

2. *Pour* est ajouté au-dessus de la ligne.

3. Ici encore il y a *aie* dans l'original. — La fin de la phrase : « pour l'obliger, etc., » manque dans le ms H et les anciennes éditions.

4. Retenir avec nous. (Ms Caf.) — Cet endroit est ainsi abrégé

animée[1] et comme épaissie par une armée qu'elle ne croira plus entre ses mains [2]. »

Voilà ce que j'écrivis, avec précipitation, sur la table du cabinet de Mme de Bouillon. Je leur lus[3] aussitôt après, et je remarquai qu'à l'endroit où je proposois de faire sortir l'armée de Paris, elle fit un signe à Monsieur son mari, qui, à l'instant que j'eus achevé ma lecture, la tira à part. Il lui parla près d'un demi-quart d'heure : après quoi il me dit : « Vous avez une si grande connoissance de l'état de Paris, et j'en ai si peu, que vous me devez

et altéré dans le ms H et dans 1717 A, 1718 B, F : « par rapport à la faveur (*ms H :* en faveur) du peuple, par lequel seul (*ms H :* par laquelle seule) nous la pouvons retenir véritablement dès qu'elle la verra, etc. »

1. *Fortifiée*, au lieu d'*animée*, dans les copies R, H, Caf., et dans toutes les éditions anciennes; *arrivée*, dans 1837-1866.

2. On peut voir, dit Sainte-Beuve dans les *Causeries du lundi* (tome V, p. 240), l'idée qu'il (*Retz*) se faisait de l'état réel du parti par les conversations très-belles et très-sérieuses qu'il tint avec le duc de Bouillon, le frère aîné de Turenne, et la meilleure tête entre tous ces grands qui s'étaient mis de la faction. » — « Ses conversations avec le duc de Bouillon, dit de son côté M. Curnier dans son étude sur *Retz et son temps* (tome I, p. 254 et 255), sont loin d'être au-dessous de ses entretiens avec Condé, sous le rapport de l'éloquence et de l'habileté. Nous les regardons comme de vrais chefs-d'œuvre. Le génie de Retz s'y montre dans tout son éclat; il y met à nu tous les côtés faibles de son parti, avec une sagacité qu'on ne saurait trop admirer, et, quel que soit au fond le motif qui l'inspire, il y joue un rôle moins ingrat. Là du moins, au lieu de chercher, par de belles paroles, à détourner son interlocuteur de la ligne du devoir, il s'efforce de le retenir sur le bord d'un effroyable abime où il le voit toujours prêt à se précipiter, en y entraînant la France après lui. » Seulement on ne peut s'empêcher de se demander si ces vues profondes et opportunes assurément ont été exposées dans le temps même, et telles qu'elles sont ici rapportées, si ce n'est pas plutôt une dissertation rétrospective, composée après coup.

3. Voyez ce qui a été dit ci-dessus, p. 256, note 1, de l'omission du pronom *le*. — La plupart des éditions anciennes donnent : « Je le leur lus; » celle de 1859-1866 met *le* entre crochets.

excuser si je ne parle pas juste sur cette matière. L'on ne peut répondre à vos raisons; mais je les vas fortifier par[1] un secret que nous vous allons dire, pourvu que vous nous promettiez, sur votre salut, de nous le garder pour tout le monde sans exception, mais particulièrement à l'égard de Mlle de Bouillon[2]. » Il continua en ces termes : « M. de Turenne nous écrit qu'il est sur le point de se déclarer pour le parti; qu'il n'y a plus que deux colonels[3] dans son armée qui lui fassent peine; qu'il s'en assurera d'une façon ou d'autre, devant qu'il soit huit jours, et qu'à l'instant il marchera à nous. Il nous a demandé le secret pour tout le monde sans exception, hors pour vous. — Mais sa gouvernante, ajouta avec colère Mme de Bouillon, nous l'a commandé pour vous comme pour les autres. » La gouvernante dont elle vouloit parler étoit la vieille Mlle de Bouillon, sa sœur, en qui il avoit une confiance abandonnée, et que Mme de Bouillon haïssoit de tout son cœur.

M. de Bouillon reprit la parole et il me dit : « Qu'en

1. Ce passage encore est fort abrégé dans le ms H et dans toutes les éditions anciennes : « .... si je n'en parle pas juste. Je vais fortifier vos (1718 C, D, E : nos) raisons par, etc. »

2. Charlotte de la Tour, sœur du duc de Bouillon et du maréchal de Turenne, non mariée; elle mourut en 1662. C'était une vieille fille pleine de vertu et de mérite, mais très-huguenote et très-fière, qui avait un crédit presque sans bornes sur Turenne, d'où le surnom de *gouvernante*, que lui donne un peu plus bas Mme de Bouillon, qui la « haïssoit de tout son cœur, » à cause de son humeur impérieuse.

3. Ces deux colonels étaient Erlach et Rosen; nous avons déjà parlé du premier (p. 68, note 1); le second n'a pas une moindre réputation de cruauté : voyez les lettres, inédites alors, que nous avons données dans *la Misère au temps de la Fronde*, et dans lesquelles Fabert, Noirmoûtier, Bussy Lamet et Montaigut dénoncent à Mazarin les atrocités commises par les soldats de Rosen (p. 293-296); on peut lire aussi, à l'*Appendice* de la 4ᵉ édition du même ouvrage (p. 554 et 555), la singulière réponse du cardinal-ministre.

dites-vous? ne sommes-nous pas les maîtres et de la cour et du Parlement? — Je ne serai pas ingrat, répondis-je à M. de Bouillon; je payerai votre secret d'un autre, qui n'est pas si important, mais qui n'est pas peu considérable. Je viens de voir un billet d'Hocquincourt[1] à Mme de Montbazon, où il n'y a que ces mots[2] : « Péronne est à la belle des belles; » et j'en ai reçu un à[3] ce matin de Bussi Lamet[4], qui m'assure de Mézières. »

Mme de Bouillon, qui étoit fort gaie dans le particulier, se jeta à mon cou; elle m'embrassa bien tendrement[5]. Nous ne doutâmes plus de rien, et nous conclûmes, en un quart d'heure, le détail de toutes ces précautions dont vous avez vu les propositions ci-dessus[6]. Je ne puis omettre, à ce propos, une parole de M. de Bouillon. Comme nous examinions les moyens de tirer l'armée hors des murailles sans donner de la défiance au Parlement, Mme de Bouillon, qui étoit transportée de joie de tant de bonnes nouvelles, ne faisoit plus aucune réflexion sur ce que nous disions. Monsieur son mari se

---

1. Charles de Monchy, marquis d'Hocquincourt, maréchal de France, alors lieutenant général des armées du Roi et gouverneur de Péronne; il fut tué en 1656 devant Dunkerque; il avait épousé Éléonore d'Estampes de Valençay.
2. Que ces deux mots. (1843-1866.)
3. Toutes les éditions antérieures à la nôtre retranchent *à* et donnent soit *ce*, soit *le matin*.
4. Antoine-François de Lamet, marquis de Bussy, gouverneur de Mézières après son père, qui était mort en 1637.
5. Toute cette phrase a été effacée dans le manuscrit Caffarelli. Le membre incident : « qui étoit fort gaie dans le particulier, » et le dernier membre : « elle m'embrassa bien tendrement, » ont été supprimés dans le ms H et dans toutes les éditions anciennes; 1718 C, D, E changent *M.* en *Mme de Bouillon.*
6. Renvoi 27 du manuscrit Caffarelli : » Cela ne s'entend pas. » — Cette critique est-elle juste? On comprend sans peine, ce nous semble, qu'il s'agit des précautions conseillées par le Coadjuteur dans le dernier paragraphe de son discours au duc de Bouillon.

tourna vers moi, et il me dit, presque en colère, parce qu'il prit garde que ce qu'il me venoit d'apprendre de M. de Turenne m'avoit touché et distrait : « Je le pardonne à ma femme, mais je ne vous le pardonne pas[1]. Le vieux prince d'Orange[2] disoit que le moment où l'on recevoit les plus grandes et les plus heureuses nouvelles étoit celui où il falloit redoubler son attention pour les petites[3]. »

Le 24 de ce mois, qui étoit celui de février[4], les dé-

1. Renvoi 27 du manuscrit Caffarelli : « Cela est petit. »
2. Voyez, au sujet de Guillaume Ier prince d'Orange, la note 3 de la page 292 du tome I.
3. Retz avait mis d'abord : « pour les plus petites; » mais il a effacé *plus*.
4. A une date très-voisine de celle-ci, il est parlé de Retz dans le *Journal du Parlement*, au sujet d'un fait que nous ne trouvons nulle part ailleurs. Dans la séance du 10 février, Beaufort se plaint de billets répandus dans Paris, et où sa tête était mise à prix pour cent cinquante mille livres. « Monsieur le Coadjuteur, dit ce *Journal* (p. 91), auroit aussi ajouté qu'il étoit dans le même malheur, son carrosse ayant été, il y a quelques jours, attaqué par huit hommes inconnus et armés, qui, ne l'ayant pas trouvé dedans, questionnèrent fort le cocher du lieu où étoit le sieur Coadjuteur, quand il reviendroit, et par où il passeroit, sans qu'il ait pu découvrir quels gens c'étoient. Plusieurs de Messieurs auroient dit que c'étoit un malheur commun et une conspiration générale, ayant chacun raconté qu'il y avoit eu de pareils attentats contre leur personne. » Les *Registres de la Sorbonne* parlent bien (aux folios 234 et 235) de tentatives de violences contre les parlementaires, mais sans désigner Retz en particulier. En revanche, il est question de lui dans un document qui nous paraît être du moment où nous voilà parvenus, et qui nous fournit une nouvelle preuve de l'exaspération des esprits et de la vivacité de la lutte. Ce document est une lettre imprimée, qui, signée C. E. D. D. (Cohon, évêque de Dol), fut distribuée dans Paris, et dont un exemplaire est inséré dans le volume II (année 1649) de la copie du *Journal de Dubuisson*. On y lit : « Les martyrs du général ecclésiastique souffletent impunément les conseillers de la cour qui parlent de députation et de traité de paix. C'est chose horrible que la fureur de ces gens-là. On fait le procès au nommé Marigny, commensal et adhérent de Monsieur

putés du Parlement, qui avoient reçu leurs passe-ports la veille[1], partirent pour aller à Saint-Germain rendre compte à la Reine de l'audience accordée à l'envoyé de l'Archiduc. La cour ne manqua pas de se servir, comme nous l'avions jugé[2], de cette occasion pour entrer en traité[3]. Quoiqu'elle ne traitât pas dans ses passe-ports les députés de présidents et de conseillers, elle ne les traita pas aussi de gens qui l'eussent été et qui en fussent déchus : elle se contenta de les nommer simplement par leur nom ordinaire[4]. La Reine dit aux dépu-

le Coadjuteur, qui a donné un soufflet au conseiller Boilève pour avoir témoigné un désir raisonnable de voir la Reine satisfaite et la guerre finie. On traite cette affaire devant le lieutenant criminel, pour la crainte que l'on a eue de la voir étouffée, si la ligue des Frondeurs eût été la maîtresse. »

1. On peut voir dans la *Collection Godefroy*, à l'Institut (carton 274, pièce 4), l'original de la lettre adressée, le 14 février, au chancelier Seguier, par les gens du Roi, Talon, Méliand et Bignon, pour lui rappeler la demande déjà faite par eux « qu'on leur fît tenir les passe-ports, avec l'escorte et la route (*l'itinéraire*) qui leur étoit nécessaire..., pour se transporter vers le Roi et la Reine régente. » Une lettre, écrite à la même date et pour le même objet à le Tellier, est insérée dans les *Mémoires de Molé* (tome III, p. 349); et l'éditeur de ces mémoires en donne une autre, en note (*ibidem*), adressée encore au Chancelier, le 23 février, et où il est dit que « Messieurs les députés font état de partir le lendemain à neuf heures du matin, » si le courrier qui porte la lettre peut être de retour à Paris ce jour-là, avec les passe-ports, « de grand matin. »

2. Voyez ci-dessus, p. 266 et 267.

3. Ne manqua pas à (*ou de*) se servir de cette occasion (*ou de l'occasion*) pour en tirer avantage ensuite. (Ms H, 1717 A, 1718 B, F.)

4. Le *Journal de d'Ormesson* (tome I, p. 685) nous sert à expliquer ce passage : « Chacun de Messieurs avoit son passe-port en son nom, sans autre qualité; mais,... il n'y avoit pas comme dans la taxe[a] : *ci-devant président ou conseiller.* » Une lettre de Saintot à

[a] Voyez dans le *Choix de Mazarinades* de M. Moreau, tome I, p. 207-233, la pièce intitulée : *Taxes faites des maisons sises aux environs de Paris et ailleurs, en exécution de l'arrêt suivant du Conseil* (11 février 1649); à la page 209, on lit : « *Rôle des taxes.* Les terres de Champlâtreux et le Plessis-Vallée, appartiennent au sieur Molé, ci-devant premier président de la cour du

tés qu'il eût été plus avantageux pour l'État et plus honorable pour leur compagnie de ne point entendre l'envoyé[1]; mais que c'étoit une chose faite; qu'il falloit songer à une bonne paix; qu'elle y étoit très-disposée; et que Monsieur le Chancelier étant malade depuis quelques jours, elle donneroit, dès le lendemain, une réponse plus ample par écrit[2]. Monsieur d'Orléans et Monsieur le Prince s'expliquèrent encore plus positivement, et promirent au Premier Président et au président de Mesme, qui eurent avec eux[3] des conférences très-particulières et très-longues, de déboucher tous les passages aussitôt que le Parlement auroit nommé des députés pour traiter.

Le même jour, 24 de février, nous eûmes avis que Monsieur le Prince avoit fait dessein de jeter dans la rivière toutes les farines de Gonesse et des environs, parce que les paysans en apportoient une fort grande quantité,

le Tellier, du 24 février (Bibliothèque nationale, ms 4231, fol. 45 v°), montre que ces « passe-ports sans qualité » émurent vivement le Parlement. On envoya chercher Molé; il leur dit « qu'ils n'étoient pas moins du Parlement, et que si, par des déclarations, il leur étoit ôté quelque chose, aussi, par d'autres déclarations, l'on pouvoit les rétablir. »

1. La Reine dit aux députés qu'ils ne devoient point entendre l'envoyé. (Ms H et toutes les éditions anciennes.)

2. Cette réponse se trouve dans les *Mémoires de Mme de Motteville*, tome II, p. 361-371, et dans le *Journal de d'Ormesson*, tome I, p. 692 et 693; voyez aussi les *Registres du Parlement*, à la bibliothèque de la Sorbonne, tome II, folios 261-270, ainsi que le *Journal du Parlement*, p. 99-101. Les *Mémoires de Mathieu Molé* ne donnent que le discours du Premier Président (tome III, p. 351-354), et passent rapidement sur le reste de cette séance importante.

3. Le ms H et toutes les anciennes éditions portent simplement : « promirent aux députés, qui eurent avec eux, etc. »

Parlement.... paieront.... huit mille livres; » et plus bas : « Les terres de Roissy..., appartenant au sieur de Mesme, ci-devant président en ladite cour, six mille livres, etc. »

à dos, dans la ville. Nous le prevînmes. L'on sortit avec toutes les troupes[1], entre neuf et dix[2] du soir. L'on passa toute la nuit en bataille devant Saint-Denis, pour empêcher le maréchal du Plessis, qui y étoit avec huit cents chevaux, composés de la gendarmerie, d'incommoder notre convoi. L'on prit tout ce qu'il y avoit de chariots, de charrettes et de chevaux dans Paris. Le maréchal de la Mothe se détacha avec mille chevaux; il enleva tout ce qu'il trouva dans Gonesse et dans le pays, et il rentra[3] dans la ville sans avoir perdu un seul homme, ni un seul cheval. Les gendarmes de la Reine donnèrent sur la queue du convoi; mais ils furent repoussés par Saint-Germain d'Achon jusque dans la barrière[4] de Saint-Denis.

Le même jour, Flammarin[5] arriva à Paris pour faire un compliment, de la part de M. le duc d'Orléans, à la

---

1. Nous partîmes avec toutes les troupes. (Ms Caf.)
2. Les copies R, H, Caf. et toutes les éditions ajoutent *heures*.
3. Après *rentra*, qui a été remplacé par *entra* dans 1843-1866, Retz a effacé : *à la pointe du jour*. — Pour tous ces petits combats dans la banlieue de Paris, voyez, aux dates où ils furent livrés, les *Registres de l'Hôtel de Ville* ou les *Journaux de Dubuisson et de d'Ormesson*. — Les Parisiens voulant prendre leur revanche de la relation officielle du combat de Brie-Comte-Robert (voyez ci-dessus, p. 264, note 3), firent aussi le récit de leur succès, sous ce titre : *Relation véritable de ce qui s'est fait et passé devant Saint-Denys par l'armée des bons François, le jour de saint Mathias, comme aussi devant Brie, ensemble ce qui s'est passé devant Paris de plus mémorable*, par le sieur Rozard, 1649, 8 pages. On consultera utilement aussi les *Mémoires du maréchal du Plessis* (Collection Michaud, tome XXXI, p. 400 et 401).
4. *Rivière*, au lieu de *barrière*, dans le ms H et dans toutes les éditions antérieures à 1837.
5. Antoine-Agésilan de Grossoles, marquis de Flamarens, baron de Montastruc. Il fut tué au combat du faubourg Saint-Antoine, en 1652. — *Flammarin*, et, à la ligne suivante, le mot *compliment* sont rayés au crayon rouge dans la copie Caffarelli.

reine d'Angleterre, sur la mort du Roi son mari[1], que l'on n'avoit apprise que trois ou quatre jours auparavant[2]. Ce fut là le prétexte du voyage de Flammarin ; en voici la cause. La Rivière, de qui il étoit intime et dépendant, se mit dans l'esprit de lier un commerce, par son moyen, avec M. de la Rochefoucauld, avec lequel Flammarin avoit aussi beaucoup d'habitude. Je savois, de moment à autre, tout ce qui se passoit entre eux, parce que Flammarin, qui étoit passionnément amoureux de Mme de Pommereux[3],

---

1. Son époux. (1718 C, D, E, 1719-1828.) — Ce compliment de condoléance, de la part du duc d'Orléans, frère de la reine d'Angleterre, ne pouvait être, aux yeux de tous, que l'accomplissement d'un devoir ; ce que lui reprochaient les Frondeurs opiniâtres, c'était de mêler à cette démarche si naturelle une commission secrète pour le prince de Marsillac, blessé depuis peu (19 février) dans une rencontre, et qui commençait à se dégoûter de la guerre civile. Du reste, déjà le Parlement, sur la proposition du duc d'Elbeuf, dans la séance du 22 février (*Journal du Parlement*, p. 93), avait arrêté « que le président de Bellièvre et deux conseillers iroient témoigner à ladite Dame Reine le ressentiment de la Cour et la part qu'elle prenoit à son déplaisir. » Le *Journal de d'Ormesson* (tome I, p. 678), le *Journal historique de Paris* (Bibliothèque nationale, ms 10273, fol. 265 et suivants), les *Mémoires de Mme de Motteville* (tome II, p. 340-352), les *Carnets de Mazarin* (carnet x, fol. 76) permettent de conjecturer que la nouvelle de la mort de Charles Ier, par l'effet qu'elle produisit à Saint-Germain et à Paris, et abstraction faite du prétexte qu'elle fournit à Gaston, comme s'en plaint ici Retz, ne fut pas sans influence sur la paix.

2. Le *Journal du Parlement* dit, à la date du 19 février (p. 90) : « Ce fut ce même jour que l'on eut les premières nouvelles de la mort du roi d'Angleterre. » Mme de Motteville (tome II, p. 352) la mentionne à la même date ; d'Ormesson, à celle du 20, n'en parle qu'incidemment, ne voulant sans doute pas s'étendre sur l'impression que ce terrible événement fit éprouver au peuple de Paris. Ces témoignages s'accordent, quant aux dates, avec ce que dit ici le Coadjuteur, qui, du reste, n'indique, lui aussi, le fait que d'une manière incidente, ne le rattache à son sujet que par une petite conséquence tout accessoire, et ne s'arrête point à ce qui en put résulter à Paris et à Saint-Germain.

3. Voyez au tome I, p. 179, note 4.

lui en rendoit un compte très-fidèle. Comme M. le cardinal Mazarin faisoit croire à la Rivière que le seul obstacle qu'il trouvoit au cardinalat étoit M. le prince de Conti, Flammarin crut ne pouvoir rendre un service plus considérable à son ami que de faire une négociation qui pût les disposer à quelque union. Il vit pour cet effet M. de la Rochefoucauld, aussitôt qu'il fut arrivé à Paris[1], et il n'eut pas beaucoup de peine à le persuader. Il le trouva au lit, très-incommodé de sa blessure et très-fatigué de la guerre civile. Il dit à Flammarin qu'il n'y étoit entré que malgré lui, et que si il fût revenu de Poitou deux mois devant le siége de Paris, il eût assurément empêché Mme de Longueville d'entrer dans cette misérable affaire ; mais que je m'étois servi de son absence pour l'y embarquer, et elle et M. le prince de Conti ; qu'il avoit trouvé les engagements trop avancés pour les pouvoir rompre ; que sa blessure[2] étoit encore un nouvel obstacle à ses desseins, qui étoient et qui seroient toujours de réunir la maison royale ; que ce diable de[3] Coadjuteur ne vouloit point de paix ; qu'il étoit toujours pendu aux oreilles de M. le prince de Conti et de Mme de Longueville pour en fermer toutes les voies ; que son mal l'empêchoit d'agir auprès d'eux comme il eût fait, et que, sans cette blessure, il feroit tout ce que l'on pourroit desirer de lui[4]. Il prit ensuite avec Flam-

1. Ce membre de phrase : « aussitôt qu'il, etc., » manque dans le ms H et dans toutes les anciennes éditions.
2. Après *blessure*, il y a, dans l'original, *lui*, biffé.
3. Les mots : « ce diable de, » et, à la ligne suivante, *pendu*, sont effacés au crayon rouge dans la copie Caffarelli.
4. Les *Mémoires de M. de****, attribués au comte de Brégy (Collection Michaud, tome XXXI), confirment ces diverses négociations de Flamarens, aux pages 485 et 486. La Rochefoucauld (tome XXX, p. 423) les indique rapidement. — Flamarens était accompagné du marquis de Grancey. — La fin de la phrase : « et que, sans, etc., » est omise dans le ms H et dans toutes les anciennes éditions.

marin toutes les mesures qui obligèrent depuis, au moins à ce que l'on a cru¹, M. le prince de Conti à céder sa nomination au cardinalat à la Rivière².

Je fus informé de tous ces pas par Mme de Pommereux, aussitôt qu'ils furent faits³. J'en tirai toutes les lumières qui me furent nécessaires, et je fis dire après, par le provôt des marchands, à Flammarin de sortir de Paris, parce qu'il y avoit déjà quelques jours que le temps de son passe-port étoit expiré⁴.

1. « Au moins à ce que l'on a cru » est en marge.

2. C'était surtout Condé qui poussait son frère à prétendre au cardinalat; Conti lui-même n'avait jamais désiré sérieusement cette dignité. On savait lui être agréable en parlant contre ce projet. Dans la dédicace du *Cyrus*, adressée à Mme de Longueville, les Scudéry semblent entrer dans ses idées lorsque, après un pompeux éloge du vainqueur de Rocroi, ils disent pour Conti: « Rome même n'a que des honneurs trop bas. » C'était, dit M. Cousin dans *la Société française au dix-septième siècle* (tome I, p. 27), « une invitation évidente de quitter la carrière ecclésiastique et de ne pas se contenter du chapeau de cardinal. » Les deux premiers volumes de ce roman avaient été « achevés d'imprimer le 7 janvier 1649, » c'est-à-dire avant la guerre de Paris.

3. Renvoi 28 du manuscrit Caffarelli : « Cette intrigue n'est pas expliquée, ni la résolution de M. le prince de Conti, que M. de la Rochefoucauld portât à la paix aussitôt qu'il fut blessé, ne pouvant plus être auprès de lui. » — Cette note est mal rédigée et trop elliptique, mais le texte en est complet, croyons-nous. L'imparfait du subjonctif *portât* y a la valeur du conditionnel *porteroit*ᵃ, et le sens est : « .... ni la résolution de M. le prince de Conti, que (d'après vous) M. de la Rochefoucauld porteroit à la paix aussitôt qu'il fut blessé (c'est-à-dire, ce qui rend la chose invraisemblable, dans un temps où il n'avoit guère moyen d'influencer et persuader le prince), ne pouvant plus être auprès de lui. »

4. On ne trouve pas la moindre trace de ce fait dans les *Registres de l'Hôtel de Ville pendant la Fronde*. Dubuisson, p. 155, dit : « Gardes données (26 février) aux envoyés de la part du Roi à Paris vers la reine d'Angleterre; et le passe-port donné à l'un d'eux, commandeur de Souvray, le soir précédent, renvoyé quérir par le

---

ᵃ Voyez de nombreux exemples de ce latinisme dans le *Lexique de Malherbe*, p. xxxvi 3°, et dans le *Lexique de Corneille*, tome I, p. li et lii.

Le 26, il y eut de la chaleur dans le Parlement, sur ce que y ayant eu[1] nouvelle que Grancei avoit assiégé Brie-Comte-Robert, avec cinq mille hommes de pied et trois mille chevaux, la plupart des conseillers vouloient ridiculement que l'on s'exposât à une bataille pour la secourir. Messieurs les généraux eurent toutes les peines imaginables à leur faire entendre raison[2]. La place ne valoit rien ; elle étoit inutile par deux ou trois considérations[3] ; et M. de Bouillon, qui, à cause de sa goutte, ne pouvoit venir au Palais, les envoya par écrit à la Compagnie[4], qui se montra plus peuple[5], en cette occasion, que ceux qui ne l'ont pas vu ne le peuvent croire[6]. Bourgogne[7], qui étoit dans la place, se rendit ce jour-là même, et je ne sais, si il eût tenu plus longtemps, si

prince de Conti. M. de Flamarens évite ces gardes. » D'après le même Dubuisson (p. 170), Flamarens est encore à Paris le 1er mars ; le chroniqueur ajoute : « il n'est parti que le.... » (la date est restée en blanc). Nous verrons plus loin (p. 325, note 2) que ce fut le 4 mars.

1. Sur ce qu'il y avoit eu. (1837-1866.)

2. On peut lire, dans le *Journal de d'Ormesson* (tome I, p. 689), la querelle entre le conseiller de Bercy et le duc de Beaufort. Le *Journal du Parlement*, gagné à la Fronde, dissimule autant qu'il le peut (p. 97 et 98) ces divisions de parti.

3. Avant *considérations*, il y a, dans l'original, *motifs*, biffé.

4. Dubuisson dit (tome I, p. 149), à la date du 26 février : « L'après-dîner, conseil de guerre tenu par les généraux en la maison du duc de Bouillon, qui n'a point encore recouvré la santé, où il a été résolu d'abandonner Brie-Comte-Robert. »

5. Le copiste du manuscrit Caffarelli, qui ne connaissait pas le *Plebs eris* d'Horace[a], a mis une croix au-dessus de *peuple*, et *sic* à la marge ; dans le ms H, *peuple* est devenu *peuplée*.

6. Qu'on ne le peut croire. (Ms H et 1717-1828.)

7. Le sieur de Bourgogne était précédemment lieutenant-colonel du régiment de la Reine. Après la capitulation de Brie-Comte-Robert, il aurait été tué sans les officiers du régiment de Picardie, ses voisins et amis, qui l'avaient sauvé et lui avaient donné escorte jusqu'à Charenton. Le siége de Brie avait duré trois jours.

[a] Épître 1 du livre I, vers 59.

l'on se fût pu empêcher¹ de faire, contre toutes les règles de la guerre, quelque tentative bizarre pour étouffer les criailleries impertinentes de ces ignorants². Je m'en servis, fort heureusement³, pour leur faire desirer à eux-mêmes que notre armée sortît de Paris. J'apostai le comte de Maure⁴, qui étoit proprement le replâtreux⁵ du parti, pour dire au président Charton qu'il savoit de science certaine que la véritable raison pour laquelle l'on n'avoit pas secouru⁶ Brie-Comte-Robert étoit l'impossibilité que l'on avoit trouvée à faire sortir, assez à temps, les troupes de la Ville, et que ç'avoit déjà été l'unique cause de la perte de Charenton. Je fis dire, en même

1. Je ne sais si l'on eût pu s'empêcher. (Ms H et toutes les anciennes éditions.)

2. Les criailleries de ces impertinents. (*Ibidem.*) — Les mémoires et les pamphlets du temps abondent en plaintes contre l'inaction des généraux, leur avidité, et surtout contre la conduite du duc d'Elbeuf. Voyez le *Journal de d'Ormesson*, tome I, p. 689 ; il résume bien toutes ces plaintes.

3. D'abord *habilement*, biffé.

4. Louis de Rochechouart, comte de Maure, frère du comte de Mortemart, fils de Gaspard de Rochechouart, marquis de Mortemart, et de Louise comtesse de Maure. Il épousa Anne Doni d'Attichy, et mourut, sans enfants, à Essay, près d'Alençon, en 1669, âgé de soixante-sept ans. — Dans la plupart des éditions anciennes (1718, C, D, E, 1719-1828), « le comte de Maloze » ou « de Malauze ; » dans le manuscrit H et dans les éditions de 1717 A, 1718 B, F : « le président de Maure. »

5. On peut, dans le manuscrit original, hésiter d'abord entre *replastreux* et *replastreur;* mais, en comparant le mot à d'autres de même désinence, à *Champlastreux*, par exemple (ci-après, p. 311), on voit que c'est bien *replastreux*. Dans la copie R, il y a plutôt *replastreur*, qui est aussi la leçon du manuscrit Caffarelli, où tout ce membre relatif, omis dans le ms H et toutes les anciennes éditions, est rayé au crayon rouge.

6. Devant *secouru*, il y a, dans l'autographe, *délivré*, biffé. — Le tour est ainsi modifié dans le ms H et toutes les éditions anciennes : « que si l'on n'avoit pas secouru Brie-Comte-Robert, c'étoit parce qu'il étoit impossible de faire sortir, etc. »

temps, par Gressi[1] au président de Mesme qu'il avoit appris de bon lieu que j'étois extrêmement embarrassé, parce que, d'un côté, je voyois que la perte de ces deux places étoit imputée par le public à l'opiniâtreté que nous avions de tenir nos troupes resserrées dans l'enclos de nos murailles, et que, de l'autre, je ne me pouvois résoudre à éloigner seulement de deux pas de ma personne tous ces gens de guerre, qui étoient autant de criailleurs à gages pour moi dans les rues et dans la salle du Palais.

Je ne vous puis exprimer à quel point[2] toute cette poudre prit feu. Le président Charton ne parla plus que de campements[3]; le président de Mesme finissoit tous ses avis par la nécessité de ne pas laisser les troupes inutiles. Les généraux témoignèrent être embarrassés de cette proposition. Je fis semblant de la contrarier. Nous nous fîmes prier huit ou dix jours, après lesquels nous fîmes, comme vous verrez, ce que nous souhaitions bien plus fortement encore que ceux qui nous en pressoient.

Noirmoutier, sorti[4] de Paris avec quinze cents chevaux, y amena, ce jour-là, de Dammartin[5] et des environs, une quantité immense de grain et de farines. Monsieur le Prince ne pouvoit être partout : il n'avoit pas assez de cavalerie pour occuper toute la campa-

1. Ancien conseiller au Parlement, devenu plus tard maître des requêtes ; depuis sept à huit ans, il avait mis une épée à son côté. — Les mots « par Gressi » manquent dans la copie R, qui donne à la suite « que l'on savoit, » au lieu de « qu'il avoit appris. »

2. Ce commencement de phrase, jusqu'à *point*, est omis dans le ms H et dans toutes les anciennes éditions.

3. *Campement*, au singulier, dans les copies R et Caf., et dans 1718 C, D, E, 1719-1828.

4. *Sortit*, au lieu de *sorti*, dans le ms Caf., et dans 1717, 1718 C, D, E, 1719-1866. — Cet alinéa manque tout entier dans le ms H et dans 1717 A, 1718 B, F.

5. Chef-lieu de canton de Seine-et-Marne, au nord-ouest de Meaux.

gne¹, et toute la campagne favorisoit Paris. L'on y apporta, dans ces deux derniers jours, plus de blé qu'il n'en eût fallu pour le maintenir six semaines. La police y manquoit², par la friponnerie des boulangers et par le peu de soin des officiers ³.

Le 27⁴, le Premier Président fit la relation au Parlement de ce qui s'étoit passé à Saint-Germain, dont je vous ai déjà rendu compte⁵, et l'on y résolut de prier Messieurs les généraux de se trouver au Palais⁶ dès l'après-

1. Les mots : « de cavalerie pour occuper toute la campagne, » sont rayés au crayon rouge dans le manuscrit Caffarelli.

2. La police y manqua. (Ms Caf., 1717, 1718 C, D, E, 1719-1828.) — On trouve cependant un certain nombre d'ordonnances; voyez dans la *Bibliographie des Mazarinades* de M. Moreau, aux numéros 2609, 2612, 2614, 2617, les titres de ces pièces.

3. Pour tous les détails de l'alimentation de Paris, voyez les *Registres de l'Hôtel de Ville* et le *Journal de Dubuisson, passim;* ils sont moins optimistes que Retz, et plus d'accord que lui avec les divers pamphlets du temps, tels que *les Menaces des harangères faites aux boulangers de Paris, à faute de pain* (1649, 4 pages).

4. Ici le ms Caf. porte, en marge, le chiffre 29, qui renvoie à cette note, rayée tout entière, mais qui est demeurée très-lisible : « Vous ne dites pas un mot de la conférence de Ruelle, qui n'est pas une chose à oublier. Il (*c'est-à-dire* cela) est même très-important et très-beau. » Retz parle plus loin de cette conférence, et la critique a été effacée comme n'ayant pas de fondement.

5. Ci-dessus, p. 288 et 289. Ce membre relatif manque dans le ms H et dans toutes les anciennes éditions. — Voyez le *Journal de d'Ormesson* (tome I, p. 690-697), le *Journal du Parlement* (p. 99-101), les *Registres du Parlement* (tome I, fol. 261-270), et les *Mémoires de Molé* (tome III, p. 349-359), *de Mme de Motteville* (tome II, p. 358 et 359), et *d'Omer Talon* (tome XXX de la Collection Michaud [a], p. 339). — La réponse donnée par la cour, et que relate Omer Talon (p. 340), est, à propos de Laigues, un véritable acte d'accusation contre Retz et ses adhérents, quoique le Coadjuteur n'y soit pas nommé.

6. *Au Palais* est en interligne.

[a] Nous citerons désormais cette édition, donnée par MM. Champollion, des *Mémoires de Talon*. Elle contient des morceaux qui manquent à celle de 1732, citée par nous jusqu'ici, où, par exemple, ne se trouve pas la réponse de la cour à laquelle renvoie la fin de cette note.

dînée, pour délibérer sur les offres de la cour. Nous eûmes grande peine, M. de Beaufort et moi, à retenir le peuple, qui vouloit entrer dans la Grande Chambre, et qui menaçoit les députés de les jeter dans la rivière, en criant qu'ils le[1] trahissoient et qu'ils avoient eu des conférences avec le Mazarin. Nous eûmes besoin de tout notre crédit pour l'apaiser ; et le bon est que le Parlement croyoit que nous le soulevions. Le pouvoir dans les peuples est fâcheux en ce point, qu'il vous rend responsable même de ce qu'ils font malgré vous. L'expérience que nous en fîmes ce matin-là nous obligea de prier M. le prince de Conti de mander au Parlement qu'il n'y pourroit pas aller l'après-dînée, et qu'il le prioit de différer sa délibération jusques au lendemain matin ; et nous crûmes qu'il seroit à propos que nous nous trouvassions le soir chez M. de Bouillon, pour aviser plus particulièrement à ce que nous avions à dire et à faire, dans une conjoncture où nous nous trouvions entre un peuple qui crioit la guerre[2], un Parlement qui vouloit la paix[3], et les Espagnols, qui pouvoient vouloir l'une et l'autre à nos dépens, selon leur intérêt.

Nous ne fûmes guère moins embarrassés dans notre assemblée chez M. de Bouillon, que nous avions appréhendé de l'être dans celle du Parlement. M. le prince de Conti, instruit par M. de la Rochefoucauld, y parla comme un homme qui vouloit la guerre et y agit comme un homme qui vouloit la paix. Ce personnage, qu'il joua

1. *Les* dans les copies R, H et Caf. ; c'était la première rédaction de Retz ; l'*s* est biffée dans l'original. Quatre et cinq lignes plus bas, les deux premières mettent aussi *responsables* au pluriel ; et les trois, à la fin de l'alinéa, *leurs intérêts*. La plupart des anciennes impressions ont également ce triple pluriel.

2. *La guerre* est omis dans le ms H et dans les éditions anciennes.

3. Ici Retz a biffé les mots *un général*, et, à la suite, un autre mot peu lisible, peut-être *qui*.

pitoyablement, joint à ce que je savois de Flammarin, ne me laissa aucun lieu de douter qu'il n'attendît quelque réponse de Saint-Germain[1]. La moins forte proposition de M. d'Elbeuf fut de mettre tout le Parlement en corps à la Bastille. M. de Bouillon n'osoit encore rien dire[2] de M. de Turenne, parce qu'il ne s'étoit pas encore déclaré publiquement. Je n'osois m'expliquer des raisons qui me faisoient juger qu'il étoit nécessaire de couler[3] sur tout généralement, jusques à ce que notre camp formé hors des murailles, l'armée[4] d'Allemagne en marche, celle d'Espagne sur la frontière, nous missent en état de faire agir à notre gré le Parlement. M. de Beaufort, à qui l'on ne se pouvoit ouvrir d'aucun secret important, à cause de Mme de Montbazon, qui n'avoit point de fidélité, ne comprenoit pas pourquoi nous ne nous servions pas de tout le crédit que lui et moi avions parmi le peuple. M. de Bouillon étoit si persuadé que j'avois raison, qu'il ne m'avoit rien contesté dans le particulier, comme vous avez vu ci-dessus, de tout ce que j'avois inséré, sur cette matière, dans l'écrit dont je vous ai parlé[5] ; mais comme il n'eût pas été fâché que l'on eût passé par-dessus cette raison, parce qu'en son particulier il eût pu trouver mieux que personne ses intérêts dans le bouleversement, il ne m'aidoit[6] qu'autant que

1. C'est probablement cette réponse attendue de Saint-Germain, plus encore que la prière du Coadjuteur, qui avait décidé le prince de Conti à demander au Parlement de remettre la délibération au lendemain.

2. Dans les copies R, II, Caf., et dans toutes les anciennes éditions : « n'avoit encore rien dit. »

3. *De couler* est devenu *d'écouter* dans le ms H, 1717 A, 1718 B, F.

4. Avant *l'armée*, il y a, dans le manuscrit, *et celui*, biffé.

5. Voyez ci-dessus (p. 276 et suivantes) cet écrit remis par Retz à M. de Bouillon, et (p. 284 et 285) ce que M. de Bouillon lui dit après en avoir entendu la lecture.

6. Le ms H et toutes les éditions anciennes ont ici une assez

la bienséance l'y forçoit à faire prendre le parti de la modération, c'est-à-dire à faire résoudre que nous ne troublassions¹ la délibération que l'on devoit faire le lendemain au Parlement par aucune émotion populaire.

Comme l'on ne doutoit point que la Compagnie n'embrassât, même avec précipitation, l'offre que la cour lui faisoit de traiter, l'on n'avoit presque rien à répondre à ceux qui disoient que l'unique moyen de l'en empêcher étoit d'aller au-devant de la délibération par une sédition. M. de Beaufort, qui alloit toujours à ce qui paroissoit le plus haut², y donnoit à pleines voiles. M. d'Elbeuf, qui venoit de recevoir une lettre de la Rivière, pleine de mépris, faisoit le capitan. Vous avez vu ci-dessus³ les raisons pour lesquelles cette voie, qui ne convient jamais guères à un homme de qualité, me convenoit, par plus de dix circonstances particulières, moins qu'à tout autre⁴. Je me trouvai dans l'embarras dont vous pouvez juger, en faisant réflexion sur les inconvénients qu'il y avoit pour moi, ou⁵ à ne pas prévenir une émotion qui me seroit infailliblement imputée, et qui seroit toutefois ma ruine dans les suites⁶, ou à la combattre dans

---

longue lacune. On y lit ainsi le commencement de cette phrase : « M. de Bouillon, parce qu'en son particulier il eût pu trouver mieux (*ou* eût trouvé mieux) que personne ses intérêts dans le bouleversement, ne m'aidoit (*ou* ne m'aida). etc. »

1. D'abord : *troublerions*, biffé.
2. Ce membre relatif manque dans le ms H et toutes les anciennes éditions, qui omettent aussi toute la phrase suivante : « Vous avez vu, etc. »
3. Pages 270 et 271. — *Vu* est en interligne.
4. Ce passage est ainsi modifié dans les éditions de 1837-1866 : « .... ne me convenoit pas pour plus de dix circonstances particulières à moi, moins qu'à tout autre. »
5. *Ou* est écrit au-dessus de *et*, effacé.
6. Encore un membre de phrase qui manque dans le ms H et

l'esprit de gens à qui je ne pouvois dire les raisons les plus solides que j'avois pour ne la pas approuver.

Le premier parti que je pris fut d'appuyer imperceptiblement les incertitudes et les ambiguités de M. le prince de Conti. Mais comme je vis que cette manière de galimatias pourroit bien empêcher que l'on ne prît la résolution fixe[1] de faire l'émotion, mais qu'elle ne seroit pas capable de faire que l'on prît celle de s'y opposer, ce qui étoit pourtant absolument nécessaire, vu la disposition où étoit le peuple, qu'un mot du moins accrédité de tout ce que nous étions[2] pouvoit enflammer, je crus qu'il n'y avoit point à balancer. Je me déclarai publiquement et clairement. J'exposai à toute la Compagnie ce que vous avez vu[3] ci-dessus que j'avois dit à M. de Bouillon. J'insistai que[4] l'on n'innovât rien jusques à ce que nous sussions positivement, par la réponse de Fuensaldagne, ce que nous pouvions attendre des Espagnols[5]. Je suppléai, autant qu'il me fut possible, par cette raison, aux autres[6] que je n'osois dire[7], et que j'eusse tirées encore plus naturellement et plus aisément et du secours de M. de Turenne, et du camp que nous avions projeté auprès de Paris.

J'éprouvai, en cette occasion, que l'une des plus grandes incommodités des guerres civiles est qu'il faut en-

---

dans toutes les anciennes éditions. Leurs omissions sont tout particulièrement nombreuses dans les discours et entretiens.

1. *Fixe* manque dans les copies R, H, Caf., et les anciennes éditions; à la suite, *émotion* devient *émeute* dans 1817, 1820, 1828.
2. De tous ceux que nous étions. (1837-1866.)
3. *Vu* a été biffé, puis récrit. — Deux lignes plus bas, au lieu de *positivement*, Retz avait d'abord mis *assurément*, qu'il a effacé.
4. J'insistai pour que. (1837-1866.)
5. Renvoi 30 du manuscrit Caffarelli : « Il ne faut point parler des Espagnols, mais dire qu'on essaya d'amuser. »
6. Par cette raison et par d'autres. (1837 et 1843.)
7. Première rédaction : « à ce que je n'osois dire. »

core plus d'application à ce que l'on ne doit pas dire à ses amis qu'à ce que l'on doit faire contre ses ennemis. Je fus assez heureux pour les persuader, parce que M. de Bouillon, qui dans le commencement avoit balancé[1], revint à mon avis[2], convaincu, à ce qu'il m'avoua le soir même, qu'une confusion, telle qu'elle eût été dans la conjoncture, fût retombée, avec un peu de temps, sur ses auteurs. Mais ce qu'il me dit sur ce sujet, après que tout le monde s'en fut allé, me convainquit, à mon tour, qu'aussitôt que nos troupes seroient hors de Paris, que notre traité avec Espagne seroit conclu, et que M. de Turenne seroit déclaré, il étoit très-résolu à s'affranchir de la tyrannie ou plutôt du pédantisme du Parlement. Je lui répondis qu'avec la déclaration de M. de Turenne, je lui promettois de me joindre à lui pour ce même effet[3] ; mais qu'il jugeoit bien que jusque-là je ne me pouvois[4] séparer du Parlement, quand j'y verrois clairement et distinctement ma perte, parce que j'étois au moins assuré de conserver mon honneur en demeurant uni à ce corps, avec lequel il semble que les particuliers ne peuvent faillir : au lieu que si je contribuois à le perdre, sans avoir de quoi le suppléer par un parti dont le fonds fût françois et non odieux, je pourrois être réduit fort aisément à devenir dans Bruxelles une copie des exilés de la Ligue[5] ; que pour

---

1. Le ms H et toutes les anciennes éditions omettent ce membre relatif, et en outre : « à ce qu'il m'avoua le soir même ; » puis encore, plus loin, « avec un peu de temps. »

2. Il y a ici une ligne biffée, qui nous paraît être : « parce que dans la vérité il... ; » puis un mot illisible, peut-être *manqua*.

3. Renvoi 31 du manuscrit Caffarelli : « Il se faut bien garder de dire cela. »

4. D'abord : « je ne m'en pouvois ; » *m'en* a été corrigé en *me*, et *du Parlement* ajouté en marge, avec un signe de renvoi.

5. Nous aurions eu plus d'une occasion déjà de faire remarquer,

lui M. de Bouillon, il y trouveroit mieux son compte que moi, par sa capacité dans la guerre et par les établissements que l'Espagne lui pourroit donner ; mais qu'il devoit toutefois se ressouvenir de M. d'Aumale[1], qui étoit tombé à rien dès qu'il n'avoit eu que la protection d'Espagne ; qu'il étoit nécessaire, à mon opinion, et pour lui et pour moi, de faire un fonds certain au dedans du Royaume, devant que de songer à se détacher du Parlement, et se résoudre même à en souffrir, jusques à ce que nous eussions vu tout à fait clair à la marche de l'armée d'Espagne, au campement de nos troupes, que nous avions projeté, et à la déclaration de M. de Turenne, qui étoit la pièce importante et décisive en ce qu'elle donnoit au parti un corps indépendant des étrangers, ou plutôt parce qu'elle formoit elle-même un parti purement françois et capable de soutenir les affaires par son propre poids.

Ce fut, à mon avis, cette dernière considération qui emporta Mme de Bouillon, qui étoit rentrée dans la chambre de Monsieur son mari aussitôt que les généraux en furent sortis, et qui ne s'étoit jamais pu rendre à l'avis de laisser agir le Parlement[2]. Elle s'emporta même avec

---

dans ces entretiens, avec quelle insistance et quelle énergie Retz, et c'est à son honneur, tient à se séparer de la Ligue. Dès le jour même des Barricades (voyez plus haut, p. 45), il « fit rompre à coups de marteau, publiquement, le hausse-cou d'un officier, après y avoir remarqué la figure du Jacobin, avec cette inscription : *Saint Jacques-Clément.* »

1. Charles de Lorraine, duc d'Aumale, fils de Claude II de Lorraine (frère de François de Guise). N'ayant pas voulu traiter avec Henri IV, lorsque tout le parti de la Ligue se soumettait, il passa chez les Espagnols, et mourut à Bruxelles en 1631, laissant pour unique héritière sa fille, Anne de Lorraine, mariée en 1618 à Henri de Savoie, duc de Nemours, qui devint propriétaire du duché d'Aumale.

2. Le ms H et toutes les éditions anciennes omettent cette fin de phrase : « et qui ne s'étoit jamais, etc. »

beaucoup de colère, quand elle sut que la compagnie s'étoit séparée sans résoudre de s'en rendre maître, et elle dit à M. de Bouillon : « Je vous l'avois bien dit, que vous vous laisseriez aller à Monsieur le Coadjuteur. » Il lui répondit ces propres mots : « Voulez-vous, Madame, que Monsieur le Coadjuteur hasarde pour nos intérêts de devenir l'aumônier de Fuensaldagne? Et est-il possible que vous n'ayez pas compris ce qu'il vous prêche depuis trois jours ? » Je pris la parole sans émotion, en disant à Mme de Bouillon: « Ne convenez-vous pas, Madame, que nous prendrons des mesures plus certaines quand nos troupes seront hors de Paris, quand nous aurons la réponse de l'Archiduc et quand la déclaration de M. de Turenne sera[1] publique? — Oui, me repartit-elle[2]; mais le Parlement fera demain des pas qui rendront tous ces préalables que vous attendez fort inutiles. — Non, Madame, lui répondis-je : je conviens que le Parlement fera demain des pas, même très-imprudents, pour son propre compte vers la cour ; mais[3] je soutiens que quelques pas qu'il fasse, nous demeurons en état, pourvu que ces préalables réussissent, de nous moquer du Parlement. — Me le promettez-vous ? reprit-elle. — Je m'y engage de plus, lui dis-je, et je vous le vas signer de mon sang. — Vous l'en signerez tout à l'heure, » s'écria-t-elle. Elle me lia le pouce avec de la soie, quoi que son mari lui pût dire; elle m'en tira du sang avec le bout d'une aiguille, et elle m'en fit signer un billet de cette teneur : « Je promets à Mme la

---

1. D'abord *seroit;* les deux dernières lettres sont biffées dans l'original, et *o* changé en *a*.

2. Renvoi 32 du manuscrit Caffarelli : « Tous ces discours de Mme de Bouillon sont fort inutiles et le billet fort à supprimer. »

3. Tout ce passage encore, depuis : « je conviens, » manque dans la copie H et dans toutes les anciennes éditions.

duchesse de Bouillon de demeurer uni avec Monsieur son mari contre le Parlement, en cas que M. de Turenne s'approche, avec l'armée qu'il commande, à vingt lieues de Paris, et qu'il se déclare pour la Ville. » M. de Bouillon jeta cette belle promesse dans le feu, mais il se joignit avec moi pour faire connoître à sa femme, à qui dans le fond il ne se pouvoit résoudre de déplaire[1], que si nos préalables réussissoient, nous demeurerions sur nos pieds, quoi que pût faire le Parlement; et que si ils ne réussissoient pas, nous aurions joie, par l'événement, de n'avoir pas causé une confusion où la honte et la ruine, en mon particulier, m'étoient infaillibles, et où même l'avantage de la maison de Bouillon étoit fort problématique.

Comme la conversation finissoit, je reçus un billet du vicaire de Saint-Paul[2], qui me donnoit avis que Touchesprés, capitaine des gardes de M. d'Elbeuf, avoit jeté quelque argent parmi[3] les garçons de boutique de la rue Saint-Antoine, pour aller crier, le lendemain, contre la paix dans la salle du Palais; et M. de Bouillon, de concert avec moi, écrivit sur l'heure à M. d'Elbeuf, avec lequel il avoit toujours vécu assez honnêtement[4], ces quatre ou cinq mots[5] sur le dos d'une carte, pour lui faire

---

1. Le ms H et les éditions anciennes omettent ce membre relatif, et un peu plus loin, *par l'événement;* puis *en mon particulier.*

2. Église située dans la rue du même nom, et démolie en 1799.

3. *Parmi* est en interligne, au-dessus de *aux*, biffé.

4. Encore une incise supprimée dans le ms H et dans toutes les éditions anciennes. Évidemment un ou plusieurs copistes ont, en maint endroit, sauté, sans scrupule, pour abréger leur besogne, toutes les incises et annexes qui ne sont pas nécessaires à l'intégrité grammaticale du discours; et, par suite, elles manquent aussi dans les éditions faites d'après leurs copies, c'est-à-dire dans la plupart des textes antérieurs à 1837.

5. « Ou 5 » (Retz écrit ici en chiffres) est au-dessus de la ligne, de même que, trois lignes plus bas, le mot *temps.*

voir qu'il avoit été lui-même bien pressé : « Il n'y a point de sûreté pour vous demain au Palais. »

M. d'Elbeuf[1] vint, en même temps[2], à l'hôtel de Bouillon pour apprendre ce que ce billet vouloit dire ; et M. de Bouillon lui dit qu'il venoit d'avoir avis que le peuple s'étoit mis dans l'esprit que M. d'Elbeuf et lui avoient intelligence avec le Mazarin, et qu'il ne croyoit pas qu'il fût judicieux de se trouver[3] dans la foule que l'attente de la délibération attireroit infailliblement le lendemain dans la salle du Palais.

M. d'Elbeuf, qui savoit bien qu'il n'avoit pas la voix publique, et qui ne se tenoit pas plus[4] en sûreté chez lui qu'ailleurs, témoigna qu'il appréhendoit que son absence, dans une journée de cette nature, ne pût être mal interprétée. Et M. de Bouillon, qui ne la lui avoit proposée que pour lui faire craindre l'émotion, prit l'ouverture de la difficulté qu'il lui en fit pour s'assurer encore plus de lui par une autre voie, en lui disant qu'il étoit persuadé effectivement, par la raison qu'il lui venoit d'alléguer[5], qu'il feroit mieux d'aller au Palais, mais qu'il n'y devoit pourtant pas aller comme une dupe ; qu'il falloit qu'il y vînt avec moi ; qu'il le laissât faire et qu'il en trouveroit un expédient qui seroit naturel et comme imperceptible à moi-même. Vous croyez aisément que

1. Il y a en marge du manuscrit Caffarelli deux chiffres 33, l'un ici, l'autre plus haut, à la distance de 25 de nos lignes ; ils renvoient à cette note : « Je n'entends pas bien tout cela. » La suite pourtant l'explique fort bien, ce semble, au lecteur, non-seulement par la réponse du duc de Bouillon au duc d'Elbeuf, mais encore par ce qui vient après.

2. Vint, à l'heure même. (Ms H, 1717 A, 1718 B, F.)

3. Après *trouver*, il y a *demain*, biffé.

4. *Plus* est en interligne.

5. Les mots : « par la raison, etc. » manquent, ainsi que la dernière phrase de l'alinéa, dans le ms H et dans les anciennes éditions.

M. d'Elbeuf, qui me vint prendre à mon logis, le lendemain au matin[1], ne s'aperçut pas que je fusse en[2] concert de sa visite avec M. de Bouillon.

Le 28 de février, qui fut le lendemain de tout ce manége, j'allai au Palais avec M. d'Elbeuf, et je trouvai dans la salle une foule innombrable de peuple qui crioit : « Vive le Coadjuteur[3] ! Point de paix et point de Mazarin ! » Comme M. de Beaufort entra en même temps par le grand degré[4], les échos de nos noms, qui se répondoient[5], faisoient croire aux gens que ce qui ne se rencontroit que par un pur hasard avoit été concerté pour troubler la délibération du Parlement; et comme, en matière de sédition, tout ce qui la fait croire l'augmente, nous faillîmes à faire en un moment ce que nous travaillions depuis huit jours, avec une application incroyable, à empêcher. Je vous ai déjà dit que[6] le plus grand mal-

1. « Le lendemain au matin » est omis dans le ms Caf.
2. *En* est écrit au-dessus de la ligne. — Nous avons marqué jusqu'ici les additions de toute nature faites par l'auteur en interligne, même celles qui sont dues à de simples omissions de mots nécessaires à la phrase : nous voulions par là, de même que par l'indication de certaines ratures de termes inutilement répétés, montrer sa manière de travailler, la rapidité de sa composition, jusqu'à ses distractions et inadvertances. Mais, pour cela, le nombre d'exemples donnés jusqu'ici est plus que suffisant; nous nous bornerons désormais à relever ce qui, dans les ratures, additions, surcharges, marque des modifications de pensée ou de style, des intentions de corriger, de nuancer, de compléter, enfin nous initie vraiment au travail de l'esprit, au mode volontaire de rédaction.
3. « Vive le Coadjuteur ! » est rayé au crayon rouge dans le manuscrit Caffarelli.
4. Le ms H et 1717 A, 1718 B, C, E, F substituent *escalier* à *degré*.
5. Dans les copies R, H, et dans toutes les éditions anciennes, *répandoient*, au lieu de *répondoient*.
6. « Je vous ai déjà dit que » est écrit en marge avec un signe de renvoi. L'auteur s'est souvenu après coup qu'il répétait une pensée déjà exprimée. Quant au copiste H et aux anciens éditeurs, jugeant inutile de reproduire une redite, ils ont omis toute la phrase.

heur des guerres civiles est que l'on y est responsable même du mal que l'on ne fait pas [1].

Le Premier Président et le président de Mesme, qui avoient supprimé [2], de concert avec les autres députés, la réponse par écrit que la Reine leur avoit faite [3], pour ne point aigrir les esprits par des expressions, un peu trop fortes à leur gré, qui y étoient contenues, ornèrent de toutes les couleurs qu'ils leur [4] purent donner les termes obligeants [5] avec lesquels elle leur avoit parlé [6]. L'on opina ensuite ; et après quelque contestation sur le plus et le moins [7] de pouvoir que l'on donneroit aux députés, l'on résolut de le leur donner plein et entier, de prendre pour la conférence tel lieu qu'il plairoit à la Reine de choisir ; de nommer pour députés quatre présidents, deux conseillers de la Grande Chambre, un de chaque chambre des Enquêtes, un des Requêtes et un maître

1. Que l'on n'y fait pas. (1837-1866.)

2. Retz avait mis d'abord : *supprimèrent;* puis il a effacé la finale *rent*, accentué l'*e*, et écrit en interligne : *qui avoient*.

3. Contrairement à ce que dit Retz, d'Ormesson (tome I, p. 693) affirme qu'on avait lu, dans la séance du 27, la réponse de la Reine, « qui étoit un long discours servant de justification de tout ce qui avoit été fait, où aucuns de la Compagnie étoient accusés d'intelligence avec l'ennemi de l'État, etc. » — Un court résumé de cette réponse se trouve dans les *Mémoires d'Omer Talon*, tome VI, p. 67 et 68 ; Molé, tome III, p. 355, dit que cette réponse « étoit un manifeste contre le Parlement, qu'ils ne voulurent refuser, de crainte d'arrêter la poursuite de la conférence. » A ces témoignages on peut encore joindre ceux du *Journal du Parlement* (p. 100) et des *Registres du Parlement* (folio 271 v°).

4. Ici Retz écrit *leurs*, donnant le signe du pluriel au pronom personnel, tandis que nous le voyons souvent laisser invariable l'adjectif possessif.

5. Après *obligeants*, il y a *de*, biffé.

6. La relation avait été faite tout entière la veille, dans l'assemblée du 27 ; le 28, on n'eut plus qu'à délibérer si on accepterait la conférence, en y envoyant des députés avec plein pouvoir.

7. Sur le plus et sur le moins. (Copie R.)

des Requêtes¹ ; un ou deux de Messieurs les généraux, deux de chacune des compagnies souveraines et le prévôt des marchands ; d'en donner avis à M. de Longueville et aux députés des parlements de Rouen et d'Aix ; et d'envoyer, dès le lendemain, les gens du Roi demander l'ouverture des passages, conformément à ce qui avoit été promis par la Reine. Le président de Mesme, surpris de ne trouver aucune opposition, ni de la part des généraux ni de la mienne, à tout ce qui avoit été arrêté, dit au Premier Président, à ce que le président de Bellièvre, qui assuroit l'avoir ouï, me dit après² : « Voilà un grand concert, et j'appréhende les suites de cette fausse modération³. »

Je crois qu'il fut⁴ encore plus étonné, quand les huissiers étants⁵ venus dire que le peuple menaçoit de tuer tous ceux qui seroient d'avis d'une conférence devant

1. Les mots : « un des Requêtes et un maître des Requêtes, » sont écrits en marge. Les derniers : « et un maître des Requêtes, » manquent dans les copies R, H, et dans les éditions anciennes.

2. Le membre incident : « à ce que le président, etc. » est omis dans le ms H et les anciennes éditions. Dans ces textes manquent également les mots précédents : « à tout ce qui avoit été arrêté. »

3. Le président de Mesmes était bien en ce moment l'écho de la cour ; une lettre de Mazarin, adressée, le lendemain, à l'archevêque de Sens, témoigne des sentiments du Ministre à l'égard de Retz. Après avoir félicité Monsieur de Sens de son zèle pour le service de Sa Majesté, le Cardinal ajoute : « Si Elle eût été aussi heureuse en la personne de quelque coadjuteur, qu'elle a été en la vôtre, Paris seroit assurément aujourd'hui plus calme qu'il n'est, et il y auroit moins d'ingrats en France. » (Bibliothèque Mazarine, *Correspondance inédite de Mazarin*, tome III, à la date du 1ᵉʳ mars 1649.) Nous réunirons dans une note à l'*Appendice* un certain nombre de passages qui n'ont pu trouver place dans notre commentaire, et où, soit dans ses lettres, soit dans ses carnets, Mazarin parle du Coadjuteur.

4. Il y a ici dans le manuscrit un mot effacé, qui nous paraît être *tout*.

5. Voyez ci-dessus, p. 196 et note 1.

que le Mazarin fût hors du Royaume, nous sortîmes, M. de Beaufort et moi; nous fîmes retirer les séditieux, et la Compagnie sortit[1] sans aucun péril et même sans aucun bruit[2]. Je fus surpris moi-même, au dernier point, de la facilité que nous y trouvâmes. Elle donna une audace au Parlement qui faillit à le perdre. Vous le verrez dans la suite[3].

1. D'abord : « et nous fîmes sortir le Parlement; » ces mots, moins *et*, ont été biffés.
2. D'Ormesson (tome I, p. 696) raconte les faits un peu autrement : « M. de Mesmes, étant sorti, rentra, et dit qu'on lui avoit donné avis que l'on devoit poignarder Monsieur le Premier Président et lui à sa sortie; qu'il ne craignoit pas pour sa personne, mais que le rang qu'il tenoit dans la Compagnie l'obligeoit d'en parler au Parlement, afin qu'il y donnât ordre. Sur ce, s'étant élevé un bruit qu'il falloit que Messieurs de Beaufort, le Coadjuteur et de Broussel, qui avoient créance parmi le peuple, sortissent pour les faire retirer, M. de Beaufort s'en excusa, disant qu'il n'avoit de créance que parmi les soldats, et Monsieur le Coadjuteur ni M. de Broussel ne s'en remuèrent pas, en sorte que M. de Mesmes se leva, dit qu'il ne craignoit point et qu'il alloit sortir le premier. Mais il en fut empêché, et ces trois Messieurs ayant été pressés, sortirent. » Selon le *Journal du Parlement* (p. 102), le duc de Beaufort serait allé seul d'abord pour apaiser le peuple, et, la délibération terminée, on l'auroit prié, avec le Coadjuteur, « de sortir les premiers » de la Grand'Chambre, le Parlement les suivant, sans trouver dehors aucune apparence de mouvement. Dubuisson Aubenay dit (p. 161) : « Monsieur le Coadjuteur, avec son rochet et son camail, parla du bas des degrés de la Sainte-Chapelle au peuple assemblé, pour l'assurer. Le président de Blancménil leur parla de même du haut du grand escalier. Monsieur d'Elbeuf, en s'en allant, dit à la foule, par où il passa, que tout iroit bien. Nonobstant cela, quelques-uns furent à la porte du Premier Président, dans la cour du Palais, depuis qu'il s'en étoit retiré par sa galerie de vis-à-vis du portail de la haute Sainte-Chapelle, y chantant plusieurs injures, et y jettant des pierres. Il a force monde armé et jusqu'à deux cents ou trois cents hommes en son logis. »
3. Voyez p. 399. Ce renvoi à la suite du récit est omis dans la copie H et dans les anciennes éditions, de même que, deux et trois lignes plus bas, la proposition relative : « qui s'étoit trouvé un peu

*Le 2 de mars[1], Champlatreux[2], fils du Premier Président, apporta au Parlement, de la part de son père, qui s'étoit trouvé un peu mal, une lettre de M. le duc d'Orléans et une autre de Monsieur le Prince, par lesquelles ils témoignoient tous deux la joie qu'ils avoient du pas que le Parlement avoit fait; mais par lesquelles, en même temps, ils nioient positivement que la Reine eût promis l'ouverture des passages[3]. Je ne puis vous exprimer la chaleur et la fureur qui parut dans le corps et dans les particuliers à cette nouvelle. Le Premier Président même, qui en avoit porté parole à la Compagnie, fut piqué au dernier point de ce procédé. Il s'en expliqua avec beaucoup d'aigreur au président de Nesmond[4],

mal, » et bien d'autres compléments et incises à la suite. — Les éditions de 1718 C, D, E défigurent ainsi la phrase précédente : « Cette audience donnée au Parlement faillit à le perdre. »

1. Le 1er mars, les gens du Roi avaient demandé des passeports à la cour; ils les avaient reçus dans la nuit, et étaient partis le 2 pour Saint-Germain.

2. Jean-Édouard Molé, seigneur de Champlâtreux, conseiller d'honneur au parlement de Paris; maître des requêtes depuis 1643, il fut reçu président à mortier en 1657, et mourut en 1682.

3. La question des vivres commençait à devenir inquiétante; ainsi, pendant le carême, qui avait commencé cette année le mercredi 17 février, l'usage de la viande avait été autorisé par l'Archevêque les dimanche, lundi, mardi et jeudi; elle valait jusqu'à vingt sous la livre (un peu plus de trois francs de nos jours). Voyez la pièce intitulée : *Règlement de Monseigneur l'illustrissime et révérendissime archevêque de Paris, touchant ce qui se doit pratiquer durant ce saint temps de carême*, 1649, 7 pages. Une autre pièce, en vers burlesques, témoigne à sa façon de la joie qu'inspire aux Parisiens cette trêve, premier espoir de paix : *Paris débloqué ou les passages ouverts*, 1649, 10 pages.

4. *Nesmond* est en interligne, au-dessus de *Maisons*, biffé. Selon le *Journal du Parlement* (p. 335), celui de d'Ormesson (p. 699), et les *Registres du Parlement* (folio 289 v°), on n'envoya à Molé ni le président de Maisons ni le président de Nesmond, mais bien le conseiller Longueil, fils du président de Maisons.

que le Parlement lui[1] avoit envoyé pour le prier d'en écrire encore[2] à Messieurs les Princes. L'on manda aux gens du Roi, qui étoient partis le matin pour aller demander à Saint-Germain les passe-ports nécessaires aux députés, de déclarer que l'on ne vouloit entrer en aucune conférence que la parole donnée au Premier Président ne fût exécutée. Je[3] confesse que, quoique je connusse assez parfaitement la pente que le Parlement avoit à la paix, je fus assez dupe pour croire qu'une contravention de cette nature, dès le premier pas, pourroit au moins en arrêter un peu la précipitation. Je crus qu'il seroit à propos de prendre ce moment pour faire faire à la Compagnie quelque pas qui marquât au moins à la cour que toute sa vigueur n'étoit pas éteinte. Je sortis de ma place sous prétexte d'aller à la cheminée. Je priai Pelletier, frère de la Houssaie[4], que vous avez connu[5], de dire au bonhomme Broussel, de ma part, de

---

1. *Lui* est écrit au-dessus de la ligne.
2. Écrire en corps. (Ms H, 1717 A, 1718 B, F.) — On dirait que le copiste écrivait à la dictée. Les éditions de 1718 C, D, E, 1719-1828 donnent simplement : « d'en écrire à Messieurs les Princes. »
3. Cette phrase est omise dans le ms H et 1717-1728.
4. Dans le ms Caf., *frère* a été biffé et *oncle* écrit au-dessus ; est-ce par le réviseur, ou par le copiste ? cela paraît douteux. — Le Pelletier était conseiller au Parlement ; son frère, Nicolas le Pelletier, seigneur de la Houssaie, fut maître des requêtes ordinaire de l'hôtel du Roi, en 1660. Nous le retrouverons parmi les créanciers de Retz payés dans la grande liquidation de 1665, lors de la vente de la seigneurie de Commercy.
5. Ceci encore vient confirmer la note 5 de la page 58. La famille de la Houssaie était en relation avec celle de Mme de Sévigné. Nous voyons assister aux funérailles de son oncle maternel Saint-Aubin (tome VIII des *Lettres*, p. 273) une Mme de la Houssaie, probablement la femme du Nicolas dont il est parlé dans la note précédente. Leur fille Catherine épousa Michel Amelot, mentionné lui aussi plusieurs fois dans les *Lettres*. — Le ms H et les éditions anciennes omettent les mots : « que vous avez connu. »

proposer, dans¹ le peu de bonne foi que l'on voyoit dans la conduite de la cour, de continuer les levées et de donner de nouvelles commissions². La proposition fut reçue avec applaudissement. M. le prince de Conti fut prié de les délivrer, et l'on nomma même six³ conseillers pour y travailler sous lui.

Le lendemain, qui fut le 3 de mars, le feu continua⁴. L'on s'appliqua avec ardeur pour faire payer les taxes, auxquelles personne ne vouloit plus satisfaire, dans l'espérance que la conférence donneroit la paix, qui les acquitteroit toutes à la fois. M. de Beaufort ayant pris ce temps, de concert avec M. de Bouillon, avec le maréchal de la Mothe et avec moi, pour essayer d'animer le Parlement, parla, à sa mode, contre la contravention, et il ajouta qu'il répondoit, au nom de ses collègues et au sien, de déboucher dans quinze jours les passages, si il plaisoit à la Compagnie de prendre une ferme résolution de ne se plus laisser amuser par des propositions trompeuses, qui ne servoient⁵ qu'à suspendre le mouvement de tout le Royaume, qui, sans ces bruits de négociations et de conférences, se seroit déjà entièrement déclaré pour la capitale. Il est incroyable ce que ces vingt ou

---

1. A ce premier *dans* l'édition de 1717 A, les cinq de 1718 et 1719-1843 substituent *vu;* celui qui termine la ligne est changé en *de* dans les textes de 1717 A, 1718 B, F.

2. Le *Journal du Parlement*, p. 335 et 336, et les *Registres du Parlement*, folios 290 et 291, disent que la proposition fut faite par le duc de Beaufort.

3. *Dix*, au lieu de *six*, dans les éditions de 1837 et 1843.

4. Les mots : « le feu continua, » sont omis dans le ms H et toutes les anciennes éditions, sans doute comme un ornement de style dont le récit n'a pas besoin pour être clair. Les mêmes textes omettent à la fin de la phrase suivante : « qui les acquitteroit, etc. ; » puis, quatre et cinq lignes plus loin, « et au sien » est supprimé dans le ms H et 1717 A, 1718 B, F.

5. Qui ne tenoient. (1837, 1843.) — Qui ne tendoient. (1859-1866.)

trente paroles, où il n'y eut pas ombre de construction, produisirent dans les esprits[1]. Il n'y eût eu personne qui n'eût jugé que le traité alloit être rompu. Ce ne fut plus cela un moment après.

Les gens du Roi revinrent de Saint-Germain; ils rapportèrent des passe-ports pour les députés, et un galimatias, à proprement parler, pour la subsistance de Paris; car au lieu de l'ouverture des passages, on accorda de laisser passer cent muids de blé par jour pour la Ville; encore affecta-t-on[2] d'omettre, dans le premier passe-port qui en fut expédié, le mot de *par jour*, pour s'en pouvoir expliquer selon les occurrences. Ce galimatias ne laissa pas de passer pour bon dans le Parlement[3]; l'on ne s'y ressouvint plus de tout ce qui s'y étoit dit et fait un instant[4] auparavant, et l'on se prépara pour

1. Ni le *Journal du Parlement*, ni celui de *d'Ormesson*, ni les *Registres du Parlement* ne parlent de cette allocution de Beaufort, que leur silence suffirait à nous faire regarder comme assez peu vraisemblable. Beaufort avait parlé la veille pour faire la proposition que Retz, confondant les dates et les orateurs, a attribuée à Broussel.

2. *Encore affecta-t-on* est remplacé par *encore affecta l'on*, dans l'édition de 1718 D (voyez plus haut, p. 277, note 4), et par *encore avec l'affectation*, dans les textes de 1717 A, 1718 B, F, et dans le ms H, qui, en outre, supprime *encore*. On s'explique aisément cette altération, en voyant, dans l'original, que Retz écrit, comme en un seul mot, avec une apostrophe, que l'on a pu prendre pour le point d'un *i* : *affectat'on*. Le ms Caf. portait d'abord : « encore affectation, » et le réviseur a effacé *encore* pour écrire au-dessus *avec*.

3. Il aurait peut-être fallu ajouter que le duc d'Elbeuf et le duc de Beaufort parlèrent pour les généraux. Le premier dit qu'ils devaient délibérer le lendemain sur la députation à faire pour leur compte; mais que, s'ils prenaient la résolution de n'en pas faire, ils s'assuraient que le Parlement conserverait leurs intérêts. Le duc de Beaufort prononça quelques paroles dans le même sens, en y ajoutant l'éloge de sa conduite.

4. *Un instant* est devenu *un quart d'heure* dans les éditions de 1718 C, D, E, 1719-1828.

aller, dès le lendemain, à la conférence que la Reine avoit assignée à Ruel[1].

Nous nous assemblâmes, dès le soir même, chez M. de Bouillon : M. le prince de Conti, M. de Beaufort, M. d'Elbeuf, M. le maréchal de la Mothe, M. de Brissac[2], le président de Bellièvre, et moi, pour[3] résoudre si il étoit à propos que les généraux députassent. M. d'Elbeuf, qui avoit une très-grande envie d'en avoir la commission, insista beaucoup pour l'affirmative. Il fut tout seul de son sentiment, parce que nous jugeâmes qu'il seroit sans comparaison plus sage de demeurer[4] pleinement dans la liberté de le faire ou de ne le pas faire, selon les diverses occasions que nous en aurions ; et de plus, y eût-il rien eu de plus malhonnête et même de moins judicieux que d'envoyer à la conférence de Ruel, dans le temps que nous étions sur le point de conclure un traité avec Espagne, et que nous disions, à toutes les heures du jour, à l'envoyé de l'Archiduc que nous ne souffrions cette conférence que parce que nous étions très-assurés que nous la romprions par le moyen du peuple, quand il nous plairoit ? M. de Bouillon, qui commençoit depuis un jour ou deux à sortir, et qui étoit allé, ce jour-là même, reconnoître le poste où il avoit pris le dessein de[5] former un camp, nous en fit ensuite la proposition comme d'une chose qui ne lui étoit venue dans l'esprit que du matin. M. le prince de Conti n'eut pas la force d'y consentir, parce qu'il n'avoit pas con-

1. Le lieu était bien choisi. Rueil (Retz écrit toujours *Ruel*) est à moitié chemin de Paris et de Saint-Germain.
2. *M. de Brissac* est ajouté en interligne.
3. Après *pour*, il y a un mot effacé, illisible.
4. Après *demeurer*, Retz a biffé les deux mots *dans la*, pour ajouter *pleinement* et les récrire à la suite.
5. « Avoit pris le dessein de » est abrégé en *vouloit*, dans le ms H et dans toutes les éditions anciennes.

sulté son oracle¹ ; il n'eut pas la force d'y résister, parce qu'il n'osoit pas contester à M. de Bouillon une proposition de guerre. MM. de Beaufort, de la Mothe, de Brissac et de Bellièvre, que nous avions avertis et qui savoient le dessous des cartes², y donnèrent avec approbation. M. d'Elbeuf s'y opposa par les plus méchantes raisons du monde. Je me joignis à lui pour mieux couvrir notre jeu, en représentant à la compagnie que le Parlement se pourroit plaindre de ce que l'on feroit un mouvement de cette sorte sans sa participation. M. de Bouillon me répondit, d'un ton de colère, qu'il y avoit plus de trois semaines³ que le Parlement se plaignoit au contraire de ce que les généraux ni les troupes n'osoient montrer le nez hors des portes⁴ ; qu'il ne s'étoit pas ému de leurs⁵ crieries tant qu'il avoit cru qu'il y auroit du péril à les exposer à la campagne⁶ ; mais qu'ayant reconnu, par hasard plutôt que par réflexion, un poste où elles seroient autant en sûreté qu'à Paris, et

---

1. La Rochefoucauld : voyez ci-dessus, p. 292 et 298. Le ms H et 1717 A, 1718 B, F ont le pluriel : « ses oracles. » Cette altération, fortuite sans aucun doute, nous semble assez ingénieuse : souvent l'oracle se taisait, et ne se manifestait que par l'organe de sa Pythie, Mme de Longueville.

2. Ici, dans l'original, *chartes*, et, six lignes plus bas, *cholère*. D'autres fois, Retz omet ces *h* étymologiques.

3. « Cinq semaines, » dans le ms H et 1717 A, 1718 B, F.

4. Les divers mémoires ou journaux de l'époque, et en particulier Mme de Motteville (tome II, chapitre xxx), parlent, à plusieurs reprises, de la frayeur des bourgeois de Paris pendant le blocus. La cour avait fait faire des pamphlets et des caricatures où elle se moquait des milices parisiennes. Pour les caricatures, voyez à la Bibliothèque nationale, cabinet des estampes, la collection de l'histoire de France et la collection Hennin ; voyez aussi notre livre de *la Misère au temps de la Fronde*, où nous les avons décrites (p. 120 et suivantes), et l'*Histoire anecdotique de la Fronde*, par Augustin Challamel, 1860, p. 101.

5. Dans l'original, *leur*, sans *s*. — 6. En la campagne. (Copie R.)

d'où elles pourroient agir encore plus utilement, il étoit raisonnable de satisfaire le public. Je me rendis, comme vous le pouvez juger, assez facilement à ces raisons, et M. d'Elbeuf sortit de l'assemblée très-persuadé qu'il n'y avoit point de mystère dans la proposition de M. de Bouillon. Ce fut beaucoup, car les gens qui en font à tout en croient à tout [1].

Le lendemain, qui fut le 4 de mars, les députés sortirent pour Ruel [2], et notre armée sortit pour le camp formé entre Marne et Seine. L'infanterie fut postée [3] à Villejuif et à Bicêtre, la cavalerie à Vitri et à Ivri [4]. L'on fit un pont de bateaux sur la rivière, au Port-à-l'Anglois [5], défendu par des rédoutes où il y avoit du

---

1. Cette phrase et la précédente sont omises dans le ms H et dans toutes les éditions anciennes.
2. Voyez la guerre des pamphlets, pendant toutes ces négociations du 4 au 30 mars, dans la *Bibliothèque des Mazarinades* (tome III, p. 310-315), et dans le *Choix de Mazarinades* (tome I, p. 289-479). Pour les négociations mêmes, on a le *Procès-verbal de la conférence faite à Ruel par Messieurs les députés du Parlement, chambre des comptes et cour des aydes, ensemble ceux de la Ville, contenant toutes les propositions qui ont été faites, tant par les princes et députés de la Reine que par les députés desdites compagnies, et de tout ce qui s'est passé entre eux pendant ladite conférence* (35 pages in-8°, Paris, 1649). Ce procès-verbal a été joint en *Appendice* au dernier volume de plusieurs éditions des *Mémoires* ; pour la première fois, au tome IV de celle de 1719, p. 149-251.
3. Dans 1718 C, D, E, *portée*. Voyez ci-dessus, p. 283, note 1.
4. Les quatre endroits ici nommés ne sont pas situés entre la Seine et la Marne, mais sur la rive gauche de la Seine, entre ce fleuve et la Bièvre, Villejuif au sud de Bicêtre, Vitry au sud d'Ivry, ces deux derniers à l'est des précédents. Retz écrit *Bissestre*, et, comme nous l'avons dit, *Villeiuifve*. — « Et à Ivri » est remplacé par des points dans le manuscrit Caffarelli.
5. Le Port-à-l'Anglais, que Dubuisson appelle le *Port Langlois*, est aussi sur la rive gauche de la Seine, à l'est d'Ivry. On trouve au cabinet des estampes de la Bibliothèque nationale une gravure de l'époque par Albert Flamen, qui représente, comme dit son titre,

canon¹. L'on ne se peut imaginer la joie qui parut dans le Parlement de la sortie de l'armée², ceux qui étoient bien intentionnés pour le parti, se persuadant qu'elle alloit agir avec beaucoup plus de vigueur, et ceux qui étoient à la cour se figurants que le peuple, qui ne seroit plus échauffé par les gens de guerre, en seroit bien plus souple et plus adouci. Saint-Germain³ même donna dans ce panneau⁴; et le président de Mesme y fit extrêmement valoir tout ce qu'il avoit dit en sa place à Messieurs les généraux, pour les obliger à prendre la campagne avec leurs troupes. Sennetaire, qui étoit sans contredit le plus habile homme de la cour⁵, ne les laissa pas longtemps dans cette erreur. Il pénétra, par son bon sens, notre dessein. Il dit au Premier Président et au président de Mesme qu'ils avoient été pris pour dupes⁶, et qu'ils s'en apercevroient au premier jour. Je crois que je dois à la vérité le témoignage d'une parole qui mar-

une *Vue du Port-à-l'Anglois, du côté de Charenton;* elle est décrite dans le *Peintre-graveur français*, de Dumesnil, tome V, p. 227.

1. « Le soir (du 4 mars), dit Dubuisson (p. 178), deux pièces de canon furent embarquées et menées amont la rivière. On dit qu'il y a pont de bateaux fait vis-à-vis de Vitry, de Villejuive, chemin à Brie et à Lagny. » Voyez aussi le *Journal de d'Ormesson*, tome I, p. 700.

2. Le ms H et toutes les anciennes éditions omettent ce commencement de phrase, changent ensuite les participes *persuadant* et *figurants* en *persuadèrent, figurèrent*, puis abrégent ainsi la fin : « en seroit plus souple. » La fin de *persuadant* n'est pas bien nette dans l'original; mais il nous paraît bien qu'il n'y a pas d's; *figurants* en a une dans l'original aussi bien que dans la copie R.

3. La Cour, qui résidait à Saint-Germain.

4. Le mot : « panneau, » est rayé au crayon rouge dans la copie Caffarelli.

5. Voyez au tome I, p. 293 et la note 1.

6. Devant *dupes*, il y a, dans l'autographe, la syllabe initiale *con*, biffée. — Dans le ms H : « qu'ils étoient dupes; » les anciennes éditions tournent de même, en substituant *dupés* à *dupes*; dans 1717, ce dernier mot devient *députés*.

que la capacité de cet homme. Le Premier Président, qui étoit tout d'une pièce[1] et qui ne voyoit jamais deux choses à la fois, s'étant écrié sur le camp de Villejuif, avec un transport de joie, que le Coadjuteur n'auroit plus tant de crieurs à gages dans la salle du Palais, et le président de Mesme ayant ajouté : « ni tant de coupejarrets[2], » Sennetaire repartit à l'un et à l'autre : « L'intérêt du Coadjuteur n'est pas de vous tuer, Messieurs ; mais de vous assujettir. Le peuple lui suffiroit pour le premier ; le camp lui est admirable pour le second. Si il n'est plus homme de bien que l'on ne le croit ici, nous avons pour longtemps la guerre civile. »

Le Cardinal avoua, dès le lendemain, que Sennetaire avoit vu clair ; car Monsieur le Prince convint[3], d'une part, que nos troupes, qui ne se pouvoient attaquer au poste qu'elles avoient[4] pris, lui feroient[5] plus de peine que si elles étoient demeurées dans la Ville ; et nous commençâmes, de l'autre, à parler plus haut dans le Parlement que nous ne l'avions accoutumé.

L'après-dînée du 4 nous en fournit une occasion assez importante. Les députés, étant arrivés sur les quatre heures du soir à Ruel[6], apprirent que M. le cardinal Mazarin étoit un des nommés par la Reine pour assister à la conférence. Ceux du Parlement prétendirent qu'ayant été condamné par la Compagnie, ils ne pouvoient conférer avec lui. M. le Tellier leur dit, de la part de M. le duc d'Orléans, que la Reine trouvoit fort étrange que le

---

1. Voyez ci-dessus, p. 166. Omer Talon, dans ses *Mémoires*, a dit de même de Mathieu Molé : « homme ferme, tout d'une pièce. »
2. Coupeurs de jarrets. (Ms H, 1717 A, 1718 B, F.)
3. Dans les copies R, H, et toutes les anciennes éditions, *conçut*.
4. Retz a mis, par inadvertance, *avoit*, au singulier.
5. Faisoient. (1837-1866.)
6. *A Ruel* est écrit en interligne.

Parlement ne se contentât pas de traiter comme d'égal avec son roi[1], mais qu'il voulût encore borner son autorité jusques à se donner la licence d'exclure même ses députés. Le Premier Président demeurant ferme, et la cour persistant de son côté, l'on fut sur le point de rompre; et le président le Cogneux et Longueil, avec lesquels nous avions un commerce secret, nous ayant donné avis de ce qui se passoit, nous leur mandâmes de ne se point rendre et de faire voir, même comme en confidence[2], au président de Mesme et à Mainardeau[3], qui étoient tous deux très-dépendants de la cour, un bout de lettre de moi à Longueil, dans lequel j'avois mis, comme par apostille[4], ces paroles : « Nous avons pris nos mesures; nous sommes en état de parler plus décisivement que nous n'avons cru le devoir jusques ici; et je viens encore, depuis ma lettre écrite, d'apprendre une nouvelle qui m'oblige à vous avertir que

---

1. D'égal à égale (*sic*) avec son roi. (Ms Caf.)
2. Les éditions de 1837 et 1843 ajoutent, après *confidence* : « au Premier Président. »
3. Voici, d'après le *Journal du Parlement* (p. 340), quels étaient les membres de cette députation : treize du Parlement, trois de la chambre des comptes, trois de la cour des aides et trois de la Ville ; du Parlement : le premier président Molé, les présidents à mortier Henri de Mesmes, le Coigneux et de Nesmond ; Briçonnet, maître des requêtes, Longueil et Menardeau, de la grande chambre ; Viole, Bitault, Lecoq Corbeville, Lefebvre de la Nauve, de Paluau, des Enquêtes ; de la cour des aides : le premier président Amelot ; Bragelonne et Quatrehommes, conseillers ; de la cour des comptes : le premier président Nicolaï, de Paris et Lescuyer, maîtres des comptes ; de l'Hôtel de Ville : Fournier, échevin, Héliot et Barthélemy, conseillers. Du côté de la cour, les négociateurs étaient Gaston d'Orléans, le prince de Condé, Mazarin, Seguier, la Meilleraye, Claude de Mesmes, de Loménie, la Rivière, le Tellier.
4. Comme apostille. (1837-1866.) — Deux lignes plus bas, ces éditions donnent *avons cru*, pour *n'avons cru*; et encore un peu plus loin : *s'y conduit*, pour *se conduit*.

le Parlement se perdra si il ne se conduit très-sagement. » Cela, joint aux discours[1] que nous fîmes, le 5 au matin, devant le feu de la Grande Chambre, obligea les députés à ne se point relâcher sur la présence du Cardinal à la conférence, qui étoit un chapitre[2] si odieux au peuple, que nous eussions perdu tout crédit auprès de lui, si nous l'eussions souffert; et il est constant que si les députés eussent suivi sur cela leur inclination, nous eussions été forcés par cette considération de leur fermer les portes à leur retour[3]. Vous avez vu ci-dessus les raisons pour lesquelles nous évitions, par toutes les voies possibles, d'être obligés[4] à ces extrémités.

Comme la cour vit que le Premier Président et ses collègues avoient demandé escorte[5] pour revenir à Paris,

1. Les trois copies et toutes les éditions antérieures à la nôtre ont le singulier : *au discours*.
2. *Chapitre*, pour *article*, dans la plupart des éditions anciennes.
3. Mme de Motteville (tome II, p. 374 et 375), après avoir dit que les députés du Parlement étaient venus à Rueil avec ordre exprès de leur Compagnie de ne point conférer avec Mazarin, que, malgré tout ce que fit la cour pour les y obliger, ils refusèrent obstinément de conférer avec lui, « ce qui causa un grand embarras entre les deux partis et donna sans doute beaucoup de honte à celui qui en étoit le sujet, » ajoute : « Chamarante, premier valet de chambre du Roi, arriva fort tard, qui lui vint dire que la conférence étoit rompue; puis s'approchant de la Reine, il lui en dit tout bas à l'oreille la véritable cause. La Reine, qui ne vouloit pas montrer de sentir ni de voir l'affront que le Parlement faisoit à son ministre en cette occasion, se mit à rire et nous dit : « Il n'y « point de conférence ; par conséquent, il n'y a point de paix : tant « pis pour eux. » — Dans le ms H et les anciennes éditions, la fin de a phrase : « et il est constant, etc., » est ainsi abrégée : « et par cette considération nous aurions (*ou* eussions) été forcés de fermer les portes aux députés après (*ou* à) leur retour, s'ils l'eussent fait. » Ces mêmes textes omettent la phrase suivante.
4. Pour lesquelles nous essayions.... de n'être pas obligés. (Copies R et Caf.)
5. Avoient demandé d'être escortés. (Ms H, 1717 A, 1718 B, F.)

elle se radoucit. M. le duc d'Orléans¹ envoya querir le Premier Président et le président de Mesme. L'on chercha des expédients, et l'on trouva celui de donner deux députés de la part du Roi et deux de la part de l'assemblée, qui conféreroient, dans une des chambres de M. le duc d'Orléans, sur les propositions qui seroient faites de part et d'autre, et qui en feroient après le rapport aux autres députés et du Roi et des compagnies². Ce tempérament, qui, comme vous voyez, ne sauvoit pas au Cardinal le chagrin de n'avoir pu conférer³ avec le Parlement et qui l'obligea effectivement

1. Retz avait voulu prendre d'abord une autre tournure; devant les mots : « M. le duc d'Orléans, » on lit sous une rature : *celui-ci*.

2. Mme de Motteville (tome II, p. 375) dit que Gaston « voulant toujours avoir quelque part à la paix, au lieu de celle que le prince de Condé avoit eue à la guerre, trouva un accommodement qui fut que lui ni Monsieur le Prince n'assistassent point à cette conférence. Il fut résolu qu'ils se tiendroient à part, et le Ministre avec eux. » D'après le *Procès-verbal de la conférence* (voyez au tome IV, p. 175, de l'édition de 1719 des *Mémoires de Retz*), et d'après le *Journal du Parlement* (p. 344), voici comment les choses se passaient : « Le sieur Saintot est hors de la chambre où nous nous assemblons, dans un passage; il attend les députés, lesquels étant entrés dans ledit passage, ledit sieur Saintot va avertir Monsieur le Chancelier et M. le Tellier, qui sont dans la chambre de Son Altesse Royale (*le duc d'Orléans*), lesquels viennent dans la chambre de la conférence des députés, s'assoient du côté du feu à une table, et nos députés de l'autre côté, et là ils font les propositions de part et d'autre. » En acceptant la transaction, les députés montraient bien qu'ils avaient, pour citer encore Mme de Motteville (p. 376), « *pris* l'air de la cour, » et que leur férocité n'allait « qu'à contenter les sots, les emportés et le peuple.... Enfin, ajoute-t-elle (p. 377), la dispute se termina à une comédie, qui fut habilement jouée ; car ceux qui demandoient l'absence du Ministre savoient bien qu'ils ne l'obtiendroient pas, et.... ils ne la desiroient peut-être pas beaucoup. »

3. L'auteur avait mis d'abord : « être souffert; » il a biffé ces mots et écrit à la suite : *conférer*.

SECONDE PARTIE. [Mars 1649] 323

de quitter Ruel et de s'en retourner à Saint-Germain [1], fut accepté avec joie et ouvrit la scène de la conférence très-désagréablement pour le Ministre.

Je craindrois de vous ennuyer si je vous rendois un compte exact de ce qui se passa dans le cours de cette conférence, qui fut pleine de contestations [2] et de difficultés. Je me contenterai de vous en marquer [3] les principales délibérations, que je mêlerai, par ordre des jours, dans la suite de celles du Parlement, et des autres incidents [4] qui se trouveront avoir du rapport aux unes ou aux autres [5].

Ce même jour, 5 de mars, dom Francisco Pizarro [6],

1. Par la manière dont il s'exprime, Retz semble indiquer assez clairement que Mazarin quitta Rueil pour n'y plus reparaître. Cela ne s'accorderait cependant pas avec ce que nous voyons dans Mme de Motteville (tome II, p. 376) : « Le 6 (*mars*), le Cardinal vint faire un petit voyage à Saint-Germain pour instruire la Reine de tout ce qui se passoit. Le soir, après qu'il l'eut quittée, etc. » D'Ormesson (tome I, p. 703) dit, à la date du 8 mars : « L'on disoit que le Cardinal, retournant de Ruel à Saint-Germain, avoit été hué par le peuple ; » et Dubuisson Aubenay, à la date du 10 mars : « Le cardinal Mazarin, s'en allant de Ruel faire un tour à Saint-Germain, fut hué à son passage par les paysans et même par la valetaille suivant la cour. »

2. Dans les copies R et Caf. : *contentions*.

3. De ce long passage : « et ouvrit la scène.... vous en marquer, » le ms H et toutes les anciennes éditions n'ont gardé que le verbe final, changé en futur : « Je vous marquerai (*ou* remarquerai) ; » puis, à la suite, pour combler un peu la lacune, elles mettent, après *délibérations* : « qu'on fit dans le cours de la conférence, et je les mêlerai (*ou* mettrai), etc. »

4. *Accidents*, pour *incidents*, dans 1859-1866.

5. Retz se sert ici principalement du *Journal du Parlement* ; l'*Histoire du temps* (p. 300 et suivantes) est moins complète.

6. Retz écrit toujours *dom* et *Francisco* (p. 328, peut-être *Francesco*) ; ici, *Pizarro* ou *Pisarro* (la lecture est un peu douteuse) ; p. 328, certainement *Pizarro* ; p. 358 et plusieurs fois ensuite, *Piçarro*. Le ms H et quelques éditions défigurent le nom en *Pizastro*, *Pitastro*, *Pitastre*. — Dans le ms Caf., le nom, mal écrit d'abord,

second envoyé de l'Archiduc¹, arriva à Paris, avec² les réponses que lui et le comte de Fuensaldagne faisoient aux premières dépêches³ de dom Joseph de Illescas, avec un plein pouvoir de traiter avec tout le monde, avec une instruction de quatorze pages de petite lettre⁴ pour M. de Bouillon, avec une lettre de l'Archiduc fort obligeante pour M. le prince de Conti, et avec un billet pour moi, très-galant, mais très-substantiel, du comte de Fuensaldagne. Il portoit⁵ que « le Roi, son maître, me déclaroit qu'il ne se vouloit point fier à ma parole, mais qu'il prendroit toute confiance en celle que je donnerois à Mme de Bouillon. » L'instruction me la témoignoit toute⁶ entière, et je connus la main de M. et de Mme de Bouillon dans le caractère de Fuensaldagne.

a été corrigé peu lisiblement par un grattage, et le copiste a mis au-dessus : « ou Pizarro ; » c'est l'orthographe qu'il adopte plus loin.

1. M. Bazin, dans ses notes, révoque en doute l'existence de ce second envoyé de l'Archiduc. Selon lui, Retz ne ferait intervenir ici ce personnage que pour « donner lieu à une de ces conversations politiques que le Cardinal raconte si bien à son profit. » Pourtant nous lisons dans le *Journal de Dubuisson* (tome I, p. 190), à la date du 10 mars : « Autre avis que l'archiduc Léopold, avec toutes ses forces, étoit près de Ham, entre les deux rivières de Somme et d'Oise, et avoit ici dépêché à dom Joseph, son envoyé, deux messagers, vêtus en ramoneurs de cheminées, par lesquels il demandoit aux généraux de Paris, comment ils vouloient qu'il vînt, et si comme ami, qu'ils lui envoyassent la route et tinssent les étapes, les assurant que ses troupes ne feroient aucun dégât. » Il serait possible que l'un de ces prétendus ramoneurs fût don Francisco Pizarro. Nous verrons encore deux autres envoyés de l'Archiduc, p. 413, note 4.

2. Après *avec*, il y a *une*, biffé.

3. Les anciennes éditions, hormis les deux de 1717, et celles de 1718 B, F, remplacent *premières dépêches* par *premiers députés*.

4. *Petites lettres*, au pluriel, dans l'édition de 1717 A, dans les cinq de 1718 et dans 1837-1866.

5. Renvoi 34 du manuscrit Caffarelli : « Cette lettre me déplaît, ou je la voudrois tourner autrement. »

6. *Tout* ou *toute* ; la lecture est très-douteuse ; mais *toute* est plus conforme à l'usage de Retz et de son temps.

Nous nous assemblâmes, deux heures après l'arrivée de cet envoyé, dans la chambre de M. le prince de Conti, à l'Hôtel de Ville, pour y prendre notre résolution, et la scène y fut assez curieuse. M. le prince de Conti et Mme de Longueville, inspirés par M. de la Rochefoucauld, vouloient se lier presque sans restriction avec Espagne, parce que les mesures qu'ils avoient cru prendre avec la cour[1], par le canal de Flammarin[2], ayant manqué, ils se jetoient à corps perdu à l'autre extrémité, ce qui est le caractère de tous les hommes qui sont foibles. M. d'Elbeuf, qui ne cherchoit que de l'argent comptant, tôpoit[3] à tout ce qui lui en montroit. M. de Beaufort, persuadé par Mme de Montbazon, qui le vouloit vendre cher aux Espagnols, faisoit du scrupule de s'engager par un traité signé avec les ennemis de l'État. Le maréchal de la Mothe déclara, en cette occasion comme en toute autre, qu'il ne pouvoit rien résoudre sans M.[4] de Longueville, et Mme de Longueville doutoit beaucoup que Monsieur son mari y voulût entrer. Vous remarquerez, s'il vous plaît, que toutes ces difficultés se faisoient par les mêmes personnes qui[5]

1. « Avec la cour » est écrit en interligne.
2. Un mot de Dubuisson (p. 176) vient ici encore à l'appui de Retz ; on lit dans son *Journal*, à la date du 4 mars : « Le comte de Flammarin sort et s'en retourne en carrosse à Saint-Germain, tout le dernier des envoyés. » Voyez, p. 294, la fin de la note 4 de la page 293.
3. Dans le manuscrit original et dans les copies R et Caf. : *taupoit*. Le mot est effacé au crayon rouge dans la dernière ; 1717 y substitue *s'occupoit*.
4. Après *M.*, le copiste Caf. a ajouté après coup : « et Madame. »
5. A tout ce commencement de phrase la copie H et les anciennes éditions substituent simplement : « C'étoit (*ou* c'étoient) les mêmes personnes qui, etc ; » trois lignes plus loin, elles mettent un point après *avec lui*, et suppriment toute la fin de l'alinéa ; puis elles commencent ainsi le paragraphe suivant : « M. de Bouillon leur dit qu'il ne pouvoit, etc. »

avoient conclu, comme vous avez vu[1], tout d'une voix, quinze jours devant, de demander à l'Archiduc un plein pouvoir pour traiter avec lui, et qui en avoient sans comparaison plus de besoin que jamais, parce qu'ils étoient beaucoup moins assurés[2] du Parlement.

M. de Bouillon, qui étoit dans un étonnement qui me parut presque, un demi-quart d'heure durant, aller[3] jusques à l'extase, leur dit qu'il ne pouvoit concevoir que l'on pût seulement balancer à traiter avec Espagne, après les pas que l'on avoit faits vers l'Archiduc; qu'il les prioit de se ressouvenir qu'ils avoient tous dit à son envoyé qu'ils n'attendoient que ses pouvoirs et ses propositions pour conclure avec lui; qu'il les envoyoit en la forme du monde la plus honnête et la plus obligeante; qu'il faisoit plus, qu'il faisoit marcher ses troupes sans attendre leur engagement; qu'il marchoit lui-même, et qu'il étoit déjà sorti de Bruxelles; qu'il les supplioit de considérer que le moindre pas en arrière, après des avances de cette nature, pourroit faire prendre aux Espagnols des mesures aussi contraires à notre sûreté qu'il le seroit à notre honneur[4]; que les démarches si peu concertées du Parlement nous donnoient tous les jours de justes appréhensions d'en être abandonné;

---

1. Page 244. — Dans la copie R : « tous d'une voix; » dans 1717 A, 1718 B, F : « toutes d'une voix. »

2. Retz a écrit, sans doute par mégarde, *assurées*, tout en mettant *ils*, d'après l'usage assez ordinaire du temps, pour tenir la place du mot *personnes*. — Dans l'édition de 1859-1866, on a gardé le féminin *assurées* et changé *ils* en *elles*.

3. Dans les copies R et Caf. : « qui me parut passer. » A la suite, dans la seconde : « jusqu'à l'extase » (*sic*) est rayé au crayon rouge; puis, à la ligne suivante, les mots *à traiter* y sont omis.

4. A notre sûreté qu'à notre honneur. (Ms H et toutes les anciennes éditions.) — 1837-1866 changent « il le seroit, » en « elles le seroient. »

que j'avois, ces jours passés, avancé et justifié que le crédit que M. de Beaufort et moi avions dans le peuple étoit bien plus propre à faire un mal[1] qu'il n'étoit pas de notre intérêt de faire, qu'à nous donner la considération dont nous avions présentement et[2] uniquement besoin ; qu'il confessoit que nous en tirerions dorénavant de nos troupes davantage que nous n'en avions[3] tiré jusques ici ; mais que ces troupes n'étoient pas encore assez fortes pour nous en donner à proportion de ce que nous en avions besoin, si elles n'étoient elles-mêmes soutenues par une protection puissante, particulièrement dans les commencements ; que[4] toutes ces considérations lui faisoient croire qu'il ne falloit pas perdre un moment à traiter, ni même à conclure avec l'Archiduc ; mais qu'elles ne le persuadoient toutefois pas qu'il y fallût conclure à toutes conditions ; que ses envoyés nous apportoient la carte blanche, mais que nous devions aviser, avec bien de la circonspection, à ce dont nous la devions et nous la pouvions remplir ; qu'ils nous promettoient tout, parce que, dans les traités, le plus fort peut tout promettre, mais que le plus foible s'y doit conduire avec beaucoup plus de réserve, parce qu'il ne peut jamais tout tenir ; qu'il connoissoit les Espagnols ; qu'il avoit déjà eu des affaires avec eux ; que c'étoit[5] les gens du monde avec lesquels il étoit le

1. A faire du mal. (1718 C, D, E, 1837 et 1843.)
2. La conjonction *et* est écrite en interligne.
3. *Avions* est à la marge, à côté de *tirerions* (*rions* biffé).
4. Ce passage, jusqu'à *conditions*, est ainsi abrégé dans le ms H et les éditions anciennes : « qu'ainsi il falloit traiter et même conclure avec l'Archiduc, mais non à (*ou* non pas toutefois à) toutes conditions (*ou* toute condition). » — Retz, par mégarde, a mis *toutes condition*. — « Avec l'Archiduc » est rayé au crayon rouge dans le manuscrit Caffarelli.
5. Le verbe est ainsi au singulier dans le manuscrit original.

plus nécessaire de conserver, particulièrement à l'abord, de la réputation ; qu'il seroit au désespoir que leurs envoyés eussent seulement la moindre lueur du balancement de MM. de Beaufort et de la Mothe, et de la facilité de MM. de Conti et d'Elbeuf; qu'il les conjuroit, les uns et les autres, de lui permettre de ménager, pour les premiers jours, les esprits de dom Joseph de Illescas et de dom Francisco Pizarro; et que comme il n'étoit pas juste[1] que M. le prince de Conti et les autres s'en rapportassent à lui seul, qui pouvoit avoir en tout cela des intérêts particuliers, et pour sa personne et pour sa maison[2], il les prioit de trouver bon qu'il n'y fît pas un pas que de concert avec le Coadjuteur, qui avoit déclaré publiquement, dès le premier jour de la guerre civile, qu'il n'en tireroit jamais quoi que ce soit pour lui, ni dans le mouvement, ni dans l'accommodement, et qui par cette raison ne pouvoit être suspect à personne.

Ce discours de M. de Bouillon, qui étoit dans la vérité très-sage et très-judicieux, emporta[3] tout le monde. L'on nous chargea, lui et moi, d'agiter les matières avec les envoyés d'Espagne, pour en rendre compte, le lendemain, à M. le prince de Conti et aux autres généraux.

J'allai, au sortir de chez M. le prince de Conti[4], chez M. de Bouillon, avec lui et avec Madame sa femme, que nous ramenâmes aussi de l'Hôtel de Ville. Nous nous enfermâmes dans un cabinet, et nous consultâmes la manière dont nous devions agir avec les envoyés. Elle n'étoit pas sans embarras dans un parti dont le

---

1. *N'étoit pas juste* est souligné au crayon rouge dans la copie Caffarelli, ainsi que, huit lignes plus loin, les mots : « et qui par. »

2. Tout ce membre relatif : « qui pouvoit, etc., » est omis dans les copies R, H et dans toutes les anciennes éditions.

3. Gagna. (1718 C, D, E, 1719-1828.)

4. Renvoi 35 du ms Caf. : « Cela sent le journal et est inutile. »

Parlement faisoit le corps et dont la constitution présente étoit une conférence ouverte avec la cour. M. de Bouillon m'assuroit que les Espagnols n'entreroient point dans le Royaume que nous ne nous fussions engagés à ne poser les armes qu'avec eux, c'est-à-dire qu'en traitant la paix générale. Et quelle apparence[1] de prendre cet engagement, dans une conjoncture où nous ne nous[2] pouvions pas assurer que le Parlement ne fît la particulière[3] d'un moment à l'autre? Nous avions de quoi chicaner et[4] retarder ses démarches; mais comme nous n'avions point encore de second courrier de M. de Turenne, dont le dessein nous étoit bien plus connu que le succès qu'il pourroit avoir[5], et comme d'ailleurs nous étions bien avertis que Anctauville, qui commandoit la compagnie de gendarmes de M. de Longueville, et qui étoit son négociateur en titre d'office, avoit déjà fait un voyage secret à Saint-Germain, nous ne voyions pas de fondement assez bon et assez solide pour y appuyer, du côté de France, le projet que nous aurions pu faire de nous soutenir sans le Parlement, ou[6] plutôt contre le Parlement.

M. de Bouillon y eût pu trouver son compte, comme je vous l'ai déjà marqué en quelque autre lieu[7]; mais j'observai encore à cette occasion qu'il se faisoit jus-

---

1. *Assurance,* dans le ms H et dans les anciennes éditions.

2. *Nous* est omis devant *pouvions* dans le ms H et toutes les éditions, sauf 1837.

3. Les mots : « la particulière, » et, sept lignes plus loin, « en titre d'office, » sont rayés au crayon rouge dans la copie Caf.

4. Il y a ici, dans l'original, un mot effacé, peut-être *arranger*.

5. Pouvoit avoir. (1859-1866.) — Pouvoit avoir eu. (Ms Caf., 1837, 1843.)

6. Devant *ou*, Retz a biffé *et;* après *sans* et devant *plutôt,* il y a un mot effacé, illisible.

7. Voyez ci-dessus, p. 303. — Ce renvoi à ce qui précède est supprimé dans le ms H et les anciennes éditions.

tice dans son intérêt, ce¹ qui est une des qualités du monde des plus rares; et il répondit à Mme de Bouillon, qui n'étoit pas sur cela si juste que lui : « Si je disposois, Madame, du peuple de Paris, et que je trouvasse mes intérêts dans une conduite qui perdît Monsieur le Coadjuteur et ² M. de Beaufort, ce que je pourrois faire pour leur service et ce que je devrois faire pour mon honneur seroit d'accorder, autant qu'il me seroit possible, ce qui seroit de mon avantage avec ce qui pourroit empêcher³ leur ruine. Nous ne sommes pas en cet état-là. Je ne puis rien dans le peuple, ils y peuvent tout. Il y a quatre jours que l'on ne vous dit autre chose, si ce n'est que leur intérêt n'est pas de l'employer⁴ pour assujettir le Parlement; et l'on vous le prouve, en vous disant que l'un⁵ ne veut pas se charger dans la postérité de la honte d'avoir mis Paris entre les mains du roi d'Espagne, pour devenir lui-même l'aumônier du comte de Fuensaldagne; et que l'autre seroit encore beaucoup plus idiot⁶ qu'il n'est, ce qui est beaucoup dire, si il se pouvoit résoudre à se naturaliser Espagnol, portant comme il le porte le nom de Bourbon. Voilà ce que Monsieur le Coadjuteur vous a répété dix fois depuis quatre jours, pour vous faire entendre que ni lui ni M. de Beaufort ne veulent point opprimer le Parlement par le peuple, parce qu'ils sont per-

1. *Ce* a été ajouté par Retz, en interligne.
2. *Et* est aussi en interligne; après *Beaufort*, il y a *et M.*, biffé.
3. L'auteur paraît avoir d'abord voulu écrire : « ce qui empêcheroit; » après *qui*, il a effacé *em*.
4. Dans la copie R : *s'employer*.
5. *L'on*, dans le ms Caf., 1717 A, 1718 B, F, 1859 et 1866.
6. « Plus idiot » est rayé, au crayon rouge, dans la copie Caffarelli. — Retz nomme le fils *idiot* comme Tallemant des Réaux (tome V, p. 409) appelait Mme de Vendôme *idiote*. Voyez ce qui est dit ci-dessus, p. 177, note 3, de la ressemblance du fils avec la mère.

suadés qu'ils ne le pourroient maintenir que par la protection d'Espagne, dont le premier soin, dans la suite, seroit de les décréditer eux-mêmes dans le public. »
« Ai-je bien compris votre sentiment ? » me dit M. de Bouillon, en se tournant vers moi. Et puis il me dit en continuant : « Ce qui nous convient, posé ce fondement, est d'empêcher que le Parlement ne nous mette dans la nécessité, par ses contre-temps, de faire ce qui n'est pas, par ces raisons[1], de votre intérêt. Nous avons pris pour cet effet des mesures, et nous avons lieu d'espérer qu'elles réussiront. Mais si nous nous trouvons trompés par l'événement, si le Parlement n'est pas assez sage pour craindre ce qui ne lui peut faire du mal, et pour ne pas appréhender ce qui lui en peut faire effectivement[2], en un mot, si il se porte malgré nous à une paix honteuse et dans laquelle nous ne rencontrions pas même notre sûreté[3], que ferons-nous?

1. Ces trois mots sont marqués au crayon rouge dans le ms Caf.
2. Nous donnons cette phrase telle qu'elle est dans le manuscrit, mais elle a évidemment besoin de correction. Il faut lire peut-être : « si le Parlement n'est pas assez sage pour ne craindre que ce qui lui peut faire du mal, et pour ne pas appréhender ce qui ne lui en peut faire effectivement. » On pourrait aussi déplacer le *ne pas :* « pour ne pas craindre ce qui ne lui peut faire du mal, et pour n'appréhender que ce qui lui en peut faire effectivement. » Retz a tourné la fin de la phrase comme s'il avait dit d'abord : « si le Parlement est assez peu sage; » changer ainsi le commencement serait peut-être le remède le plus simple. — La copie R n'est pas non plus bien correcte; elle omet *ne* après *craindre ce qui;* et, supprimant ensuite *ne pas*, termine ainsi le passage : « et pour appréhender que (*sic*) ce qui ne lui en peut faire effectivement. » — Dans le ms Caf., *ce qui ne lui peut* a été changé en *ce qui lui peut;* à la ligne suivante, le copiste a ajouté *que* (en interligne) et *ne :* « que ce qui ne lui en peut. » Le ms H et les anciennes éditions retranchent toute la partie obscure et ne gardent que ces mots : « Si le Parlement se porte malgré nous. »
3. Sécurité. (1837 et 1859-1866.)

je vous le demande, et je vous le demande d'autant plus instamment que cette résolution est la préalable[1] de celle qu'il faut prendre, dans ce moment, sur la manière dont il est à propos de conclure avec les envoyés de l'Archiduc. »

Je répondis à M. de Bouillon ces propres paroles, que je transcris, en ce lieu, sur ce que j'en écrivis un quart d'heure après[2] les avoir dites, sur la table même du cabinet de Mme de Bouillon[3] : « Si nous ne pouvions[4] retenir le Parlement par les considérations et par les mesures que nous avons déjà tant rebattues depuis quelque temps, mon avis seroit que, plutôt que de nous servir du peuple pour l'abattre, nous le devrions laisser agir, suivre sa pente et nous abandonner à la sincérité de nos intentions. Je sais que le monde, qui ne juge que par les événements, ne leur fera pas justice; mais je sais aussi qu'il y a beaucoup de rencontres où il faut espérer uniquement de son devoir les bons événements. Je ne répéterai point ici les raisons qui marquent, ce me semble, si clairement les règles de notre devoir en cette conjoncture. La lettre y est grosse[5] pour M. de Beaufort et pour moi; il ne m'ap-

1. « Le préalable, » dans toutes les éditions, sauf 1718 C, D, E.
2. « Un quart d'heure après » est devenu dans le ms Caf. « un cartel hasté (*sic*) après. »
3. Toujours le même moyen de conservation ou le même artifice de composition. Voyez ci-dessus, p. 112 et p. 284. Disons cependant, ce que nous aurions déjà dû dire plus haut, que ce moyen était assez dans les habitudes de cette époque; on consignait par écrit ce qu'on avait dit ou entendu dire d'important. Sainte-Beuve, dans son *Port-Royal* (tome I, p. 197), en cite un exemple curieux à propos d'Angélique Arnauld.
4. Dans les copies R, H, Caf., et dans les éditions anciennes : *pouvons*. — A la ligne suivante, *la considération* dans 1837-1866.
5. Ce commencement de phrase, jusqu'à *grosse* (inclus), est rayé au crayon rouge dans la copie Caffarelli; à *grosse*, 1718 C,

partient pas d'y vouloir lire ce qui vous touche ; mais je ne laisserai pas de prendre la liberté de vous dire que j'ai observé qu'il y a des heures dans chaque jour où vous avez aussi peu de disposition que moi à vous faire Espagnol. Il faut, d'autre part, se défendre, si il se peut, de la tyrannie, et de la tyrannie[1] que nous avons cruellement irritée[2]. Voici mon avis, pour les motifs[3] duquel j'emploie uniquement tout ce que j'ai eu l'honneur de vous dire à bâtons rompus et en diverses fois, depuis[4] quinze jours. Il faut, à mon sens, que Messieurs les généraux signent un traité, dès demain, avec Espagne[5], par lequel elle s'engage de faire entrer incessamment son armée en France jusques à Pont-à-Vère[6], et de

D, E substituent *gracieuse*. — Dans la même ligne, après *il*, l'original porte *n'appar*, biffé.

1. Cette reprise : « et de la tyrannie, » est omise dans les copies R, H, Caf., et toutes les anciennes éditions. — Le ms H et 1718 C, D, E suppriment également la phrase suivante : « Voici, etc. »

2. Cruellement esssuyée. (Ms H, 1717 A, 1718 B, F.)

3. Dans l'original, *motifs* est écrit au-dessus de *raisons*, biffé.

4. *Dix ou* est effacé devant *quinze* (15).

5. Renvoi 36 du manuscrit Caffarelli : « Comme tout ceci a été écrit après coup, il me semble qu'il y a beaucoup de choses et de raisons oubliées, et que vous ne dépeignez et ne démêlez point assez l'état des affaires, la situation des esprits, les différentes intentions, et ce qui étoit possible ou ne l'étoit pas sur le point de se lier avec les Espagnols. Il n'y a rien de fort et de nerveux dans toutes ces conversations avec M. et Mme de Bouillon ; en un mot, cela est fort vil[a], et d'ailleurs ne fait point assez paroître les bonnes intentions que vous aviez. »

6. Aujourd'hui Pontavert (ailleurs Retz écrit *Pont à Verre*), près de Berry-au-Bac, canton de Neuchâtel ; c'était un passage de l'Aisne, à vingt-huit kilomètres de Laon. L'armée de l'Espagne d'un côté, celle du Roi de l'autre, s'en approchèrent effectivement ; nous renvoyons à notre étude sur *la Misère au temps de la Fronde* (p. 132 à 150) pour savoir ce que coûta à ces malheureux pays d'Ile-de-France, de Champagne et de Picardie la présence des armées, dans cette époque de troubles.

[a] *Vil*, au sens latin, sans valeur ; dans l'original *vile*.

ne lui donner de mouvement, au moins en deçà de ce poste, que celui qui sera[1] concerté avec nous. »

Comme j'achevois de prononcer cette période, Riquemont[2] entra, qui nous dit qu'il y avoit dans la chambre un courrier de M. de Turenne, qui avoit crié tout haut en entrant dans la cour : « Bonnes nouvelles[3] ! » et qui ne s'étoit point voulu toutefois expliquer avec lui en montant les degrés. Le courrier, qui étoit un lieutenant du régiment de Turenne, voulut nous le[4] dire avec apparat, et il s'en acquitta assez mal. La lettre de M. de Turenne à M. de Bouillon étoit très-succincte ; un billet qu'il m'écrivoit n'étoit pas plus ample, et un papier plié en mémoire pour Mlle de Bouillon, sa sœur, étoit en chiffre. Nous ne laissâmes pas d'être très-satisfaits, car nous en apprîmes assez pour ne pas douter qu'il ne fût déclaré ; que son armée, qui étoit la Weimarienne[5] et sans contredit la meilleure qui fût en Europe,

1. Première rédaction, *seroit :* les deux dernières lettres sont effacées, et *o* a été changé en *a*. Il semble aussi que Retz avait voulu écrire d'abord *conv*[*enu*].

2. Riquemont avait été autrefois écuyer du comte de Soissons. — *Richemont,* dans le ms H et 1717 A, 1718 B, F ; *Briquemaut,* dans 1718 C, E, 1719-1828 ; *Briquemant,* dans 1718 D.

3. On lit dans le *Journal de Dubuisson* (tome I, p. 180) : « Bruit que ce soir (*samedi 6 mars*) un courrier leur est arrivé (*aux généraux de Paris*) de la part du maréchal de Turenne, portant qu'il s'avançoit et qu'à la fin de la semaine prochaine il seroit en Champagne. » D'Ormesson dit, à la date du 5 mars (tome I, p. 700 et 701) : « On prétend que leur dessein est de se joindre au maréchal de Turenne, que l'on dit qui vient, ou à M. de Longueville en Normandie. »

4. Dans la copie R, *le* a été corrigé après coup, d'une autre main, en *les*. — Deux lignes plus loin, la plupart des éditions anciennes changent *M*. en *Me*, *Mme* ou *Mlle* (*de Bouillon*).

5. C'est-à-dire celle qu'avait commandée Bernard de Saxe Weimar. Ce mot est écrit *Veimarienne* par Retz, *Vimarienne* dans les copies R et Caf. ; les mots : « qui étoit la Weimarienne et, » sont omis dans le ms H et dans toutes les anciennes éditions. — Sur Erlac, voyez ci-dessus, p. 68, note 1.

ne se fût engagée avec lui, et que Erlac, gouverneur de Brisach, qui avoit fait tous ses efforts au contraire, n'eût été obligé de se retirer dans sa place avec mille ou douze cents hommes, qui étoit[1] tout ce qu'il avoit pu débaucher. Un quart d'heure après que le courrier fut entré, il se ressouvint qu'il avoit dans sa poche une lettre du vicomte de Lamet[2], qui servoit dans la même armée[3], mon parent proche et mon ami intime, qui me donnoit, en son particulier, toutes les assurances imaginables, et qui ajoutoit qu'il marchoit avec deux mille chevaux droit à nous, et que M. de Turenne le devoit joindre, un tel jour et en un tel lieu, avec le gros. C'est ce que M. de Turenne mandoit en chiffre à Mlle de Bouillon.

Permettez-moi, je vous supplie, une petite disgression[4] en ce lieu, qui n'est pas indigne de votre curiosité[5]. Vous êtes surprise, sans doute, de ce que M. de Turenne,

1. Il y a bien ainsi le singulier dans le manuscrit original.
2. François de Lamet, vicomte de Laon, cornette de la compagnie des chevau-légers de la garde du Roi et ensuite mestre de camp d'un régiment de cavalerie dans l'armée du maréchal de Turenne. Ce vicomte était petit-fils de Charles de Lamet, qui avait épousé Louise de Lannoy, fille de François de Lannoy, seigneur de Morvilliers. La grand'mère maternelle du Coadjuteur était Marie de Lannoy, fille de Louis de Lannoy, frère de François. Nous le verrons jouer un certain rôle dans la fin de la vie de Retz, ainsi que son frère le chevalier de Malte, et un de leurs parents, l'abbé de Lamet.
3. « Qui servoit dans la même armée » est en marge ; Retz avait mis d'abord, puis a effacé, après *Lamet :* « maréchal de camp dans la même armée. »
4. C'est ainsi que le mot est écrit dans l'original et dans les copies R et Caf.
5. Cette phrase manque dans la copie H et dans toutes les éditions anciennes. A la ligne suivante, les ms H et Caf. ont, ainsi que la copie R, le masculin *surpris ;* et six lignes plus loin, le ms H répète *surpris*, et les copies R et Caf. donnent *étonné*, pour *étonnée*.

qui en toute sa vie n'avoit, je ne dis pas été de parti, mais qui n'avoit jamais voulu ouïr parler d'intrigue[1], s'avise de se déclarer contre la cour étant général de l'armée du Roi, et de faire une action sur laquelle je suis persuadé que le Balafré et l'amiral de Coligni auroient balancé[2]. Vous serez bien plus étonnée quand je vous aurai dit que je suis encore à deviner son motif, que Monsieur son frère et Madame sa belle-sœur m'ont juré, cent fois en leur vie, que tout ce qu'ils en savoient étoit que ce n'étoit point leur considération[3]; que je n'ai pu

1. *D'intrigues*, au pluriel, dans toutes les éditions, sauf 1717 A, 1718 B, F.

2. Victor Cousin, dans le *Journal des savants* (1854, p. 711), a tracé un portrait de Turenne qui confirme et explique ce que dit ici Retz de la prudence et de la réserve du grand guerrier. « Placé d'assez bonne heure dans des situations difficiles, où la moindre indiscrétion eût pu le perdre,... sa prudence naturelle s'était accrue de ses embarras. Il avait le tempérament des Nassau : il était taciturne, et le peu qu'il disait était enveloppé de tant de nuages, qu'on avait peine à démêler sa pensée. *Il sortait*, dit Retz, *de ces obscurités de la façon la plus brillante*. C'est qu'alors il avait pris son parti et croyait pouvoir laisser paraître l'énergie et la passion que d'ordinaire il cachait sous une apparence flegmatique. Il avait l'air rêveur ou plutôt méditatif. Ses yeux enfoncés, voilés par d'épais sourcils ne s'animaient qu'en de rares occasions. » Pendant la Fronde, il fut en quelque sorte au service de l'ambition de son frère et de sa belle-sœur, qui poursuivaient à tout prix la restitution de Sedan. Mazarin avait prévu qu'ils appelleraient au secours des mécontents « l'épée de Turenne et son influence sur le parti protestant. » On lit dans une note espagnole de son IIIe *carnet*, traduite par Cousin, dans l'article que nous venons de citer (p. 716 et 717) : « Si son frère (*Bouillon*) ne reçoit pas une entière satisfaction dans l'affaire de Sedan, il animera Turenne à faire quelque sottise. » Mais en même temps l'habile ministre avait compris que dans cette restitution de Sedan, il s'agissait de tout le système de Richelieu; aussi fut-il inflexible : il représenta à la Reine que céder sur ce point, c'était tout perdre, encourager toutes les révoltes et refaire de la France comme une fédération de grands vassaux.

3. Tel est bien le texte de l'original. Le sens est clair : Retz a voulu

entendre quoi que ce soit à ce qu'il m'en a dit lui-même, quoiqu'il m'en ait parlé plus de trente fois; et que Mlle de Bouillon, qui étoit son unique confidente, ou n'en a rien su, ou en a toujours fait un mystère. La manière dont il se conduisit dans cette déclaration, qu'il ne soutint que quatre ou cinq jours, est aussi surprenante. Je n'en ai jamais rien pu tirer de clair ni de lui, ni de ceux qui le servirent, ni de ceux qui[1] lui manquèrent. Il a fallu un mérite aussi éminent que le sien pour n'être pas obscurci par un événement de cette nature, et cet exemple nous apprend que la malignité des âmes vulgaires n'est pas toujours assez forte pour empêcher le crédit[2] que l'on doit faire, en beaucoup de rencontres, aux extraordinaires[3].

Je reprends le fil de mon discours, c'est-à-dire de

dire que leur considération, la considération de M. et Mme de Bouillon, de leur intérêt et de leur désir, n'était pas son motif. Dans la copie R, une autre main a ajouté, à tort, en interligne, *à* devant *leur*; et cette addition se trouve également dans le ms H et dans tous les textes antérieurs au nôtre. Dans la copie R, les mots : « que je n'ai pu entendre quoi que ce soit, » ont été omis; et de même, six et sept lignes plus loin, ceux-ci : « ni de ceux qui le servirent. » Ces deux lacunes existent aussi dans le ms H et dans toutes les anciennes éditions; la première s'y étend jusqu'aux mots *trente fois*.

1. D'abord Retz avait écrit *et qui;* il a effacé *et* et mis au-dessus de la ligne *ni de ceux*.

2. Les mots : « le crédit, » sont soulignés au crayon rouge dans le manuscrit Caffarelli. — Le ms H et 1717 A, 1718 B, F ont ainsi modifié la fin de la phrase : « que la malignité n'est pas tellement le caractère des âmes vulgaires que les plus extraordinaires n'y soient sujettes en certaines rencontres. »

3. Renvoi 37 du manuscrit Caffarelli : « Une réflexion est fort bonne en cet endroit. Mais encore faudroit-il dire les raisons apparentes, qu'il étoit entraîné par M. de Bouillon, le mépris du Mazarin, le mécontentement qu'il avoit des traitements qu'il en avoit reçus (dont il se faut informer). Il jugeoit bien que demeurant attaché au Cardinal, il ne joueroit pas un grand rôle dans la guerre

celui que je faisois à M. et à Mme de Bouillon, quand le courrier de M. de Turenne nous interrompit, avec la joie pour nous que vous vous pouvez imaginer[1].

« Mon avis est que les Espagnols s'engageant à s'avancer jusques à Pont-à-Vère et à n'agir, au moins en deçà de ce poste, que de concert avec nous, nous ne fassions aucune difficulté de nous engager à ne poser les armes que lorsque la paix générale sera conclue, pourvu qu'ils demeurent aussi dans la parole qu'ils ont fait porter au Parlement, qu'ils s'en rapporteront à son arbitrage. Cette parole[2] n'est qu'une chanson ; mais cette chanson nous est bonne[3], parce qu'il ne sera pas difficile d'en faire quelque chose qui sera très-solide et très-bonne. Il n'y a qu'un quart d'heure que mon sentiment n'étoit pas que nous allassions si loin avec les Espagnols ; et quand le courrier de M. de Turenne est entré, j'étois sur le point de vous proposer un expédient[4] qui les eût, à mon avis, satisfaits[5] à beaucoup moins. Mais comme la nouvelle que nous venons de recevoir nous fait voir que M. de Turenne est assuré de ses troupes, et que la

civile à cause de Monsieur son frère, sans compter[a] qu'on ne lui envoiroit plus aucun secours d'Allemagne et qu'on ne songeroit pas à lui ; que se déclarant, il portoit une grande considération dans le parti de Paris, etc. »

1. Voyez p. 334. — Que vous pouvez imaginer. (1843-1866.) — Trois lignes plus loin, ces éditions et celle de 1837 donnent *point*, pour *poste*.

2. *Parole* est en marge et remplace un mot biffé, qui nous paraît être : *proposition*.

3. Après *bonne*, Retz avait mis d'abord : « Il n'y a qu'un quart d'heure, » mots qu'il a effacés pour continuer la phrase et les reporter un peu plus loin, au commencement de la suivante.

4. Retz ne dit pas dans la suite de son discours quel il était.

5. Dans le manuscrit autographe, *satisfait*, sans accord.

[a] Ces deux mots, ajoutés au-dessus de la ligne, sont de lecture fort douteuse.

cour n'en a point qu'elle lui puisse opposer, que celles qui nous assiégent, je suis persuadé que non-seulement nous leur pouvons accorder ce point, que vous dites qu'ils souhaitent, mais que nous devrions nous le faire demander si ils ne s'en étoient pas avisés. Nous avons deux avantages, et très-grands et très-rares, dans notre parti. Le premier est que[1] les deux intérêts que nous y avons, qui sont[2] le public et le particulier, s'y accordent fort bien ensemble, ce qui n'est pas commun. Le second est que les chemins pour arriver aux uns et aux autres s'unissent et se retrouvent, même d'assez bonne heure, être les mêmes[3], ce qui est encore plus rare. L'intérêt véritable et solide du public est la paix générale; l'intérêt des peuples est le soulagement; l'intérêt des compagnies est le rétablissement de l'ordre; l'intérêt de vous, Monsieur, des autres et de moi, est de contribuer à tous ceux que je vous viens de marquer, et d'y contribuer d'une telle sorte que nous en soyons et que nous en paroissions les auteurs. Tous les autres avantages sont attachés à celui-là; et pour les avoir, il faut, à mon opinion, faire voir que l'on les méprise.

« Je n'aurai pas la peine de tromper personne sur ce sujet[4]. Vous savez la profession publique que j'ai faite

1. Aux premiers mots de cette phrase : « Le premier est que, » et de la suivante : « Le second est que, » le ms H et les anciennes impressions substituent soit *premièrement* et *secondement*, soit les chiffres 1 et 2.

2. Les mots *qui sont* ont été soulignés, au crayon rouge, sans doute comme inutiles, dans le manuscrit Caffarelli, qui, six lignes plus loin, remplace *des peuples* par *des particuliers*.

3. Les copies R, H, et toutes les éditions anciennes suppriment *être les mêmes*, et mettent au futur les deux verbes de la ligne précédente : *uniront*, *retrouveront*. Le manuscrit Caffarelli omet aussi *être les mêmes*.

4. Cette phrase encore a été supprimée dans le ms H et les éditions anciennes.

de ne vouloir jamais rien tirer de cette affaire en mon particulier ; je la tiendrai jusques au bout. Vous n'êtes pas en même condition. Vous voulez Sedan, et vous avez raison. M. de Beaufort veut l'amirauté, et il n'a pas tort. M. de Longueville a d'autres prétentions, à la bonne heure. M. le prince de Conti et Mme de Longueville ne veulent plus dépendre de Monsieur le Prince ; ils n'en dépendront plus. Pour venir à toutes ces fins, le premier préalable, à mon opinion, est de n'en avoir aucune[1], de songer uniquement à faire la paix générale ; d'avoir effectivement dans l'intention de sacrifier tout à ce bien, qui est si grand que l'on ne peut jamais manquer d'y retrouver, sans comparaison, davantage que ce que l'on lui immole[2] ; de signer, dès demain, avec les envoyés[3], tous les engagements les plus positifs et les plus sacrés dont nous nous pourrons aviser ; de joindre, pour plaire encore plus au peuple, à l'article de la paix celui de l'exclusion du cardinal Mazarin comme de son ennemi mortel[4] ; de faire avancer en diligence l'Archiduc à Pont-à-Vère et M. de Turenne en Champagne ; d'aller, sans perdre un moment[5], proposer au Parlement ce que dom Joseph de Illescas lui a déjà proposé touchant la paix générale ; le faire opiner à notre mode, à

1. *Aucun*, pour *aucune*, dans le ms H et dans les éditions de 1717, 1717 A, 1718 B, F, et 1837-1866.

2. Tout ce passage, depuis *d'avoir* (trois lignes plus haut), jusqu'à *immole*, manque dans le ms H et dans toutes les éditions anciennes.

3. *Ennemis*, au lieu d'*envoyés*, dans les copies R, H, et dans toutes les anciennes éditions ; à la ligne suivante, les copies R et Caf. changent *pourrons* en *puissions*.

4. Après *mortel*, il y a dans l'original une ligne et demie effacée, dont le commencement est : « d'aller tous ensemble en même temps... ; » suivent deux mots illisibles.

5. « Sans perdre un moment » est à la marge ; entre *aller* et *proposer*, il y a une ligne et demie biffée et illisible.

quoi il ne manquera pas[1] en l'état dans lequel il nous verra[2], et d'envoyer ordre aux députés de Ruel ou d'obtenir de la Reine un lieu pour la tenue de la conférence pour la paix générale, ou de revenir, dès le lendemain, reprendre leurs[3] places au Parlement. Je ne désespère pas que la cour, qui se verra à la dernière extrémité, n'en prenne le parti : auquel cas n'est-il pas vrai qu'il ne peut rien y avoir au monde de si glorieux pour nous ? Et si elle s'y pouvoit résoudre, je sais bien que le roi d'Espagne ne nous en fera pas les arbitres, comme il nous le fait dire ; mais je sais bien aussi que ce que je vous disois tantôt n'être qu'une chanson ne laissera pas d'obliger ses ministres à garder des égards, qui ne peuvent être que très-avantageux à la France. Que si la cour est assez aveuglée pour refuser[4] cette proposition, pourra-t-elle soutenir ce refus deux mois durant ? Toutes les provinces qui branlent déjà ne se déclareront-elles pas ? Et l'armée de Monsieur le Prince est-elle en état de tenir contre celle d'Espagne, contre celle de M. de Turenne et contre la nôtre ? Ces deux dernières jointes ensemble nous mettent au-dessus des appréhensions que nous avons eues[5] et que nous avons dû avoir jusques ici des forces étrangères. Elles dépendront beaucoup plus de nous que nous ne dépendrons d'elles ; nous serons maîtres de Paris par nous-mêmes, et d'autant plus sûrement que nous le serons par le Parlement, qui sera toujours le milieu par lequel nous tiendrons le peuple, dont l'on n'est ja-

1. Ici l'auteur a effacé ces mots : « quelque envie qu'il ait du contraire. »
2. D'abord *verront*; *nt* est biffé, *o* changé en *a*.
3. Dans l'original, *leur*, sans accord : *leur places*.
4. Aux mots : « est assez aveuglée (1837 *et* 1843 aveugle) pour refuser, » le ms H et les éditions anciennes substituent simplement *refuse*.
5. *Eu*, sans accord, dans l'autographe et dans la copie R.

mais plus assuré que quand l'on ne le tient pas[1] immédiatement[2], pour les raisons que je vous ai déjà dites deux ou trois fois[3].

« La déclaration de M. de Turenne est l'unique voie qui nous peut conduire à ce que nous n'eussions pas seulement osé imaginer, qui est l'union de l'Espagne et du Parlement pour notre défense. Ce que la première propose pour la paix générale devient solide et réel[4] par la déclaration de M. de Turenne[5]. Elle met la possibilité à l'exécution ; elle nous donne lieu d'engager le Parlement, sans[6] lequel nous ne pouvons rien faire qui soit solide, et avec lequel nous ne pouvons rien faire qui, au moins en un sens, ne soit bon ; mais il n'y a que ce moment où cet engagement soit et possible et utile. Le Premier Président et le président[7] de Mesme sont absents, et nous ferons passer ce qu'il nous plaira dans la Compagnie, sans comparaison plus aisément que si ils y étoient présents. Si ils exécutent fidèlement ce que le

---

1. *Ne.... pas* est en interligne dans l'original. — A la suite, *immédiatement* est souligné dans la copie Caffarelli.

2. Renvoi 38 du manuscrit Caffarelli : « La phrase est obscure. » — C'est ici que s'arrêtent les observations critiques annexées à ce manuscrit (voyez ci-dessus, p. 2co, note 2); l'annotateur n'a pas poussé plus loin ses remarques.

3. Voyez, entre autres, p. 283.

4. Ce passage est ainsi défiguré dans les copies R, H, Caf., et dans toutes les éditions antérieures à la nôtre : « .... pour notre défense, en ce que la première proposition (*ou simplement :* la proposition, *ou encore :* la deuxième proposition) pour la paix générale devient solide et réelle, etc. » Trois et quatre lignes plus bas, la copie R omet les mots : « sans lequel nous ne pouvons rien faire qui soit solide, et. »

5. Après *Turenne*, il y a une ligne biffée, qui est, autant que nous croyons la déchiffrer : « et par la possibilité qu'elle met. »

6. *Avec*, au lieu de *sans*, dans les copies H et Caf., et dans toutes les éditions anciennes.

7. *Le président* est écrit en marge.

Parlement leur aura commandé par l'arrêt que nous lui aurons fait donner, duquel je vous ai parlé ci-devant, nous aurons notre compte et nous réunirons le corps pour ce grand œuvre de la paix générale. Si la cour s'opiniâtre à rebuter notre proposition et que ceux des députés[1] qui sont attachés à elle[2] ne veuillent pas suivre notre mouvement, et refusent de courre notre fortune, comme il y en a qui s'en sont déjà expliqués, nous n'y trouverons pas moins notre avantage d'un autre sens : nous demeurerons avec le corps du Parlement[3], dont les autres seront les déserteurs ; nous en serons encore plus les maîtres. Voilà mon avis, que je m'offre de signer et de proposer au Parlement, pourvu que vous ne laissiez pas échapper la conjoncture dans laquelle seule il est bon, car si il arrivoit quelque changement du côté de M. de Turenne devant que je l'y eusse porté, je combattrois ce sentiment avec autant d'ardeur que je le propose[4]. »

Mme de Bouillon, qui m'avoit trouvé jusque-là trop modéré à son gré, fut surprise au dernier point de cette proposition ; et elle lui parut bonne parce qu'elle lui parut grande. Monsieur son mari, que j'avois loué très-souvent devant lui-même pour être très-juste dans ses intérêts, me dit : « Vous ne me louerez plus tant que vous avez accoutumé, après ce que je vous vas dire. Il n'y

---

1. Retz avait mis d'abord : « et que les députés » ; il a ensuite, pour plus de clarté, écrit *ceux* au-dessus de la ligne et changé *les* en *des*.

2. *Elle* est au-dessus de *la cour*, biffé.

3. Tout ce qui suit *Parlement*, jusqu'au même mot inclusivement, trois lignes plus bas, a été sauté par le copiste du manuscrit Caffarelli.

4. On est tenté de se demander si ce n'est pas là une réserve faite après l'événement. Il faut avouer toutefois que, d'un politique tel que Retz, elle peut, même avant, paraître assez naturelle.

a rien[1] de plus beau que ce que vous proposez; je conviens même qu'il est possible; mais je soutiens qu'il est pernicieux pour tous les particuliers, et je vous le prouve en peu de paroles. L'Espagne nous promettra tout, mais elle ne nous tiendra rien, dès que nous lui aurions promis de ne traiter avec la cour qu'à la paix générale. Cette paix est son unique vue, et elle nous abandonnera toutes les fois qu'elle la pourra avoir; et si nous faisons tout d'un coup ce grand effet que vous proposez, elle la pourra avoir infailliblement en quinze jours, parce qu'il sera impossible à la France de ne la pas faire même avec précipitation : ce qui sera d'autant plus facile, que je sais de science certaine que les Espagnols la veulent en toute manière, et même avec des conditions si peu avantageuses pour eux, que vous en seriez étonné. Cela supposé, en quel état nous trouverons-nous le lendemain que nous aurons fait ou plutôt procuré la paix générale? Nous aurons de l'honneur, je l'avoue; mais cet honneur nous empêchera-t-il d'être les objets de la haine et de l'exécration de notre cour? La maison d'Autriche reprendra-t-elle les armes quand l'on nous arrêtera, vous et moi, quatre mois après? Vous me répondrez que nous pouvons stipuler des conditions avec l'Espagne[2], qui nous mettront à couvert de ces insultes; mais je crois avoir prévenu cette objection en vous assurant, par avance, qu'elle est si pressée, dans le dedans, par ses nécessités domestiques, qu'elle ne balancera pas un moment à sacrifier à la paix toutes les promesses les plus solennelles qu'elle nous auroit pu faire[3]; et à cet inconvénient je ne

1. Le ms H et les éditions anciennes abrègent ainsi ce passage : « Monsieur son mari me dit : Il n'y a rien de plus beau, etc. » — La copie Caffarelli omet seulement « que vous avez accoutumé. »
2. Il y a ici, par exception, après *avec*, *l'Espagne*, et non *Espagne*.
3. Qu'elle nous auroit faites. (1837-1866.)

trouve aucun remède, d'autant[1] moins que je ne vois pas même la perte du Mazarin assurée, ou que je l'y vois d'une manière qui ne nous donne aucune sûreté. Si l'Espagne nous manque dans la parole qu'elle nous aura donnée de son exclusion, où en sommes-nous? et la gloire de la paix générale récompensera-t-elle dans le peuple, dont vous savez qu'il est l'horreur, la conservation d'un ministre[2] pour la perte duquel nous avons pris les armes? Je veux que l'on nous tienne parole, et que l'on exclue du ministère le Cardinal : n'est-il pas vrai que nous demeurons toujours exposés à la vengeance de la Reine, au ressentiment de Monsieur le Prince et à toutes les suites qu'une cour outragée peut donner à une action de cette nature? Il n'y a de véritable gloire que celle qui peut durer; la passagère n'est qu'une fumée : celle que nous tirerons de la paix est des plus légères, si nous ne la soutenons par des établissements qui joignent à la réputation de la bonne intention celle de la sagesse. Sur le tout, j'admire votre désintéressement, et vous savez que je l'estime comme je dois; mais je suis assuré que vous n'approuveriez pas le mien, si il alloit aussi loin que le vôtre. Votre maison est établie : considérez la mienne, et jetez les yeux sur l'état

1. Entre *d'autant* et *moins,* on lit, dans l'original, *plus que,* biffé. — Toute la fin de la phrase, depuis *d'autant*, a été supprimée dans le ms H et dans toutes les éditions anciennes.

2. Après *ministre*, Retz avait écrit d'abord : « dont vous savez qu'il est; » puis il a effacé ces mots qu'il avait déjà mis à la ligne précédente. — Les anciennes éditions, sauf les deux de 1717 et 1718 B, F, ont ainsi altéré ce passage : « et la gloire de la paix générale se comparera-t-elle, dans l'esprit du peuple, à la conservation d'un ministre, etc. ? » — Les éditions de 1719-1828 ajoutent à la fin de la phrase : « Vous savez quelle horreur il a pour le Cardinal. » Cette addition, qui remplace les mots de la ligne précédente : « dont vous savez qu'il est l'horreur, » semble indiquer une autre source manuscrite que celles que nous connaissons.

où est cette dame et sur celui où sont le[1] père et les enfants. »

Je répondis à ces raisons par toutes celles que je crus trouver, en abondance, dans la considération que les Espagnols ne pourroient s'empêcher d'avoir pour nous, en nous voyant maîtres absolus de Paris, de huit mille hommes de pied et de trois mille chevaux à sa porte, et de l'armée de l'Europe la plus aguerrie, qui marchoit à nous. Je n'oubliai rien pour le persuader de mes sentiments, dans lesquels je le suis encore moi-même que j'étois bien fondé[2]. Il fit tout ce qu'il put pour me persuader des siens[3], qui étoient de faire toujours croire aux envoyés de l'Archiduc que nous étions tout à fait résolus de nous engager avec eux pour la paix générale, mais de leur dire, en même temps, que nous croyions qu'il seroit beaucoup mieux d'y engager aussi le Parlement, ce qui ne se pouvoit faire que peu à peu et comme insensiblement; d'amuser, par ce moyen, les envoyés en signant avec eux un traité, qui ne seroit que comme un préalable de celui que l'on projetoit avec le Parlement, lequel, par conséquent, ne nous obligeroit encore à rien de proche ni[4] de tout à fait positif à l'égard de la paix générale, et lequel toutefois ne laisseroit pas de les contenter suffisamment pour faire avancer leurs trou-

---

1. *Le* est ajouté au-dessus de la ligne, comme si d'abord le Cardinal avait voulu omettre les articles.

2. Le membre relatif : « dans lesquels, etc., » manque dans le ms H et dans toutes les éditions anciennes.

3. Me persuader les siens. (Ms H, Caf., 1717 A-1728.)

4. Les mots : « de proche ni, » sont omis dans les copies R, H, Caf., et dans toutes les anciennes éditions. Le ms H et 1717 A, 1718 B, F suppriment aussi les deux phrases suivantes: *Celles, etc.*, et *La cour, etc.* La dernière de l'alinéa : « Nous éviterons, etc., » manque dans la même copie H et dans toutes les impressions antérieures à 1837.

pes[1]. « Celles de mon frère, ajouta M. de Bouillon, s'avanceront en même temps. La cour, étonnée et abattue, sera forcée de venir à un accommodement. Comme dans notre traité avec Espagne, nous nous laisserons[2] toujours une porte[3] de derrière ouverte, par la clause qui regardera le Parlement, nous nous en servirons, et pour l'avantage du public et pour le nôtre particulier, si la cour ne[4] se met à la raison. Nous éviterons ainsi les inconvénients que je vous ai marqués ci-dessus, ou du moins nous demeurerons plus longtemps en état et en liberté de les pouvoir éviter. »

Ces considérations, quoique sages et même profondes, ne me convainquirent point, parce que la conduite que M. de Bouillon en inféroit me paroissoit impraticable : je concevois bien qu'il amuseroit les envoyés de l'Archiduc, qui avoient plus de confiance en lui qu'en tout ce que nous étions; mais je ne me figurois pas comme il amuseroit le Parlement, qui traitoit actuellement avec la cour, qui avoit déjà ses députés à Ruel, et qui, de toutes ses saillies, retomboit toujours, même avec précipitation, à la paix. Je considérois qu'il n'y avoit qu'une déclaration publique qui le pût retenir en la pente[5] où il étoit; que selon les principes de M. de Bouillon, cette déclaration ne se pouvoit point faire, et que ne se faisant point, et le Parlement par conséquent allant son chemin, nous tomberions, si quelqu'une de nos cordes

1. Ici encore, dans l'original, *leur*, sans *s*, devant *troupes*.
2. Première rédaction : « Comme notre traité avec Espagne nous laissera ». L'auteur a biffé ce dernier mot et écrit, en marge, *dans* après *comme*, et *nous laisserons* après *nous;* la copie R a *laissons*, pour *laisserons*.
3. *Ouverte* a été écrit une première fois après *porte*, puis effacé par l'auteur.
4. *Ne* est en interligne.
5. Qui le pût retenir dans la pensée. (Ms H, 1717 A, 1718, B, F.)

manquoit¹, dans la nécessité de recourir au peuple, ce² que je tenois le plus mortel de tous les inconvénients.

M. de Bouillon m'interrompit à ce mot : « si quelqu'une de nos cordes manquoit, » pour me demander ce que j'entendois par cette parole ; et je lui répondis : « Par exemple, Monsieur, si M. de Turenne mouroit à l'heure qu'il est ; si son armée se révoltoit, comme³ il n'a pas tenu à Erlac que cela fût⁴, que deviendrions-nous si nous n'avions engagé le Parlement ? Des tribuns du peuple le premier jour ; et le second, les valets du comte de Fuensaldagne. C'est ma vieille chanson : tout avec le Parlement ; rien sans lui⁵. » Nous disputâmes sur ce ton trois ou quatre heures pour le moins ; nous ne nous persuadâmes point, et nous convînmes d'agiter, le lendemain, la question chez M. le prince de Conti, en présence de MM. de Beaufort, d'Elbeuf, de la Mothe, de Brissac, de Noirmoutier et de Bellièvre.

Je sortis de chez lui fort embarrassé⁶ ; j'étois persuadé

1. Après *manquoit*, on lit, sous les ratures, ces mots, écrits trop tôt : « de recourir au remède (*sic*) ; » puis deux autres mots illisibles.

2. *Ce* semble avoir été ajouté après coup, entre *peuple* et *que*; l'écriture est ici très-serrée.

3. Les mots : *révoltoit, comme*, sont rayés au crayon rouge, dans la copie Caffarelli.

4. Dans le manuscrit Caffarelli, le copiste a ajouté ici, d'une encre plus noire, avec un signe de renvoi se rapportant à *fût* : « s'il nous arrivoit une perte de bataille, une révolte à Paris, ou quelque autre grand échec. »

5. Dans le manuscrit : *sans l'un*. La correction en *lui* est nécessaire ; Retz avait d'abord écrit : « rien sans l'un ou sans l'autre ; » puis il a biffé « ou sans l'autre. » Aux mots précédents : « avec le Parlement, » il avait ajouté : « ou du moins avec la représentation du Parlement, » addition qui expliquait *l'un, l'autre*, mais qu'il a également effacée. Les éditions de 1837 et 1843 ont conservé la première rédaction de notre auteur.

6. Après *embarrassé*, Retz a biffé : « pour mil raisons. »

que son raisonnement, dans le fond, n'étoit pas solide, et je le suis encore. Je voyois que la conduite que ce raisonnement inspiroit donnoit ouverture à toute sorte de traités particuliers; et sachant, comme je le savois, que les Espagnols avoient une très-grande confiance en lui, je ne doutois point qu'il ne donnât à leurs envoyés toutes les lueurs et les jours qu'il lui plairoit[1]. J'eus encore bien plus d'appréhension[2] en rentrant chez moi : j'y trouvai[3] une lettre en chiffre de Mme de Lesdiguières, qui me faisoit des offres immenses de la part de la Reine : le payement de mes dettes, des abbayes, la nomination au cardinalat. Un petit billet séparé portoit ces paroles : « La déclaration de l'armée d'Allemagne met tout le monde ici dans la consternation. » Je jugeai que l'on ne manqueroit pas de faire des tentatives auprès des autres, comme l'on en faisoit auprès de moi, et je crus que puisque M. de Bouillon, qui étoit sans contestation la meilleure tête du parti, commençoit à songer[4] aux petites portes[5], dans un temps où tout nous[6] rioit, les autres auroient peine à ne pas prendre les grandes, que je ne doutois plus, depuis la déclaration de M. de Turenne, que l'on ne leur ouvrît avec soin. Ce qui m'affligeoit sans comparaison plus que tout le reste étoit que

1. Ce passage a été ridiculement altéré dans quelques éditions (1718 C, D, E) : « qu'il ne donnât à leurs envoyés, tous les jours, tous les amusements qu'il lui plairoit. » — Toutes les éditions anciennes omettent : « toutes les lueurs, et. »

2. *D'appréhensions*, au pluriel, dans la copie R, qui, quatre lignes plus loin, donne, ainsi que les ms H, Caf. et toutes les impressions antérieures à 1837 : *à part*, au lieu de *séparé*.

3. En revenant chez moi, où je trouvai. (Ms H, Caf., et toutes les anciennes éditions.)

4. Avant *songer*, il y a, dans l'original, *chercher*, effacé.

5. *Aux petites portes* est rayé, au crayon rouge, dans le manuscrit Caffarelli.

6. *Nous* est en interligne.

je voyois[1] le fond de l'esprit et du dessein de M. de Bouillon. J'avois cru jusque-là l'un plus vaste et l'autre plus élevé[2] qu'ils ne me paroissoient en cette occasion, qui étoit pourtant la décisive, puisqu'il y alloit d'engager ou de ne pas engager le Parlement. Il m'avoit pressé plus de vingt fois de faire ce que je lui offrois présentement. La raison qui me donnoit lieu de lui offrir ce que j'avois toujours rejeté étoit la déclaration de Monsieur son frère, qui, comme vous pouvez juger, lui donnoit encore plus de force qu'à moi. Au lieu de la prendre, il s'affoiblit, parce qu'il croit que le Mazarin lui lâchera Sedan; il s'attache, dans cette vue, à ce qui le lui peut donner purement : il préfère ce petit intérêt à celui qu'il pouvoit trouver à donner la paix à l'Europe. Ce pas, auquel je suis persuadé que Mme de Bouillon, qui avoit un fort grand pouvoir sur lui, eut beaucoup de part[3], m'a obligé de vous dire que, quoiqu'il eût de très-grandes parties[4], je doute qu'il ait été aussi capable que l'on l'a cru des grandes choses qu'il n'a jamais faites[5]. Il n'y a point de qualité qui dépare tant celles d'un grand homme, que de n'être pas juste à prendre le moment décisif de sa réputation. L'on ne le manque[6] presque jamais que pour mieux prendre celui de sa fortune; et c'est en quoi l'on se trompe pour l'ordinaire soi-même

1. Que je ne voyois pas. (Ms H, Caf., et les éditions anciennes.)
2. *Éclairé*, dans 1717 et 1719-1828; *assuré*, dans le ms Caf.
3. Ces deux lignes, depuis *auquel*, manquent dans le ms H et dans toutes les éditions anciennes. — Le manuscrit Caffarelli change « beaucoup de part » en « beaucoup moins de part. »
4. De très-grandes qualités. (1718 C, D, E.)
5. Ici Retz a effacé ce commencement de phrase : « Je suis obligé de dire, pour l'éclaircissement de sa probité, que dans le même moment où il se crut maître des affaires par la déclaration de M. de Turenne.... »
6. « L'on ne le manque » est rayé, au crayon rouge, dans la copie Caffarelli.

doublement. Il ne fut pas, à mon avis, habile en cette occasion, parce qu'il y voulut être fin. Cela arrive assez souvent.

Nous nous trouvâmes, le lendemain[1], chez M. le prince de Conti, ainsi que nous l'avions résolu la veille. Mme de Longueville, qui étoit accouchée de Monsieur son fils plus de six semaines auparavant[2], et dans la chambre de laquelle l'on avoit parlé depuis plus de vingt fois d'affaire[3], ne se trouva point à ce conseil, et je crus

1. C'était le 6 mars. Les mémoires de l'époque racontent que ce jour-là les généraux de Paris allèrent à Villejuif (voyez Dubuisson, p. 180, et la *Suite du Journal du Parlement*, p. 345, qui désigne nommément le prince de Conti comme y étant allé dîner à midi). Il faudrait donc supposer, à moins de s'en rapporter à d'Ormesson, qui met au 5 mars ce voyage à Villejuif, que le conseil dont parle ici Retz avait été tenu de bonne heure dans la matinée. On s'explique aisément la sortie des généraux : elle avait sans doute pour objet de pourvoir à l'approvisionnement de Paris; car on regardait les conférences de Rueil comme à peu près rompues, si bien que le Tellier, qui avait écrit le 4 à Lenet de laisser passer tous les jours pour Paris cinquante muids de blé, lui envoyait maintenant contre-ordre, ainsi qu'à Navailles, qui commandait à Corbeil : voyez sa lettre datée du 6, dans les *Mémoires de Molé*, tome III, p. 363, note 4. Les *Registres de l'Hôtel de Ville* ne mentionnent, à la date du 6 mars, aucun conseil de guerre. — Outre les relations déjà indiquées sur la conférence de Rueil, nous en signalerons encore une, manuscrite, et que nous croyons inédite, dans le Fonds Dupuy, n° 754. Elle s'étend du folio 27 au folio 46, va du 4 au 10 mars inclusivement, et nous a paru assez intéressante; elle est d'Amelot, président de la cour des Aides.

2. Dans la nuit du 28 au 29 janvier 1649. Voyez p. 240, note 2. Ce fils, connu sous les noms d'abord de comte de Saint-Paul, puis de duc de Longueville, avait eu pour parrain le Féron, prévôt des marchands, pour marraine la duchesse de Bouillon. Voyez, sur sa mort, au tome III des *Lettres de Mme de Sévigné*, celles de juin et de juillet 1672.

3. *D'affaires*, au pluriel, dans les copies R, H, Caf. et 1717-1866. — Depuis quelque temps Retz met constamment en scène M. ou Mme de Bouillon; mais ici la vérité semble lui échapper; la duchesse de Longueville était toujours l'héroïne du parti : c'est

du mystère à son absence. La matière y ayant été débattue par M. de Bouillon et par moi, sur les mêmes principes qui avoient été agités chez lui, M. le prince de Conti fut du sentiment de M. de Bouillon, et avec des circonstances qui me firent juger qu'il y avoit de la négociation. M. d'Elbeuf fut doux comme un agneau, et il me parut qu'il eût enchéri, s'il eût osé, sur l'avis de M. de Bouillon.

Le chevalier de Fruges[1], frère de la vieille Fienne, scélérat, et qui ne servoit dans notre parti que de double espion, sous le titre toutefois de commandant du régiment d'Elbeuf, m'avoit averti, comme j'entrois dans l'Hôtel de Ville, qu'il croyoit son maître[2] accommodé. M. de Beaufort fit assez connoître, par ses manières, que Mme de Montbazon avoit essayé de modérer ses emportements. Mais comme j'étois assuré que je l'empor-

ce que confirment les *Mémoires du P. Rapin* (tome I, p. 268), quand ils parlent « de l'adoration du peuple où s'accoutumoit la duchesse de Longueville, qui étoit devenue la reine de Paris. » C'est elle aussi que Rœderer a en vue, lorsqu'il dit dans son *Mémoire sur la Société polie en France*, p. 102 : « Pendant la Fronde, pour la première fois, on vit une guerre civile tombée en quenouille. » — Voyez sur la division de la Fronde en deux partis : Conti, la Rochefoucauld et Mme de Longueville d'une part; le Coadjuteur, Beaufort et Bouillon de l'autre, les *Mémoires de la duchesse de Nemours* (Collection Michaud, tome XXIII, p. 622 et 623).

1. Nous croyons qu'il s'agit ici de Marc de Fiennes. Sur la vieille Fiennes, voyez au tome I, p. 108, note 6. — Après les mots : « la vieille Fienne, » les copies R et Caf. ajoutent : « que vous voyez. » Cette incise vient encore à l'appui de la conjecture de la page 58, note 5. Mme de Sévigné voyait en effet Mme de Fiennes; elle lui rend visite à Montargis, en 1676, en revenant de Vichy : voyez le tome IV de ses *Lettres*, p. 503 et 504. Une telle addition ne peut guère venir que de l'auteur; elle nous montre bien que ces copies ont été faites ou sur un autre autographe que celui de la Bibliothèque nationale, ou sur quelque copie modifiée par le Cardinal.

2. D'abord : « qu'il le croyoit. » Retz a biffé les deux derniers mots et écrit au-dessus de la rature : « croyoit son maître. »

terois toujours sur elle dans le fond de courre[1], l'irrésolution qu'il témoigna d'abord ne m'eût pas embarrassé, et en joignant sa voix à celle de MM. de Brissac, de la Mothe, de Noirmoutier et de Bellièvre, qui entrèrent tout à fait dans mon sentiment, j'eusse emporté de beaucoup la balance, si la considération de M. de Turenne, qui étoit dans ce moment la grosse corde du parti, et celle que M. de Bouillon avoit avec les Espagnols par les anciennes mesures qu'il avoit toujours conservées avec Fuensaldagne, ne m'eût[2] obligé de me faire honneur de ce qui n'étoit qu'un parti de nécessité.

J'avois été la veille, au sortir de chez M. de Bouillon, chez les envoyés de l'Archiduc, pour essayer de pénétrer si ils étoient toujours aussi[3] attachés à l'article de la paix générale, c'est-à-dire à ne traiter avec nous que sur l'engagement que nous prendrions nous-mêmes pour la paix générale[4], qu'ils me l'avoient toujours dit et que M. et Mme de Bouillon me l'avoient prêché. Je les trouvai l'un et l'autre absolument changés, quoiqu'ils ne crussent pas l'être. Ils vouloient toujours un engagement

---

1. Tel est bien, avec l'orthographe *fonds*, le texte de l'original et des copies R et Caf. Les éditeurs ou bien ont omis « dans le fond de courre » (1717 et 1719-1728), ou ont remplacé, comme aussi le ms H, *de courre* par *du cœur* (1717 A, 1718 B, C, D, E, F, 1837-1866); au ms Caf., « dans le fonds de courre » est rayé au crayon rouge, et le copiste a mis *sic* à la marge. La locution est aisée à comprendre : c'est une métaphore empruntée au manège, ou plutôt encore à la chasse à courre, et signifiant « à la fin du courre, » quand la bête est sur ses fins, c'est-à-dire au terme de la lutte, des efforts faits à l'envi pour vaincre et arriver le premier.

2. D'abord : « eussent, » corrigé en « eût » (*eust*). Les copies R, H, Caf., et toutes les éditions ont gardé le pluriel.

3. Retz, après avoir effacé *aussi*, l'a récrit au-dessus de la ligne.

4. Les mots : « c'est-à-dire, » jusqu'à : « paix générale, » ont été sautés dans les textes de 1837 et 1843. Le ms H et les anciennes éditions ont une autre lacune : « attachés à traiter avec nous (*ou à ne traiter avec nous que*), etc. »

pour la paix générale; mais ils le vouloient à la mode de M. de Bouillon, c'est-à-dire à deux fois[1]. Il leur avoit mis dans l'esprit[2], qu'il seroit bien plus avantageux pour eux en cette manière, parce que nous y engagerions le Parlement. Enfin je reconnus la main de l'ouvrier, et je vis bien que ses[3] raisons, jointes à l'ordre qu'ils avoient de se rapporter à lui de toutes choses, l'emporteroient de bien loin sur tout ce que je leur pourrois dire au contraire. Je ne m'ouvris point à eux par cette considération.

J'allai, entre minuit et une heure, chez le président de Bellièvre[4], pour le prendre et pour le mener chez Croissy pour être moins interrompu. Je leur exposai l'état des choses. Ils furent tous deux, sans hésiter, de mon sentiment; ils crurent que le contraire nous perdroit infailliblement. Ils convinrent qu'il falloit toutefois s'y accommoder pour le présent, parce que nous dépendions absolument, particulièrement dans cet instant, et des Espagnols et de M. de Turenne, qui n'avoient encore de mouvement que ceux qui leur[5] étoient inspirés

---

1. Il y a *fois*, et non, comme corrige l'édition de 1859-1866, *fins*, dans l'original, dans les copies, et dans toutes les autres éditions, et c'est bien la leçon que demande le sens. M. de Bouillon voulait qu'il y eût un double engagement, qu'on signât avec les Espagnols un traité « qui ne seroit, comme il est dit page 346, que comme un préalable de celui que l'on projetoit avec le Parlement. »

2. Devant *l'esprit*, Retz a effacé *leur*.

3. *Ces*, pour *ses*, dans les copies R, H, Caf., et, sauf 1837, dans toutes les éditions antérieures à la nôtre.

4. Le président de Bellièvre avait son hôtel rue de Béthisy : voyez le *Plan de Paris par Gomboust*, feuille v. — Les mots : « Croissy pour être moins interrompu » sont écrits en marge, d'une autre encre, jaunâtre. L'auteur avait mis d'abord « chez Longueil, » sans rien de plus. Ce Croissy était Fouquet de Croissy, conseiller au Parlement, fort mêlé aux intrigues de la Fronde. — *Interrompus*, au pluriel, dans le ms H et dans toutes les éditions, sauf 1718 C.

5. *Leur* est omis dans la copie Caffarelli, qui, à la ligne précédente, a *n'avoit*, au singulier.

par M. de Bouillon, et ils voulurent espérer ou que nous obligerions M. de Bouillon, dans le conseil qui se devoit le lendemain tenir chez M. le prince de Conti, de revenir à notre sentiment, ou que nous le persuaderions nous-mêmes à M. de Turenne, quand il nous auroit joints[1]. Je ne me flattai en façon du monde de cette espérance, et d'autant moins que ce que je craignois le plus vivement de cette conduite pouvoit[2] très-naturellement arriver devant que M. de Turenne pût être à nous. Croissy[3], qui avoit un esprit d'expédients, me dit : « Vous avez raison; mais voici une pensée qui me vient. Dans ce traité préliminaire que M. de Bouillon veut que l'on signe avec les envoyés de l'Archiduc, y signerez-vous? — Non, lui répondis-je. — Eh bien! reprit-il, prenez cette occasion pour faire entendre à ces envoyés les raisons que vous avez de n'y pas signer. Ces raisons sont celles-là même qui feroient voir à Fuensaldagne, si il étoit ici, que l'intérêt véritable d'Espagne est la conduite que vous vous proposez. Peut-être que les envoyés y feront réflexion, peut-être qu'ils demanderont du temps pour en rendre compte à l'Archiduc; et en ce cas, j'ose répondre que Fuensaldagne approuvera votre sentiment, auquel il faudra par conséquent que M. de Bouillon se soumette. Il n'y a rien de plus naturel que ce que je vous propose; et les envoyés même ne s'apercevront d'aucune division dans le parti, parce que vous ne paroîtrez alléguer vos raisons que pour vous empêcher de signer, et non pas pour combattre l'avis de

1. Dans le manuscrit original et dans les trois copies, *joint*, sans accord.

2. D'abord : « étoit, » biffé.

3. Croissy est encore cette fois écrit d'une autre encre, au-dessus de *Longueil*, effacé. — A la même ligne, il y a *d'expédient*, au singulier, dans le ms Caf. La copie H et 1717 A, 1718 B, F ont défiguré *expédient* en *expédition*.

M. le prince de Conti et[1] de M. de Bouillon. » Comme cet expédient avoit peu ou point d'inconvénient, je me résolus à tout hasard de le prendre, et je priai M. de Brissac, dès le lendemain au matin, d'aller dîner chez Mme de Bouillon et de lui dire, sans affectation, qu'il me voyoit un peu ébranlé sur le sujet de la signature avec Espagne. Je ne doutai point que M. de Bouillon, qui m'avoit toujours vu très-éloigné de signer en mon particulier, jusques au jour que je lui proposai de le faire faire de gré ou de force au Parlement, ne fût ravi[2] de me voir balancer à l'égard du traité particulier des généraux; qu'il ne m'en pressât et qu'il ne me donnât lieu de m'en expliquer en présence des envoyés.

Voilà la disposition où j'étois quand nous entrâmes en conférence chez M. le prince de Conti. Quand je connus que tout ce que nous disions, M. de Bellièvre et moi, ne persuadoit point M. de Bouillon, je fis semblant de me rendre à ses raisons et à l'autorité de M. le prince de Conti, notre généralissime; et nous convînmes de traiter avec l'Archiduc aux termes proposés par M. de Bouillon, qui étoient qu'il s'avanceroit jusques à Pont-à-Vère et plus loin même, lorsque les généraux le souhaiteroient; et qu'eux n'oublieroient rien, de leur part, pour obliger le Parlement à entrer dans le traité, ou[3] plutôt à en faire un nouveau pour la paix générale, c'est-à-dire pour obliger le Roi à en traiter sous des conditions raisonnables, du détail desquelles[4] le Roi Catholique se remettroit même à l'arbitrage du Parlement. M. de Bouillon

---

1. « De M. le prince de Conti et » est omis dans les copies R, H, Caf., et dans toutes les anciennes éditions.

2. Le ms H et les éditions anciennes sautent tout ce qui est entre *M. de Bouillon*, trois lignes plus haut, et *ne fût ravi*.

3. D'abord : *et*, biffé.

4. L'auteur a mis, par mégarde, le masculin *desquels*.

se chargea de faire signer ce traité, aussi simple que vous le voyez, aux envoyés. Il ne me demanda pas seulement si je le signerois ou si je ne le signerois pas[1]. Toute[2] la compagnie fut très-satisfaite d'avoir le secours d'Espagne à si bon marché et de demeurer dans la liberté de recevoir les propositions que la déclaration de M. de Turenne obligeoit la cour de faire à tout le monde avec profusion, et l'on prit heure à minuit pour signer le traité dans la chambre de M. le prince de Conti, à l'Hôtel de Ville. Les envoyés s'y trouvèrent à point nommé, et je pris garde qu'ils m'observèrent extraordinairement.

Croissy[3], qui tenoit la plume pour dresser le traité, ayant commencé à l'écrire[4], le Bernardin, se tournant[5] vers moi, me demanda si je ne le signerois pas : à quoi lui ayant répondu que M. de Fuensaldagne me l'avoit défendu de la part de Mme de Bouillon, il me dit d'un ton sérieux que c'étoit toutefois un préalable absolument nécessaire, et qu'il avoit encore reçu, depuis deux jours, des ordres très-exprès sur cela de Monsieur l'Archiduc. Je reconnus en cet endroit l'effet de ce que j'avois fait dire à Mme de Bouillon par M. de Brissac. Monsieur son mari me pressa au dernier point. Je ne manquai pas cette occasion de faire connoître aux envoyés d'Espagne leur intérêt solide, en leur prouvant que je trouvois si peu de sûreté, pour moi-même aussi bien que pour tout le reste du parti, en la conduite que l'on prenoit, que je ne me pouvois résoudre à y entrer, au moins par une

1. Si je le signerois ou non. (Ms H et toutes les anciennes éditions.)
2. Devant *Toute*, Retz a effacé *et*.
3. Après *Croissy*, les mots « conseiller du Parlement » ont été biffés.
4. *L'écrire* a été effacé, puis récrit.
5. Se retournant. (1837-1866.)

signature en mon particulier. Je leur répétai l'offre que j'avois faite¹, la veille, de m'engager à tout sans exception, si l'on vouloit prendre une résolution finale et décisive. Je n'oubliai rien pour leur donner ombrage, sans paroître toutefois le marquer, des ouvertures que le chemin que l'on prenoit donnoit aux accommodements particuliers.

Quoique je ne disse toutes ces choses que par forme de récit, et sans témoigner avoir aucun dessein de combattre ce qui avoit été résolu, elles ne laissèrent pas de faire une forte impression dans l'esprit du Bernardin, et au point que M. de Bouillon m'en parut assez embarrassé, et qu'il eût bien voulu, à ce qu'il m'a confessé depuis, n'avoir point attaché cette escarmouche². Dom Francisco Pizarro, qui étoit un bon Castillan, assez fraîchement sorti de son pays³, et qui avoit encore apporté

1. Que j'avois fait. (Copies R, H, 1717, 1718 C, D, E, 1719, 1723.)
2. « Attacher l'escarmouche, » c'est engager l'action, « commencer à se battre, dit Furetière (1690), soit en une rencontre, soit en une bataille. »
3. Ce membre relatif : « qui étoit, etc., » manque dans le ms H et dans toutes les anciennes éditions, de même que la fin de la phrase précédente, depuis : « et qu'il eût bien voulu. » — Les lacunes abondent de plus en plus dans le ms H, et continuent de passer, de là ou d'autres copies semblables, dans les éditions antérieures à 1837. Elles sont, nous l'avons dit (p. 305, note 4), et on le voit de mieux en mieux, le fait d'un copiste négligent, travaillant à la tâche et, pour l'abréger, supprimant, sans scrupule, les nuances de la pensée, tous les accessoires dont la structure grammaticale du discours n'a pas absolument besoin. Nous ne marquerons par la suite que les omissions considérables. Si jusqu'ici nous les avons indiquées, non pas toutes, loin de là, mais en assez grand nombre, ç'a été pour montrer ce qu'était si promptement devenu et est resté plus d'un siècle le texte des *Mémoires*, et jusqu'où peut être poussée l'altération des œuvres qui, pour le style et la forme, sans parler de l'intérêt du fond, sont le plus dignes de respect. Il fallait pour résister, comme l'a fait l'œuvre de Retz, à de pareilles

de nouveaux ordres de Bruxelles, de se conformer entièrement aux sentiments de M. de Bouillon, pressa son collègue de s'y rendre. Il y consentit sans beaucoup de résistance; je l'y exhortai moi-même quand je vis qu'il y étoit résolu; et j'ajoutai que pour lui lever tout le scrupule de la difficulté que je faisois de signer, je leur donnois ma parole, en présence de M. le prince de Conti et de Messieurs les généraux, que si le Parlement s'accommodoit, je leur donnerois, par des expédients que j'avois en main, tout le temps et tout le loisir nécessaire pour retirer leurs troupes.

Je leur fis cette offre pour deux raisons : l'une parce que j'étois très-persuadé que Fuensaldagne, qui étoit très-habile homme, ne seroit nullement de l'avis de ses envoyés, et n'engageroit pas son armée dans le Royaume, ayant aussi peu des généraux et rien de moi. L'autre considération qui m'obligea à faire ce pas fut que j'étois bien aise de faire même voir à nos généraux que j'étois si résolu à ne point souffrir, au moins en ce qui seroit en moi, de perfidie, que je m'engageois [1] publiquement à ne pas laisser accabler ni surprendre les Espagnols, en cas même d'accommodement du Parlement, quoique dans la même conférence j'eusse protesté plus de vingt fois que je ne me séparerois point de lui, et que cette résolution étoit l'unique cause pour laquelle je ne voulois pas signer un traité dont il [2] n'étoit point.

M. d'Elbeuf, qui étoit malin, et qui étoit en colère de ce que j'avois parlé des traités particuliers, me dit tout haut, en présence même des envoyés : « Vous

mutilations, une beauté bien solide, et profondément inhérente et partout répandue.

1. Après *m'engageois*, il y a, dans l'original, *même*, biffé.
2. Devant *n'étoit point*, Retz a effacé : « ne fût (*fust*) point; » et, quatre lignes plus loin, *avoir* devant *trouver*.

ne pouvez trouver que dans le peuple les expédients dont vous venez de parler à ces Messieurs. — C'est où je ne les chercherai jamais, lui répondis-je ; M. de Bouillon en répondra pour moi. » M. de Bouillon, qui eût souhaité, dans la vérité, que j'eusse voulu signer avec eux, prit la parole[1] : « Je sais, ce dit-il, que ce n'est pas votre intention ; mais je suis persuadé que vous faites contre votre intention sans le croire, et que nous gardons, en signant, plus d'égard avec le Parlement que vous n'en gardez vous-même en ne signant pas : car.... (il abaissa sa[2] voix à cette dernière parole, afin que les envoyés n'en entendissent pas la suite ; il nous mena, M. d'Elbeuf et moi, à un coin[3] de la chambre, et il continua en ces termes :) nous nous réservons une porte pour sortir d'affaire avec le Parlement. — Il ouvrira cette porte, lui répondis-je, quand vous ne le voudrez pas, comme il y paroît déjà ; et vous la voudrez fermer quand vous ne le pourrez pas : l'on ne se joue pas avec cette compagnie ; vous le verrez, Messieurs, par l'événement. » M. le prince de Conti nous appela à cet instant. L'on lut le traité et l'on le signa. Voilà ce qui nous en parut. Dom Gabriel de Tolède, dont je vous parlerai incontinent, m'a dit depuis que les envoyés avoient donné deux mille pistoles à Mme de Montbazon et autant à M. d'Elbeuf.

Je revins chez moi fort touché de ce qui se venoit de passer ; et le président de Bellièvre et Montrésor[4], qui

1. Après *parole*, on lit, dans l'autographe : *et il*, biffé.
2. Il y a bien *sa* dans l'original, dans les copies R et Caf. et dans la plupart des éditions. Le ms H et 1717 A, 1718 B, F, 1837-1866 ont corrigé en *la*.
3. Dans le manuscrit Caffarelli : « à un côté (*costé*), » et deux lignes plus loin, ainsi que dans la copie R et dans 1718 C, D, E, 1719, 1723, 1731 : « d'affaires, » au pluriel.
4. *Montrésor* est écrit en interligne, au-dessus de *Longueil*, effacé.

m'y attendoient, ne le furent pas moins que moi. Le premier, qui étoit homme de bon sens, me dit une parole que l'événement, qui l'a justifiée[1], rend très-digne de réflexion : « Nous avons manqué aujourd'hui d'engager le Parlement, moyennant quoi tout étoit sûr, tout étoit bon. Prions Dieu que tout aille bien ; car si une seule de nos cordes nous manque, nous sommes perdus[2]. » Comme M. de Bellièvre achevoit de parler, Noirmoutier entra dans ma chambre, qui nous[3] dit que depuis que j'étois sorti de l'Hôtel de Ville, un valet de chambre de Laigue y étoit arrivé, qui me cherchoit, et qui ne m'y ayant pas trouvé, étoit remonté à cheval, sans avoir voulu parler à personne. Vous remarquerez, s'il vous plaît, que Laigue, qui avoit une grande valeur, mais peu de sens et beaucoup de présomption, et qui s'étoit fort lié avec moi depuis qu'il avoit vendu sa compagnie aux gardes, se mit en tête de négocier en Flandres[4] aussitôt que le Bernardin nous fut venu trouver. Il crut que cet emploi le rendroit considérable dans le parti : il me le demanda ; il m'en fit presser par Montrésor, qui le destina, dès cet instant, à la charge d'amant de Mme de Chevreuse, qui étoit à Bruxelles[5]. Il me représenta qu'elle pourroit ne m'être pas inutile

1. L'événement, qui la justifia. (1837-1866.)
2. Après *perdus*, l'auteur a effacé les mots : « Faites-moi venir. »
3. *Nous* est en interligne, au-dessus de *me*, biffé ; deux lignes plus loin, Retz a effacé les mots *y étoit*, après *chambre*, pour les reporter après *de Laigue*.
4. De rentrer en Flandre. (1837-1866.)
5. Victor Cousin, dans *Madame de Chevreuse*, p. 310 et 311, a fait le portrait de Laigues, et discuté ce plan, ourdi par Retz et par Montrésor, de donner dans leur intérêt un dernier amant à l'intrigante duchesse (voyez ci-dessus, p. 185 et note 2). Laigues finit, dit-on, par devenir le *mari de conscience* de Mme de Chevreuse, après la mort du duc (1657) : voyez les *Mémoires du jeune Brienne*, par M. Barrière, tome II, chapitre xix, p. 178.

dans les suites, que la place étoit vide, qu'elle se pouvoit remplir par un autre qui ne dépendroit pas de moi. Enfin, quoique j'eusse assez de répugnance à laisser aller à Bruxelles un homme qui avoit mon caractère[1], je me laissai aller à ses prières et à celles de Montrésor, et nous lui donnâmes la commission de résider auprès de Monsieur l'Archiduc. Ce valet de chambre qu'il m'envoyoit et qui entra dans ma chambre un demi-quart d'heure après Noirmoutier, m'apportoit une dépêche de lui, qui me fit trembler[2]. Elle ne parloit que des bonnes intentions de Monsieur l'Archiduc, de la sincérité de Fuensaldagne, de la confiance que nous devions prendre en eux, enfin, pour vous abréger, je n'ai jamais rien vu de si sot; et ce qui nous fit le plus de peine fut que nous connûmes visiblement qu'il croyoit déjà gouverner[3] Fuensaldagne.

1. Qui avait ma signature, mon pouvoir, qui avait qualité et mission de moi. La locution, non comprise, a été ainsi modifiée dans le ms H et dans 1717 A, 1718 B, F : « qui savoit mon caractère. » — Une série de documents authentiques que nous avons rencontrée au département des manuscrits de la Bibliothèque nationale, n° 3854 (9353 de l'ancien Fonds de Béthune), nous fait penser que peut-être Retz enfle ici un peu son importance, et surtout diminue le rôle d'autrui, rôle officiel, il est vrai, et conciliable avec celui du Coadjuteur dans les conseils et la direction du parti, la préparation des mesures à prendre et l'influence exercée dans les négociations. Ce recueil de pièces originales (*Protestations des princes, ducs, etc., contre le cardinal Mazarin; lettres, instructions, etc., pour servir à l'histoire des années* 1648 *et* 1649) renferme au folio 10 un écrit intitulé : *Plein pouvoir et instruction donnée par moi à M. de Laigue*, signé *Armand de Bourbon* (prince de Conti), à la date du 3 février 1649; et au folio 15, le *Plein pouvoir donné au marquis de Noirmoutier*, à la date du 10 février 1649, et signé également du prince de Conti, à qui sont aussi adressées les quelques lettres de créance contenues dans ce recueil (folios 13, 37) et signées de l'archiduc Léopold-Guillaume.

2. Qui me fit (*ou* faisoit) pitié. (1718 C, D, E, 1719-1828.)

3. Au lieu de *gouverner*, qui est bien le texte de notre original,

Jugez, je vous supplie, quel plaisir il y a d'avoir un négociateur de cette espèce, dans une cour où nous devions avoir plus d'une affaire. Noirmoutier, qui étoit son ami intime, avoua que sa lettre étoit fort impertinente ; mais il ne s'avisa pas qu'elle le rendoit lui-même fort impertinent ; car il se mit dans la fantaisie d'aller aussi à Bruxelles, en disant qu'il confessoit qu'il y avoit de l'inconvénient[1] d'y laisser Laigue ; mais qu'il y auroit de la malhonnêteté à le révoquer et même à lui envoyer un collègue qui ne fût pas et son ami particulier et d'un grade[2] tout à fait supérieur au sien. Voilà ce qu'il disoit ; voici ce qu'il pensoit. Il espéroit qu'il se distingueroit beaucoup par cet emploi, qui le mettroit dans la négociation sans le tirer de la guerre, qui lui donneroit toute la confiance du parti à l'égard de l'Espagne, et qui lui donneroit, en même temps, toute[3] la considération de l'Espagne à l'égard du parti. Nous fîmes tous nos efforts pour lui ôter cette pensée[4], et nous lui dîmes mille bonnes raisons pour l'en détourner ; nous ne nous expliquâmes pas des plus fortes, qui étoient son peu de secret et son peu de jugement, belles qualités, comme vous voyez, pour suppléer aux défauts de Lai-

---

il y a dans les copies R et Caf. *gouverneur;* dans la seconde, avec un *sic*, écrit à la marge de la main du copiste, et qui montre que cette faute était la leçon du manuscrit qu'il copiait.

1. De l'inconvénient à laisser. (Ms H et 1837-1866.) — A la ligne suivante, Retz a fait *auroit* d'*avoit* (*auoit*), en ajoutant *r* au-dessus de ce mot.

2. *Grade* est en interligne, d'une autre encre, au-dessus de *poste*, biffé.

3. *Toute* est ajouté au-dessus de la ligne.

4. La suite, jusqu'à la fin de la phrase, a été sautée, ainsi que le petit alinéa suivant : « Ce que je vous viens, etc., » dans la copie H et dans toutes les éditions anciennes. Elles remplacent ensuite *Celle-ci* par *La conférence de Ruel*.

gue. Il le voulut absolument, et il le fallut[1] : il portoit le nom de la Trémouille[2], il étoit lieutenant général, il brilloit dans le parti, il y étoit entré avec moi et par moi. Voilà le malheur des guerres civiles : l'on y fait souvent des fautes par bonne conduite.

Ce que je vous viens de raconter[3] de nos conférences chez M. de Bouillon et à l'Hôtel de Ville, se passa le 5, le 6 et le 7 de mars[4]. Il est nécessaire que je vous rende compte de ce qui se passa ces jours-là et au Parlement et à la conférence de Ruel.

Celle-ci commença aussi mal qu'il se pouvoit. Les députés prétendirent, et avec raison, que l'on ne tenoit point la parole que l'on leur avoit donnée, de déboucher les passages, et que l'on ne laissoit pas même passer librement les cent muids de blé. La cour soutint qu'elle n'avoit point promis l'ouverture des passages, et qu'il ne tenoit pas à elle que les cent muids ne passassent[5]. La Reine demanda, pour conditions préalables à la levée du siége, que le Parlement s'engageât à aller tenir

1. Sur l'envoi de Noirmoutier à Bruxelles, voyez ci-dessus, p. 362, note 1.

2. « Le beau nom de la Trémoille (ou Trimouille), » dans 1718 C, D, E, 1719-1828.

3. Retz a écrit *raccompter*.

4. Le récit de Retz ne va pas plus loin que la nuit du 6 au 7 mars.

5. Les princes avaient consenti à laisser entrer cent muids de blé chaque jour tant que durerait la conférence ; nous avons vu, par une lettre de le Tellier, qu'on réduisait à environ cinquante muids cette quantité, déjà insuffisante pour la consommation journalière de Paris. Ces diminutions, le retard des arrivages et les exactions des soldats, qui rançonnaient les boulangers, occasionnaient des plaintes fréquentes. Condé et le duc d'Orléans répondaient qu'ils n'étaient pas marchands de blé, que c'était assez d'avoir expédié des passe-ports pour cet effet. Pour les détails de la conférence du 6 au 7 mars, voyez le *Procès-verbal*, déjà cité, *de la conférence faite à Ruel*.

sa séance à Saint-Germain, tant qu'il plairoit au Roi, et qu'il promît de ne s'assembler de trois ans. Les députés refusèrent tous d'une voix[1] ces deux propositions, sur lesquelles la cour se modéra dès l'après-dînée même. M. le duc d'Orléans ayant dit aux députés que la Reine se relàchoit de la translation du Parlement, qu'elle se contenteroit que, lorsque l'on seroit d'accord de tous les articles, il allàt tenir un lit de justice[2] à Saint-Germain, pour y vérifier la déclaration qui contiendroit ces articles, et qu'elle modéroit aussi les trois années de défenses de s'assembler, à deux : les députés n'opiniâtrèrent pas le premier[3] ; ils ne se rendirent pas sur le second, en soutenant que le privilége de s'assembler étoit essentiel au Parlement.

Ces contestations, jointes à plusieurs autres, qui vous ennuieroient, et aux chicanes qui recommençoient de moment à autre touchant le passage des blés, irritèrent si fort les esprits, lorsque l'on les sut à Paris, que l'on ne parloit de rien moins, au feu de la Grande[4] Chambre, que de révoquer le pouvoir des députés ; et Messieurs les généraux, qui se voyants[5] recherchés par la cour, qui n'en avoit pas fait beaucoup de cas jusques à la déclaration de M. de Turenne, ne doutoient point qu'ils ne fussent[6] encore leur condition beaucoup meilleure lorsqu'elle seroit plus embarrassée, n'oublièrent rien pour

---

1. Tout d'une voix. (1717, 1718 C, D, E, 1719-1866.) — *Voix* est précédé de *fois*, biffé.
2. Un siége de justice. (Ms H, 1717, 1717 A, 1718 B, F.)
3. Ne s'opiniâtrèrent pas sur le premier. » (1718 C, D, E, 1719-1828.) — Le ms H change *le premier* en *les premiers*.
4. *Grande* est en interligne.
5. Le participe est écrit ainsi, avec accord, dans l'original ; copistes et éditeurs ont supprimé l'*s*. Le manuscrit Caffarelli donne : s'y voyant rechercher par la cour. »
6. Première rédaction : « et ne doutoient point qu'ils le feroient.

faire crier le Parlement et le peuple, et pour faire connoître au Cardinal que tout ne dépendoit pas de la conférence de Ruel. J'y contribuois de mon côté, dans la vue de régler ou plutôt de modérer un peu la précipitation avec laquelle le Premier Président et le président[1] de Mesme courroient[2] à tout ce qui paroissoit accommodement[3]; et ainsi, comme nous conspirions tous sur ce point à une même fin, quoique par différents principes, nous faisions, de concert[4], les mêmes démarches.

Celle du 8 de mars fut très-considérable[5]. M. le prince de Conti dit au Parlement que M. de Bouillon, que la goutte avoit repris avec violence, l'avoit prié de dire à la Compagnie que M. de Turenne lui offroit sa personne et ses troupes contre le cardinal Mazarin, l'ennemi de l'État[6]. J'ajoutai que, comme je venois d'être averti que l'on avoit dressé la veille une décla-

1. Les mots : « et le président, » sont en interligne.
2. Tel est le texte de l'original et des copies R et Caf. Le ms H et toutes les éditions, sauf 1837, donnent *couroient*.
3. *Accommodable*, pour *accommodement*, dans le ms H, 1717 A 1718 B, F.
4. Dans les copies R et Caf. : « sans concert. » — La fin de la phrase, depuis « et ainsi, » est omise dans le ms H et dans toutes les éditions anciennes.
5. Les séances du Parlement des 5 et 6 mars sont sans importance. Le 7, qui était un dimanche, on ne s'assembla pas. Ce jour-là selon le *Journal du Parlement* (p. 350), « il arriva un envoyé de la part du maréchal de Turenne, » chargé de lettres pour le duc de Bouillon, son frère. Retz, un peu plus haut (p. 334), parle d'un courrier qui, deux jours auparavant, le 5 mars, s'était annoncé bruyamment et avait crié très-haut en entrant dans la cour : « Bonnes nouvelles ! » Y eut-il deux courriers à peu d'intervalle, ou bien notre auteur a-t-il inexactement daté le fait?
6. Le *Journal du Parlement* (p. 352) dit textuellement « qu'il (*M. de Bouillon*) avoit reçu le jour précédent lettres de Monsieur le Maréchal, son frère, lequel s'offroit avec ses troupes. » Retz n'a fait que supprimer les premiers mots, qui, comme on vient de le voir dans la note 5, cadraient peu avec son récit précédent.

ration, à Saint-Germain, par laquelle M. de Turenne étoit déclaré criminel de lèse-majesté, je croyois qu'il étoit nécessaire de casser cette déclaration; d'autoriser ses armes par un arrêt solennel; d'enjoindre à tous les sujets du Roi de lui donner passage et subsistance; et de travailler, en diligence, à lui faire un fonds pour le payement de ses troupes et pour prévenir le mauvais effet que huit cent mille livres, que la cour venoit d'envoyer à Erlac pour les débaucher, y pourroit[1] produire[2]. Cette proposition passa toute d'une voix[3]. La joie qui parut dans les yeux et dans les avis de tout le monde ne se peut exprimer. L'on donna ensuite un arrêt sanglant contre Courcelles[4], Lavardin et Amilly, qui fai-

1. Le singulier *pourroit*, qui est la leçon de l'original, des copies R, Caf. et de la plupart des éditions, est changé en *pourroient* dans le ms H et dans 1717, 1717 A, 1718 B, F, 1817, 1820, 1828. En outre, 1717 A, 1718 B, F font de « huit cent mille, » 80 000.
2. Tous ces détails sont confirmés par le *Journal de d'Ormesson* (tome I, p. 702), par le *Journal du Parlement* (p. 352), par le *Journal de Dubuisson* (p. 184).
3. Ceci n'est pas tout à fait d'accord avec le récit de d'Ormesson : « Cet arrêt (*demandé par Retz*) fut, dit-il (p. 702), jugé raisonnable; néanmoins on proposa de le différer jusqu'au lendemain, qu'on le concerteroit avec M. de Bouillon. C'étoit M. de Novion qui appuyoit cela. Néanmoins MM. Lallemant et Charpentier dirent qu'il en falloit délibérer, et il y eut pique entre eux et M. de Novion. Enfin l'on opina, et il passa à donner l'arrêt. » Le *Journal du Parlement* (p. 353) dit la même chose, et nomme Bellièvre, comme ayant demandé, avec Novion, l'ajournement. L'arrêt du Parlement en faveur de Turenne se trouve, imprimé à part, parmi les pièces réunies à la suite de la copie du *Journal de Dubuisson Aubenay* (p. 894-898). Il est intitulé : *Arrêt de la Cour du Parlement donné toutes les chambres assemblées, le 8e jour de mars 1649, en faveur du Maréchal de Turenne et pour autoriser l'entrée de son armée en France* (in-8º, 4 pages).
4. Nous croyons que ce Courcelles est Charles de Champlais, sieur de Courcelles, lieutenant général d'artillerie, marié en 1633 avec Marie de Neuville.

soient des troupes pour le Roi dans le pays du Maine[1]. L'on permit aux communes de s'assembler au son du tocsin, et de courir sus à tous ceux qui en feroient[2] sans ordre du Parlement.

Ce ne fut pas tout. Le président de Bellièvre[3] ayant dit à la Compagnie qu'il avoit reçu une lettre du Premier Président, par laquelle il l'assuroit que ni lui ni les autres députés ne feroient rien qui fût indigne de la confiance qu'elle leur avoit témoignée, il s'éleva un cri, plutôt qu'une voix publique[4], qui ordonna au président de Bellièvre d'écrire expressément au Premier Président de n'entendre à aucune proposition nouvelle, ni même de ne résoudre quoi que ce soit sur les anciennes, jusques à ce que tous les arrérages du blé promis eussent été entièrement fournis et délivrés, que tous les passages eussent été débouchés et que tous les chemins eussent été ouverts aussi bien pour les courriers que pour les vivres[5].

1. Cet arrêt, imprimé en 4 pages in-8º, avec le millésime de 1649 et la date du 9 mars, se trouve, comme le précédent, au nombre des pièces formant l'appendice de Dubuisson (p. 898-902). Il a pour titre : *Arrêt de la Cour de Parlement, portant défenses à tous gentilshommes et autres de faire aucune levée de gens de guerre*, etc.... *et à tous receveurs et comptables de délivrer aucuns deniers*, etc. » Aux trois noms donnés par Retz, l'arrêt en ajoute un quatrième, celui de Gallerandes, et il parle de levées dans l'Anjou et le Perche, en même temps que dans le Maine.

2. Ne comprenant pas ces mots, qui, cela va sans dire, signifient : « feroient des troupes, » trois des éditions de 1718 (C, D, E), et, leur suite, 1719-1828 donnent : « qui feroient des assemblées. »

3. En l'absence des autres présidents, retenus à Rueil, la présidence du Parlement avait été confiée à Bellièvre, comme au plus ancien (voyez Dubuisson, p. 176). D'Ormesson (p. 703 et 704) parle de lettres échangées entre les présidents Molé et de Bellièvre, à la date du 10 mars : voyez ci-après la fin de la note 5.

4. L'édition de 1837 ajoute *ou* devant *plutôt*, et celle de 1843 a tiré de là cette leçon : « un cri, ou plutôt une voix publique. »

5. Voyez le *Journal du Parlement* (p. 354), et surtout le *Journal*

Le 9. L'on passa plus outre. L'on donna arrêt de faire surseoir à la Conférence jusques à l'entière exécution des promesses, et jusques à l'ouverture toute libre d'un passage, non pas seulement pour le blé, mais même pour toute sorte de victuailles[1]; et les plus modérés eurent grande peine à obtenir que l'on ajoutât cette clause à l'arrêté, que l'on attendroit, pour le publier, que l'on eût su de Monsieur le Premier Président si les passe-ports pour les blés n'avoient point été expédiés depuis la dernière nouvelle que l'on avoit eue de lui[2].

M. le prince de Conti ayant dit, le même jour, au Parlement que M. de Longueville l'avoit prié de l'assurer qu'il partiroit de Rouen, sans remise, le 15 du mois, avec[3] sept mille hommes de pied et trois mille

---

de Dubuisson (p. 185). Suivant d'Ormesson, l'injonction faite au Premier Président de cesser toute conférence jusqu'à ce que les blés eussent été fournis avait pour but d'empêcher la conférence, « à quoi, ajoute-t-il, M. de Bellièvre sembloit travailler. » Soit que ce fût réellement ce motif qui poussât le président de Bellièvre, soit que la question du blé et de l'ouverture des passages fût devenue impérieuse, peut-être même pour les deux raisons, ce président envoya à Molé quatre lettres à ce sujet dans les deux jours du 10 et du 11 mars; elles se trouvent en original dans le tome III de la *Collection des Cinq cents* de Colbert (p. 78-92).

1. Dans les éditions de 1837 et de 1843 : *vituailles*; l'orthographe de Retz nous paraît être *vittuailles*.

2. Ces contestations, « cette petite chicanerie, » comme l'appelle Mme de Motteville, durèrent deux ou trois jours. « Il y avoit des heures, dit-elle (tome II, p. 379), où les apparences de paix se changeoient en des apparences de guerre; mais, malgré ces fréquentes variations, il étoit facile de juger que ce qui étoit souhaité des deux côtés ne manqueroit pas d'arriver. Maulevrier, gentilhomme de grand mérite, et qui avoit beaucoup d'esprit, disoit sur cette affaire que la Conférence ressembloit aux grandes maladies, qui empirent d'ordinaire sur le soir, les matins donnent les marques d'un grand amendement, et dont les jours de crises sont toujours bons. »

3. Dans le manuscrit Caffarelli, le sens est notablement modifié par l'omission d'*avec*.

chevaux, et qu'il marcheroit droit à Saint-Germain, la Compagnie en témoigna une joie incroyable, et pria M. le prince de Conti d'en presser encore M. de Longueville[1].

Le 10. Miron, député du parlement de Normandie, étant entré au Parlement et ayant dit que M. de Longueville lui avoit donné charge[2] de dire à la Compagnie que le parlement de Rennes[3] avoit reçu, avec une extrême joie[4], la lettre et l'arrêt de celui de Paris, et qu'il n'attendoit que M. de la Trémouille pour donner celui de jonction contre l'ennemi commun : Miron, dis-je, après avoir fait ce discours et ajouté que le Mans, qui[5] s'étoit aussi déclaré pour le parti, avoit des envoyés au-

---

1. Le duc de Longueville, n'ayant pu obtenir dans Paris aucun emploi qui lui convint, s'était retiré en Normandie, et là rassemblait hommes et argent pour être en état de faire un traité plus avantageux ; il parlait sans cesse de venir au secours de Paris ; mais, dit la Rochefoucauld dans ses *Mémoires* (p. 423), il « fut persuadé par Monsieur le Prince de retarder son secours pour Paris et de traiter avec la cour, sous la promesse, dont il (*Condé*) fut garant, du gouvernement de Pont-de-l'Arche et d'une grande charge. » Dubuisson (p. 187) parle aussi de l'arrivée prochaine du duc de Longueville et de son armée, en ajoutant, il est vrai, à la fin : « peu d'apparence. » — On se rappelle qu'un arrêt du Parlement (voyez ci-dessus, p. 211) avait ordonné que les meubles de Mazarin seraient vendus à l'encan. Cette vente eut lieu le 9 mars. « L'après-dînée, dit d'Ormesson (tome I, p. 703), je fus avec M. de Collanges à la maison du cardinal Mazarin, où l'on vendoit ses meubles; il y avoit une très-grande foule de monde.... J'eus horreur de voir cette vente de meubles d'un premier ministre vivant se faire par les ordres du Parlement.... L'animosité étoit épouvantable contre le Cardinal; c'étoit le dernier affront qu'on lui pouvoit faire, et sans réconciliation. »

2. D'abord : *la charge;* l'article est biffé.

3. Que le parlement de Rouen. (Ms H, 1717 A, 1718 B, F, 1751-1828.)

4. Avec joie. (Copies R, H, et toutes les anciennes éditions.)

5. *Qui* est ajouté en interligne.

près de M. de Longueville, fut remercié de toute la Compagnie[1], comme lui ayant apporté des nouvelles extrêmement agréables[2].

Le 11. Un envoyé de M. de la Trémouille demanda audience au Parlement, à qui il offrit, de la part de son maître, huit mille hommes de pied et deux mille chevaux[3], qu'il prétendoit être en état de marcher en deux jours, pourvu qu'il plût à la Compagnie permettre[4] à M. de la Trémouille de se saisir des deniers royaux, dans les recettes générales de Poitiers, de Niort et d'autres lieux dont il étoit déjà assuré. Le Parlement lui fit de grands remercîments, lui donna arrêt d'union, lui donna[5] plein pouvoir sur les recettes générales, et le pria d'avancer ses levées avec diligence[6].

1. Retz avait écrit d'abord : « de toutes les compagnies. » Il a changé *les* en *la*, effacé l's de *compagnies*, et laissé, par mégarde, *toutes* au pluriel.
2. Voyez le *Journal du Parlement* (p. 366), dont ceci est le résumé.
3. Et dix mille chevaux. (1837, 1843.)
4. Devant *permettre*, toutes les éditions anciennes, excepté 1717, ajoutent *de*.
5. Le ms H, 1717, 1717 A, 1718 B, F omettent ce second « lui donna ; » 1718 C, D, E, 1719-1828 le remplacent par *avec*.
6. D'Ormesson (tome I, p. 704) donne la proposition du duc de la Trémouille à la date du 10 ; Dubuisson (p. 192), à celle du 11, et semble faire agir la Trémouille surtout en Bretagne ; il dit tout au moins de sa femme : « Mme de la Trémoille étoit en la ville de Rennes, où elle travailloit à tourner le Parlement, la ville et la province pour le parti de Paris. » Le même Dubuisson nomme les sieurs d'Estissac et d'Aumont comme faisant des levées en Poitou, et ajoute que la Touraine et l'Anjou se sont déclarés et font des troupes pour le Parlement. M. Imbert a publié, dans le *Registre de correspondance et Biographie du duc Henri de la Trémoille*, à la date du 11 mars 1649, la réponse du Parlement au duc de la Trémoille pour le remercier de ses offres de service. M. de la Fontenelle l'a également fait paraître dans les *Mémoires de la Société des Antiquaires de l'Ouest* (tome I, p. 179), avec la commission de général d'armée délivrée au duc de la Trémoille, qui assuroit avoir l'assentiment de

L'envoyé n'étoit pas sorti du Palais[1], que le président de Bellièvre ayant dit à la Compagnie que le Premier Président la supplioit de lui envoyer un nouveau pouvoir d'agir à la Conférence, parce que l'arrêté du jour précédent lui avoit ordonné, et à lui, et aux autres députés, de surseoir : le président de Bellièvre, dis-je, n'eut autre réponse, si ce n'est que l'on leur donneroit ce pouvoir quand la quantité du blé[2] qui avoit été promise auroit été reçue.

Un instant après, Roland, bourgeois de Reims, qui avoit maltraité personnellement et chassé de la ville M. de la Vieuville [3], lieutenant de Roi dans la province, parce qu'il s'étoit déclaré pour Saint-Germain, présenta requête au Parlement contre les officiers qui l'avoient déféré à la cour pour cette action. Il en fut loué de toute la Compagnie, et l'on l'assura de toute sorte de protection.

Voilà bien de la chaleur dans le parti ; et vous croyez

Poitiers, Niort, Thouars, Saint-Maixent et autres villes. Cette commission pour commander les troupes levées « pour le service du Roi, de la Cour et du public » lui donnait en même temps le droit de nommer les officiers et de prendre les deniers dans les recettes générales et particulières.

1. L'envoyé n'étoit pas encore sorti du Palais. (Copies R et Caf.)
2. *De bled*, dans la copie Caffarelli.
3. Charles marquis de la Vieuville, fils aîné de l'ancien surintendant des finances, qui vivait encore. On peut voir, pour cette révolte de Reims, une brochure intitulée : *Une émeute en 1649*, Reims, 1842, in-18. La préface de cette sorte de Mazarinade moderne est signée L. P. (Louis Paris, croyons-nous). Voyez aussi l'*Arrêt de la cour du Parlement, donné en faveur des habitants de la ville de Rheims contre le cardinal Mazarin, le marquis de la Vieuville et leurs adhérents* (11 mars). Dubuisson (p. 187-189) dit que des mouvements semblables avaient lieu aussi à Troyes et à Châlons, et qu'à Paris la maison du marquis de la Vieuville sur l'abreuvoir Saint-Paul avait été menacée de pillage. Il fallut y mettre des gardes.

apparemment qu'il faudra au moins un peu de temps pour l'évaporer, devant que la paix se puisse faire. Nullement : elle est faite et signée le même jour à la conférence de Ruel, et elle est faite et signée le[1] 11 de mars par les députés[2], qui avoient demandé, le 10, nouveau pouvoir, parce que l'ancien étoit révoqué, et par ces mêmes députés auxquels l'on avoit refusé ce nouveau pouvoir. Voici[3] le dénouement de ce contre-temps, que la postérité aura peine à croire et auquel l'on s'accoutuma en quatre jours.

Aussitôt que M. de Turenne fut déclaré, la cour travailla à gagner les généraux, avec beaucoup plus d'application qu'elle n'avoit fait jusque-là; mais elle n'y réussit pas, au moins à son gré. Mme de Montbazon, pressée par Vineuil[4] en plus d'un sens, promettoit

1. Les mots : « à la conférence, etc., » sont omis, jusqu'à *le* inclusivement, dans les copies R, H et dans toutes les éditions anciennes.
2. On lit dans *Dubuisson* (p. 192) : « Vendredi 12e, à quatre heures du matin, l'évêque de Bayeux, fils du Premier Président, arrive de Ruel et envoie dire à son oncle, M. de Montblin Bouguier, conseiller-clerc, que l'accommodement étoit fait et signé du soir précédent, à 10 heures, et que dès l'instant l'on envoya déboucher tous passages fermés ci-devant à Paris. Marée ès marchés de Paris ; tous les passages de devers Normandie ouverts ; blé et vivres viennent à foison. »
3. *Voyez*, pour *voici*, dans les copies R et Caf.
4. *Vineuil* est devenu *Viniul* dans la copie R, *Vinviul* dans 1717, *Vinvial* dans le ms H et dans 1717 A, 1718 B, F. — Armand le Bouteiller, de Senlis, seigneur de Vineuil (Oise), près de Chantilly, « bel esprit un peu subalterne, à moitié homme du monde, à moitié homme de lettres, » dit Cousin dans *Madame de Sablé* (p. 73). Il est l'auteur des portraits de Mme Cornuel et de Mme d'Olonne dans la *Galerie des portraits* de Mademoiselle de Montpensier ; il passait aussi pour un des rédacteurs des *Mémoires* (tels qu'ils furent publiés) *de la Rochefoucauld*. Vineuil était très-attaché à Condé et se montra dévoué pour lui durant la seconde Fronde : voyez les *Mémoires de Molé*, tome IV, p. 367-371. Tallemant des Réaux le nomme assez fréquemment dans ses *Historiettes*.

M. de Beaufort à la Reine; mais la Reine voyoit bien qu'elle auroit beaucoup de peine à le livrer tant que je ne serois pas du marché. La Rivière ne témoignoit plus tant de mépris pour M. d'Elbeuf; mais enfin qu'est-ce [1] que pouvoit M. d'Elbeuf? Le maréchal de la Mothe n'étoit accessible [2] que par M. de Longueville, duquel la cour ne s'assuroit pas beaucoup davantage, par la négociation d'Anctauville, que [3] nous nous en assurions par la correspondance de Varicarville. M. de Bouillon faisoit paroître, depuis l'éclat de Monsieur son frère, plus de pente à s'accommoder avec la cour, et Vassé [4], qui commandoit, ce me semble, son [5] régiment de cavalerie, l'avoit insinué par des canaux différents à Saint-Germain ; mais les conditions paroissoient bien hautes. Il en falloit de grandes pour les deux frères, qui, au poste où ils se trouvoient, n'étoient pas d'humeur à se contenter de peu de chose. Les incertitudes de M. de la Rochefoucauld ne plaisoient pas à la Rivière, qui d'ailleurs considéroit, à ce que Flammarin disoit à Mme de Pommereux, que le compte que l'on fe-

1. Dans l'original : *quesceque;* voyez ci-dessus, p. 169, note 4 ; et pour les mépris de la Rivière, p. 300. — Un peu avant, les mots « pour M. d'Elbeuf » ont été omis dans 1859-1866 ; et tout le membre de phrase final : « mais enfin, etc., » dans les copies R, H, Caf. et dans toutes les éditions anciennes.

2. *Accessible* est devenu *accostable* dans le ms H et dans 1717 A, 1718 B, F.

3. On a été choqué du tour « beaucoup davantage.... que, » et on y a substitué, dans le ms H et dans 1718 C, D, E, 1719-1828 : « à beaucoup près tant.... que. »

4. Henri-François marquis de Vassé, vidame du Mans, neveu à la mode de Bretagne du cardinal de Retz ; il était, dit Mademoiselle (tome II, p. 60), mestre de camp du régiment de Bourgogne. — Ici et plus loin (p. 382), Retz a écrit avec *B* et en oubliant l'accent : *Basse.*

5. Le ms H et les éditions de 1717 A, 1718 B, F, 1837-1866 changent *son* en *un.*

roit¹ avec M. le prince de Conti ne seroit jamais bien sûr pour les suites, si il n'étoit aussi arrêté par Monsieur le Prince, qui, sur l'article du cardinalat de Monsieur son frère, n'étoit pas de trop facile composition. Ce que j'avois répondu aux offres que j'avois reçues par le canal de Mme de Lesdiguières ne donnoit pas de lieu à la cour de croire que je fusse aisé à ébranler.

Enfin M. le cardinal Mazarin trouvoit toutes les portes de la négociation, qu'il aimoit passionnément², ou fermées ou embarrassées, dans une conjoncture où ceux mêmes qui n'y eussent pas eu d'inclination eussent été obligés de les chercher avec empressement, parce que, dans la vérité, il n'y avoit plus d'autre issue³ dans la disposition où étoit tout le Royaume⁴. Ce désespoir, pour ainsi parler, de négociation fut par l'événement plus utile à la cour que la négociation la plus fine ne la⁵ lui eût pu être ; car il ne l'empêcha pas de négocier, le Cardinal ne s'en pouvant jamais empêcher par son naturel ; et il fit toutefois que, contre son ordinaire, il ne se fia pas à sa négociation⁶ ; et ainsi il amusa nos généraux, cependant qu'il envoyoit huit cent mille livres, qui enlevèrent à M. de Turenne son armée⁷, et qu'il

1. Faisoit. (1837-1866.)
2. Les mots : « qu'il aimoit passionnément, » sont en marge.
3. D'autres issues. (1837-1866.)
4. Toute la fin de la phrase depuis : « dans une conjoncture, » est omise dans le ms H et dans toutes les éditions anciennes.
5. On dirait que *la* a été retouché. Retz avait-il d'abord écrit *le* ?
6. A la négociation. (Ms H, Caf., et toutes les anciennes éditions.)
7. Mme de Motteville (tome II, p. 378) dit, à l'occasion de l'abandon de Turenne par son armée : « Le Coadjuteur, voulant cacher aux Parisiens cette fâcheuse nouvelle d'Allemagne, autant qu'il lui seroit possible, parut au Parlement ce même jour (8 mars), et, par une harangue éloquente, leur offrit les troupes de ce géné-

obligeoit les députés de Ruel à signer une paix contre les ordres de leur corps. Monsieur le Prince m'a dit que ce fut lui qui fit envoyer les huit cent mille livres, et je ne sais même si il n'ajouta pas qu'il les avoit avancées; je ne m'en ressouviens[1] pas précisément.

Pour ce qui est de la conclusion de la paix de Ruel[2], le président de Mesme m'a assuré plusieurs fois depuis qu'elle fut purement l'effet d'un concert qui fut pris, la nuit d'entre le 8 et le 9 de mars, entre le Cardinal et lui; et que le Cardinal lui ayant dit qu'il connoissoit clairement que M. de Bouillon ne vouloit négocier que quand M. de Turenne seroit à la portée de Paris et des Espagnols, c'est-à-dire en état de se faire donner la moitié du Royaume, lui, président de Mesme, lui avoit répondu : « Il n'y a de salut que de faire le Coadjuteur cardinal; » que le Cardinal lui ayant reparti : « Il est pis que l'autre; car l'on voit au moins un temps où l'autre négociera[3]; mais celui-là ne traitera jamais que pour le général, » lui, président de Mesme, lui avoit dit : « Puisque les choses sont en cet état, il faut que nous payions de nos personnes pour sauver l'État; il faut que nous signions la paix; car après ce que le Parlement a fait aujourd'hui, il n'y a plus de mesure[4], et peut-être

---

ral qui n'en avoit plus : ce qui servit de pâture à la populace, mal informée de la vérité. »

1. *Souviens*, pour *ressouviens*, dans la copie Caffarelli.

2. Le ms H et les anciennes éditions sautent cette ligne et toute la phrase précédente, et, pour rester intelligibles, remplacent *qu'elle*, deux lignes plus loin, par « que cette conclusion de la paix. »

3. Ce passage est ainsi altéré dans les copies R, Caf. et la plupart des éditions anciennes : « un temps en l'autre négociation. » Le ms H et 1717 A, 1718 B, F font le même changement en ajoutant *pour la* devant *négociation*.

4. On peut, dans l'original, hésiter entre *mesure* et *mesures*; il y

qu'il nous révoquera demain. Nous hasardons tout si nous sommes désavoués : l'on nous fermera les portes de Paris ; l'on nous fera notre procès ; l'on nous traitera de prévaricateurs et de traîtres; c'est à vous de nous donner[1] des conditions qui nous donnent lieu de justifier notre procédé. Il y va de votre intérêt, parce que si elles sont raisonnables, nous les saurons bien faire valoir contre les factieux; mais faites-les telles[2] qu'il vous plaira, je les signerai toutes, et je vas de ce pas dire au Premier Président que c'est mon sentiment, et que c'est l'unique expédient pour sauver le Royaume. Si il réussit, nous avons la paix; si nous sommes désavoués, nous affoiblissons toujours la faction et le mal n'en tombera que sur nous. »

Le président de Mesme, en me contant ce que je viens de vous dire, ajoutoit que la commotion[3] où le Parlement avoit été, le 8, jointe à la déclaration de M. de Turenne, et à ce que le Cardinal lui avoit dit de la disposition de M. de Bouillon et de la mienne, lui avoit inspiré cette pensée; que l'arrêt donné le 9, qui ordonnoit aux députés de surseoir à la Conférence[4] jusques à[5] ce que les blés promis eussent été fournis, l'y avoit confirmé; que la chaleur qui avoit paru dans le peuple le 10 l'y avoit fortifié; qu'il avoit persuadé, quoiqu'avec peine, le Premier Président de faire cette

---

a le pluriel dans les ms H, Caf., et dans toutes les éditions anciennes et modernes.

1. *Faire*, au lieu de *donner*, dans 1837 et 1843.
2. *Telles*, dans l'original, est ajouté en interligne.
3. Première rédaction : « que la commotion qu'il y avoit eu dans. » L'auteur a biffé les mots qui suivent *commotion*.
4. Toutes les éditions anciennes, sauf celle de 1717, suppriment *à* et donnent : « de surseoir la Conférence. »
5. Après *à*, il y a, dans l'original, la syllabe *nou*, biffée; à la ligne suivante, Retz a écrit : *avoient confirmé*.

démarche. Il accompagnoit ce récit de tant de circonstances, que je crois qu'il disoit vrai [1]. Feu [2] M. le duc d'Orléans et Monsieur le Prince, auxquels je l'ai demandé, m'ont dit que l'opiniâtreté avec laquelle, et le 8, et le 9, et le 10, le Premier Président et le président de Mesme défendirent quelques articles n'avoit guère de rapport à cette résolution que le président de Mesme disoit avoir prise dès le 8. Longueil, qui étoit un des députés, étoit persuadé de la vérité de ce que disoit le président de Mesme, et il tiroit même vanité de ce qu'il s'en étoit aperçu des premiers; et M. le cardinal Mazarin, à qui j'en parlai depuis la guerre, me le confirma, en se donnant pourtant la gloire d'avoir rectifié cet avis, « qui étoit, ajouta-t-il, de soi-même trop dangereux [3], si je n'eusse pénétré les intentions de M. de Bouillon et les vôtres. Je savois que vous ne vouliez pas perdre le Parlement par le peuple, et que M. de Bouillon vouloit, préférablement à toutes choses, attendre son frère. » Voilà ce que me dit M. le cardinal Mazarin, dans l'intervalle de l'un de ces raccommodements fourrés que nous faisions quelquefois ensemble. Je ne sais si il ne parloit point après coup; mais je sais bien que si il eût plu à M. de Bouillon de me croire, nous n'eussions pas donné lieu, ni lui, ni moi, à cette pénétration [4].

1. A juger d'après les lettres officielles de la Reine, des ministres et de Condé, que M. Champollion a données dans les *Mémoires de Molé* (tome IV, p. 2 et suivantes), la paix aurait été due principalement au Premier Président; le président de Mesmes n'aurait joué qu'un rôle secondaire.

2. *Feu* est devenu *que* dans les textes de 1837-1866, qui joignent cette phrase à la précédente. — Le duc d'Orléans mourut en 1660.

3. Dans la copie R : « très-dangereux. »

4. Les deux dernières phrases de l'alinéa sont omises dans le ms H et dans toutes les anciennes éditions.

La paix fut donc signée, après beaucoup de contestations, trop longues et trop[1] ennuyeuses à rapporter, le 11 de mars, et les députés consentirent, avec beaucoup de difficulté, que M. le cardinal Mazarin y signât avec M. le duc d'Orléans, Monsieur le Prince, Monsieur le Chancelier, M. de la Meilleraie et M. de Brienne[2], qui étoient les députés nommés par le Roi[3]. Les articles furent[4] :

Que le Parlement se rendra à Saint-Germain, où sera tenu un lit de justice, où la déclaration contenant les articles de la paix sera publiée : après quoi, il retournera faire ses fonctions ordinaires à Paris ;

Ne sera faite aucune assemblée de chambre pour toute l'année 1649, excepté pour la réception des officiers et pour les mercuriales ;

Que tous les arrêts rendus par le Parlement, depuis

---

1. Retz a écrit, par mégarde, *trois* au lieu de *trop*.
2. Les éditions de 1837 et de 1843 donnent *Brissac*, au lieu de *Brienne*. — Les copies H, Caf. et toutes les anciennes éditions omettent les noms de personnes qui viennent après les mots : « Monsieur le Prince. »
3. Ajoutons, pour compléter la liste des noms, ceux du comte d'Avaux (Claude de Mesmes), de la Rivière et de le Tellier, qui signèrent aussi comme députés pour le Roi. Au lieu du nom de *Brienne*, l'acte porte celui de *Loménie*, qui désigne la même personne.
4. La Bibliothèque nationale (Fonds des *Cinq cents* de Colbert, tome III, p. 92-95) possède la minute originale du traité de Ruel, écrite par le Tellier. Elle porte en tête : *Articles arrêtés et signés à Ruel, le 11 mars*. Il est curieux d'y voir les diverses corrections, suppressions et additions qui témoignent des longues contestations dont parle Retz ; on se rendra encore mieux compte des amendements, si on compare cet original avec la première rédaction, qui se trouve dans les papiers d'État de le Tellier (n° 6881, tome II, pièce 18). Nous donnerons ces deux pièces dans notre *Appendice*. Le traité a été rapporté très-inexactement par Retz, et avec quelques différences aussi par Mme de Motteville (tome II, p. 388-392).

le 6 de janvier, seront[1] nuls, à la réserve de ceux qui auront été rendus entre particuliers, sur faits concernant la justice ordinaire ;

Que toutes les lettres de cachet, déclarations et arrêts du Conseil, rendus au sujet des mouvements présents, seront nuls et comme non avenus ;

Que les gens de guerre levés pour la défense de Paris seront licenciés aussitôt après l'accommodement signé, et Sa Majesté fera aussi, en même temps, retirer ses troupes des environs de ladite ville ;

Que les habitants poseront les armes, et ne les pourront reprendre que par ordre du Roi ;

Que le député de l'Archiduc sera renvoyé incessamment sans réponse ;

Que tous les papiers et meubles qui ont été pris aux particuliers et qui se trouveront en nature seront rendus ;

Que M. le prince de Conti, princes, ducs, et tous ceux sans exception qui ont pris les armes, n'en pourront être recherchés, sous quelque prétexte que ce puisse être, en déclarant par les dessus dits, dans quatre jours à compter de celui auquel les passages seront ouverts, et par M. de Longueville, en dix, qu'ils veulent bien [être[2]] compris dans le présent traité ;

Que le Roi donnera une décharge générale pour tous les deniers royaux qui ont été pris, pour tous les meubles qui ont été vendus, pour toutes les armes et munitions qui ont été enlevées tant à l'Arsenal qu'ailleurs ;

Que le Roi fera expédier des lettres pour la révocation du semestre du parlement d'Aix, conformément aux articles accordés entre les députés de Sa Majesté et ceux du parlement et pays de Provence, du 21 février ;

---

1. Il y a encore ici dans l'autographe une méprise étrange, qui revient cinq lignes plus loin : *selon*, pour *seront*.

2. Le mot *être* est omis dans le manuscrit original.

Que la Bastille sera remise entre les mains du Roi[1].

Il[2] y eut encore quelques autres articles qui ne méritent pas d'être rapportés.

Je crois que vous ne doutez pas de la surprise de M. de Bouillon, lorsqu'il apprit que la paix étoit signée. Je le lui appris en lui faisant lire un billet que j'avois reçu de Longueil[3], au cinq ou sixième mot duquel Mme de Bouillon, qui fit réflexion à ce que je lui avois dit cinquante fois, des inconvénients qu'il y avoit à ne pas engager pleinement et entièrement le Parlement, s'écria en se jetant sur le lit de Monsieur son mari : « Ah ! qui l'eût dit? Y avez-vous seulement jamais pensé? — Non, Madame, lui répondis-je, je n'ai pas cru que le Parlement pût faire la paix aujourd'hui; mais j'ai cru, comme bien savez, qu'il la feroit très-mal si nous le laissions faire : il ne m'a trompé qu'au temps. » M. de Bouillon prit la parole : « Il ne l'a que trop dit, il ne nous l'a que trop prédit; nous avons fait la faute tout[4] entière. » Je vous confesse que ce mot de M. de Bouillon m'inspira une nouvelle espèce de respect pour lui; car

1. L'auteur a ajouté cette dernière clause en marge, d'une encre jaunâtre.
2. Des dix lignes suivantes, le ms H et les anciennes éditions n'ont gardé que ces mots : « M. de Bouillon fut extrêmement surpris quand il apprit que la paix étoit signée; et Mme de Bouillon, se jetant sur le lit de Monsieur son mari, s'écria (1717 A, 1718 B, F *omettent ce verbe*) : « Ah ! etc. » — Les éditions de 1718 C, D, E, 1719-1828 remplacent le petit alinéa : « Il y eut..., » par un *etc*.
3. La paix avait été signée à Rueil, à 9 heures du soir, si nous en croyons notre auteur; d'après Dubuisson, à 10 heures. Selon Retz, l'entretien auquel nous allons assister eut lieu, comme nous le verrons à la fin, une ou deux heures après, à 11 heures, dans la nuit du 11 au 12 mars. Les communications nous semblent, pour le temps, bien rapides.
4. Ici il y a bien *tout*, dans l'original; mais *toute*, dans les copies R, H, Caf. et dans la plupart des éditions anciennes et modernes.

il est, à mon sens, d'un plus grand homme[1] de savoir avouer sa faute que de savoir ne la pas faire. Comme nous consultions ce qu'il y avoit à faire[2], M. le prince [de Conti[3]], M. d'Elbeuf, M. de Beaufort et M. le maréchal de la Mothe entrèrent dans la chambre, qui ne savoient rien de la nouvelle, et qui ne venoient chez M. de Bouillon que pour lui communiquer une entreprise que Saint-Germain-d'Achon avoit formée sur Lagni, où il avoit quelque intelligence. Ils furent surpris, au delà de ce que vous vous pouvez imaginer, de la signature de la paix; et d'autant plus que tous leurs négociateurs, selon le style ordinaire de ces sortes de gens, leur avoient fait voir, depuis deux ou trois jours, que la cour étoit persuadée que le Parlement n'étoit qu'une représentation, et qu'au fond il falloit compter avec les généraux. M. de Bouillon m'a avoué plusieurs fois depuis, que Vassé l'en avoit fort assuré[4]; Mme de Montbazon avoit reçu cinq ou six billets de la cour qui portoient la même chose; et le maréchal de Villeroi, qui assurément ne trompoit pas Mme de Lesdiguière, mais qui étoit trompé lui-même, lui disoit la même chose tous les jours[5]. Il faut avouer que M. le cardinal Mazarin joua et couvrit très-bien son jeu en cette occasion; et qu'il en[6] est d'autant plus à estimer, qu'il avoit à se dé-

1. Après *homme*, Retz a biffé *d'avouer*.
2. Ce tour, alors si français, a été ainsi corrigé par les éditeurs de 1718 C, D, E, 1719-1828 : « Comme nous consultions sur ce qu'il y avoit à faire. »
3. Les mots *de Conti* manquent dans le manuscrit autographe.
4. L'en avoit fait fort assuré. (Ms Caf.)
5. La fin de la phrase depuis : « et le maréchal, » a été sautée dans la copie H et dans toutes les anciennes éditions; ainsi qu'un peu plus bas, les six premières lignes de l'alinéa suivant, jusqu'à : « chez M. de Bouillon. »
6. *En* est écrit entre les lignes.

fendre de l'imprudence de la Rivière, qui étoit grande, et de l'impétuosité de Monsieur le Prince, qui, en ce temps-là, n'étoit pas médiocre : le propre jour que la paix fut signée, il s'emporta contre les députés[1] d'une manière qui étoit très-capable de rompre l'accommodement. Je reviens au conseil que nous tînmes chez M. de Bouillon.

L'un des plus grands défauts des hommes est qu'ils cherchent presque toujours, dans les malheurs qui leur arrivent par leurs fautes[2], des excuses devant que d'y chercher des remèdes ; ce qui fait qu'ils y trouvent très-souvent trop tard les remèdes, qu'ils n'y cherchent pas[3] d'assez bonne heure. Voilà ce qui arriva chez M. de Bouillon. Je vous ai déjà dit qu'il ne balança pas un moment à reconnoître qu'il n'avoit pas jugé sainement de l'état des choses. Il le dit publiquement, comme il me l'avoit dit à moi[4] seul. Il n'en fut pas ainsi des autres. Nous eûmes, lui et moi, le plaisir de remarquer qu'ils répondoient à leurs pensées plutôt qu'à ce que l'on leur disoit : ce qui ne manque presque jamais en ceux qui savent que l'on leur peut reprocher quelque chose avec justice. Il ne tint pas à moi de les obliger à dire leur avis les premiers. Je suppliai M. le prince de Conti de considérer qu'il lui appartenoit, par toute sorte de raisons, d'ouvrir et de fermer la scène. Il parla, et si obscurément que personne n'y entendit rien. M. d'Elbeuf s'étendit beaucoup, et il ne conclut à rien. M. de Beaufort employa son lieu commun, qui étoit d'assurer

---

1. « Avec les députés, » dans le ms Caf., qui, un peu plus loin, change *tînmes* en *eûmes*, ainsi que le ms H, 1717, 1717 A, 1718 B, F.
2. Il y a bien ainsi, dans l'original et dans la copie R : « leurs fautes, » au pluriel.
3. Ne cherchent pas. (Ms Caf., 1837-1866.)
4. Devant *seul*, il y a, dans l'autographe, *même*, effacé ; 1717 A, 1718 B, F donnent : « à moi-même seul. »

qu'il iroit toujours son grand chemin[1]. Les oraisons du maréchal de la Mothe n'étoient jamais que d'une demi-période[2]; et M. de Bouillon dit que n'y ayant que moi dans la compagnie qui connût bien le fond et de la Ville et du Parlement, il croyoit qu'il étoit nécessaire que j'agitasse la matière, sur laquelle il seroit après plus facile de prendre une bonne résolution. Voici la substance de ce que je dis; je n'en puis rapporter les propres paroles, parce que je n'eus pas le soin de les écrire après[3], comme j'avois fait en quelques autres occasions :

« Nous avons tous fait ce que nous avons cru devoir faire : il n'en faut point juger par les événements. La paix est signée par des députés qui n'ont plus de pouvoir : elle est nulle. Nous n'en savons point encore les articles, au moins parfaitement[4]; mais il n'est pas dif-

1. Ce lieu commun se retrouve dans une chanson faite contre Beaufort :
> Sans barguigner, j'aime la France,
> Et vas toujours mon grand chemin.

Retz parlera lui-même de cette chanson, à propos d'une séance du Parlement, du 30 décembre 1650; nous y reviendrons alors. Plus haut (p. 300), il nous a dit, employant d'autres figures : « M. de Beaufort, qui alloit toujours à ce qui lui paroissoit le plus haut, y donnoit à pleines voiles. »

2. Dans l'original et dans la copie R : « demie période; » et, à la ligne suivante, comme toujours, « le fonds. » — Deux lignes plus haut, le ms H, 1717 A, 1718 B, F changent *oraisons* en *raisons*.

3. Cela n'empêche point notre auteur de laisser à son discours et à une grande partie de l'entretien la forme oratoire directe, de noter les interpellations, les interruptions, etc. C'est une imitation, avouée cette fois sans artifice, de la manière des anciens historiens. — Les derniers mots de l'alinéa : « quelques autres occasions, » sont au singulier dans la copie R et dans les textes de 1837-1866. Tout ce qui suit *je dis* est omis dans le ms H et dans toutes les anciennes éditions.

4. « Au moins parfaitement » est écrit en marge.

ficile de juger[1], par ceux qui ont été proposés ces jours passés, que ceux qui auront été arrêtés ne seront ni honnêtes ni sûrs. C'est, à mon avis, sur ce fondement qu'il faut opiner, lequel supposé, je ne balance point à croire que nous ne sommes pas obligés à tenir l'accommodement, et que nous sommes même obligés à ne le pas tenir par toutes les raisons et de l'honneur et du bon sens. Le président Viole[2] me mande qu'il n'y est pas seulement fait mention de M. de Turenne, avec lequel il n'y a que trois jours que le Parlement a donné un arrêt d'union. Il ajoute que Messieurs les généraux n'ont que quatre jours pour déclarer si ils veulent être compris dans la paix, et que M. de Longueville et le parlement de Rouen n'en ont que dix. Jugez, je vous supplie, si cette condition, qui ne donne le temps ni aux uns ni aux autres de songer seulement à leurs intérêts, n'est pas un pur abandonnement. L'on peut inférer de ces deux articles quels seront les autres et quelle infamie ce seroit que de les recevoir. Venons aux moyens de les refuser, et de les refuser solidement et avantageusement pour le public et pour les particuliers. Ils seront rejetés[3], dès qu'ils paroîtront dans le public, universellement de tout le monde, et ils le seront même avec fureur. Mais cette fureur est ce qui nous perdra, si nous n'y prenons garde, parce qu'elle nous amusera. Le fond de l'esprit du Parlement est la paix, et vous pouvez avoir observé qu'il ne s'en éloigne

---

1. Ici Retz avait d'abord mis *que;* il l'a biffé pour le reporte après l'incise, et y a substitué *par*. Le manuscrit Caffarelli a gardé cette première rédaction : « de juger que, » rendue inintelligible par le changement que l'auteur a apporté à la suite de la phrase.

2. Jusqu'à présent, le Coadjuteur avait toujours nommé Longueil comme son seul intermédiaire pour les communications qu'il recevait de Rueil.

3. Ces articles seront rejetés. (Copie R.)

jamais que par saillies. Celle que nous y verrons demain ou après-demain sera terrible; si nous manquons de la prendre comme au bond, elle[1] tombera comme les autres, et d'autant plus dangereusement que la chute[2] en sera décisive. Jugez, s'il[3] vous plaît, de l'avenir par le passé, et voyez à quoi se sont terminées toutes les commotions que vous avez vues jusques ici dans cette compagnie.

« Je reviens à mon ancien avis, qui est de songer uniquement à la paix générale, de signer, dès cette nuit, un traité sur ce chef avec les envoyés de l'Archiduc, de le porter demain au Parlement, d'y ignorer tout ce qui s'est passé aujourd'hui à la Conférence, que nous pouvons très-bien ne pas savoir, puisque le Premier Président n'en a point fait encore de part à personne, et d'y faire donner arrêt[4] par lequel il soit ordonné aux députés de la Compagnie d'insister uniquement sur ce point et sur celui de l'exclusion du Mazarin; et, en cas de refus, de revenir à Paris prendre leurs[5] places. Le peu de satisfaction que l'on y a et du procédé de la cour et de la conduite même des députés fait que ce que la déclaration de M. de Turenne toute seule rendoit, à mon opinion, très-possible sera très-facile présentement, et si facile que nous n'avons pas besoin d'attendre, pour animer davantage la Compagnie, que l'on nous ait fait le rapport des articles qui l'aigriroient assurément. Ç'avoit été ma première pensée; et

1. Retz avait mis d'abord, puis a biffé : *reto*[*mbera*].
2. Que la suite. (Ms H, Caf. et toutes les anciennes éditions.)
3. Il y a bien ici, avec élision, *s'il* (*sil*).
4. Devant *arrêt*, il y a, dans l'original, *un*, effacé; le ms H et les éditions anciennes, excepté 1717, 1717 A, 1718 B, F, ont conservé cet article.
5. *Leur*, sans *s*, aussi bien dans la copie R que dans le manuscrit original.

quand j'ai commencé à parler, j'avois fait dessein de vous proposer, Monsieur (dis-je à M. le prince de Conti), de vous servir du prétexte de ces articles pour échauffer le Parlement. Mais je viens de faire une réflexion qui me fait croire qu'il est plus à propos d'en prévenir le rapport pour deux raisons, dont la première est que le bruit que nous pouvons répandre, cette nuit, de l'abandonnement des généraux, fera encore plus d'effet et jettera plus d'indignation dans les esprits, que le rapport même, que les députés déguiseront au moins de quelques méchantes couleurs. La seconde est que nous ne pouvons avoir ce rapport en forme que par le retour des députés, que je suis persuadé que nous ne devons point souffrir[1]. »

Comme j'en étois là, je reçus un paquet de Ruel[2], dans lequel je trouvai une seconde lettre de Viole, avec un brouillon du traité contenant les articles que je vous ai cotés[3] ci-dessus; ils étoient si mal écrits que je ne les pus presque lire ; mais ils me furent expliqués par une autre lettre qui étoit dans le même paquet, de Lescuyer, maître des comptes, et qui étoit un des députés. Il ajoutoit, par un billet séparé, que le cardinal Mazarin y avoit signé. Toute la compagnie douta encore moins, depuis la lecture de ces lettres et de ces articles, de la facilité qu'il y auroit à animer et à enflammer le Parlement. « J'en conviens, leur dis-je, mais je ne change pas pour cela de sentiment ; et, au contraire, j'en suis encore plus persuadé qu'il ne faut, en façon du monde,

---

1. La dernière phrase de l'alinéa a été supprimée dans le ms H et dans toutes les éditions anciennes.

2. Retz avait écrit d'abord *Saint-Germain*, qu'il a biffé pour écrire au-dessus *Ruel*.

3. *Cotés* est changé en *cités* dans le ms H ; le membre relatif où ce mot se trouve est omis dans les éditions de 1718 C, D, E, 1719-1828.

souffrir le retour des députés, si[1] l'on se résout à prendre le parti que je propose. En voici la raison. Si vous leur donnez le temps de revenir à Paris, devant que de vous déclarer pour la paix générale, il faut nécessairement que vous leur donniez aussi le temps de faire leur rapport, contre lequel vous ne vous pouvez pas empêcher de déclamer ; et j'ose vous assurer que si vous joignez la déclamation[2] contre eux à ce grand éclat de la proposition de la paix générale dont vous allez éblouir toutes les imaginations, il ne sera pas en votre pouvoir d'empêcher que le peuple ne déchire, à vos yeux, et le Premier Président et le président de Mesme. Vous passerez pour les auteurs de cette tragédie, quelques efforts que vous ayez pu faire pour l'empêcher ; vous serez formidables le premier jour, vous serez odieux le second. »

M. de Beaufort, à qui Brillet[3], qui étoit tout à fait dépendant de Mme de Montbazon, venoit de parler à l'oreille[4], m'interrompit à ce mot, et il me dit : « Il y a

1. On lit ici, dans l'autographe, ces mots, biffés : « nous prenons le parti que je vous propose, parce que si nous leur laiss[ons]. »

2. *Déclaration*, pour *déclamation*, dans les copies H, Caf., 1717 A, 1718 B, C, D, E, F.

3. Retz avait d'abord écrit *la Boulaye*, qu'il a biffé pour le remplacer par *Brillet*; à *Brillet* les éditions de 1719-1828 ont substitué *Brillac*, nommé plus haut (p. 219 et 224). — Brillet fut, avec Fouqueret et Lié, un des principaux conjurés de la conspiration des Importants, dont le dessein était d'assassiner Mazarin ; il parvint à s'enfuir en Hollande, où il prit le nom de la Ferrière. Les assemblées des conspirateurs se tenaient à l'hôtel Vendôme, chez Beaufort, sous le prétexte, assez bien choisi, de prendre en main la défense de la duchesse de Montbazon, alors en querelle avec Mme de Longueville. Brillet était, à cette époque, écuyer de Beaufort. Voyez *Madame de Chevreuse*, par Victor Cousin, chapitre VI, et notre tome I, p. 220-226.

4. « Venoit de parler à l'oreille (l'aureille) » est écrit en marge.

un bon remède; il leur faut fermer les portes de la Ville; il y a plus de quatre jours que tout le peuple ne crie autre chose. — Ce n'est pas mon sentiment, lui répondis-je; vous ne leur pouvez fermer[1] les portes sans vous faire passer, dès demain, pour les tyrans du Parlement, dans les esprits de ceux mêmes de ce corps qui auront été d'avis aujourd'hui que vous les leur fermiez. — Il est vrai, reprit M. de Bouillon[2]; le président de Bellièvre me le disoit encore cette après-dînée, et qu'il est nécessaire, pour les suites, de faire en sorte que le Premier Président et le président de Mesme soient les déserteurs et non pas les exilés du Parlement. — Il a raison, ajoutai-je; car, en la première qualité, ils y seront abhorrés toute leur vie, et en la seconde, ils y seroient plaints dans deux jours, et ils y seroient regrettés dans quatre[3]. — Mais l'on peut tout concilier, dit M. de Bouillon, qui fut bien aise de brouiller[4] les espèces et de prévenir la conclusion de ce que j'avois commencé; laissons[5] entrer les députés, laissons-les faire leur rapport sans nous emporter; ainsi nous n'échaufferons pas le peuple, qui, par conséquent, n'ensanglantera[6] pas la scène. Vous convenez que le Parlement ne recevra pas les conditions qu'ils apporteront: il n'y aura rien de si aisé qu'à les renvoyer pour essayer d'en obtenir de meilleures. En cette manière, nous ne précipiterons rien, nous nous donnerons du temps pour prendre nos mesures, nous demeurerons

1. Vous ne pouvez leur fermer. (Copie R.)
2. Après *Bouillon*, on lit, au manuscrit original, *mais*, biffé.
3. Dans quatre mois. (Ms H, 1717 A, 1718 B, F.)
4. La première rédaction était *troubler*, que Retz a effacé et remplacé par *brouiller*.
5. Après *laissons*, l'autographe porte *les faire*, biffé : voyez la ligne suivante.
6. Dans l'original, *n'ensangletera* (sic).

sur nos pieds et en état de revenir à ce que[1] vous proposez, avec d'autant plus d'avantage que les trois armées de Monsieur l'Archiduc, de M. de Longueville et de M. de Turenne seront plus avancées. »

Dès que M. de Bouillon commença à parler sur ce ton, je me le tins pour dit ; je ne doutai point qu'il ne fût retombé dans l'appréhension de voir tous les intérêts particuliers confondus et anéantis dans celui de la paix générale, et je me ressouvins d'une réflexion que j'avois déjà faite, il y avoit quelque temps, sur une autre affaire : qu'il est bien plus ordinaire aux hommes de se repentir en spéculation[2] d'une faute qui n'a pas eu un bon événement, que de revenir, dans la pratique, de l'impression qu'ils ne manquent jamais de recevoir du motif qui les a portés à la commettre. M. de Bouillon, qui s'aperçut bien que j'observois la différence de ce qu'il venoit de proposer et de ce qu'il avoit dit une heure devant[3], n'oublia rien pour insinuer, sans affectation, qu'il n'y avoit rien de contraire, quoique la diversité des circonstances y fît paroître quelque apparence de changement[4]. Je fis semblant de prendre pour bon tout ce qu'il lui plut de dire sur ce détail, quoique, à dire le vrai, je n'y entendisse rien ; et je me contentai d'insister sur le fond, en faisant voir les inconvénients qui étoient[5] inséparables du délai : l'agitation du peu-

1. De réunir ce que. (1837 et 1843.) — De revenir sur ce que. (1859-1866.)

2. *En spéculation* est ajouté en marge ; et, deux lignes plus loin, l'auteur a substitué *l'impression* à *la spéculation*, qu'il a biffé ; puis, à la suite, *qu'ils* aux mots : « que le motif qui, » également biffés.

3. *Avant*, pour *devant*, dans les éditions de 1843-1866.

4. Cette phrase manque tout entière dans le ms H et dans toutes les éditions anciennes.

5. Retz paraît avoir commencé par écrire ici, puis l'a biffé, *insupporta[bles]*.

ple, qui nous pouvoit à tous les quarts d'heure[1] précipiter à ce qui nous déshonoreroit et nous perdroit; l'instabilité du Parlement, qui recevroit peut-être dans quatre jours les articles qu'il déchireroit demain si nous le[2] voulions; la facilité que nous aurions de procurer à toute la Chrétienté la paix générale, ayant quatre armées en campagne, dont les trois étoient à nous et indépendantes de l'Espagne : à quoi j'ajoutai que cette dernière qualité détruisoit, à mon opinion, ce que M. de Bouillon avoit dit ces jours passés de la[3] crainte qu'il avoit qu'elle ne nous abandonnât aussitôt qu'elle auroit lieu de croire que nous aurions forcé le cardinal Mazarin à desirer sincèrement la paix avec elle.

Je m'étendis beaucoup sur ce point, parce que j'étois assuré que c'étoit celui-là seul et unique qui retenoit[4] M. de Bouillon, et je conclus mon discours par l'offre que je fis de sacrifier, de très-bon cœur, la coadjutorerie de Paris au ressentiment de la Reine et à la passion du Cardinal, si l'on vouloit prendre le parti que je proposois. Je l'eusse fait, dans la vérité, avec beaucoup de joie, pour un aussi grand honneur qu'eût été celui de pouvoir contribuer en quelque chose à la paix générale[5]. Je ne fus pas fâché, de plus, de faire un peu de honte aux gens touchant les intérêts particuliers, dans une conjoncture où il est vrai qu'ils arrêtoient la plus glorieuse, la plus utile et la plus éclatante action du

---

1. Dans l'autographe, *quartd'heures*, avec *s* final, et, selon la coutume de notre auteur, écrit en un seul mot; le ms H et toutes les anciennes éditions y substituent *moment* ou *moments*, sans article. — Trois lignes plus bas, *deuchireroit*, prononciation analogue à celle de *cheux*, pour *chez*; voyez au tome I, p. 179, note 3.

2. *Le* est en interligne; et, trois lignes plus loin, « à quoi j'ajoutai » est en marge.

3. *La* est en interligne. — 4. Qui retiendroit. (1837-1866.)

5. Tel est bien le texte de l'original. Voyez le *Lexique*.

monde. M. de Bouillon combattit mes raisons par toutes celles par lesquelles il les avoit¹ déjà combattues la première fois, et il finit par cette protestation, qu'il fit, à mon opinion, de très-bonne foi : « Je sais que la déclaration de mon frère peut faire croire que j'ai de grandes vues, et pour lui et pour moi, et pour toute ma maison ; et je n'ignore pas que ce que je viens de dire présentement de la nécessité que je crois qu'il y a de le laisser avancer devant que nous prenions² un parti décisif doit confirmer tout le monde dans cette pensée. Je ne désavoue pas même que je ne l'aie et que je ne sois persuadé qu'il m'est permis de l'avoir ; mais je consens que vous me publiiez tous³ pour le plus lâche et le plus scélérat de tous les hommes, si je m'accommode jamais avec la cour, en quelque considération que nous nous puissions trouver mon frère et moi, que vous ne m'ayez tous dit que vous êtes satisfaits ; et je prie Monsieur le Coadjuteur, qui, ayant toujours protesté qu'il ne veut rien en son particulier, sera toujours un témoin fort irréprochable, de me déshonorer si je ne demeure fidèlement dans cette parole. »

Cette déclaration ne nuisit pas à faire recevoir de toute la compagnie l'avis de M. de Bouillon, que vous avez vu ci-dessus dans la réponse qu'il fit au mien ; et

1. Première rédaction : *il l'avoit*; *l'* a été biffé et *les* mis au-dessus, entre les lignes.

2. *Prenions*, écrit d'abord, puis biffé, puis récrit en interligne. Il arrive souvent à Retz d'effacer un mot, qui probablement ne le contente pas tout à fait, puis de le récrire ensuite, n'en trouvant sans doute pas d'autre qui rende mieux sa pensée. Il n'est pas sans intérêt, quand on a affaire, comme ici, à un grand écrivain, ayant si bien le sentiment et l'instinct de la langue, de noter ces petits tâtonnements de la composition, ces velléités de changement et d'amélioration.

3. A *publiiez* le ms H, et, sauf 1717, toutes les anciennes éditions substituent *faisiez passer* ou *fassiez passer*.

il agréa à tout le monde avec d'autant plus de facilité, qu'en laissant le mien pour la ressource, il laissoit la porte ouverte aux négociations que chacun avoit ou espéroit en sa manière. La source la plus commune des imprudences est la vue que l'on a de la possibilité des ressources. J'eusse bien emporté, si j'eusse voulu, M. de Beaufort et M. le maréchal de la Mothe; mais comme la considération de l'armée de M. de Turenne et celle de la confiance absolue que les Espagnols avoient en M. de Bouillon faisoient qu'il y eût eu de la folie à se figurer seulement que l'on pût faire quelque chose de considérable malgré lui, je pris le parti de me rendre avec respect et à l'autorité de M. le prince de Conti et à la pluralité des voix; et l'on résolut très-prudemment, à mon avis, au moins sur ce dernier point, que l'on ne s'expliqueroit point du détail, le lendemain au matin, au Parlement, et que M. le prince de Conti y diroit seulement, en général, que le bruit commun portant que la paix avoit été signée à Ruel, il avoit résolu d'y députer, pour ses intérêts et pour ceux de Messieurs les généraux. M. de Bouillon jugea qu'il seroit à propos de parler ainsi, pour ne pas témoigner au Parlement que l'on fût contraire à la paix en général[1], et pour se donner à soi-même plus de lieu de trouver à redire aux articles en détail; que l'on[2] satisferoit le peuple par le dernier, que l'on contenteroit par le premier le Parlement, dont la pente étoit à l'accommodement, même dans les temps où il n'en approuvoit pas les conditions; et qu'ainsi nous mitonnerions[3] les choses, ce

---

1. Dans la copie R, on avait écrit *à la paix générale;* puis on a biffé *générale.*

2. Retz avait mis d'abord : *L'on,* commençant une phrase ; il a ensuite ajouté *que,* entre *détail* et *l'on,* en faisant une virgule de son point.

3. L'orthographe de l'original et de la copie R est *mittonerions.*

fut son mot, jusques à ce que nous vissions le moment propre à les décider.

Il se tourna vers moi, en finissant, pour me demander si je n'étois pas de ce sentiment. « Il ne se peut rien de mieux, lui répondis-je, supposé ce que vous faites; mais je crois toujours qu'il se pourroit quelque chose de mieux que ce que vous faites. — Non, reprit M. de Bouillon, vous ne pouvez être de cet avis, supposé que mon frère puisse être dans trois semaines à nous. — Il ne sert de rien de disputer, lui répliquai-je, il y a arrêt; mais il n'y a que Dieu qui nous puisse assurer qu'il y soit de sa vie. » Je dis ce mot si à l'aventure, que je fis même réflexion, un moment après, sur quoi je l'avois dit, parce qu'il est vrai qu'il n'y avoit rien qui parût plus certain que la marche de M. de Turenne. Je ne laissois pas d'en avoir toujours quelque sorte de doute dans l'esprit, ou par un pressentiment que je n'ai toutefois jamais connu qu'en cette occasion, ou par l'appréhension, et vive et continuelle, que j'avois de nous voir manquer la seule chose par laquelle nous pouvions engager et fixer le Parlement[1]. Nous sortîmes à trois heures après minuit de chez M. de Bouillon, où nous étions entrés à onze, un moment après que j'eus reçu la première nouvelle de la paix, qui ne fut signée qu'à 9 à Ruel.

Le lendemain, qui fut le 12, M. le prince de Conti dit[2] au Parlement, en douze ou quinze paroles, ce qui avoit été résolu chez M. de Bouillon[3]. M. d'Elbeuf les

---

1. Le ms H et toutes les anciennes éditions omettent la fin de cette phrase, à partir des mots : « ou par un pressentiment, etc. »

2. Après *dit*, Retz avait écrit d'abord : « en 12 ou, » qu'il a biffé pour le récrire un peu plus loin.

3. La relation de Dubuisson, plus vraisemblable que le récit de Retz, dit, à la date du 12 mars : « Au Parlement assemblé le gé-

périphrasa¹, et M. de Beaufort et moi, qui affectâmes de ne nous expliquer de rien, trouvâmes, à ce que les femmes nous crièrent des boutiques et dans les rues, que ce que j'avois prédit du mouvement du peuple n'étoit que trop bien fondé. Miron, que j'avois prié d'être alerte², eut peine à le contenir dans la rue Saint-Honoré, à l'entrée des députés, et je me repentis plus d'une fois d'avoir jeté dans le monde, comme j'avois fait dès le matin, et les plus odieux des articles et la circonstance de la signature du cardinal Mazarin. Vous avez vu ci-dessus³ la raison pour laquelle nous avions jugé à propos de les faire savoir; mais il faut avouer que la guerre civile est une de ces maladies compliquées dans lesquelles le remède que vous destinez pour la guérison d'un symptôme en aigrit quelquefois trois et quatre autres.

néralissime et les généraux se trouvent peu gais de la conclusion et de l'accord. Ils s'assemblent après dîner chez M. de Bouillon et délibèrent d'envoyer le duc de Beaufort et le maréchal de la Mothe en cour pour leurs intérêts et pour signer l'accommodement, sur ce qu'un billet de là est venu et a été vu, portant ordre à tous ceux qui commandent en l'armée du prince de Condé qu'ils aient à laisser passer tous vivres, munitions, messagers et gens avoués de la ville et parlement de Paris, mais traitant hostilement les soldats pource que les généraux n'ont assisté, signé ni parlé au traité. » — Nous avons trouvé cependant, à la page 99 du tome III des *Cinq cents* de Colbert, avec la date du 12 mars, une lettre de cachet du Roi à M. le maréchal de Grammont, lui enjoignant de faire cesser les hostilités entre ses troupes et celles de Paris; et, à la date du 13 mars (p. 122), une autre lettre de cachet du Roi au Parlement et à Molé sur l'exécution du traité de Rueil.

1. Dans l'autographe : *périfrasa*. — Les éditions de 1718 C, D, E, 1719-1866 y substituent *paraphrasa*; les dernières (1837-1866) changent, en outre, *les* en *le.*

2. Retz écrit, selon l'étymologie : *à l'erte*, dont le copiste du manuscrit Caffarelli a fait *àlerte* (sic); la copie R a notre orthographe *alerte*: voyez le *Lexique*. — Dans les éditions de 1718 C, D, E, *à l'erte* est devenu *à sa tête.*

3. Pages 386 et 387.

Le 13, les députés de Ruel étant entrés au Parlement, qui étoit extrêmement ému, M. d'Elbeuf, désespéré d'un paquet qu'il avoit reçu à onze du soir[1] de Saint-Germain, la veille, à ce que le chevalier de Fruges me dit depuis, leur demanda fort brusquement, contre ce qui avoit été arrêté chez M. de Bouillon[2], si ils avoient traité de quelques intérêts des généraux. Et le Premier Président ayant voulu répondre par la lecture du procès-verbal de ce qui s'étoit passé à Ruel[3], il

---

1. Après *du soir*, l'auteur avait mis d'abord *la veille*, qu'il a biffé pour le récrire en interligne, un peu après.
2. Ceci confirme ce que nous avons dit un peu plus haut, au sujet du récit de Dubuisson. Retz n'a pas parlé d'un entretien des généraux dans la journée ni dans la nuit du 12, et le 13 il a l'air de rappeler une récente conférence. Il est d'accord, du reste, avec d'Ormesson, en faisant commencer les plaintes par le duc d'Elbeuf.
3. Retz a omis à dessein, dans le récit de cette séance du Parlement, diverses circonstances qui ne sont pas à l'avantage des Frondeurs : par exemple la réponse de Molé au duc d'Elbeuf, où il lui reproche les intrigues du parti avec l'Archiduc, intrigues dont la cour avait eu la preuve par l'arrestation d'un gentilhomme du prince de Conti, Berquigni[a], et par le commandement d'un corps espagnol que Noirmoutier avait accepté. Voyez sur cette séance le *Journal de d'Ormesson* (tome I, p. 705-710), celui *de Dubuisson* (p. 194), et le *Journal du Parlement* (p. 384-388). Ces relations parlent aussi de l'entrée dans la Grande Chambre de Miron, au nom du parlement de Rouen, malgré l'opposition de Molé, et de l'arrivée de Saintot, ordonnant de ratifier le traité le jour même, et défendant aux députés de venir à Saint-Germain pour traiter des intérêts des généraux, « dont il sera cependant tenu compte. »

---

a *Berquigny* ou *Bréquigny*, ce qui est le même nom diversement prononcé ; nous avons aussi vu ailleurs l'orthographe *Brétigny*. Nous trouvons la première forme (*Berquigny*) dans un interrogatoire que lui fit subir à la Fère, le 12 mars 1649, Henri Gamin, conseiller du Roi, « sur quelques voyages qu'il avait faits vers l'Archiduc, de la part du prince de Conti, pendant la guerre de Paris. » Cette pièce porte le numéro 100 dans le tome III du Fonds des *Cinq cents* de Colbert. Nous avons rencontré, au folio 17 du ms 3854, les *Instructions* que le prince de Conti avait données à cet envoyé, à la date du 25 février.

fut presque accablé par un bruit confus, mais uniforme, de toute la Compagnie, qui s'écria[1] qu'il n'y avoit point de paix; que le pouvoir des députés avoit été révoqué; qu'ils avoient abandonné lâchement et les généraux et tous ceux auxquels la Compagnie avoit accordé arrêt d'union. M. le prince de Conti dit assez doucement qu'il avoit beaucoup de lieu de s'étonner que l'on eût conclu sans lui et sans Messieurs les généraux : à quoi Monsieur le Premier Président ayant reparti qu'ils avoient toujours protesté qu'ils n'avoient point d'autres intérêts que ceux de la Compagnie, et[2] que de plus il n'avoit tenu qu'à eux d'y député, M. de Bouillon, qui recommença de ce jour-là à sortir de son logis, parce que sa goutte l'avoit quitté, dit que le cardinal Mazarin demeurant premier ministre, il demandoit pour toute grâce au Parlement de lui obtenir un passe-port pour pouvoir sortir en sûreté du Royaume. Le Premier Président lui répondit que l'on avoit eu soin de ses intérêts; qu'il avoit insisté de lui-même sur la récompense de Sedan, et qu'il en auroit satisfaction; et M. de Bouillon lui ayant témoigné et que ses discours n'étoient qu'en l'air, et que de plus il ne se sépareroit jamais des autres généraux, le bruit recommença avec une telle fureur que M. le président de Mesme, que l'on chargeoit d'opprobres, particulièrement sur la signature du Mazarin, en fut épouvanté, et au point qu'il trembloit comme la feuille[3].

1. Qui s'écrioit. (1837-1866.)
2. La première rédaction était *ni;* Retz a surchargé le mot, et en a fait *et*.
3. Retz, on a pu déjà le remarquer souvent, s'est acharné contre le président Henri de Mesmes; il ne lui pardonnait pas de s'être opposé à ce qu'il siégeât dans le Parlement avec voix délibérative : voyez ci-dessus, p. 205 et note 4. Cette fois, il nous semble que l rancune l'a emporté trop loin. Aucune des relations ne parle de cette timidité du président; le récit de d'Ormesson (p. 708, 709

MM. de Beaufort et de la Mothe s'échauffèrent par le grand bruit, nonobstant toutes nos premières résolutions, et le premier dit en mettant la main sur la garde de son épée : « Vous avez beau faire, Messieurs les députés, celle-ci ne tranchera jamais pour le Mazarin[1]. » Vous voyez si j'avois raison quand je disois, chez M. de Bouillon, que dans le mouvement où seroient les esprits au retour des députés, nous ne pourrions pas répondre d'un quart d'heure à l'autre. Je devois ajouter que nous ne pourrions pas répondre de nous-mêmes.

Comme le président le Cogneux commençoit à proposer que le Parlement renvoyât les députés, pour traiter des intérêts de Messieurs les généraux et pour faire réformer les articles qui ne plaisoient pas à la Compagnie, ce que M. de Bouillon lui avoit inspiré, la veille, à onze du soir, l'on entendit un fort grand bruit dans la salle du Palais, qui fit peur à maître Gonin[2], et qui l'obligea de se taire ; le président de Bellièvre, qui étoit de ce qui avoit été résolu chez M. de Bouillon, ayant voulu appuyer la proposition du Cogneux[3], fut interrompu par un second bruit encore plus grand que le premier. L'huissier, qui étoit à la porte de la Grande Chambre, entra et dit, avec une voix tremblante, que le peuple demandoit M. de Beaufort. Il sortit ; il harangua

---

et 710) montre même une tenue ferme et énergique. Ajoutons du reste que, déjà avant nous, M. Chéruel avait justifié de Mesmes contre Retz, au sujet de ce reproche de pusillanimité, dans les *Mémoires sur la vie publique et privée de Fouquet* (1865), tome I, p. 10 et 11.

1. Nous trouvons la même locution dans le carnet XII de Mazarin (p. 117): « M. de Chevreuse m'est venu dire que son épée ne trancheroit que pour la Reine et pour moi. »

2. Voyez ci-dessus, p. 258 et note 7.

3. « De Coigneux, » dans le ms Caf.; « de le Cogneux *ou* de le Coigneux, » dans 1717, 1718 C, D, E, 1719-1828.

à sa manière la populace, et il l'apaisa pour un moment.

Le fracas recommença aussitôt qu'il fut rentré; et le président de Novion, qui étoit bien voulu pour s'être signalé dans les premières assemblées des chambres[1] contre la personne du Mazarin, étant sorti hors du parquet des huissiers pour voir ce que c'étoit, y trouva un certain du Boisle[2], méchant avocat et si peu connu que je ne l'avois jamais ouï nommer, qui, à la tête d'un nombre infini de peuple, dont la plus grande partie avoit le poignard à la main, lui dit qu'il vouloit que l'on lui donnât les articles de la paix, pour faire brûler par la main d'un bourreau, dans la Grève[3], la signature du Mazarin; que si les députés avoient signé cette paix de leur bon gré, il les falloit pendre; que si l'on les y avoit forcés à Ruel, il la falloit désavouer. Le président de Novion, fort embarrassé, comme vous pouvez juger, représenta à du Boisle que l'on ne pouvoit brûler la signature du Cardinal sans brûler celle de M. le duc d'Orléans; mais

---

1. Voyez au tome I, p. 312 et 313. — Assemblées de chambres. (Copies R et Caf.)

2. Retz écrit successivement ce nom de trois façons : *du Boisle*, *du Boile* et *du Boille*; dans la copie R, c'est *du Boisle*. D'Ormesson (tome I, p. 710) l'appelle *du Boile*, « avocat au Châtelet, homme misérable par sa débauche, qui friponnoit tout ce qu'il avoit, ayant été plusieurs fois en prison, et étoit connu de tous les prisonniers et plaidoit leurs causes. » Le *Journal du Parlement* (p. 386) écrit *du Boille*. Dubuisson Aubenay donne un tout autre nom : c'était, dit-il, « un certain avocat du Châtelet, Goué, Coué ou Doué, qui avoit reçu deux cents écus pour distribuer aux factieux : ce que le Premier Président a su et dit hautement en pleine assemblée. » — Dans les éditions de 1718 C, D, E, l'épithète de *méchant*, qui suit le nom propre, devient un autre nom : « du Boisle-Machaut; » et ce nom, elles le répètent devant *qui*, à la ligne suivante : « Ce Machaut, qui s'étoit mis à la tête, etc. »

3. En place de Grève. (Ms H, 1717 A, 1718 B, F.)

que l'on étoit sur le point de renvoyer les députés pour faire réformer les articles à la satisfaction du public. L'on n'entendoit cependant dans la salle, dans les galeries et dans la cour du Palais, que des voix confuses et effroyables : « Point de paix ! et point de Mazarin ! Il faut aller à Saint-Germain querir notre bon Roi[1] ; il faut jeter dans la rivière tous les Mazarins. »

Vous[2] m'avez quelquefois ouï parler de l'intrépidité du Premier Président[3] ; elle ne parut jamais plus complète ni plus achevée qu'en ce rencontre. Il se voyoit l'objet de la fureur et de l'exécration du peuple ; il le voyoit armé ou plutôt hérissé de toute sorte d'armes, en résolution de l'assassiner ; il étoit persuadé que M. de Beaufort et moi avions ému la sédition avec la même intention. Je l'observai et je l'admirai. Je ne lui vis jamais un mouvement dans le visage, je ne dis pas qui marquât de la frayeur, mais je dis qui[4] ne marquât une fermeté inébranlable et une présence d'esprit presque surnaturelle, qui est encore quelque chose de plus grand que la fermeté, quoiqu'elle en soit, au moins en partie, l'effet. Elle fut au point qu'il prit les voix, avec la même liberté d'esprit qu'il avoit dans les audiences ordinaires, et qu'il prononça, du même ton et du même air[5], l'arrêt formé sur la proposition de MM. le Cogneux et de Bellièvre, qui portoit que les députés retourneroient à Ruel pour y traiter des prétentions[6] et des intérêts de

---

1. Ces derniers mots sont la devise même du drapeau de Paris : *Regem quærimus;* voyez p. 277, note 3.

2. Les neuf premières lignes de cet alinéa ont été resserrées et modifiées avec grande licence dans le ms H et dans toutes les anciennes éditions.

3. Voyez ci-dessus, p. 187.

4. *Qu'il,* pour *qui,* dans 1837-1866.

5. De même ton et de même air. (Copie R.)

6. La copie Caffarelli change *prétentions* en *intentions;* au com-

Messieurs les généraux et de tous les autres qui étoient joints au parti, et pour obtenir que M. le cardinal Mazarin ne signât point dans le traité qui se feroit, tant sur ce chef que sur les autres qui se pourroient remettre en négociation.

Cette délibération, assez informe comme vous voyez, ne s'expliqua pas pour ce jour-là plus distinctement, et parce qu'il étoit plus de cinq heures du soir quand elle fut achevée, quoique l'on fût au Palais dès les sept heures[1] du matin, et parce que le peuple étoit si animé que l'on appréhenda, et avec fondement, qu'il ne forçât[2] les portes de la Grande Chambre. L'on proposa même à Monsieur le Premier Président de sortir par les greffes[3], par lesquels il se pourroit retirer en son logis[4] sans être

---

mencement du paragraphe suivant, *délibération* en *déclaration;* deux lignes plus loin, *du soir* en *au soir.* La seconde de ces variantes se trouve aussi dans le ms H et dans toutes les éditions anciennes.

1. Le ms H omet le mot *heures*, que Retz, par exception, a exprimé ici et deux lignes plus haut.
2. Qu'il n'enfonçât. (Ms H, Caf., et toutes les éditions anciennes.)
3. *Le greffe*, au singulier, dans le ms H et 1717 A, 1718 B, F. — Au contraire, à la troisième ligne de l'alinéa suivant, il y a *les buvettes*, pour *la buvette*, dans 1718 C, D, E, 1719-1828.
4. L'hôtel de la Présidence ou des premiers présidents du Parlement, naguère englobé dans la préfecture de police, vient d'être presque entièrement détruit par les incendies de la Commune, en mai 1871. Il avait été construit par les présidents Achille de Harlay et Nicolas de Verdun; commencé en 1610, il fut augmenté en 1671 de bâtiments qui s'étendaient en profondeur jusqu'au quai des Lunettes; il cessa en 1789 d'être l'hôtel de la Présidence, en même temps que Bochard de Saron fermait la liste des Premiers Présidents. Pétion, maire de Paris, vint s'y installer, et ses successeurs y résidèrent jusqu'à l'établissement de la préfecture de police, instituée par un décret du 28 pluviose an VIII. On arrivait à cet hôtel par les rues de Jérusalem, de Nazareth et de Galilée. Il communiquait avec le Parlement par la cour du Palais et par celle de la Sainte-Chapelle, ou par des galeries aboutissant à cette dernière cour. Voyez, pour plus de détails, une très-curieuse brochure:

vu, à quoi il répondit ces propres mots : « La Cour ne se cache jamais. Si j'étois assuré de périr, je ne commettrois pas cette lâcheté, qui, de plus, ne serviroit qu'à donner de la hardiesse aux séditieux. Ils me trouveroient bien dans ma maison si ils croyoient que je les eusse appréhendés[1] ici. » Comme je le priois de ne se point exposer au moins que je n'eusse fait mes efforts pour adoucir le peuple, il se tourna vers moi d'un air moqueur, et il me dit cette mémorable parole, que je vous ai racontée plus d'une fois : « Ha ! mon bon seigneur, dites le bon mot. » Je vous confesse que, quoiqu'il me témoignât assez par là qu'il me croyoit l'auteur de la sédition, en quoi il me faisoit une horrible injustice, je ne me sentis touché d'aucun mouvement que de celui qui me fit admirer l'intrépidité de cet homme, que je laissai entre les mains de Caumartin, afin qu'il le retînt jusques à ce que je revinsse à lui.

Je priai M. de Beaufort de demeurer à la porte du parquet des huissiers pour empêcher le peuple d'entrer et le Parlement de sortir. Je fis le tour par la buvette, et quand je fus dans la grande salle, je montai sur un banc de procureur, et ayant fait un signe de la main, tout le monde cria silence pour m'écouter. Je dis tout ce que je m'imaginai être le plus propre à calmer la sédition ; et du Boisle s'avançant et me demandant avec audace si je répondois que l'on ne tiendroit pas la paix qui avoit été signée à Ruel, je lui répondis que j'en étois très-assuré, pourvu que l'on ne fît point d'émotion, laquelle continuant seroit capable d'obliger les gens les mieux intentionnés pour le parti à chercher

---

Hôtel de la Présidence, actuellement Hôtel de la préfecture de police, par Labat, archiviste de la préfecture de police, 1844, in-8°, orné de 8 planches.

1. Dans l'original, *appréhendé*, sans accord.

toutes les voies d'éviter de pareils inconvénients. Il me fallut jouer, en un quart d'heure, trente personnages tout différents. Je menaçai, je caressai[1], je commandai, je suppliai ; enfin, comme je crus me pouvoir au moins assurer de quelques instants, je revins dans la Grande Chambre, où je pris Monsieur le Premier Président que je mis[2] devant moi en l'embrassant. M. de Beaufort en usa de la même manière avec M. le président de Mesme, et nous sortîmes ainsi avec le Parlement en corps, les huissiers à la tête. Le peuple fit de grandes clameurs ; nous entendîmes même quelques voix qui crioient : « République ! » Mais l'on n'attenta rien, et ainsi finit l'histoire[3].

1. « Je caressai » est omis dans les copies R, H et les anciennes éditions ; il est remplacé par « je tançai (tancé) » dans le ms Caf.
2. Par une étrange confusion, Retz a écrit *je me vis*, pour *je mis*.
3. Retz est d'accord avec les relations de l'époque au sujet des scènes de désordre, des sorties de Beaufort, de M. de Novion, de sa propre sortie, ainsi que sur l'apparition de l'avocat du Boisle, et sur l'intrépidité de Molé. D'Ormesson (tome I, p. 708) laisse entrevoir aussi un mot ironique du Premier Président : « Enfin le Premier Président dit au Coadjuteur qu'il alloit parler au peuple et qu'il pouvoit *bien* lui parler, s'il le vouloit. » Le « dites le bon mot » est là en germe. D'Ormesson confirme également (p. 710) les détails de la sortie du Parlement en corps, « M. de Beaufort et Monsieur le Coadjuteur marchant auprès de Monsieur le Premier Président et de M. de Mesmes. » D'Ormesson s'était placé lui-même derrière Molé. — Un chroniqueur confirme ces vagues tendances vers la République : « On ne parloit à Paris, dit Montglat dans ses *Mémoires* (Collection Michaud, tome XXIX, p. 217), que République et liberté. » Nous trouvons aussi le mot dans un triolet de la Fronde (*Recueil manuscrit de Clairambault*, n° 12686, p. 82 et 83). L'auteur célèbre la réconciliation des membres de la famille de Condé à Chaillot, réconciliation dont il sera bientôt question (5 avril) :

Aujourd'hui finit à Chaillot
Toute la discorde publique.
Tout ce qui fit courir Saintot
Aujourd'hui finit à Chaillot.
Nos princes se disent le mot ;

M. de Bouillon, qui[1] courut en cette journée plus de périls que personne, ayant été couché en joue par un misérable de la lie du peuple, qui s'étoit imaginé qu'il étoit Mazarin, me dit, l'après-dînée, que je ne pourrois pas dire dorénavant qu'il n'eût[2] au moins bien jugé pour cette fois du Parlement, et que je voyois bien que nous aurions tout le temps d'attendre M. de Turenne. Et je lui répondis qu'il attendît lui-même à juger du Parlement, parce que je ne doutois point que le péril où il s'étoit vu le matin[3] n'aidât encore beaucoup à la pente qu'il avoit déjà très-naturelle à l'accommodement.

Il y parut dès le lendemain, qui fut le 14, car l'on arrêta, après de grandes contestations, à la vérité, qui durèrent jusques à trois heures après midi, l'on arrêta, dis-je, que l'on feroit, le lendemain au matin, lecture de ce même procès-verbal de la conférence de Ruel et de ces mêmes articles, dont l'on n'avoit pas seulement voulu entendre parler la veille[4].

>Serviteur à la République!
>Aujourd'hui finit à Chaillot
>Toute la discorde publique.

Il n'est pas, du reste, étonnant que la proclamation toute récente de la République en Angleterre ait mis sur cette pente quelques Parisiens et les ait engagés à pousser le cri dont parle Retz.

1. Le ms H et les anciennes éditions omettent *qui*, après *M. de Bouillon*, puis, à partir de la quatrième ligne de l'alinéa, tout ce qui suit le mot *Mazarin*.

2. *N'eût* est omis et remplacé par six points dans le ms Caf.

3. « Lui-même, » au lieu de « le matin, » dans l'édition de 1843.

4. Outre le *Procès-verbal* dont nous avons plusieurs fois parlé, et qui a été inséré dans le *Journal du Parlement*, voyez les *Mémoires de Molé* (tome III, p. 363-392); ils parlent de quelques démarches personnelles du Premier Président et de certains incidents qui ne pouvaient pas trouver place dans le *Procès-verbal*. Au point de vue de la ville de Paris, on peut lire le récit fait par l'échevin Fournier à l'Assemblée municipale : voyez les *Registres de l'Hôtel de Ville*

Le 15, ce procès-verbal et ces articles furent lus, ce qui ne se passa pas sans beaucoup de chaleur, mais beaucoup moindre toutefois que celle des deux premiers jours. L'on arrêta enfin, après une infinité de paroles de picoterie qui furent dites de part et d'autre[1], de concevoir l'arrêt en ces termes :

(tome I, p. 328-376), et une note à l'*Appendice* de ces *Registres*, p. 454.

1. Retz, comme dans la séance du 13, a omis volontairement plusieurs détails peu flatteurs pour les chefs et meneurs de la Fronde; on les trouvera dans le *Journal de d'Ormesson* (tome I, p. 711-721), dans le manuscrit de Dubuisson Aubenay, et dans l'*Histoire de la Fronde*, par Saint-Aulaire (tome I, p. 265). Notre auteur, dans son récit, a été, en ce qui le concerne lui-même, plus modeste ou plus discret qu'à l'ordinaire; il fut un des orateurs de cette fameuse journée : « Monsieur le Coadjuteur, dit Dubuisson Aubenay (p. 198), a élégamment parlé et très-subtilement voulu persuader de faire la guerre. » D'Ormesson nous donne (p. 716) l'analyse des discours et, entre autres, de celui de Retz : « Il dit que tout le monde desiroit la paix, et lui en particulier, plus que personne, sa naissance l'y obligeant pour conserver une fortune médiocre en effet, mais grande pour lui, et sa profession le lui commandant; mais qu'il falloit examiner si ces articles étoient une paix véritable; que la bonne paix étoit sûre et honorable; que celle-ci n'étoit ni sûre ni honorable; honorable, elle ne l'étoit ni au Parlement ni aux généraux; que son dessein n'étoit pas néanmoins de blâmer Messieurs les députés; mais qu'il croyoit pouvoir, sans les offenser, en dire son avis, puisque l'on en délibéroit; que cette paix n'étoit point honorable au Parlement, puisque, par ces articles, il recevoit une injure très-sensible, en sa translation par le moyen du lit de justice tenu à Saint-Germain; en la défense de s'assembler, perdant par cet article le nom de Parlement, et le moyen de maintenir la justice envers le peuple et de le défendre contre l'oppression; qu'elle n'étoit point honorable aux généraux, puisqu'ils n'y étoient point compris, et que leur dessein demeuroit sans effet de délivrer le public d'un homme déclaré ennemi de l'État : en quoi elle n'étoit point sûre, puisque celui qui étoit l'ennemi et du Parlement et des généraux demeuroit plus puissant qu'auparavant pour venger ses passions; que de nécessité, il n'en voyoit point, les bourgeois ne manquant ni de zèle ni d'affection pour le parti; que pour les forces, après la dé-

« La Cour a accepté l'accommodement et le traité, et a ordonné que les députés du Parlement retourneront à Saint-Germain pour faire instance et obtenir[1] la réformation de quelques articles, savoir : de celui d'aller tenir un lit de justice à Saint-Germain; de celui qui défend l'assemblée des chambres, que Sa Majesté sera très-humblement suppliée de permettre en certains cas;

-claration des généraux, il n'y avoit point lieu de craindre; et quand il y auroit même nécessité, il y a des occasions où il faut périr (sur ce mot, Monsieur le Premier Président ayant haussé la tête, improuvant cette pensée, Monsieur le Coadjuteur continua); *et il n'y a que les âmes basses et sans courage qui ne peuvent s'y résoudre.* Il ajouta qu'il trouvoit, au contraire, que toutes choses étoient en état de nous faire obtenir une paix glorieuse, sûre et honorable. Ainsi, il n'étoit point d'avis d'accepter ces articles, mais de faire des remontrances à la Reine, pour la supplier de donner à ses sujets une paix digne de sa bonté et de sa justice. »

1. Retz avait mis d'abord : « d'obtenir; » il l'a biffé pour écrire en interligne : « et obtenir, » qu'il a biffé également, puis rétabli en marge. Ici la variante n'est point affaire de style, mais d'exactitude. Il y eut en effet une longue discussion au Parlement, dont il est parlé ci-après et dont Saintot rendit compte à le Tellier, sur les deux rédactions si différentes : « faire instance et obtenir la réformation, » ou : « faire instance de *ou* pour obtenir : » voyez Dubuisson, p. 203 et p. 974. Le texte de l'arrêté est : « faire instance pour obtenir. » — Le Coadjuteur tourne sa narration de manière à nous faire croire, avec ou sans fondement, je ne sais, mais contrairement à l'affirmation de Molé, rapportée dans la lettre de Saintot à le Tellier [a], que dans l'arrêt délibéré la veille, il y avait, non pas *de* ou *pour*, mais *et*, qu'on s'était permis d'altérer le texte, et que l'altération fut maintenue dans la rédaction définitive, malgré Machaut, conseiller à la première chambre des Enquêtes, à qui l'on peut ajouter Broussel, d'après la lettre de Saintot, et « nonobstant, dit cette même lettre, la fougue et la suscitation des généraux. » A voir les hésitations de Retz dans son manuscrit, on peut, ce semble, concevoir ici quelque doute sur sa véracité. Cependant, quand il s'agit de différences de texte, très-nettes au fond, mais délicates et subtiles de forme, comme celles-ci, on s'explique, sans

[a] Cette lettre a été insérée au tome III des *Mémoires de Molé*, p. 388-392.

de celui qui permet les prêts, qui est le plus dangereux de tous pour le public, à cause des conséquences ; et les députés y traiteront aussi des intérêts de Messieurs les généraux et de tous ceux qui se sont déclarés[1] pour le parti, conjointement avec ceux qu'il leur plaira de nommer pour aller traiter particulièrement en leur nom. »

Le 16, comme on lisoit cet arrêt, Machaut, conseiller, remarqua qu'au lieu de mettre « faire instance et obtenir, » l'on y avoit écrit « faire instance d'obtenir[2], » et il soutint que le sentiment de la Compagnie avoit été « que les députés fissent instance et obtinssent, » et non pas seulement[3] « qu'ils fissent instance d'obtenir. » Le Premier Président et le président de Mesme opiniâtrèrent le contraire[4]. La chaleur fut grande dans les esprits, et comme l'on étoit sur le point de délibérer, Saintot[5], lieutenant des cérémonies, demanda à parler au Premier Président en particulier, et lui rendit une lettre de M. le Tellier, qui lui témoignoit la satisfaction que le Roi avoit de l'arrêté du jour précédent, et qui lui envoyoit des passe-ports pour les députés des généraux.

grande peine et sans avoir à supposer un dessein de falsifier, que la main balance et tâtonne et se méprenne un moment.

1. Dans l'original, *déclaré*, sans accord.

2. D'après la lettre de Saintot et le *Journal de Dubuisson*, la discussion aurait porté sur les mots *pour* ou *et*, et non sur les mots *de* ou *et*; mais cela ne change rien au sens, ni à la scène, qui est tout à fait conforme chez eux au récit de Retz.

3. D'abord Retz avait commencé ici le mot *fi*[*ssent*] ; il a effacé *fi*, pour reporter le verbe après *qu'ils*.

4. S'opiniâtrèrent pour le contraire. (1718 C, D, E, 1719-1828.)

5. Nicolas de Sainctot, ou Saintot, seigneur de Vemars, maître des cérémonies de France après son père et son oncle, sous le grand maître, le sieur de Rhodes. On a sous son nom, à la bibliothèque de l'Université (H, I, 25), un recueil de sept volumes in-folio, sans titre, s'étendant de l'année 1655 à l'année 1691.

Cette petite pluie, qui parut douce, abattit le grand vent qui s'étoit élevé dans le commencement de l'assemblée. L'on ne parla plus de la question; l'on ne se ressouvint plus seulement qu'il y eût différence entre « faire instance et obtenir, » et « faire instance d'obtenir. » Miron, conseiller et député du parlement de Rouen, qui, dès le 13, s'étoit plaint en forme au Parlement de ce que l'on avoit fait la paix sans appeler sa compagnie[1], et qui y revint encore le 16, fut à peine écouté, et le Premier Président lui dit simplement que si il avoit les mémoires concernant les intérêts[2] de son corps, il pouvoit aller à la Conférence. L'on se leva ensuite, et les députés partirent, dès l'après-dînée, pour se rendre à Ruel[3].

Vous les y retrouverez, après que je vous aurai rendu compte de ce qui se passa à l'Hôtel de Ville le soir de ce même 16. Je crois même que pour vous faire bien entendre le motif de ce qui y fut résolu, il est nécessaire de vous expliquer[4], comme par préalable, un détail qui est curieux par sa bizarrerie et qui est de la nature de

1. Retz avait d'abord voulu mettre ici : *ne fut pas;* mais il a effacé ces mots pour ajouter un nouveau détail assez important, et pour adoucir ensuite l'expression trop absolue *ne fut pas écouté* en *fut à peine écouté.* — A la phrase suivante, *le* 15 a été supprimé après *partirent.*

2. Dans l'original, *intérêts* remplace *arrêts*, biffé.

3. Le copiste du manuscrit Caffarelli a mis ici en marge, au crayon : « Fin du second tome, » et en regard de la ligne suivante : « .... 1re page du IIIe tome. » Le tome III d'aucune des éditions ne commence là (mais le IIe, dans 1717 A); cette indication ne correspond pas non plus aux deux manuscrits de la Bibliothèque nationale ni au ms H; il est donc certain que le manuscrit Caffarelli est la transcription soit d'un original soit d'une copie autre que les sources manuscrites qui sont à notre disposition.

4. Les mots « un détail » étaient d'abord ici; Retz les a biffés, pour les reporter après l'incise.

ces sortes de choses qui ne tombent dans l'imagination que par la pratique[1]. Le bruit qu'il y eut dans le Palais, le 13, obligea le Parlement à faire garder les portes du Palais par les compagnies des colonelles[2] de la Ville, qui étoient encore plus animées contre la paix Mazarine (c'est ainsi qu'ils l'appeloient) que la canaille[3], mais que l'on ne redoutoit pourtant pas si fort, parce que l'on savoit qu'au moins les bourgeois, dont elles étoient composées, ne vouloient pas le pillage. Celles que l'on établit ces trois jours-là à la garde du Palais furent choisies du voisinage, comme les plus intéressées[4] à l'empêcher, et il se trouva qu'elles étoient, en effet, très-dépendantes de moi, parce que je les avois toujours ménagées avec un soin très-particulier, comme étant fort proches de l'Archevêché, et qu'elles étoient en apparence attachées à M. de Champlâtreux, fils de Monsieur le Premier Président, parce qu'il étoit leur colonel[5].

1. Cette phrase manque dans le ms H et les éditions anciennes.
2. Les compagnies colonelles. (Copies R, H, et toutes les anciennes éditions.)
3. Les canailles. (1718 C, D, E.) — C'est ainsi que l'appeloit la canaille. (Ms H, 1717 A, 1718 B, F.) — Qu'ils est changé en qu'elles dans 1843-1866.
4. Notre auteur, pensant à bourgeois, a écrit intéressés, au masculin.
5. Les *Registres de l'Hôtel de Ville pendant la Fronde*, tome I, p. 321-326, nous donnent les noms des officiers commandant « ces gardes si bien choisies, » du 13 au 16 mars. Le 13, le prévôt des marchands et les échevins mandèrent à Tronson, secrétaire du cabinet et lieutenant-colonel, à Menardeau, conseiller au Parlement, colonel du quartier Montmartre, à de Bagnols, maître des requêtes, colonel du quartier Richelieu, à Thibeuf, conseiller au Parlement, et à Boucher, greffier de la cour des aides (tous deux colonels d'un quartier qui nous est inconnu), un ordre qui leur disait : « Faites trouver, demain sept heures du matin, une des compagnies de la colonelle que vous commandez, au Palais pour en garder les avenues, autant de temps que la Cour sera assemblée,

Ce rencontre m'étoit très-fâcheux, parce que le pouvoir que l'on savoit que j'y avois faisoit que l'on avoit lieu de m'attribuer le désordre dont[1] elles menaçoient quelquefois, et que l'autorité que M. de Champlâtreux y eût dû avoir par sa charge lui pouvoit donner, par l'événement, l'honneur du mal qu'elles empêchoient toujours[2]. Cet embarras est rare et cruel, et c'est peut-être un des plus grands où je me sois trouvé de ma vie[3]. Ces gardes si bien choisies[4] furent dix fois sur le point de faire des insultes au Parlement, et ils en firent d'assez fâcheuses à des conseillers et à des présidents en particulier, jusques au point d'avoir mené le président de Thoré sur le quai, proche de l'Horloge, pour le jeter dans la Rivière[5].

et enjoignez aux officiers de s'y trouver, afin qu'il ne s'y fasse aucun bruit ni désordre par le peuple. Vous priant n'y vouloir faillir. » Les *Registres* ne contiennent aucun ordre de ce genre le 14, qui était un dimanche. Le 15, un ordre semblable à celui du 13 est envoyé à Scaron, sieur de Vaure, colonel (quartier inconnu), à Menardeau (déjà nommé), à de Thélis, conseiller au Parlement, colonel du faubourg Saint-Marcel, à Thibeuf (déjà nommé), à Martineau, conseiller au Parlement, colonel (quartier inconnu), et au président de Maisons, colonel du quartier Saint-Honoré. Le 13 mars, ordre spécial avait été donné au colonel de Champlâtreux de lever pour le 14 mars, sept heures du matin, « deux ou trois compagnies de *sa* colonelle pour escorter Messieurs les députés du Parlement depuis le Palais jusqu'au Pont-Neuf, » et à Meron et à Martineau « pour le surplus du chemin, jusques hors porte de la Ville. » Voyez ci-dessus, p. 39, la note 3, où il est déjà parlé des colonels de la garde civique de Paris.

1. Devant *dont*, il y a dans l'original *qui*, biffé.

2. L'honneur de l'obstacle qu'elles faisoient au mal. (Copies R, H, Caf., 1717-1828.) Dans les ms H, Caf. et dans 1717, *qu'elle faisoit*, au singulier.

3. C'est une façon de parler que nous avons déjà rencontrée plus d'une fois ; voyez entre autres, ci-dessus, p. 68 et p. 145.

4. *Choisis*, au masculin, dans le ms H et dans 1717, 1719-1828.

5. On lit dans le *Journal de d'Ormesson*, à la date du 15 mars (tome I, p. 720) : « Je ne laissai pas de sortir pour trouver mon

Je ne dormis ni nuit ni jour, tout ce temps-là, pour empêcher le désordre. Le Premier Président et ses adhérents prirent une telle audace de ce qu'il n'en arrivoit point, qu'ils en prirent même avantage contre nous-mêmes et qu'ils pillèrent[1], pour ainsi parler, les généraux, et par des plaintes et par des reproches, dans des moments où, si les généraux eussent reparti assez haut pour se faire entendre du peuple, le peuple eût infailliblement déchiré, malgré eux, le Parlement. Le président de Mesme les picota[2] sur ce que les troupes n'avoient pas agi avec assez de vigueur; et Payen[3], conseiller de la Grande Chambre, dit sur le même sujet des imperti-

carrosse à la *Vallée de Misère*, proche l'Horloge. Le peuple, des femmes et des coquins me fermèrent le passage.... J'appris le soir que M. de Thoré avoit couru très-grande fortune, le peuple l'ayant voulu jeter dans la Rivière. » De son côté, Dubuisson nous dit : « A la sortie, le président de Thoré fut saisi par des séditieux, qui tâchèrent à le pousser en quelque chambrette dessus le pont neuf au Change, pour de là le jeter en la Rivière; et de là le menèrent sur le quai de la Mégisserie, afin de mieux exécuter leur dessein. Là un avocat du Châtelet le tira du parapet, prêt à être jeté, et le mena chez Bunicourt, clinquailler (*sic*), où l'ayant déguisé, le fit sortir et sauver. » — On voit que dans les deux récits, contrairement au dire de Retz, il n'est question que du peuple et non des milices. Voyez au tome I, p. 299, et note 7 de cette page, une première sédition sévissant déjà contre Thoré; sa qualité de fils du surintendant d'Émery était une des principales causes de son impopularité.

1. Et qu'ils pilèrent. (1837-1866.) — Et picotèrent. (1717 C, D, E, 1719-1828.) — Et insultèrent. (Ms H, 1717 A, 1718 B, F.) — Voyez ci-dessus, p. 250, et note 1.

2. Les piqua. (1718 C, D, F.)

3. Deslandes Payen, conseiller de la Grand'Chambre, avait porté les armes dans sa jeunesse; et le premier jour après le départ du Roi (6 janvier), on lui avait remis le commandement militaire dans Paris, avant l'arrivée de d'Elbeuf : voyez les *Mémoires de Montglat*, p. 204. Ni Dubuisson, ni d'Ormesson, qui rend compte avec tant de détails des séances auxquelles il assistait, ne parlent de Payen dans les journées du 13 et du 15.

nences ridicules à M. de Bouillon, qui, par la crainte de jeter les choses dans la confusion, les souffrit avec une modération merveilleuse ; mais elle ne l'empêcha pas d'y faire une sérieuse et profonde réflexion, de me dire, au sortir du Palais, que j'en connoissois mieux le terrain que lui[1], de venir le soir à l'Hôtel de Ville, et de faire à M. le prince de Conti et aux autres généraux le discours dont voici la substance :

« J'avoue que je n'eusse jamais cru ce que je vois du Parlement. Il ne veut point, le 13, ouïr seulement nommer la paix de Ruel, et il la reçoit le 15, à quelques articles près. Ce n'est pas tout : il fait[2] partir le 16, sans limiter ni régler leur pouvoir, ces mêmes députés qui ont signé la paix, non pas seulement sans pouvoir, mais contre les ordres. Ce n'est pas assez : il nous charge de reproches et d'opprobres, parce que nous prenons la liberté de nous plaindre de ce qu'il traite sans nous et de ce qu'il abandonne[3] M. de Longueville et M. de Turenne. C'est peu : il ne tient qu'à nous de les laisser étrangler ; il faut qu'au hasard de nos vies nous sauvions la leur, et je conviens que la bonne conduite le veut. Ce n'est pas, Monsieur, dit-il en se tournant vers moi, pour blâmer ce que vous avez toujours dit sur ce sujet; au contraire, c'est pour condamner ce que je vous y ai toujours répondu. Je conviens, Monsieur (en s'adressant à M. le prince de Conti), qu'il n'y a qu'à périr avec cette compagnie, si l'on la laisse en l'état où elle est. Je me rends, en tout et partout[4],

1. Le ms H a des points après *lui*, et, à la marge, le mot *lacune*.
2. *Fait* est écrit en interligne. — A la ligne suivante, *de* est biffé après *pouvoir*; probablement notre auteur avait d'abord voulu écrire : *des députés*.
3. Et de ce qu'il a abandonné. (Copie R.)
4. En tout et pour tout. (1837-1866.)

à l'avis que Monsieur le Coadjuteur ouvrit dernièrement chez moi, et je suis persuadé que si Votre Altesse diffère à [le¹] prendre et à l'exécuter, nous aurons dans deux jours une paix plus honteuse et moins sûre que la première. »

Comme la cour, qui avoit de moment à autre des nouvelles de toutes les démarches du Parlement, ne doutoit presque plus qu'il ne se rendît bientôt, et que par cette raison elle se refroidissoit beaucoup à l'égard des négociations particulières, le discours de M. de Bouillon les trouva dans une disposition assez propre à prendre feu. Ils entrèrent sans peine dans son sentiment, et l'on n'agita plus que la manière. Je ne la répéterai point ici, parce que je l'ai déjà expliquée très-amplement dans la proposition que j'en fis chez M. de Bouillon². L'on convint de tout; et il fut résolu que, dès le lendemain, à trois heures, l'on se trouveroit chez M. de Bouillon, où l'on seroit plus en repos qu'à l'Hôtel de Ville, pour y concerter la forme dont nous porterions la chose au Parlement. Je me chargeai d'en conférer, dès le soir, avec le président de Bellièvre, qui avoit toujours été, sur cet article³, de mon sentiment.

Comme nous étions sur le point de nous séparer, M. d'Elbeuf reçut un billet de chez lui, qui portoit que dom Gabriel de Tolède y étoit arrivé⁴. Nous ne doutâ-

1. *Le*, omis dans l'original, est exprimé dans la copie R.
2. Voyez ci-dessus, p. 386 et suivantes. — Cette phrase est omise dans le ms H et dans toutes les anciennes éditions.
3. Retz avait écrit d'abord *ce point*, qu'il a corrigé en *cet article*, d'une autre encre et à la marge.
4. Sauf la vague indication de deux envoyés espagnols donnée par Dubuisson (10 mars, voyez ci-dessus, p. 324, note 1), Retz est le seul qui parle de ce troisième messager. Mais si nous n'avons trouvé nulle part don Gabriel de Tolède, nous avons, en revanche, rencontré dans le ms 3854 de la Bibliothèque nationale des pièces

mes pas qu'il n'apportât la ratification¹ du traité que Messieurs les généraux avoient signé, et nous y allâmes² voir dans le carrosse de M. d'Elbeuf, M. de Bouillon et moi. Il apportoit effectivement la ratification de Monsieur l'Archiduc; mais il venoit particulièrement pour essayer de renouer le traité pour la paix générale que j'avois proposé; et comme il étoit de son naturel assez impétueux, il ne se put empêcher de témoigner, même un peu aigrement, à M. d'Elbeuf, que j'ai su depuis avoir touché de l'argent des envoyés, et assez sèchement à M. de Bouillon, que l'on n'étoit pas fort satisfait d'eux à Bruxelles. Il leur fut aisé de le contenter³, en lui disant que l'on venoit de prendre la résolution de revenir à ce traité, qu'il étoit venu tout à propos pour cela, et que, dès le lendemain, il en verroit des effets. Il vint souper avec Mme de Bouillon, qu'il avoit fort connue autrefois, lorsqu'elle étoit dame du palais de l'Infante, et il lui dit, en confidence, que l'Archiduc lui seroit fort obligé si elle pouvoit faire en sorte que je reçusse dix mille pistoles que le roi d'Espagne l'avoit

émanant de deux envoyés dont Retz ne parle pas ; aux pages 92 et 96 sont deux billets de Saint-Amand (qui a été nommé p. 247, à la note *a* de la note 1) à Sarasin, secrétaire du prince de Conti, datés du 29 mars, ayant pour objet de s'entendre sur une certaine proposition ; et à la page 112, une lettre, sans date, mais qui se rapporte aux événements de la fin de mars 1649, et sur le dos de laquelle on lit : « de don Francisco Romero, envoyé de l'Archiduc. » Serait-ce par hasard notre don francisco Pizarro (voyez p. 323, note 6) qui aurait aussi ce nom de Romero? — Pour les autres narrateurs, moins au fait, il est vrai, des petits détails, les affaires sont traitées à Bruxelles par Laigues et Noirmoutiers.

1. La vérification. (1837.)
2. Il est difficile de dire si le texte porte : *l'allâmes* ou *y allâmes* (*i allâmes*); les deux lettres *i* et *l* sont surchargées l'une par l'autre ; mais quelle est la première écrite? Nous ne pourrions l'affirmer : nous penchons cependant pour *i* (*y*) *allâmes*.
3. *Contenter* est écrit au-dessus de *satisfaire*, biffé

chargé de me donner de sa part[1]. Mme de Bouillon n'oublia rien pour me le persuader ; mais elle n'y réussit pas, et je m'en démêlai avec beaucoup de respect, mais d'une manière qui fit connoître aux Espagnols que je ne prendrois pas aisément de leur argent. Ce refus m'a coûté cher depuis, non pas par lui-même en cette occasion, mais par l'habitude qu'il me donna à prendre la même conduite[2] dans des conjonctures où il eût été du bon sens de recevoir ce que l'on m'offroit, quand même je l'eusse dû jeter dans la Rivière. Ce n'est pas toujours jeu sûr de refuser de plus grand que soi[3].

Comme nous étions en conversation, après souper, dans le cabinet de Mme de Bouillon, Riquemont, dont je vous ai déjà parlé, y entra avec un visage[4] consterné. Il la tira à part et il ne lui dit qu'un mot à l'oreille. Elle fondit[5] d'abord en pleurs, et en se tournant vers dom Gabriel de Tolède et vers moi : « Hélas ! s'écria-t-elle, nous sommes perdus ; l'armée a abandonné M. de Turenne[6]. » Le courrier entra au même instant,

1. On parla dans le monde politique de l'argent offert ou donné par l'Espagne à Retz ; Mazarin mentionne ce bruit dans son XIIIe carnet (p. 9), mais un peu plus tard, en octobre 1649. « Le Coadjuteur a remis la table plus forte que jamais, a acheté de la vaisselle d'argent et du linge, et fait plus de dépenses que jamais, et devant à ce que l'on dit plus de quatre cent mille livres ; on ne sait pas comprendre où il trove (sic) de l'argent. Quelqu'un a volu (sic) dire que les Espagnols lui en donnent ; mais je ne le crois pas, et il se peut faire que M. de Lugaville (?) lui en ait donné de nouveau, comme je sais qu'il fit au commencement de la présente année. »

2. *Conduite* a été changé en *condition* dans 1837-1866 ; et à la suite *conjonctures* en *conjectures*, dans 1843-1866.

3. De refuser plus grand que soi. (Ms Caf.)

4. Avec son visage. (1837-1866.)

5. *Fonda*, pour *fondit*, dans les copies R et Caf.

6. Cette fin de phrase est ainsi modifiée dans les copies R, H, et toutes les anciennes éditions : « M. de Turenne est abandonné. »

qui nous conta succinctement l'histoire, qui étoit que tous les corps [1] avoient été gagnés par l'argent de la cour, et que toutes les troupes lui avoient manqué [2], à la

1. Après *corps*, il y a, dans l'original, *Allemands*, biffé. — A la ligne suivante, « toutes les troupes lui avoient manqué » est en interligne, au-dessus de ces mots effacés : « le peu qu'il y avoit de François s'étoit dissipé; » puis « à la réserve de deux ou trois régiments » est écrit en marge et d'une autre encre.

2. Voilà un événement que Retz nous fait depuis longtemps pressentir. Eut-il cette prévoyance dans le temps même des événements? nous avons déjà fait remarquer que, lorsqu'il écrivait ses *Mémoires*, elle ne lui était plus bien difficile. Rappelons l'ensemble de l'affaire. L'envoyé espagnol, Joseph Illescas, se présente au Parlement le 19 février; cette démarche peut être regardée comme destinée à contre-balancer les négociations entamées avec la cour. L'expédient n'ayant pas produit l'effet qu'on en attendait, on se décide, le 20 février, à faire sortir l'armée de Paris, et le duc de Bouillon annonce la prochaine union au parti, de l'armée de son frère, le maréchal de Turenne. Dès ce moment, le Coadjuteur fait de cette union la base de toutes ses opérations futures, sans s'occuper des négociations du Parlement avec la cour; le 27, il s'engage même à se séparer, au besoin, du Parlement, dès que la déclaration de Turenne sera publique. Le 5 mars, selon Retz, le 7, selon les autres narrateurs, le bruit de cette déclaration se répand; le Coadjuteur, avant de mettre en œuvre son fameux plan de faire demander la paix générale par le Parlement uni à l'Espagne, veut avoir, au sujet de Turenne, des garanties plus certaines, être plus assuré qu'il a déjoué Erlach, chargé de l'observer sur les bords du Rhin. Pendant ces hésitations, le traité de Ruel est signé, le 11 mars. C'est le moment de présenter la demande de paix générale, à laquelle le duc de Bouillon s'est enfin rallié (16 mars); mais alors on apprend que la défection de Turenne a échoué, ce qui dégage Retz et sauve l'honneur de sa combinaison. En regard de cet exposé du Coadjuteur, contentons-nous de rapporter exactement les faits et les dates : l'échec de Turenne, qui vit son armée débauchée par Erlach, arriva le 2 mars; toute la difficulté consiste à savoir le moment précis auquel on en reçut la nouvelle à la cour et à Paris M. Bazin, dans son *Histoire de France.... sous le ministère de Mazarin* (tome IV, p. 41), s'appuyant sur Mme de Motteville, dit qu'on la connut avant la conclusion du traité de Ruel, par une lettre de Turenne au prince de Condé, dans laquelle le Maréchal, « malheureux et humilié, demandoit pardon de sa faute et le supplioit (*le*

SECONDE PARTIE. [Mars 1649] 417

réserve de deux ou trois régiments; que M. de Turenne avoit fait beaucoup que de n'être pas arrêté, et

Prince) de lui continuer sa protection et d'obtenir du Ministre sa grâce et l'absolution de son péché. » Mme de Motteville, sans être bien précise, semble mettre cet événement à la date du 6 mars (tome II, p. 377 et 378); elle ajoute que le 8 Retz en était informé, lorsque dans une « harangue éloquente il offrit au Parlement les troupes de ce général qui n'en avoit plus. » A cette affirmation M. Bazin ajoute une conjecture tirée de la *Gazette* (13 mars); on y écrivait que Turenne, ayant traversé le Rhin avec toute son armée, et la voyant se débander par les instigations du lieutenant général Erlach, avait été obligé de repasser ce fleuve, « pour tâcher à remettre ces Allemands dans leur devoir, ce qui lui seroit facile quand il les auroit désabusés des fausses opinions qu'on leur avoit données: après quoi, il se disposoit de les ramener en France. » — « Or, c'est bien ainsi, ajoute M. Bazin (p. 42), qu'un parti publie ce qui lui est contraire, et l'absence complète du nom du Maréchal dans les articles du traité, le silence gardé, sur ce qui le concerne, dans toutes les relations, prouvent assez que la malheureuse réussite de son dessein.... ne donnait plus espoir ou crainte à personne. »

Sans nier l'importance de ces renseignements, nous croyons devoir être moins affirmatif que M. Bazin sur la date à laquelle on connut l'événement. Que Retz ait arrangé son récit en vue du dénoûment, qu'il savait, comme tout le monde, lorsqu'il écrivit ses *Mémoires*, et qu'il voulait faire tourner à l'honneur de sa sagacité, c'est sur quoi nous n'avons guère de doute. Cependant nous ne voyons nulle part aucun fait qui contredise absolument ce qu'il rapporte. Dubuisson, attaché au secrétaire d'État Duplessis Guénégaud, et d'ordinaire si exact, si bien renseigné, dit, à la date du 9 mars, dans son *Journal*, visiblement écrit jour par jour, et qui est, plus encore que celui de d'Ormesson, l'écho de tous les bruits divers : « Turenne est encore sur le Rhin et Erlach l'observe » (p. 187); il écrit le 10 : « Avis que le maréchal de Turenne, n'ayant évité Brissach et les embûches d'Erlach, et n'ayant pu passer à Spire, passoit le Rhin à Bacharach » (p. 190); enfin, le 19, il dit : « Nouvelles d'Allemagne confirmées : on a su ci-devant que le maréchal de Turenne avoit quelque dessein de venir en France, appelé par le duc de Bouillon son frère, ce qui avoit fait donner un arrêt du conseil d'État contre lui, ou pour le moins l'en avoit-on menacé et l'appréhendoit-il, et pour cela ledit duc son frère mendia-t-il l'arrêt d'absolution et d'aveu donné en Parle-

qu'il s'étoit retiré, lui cinq ou sixième, chez Madame la Landgrave de Hesse, sa parente et son amie[1].

M. de Bouillon fut atterré de cette nouvelle comme d'un coup de foudre, et j'en fus presque aussi touché que lui. Je ne sais si je me trompai, mais il me parut que dom Gabriel de Tolède n'en fut pas trop affligé, soit qu'il crût que nous n'en serions que plus dépendants d'Espagne, soit que son humeur, qui étoit fort gaie et fort enjouée, l'emportât sur l'intérêt du parti. M. de Bouillon ne fut[2] pas si fort abattu de cette nouvelle qu'il ne pensât, un demi-quart d'heure après l'avoir reçue, aux expédients de la réparer. Nous envoyâmes chercher le président de Bellièvre, qui venoit de recevoir un billet de M. le maréchal de Villeroi qui la lui mandoit de Saint-Germain; et ce billet portoit que le Premier Pré-

ment le 8; mais comme il se mit à marcher pour passer le Rhin, et Rosen (voyez ci-dessus, p. 285, note 3), son ennemi capital, relâché de Nancy, où il étoit prisonnier, et Erlach, semant de l'argent, lui gagnèrent au nom du Roi toutes ses troupes, si bien qu'il fut contraint de se retirer à Heilbrunn.... Lors de son abandonnement, il écrivit une lettre ici en cour à Monsieur le Prince, le suppliant d'intercession et protection à ce que le soupçon que l'on avoit dû prendre de lui ne prévalût pas par-dessus tant d'importants services par lui rendus. » D'Ormesson ne dit pas le moindre mot de toute cette affaire. En l'absence de preuves certaines, nous devons donc laisser le lecteur se former par lui-même une opinion, et nous n'osons pas affirmer que Retz ait vraiment reculé, dans son récit, le moment où l'on apprit l'issue des événements du Rhin, et qu'il ait voulu se donner ainsi, dans l'histoire de ces faits, un rôle à part. Nous saurons bientôt le nouvel expédient auquel il nous dit avoir eu recours : voyez ci-après, p. 435.

1. Amélie-Élisabeth de Nassau, veuve de Guillaume V, landgrave de Hesse-Cassel, régente pour son fils Guillaume VI; elle était cousine germaine de Turenne, la mère de la Landgrave et celle du Maréchal étant toutes deux filles de Guillaume de Nassau, prince d'Orange, et de Charlotte de Bourbon Montpensier, sa troisième femme.

2. Devant *pas*, il y a *ni*, biffé.

sident et le président de Mesme avoient dit à un homme de la cour, du nom duquel je ne me ressouviens pas et qu'ils avoient trouvé sur le chemin de Ruel, que si les affaires ne s'accommodoient, ils ne retourneroient plus à Paris. M. de Bouillon, qui ayant perdu sa principale considération dans la perte de l'armée de M. de Turenne, jugeoit bien que les vastes espérances qu'il avoit conçues d'être l'arbitre du parti n'étoient plus fondées, revint tout d'un coup à sa première disposition de porter les choses à l'extrémité, et il prit sujet de ce billet du maréchal de Villeroi pour nous dire, comme naturellement et sans affectation, que nous pouvions juger, par ce que le Premier Président et le président de Mesme avoient dit, que ce que nous avions projeté la veille ne recevroit pas grande difficulté dans son exécution.

Je reconnois de bonne foi que je manquai beaucoup, en cet endroit, de la présence d'esprit qui y étoit nécessaire; car au lieu de me tenir couvert devant dom Gabriel de Tolède et de me réserver à m'ouvrir à M. de Bouillon, quand nous serions demeurés le président de Bellièvre et moi seuls avec lui, je lui répondis que les choses étoient bien changées, et que la désertion de l'armée de M. de Turenne faisoit que ce qui la veille étoit facile dans le Parlement y seroit le lendemain impossible et même ruineux. Je m'étendis sur cette matière; et cette imprudence, de laquelle je ne m'aperçus que quand il ne fut plus temps d'y remédier, me jeta dans des embarras que j'eus bien de la peine à démêler[1]. Dom Gabriel de Tolède, qui avoit ordre[2], à ce que Mme de Bouillon m'a dit depuis, de s'ouvrir avec moi, s'en ca-

1. Dont j'eus bien de la peine à me démêler. (Ms H et toutes les anciennes éditions.)
2. *Ordre* est écrit en interligne.

cha, au contraire, avec soin dès qu'il me vit changé sur la nouvelle de M. de Turenne ; et il fit parmi les généraux des cabales qui me donnèrent beaucoup de peine. Je vous expliquerai ce détail, après que je vous aurai rendu compte de la suite de la conversation que nous eûmes, ce soir-là, chez M. de Bouillon[1].

Comme il se sentoit et qu'il ne se pouvoit pas nier à lui-même que ses délais n'eussent mis les affaires où[2] elles étoient tombées, il coula[3], dans les commencements d'un discours qu'il adressoit à dom Gabriel, comme pour lui expliquer le passé, il coula, dis-je, que c'étoit au moins une[4] espèce de bonheur que la nouvelle de la désertion des troupes de M. de Turenne fût arrivée devant que l'on eût exécuté ce que l'on avoit résolu de proposer au Parlement, parce que, ajouta-t-il, le Parlement, voyant que le fondement sur lequel l'on l'eût engagé lui eût manqué, auroit tourné tout à coup contre nous, au lieu que nous sommes présentement en état de fonder de nouveau la proposition ; et c'est sur quoi nous avons, ce me semble, à délibérer.

Ce raisonnement, qui étoit très-subtil et très-spécieux, me parut, dès l'abord, très-faux, parce qu'il supposoit pour certain qu'il y eût une nouvelle proposition à faire, ce qui étoit toutefois le fond de la question. Je

---

1. Voyez ci-après, p. 432 et 433. — Pour remplacer cette phrase, la copie H, et à sa suite toutes les éditions antérieures à 1837, ajoutent à la phrase précédente : « comme je le dirai, » ou « comme je dirai. »

2. N'eussent mis les affaires en (*ou* dans) l'état où. (Ms H, Caf., et toutes les anciennes éditions.)

3. Le ms H et 1717 A, 1718 B, F changent le premier *coula* en *s'excusa ;* et, deux lignes plus bas, *il coula, dis-je,* en *il dit.*

4. Ici Retz fait bien accorder l'article avec *espèce*, quoique le complément soit au masculin : voyez ci-dessus, p. 105, note 2, et p. 167, note 3.

n'ai jamais vu homme qui entendît cette figure¹, approchant de M. de Bouillon. Il m'avoit souvent dit que le comte Maurice ² avoit accoutumé de reprocher à Barnevelt³, à qui il fit depuis trancher la tête, qu'il renverseroit la Hollande en donnant toujours le change aux États par la supposition certaine de ce qui faisoit la question. J'en fis ressouvenir, en riant, M. de Bouillon, au moment dont il s'agit, et je lui soutins qu'il n'y avoit plus rien qui pût empêcher le Parlement de faire la paix, que tous les efforts par lesquels l'on prétendroit l'arrêter l'y précipiteroient, et que j'étois persuadé qu'il falloit délibérer sur ce principe. La contestation s'échauffant, M. de Bellièvre proposa d'écrire ce qui se diroit de part et d'autre. Voici ce que je lui dictai⁴, que j'avois encore de sa main, cinq ou six jours devant que je fusse arrêté⁵. Il en eut quelque scrupule, il me le demanda, je le lui rendis, et ce fut un grand bonheur pour lui, car je ne sais si cette paperasse, qui eût pu être

1. Ce tour donné à la pensée, ce mode de raisonnement. La fin de la phrase suivante explique clairement en quoi le tour consiste. Voyez ci-après, p. 437.
2. Maurice de Nassau, prince d'Orange, fils du *Taciturne*, capitaine général et stathouder des Provinces-Unies, grâce à l'influence de Barneveldt; il mourut en 1625. Il avait pris pour devise : *Tandem fit surculus arbor*, allusion à la Hollande devenant un État souverain malgré l'Espagne.
3. Jean van Olden Barneveldt, grand pensionnaire de Hollande, contribua beaucoup par ses habiles négociations à l'indépendance de sa patrie. Il devint le chef du parti républicain contre Maurice de Nassau; enveloppé dans la querelle religieuse des *Arminiens* et des *Gomaristes*, il fut envoyé par Maurice à l'échafaud, en mai 1619.
4. Après *dictai*, on lit à la marge *et ce*, écrit d'une autre encre, et, croyons-nous, d'une autre main. On aura été choqué sans doute des deux *que* successifs, et on aura voulu corriger le tour.
5. Le 19 décembre 1652. On le verra plus tard dans les *Mémoires*.

prise, ne lui eût point nui quand l'on le fit premier président[1]. En voici le contenu[2] :

« Je vous ai dit plusieurs fois[3] que toute compagnie est peuple, et que tout, par conséquent, y dépend des instants ; vous l'avez éprouvé peut-être plus de cent fois depuis deux mois ; et si vous aviez assisté aux assemblées du Parlement, vous l'auriez observé plus de mille. Ce que j'y ai remarqué de plus est que les propositions n'y ont qu'une fleur, et que telle qui y plaît merveilleusement aujourd'hui y déplaît demain à proportion. Ces raisons m'ont obligé jusques ici de vous presser de ne pas manquer l'occasion de la déclaration de M. de Turenne, pour engager le Parlement et pour l'engager d'une manière qui le pût fixer. Rien ne pouvoit produire cet effet que la proposition de la[4] paix générale, qui est de soi-même le plus grand et le plus plausible de tous les biens[5], et qui nous donnoit lieu de demeurer armés dans le temps de la négociation.

« Quoique dom Gabriel ne soit pas François, il sait assez nos manières pour ne pas ignorer qu'une proposition de cette nature, qui va à faire faire la paix[6] à son roi malgré tout son conseil, demande de grands préalables dans un Parlement, au moins quand l'on la veut porter jusques à l'effet. Lorsque l'on ne l'avance que pour amuser les auditeurs, ou pour donner un prétexte aux particuliers d'agir avec plus de liberté, comme nous le fîmes

1. En 1656. — Voyez aussi p. 166, note 6.
2. Retz ne nous dit pas s'il rapporte ce contenu de mémoire ou s'il en a gardé ou comment il en a eu une copie.
3. Voyez p. 165 et p. 294 et note 5.
4. Les mots : « proposition de la » sont ajoutés en marge.
5. Retz tint le même langage au sujet de la paix dans son sermon du 25 août 1648 (veille des Barricades). On trouvera ce sermon dans un des volumes suivants.
6. Qui va à faire la paix. (1843-1866.)

dernièrement quand dom Joseph de Illescas eut son audience du Parlement, l'on la peut hasarder plus légèrement, parce que le pis du pis est[1] qu'elle ne fasse point son effet ; mais quand on pense à la faire effectivement réussir, et quand même l'on s'en veut servir, en attendant qu'elle réussisse, à fixer une compagnie que rien autre chose ne peut fixer, je mets en fait qu'il y [a[2]] encore plus de perte[3] à la manquer en la proposant légèrement, qu'il n'y a d'avantage à l'emporter en la proposant à propos. Le seul nom de l'armée de Weimar étoit capable d'éblouir le premier jour le Parlement. Je vous le dis ; vous eûtes vos raisons pour différer ; je les crois bonnes et je m'y suis soumis. Le nom et l'armée de M. de Turenne l'eût encore apparemment emporté, il n'y a que trois ou quatre jours. Je vous le représentai ; vous eûtes vos considérations pour attendre ; je les crois justes et je m'y suis rendu. Vous revîntes hier à mon sentiment, et je ne m'en départis pas, quoique je connusse très-bien que la proposition dont il s'agissoit avoit déjà beaucoup perdu de sa fleur ; mais je crus, comme je le crois encore, que nous l'eussions fait réussir si l'armée de M. de Turenne ne lui eût pas manqué, non pas peut-être avec autant de facilité que les premiers jours, mais au moins avec la meilleure partie de l'effet qui nous étoit nécessaire. Ce n'est plus cela.

« Qu'est-ce que nous avons pour appuyer dans le Parlement la proposition de la paix générale ? Nos troupes, vous voyez ce qu'ils vous en ont dit eux-mêmes aujourd'hui dans la Grande Chambre. L'armée de M. de Longueville, vous savez ce que c'est ; nous la disons de sept

---

1. Le pis est. (1718 C, D, E, 1719-1828.)
2. *A* est omis dans l'original. Un peu après, *légèrement* est écrit en interligne.
3. Le ms Caf. change *perte* en *prétexte;* 1718 C, D, E, en *péril.*

mille hommes de pied et de trois mille chevaux, et nous ne disons pas vrai de plus de moitié; et vous n'ignorez pas que nous l'avons tant promise et que nous l'avons si peu tenue, que nous n'en oserions presque[1] plus parler. A quoi nous servira donc de faire au Parlement la proposition de la paix générale, qu'à lui faire croire et dire que nous n'en parlons que pour rompre la particulière, ce qui sera le vrai moyen de la faire desirer à ceux qui ne la veulent point ? Voilà l'esprit des compagnies, et plus de celle-là, au moins à ce qui m'en a paru, que de toute autre, sans excepter celle de l'Université. Je tiens pour constant que si nous exécutons ce que nous avions résolu, nous n'aurons pas quarante voix qui aillent[2] à ordonner aux députés de revenir à Paris, en cas que la cour refuse ce que nous lui proposerons[3]; tout le reste n'est que parole qui n'engagera à rien le Parlement, dont la cour sortira aussi par des paroles qui ne lui coûteront rien, et tout ce que nous ferons sera de faire croire à tout Paris et à tout Saint-Germain que nous avons un très-grand et très-particulier concert avec Espagne. »

M. de Bouillon, qui sortit du cabinet de Madame sa femme, avec elle et avec dom Gabriel, sous prétexte d'aller écrire ses pensées dans le sien, nous dit, au président de Bellièvre et à moi, lorsque nous eûmes fini notre écrit, dans lequel le président de Bellièvre avoit mis beaucoup du sien, qu'il avoit un si grand mal de tête[4] qu'il avoit été obligé de quitter la plume à la seconde ligne. La vérité étoit qu'il étoit demeuré en conférence avec dom Gabriel, dont les ordres portoient de

1. La copie R omet *presque*.
2. Retz a écrit *aille*, au singulier.
3. Dans le ms H et dans 1837-1866, *proposons*.
4. Qu'il avoit si grand mal de tête. (1837 et 1843.)

se conformer entièrement à ses sentiments. Je le sus en retournant chez moi, où je trouvai un valet de chambre de Laigue, qu'il m'envoyoit de l'armée d'Espagne, qui s'étoit avancée, avec une dépêche de dix-sept pages de chiffre. Il n'y avoit que deux ou trois[1] lignes en lettre[2] ordinaire, qui me marquoit que quoique Fuensaldagne fût bien plus satisfait de l'avis dont j'avois été, à propos du traité des généraux, que de celui de M. de Bouillon, néanmoins la confiance que l'on avoit à Bruxelles en Madame sa femme faisoit que l'on l'y croyoit plus que moi. Je vous rendrai compte de la grande dépêche en chiffre, après que j'aurai achevé ce qui se passa chez M. de Bouillon[3]. •

M. le président de Bellièvre y ayant lu notre écrit en présence de M. et de Mme de Bouillon et de M. de Brissac, qui revenoit du camp, nous nous aperçûmes, en moins d'un rien[4], que dom Gabriel de Tolède, qui y étoit aussi présent, n'avoit pas plus de connoissance de nos affaires que nous en pouvions avoir de celles de Tartarie. De l'esprit[5], de l'agrément, de l'enjouement[6], peut-être même de la capacité, qui avoit au moins paru en quelque chose dont il se mêla, à l'égard de feu Mon-

1. *Ou trois* est en interligne dans le manuscrit original; à la ligne suivante, Retz a mis *ne* pour *me*, devant *marquoit*, qui est bien au singulier, comme se rapportant à *lettre*, ou peut-être plutôt par mégarde.

2. *Lettres*, et plus haut *chiffres*, au pluriel, dans les éditions de 1837-1866. Voyez ci-après, p. 426, note 3.

3. Le ms H et les anciennes éditions omettent cet alinéa tout entier.

4. En moins de rien. (1718 C, D, E, 1719-1866.)

5. Plusieurs des anciennes éditions corrigent, comme on peut s'y attendre, cette tournure elliptique, en ajoutant, les unes (1717 A, 1718 B, F) : « Il pouvoit avoir (de l'esprit, etc.); » les autres (1718 C, D, E) : « Il avoit d'ailleurs (de l'esprit, etc.). »

6. Après *enjouement*, Retz avait d'abord écrit *même*, qu'il a ensuite biffé et reporté après *peut-être*.

sieur le Comte[1]; mais je n'ai guère vu d'ignorance plus crasse, au moins par rapport aux matières dont il s'agissoit. C'est une grande faute que d'envoyer de tels négociateurs. J'ai observé qu'elle est très-commune. Il nous parut que M. de Bouillon ne contesta notre écrit qu'autant qu'il fut nécessaire pour faire voir à dom Gabriel qu'il n'étoit pas de notre avis, « dont je ne suis pas en effet, me dit-il à l'oreille, mais dont il m'est important que cet homme ici ne me croie pas; et, ajouta-t-il un moment après[2], je vous en dirai demain la raison. »

Il étoit deux heures après minuit sonnées, quand je retournai chez moi, et j'y trouvai, pour rafraîchissement, la lettre de Laigue dont je vous ai parlé[3]; je passai le reste de la nuit à la déchiffrer, et je n'y rencontrai pas une syllabe qui ne me donnât une mortelle[4] douleur. La lettre étoit écrite de la main de Laigue, mais elle étoit en commun de Noirmoutier et de lui, et la substance de ces dix-sept pages étoit que nous avions eu tous les torts du monde de souhaiter que les Espagnols ne s'avançassent pas dans le Royaume; que tous les peuples étoient si animés contre le Mazarin et si bien intentionnés pour la défense de Paris[5], qu'ils venoient de toutes parts au-devant d'eux; que nous ne devions point appréhender que leur

1. Le comte de Soissons : voyez au tome I, p. 115, et note 5.
2. Ce passage, depuis *mais dont*, est omis dans la copie R.
3. La copie H et toutes les anciennes éditions remplacent les mots : « dont je vous ai parlé, » par ceux-ci : « où il n'y avoit que deux ou trois lignes en lettres ordinaires, et dix-sept pages de chiffre (*ms H et* 1717 *A*, 1718 *B*, *F*, 1777, 1825 : de chiffres). » Cette addition, tirée d'un paragraphe omis plus haut dans ces mêmes textes (voyez p. 425, note 3), montre bien que l'omission avait été faite sciemment et à dessein.
4. *Nouvelle*, au lieu de *mortelle*, dans les ms H, Caf. et dans toutes les éditions anciennes.
5. Si bien intentionnés pour le parti et pour la défense de Paris. (Ms H et toutes les anciennes éditions.)

marche nous fît tort dans le public; que Monsieur l'Archiduc étoit un saint, qui mourroit plutôt de mille morts[1] que de prendre des avantages desquels l'on ne seroit point convenu; que M. de Fuensaldagne étoit un homme net, de qui, dans le fond, il n'y avoit rien à craindre.

La conclusion étoit que le gros de l'armée d'Espagne seroit tel jour à Vadancour[2], l'avant-garde tel jour à Pont-à-Vère[3]; qu'elle y séjourneroit quelques autres jours[4], car je ne me ressouviens pas précisément du nombre : après quoi l'Archiduc[5] faisoit état de se venir poster à Dammartin[6]; que le comte de Fuensaldagne leur avoit donné des raisons si pressantes et si solides de cette marche, qu'ils ne s'étoient pas pu défendre d'y donner les mains et même de l'approuver; qu'il les avoit priés de m'en donner part en mon particulier, et de m'assurer qu'il ne feroit jamais rien que de concert avec moi.

Il n'étoit plus heure de se coucher quand j'eus déchiffré cette lettre; mais quand même j'eusse été dans le lit, je n'y eusse pas assurément reposé, dans la cruelle agitation qu'elle me donna, et cette agitation ai-

1. Dix mille morts. (Ms H et toutes les éditions anciennes.)
2. Vadancour ou Vadencourt, à sept kilomètres de Guise, dans le département de l'Aisne.
3. Ici Retz écrit *Pont à Verre* : voyez ci-dessus, p. 333, note 6. Il est dit dans les *Mémoires de du Plessis* (Collection Michaud, tome XXXI, p. 401) comment l'armée de ce maréchal força peu après celle de l'Archiduc à abandonner cette position importante au point de vue stratégique.
4. Retz avait d'abord écrit après *jours* : « en très-petit nombre, car je ne m'en ressouviens pas précisément; » il a, d'une autre encre, biffé « en très-petit nombre, » effacé l'*n* de *m'en*, tout en laissant l'apostrophe, et mis en interligne : « du nombre. »
5. Quelques autres jours, après lesquels Monsieur l'Archiduc. (Ms H et toutes les éditions anciennes.)
6. Voyez ci-dessus, p. 296, note 5.

grie[1] par toutes les circonstances qui la pouvoient envenimer. Je voyois le Parlement plus éloigné que jamais de s'engager dans la guerre, à cause de la désertion de l'armée de M. de Turenne; je voyois les députés à Ruel[2] beaucoup plus hardis que la première fois, par le succès de leur prévarication. Je voyois le peuple de Paris aussi disposé à faire entrée à l'Archiduc[3] qu'il l'eût pu être à recevoir M. le duc d'Orléans. Je voyois que ce prince, avec son chapelet qu'il avoit toujours à la main, et que Fuensaldagne, avec son argent, y auroient en huit jours plus de pouvoir que tout ce que nous étions[4]. Je voyois que le dernier, qui étoit un des plus habiles hommes du monde, avoit tellement mis la main sur Noirmoutier et sur Laigue, qu'il les avoit comme enchantés. Je voyois que M. de Bouillon, qui venoit de perdre la considération de l'armée d'Allemagne, retomboit dans ses premières propositions de porter toutes les choses à l'extrémité. Je voyois que la cour, qui se croyoit assurée du Parlement, y précipitoit nos généraux, par le mépris qu'elle recommençoit d'en faire depuis les deux dernières délibérations du Palais. Je voyois que toutes ces dispositions nous conduisoient naturellement et infailliblement à une sédition populaire qui étrangleroit le Parlement, qui mettroit les Espagnols dans le Louvre, qui renverseroit peut-être et même apparemment l'État; et je voyois, sur le tout, que[5] le crédit que j'avois dans le peuple, et par moi et par M. de Beaufort, et les noms de

---

1. Et cette agitation étoit aigrie. (Copies R, Caf. et 1843-1866.) — La première phrase de l'alinéa manque dans 1718 C, D, E. —
2. *A Ruel* est omis dans le manuscrit Caffarelli.
3. A faire entrer l'Archiduc. (1717, 1719-1828.)
4. Que nous tous. (Ms H et toutes les anciennes éditions.) — Que nous tous que nous étions. (1837-1866.)
5. Après *que*, il y a, dans l'original, *ce*, biffé.

Noirmoutier et de Laigue, qui avoient mon caractère[1], me donneroient, sans que je m'en pusse défendre, le triste et funeste honneur de ces fameux exploits, dans lesquels le premier soin du comte de Fuensaldagne seroit de m'anéantir moi-même.

Vous voyez assez, par toutes ces circonstances, l'embarras où je me trouvois, et ce qui en étoit encore de plus fâcheux est que je n'avois presque personne à qui je m'en pusse ouvrir que le président de Bellièvre, homme de bon sens, mais qui n'étoit ferme que jusques à un certain point; et il n'y a que l'expérience qui puisse faire concevoir les égards qu'il faut observer avec les gens de ce caractère. Il n'y a peut-être rien de plus embarrassant, et je ne jugeai pas qu'il fût à propos, par cette raison, que je me découvrisse tout à fait à lui de ma peine, qu'il ne voyoit pas par lui-même dans toute son étendue[2]. Je fus tout le matin dans ces pensées, et je me résolus de les aller communiquer à mon père, qui étoit retiré depuis plus de vingt ans dans l'Oratoire, et qui n'avoit jamais voulu entendre parler de toutes mes intrigues. Il me vint une pensée, entre la porte Saint-Jacques et Saint-Magloire[3], qui fut de contribuer,

---

1. Voyez ci-dessus, p. 362, note 1.
2. Tout le commencement de l'alinéa : « Vous voyez.... dans toute son étendue, » est omis dans le ms H et dans toutes les éditions anciennes.
3. La porte Saint-Jacques était entre la rue Saint-Jacques et la rue du Faubourg-Saint-Jacques. Le séminaire de Saint-Magloire était près de l'église Saint-Jacques du Haut-Pas, sur l'emplacement où se trouve aujourd'hui l'institution des Sourds-Muets. Il avait été fondé et la direction en avait été confiée aux Pères de l'Oratoire, en 1620, par Henri de Gondi, cardinal de Retz, le premier des deux oncles de notre auteur qui occupèrent successivement le siége de Paris. C'est là que son père s'était retiré (voyez au tome I, p. 90, note 1); il fut inhumé, en 1662, dans le chœur de l'église de ce séminaire. Voyez le *Plan de Paris de Gomboust*, feuille VI.

sous main, tout ce qui seroit en moi à la paix [1], pour sauver l'État [2], qui me paroissoit sur le penchant de sa ruine, et de m'y opposer en apparence pour me maintenir avec le peuple, et pour demeurer toujours à la tête d'un parti non armé, que je pourrois armer ou ne pas armer dans les suites, selon les occasions. Cette imagination, quoique non digérée, tomba d'abord dans l'esprit de mon père, qui étoit naturellement fort modéré, ce qui commença à me faire croire qu'elle n'étoit pas si extrême qu'elle me l'avoit paru d'abord. Après l'avoir discutée, elle ne nous parut pas même si hasardeuse à beaucoup près, et je me ressouvins de ce que j'avois observé quelquefois, que tout ce qui paroît hasardeux et ne l'est pas est presque toujours sage. Ce qui me confirma encore dans mon opinion fut que mon père, qui avoit reçu deux jours auparavant beaucoup d'offres avantageuses pour moi du côté de la cour, par la voie de M. de Liancour [3], qui étoit à Saint-Germain, convenoit que je n'y pouvois trouver aucune sûreté. Nous dégrossâmes [4] notre proposition, nous la revêtîmes

---

1. Tel est bien le texte, très-correct, de l'original et des copies. Ne connaissant pas cette manière de construire le verbe *contribuer*, les anciens éditeurs, sauf 1717 A, 1718 B, F, ont, devant *tout*, ajouté une des prépositions *à*, *par*, *de* ou *en*.

2. Pour assurer l'État. (Ms H, Caf. et les éditions anciennes.)

3. Roger du Plessis, seigneur de Liancourt, premier gentilhomme de la chambre du Roi. Nous le verrons plusieurs fois venir en aide à Retz ou lui donner de bons avis.

4. Telle est bien la forme du mot dans l'original et dans la copie R; dans l'original, sans *s* à la fin par mégarde (*degrossasme*). Cette leçon a été étrangement altérée dans les copies H, Caf. et dans les anciennes éditions (sauf 1817, 1820, 1828) : elles en ont fait, le ms Caf. *degressâmes*, les autres textes *dégraissâmes*; pour adoucir la triviale métaphore, la plupart des éditeurs ont ajouté *pour ainsi dire*. Ceux de 1817, 1820, 1828, 1843-1866 ont changé *dégrossâmes* en *dégrossîmes*.

de ce qui lui pouvoit donner et de la couleur et de la force, et je me résolus de prendre ce parti et de l'inspirer, si il m'étoit possible, dès l'après-dînée, à MM. de Bouillon, de Beaufort et de la Mothe-Houdancourt, avec lesquels nous faisions état de nous assembler[1].

M. de Bouillon, qui vouloit laisser le temps aux envoyés d'Espagne[2] de gagner Messieurs les généraux, s'en excusa sur je ne sais quel prétexte, et remit l'assemblée au lendemain. Je confesse que je ne me doutai point de son dessein et que je ne m'en aperçus que le soir, où je trouvai M. de Beaufort très-persuadé que nous n'avions plus rien à faire qu'à fermer les portes de Paris aux députés de Ruel, qu'à chasser le Parlement, qu'à se[3] rendre maître de l'Hôtel de Ville et qu'à faire avancer l'armée d'Espagne dans nos faubourgs. Comme le président de Bellièvre me venoit d'avertir que Mme de Montbazon lui avoit parlé dans les mêmes termes, je me le tins pour dit, et je commençai là à reconnoître la sottise que j'avois faite de m'ouvrir au point que je m'étois ouvert, en présence de dom Gabriel de Tolède, chez

---

1. Après *assembler*, on lit au manuscrit autographe *l'après-dînée*, biffé ; Retz se sera aperçu qu'il l'avait déjà mis un peu plus haut. — Le ms H et toutes les éditions anciennes omettent ce membre relatif : « avec lesquels, etc. ; » et en outre, à la phrase suivante, l'incise : *qui vouloit* jusqu'à *prétexte, et*. Le ms H porte en marge : « Il y a ici quelques lignes effacées. »

2. On lit dans Dubuisson : « Ce matin (mercredi 17 mars) est parti d'ici (*Paris*) un écuyer de l'Archiduc, homme fort bien et fort brave, qui étoit arrivé dimanche au soir. » Ce passage est une nouvelle justification de Retz contre les doutes de M. Bazin au sujet des divers envoyés de l'Espagne. — Après *d'Espagne*, Retz avait d'abord écrit *s'en*, qu'il a ensuite biffé pour le reporter à la ligne suivante.

3. Les copies R, H, Caf. et toutes les anciennes éditions remplacent *se* par *nous*, que veut en effet la tournure.

M. de Bouillon. J'ai su depuis par lui-même qu'il avoit été quatre ou cinq heures [1], la nuit suivante, chez Mme de Montbazon, à qui il avoit promis vingt mille écus comptant et une pension de six mille[2], en cas qu'elle portât M. de Beaufort à ce que Monsieur l'Archiduc desireroit de lui. Il n'oublia pas les autres. Il eut à bon marché M. d'Elbeuf; il donna des lueurs au maréchal de la Mothe de lui faire trouver des accommodements touchant le duché de Cardonne[3]. Enfin je connus, le jour que nous nous assemblâmes[4], M. de Beaufort, M. de Bouillon, le maréchal de la Mothe et moi, que le Catholicon d'Espagne n'avoit pas été épargné dans les drogues qui se débitèrent dans cette conversation.

Tout le monde m'y parut persuadé que la désertion des troupes de M. de Turenne ne nous laissoit plus de choix pour les partis qu'il y avoit à prendre, et que l'u-

1. *Heures* est écrit en interligne et d'une autre encre.
2. Le ms H et quelques éditions (1717 A, 1718 B, F) changent *six mille* (*écus*) en « 6000 lt ou liv. »
3. En espagnol *Cardona*. La ville qui donne son nom à ce duché est située en Catalogne, à 56 kilomètres nord-ouest de Barcelone. — La belle campagne de la Mothe en Catalogne, dans les années 1641 et 1642, lui avait valu successivement les titres de maréchal, de vice-roi de la Catalogne et de duc de Cardone. Mais en 1644 vinrent les revers. La cour lui en fit un crime, et surtout de la reprise de Lérida par les Espagnols, et après lui avoir enlevé sa vice-royauté et son duché, elle le fit enfermer au château de Pierre-Encise (décembre 1644). Justifié au parlement de Grenoble, il sortit de prison en septembre 1648, « enragé contre la cour, » comme nous l'a dit Retz (p. 120). Lorsque la Mothe se fut réconcilié avec elle, on lui rendit, le 15 novembre 1651, sa vice-royauté de Catalogne, dont le duc de Mercœur se démit, et son duché de Cardone fut érigé en pairie au mois d'avril 1652. Mais la prise de Barcelone par l'Espagne ayant enlevé à la France la Catalogne et à la Mothe son duché, la cour le dédommagea en élevant sa terre de Fayelle à la duché-pairie (janvier 1653).
4. Le 18 mars. La consultation à l'Oratoire est du 17; le duc de Bouillon n'avait pas voulu qu'on se réunit ce jour-là.

nique étoit de se rendre, par le moyen du peuple, maître du Parlement et de l'Hôtel de Ville.

Je suis très-persuadé que je vous ennuierois si je rebattois ici les raisons que j'alléguai contre ce sentiment, parce que ce furent les mêmes que je vous ai déjà, ce me semble, exposées plus d'une fois. M. de Bouillon, qui, ayant perdu l'armée d'Allemagne et ne se voyant plus, par conséquent, assez de considération pour tirer de grands avantages du côté de la cour, ne craignoit plus de s'engager pleinement avec Espagne, ne voulut point concevoir ce que je disois. Mais j'emportai MM. de Beaufort et de la Mothe, auxquels je fis comprendre assez aisément qu'ils ne trouveroient pas une bonne place dans un parti qui seroit réduit, en quinze jours, à dépendre en tout et par tout du conseil d'Espagne. Le maréchal de la Mothe n'eut aucune peine à se rendre à mon sentiment; mais comme il savoit que dom Francisco Pizarro étoit parti la veille[1] pour aller trouver M. de Longueville, avec lequel il étoit intimement lié, il ne s'expliquoit pas tout à fait décisivement. M. de Beaufort ne balança point, quoique je reconnusse à mille choses qu'il avoit été bien catéchisé par Mme de Montbazon, dont je remarquois de certaines expressions toutes copiées[2]. M. de Bouillon, très-embarrassé, me dit avec émotion : « Mais si nous eussions engagé[3] le Parlement, comme vous le vouliez dernièrement, et que l'armée d'Allemagne nous eût manqué comme elle a fait et comme cet engagement du Parlement ne l'en eût pas empêchée[4], n'aurions-nous pas été dans le même

---

1. C'est peut-être de ce départ que Dubuisson parle dans son *Journal* au 17 mars. Voyez ci-dessus, p. 431, note 2.
2. Toutes épicées. (1718 C, D, E.)
3. Ravagé. (Ms H et les anciennes éditions, sauf 1825.)
4. *Empêché*, sans accord, dans l'original et les copies R et Caf.

état où nous sommes? Et vous faisiez pourtant votre compte, en ce cas, de soutenir la guerre avec nos troupes, avec celles de M. de Longueville, avec celles qui se font présentement[1] pour nous dans toutes les provinces du Royaume. — Ajoutez, s'il vous plaît, Monsieur, lui répondis-je, avec le parlement de Paris, déclaré et engagé pour la paix générale; car ce même parlement, qui ne s'engagera pas sans M. de Turenne, tiendroit fort bien sans M. de Turenne si il avoit une fois été engagé, et[2] il eût été aussi judicieux, en ce temps-là, de fonder sur lui[3], qu'il l'est à mon avis, à cette heure, de n'y rien compter. Les compagnies vont toujours devant elles, quand elles ont été jusques à un certain point[4], et leur retour n'est point à craindre quand elles sont fixées. La proposition de la paix générale l'eût fait à mon opinion, dans le moment de la déclaration de M. de Turenne; nous avons manqué ce moment; je suis convaincu qu'il n'y a plus rien à faire de ce côté-là, et je crois même, Monsieur, dis-je en m'adressant à M. de Bouillon, que vous en êtes persuadé comme moi. La seule différence est, au moins à mon sens, que vous croyez que nous pouvons soutenir l'affaire par le peuple,

1. Le ms H et toutes les éditions anciennes changent *présentement* en *à présent*.

2. Retz avait d'abord écrit, après *et*, ces mots : « il auroit été judicieux en ce temps-là de le ten[ter], » qu'il a ensuite biffés pour les modifier conformément à notre texte. — A la ligne suivante, après *de*, on lit sous les ratures : « le ruiner (?) par le peuple même, si vous le voulez, qu'il le seroit peu, à cette heure, de prétendre de l'engager par le même peuple. »

3. Ce passage est ainsi abrégé dans les copies R, H, Caf., et dans toutes les éditions anciennes : « car si ce même parlement, qui ne s'engagera pas sans M. de Turenne, avoit une fois été (*ou* été une fois) engagé, il seroit aussi judicieux de fonder sur lui, etc. »

4. Ici encore notre auteur a effacé les mots : « tout au contraire. »

et que je crois que nous ne le devons pas : c'est la vieille question qui a été déjà agitée plusieurs fois. »

M. de Bouillon, qui ne voulut point la remettre sur le tapis, parce qu'il avoit reconnu de bonne foi avec moi, en deux ou trois occasions, que mes sentiments étoient raisonnables sur ce chef, tourna tout court, et il me dit : « Ne contestons point. Supposé qu'il ne se faille point servir du peuple dans cette conjoncture, que faut-il faire? quel est votre avis? — Il est bizarre et extraordinaire, lui répliquai-je; le voici : je vous le vas expliquer en peu de paroles, et je commencerai par ses fondements. Nous ne pouvons empêcher la paix sans ruiner le Parlement par le peuple; nous ne saurions soutenir la guerre par le peuple sans nous mettre dans la dépendance de l'Espagne; nous ne saurions avoir la paix avec Saint-Germain, que nous ne consentions à voir le cardinal Mazarin dans le ministère; nous ne pouvons trouver aucune sûreté dans ce ministère. » M. de Bouillon, qui, avec la physionomie[1] d'un bœuf, avoit la perspicacité d'un aigle, ne me laissa pas achever. « Je vous entends, me dit-il, vous voulez laisser faire la paix et vous voulez en même temps n'en point être. — Je veux faire plus, lui répondis-je; car je m'y veux opposer, mais de ma voix simplement et de celle des gens qui voudront bien hasarder la même chose. — Je vous entends encore, reprit M. de Bouillon; voilà une grande et belle pensée : elle vous convient, elle peut même convenir à M. de Beaufort, mais elle ne convient qu'à vous deux. — Si elle ne convenoit qu'à nous deux, lui repartis-je, je me[2] couperois plutôt la langue que de la proposer. Elle vous convient plus qu'à personne[3], si vous

---

1. Retz écrit *fisionomie*. — 2. *Me* est en interligne.
3. Ce commencement de phrase est omis dans les copies R, H, Caf. et dans toutes les éditions anciennes.

voulez jouer le même personnage que nous; et si vous ne croyez pas le devoir, celui que nous jouerons ne vous conviendra pas moins, parce que vous vous en pouvez très-bien accommoder. Je m'explique.

« Je suis persuadé que ceux qui persisteront à demander, pour condition de l'accommodement, l'exclusion du Mazarin, demeureront les maîtres des peuples[1], encore assez longtemps, pour profiter des occasions que la fortune fait toujours naître dans des temps qui ne sont pas encore remis et rassurés. Qui peut jouer ce rôle avec plus de dignité et avec plus de force que vous, Monsieur, et[2] par votre réputation et par votre capacité? Nous avons déjà la faveur des peuples, M. de Beaufort et moi; vous l'aurez demain comme nous par une déclaration de cette nature[3]. Nous serons regardés de toutes les provinces comme les seuls sur qui l'espérance publique se pourra fonder. Toutes les fautes du ministère nous tourneront à compte; notre considération en sauvera quelques-unes au public; les Espagnols en auront une très-grande pour nous; le Cardinal ne pourra s'empêcher de nous en donner lui-même, parce que la pente qu'il a à toujours négocier fera qu'il ne pourra s'empêcher de nous rechercher. Tous ces avantages ne me persuadent pas que ce parti que je vous propose soit fort bon : j'en vois tous les inconvénients, et je n'ignore pas que, dans le chapitre des accidents, auquel je conviens qu'il faut s'abandonner en suivant ce chemin, nous pouvons trouver des abîmes; mais il est,

---

1. *Du peuple*, pour *des peuples*, dans le ms H et dans toutes les anciennes éditions, sauf 1717 A, 1718 B, F.

2. *Et* est ajouté entre les lignes.

3. On lit ici, dans l'original, ces mots, biffés, que les éditions de 1837-66 donnent entre crochets, ou en note, ou dans le texte même : « Nous rendrons réelle par notre union cette chimère du public. »

à mon opinion, nécessaire de les hasarder[1] quand l'on est assuré de rencontrer encore plus de précipices dans les voies[2] ordinaires. Nous n'avons déjà que trop rebattu ceux qui sont inévitables dans la guerre, et ne voyons-nous pas, d'un clin d'œil, ceux de la paix sous un ministère outragé, et dont le rétablissement parfait ne dépendra que de notre ruine? Ces considérations me font croire que ce parti vous convient à tous[3] pour le moins aussi justement qu'à moi ; mais je maintiens que quand il ne vous conviendroit pas de le prendre, il vous convient toujours que je le prenne, parce qu'il facilitera beaucoup votre accommodement, et qu'il le facilitera en deux manières, et en vous donnant plus de temps pour le traiter devant que la paix se conclue, et en tenant, après qu'elle le sera, le Mazarin en état d'avoir plus d'égards pour ceux dont il pourra appréhender la réunion avec moi[4]. »

M. de Bouillon, qui avoit toujours dans la tête qu'il pourroit trouver sa place dans l'extrémité, sourit à ces dernières paroles, et il me dit : « Vous m'avez tantôt fait la guerre de la figure de rhétorique de Barnevelt[5], et je vous le[6] rends ; car vous supposez, par votre raisonnement, qu'il faut laisser faire la paix, et c'est ce qui est en question, car je maintiens que nous pouvons soutenir la guerre, en nous rendant, par le moyen du peuple, maîtres du Parlement. — Je ne vous ai parlé, Monsieur, lui répondis-je, que sur ce que vous m'aviez

1. « De se hasarder, » dans toutes les éditions anciennes, sauf 1717, 1717 A, 1718 B, F.
2. Dans l'autographe, *voix*.
3. Retz avait d'abord écrit : « et à vous, Messieurs ; » puis il a biffé ces mots, et mis au-dessus : « à tous. »
4. La réunion contre lui. (Ms H, 1717 A, 1718 B, F.)
5. Voyez ci-dessus, p. 421.
6. Devant *le*, il y a *la*, biffé.

dit qu'il ne falloit plus contester sur ce point, et que vous desiriez simplement d'être éclairci du détail de mes vues sur la proposition que je vous faisois. Vous revenez présentement au gros de la question, sur laquelle je n'ai rien à vous répondre que ce que je vous ai déjà dit vingt ou trente fois. — Nous ne nous sommes pas persuadés, reprit-il, et ne voulez-vous pas bien vous en rapporter au plus de voix? — De tout mon cœur, lui répondis-je : il n'y a rien de plus juste. Nous sommes dans le même vaisseau[1] : il faut périr ou se sauver ensemble. Voilà M. de Beaufort qui est assurément dans le même sentiment ; et quand lui et moi serions encore plus maîtres du peuple que nous ne le sommes, je crois que lui et moi mériterions d'être déshonorés, si nous nous servions de notre crédit, je ne dis pas pour abandonner, mais je dis pour forcer le moindre homme du parti à ce qui ne seroit pas de son avantage. Je me conformerai à l'avis commun, je le signerai de mon sang, à condition toutefois que vous ne serez pas dans la liste de ceux à qui je m'engagerai, car je le suis assez, comme vous savez, par le respect et par l'amitié que j'ai pour vous. » M. de Beaufort nous réjouit sur cela de quelques apophthegmes, qui ne manquoient jamais dans les occasions où ils étoient les moins requis.

M. de Bouillon, qui savoit bien que son avis ne passeroit pas à la pluralité, et qui ne m'avoit proposé de l'y mettre que parce qu'il croyoit que j'en[2] appréhenderois

1. Ceci rappelle une image fort populaire alors, qui représentait la première Fronde : « *Le salut de la France dans les armes de Paris;* » nous l'avons décrite dans *la Misère au temps de la Fronde*, p. 120. On voyait tous les généraux et les principaux parlementaires embarqués sur le vaisseau de la ville de Paris.

2. Première rédaction : *je la; je* changé en *j'en*, et *la* effacé.

la commise[1], qui découvriroit à trop de gens le jeu, dont la plus grande finesse étoit de le bien cacher, me dit et sagement et honnêtement : « Vous savez bien que ce ne seroit ni votre compte ni le mien que de discuter ce détail dans le moment où nous sommes[2], en présence de gens qui seroient capables d'en abuser. Vous êtes trop sage, et je ne suis pas assez fou pour leur porter cette matière aussi crue et aussi peu digérée qu'elle l'est encore. Approfondissons-la, je vous supplie, devant qu'ils puissent seulement s'imaginer que nous la traitions. Votre intérêt n'est pas, à ce que vous prétendez, de vous rendre maître de Paris par le peuple; le mien, au moins comme je le conçois, n'est pas de laisser faire la paix sans m'accommoder. Demandez, ajouta-t-il, à M. le maréchal de la Mothe, si Mlle de Touci[3] y consentiroit pour lui. » J'entendis ce que M. de Bouillon vouloit dire : M. de la Mothe étoit fort amoureux de Mlle de Touci, et l'on croyoit même en ce temps-là qu'il l'épouseroit encore plus tôt qu'il ne fit. Et M. de Bouillon, qui me vouloit marquer que la con-

1. La mise en délibération, la discussion. *Commise*, non compris, a été changé en *commission* dans la plupart des éditions anciennes.
2. La virgule qui suit *sommes*, et dont l'omission modifierait le sens, est de la main de Retz. Elle manque dans les trois copies.
3. Louise de Prie, fille de Louis de Prie, marquis de Toucy ou Toussy, et de Françoise de Saint-Gelais Lusignan; elle épousa le maréchal de la Mothe Houdancourt en novembre 1650; elle devint gouvernante des enfants de France, et mourut en 1709. Voyez à son sujet Tallemant, tome III, p. 317. Selon Mme de Motteville (tome I, p. 317 et 318), en 1647, avant le départ pour l'expédition de Catalogne, Mlle de Toucy réveilla chez Condé, malheureux de la retraite de Mlle du Vigean, « le désir de plaire, » mais elle éluda ses poursuites et demeura irréprochable. Lenet, dans ses *Mémoires* (p. 503 de l'édition de Champollion), va plus loin que Mme de Motteville, et parle de « tendre passion. » Il existe un charmant portrait de Mme de la Mothe en veuve, gravé par Poilly.

sidération de Madame sa femme ne lui permettoit pas de prendre pour lui le parti que je lui avois proposé, et qui ne vouloit pas le marquer aux autres, se servit de cette manière pour me l'insinuer, et pour m'empêcher de l'en presser davantage devant eux[1], auxquels il n'avoit pas la même confiance qu'il avoit en moi. Il me l'expliqua ainsi un moment après, auquel il eut le moyen de me parler seul[2], parce que Mlle de Longueville, dans la chambre de qui cette conversation se passa[3], à l'Hôtel de Ville, revint de ses visites, et nous obligea d'aller chercher un autre lieu pour continuer notre discours.

Comme M. de Beaufort et M. de la Mothe étoient après pour faire ouvrir une espèce de bureau qui répond sur la salle[4], M. de Bouillon eut le temps de me dire que je ne devois pas avoir au moins tout seul les gants[5] de ma proposition; qu'elle lui étoit venue dans l'esprit dès qu'il eut appris la désertion de l'armée de Monsieur son frère; que ce parti étoit l'unique bon, qu'il avoit même le moyen de l'améliorer[6] encore beaucoup[7] davantage, en le faisant goûter aux Espagnols; qu'il avoit été sur le point, cinq ou six fois dans un jour, de

1. *Ceux*, pour *eux*, dans la copie R.
2. Le ms H et toutes les anciennes éditions sautent ici près de sept lignes, et continuent ainsi après *seul* : « Il (*ou* et) me dit que je ne devois pas, etc. »
3. Première rédaction : « se faisoit; » *faisoit* a été effacé et remplacé par *passa*.
4. *La salle* (Retz écrit *sale*) remplace, en interligne, *le degré*, qui a été biffé.
5. Avoir tous les gants. (1843-1866.) — Avoir au moins seul la gloire. (1717 A, 1718 B, F.)
6. *Améliorer* a été écrit une première fois et biffé; puis récrit avec une *r*, par mégarde, pour *l* (*amériorer*). — Plus haut (p. 438, ligne avant-dernière), Retz, au contraire, avait mis d'abord *plularité*, et a changé ensuite l'*l* en *r*.
7. La copie R omet *beaucoup*.

me le communiquer, mais que Madame sa femme s'y
étoit toujours opposée avec une telle fermeté, avec tant
de larmes, avec une si vive douleur, qu'elle lui avoit
enfin fait donner parole de n'y plus penser, et de s'accommoder à la cour ou de prendre parti avec Espagne.
« Je vois bien, ajouta-t-il, que vous ne voulez pas du
second ; aidez-moi au premier, je vous en conjure ; vous
voyez la confiance parfaite que j'ai en vous. »

M. de Bouillon me dit tout cela en confusion et en
moins de paroles que je ne vous le viens d'exprimer ; et
comme MM. de Beaufort et de la Mothe nous rejoignirent, avec le président de Bellièvre, qu'ils avoient trouvé
sur le degré, je n'eus le temps que de serrer la main à
M. de Bouillon, et nous entrâmes tous ensemble dans
le bureau. Il y expliqua, en peu de mots, à M. de Bellièvre le commencement de notre conversation ; il témoigna ensuite qu'il ne pouvoit, en son particulier, prendre le parti que je lui avois proposé, parce qu'il risquoit pour jamais toute sa maison, à laquelle il seroit
responsable de sa ruine ; qu'il devoit tout en cette conjoncture à Monsieur son frère, dont les intérêts ne comportoient pas apparemment[1] une conduite de cette nature ;
qu'il nous pouvoit au moins assurer, par avance, qu'elle
étoit bien éloignée et de son humeur et de ses maximes ; enfin il n'oublia rien pour persuader, particulièrement au président de Bellièvre, qu'il jouoit le droit du
jeu[2] de ne pas entrer dans ma proposition. Je le remarquai, et je vous en dirai tantôt la raison[3]. Il revint tout
d'un coup, après s'être beaucoup étendu, même jus-

1. *Apparemment*, manifestement. — Il y a *compétoient*, pour *comportoient*, dans la copie R.
2. Qu'il y avoit le droit du jeu. (1837-1866.) — Trois lignes plus haut, les éditions de 1837 et de 1843 changent *humeur* en *honneur*.
3. Voyez ci-après, p. 444 et 445.

ques à la disgression[1], et il dit en se tournant vers M. de Beaufort et vers moi : « Mais entendons-nous, comme vous l'avez tantôt proposé. Ne consentez à la paix, au moins par votre voix dans le Parlement, que sous la condition de l'exclusion du Mazarin. Je me joindrai à vous, je tiendrai le même langage. Peut-être que notre fermeté donnera plus de force que nous ne croyons nous-mêmes au Parlement. Si cela n'arrive pas, et même dans le doute que cela n'arrive pas, qui n'est que trop violent, agréez que je cherche à sauver ma maison, et que j'essaye d'en trouver les voies par les accommodements, qui ne peuvent pas être fort bons en l'état où sont les choses, mais qui pourront peut-être le devenir avec le temps. »

Je n'ai guères eu en ma vie de plus sensible joie que celle que je reçus à cet instant. Je pris la parole avec précipitation, et je répondis à M. de Bouillon que j'avois tant d'impatience de lui faire connoître à quel point j'étois son serviteur, que je ne me pouvois empêcher de manquer même au respect que je devois à M. de Beaufort, et de prendre même la parole devant lui, pour lui dire que non-seulement je lui rendois, en mon particulier, toutes les paroles d'engagements qu'il avoit pris avec moi, mais que je lui donnois de plus la mienne que je ferois, pour faciliter son accommodement, tout ce qu'il lui plairoit sans exception ; qu'il se pouvoit servir et de moi et de mon nom pour donner à la cour toutes les offres qui lui pourroient être bonnes, et que, comme dans le fond je ne voulois pas m'accommoder avec le Mazarin[2], je le rendois maître, avec

1. Voyez ci-dessus, p. 335 et note 4.
2. Retz avait mis d'abord : « avec la cour; » *la* est devenu *le*, *cour* a été biffé, et *Mazarin* écrit en interligne. La nuance est intéressante à noter. — « Avec Mazarin, » sans article, dans la copie R.

une sensible joie, de toutes les apparences de ma conduite, desquelles il se pourroit servir pour ses avantages.

M. de Beaufort, dont le naturel étoit de renchérir toujours sur celui qui avoit parlé le dernier, lui sacrifia avec emphase[1] tous les intérêts passés, présents et à venir de la maison de Vendôme ; le maréchal de la Mothe lui fit son compliment, et le président de Bellièvre lui fit son éloge. Nous convînmes, en un quart d'heure, de tous nos faits. M. de Bouillon se chargea de faire agréer aux Espagnols cette conduite, pourvu que nous lui donnassions parole de ne leur point témoigner qu'elle eût été concertée auparavant avec nous. Nous prîmes le soin, le maréchal de la Mothe et moi, de proposer à M. de Longueville, en son nom, en celui de M. de Beaufort et au mien, le parti que M. de Bouillon prenoit pour lui ; et nous ne doutâmes point qu'il ne l'acceptât, parce que tous les gens irrésolus[2] prennent toujours avec facilité et même avec joie toutes les ouvertures qui les mènent à deux chemins, et qui par conséquent ne les pressent pas d'opter. Nous crûmes que, par cette raison, M. de la Rochefoucauld ne nous feroit point d'obstacle, ni auprès de M. le prince de Conti ni auprès de Mme de Longueville ; et ainsi nous résolûmes que M. de Bouillon en feroit, dès le soir même, la proposition à M. le prince de Conti, en présence de tous les généraux[3], à l'exception de M. d'El-

1. *Emfase*, dans l'original. — Nous avons eu plusieurs occasions de remarquer que notre auteur change *ph* en *f*.

2. *Irrésolus* est écrit en marge, avec un signe de renvoi, et remplace *foibles*, qui a été biffé dans le texte. — A la suite, après *toujours*, on lit, sous les ratures, les mots *avec joie*, récrits un peu plus loin.

3. La suite, jusqu'à la fin de l'alinéa, manque dans le ms H et dans les anciennes éditions.

bœuf¹, qui étoit au camp, et auquel M. de Bellièvre se chargea de faire agréer ce que nous ferions, au moins en cette matière, qui étoit tout à fait de son génie². Il fut toutefois de la conférence, parce qu'il revint plus tôt qu'il ne le croyoit.

Cette conférence fut curieuse, en ce que M. de Bouillon n'y proféra pas un mot par lequel l'on se pût plaindre qu'il eût seulement songé à tromper personne, et qu'il n'en omit pas un seul qui pût couvrir son véritable dessein. Je vous rapporterai son discours syllabe à syllabe³, et tel que je l'écrivis une heure après qu'il l'eut fait, après que je vous aurai rendu compte de ce qu'il me dit en sortant du bureau, où nous avions eu une partie de notre conversation de l'après-dînée. « Ne me plaignez-vous pas, me dit-il, de me voir dans la nécessité où vous me voyez de ne pouvoir prendre l'unique parti où il y ait de la réputation pour l'avenir et de la sûreté pour le présent? Je conviens que c'est celui que vous avez choisi; et si il étoit en mon pouvoir de le suivre, je crois, sans vanité, que j'y mettrois un grain⁴ qui ajouteroit un peu au poids. Vous avez tantôt remarqué que j'avois peine à m'ouvrir tout à fait des raisons que j'ai d'agir comme je fais devant le président de Bellièvre, et il est vrai; et vous avouerez que je n'ai pas tort, quand je vous aurai dit que ce bourgeois me déchira avant-hier, une heure durant⁵, sur la déférence

1. Après *d'Elbeuf*, l'auteur a effacé *avec lequel*.
2. De son genre. (Ms Caf. et 1837-1866.)
3. Cette promesse n'a pas été tenue; le discours ne se trouve pas plus loin.
4. *Grain* désigne, comme l'on sait, une très-petite subdivision de l'ancienne livre, la soixante-douzième partie du gros, qui lui-même était le huitième de l'once.
5. Une heure devant. (1837.) — Une heure avant. (1843.) — A la suite, l'édition de 1859-1866 change *déférence* en *préférence*.

que j'ai pour les sentiments de ma femme. Je veux bien vous l'avouer à vous, qui êtes une âme vulgaire, qui compatissez[1] à ma foiblesse, et je suis même assuré que vous me plaindrez, mais que vous ne me blâmerez pas de ne pas exposer une femme que j'aime autant, et huit enfants[2] qu'elle aime plus que soi-même, à un parti aussi hasardeux que celui que vous prenez et que je prendrois de très-bon cœur avec vous si j'étois seul. » Je fus touché et du sentiment de M. de Bouillon et de sa confiance, au point que je le devois; et je lui répondis que j'étois bien[3] éloigné de le blâmer, que je l'en honorerois toute ma vie davantage, et que la tendresse pour Madame sa femme, qu'il venoit d'appeler une foiblesse, étoit une de ces sortes de choses que la politique condamne et que la morale justifie, parce qu'elles sont une marque infaillible de la bonté d'un cœur qui ne peut être supérieur à la politique qu'il ne le soit en même temps à l'intérêt.

Je ne trompois pas[4] assurément M. de Bouillon en lui parlant ainsi, et vous savez que je vous ai dit plus d'une fois qu'il y a de certains défauts qui marquent plus une bonne âme que de certaines vertus[5].

Nous entrâmes un moment après chez M. le prince

1. Dans l'original, il y a plutôt *compatisez* (*sic*) que *compatirez;* dans la copie R, *compatirez*.
2. Quatre garçons et quatre filles; le dernier de ces garçons était né en 1646; la dernière des filles, en 1645. La duchesse de Bouillon, qui mourut en 1657, eut encore deux autres enfants : Henri-Ignace de la Tour, et Mauricette-Fébronie de la Tour, qui naquirent, l'un en 1650, l'autre en 1652. Retz avait d'abord mis 9; le chiffre 8 est écrit au-dessus.
3. *Si*, au lieu de *bien*, dans les copies R, H, Caf. et dans toutes les éditions anciennes.
4. *Pas* et, à la ligne suivante, *je* sont ajoutés en interligne.
5. Ce petit alinéa manque dans le ms H et dans les anciennes éditions.

de Conti, qui soupoit, et M. de Bouillon le pria[1] qu'il lui pût parler en présence de Mme de Longueville, de Messieurs les généraux et des principales personnes du parti. Comme il falloit du temps pour rassembler tous ces gens-là, l'on remit la conversation à onze heures du soir, et M. de Bouillon alla, en attendant, chez les envoyés d'Espagne, auxquels il persuada que la conduite que nous venions de résoudre ensemble, et qu'il ne leur disoit pas pourtant avoir concertée avec nous, leur pouvoit être très-utile, et parce que la fermeté que nous conservions contre le Mazarin pourroit peut-être rompre la paix, et parce que, supposé même qu'elle se fît, ils pourroient toujours tirer un fort grand avantage, dans les suites, du personnage que j'avois pris la résolution de jouer[2]. Il assaisonna ce tour, que je ne fais que toucher, de tout ce qui les pouvoit persuader que l'accommodement de M. d'Elbeuf avec Saint-Germain leur étoit fort bon, parce qu'il les déchargeroit[3] d'un homme qui leur coûteroit de l'argent et qui leur seroit fort inutile; que le sien particulier, supposé même qu'il se fît, dont il doutoit fort, leur pouvoit être utile, parce que le peu de foi du Mazarin lui donnoit lieu, par avance, de garder avec eux ces anciennes mesures; qu'il n'y avoit aucune sûreté en tout ce qu'ils négocieroient avec M. le prince de Conti, qui n'étoit qu'une girouette; qu'il n'y en avoit qu'une très-médiocre en[4] M. de Longueville, qui traitoit toujours avec les deux partis; que MM. de Beaufort, de la Mothe, de Brissac, de Vitri

---

1. Après *pria*, 1718 C, D, E et 1719-1828 ajoutent : « de permettre. » — A la suite, le ms H et toutes les éditions anciennes remplacent *en présence de* par *devant*.

2. Que j'avois résolu de jouer. (Copies R, H, Caf. et toutes les anciennes éditions.)

3. Déchargeoit. (Copie R.) — 4. *Avec*, pour *en*. (1837-1866.)

et autres ne se sépareroient pas de moi, et qu'ainsi la pensée de se rendre maîtres du Parlement étoit devenue impraticable par l'opposition que j'y avois.

Ces considérations, jointes à l'ordre que les envoyés [1] avoient de se rapporter en tout aux sentiments de M. de Bouillon, les obligèrent de donner les mains à tout ce qu'il lui plut. Il n'eut pas plus de peine à persuader, à son retour à l'Hôtel de Ville, Messieurs les généraux, qui furent charmés d'un parti qui leur feroit faire, tous les matins, les braves au Parlement, et qui leur laisseroit la liberté de traiter, tous les soirs, avec la cour. Ce que je trouvai de plus [2] fin et de plus habile dans son discours fut qu'il y mêla des circonstances, comme imperceptibles, dont le tour différent que l'on leur pourroit donner [3] en cas de besoin ôteroit, quand il seroit nécessaire, toute créance au mauvais usage que l'on pourroit faire, du côté des Espagnols et du côté de la cour, de ce qu'il nous disoit. Tout le monde sortit content de la conférence, qui ne dura pas plus d'une heure et demie. M. le prince de Conti nous assura même que M. de Longueville, à qui l'on dépêcha à l'instant, l'agréeroit au dernier point, et il ne se trompoit pas, comme vous le verrez dans la suite. Je retournai avec M. de Bouillon chez lui, et j'y trouvai les envoyés d'Espagne, qui l'y attendoient, comme il me l'avoit dit. Je m'aperçus aisément, et à leurs manières et à leurs paroles, que M. de Bouillon leur avoit fait valoir, et pour lui et pour moi, la résolution que j'avois prise de ne me [4] pas accommoder. Ils me firent toutes les honnê-

---

1. *Envoyés* est écrit au-dessus de *députés*, biffé.
2. *Plus* est en interligne.
3. *Qu'il*, pour *que l'on*, dans les copies R, H, Caf. et les éditions anciennes; la plupart changent, en outre, *pourroit* en *pouvoit*.
4. *Me* est ajouté entre les lignes.

tetés et toutes les offres imaginables[1]. Nous convînmes de tous nos faits, ce qui fut bien aisé, parce qu'ils approuvoient tout ce que M. de Bouillon proposoit. Il leur fit un pont d'or pour retirer leurs troupes avec bienséance et sans qu'il parût qu'ils le fissent par nécessité. Il leur fit trouver bon, par avance, tout ce que les occasions lui pourroient inspirer de leur proposer; il prit vingt dates différentes, et même quelquefois contraires, pour les pouvoir appliquer dans les suites, selon qu'il le jugeroit à propos. Je lui dis, aussitôt qu'ils furent sortis, que je n'avois jamais vu personne qui fût si éloquent que lui pour persuader aux gens que fièvres quartaines[2] leur[3] étoient bonnes. « Le malheur est, me répondit-il, qu'il faut pour cette fois que je me le persuade[4] aussi à moi-même. »

Je[5] ne puis encore m'empêcher de vous répéter ici que dans les deux scènes de ce jour, aussi difficiles qu'elles étoient importantes, il ne dit pas un mot que l'on lui pût reprocher avec justice quoi qu'il arrivât, et qu'il n'en omit pourtant pas un qui pût être utile à son dessein. M. de Bellièvre, qui l'avoit remarqué comme moi, dans la conversation que nous eûmes l'après-dînée chez M. le prince de Conti, me louoit sur cela son esprit, et je lui répondis : « Il faut que le cœur y ait beaucoup de part. Les fripons ne gardent jamais que la

1. Le ms H et 1717 A, 1718 F changent *imaginables* en *inimaginables*.

2. A *fièvres quartaines* le ms H et toutes les éditions anciennes substituent soit *fièvres quartes*, soit *fièvre quarte*.

3. Ici encore, il y a dans l'original *leurs*, pour *leur* : voyez ci-dessus, p. 308, note 4.

4. Qu'il faut pour cette fois me le persuader. (Copies R et Caf.)

5. Cet alinéa est omis dans la copie H et dans toutes les anciennes éditions.

moitié des brèves et des longues¹. Je l'ai observé en plus d'une occasion et à l'égard de la plupart de ceux qui ont passé pour être les plus fins dans la cour. » J'en suis persuadé, et que M. de Bouillon n'eût pas été capable d'une perfidie².

Comme je fus retourné chez moi, j'y trouvai Varicarville, qui venoit de Rouen de la part de M. de Longueville ; et je crois être obligé de vous faire excuse en ce lieu de ce que vous rendant compte de la guerre civile, je n'ai touché jusques ici que très-légèrement un de ses principaux actes, qui se joua ou plutôt qui se dut jouer en Normandie. Comme j'ai toujours été persuadé que tout ce qui s'écrit sur la foi d'autrui est incertain, je n'ai fait état³, dès le commencement de cet ouvrage, que de ce que j'ai vu par moi-même, et si je me croyois encore, j'en demeurerois précisément en ces termes. Puisque toutefois je trouve en cet endroit Varicarville, qui a été, à mon sens, le gentilhomme de son siècle le plus véritable, je ne me dois pas, ce me semble, empêcher de vous faire un récit succinct de ce qui se passa de ce côté-là, depuis le 20 de janvier, que M. de Longueville partit de Paris pour y aller⁴.

1. On lit ici, biffés avant *Je l'ai*, ces mots qui commencent la phrase suivante : « J'en suis persu[adé]. »

2. Tout ce long exposé est fait pour expliquer comment Retz, qui sagement, mais un peu tard, renonçait à son gouvernement de Paris, se décide à rester isolé au sujet de la paix. Quant aux autres, le récit n'est pas exact : dès le 16, les généraux avaient remis leurs propositions au Premier Président, qui, le soir même, les faisait lire devant ses collègues, députés à Ruel, et, le 17, les remettait tout au long entre les mains des députés, nommés par le Roi.

3. *Récit*, pour *état*, dans toutes les éditions anciennes, hormis celle de 1717 A et les cinq de 1718.

4. Pour les affaires de Normandie pendant la Fronde, voyez M. Floquet : *Histoire du Parlement de Normandie;* et notre livre de *la Misère au temps de la Fronde*, p. 110-117, où nous avons publié

Vous avez vu ci-dessus[1] que le parlement et la ville de Rouen se déclarèrent pour lui; MM. de Matignon et de Beuvron[2] firent la même chose[3], avec tout le corps de la noblesse. Les châteaux et les villes de Dieppe et de Caen étoient en sa disposition. Lisieux le suivit avec son évêque[4], et tous les peuples, passionnés pour lui, contribuèrent avec joie à la cause commune. Tous les deniers du Roi furent saisis dans toutes les recettes; l'on fit des levées jusques au nombre, à ce que l'on publioit, de sept mille hommes de pied et de trois mille chevaux, et jusques au nombre, dans la vérité, de quatre mille hommes de pied et de quinze cents chevaux. M. le comte d'Harcourt, que le Roi y envoya avec un petit camp volant, tint toutes ces villes, toutes ces troupes et tous ces peuples en haleine, au point qu'il les resserra presque toujours dans les murailles de Rouen, et que l'unique exploit qu'ils firent à la campagne fut la prise de Harfleur[5], place non tenable, et de deux ou trois petits châteaux qui ne furent point défen-

plusieurs documents inédits. Il faut lire aussi l'opuscule satirique de Saint-Évremond, intitulé : *Retraite de M. le duc de Longueville en son gouvernement de Normandie*, 1649, tome II de l'édition de M. Ch. Giraud (*OEuvres mêlées de Saint-Évremond*, 1866, 3 volumes in-12).

1. Page 203.
2. François sire de Matignon, comte de Thorigny, mort en 1675, et François d'Harcourt, marquis de Beuvron, mort en 1658, tous deux lieutenants généraux pour le Roi, l'un en basse et l'autre en haute Normandie.
3. Firent le (de, 1718 *B*) même. (Ms H et 1717 A, 1718 B, F.)
4. Léon de Matignon, frère de François, évêque d'abord de Coutances, puis de Lisieux en 1646; il mourut en 1680.
5. Voyez la pièce intitulée : *Relation de ce qui s'est passé à la prise de la ville de Harfleur, près le Havre, par l'armée de Monseigneur le duc de Longueville; ensemble la liste de tous les officiers de son armée*, 1649, 8 pages. — Pour *de Harfleur*, il y a *de Honfleur* dans le ms H, *d'Honfleur* dans 1717 A, 1718 B, F.

dus. Varicarville, qui étoit mon ami très-particulier et qui me parloit très-confidemment, n'attribuoit cette pauvre et misérable conduite ni au défaut de cœur de M. de Longueville, qui étoit très-soldat[1], ni même au défaut d'expérience, quoiqu'il ne fût pas grand capitaine; il en accusoit uniquement son incertitude naturelle, qui lui faisoit continuellement chercher des ménagements. Il me semble que je vous ai déjà dit[2] qu'Anctauville, qui commandoit sa compagnie de gensdarmes, étoit son négociateur en titre d'office, et j'avois été averti de Saint-Germain, par Mme de Lesdiguières, que, dès le second mois[3] de la guerre, il avoit fait un voyage secret à Saint-Germain; mais comme je connoissois M. de Longueville pour un esprit qui ne se pouvoit empêcher de traitailler[4], dans les temps même où il avoit le moins d'intention de s'accommoder, je ne fus pas ému de cet avis[5]; et d'autant moins que Varicarville, à qui j'en écrivis, me manda que je devois connoître le terrain, qui n'étoit jamais ferme, mais que je serois informé à point nommé lorsqu'il s'amolliroit davantage.

Dès que je connus que Paris penchoit à la paix au point de nous y emporter nous-mêmes, je crus être obligé de le faire savoir à M. de Longueville : en quoi Varicarville soutenoit que j'avois fait une faute, parce qu'il disoit à M. de Longueville même qu'il falloit que ses amis le traitassent comme un malade et le servis-

1. Très-bon soldat. (1718 C, D, E, 1719-1828.) Voyez sur ce mot *soldat* la note 2 de la page 181.
2. Voyez p. 329 et p. 374.
3. Dans l'autographe : « dès le 2 mois; » dans les copies R, Caf. et dans la plupart des éditions anciennes : « dès le second mois. » Les textes de 1837-1866 donnent seuls *deuxième*. Le ms H et 1717 A, 1718 B, F ont cette leçon impossible : « dans les deux mois. »
4. Retz écrit *traitallier;* la copie R, *traitaillier*.
5. Je ne fus pas de cet avis. (1843.)

sent, en beaucoup de choses, sans lui. Je ne crus pas devoir user de cette liberté, dans une conjoncture où les contre-temps du Parlement pouvoient faire une paix fourrée à tous les quarts d'heure, et je m'imaginai que je remédierois à l'inconvénient que je voyois bien qu'un avis de cette nature pourroit produire dans un esprit aussi vacillant que celui de M. de Longueville ; je m'imaginai, dis-je, que je remédierois à cet inconvénient en avertissant, en même temps, Varicarville d'être sur ses gardes et de tenir de près M. de Longueville, afin de l'empêcher de faire au moins de méchants traités particuliers, auxquels il avoit toujours beaucoup de pente. Je me trompai en ce point, parce que M. de Longueville avoit autant de facilité à croire Anctauville dans la fin des affaires, qu'il en avoit à croire Varicarville dans les commencements. Le premier le portoit continuellement dans les sentiments de la cour, à laquelle M. de Longueville retournoit toujours de son naturel, aussitôt après qu'il en étoit sorti ; et le second, qui aimoit sa personne tendrement et qui le vouloit faire vivre à l'égard des ministres avec dignité, l'engageoit, le plus facilement du monde, dans les occasions qui pouvoient flatter un cœur où tout étoit bon, et un esprit où rien n'étoit mauvais que le défaut de fermeté.

Il y avoit six semaines qu'il étoit dans la guerre civile, quand je lui donnai l'avis dont je vous ai parlé, et je vis bien, par la réponse de Varicarville, que Anctauville étoit sur le point de servir son quartier[1]. Il fit effectivement, quelque temps après, un voyage secret à Saint-Germain, que je vous ai marqué ci-dessus, auquel Varicarville m'a dit depuis qu'il ne trouva ni son compte

1. C'est-à-dire que le tour d'Anctauville était venu, que c'était de lui que le duc de Longueville allait maintenant prendre conseil.

ni celui de son maître, ce qui obligea M. de Longueville de reprendre la grande voie et de se servir de l'occasion publique de la conférence de Ruel pour entrer dans un traité. Et comme il n'approuvoit pas mes pensées sur tout ce détail, dont je lui avois toujours fait part très-soigneusement par le canal de Varicarville, il me l'envoya pour me faire agréer les siennes, sous prétexte de me faire savoir les tentatives que dom Francisco Pizarro lui étoit allé faire de la part de l'Archiduc. Nous connûmes, M. de Bouillon et moi, par ce que Varicarville m'expliqua[1] fort amplement ce soir-là, que le gentilhomme que nous venions de dépêcher à Rouen y donneroit la plus agréable nouvelle du monde à M. de Longueville, en[2] lui apprenant que l'on ne prétendoit plus le contraindre sur la matière des traités; et Varicarville, qui étoit un des hommes de France des plus fermes, me témoigna même de l'impatience que l'on obtînt[3] des passe-ports pour Anctauville[4], qui étoit celui que M. de Longueville destinoit pour la Conférence, tant il étoit persuadé, me dit-il en particulier, que son maître feroit autant de foiblesses qu'il demeureroit de moments dans un parti qu'il n'avoit pas la force de soutenir. « Je[5] n'y serai jamais pris, ajouta-t-il; Anctauville a raison, et je serai toute ma vie de son avis. » Ce

1. Première rédaction, biffée : *me dit*.
2. Après *en*, on lit sous les ratures ces mots effacés : « ne le contraignant plus. »
3. L'auteur a biffé ici les deux mots *pour lui*.
4. Retz, dans sa narration, est en retard sur les événements : elle se rapporte, en réalité, à la nuit du 18 au 19 mars; dès le 18 au matin, Anctauville, ou, selon d'autres, Anctoville, ou encore Hanquetonville, était arrivé à Ruel avec le pouvoir de son maître, puis avait poussé le même jour jusqu'à Paris pour conférer avec le prince de Conti, et était retourné à Ruel le soir.
5. Cette phrase et la suivante sont omises dans le ms H et dans toutes les éditions anciennes.

qui est admirable est que ce M. de Longueville de qui Varicarville disoit cela, et avec beaucoup de justice, avoit déjà été de quatre ou cinq guerres civiles. Je reviens à ce qui se passa et au Parlement et à la Conférence.

Je vous ai dit ci-dessus[1] que les députés retournèrent à Ruel le 16 de mars; ils allèrent, dès le lendemain, à Saint-Germain, où la seconde conférence se devoit tenir à la Chancellerie; et ils ne manquèrent pas d'y lire d'abord les propositions que tous ceux du parti avoient faites avec un empressement merveilleux pour leurs[2] intérêts particuliers, et que Messieurs les généraux[3], qui ne s'y étoient pas oubliés, avoient toutefois stipulé ne devoir être faites qu'après que les intérêts du Parlement seroient ajustés. Le Premier Président fit tout le contraire, sous prétexte de leur témoigner que leurs intérêts étoient plus chers à la Compagnie que les siens propres, mais dans la vérité pour les décrier dans le public. Je l'avois prévu, et j'avois insisté, par cette considération, qu'ils ne donnassent leurs mémoires qu'après que l'on seroit demeuré d'accord des articles dont le Parlement demandoit la réformation[4]. Mais le

1. Voyez p. 408.
2. Ici et dans les deux phrases suivantes, le possessif *leur* est constamment écrit sans *s*. C'est sans doute ce défaut d'accord qui a donné lieu, cinq lignes plus bas, dans les éditions de 1837-1866, à la leçon : « leur intérêt étoit plus cher. »
3. Retz ne s'aperçoit pas qu'en copiant ici le *Journal du Parlement*, il ne confirme guère ce qu'il vient de dire dans ses entretiens précédents.
4. Le Coadjuteur pense un peu tard à nous le dire; c'eût été pourtant un bon argument à faire valoir dans les longues discussions intimes des 17 et 18 mars avec le duc de Bouillon et les autres généraux. On ne trouve, dans les autres documents historiques, qu'une trace légère de notre auteur pendant ces deux jours : « Le mercredi 17 mars, dit d'Ormesson (tome I, p. 721), la surséance

Premier Président les enchanta, et au point que du moment que l'on sut que Messieurs les généraux avoient pris la résolution de se laisser entendre [1] sur leur intérêt, il n'y eut pas un officier dans l'armée qui ne crût être en droit de s'adresser au Premier Président pour ses prétentions. Celles [2] qui parurent en ce temps-là furent d'un ridicule que celui-ci [3] auroit peine à s'imaginer [4]. C'est tout vous dire, que le chevalier de Fruges en eut

d'armer fut continuée jusqu'au vendredi, à condition que le Parlement donneroit quatre-vingt mille livres pour l'armée. Au Parlement, Monsieur le Coadjuteur dit que la surséance d'armer étoit une invention trouvée par la cour pour tirer leurs troupes d'autour de Paris, et aller accabler M. de Longueville : ce qui étoit très-faux ; car les troupes étoient envoyées contre l'Archiduc, qui venoit. » Le même jour, il se plaint au Parlement de ce que, malgré la trêve, on avait pillé une maison de son frère, à Villepreux en Brie : « ce qui a causé une grande émotion dans les esprits, jusques à proposer d'arrêter les personnes et les équipages de ceux qui, sous la liberté de la trêve, sont arrivés ou sont passés en cette ville (*Paris*). » Vérification faite, le duc d'Orléans fait savoir « qu'on n'a pas touché quoi que ce soit du château..., et qu'on fait passer des choses de rien pour des choses considérables. » (*Mémoires de Molé*, tome III, p. 402 et 403.)

1. Les généraux se faisoient entendre. (1717, 1718 C, D, E, 1719-1828.) — Se laissoient entamer. (Ms H, 1717 A, 1718 B, F.)

2. La fin de l'alinéa, depuis *Celles*, manque dans le ms H et dans toutes les éditions anciennes.

3. *Celui-ci*, c'est-à-dire ce temps-ci. Pour la clarté sans doute, les éditions de 1837-1866 ont substitué *l'on* à *celui-ci*.

4. Retz n'exagère point ici ; et Mme de Motteville a pu dire avec vérité (tome II, p. 393) que « par leurs cahiers ils (*les généraux*) demandoient toute la France. » Voyez, pour ces prétentions des chefs de la Fronde, les *Mémoires de Molé*, tome III, p. 420-429 et p. 449-470 ; elles sont aussi exposées dans les *Mémoires de Mme de Motteville* (tome II, chapitre XXXII). Les *Courriers burlesques*, qui rappellent quelquefois, bien qu'à grande distance, le mordant de la *Satire Ménippée*, ont pu intituler ces *cahiers* « la Noblesse jugée par elle-même. » Les originaux de ces demandes existent à la Bibliothèque nationale dans les papiers de Molé (Fonds des *Cinq cents* de Colbert, tome III, p. 157-192).

de grandes, que la Boulaie en eut de considérables, et que le marquis d'Alluie en eut d'immenses [1].

M. de Bouillon m'avoua qu'il n'avoit pas assez pesé cet inconvénient, qui jeta un grand air de ridicule sur tout le parti, et si grand que M. de Bouillon, qui savoit qu'il en étoit la véritable cause, en eut une véritable honte. Je fis des efforts inconcevables pour obliger M. de Beaufort et M. le maréchal de la Mothe à ne pas donner dans ce panneau, et l'un et l'autre me l'avoient promis. Le Premier Président et Viole enjolèrent le second par des espérances [2] frivoles. M. de Vendôme envoya en forme sa malédiction à son fils, si il n'obtenoit [3] du moins la surintendance des mers [4], qui lui avoit été

---

1. Voici quelles furent, en résumé, d'après les *Mémoires de Mme de Motteville*, tome II, p. 404 et 405, les prétentions des seigneurs dont parle Retz : « M. de Fruges demande d'être rétabli dans le commandement du régiment de cavalerie de la Reine, dans la jouissance de ses pensions, et conservé dans les grâces que Sa Majesté lui accorda lors de la mort de Madame sa mère. M. le marquis de la Boulaye demande la survivance de la charge de M. de Bouillon, son beau-père, ou qu'il y soit présentement reçu sur sa démission. M. le marquis d'Alluye demande qu'on retire, par récompense, de M. de Tréville le gouvernement du comté de Foix, qu'il a perdu par la mort du comte de Cramail, son grand-père, qui l'avoit acheté, et qu'on lui donne la survivance de celui du marquis de Sourdis, son père [a]. » — On trouvera ces demandes rapportées tout au long dans les *Mémoires de Molé*, tome III, p. 466-469; seulement l'éditeur, M. Champollion, appelle le chevalier de *Fruges* M. de *Frage*.

2. Retz avait d'abord mis *l'esperance*; à *l'*, effacé, il a substitué *des*, qui plus tard a été aussi effacé, ce semble.

3. *N'obtenoit* a été biffé, puis récrit en marge, avec un signe de renvoi.

4. Depuis la mort de Richelieu, Anne d'Autriche s'était réservé cette charge, ainsi que le gouvernement de Bretagne, où elle avait mis pour la remplacer le maréchal de la Meilleraye, déjà lieutenant

[a] Il y avait deux branches des d'Alluye: l'une des Sourdis, dont il s'agit ici, et l'autre de la très-ancienne maison d'Escoubleau (en Poitou).

promise à la Régence pour récompense[1] du gouvernement de Bretagne. Les plus désintéressés[2] s'imaginèrent qu'ils seroient les dupes des autres, si ils ne se mettoient aussi sur les rangs. M. de Retz, qui sut que M. de la Trémouille, son voisin, y étoit pour le comté de Roussillon, et qu'il avoit même envie d'y être pour le royaume de Naples[3], ne m'a pas encore pardonné de ce que je n'entrepris pas de lui faire rendre la généralité des galères[4]. Enfin je ne trouvai que M. de Brissac qui voulût bien n'entrer point en prétention; et encore Matha, qui n'avoit guère de cervelle, lui

général et gouverneur de Nantes. Voyez à ce sujet les *États de Bretagne et l'administration de cette province jusqu'en* 1789, par M. de Carné (in-8°, 1868).

1. En compensation.
2. La copie Caffarelli change *désintéressés* en *intéressés*.
3. Henri de la Trémoille avait recueilli en 1605 la succession de Guy XX comte de Laval, et à ce titre élevait des prétentions sur le royaume de Naples. Il se trouvait en effet, par sa bisaïeule, Anne de Laval, femme de François de la Trémoille, le seul héritier de Frédéric d'Aragon, roi de Naples. Il fit valoir ses droits en 1643; Louis XIII lui avait accordé de prendre le titre de prince de Tarente, et dès 1629, pour lui et les siens, le rang et les prérogatives qui y étaient attachés. En 1648, Louis XIV lui permit d'envoyer un représentant pour soutenir ses droits devant le congrès réuni à Munster pour le traité de Westphalie. Voyez à la page 8 de l'ouvrage d'Imbert, déjà cité par nous (p. 203, note 5, et p. 371, note 6).
4. Dans la pièce originale, intitulée : *Mémoire des choses que M. le prince de Conti supplie M. de Luynes de représenter pour ses intérêts* (tome III des *Cinq cents* de Colbert, p. 189), on lit : « Demande pour M. le duc de Retz qu'il soit rétabli dans sa charge de général des galères, ou que l'on lui paye tout ce qui lui est dû du traité qu'il a fait de ladite charge. » Tout ce paragraphe a été biffé. Omer Talon (*Mémoires*, p. 350) nous apprend que, dans la séance du 31 mars, « le Coadjuteur déclara qu'il avoit prié Messieurs les députés de rayer cet article et de n'en point faire mention : ce qui fut certifié être véritable par Monsieur le Premier Président. » De là le ressentiment de son aîné.

ayant dit qu'il se faisoit tort, il se mit dans l'esprit qu'il le falloit réparer par un emploi[1] que vous verrez dans la suite[2].

Toutes ces démarches, qui n'étoient nullement bonnes, me firent prendre la résolution de me tirer du pair, et m'obligèrent de me servir de l'occasion de la déclaration que M. le prince de Conti fit faire au Parlement[3], qu'il avoit nommé pour son député à la Conférence le comte de Maure, pour y en faire une autre en mon nom[4], le même jour, qui fut le 19 de mars[5], par laquelle je suppliai la Compagnie d'ordonner à ses députés de ne me comprendre en rien de tout ce qui pourroit regarder ou directement ou indirectement[6] aucun intérêt. Ce pas, auquel je fus forcé pour n'être pas chargé, dans le public, de la glissade de M. de Beaufort, joint au

1. La copie H change *emploi* en *exploit*, et, trois lignes plus bas, *pair* en *parti*.
2. Retz nous dira plus tard, au mois de janvier 1650, que cet emploi était le gouvernement d'Anjou : voyez au tome II, p. 203, de l'édition de 1859.
3. Retz a ajouté en marge, puis biffé, les mots : « par la bouche de M. de la Mothe. »
4. A mon nom. (1837-1866.)
5. Ce jour-là, le prince de Conti ne vint pas au Parlement, et lui fit dire par le maréchal de la Mothe qu'il acceptait la continuation de la trêve offerte par le Roi. Il n'est fait aucune mention du Coadjuteur comme ayant assisté à cette séance. Ce même jour, 19 mars, arrivaient le matin à Saint-Germain les députés des généraux, savoir le duc de Brissac pour le prince de Conti, les sieurs Barrière, commandant du régiment de Conti dans Paris, et Gressy, pour tous les autres ; ce qui n'empêcha pas ceux-ci de dépêcher en leur nom privé des mandataires secrets, comme Aubertin et de Baz, officiers du régiment du duc de Bouillon, envoyés par ce prince, Lescuyer, envoyé par de Luynes, etc.; ce sont ceux-là que Mme de Motteville a nommés si justement (tome II, p. 407) « des députés à basses notes. » Voyez ce qu'elle dit, au tome II, p. 395, de la mission du comte de Maure, dont il est aussi parlé ci-après, p. 460, note 4.
6. Retz avait commencé par écrire *indiff*, qu'il a biffé.

mauvais effet que cette nuée de prétentions ridicules y avoit produit[1], avança de quelques jours la proposition que Messieurs les généraux n'avoient résolu de faire contre la personne du Mazarin que dans les moments où ils jugeroient qu'elle leur pourroit servir pour donner chaleur, par la crainte qui lui étoit fort naturelle, aux négociations qu'il avoit[2] par différents canaux avec chacun d'eux.

M. de Bouillon nous assembla, dès le soir de ce même 19, chez M. le prince de Conti, et il y fit résoudre que M. le prince de Conti lui-même diroit, dès le lendemain, au Parlement qu'il n'avoit donné, ni lui ni les autres généraux, les mémoires de leurs prétentions, que par la nécessité où ils s'étoient trouvés de chercher leur sûreté[3] en cas que[4] le cardinal Mazarin

1. Ces demandes venaient justifier le premier billet distribué, le 11 février 1649, par le chevalier de la Valette, et rédigé par Cohon, évêque de Dol, sous ce pseudonyme : *le Désintéressé à Paris*. On y rappelait toutes les prétentions de la noblesse, et même celle de Retz au gouvernement de Paris, et on leur opposait la conduite de Mazarin : « Si je ne me trompe, il me semble que le Cardinal, qu'ils déchirent et noircissent tant, n'en a aucune, et qu'il s'en est défendu toujours aussi vivement que les autres les ont recherchées. Je vois bien qu'il a su contribuer à accroître le Royaume de places et de provinces entières ; mais il n'a su encore donner les mains à prendre aucun établissement pour lui ; et il fait voir un exemple de modération jusqu'à présent inconnu dans cet État, qu'un premier ministre, après six ans d'heureuse administration, ne se trouve avoir ni charge de la Couronne ni gouvernement de province, ni place ni autre bien que quelques abbayes pour soutenir sa dignité. Cependant je remarque que ceux qui sont si emportés contre lui et qui travaillent tant à animer les peuples n'en ont autre sujet que la fermeté qu'il a eue à ne pas conseiller au Roi qu'il se laissât dépouiller de son autorité et de ses places, etc. »
2. Après *avoit*, l'auteur avait mis d'abord *avec*, qu'il a effacé pour le reporter quatre mots plus loin.
3. Leurs sûretés. (1718 C, D, E, 1719-1777, 1825-1866.)
4. Première rédaction, biffée : *qu'il*.

demeurât dans le ministère ; mais qu'il protestoit, et[1] en son nom et en celui de toutes les personnes de qualité qui étoient entrés[2] dans le parti, qu'aussitôt qu'il en seroit exclu, ils renonceroient à toute sorte d'intérêts, sans exception[3].

Le 20, cette déclaration se fit en beaux termes[4], et

1. *Et* est ajouté en interligne.
2. Dans l'original, *entré*, par mégarde, pour *entrées*, ou, selon la syllepse alors ordinaire et que nous donnons d'après les copies R, H, Caf., pour *entrés*.
3. Il s'agissait de réparer le tort que causait à la réputation des princes la liste de leurs demandes, habilement répandue par la cour dans le public : *Demandes des princes et seigneurs qui ont pris les armes avec le Parlement et peuple de Paris* (sans lieu, 1649, 8 pages). M. Moreau l'a insérée dans le *Choix de Mazarinades*, tome I, p. 431-436. On publia aussi une sorte de contrefaçon, intitulée : *Demandes des généraux et des personnes qui sont unies avec eux* (sans lieu ni date, 4 pages). La contrefaçon a moins de réserve que l'édition originale : l'éditeur de celle-ci déclare en commençant qu'il ne dira pas son avis sur ces demandes, et qu'il laissera le lecteur en juger ; le contrefacteur déclare nettement qu'elles « vont à déchirer l'État et à se le partager. » — Voyez à l'*Appendice*, à la suite du *Traité d'union des princes*, une autre pièce inédite, sorte de *nouveau traité d'union* avec le Parlement, par lequel les chefs de la Fronde essayent, le 25 mars, de répondre aux mauvais bruits qui courent sur leur compte. Le Coadjuteur est un des signataires de cette pièce.
4. D'Ormesson nous les a conservés (tome I, p. 722) : « Le prince de Conti et Messieurs les généraux déclarent qu'ils ont été obligés de donner leurs prétentions, dont leurs députés sont chargés, pour trouver leur sûreté, en cas que le cardinal Mazarin demeurât dans le ministère, protestant qu'ils renoncent à leur intérêt particulier dès le moment qu'il en sera exclu. Mais en cela, comme en toute autre chose, ils se soumettent au sentiment du Parlement, duquel ils ne veulent se désunir en façon quelconque, déclarant qu'ils ne se sont joints à cette compagnie que pour la paix générale, le soulagement du peuple et la conservation de la ville de Paris. » Ce fut aussi dans la séance du 20 que le prince de Conti parla de l'envoi du comte de Maure, qui arriva en effet à Saint-Germain dans la matinée de ce même jour, chargé de porter cette déclaration à la Conférence.

M. le prince de Conti s'expliqua même et plus amplement et plus fermement qu'il n'avoit accoutumé. Je suis même persuadé que si elle eût été faite devant que les généraux et les subalternes eussent fait éclore cette fourmilière de prétentions, comme il avoit été concerté entre M. de Bouillon et moi[1], elle eût sauvé plus de réputation au parti et donné plus d'appréhension à la cour que je ne me l'étois imaginé : parce que Paris et Saint-Germain eussent eu lieu de croire que la résolution que les généraux avoient prise de parler de leurs intérêts et d'envoyer des députés pour en traiter n'étoit que la suite du dessein qu'ils avoient formé de sacrifier ces mêmes intérêts à l'exclusion du Ministre. Mais comme cette pièce ne se joua qu'après que l'on eut étalé un détail de prétentions, trop chimériques d'une part et trop solides de l'autre pour n'être que des prétextes, Saint-Germain ne les en[2] appréhenda point, voyant bien par où il en sortiroit; et Paris, à la réserve du plus menu peuple, n'en perdit pas la mauvaise impression que cette démarche lui avoit donnée[3]. Cette faute est la plus grande, à mon sens, que M. de Bouillon ait jamais commise; et elle est si grande, qu'il ne l'a jamais avouée à moi-même, qui savois très-bien qu'il l'avoit faite. Il la rejetoit sur la précipitation que M. d'Elbeuf avoit eue[4] de mettre ses mémoires entre les mains du Premier Président. Mais M. de Bouillon étoit toujours la première cause de cette faute, parce qu'il avoit, le premier,

1. Un peu trop tard, nous l'avons déjà dit (p. 454, note 4).
2. La copie Caffarelli et les éditions de 1837-1866 omettent *en*.
3. Dans l'autographe et dans les copies R et Caf., *donné*, sans accord. — Toute la phrase : « Mais comme, etc., » est omise dans le ms H et dans toutes les éditions anciennes.
4. *Eu*, sans accord, dans l'original.

lâché la main à cette conduite; et qui[1], dans les grandes affaires, donne lieu aux manquements des autres, est très-souvent plus coupable qu'eux. Voilà donc une grande faute de M. de Bouillon.

Voici une des plus signalées sottises que j'aie faites dans tout le cours de ma vie. Je vous ai dit ci-dessus[2] que M. de Bouillon avoit promis aux envoyés de Monsieur l'Archiduc de leur faire un pont d'or pour se retirer dans leur pays, en cas que nous fissions la paix; et ces envoyés, qui n'entendoient tous les jours parler que de députations et de conférences, ne laissoient pas, au travers de toute la confiance qu'ils avoient en M. de Bouillon, de me sommer, de temps en temps, de la parole que je leur avois donnée de ne les pas laisser surprendre. Comme j'avois, de ma part, raison particulière pour cela outre mon engagement, à cause de l'amitié que j'avois pour Noirmoutier et pour Laigue, qui trouvoient très-mauvais que je n'eusse pas approuvé les raisons qu'ils m'avoient alléguées[3] pour me faire consentir à l'approche des Espagnols : comme, dis-je, j'étois doublement[4] pressé par ces considérations de sortir nettement de cet engagement, qui ne me paroissoit plus même honnête en l'état où étoient les affaires, je n'oubliois rien pour faire que M. de Bouillon, pour qui j'avois respect et amitié, trouvât bon que nous ne différassions pas davantage à leur faire ce pont d'or, duquel il s'étoit ouvert à moi. Je voyois bien qu'il remettoit de jour à autre, et il ne m'en cachoit pas la raison, qui

---

1. Les éditions anciennes, sauf 1717, remplacent *qui* par *celui qui*.
2. Voyez p. 448.
3. *Allégués*, au masculin, par inadvertance, dans l'original et dans la copie R.
4. La copie R omet : *doublement*, et change, ainsi que le ms Caf., *dis-je*, qui précède, en *déjà*.

étoit que négociant, comme il faisoit, avec la cour, par l'entremise de Monsieur le Prince, pour la récompense de Sedan, il lui étoit très-bon que l'armée d'Espagne ne se retirât pas encore. Sa probité et mes raisons l'emportèrent, après quelques jours de délai, sur son intérêt. Je dépêchai un courrier à Noirmoutier.

Nous parlâmes clairement et décisivement aux envoyés de l'Archiduc. Nous leur fîmes voir que la paix se pouvoit faire en un quart d'heure, et que Monsieur le Prince pourroit être à portée[1] de leur armée en quatre jours; que celle de M. de Turenne avançoit sous le commandement d'Erlac, dépendant en tout et partout du Cardinal; et M. de Bouillon acheva de construire, dans cette conversation, le pont d'or qu'il leur avoit promis. Il leur dit que son sentiment étoit qu'ils remplissent un blanc de Monsieur l'Archiduc; qu'ils en fissent une lettre de lui à M. le prince de Conti, par laquelle il lui[2] mandât que pour faire voir qu'il n'étoit entré en France que pour procurer à la Chrétienté la paix générale, et non pas pour profiter de la division qui étoit dans le Royaume, il offroit d'en retirer ses troupes, dès le moment qu'il auroit plu au Roi de nommer un lieu d'assemblée et les députés pour la traiter[3]. Il est constant que cette proposition, qui ne pouvoit plus avoir d'effet solide dans la conjoncture, étoit assez d'usage pour ce que M. de Bouillon s'y proposoit, parce qu'il n'y avoit

---

1. Retz avait mis d'abord : « pourroit être à leur portée; » *leur* a été ensuite biffé, et l'auteur a pris le tour de phrase que nous donnons dans notre texte. A la ligne suivante, on voit, sous une rature, qu'il avait écrit le commencement du mot *l'armée*, y compris le premier jambage de l'*m*; puis il l'a effacé, pour faire place à *celle*.

2. Première rédaction : *leur*.

3. Un lieu d'assemblée pour la paix et des députés pour la (*ou* en) traiter. (1718 C, D, E, 1719-1828.)

pas lieu de douter que la cour, qui verroit aisément que cette offre ne pourroit plus aller à rien pour le fond de la chose qu'autant qu'il lui plairoit, n'y donnât les mains, au moins en apparence, et ne donnât par conséquent aux Espagnols un prétexte honnête pour se retirer sans déchet de leur réputation. Le Bernardin ne fut pas si satisfait de ce pont d'or, qu'il ne me dît après, en particulier, qu'il en eût aimé beaucoup mieux un de bois sur la Marne ou sur la Seine. Ils donnèrent toutefois les uns et les autres à tout ce que M. de Bouillon desira d'eux, parce que leur ordre le portoit; et ils écrivirent, sans contester, la lettre qu'il leur dicta[1].

M. le prince de Conti, qui étoit malade ou qui le faisoit, ce qui lui arrivoit assez souvent, parce qu'il craignoit fort les séditions du Palais, me chargea[2] d'aller faire, de sa part, au Parlement, le rapport de cette prétendue lettre, que les envoyés de l'Archiduc lui apportèrent en grande cérémonie; et je fus assez innocent pour recevoir cette commission, qui donnoit lieu à mes ennemis de me faire passer pour un homme tout à fait concerté avec Espagne, dans le même moment que j'en refusois toutes les offres pour mes avantages[3] particuliers et que je lui rompois toutes ses mesures, pour ne point blesser le véritable intérêt de l'État. Il n'y a peut-être jamais eu de bêtise plus complète; et ce qui y est de merveilleux est que je la fis sans réflexion. M. de Bouillon en fut fâché pour l'amour de moi, quoi-

1. Que je leur dictai. (1718 C, D, E, 1719-1828.)

2. Après *chargea*, l'original porte ces mots, biffés : « dès le soir, de lire. »

3. Retz a commencé par écrire les trois premières lettres du mot *intérêts*, puis, les surchargeant, il a mis *avantages* (*aduantages*), et gardé *intérêt* pour la fin de sa phrase. — A la ligne suivante, la copie R donne *rompis*, au lieu de *rompois*.

qu'il y trouvât assez son compte; et je la réparai, en quelque manière, de concert avec lui, en ajoutant au rapport que je fis dans le Parlement, le 22, qu'en cas que l'Archiduc ne tînt pas exactement ce qu'il promettoit, et M. le prince de Conti et Messieurs les généraux m'avoient chargé[1] d'assurer la Compagnie qu'ils joindroient, sans délai et sans condition, toutes leurs troupes à celles du Roi[2].

Je vous viens de dire que M. de Bouillon trouvoit assez son compte à ce que cette proposition eût été faite par moi; parce que le Cardinal, qui me croyoit tout à fait contraire à la paix, voyant que j'en avois pris la commission, presque en même temps[3] que le comte de Maure avoit porté à la Conférence celle de son exclusion, ne douta point que ce ne fût une partie que j'eusse liée. Il l'appréhenda plus qu'il ne devoit. Il fit répondre[4] aux députés du Parlement qui la firent à la Conférence, par ordre de la Compagnie, d'une manière que vous verrez dans la suite[5], et qui marqua qu'il en avoit

1. Après *chargé*, Retz voulait mettre d'abord : « de leur assurer; » *de leur*, déjà écrit, a été biffé, et à la suite il a mis *d'assurer;* à la même ligne, il a aussi changé « de joindre, » qui était son texte primitif, en « qu'ils joindroient. »
2. Tout ceci est conforme au *Journal du Parlement* (p. 401).
3. « Presque en même temps » est entre les lignes, au-dessus d'une rature dont le premier mot et le dernier nous semblent être : « dont.... ci-après. » — Le comte de Maure fit en effet sa proposition à la Conférence le 22 mars; elle fut assez mal reçue, et même le Chancelier ne voulut pas lui permettre de la lire tout entière. Voyez les détails dans les *Mémoires de Molé*, tome III, p. 418 et 419.
4. La première rédaction, encore visible sous la correction, était : « Il répondit, » puis l'auteur a mis *fit* entre les lignes, et changé la finale *dit*, de *répondit*, en *dre*. A la ligne suivante, il avait écrit d'abord « qui la lui firent; » *lui* a été biffé, et « à la Conférence » ajouté en interligne.
5. Pages 471 et 472.

pris l'alarme bien chaude; et comme ses frayeurs ne se guérissoient, pour l'ordinaire, que par la négociation, qu'il aimoit fort, il donna plus de jour à celle que Monsieur le Prince avoit entamée pour M. de Bouillon, parce qu'il le crut de concert avec moi dans la démarche que je venois de faire au Parlement. Quand il vit qu'elle n'avoit point de suite, il s'imagina que nous avions manqué notre coup, et que la Compagnie n'ayant pas pris le feu que nous lui avions voulu donner[1], il n'avoit qu'à nous pousser.

Monsieur le Prince, qui dans la vérité étoit très-bien intentionné pour l'accommodement de M.[2] de Bouillon et de M. de Turenne, dans la vue de s'attirer des gens d'un aussi grand mérite, manda au premier[3], par un billet qu'il me fit voir, qu'il avoit trouvé le Cardinal changé absolument sur son sujet, du soir au matin, et qu'il ne s'en pouvoit imaginer la raison. Nous la conçûmes fort aisément, M. de Bouillon et moi, et nous résolûmes de donner au Mazarin ce que M. de Bouillon appeloit un hausse-pied, c'est-à-dire de l'attaquer encore personnellement, ce qui le mettoit au désespoir, dans un temps où le bon sens lui eût dû donner assez d'insensibilité pour ces tentatives, qui, au fond, ne lui faisoient pas grand mal; mais elles nous étoient bonnes, à M. de Bouillon et à moi, quoique en différentes manières. M. de Bouillon croyoit qu'il en avanceroit toutes les négociations; et il étoit tout à fait de mon intérêt de me signa-

1. N'ayant pas pris feu comme nous l'avions voulu. (1718 C, D, E, 1719-1828.)

2. Par distraction sans doute, Retz avait d'abord écrit de nouveau : « Monsieur le Prince; » il a effacé les deux derniers mots.

3. Après *premier*, on lit sous une rature ces mots, qui ont été effacés : « que du soir; » les deux derniers ont été rejetés deux lignes plus loin.

ler, contre la personne du Mazarin, à la veille de la conclusion d'un traité[1] qui donneroit peut-être la paix à tout le monde, hors à moi. Nous travaillâmes donc sur ce fondement, M. de Bouillon et moi, et avec tant de succès, que nous obligeâmes M. le prince de Conti, qui n'en avoit aucune envie, de proposer au Parlement d'ordonner à ses députés de[2] se joindre au comte de Maure touchant l'expulsion du Mazarin.

M. le prince de Conti fit cette proposition le 27; et comme nous avions eu deux ou trois jours pour tourner les esprits[3], il passa, de quatre-vingt-deux voix contre quarante, que l'on manderoit, dès le jour même, aux députés d'insister. J'ajoutai en opinant : « et persister[4], » en quoi je ne fus suivi que de vingt-cinq voix, et je n'en fus pas surpris. Vous avez vu ci-dessus[5] les raisons pour lesquelles il me convenoit de me distinguer sur cette matière.

Il faudroit bien des volumes pour vous raconter tous

1. Les mots : « d'un traité, » remplacent « d'une paix, » biffé et reporté au second membre de phrase.
2. D'abord : « de soutenir; » ce dernier mot a été effacé, et l'auteur a écrit à la suite « se joindre. »
3. On peut voir dans Mme de Motteville que l'influence de Retz était bien devinée à Saint-Germain; le Coadjuteur, dit-elle dans ses *Mémoires* (tome II, p. 409), « étoit l'âme qui faisoit remuer une partie de ce grand corps. »
4. Une lettre inédite de Saintot à le Tellier à la date du 27 mars est, à notre connaissance, le seul document qui confirme ce passage. Nous y lisons : « Il y avoit un troisième avis, dont les termes, de Monsieur le Coadjuteur, étoient *d'insister, persister.* » Le correspondant ne se trompe pas sur l'inanité de ces intrigues; il ajoute en effet : « Toutes ces choses ne sont rien dans le fond et sont les derniers ressorts des généraux. » (Bibliothèque nationale, Fonds le Tellier, 4231, v° du f° 71; le titre du manuscrit est : *Plusieurs mémoires et lettres écrites à Mgr le Tellier depuis le commencement du mois de mai 1647 jusqu'au 15 octobre 1649, servant à l'histoire.*
5. Pages 436 et 437.

les embarras que nous eûmes dans les temps dont je viens de vous parler; je me contenterai de vous dire que, dans les moments où j'étois le seul fixement résolu à ne me point accommoder avec la cour[1], je faillis à me décréditer dans le public et à passer pour Mazarin dans le peuple, parce que, le 13 de mars, j'avois empêché que l'on ne massacrât le Premier Président[2]; parce que, le 23 et le 24, je m'étois opposé à la vente de la bibliothèque du Cardinal[3], qui eût été[4], à mon sens, une barbarie sans exemple; et parce que, le 25, je ne me pus empêcher de sourire sur ce que des conseillers s'avisèrent de dire, en pleine assemblée de chambres, qu'il falloit raser la Bastille[5]. Je me remis en honneur dans la salle du Palais et parmi les emportés du

---

1. Le ms H et toutes les éditions anciennes omettent ce commencement de phrase, depuis : « Il faudroit. » — Dans la copie Caffarelli, *amollir*, au lieu d'*accommoder*.

2. Voyez ci-dessus, p. 398-403.

3. Nous ne trouvons nulle part que Retz ait assisté à la séance du Parlement le 23 mars; le 24, il est présent, mais on ne voit dans aucun compte rendu qu'il ait pris la parole, soit pour défendre la bibliothèque de Mazarin, soit pour un autre motif. Le silence des chroniqueurs qui s'occupent du Palais n'est pas, nous venons de le voir pour la séance du 27 mars, une preuve absolue de l'inexactitude de Retz. — Nous aurons plus loin l'occasion de revenir sur la vente de la bibliothèque de Mazarin, lorsqu'un arrêt du 29 décembre 1651 autorisera « cette barbarie. »

4. Ce qui eût été. (1837-1866.) — Le ms H et les anciennes éditions omettent, à partir de ces mots, toute la fin de la phrase.

5. Dans le traité préparé par la cour, celle-ci demandait qu'on rendît la Bastille et l'Arsenal. Broussel, dans la séance du 15 mars, et non du 25 comme le dit Retz, répondit que rendre ces deux forteresses, « c'étoit donner le moyen de ruiner Paris, qu'il ne parloit pas pour son intérêt, mais que la Bastille (*son fils, on le sait, en était gouverneur*) étoit une place à raser avec le bois de Vincennes, que c'étoit *Urbis compedes*[a]. »

[a] « Les entraves de la Ville. »

Parlement, en prônant¹ fortement contre le comte de Grancei, qui avoit été assez² insolent pour piller une maison de M. Coulon³ ; en insistant, le 24, que l'on donnât permission au prince d'Harcourt⁴ de prendre les deniers royaux dans les recettes de Picardie ; en pestant, le 25, contre une trêve qu'il étoit ridicule de refuser dans le temps d'une conférence⁵ ; et en m'opposant à celle que l'on fit le 30, quoique je susse que la paix étoit faite⁶. Ces remarques, trop légères par elles-mêmes, ne sont dignes de l'histoire que parce qu'elles

1. *Prônant* est changé en *prononçant*, dans 1717 A, 1718 B, F.
2. *Assez* est en interligne, dans l'original.
3. Il est question du pillage de cette maison de Coulon dans le *Journal du Parlement*, p. 403 et p. 411. Il semble qu'il fut plus réel et plus dommageable pour le propriétaire que le prétendu pillage exercé à Villepreux. Ici encore, de même que pour le fait suivant, relatif au prince d'Harcourt, nous n'avons pour l'intervention du Coadjuteur que son propre témoignage.
4. Charles de Lorraine, prince d'Harcourt, était le fils aîné du duc d'Elbeuf ; il venait de s'emparer de Montreuil, dont il réclamait le gouvernement du chef de son beau-père, le comte de Launoy ; et c'était pour mettre cette ville en état de défense contre les entreprises de Carnavallet, lieutenant des gardes du corps, qu'il demandait au Parlement l'autorisation de saisir les recettes de la Picardie.
5. A cette date du 25, la présence du Coadjuteur à la séance est mentionnée dans d'Ormesson aux pages 724 et 725 de son *Journal*. C'était un jour de fête, alors chômé, l'Annonciation. « Chacun fut surpris, dit-il, que l'on vint dans les églises avertir Messieurs les conseillers de la Cour de s'en aller au Palais. Cela mit tout Paris en rumeur. La cause et la résolution de cette assemblée étoient une surséance d'armes. » — A la suite de ce membre de phrase, *et* a été ajouté en interligne dans le manuscrit autographe.
6. Dans le silence général de tous les chroniqueurs du Palais, Saintot, par une autre lettre, également inédite, vient un peu mettre en question l'attitude de Retz dans la séance du 30 mars : « L'on a délibéré sur la trêve, qui a passé contre la volonté des généraux, qui n'ont pas voulu opiner quand c'est venu à eux. » (Manuscrit 4231, déjà cité, f° 77.)

marquent très-naturellement l'extravagance de ces sortes de temps¹, où tous les sots deviennent fous et où il n'est pas permis aux plus sensés de parler et d'agir toujours en sages². Je reviens à la conférence de Saint-Germain.

Vous avez vu ci-dessus³ que les députés la commencèrent malignement par les prétentions particulières⁴. La cour les entretint adroitement par des négociations secrètes avec les plus considérables, jusques à ce que se voyant assurée de la paix, elle⁵ en éluda au moins la meilleure partie, par une réponse qui fut certainement fort habile. Elle distingua ces prétentions sous le titre de celles de justice et de celles de grâce. Elle expliqua cette distinction à sa mode; et comme le Premier Président et le président de Mesme s'entendoient⁶ avec elle contre les députés des généraux, quoiqu'ils fissent mine de les appuyer, elle en fut quitte à très-bon marché, et il ne lui en coûta, à proprement parler⁷, presque rien de comptant ; il n'y eut presque que des paroles, que M. le cardinal Mazarin comptoit pour rien. Il se faisoit un grand mérite de ce qu'il avoit fait évanouir (c'étoient ses termes), avec un peu de poudre d'alchimie, cette

---

1. Retz semble avoir d'abord voulu écrire le mot *gens* ; on aperçoit encore *ge*, effacé ; à la suite il a mis *temps*.

2. Cette phrase est omise tout entière dans le ms H et dans les anciennes éditions.

3. Page 454.

4. La première intention de notre auteur était de continuer sa période : il a écrit *que*, puis l'a biffé et a coupé la phrase.

5. Après *elle*, il y a *les*, effacé. — 6. S'entendirent. (1837-1866.)

7. Ici une longue rature de six lignes, sous laquelle nous lisons : « de comptant que 18 mille livres, que l'on prétend que M. de la Rochefoucauld aura touché (*sic*). Je ne le sais que par un bruit qui peut être faux : ce que je sais certainement est que tout le (*ici deux mots illisibles*).... que. » Retz a supprimé tout ce passage pour y substituer le texte que nous donnons.

nuée[1] de prétentions. Vous verrez, par la suite, qu'il eût fait sagement d'y mêler un peu d'or.

La cour sortit encore plus aisément de la proposition faite par l'Archiduc, sur le sujet de la paix générale. Elle répondit qu'elle l'acceptoit avec joie, et elle envoya, dès le jour même, M. de Brienne[2] au Nonce et à l'ambassadeur de Venise, pour conférer avec eux, comme médiateurs, de la manière de la traiter. Nous n'en avions attendu ni plus ni moins, et nous n'y fûmes pas trompés.

Pour ce qui regardoit l'exclusion de Mazarin, que le comte de Maure demanda d'abord au nom de M. le prince de Conti, comme vous avez vu ci-devant[3], que M. de Brissac, à qui Matha persuada de se mettre à la tête de cette députation, pressa conjointement avec MM. de Barrière et de Gressi, députés des généraux, et sur laquelle les députés du Parlement insistèrent de nouveau, au moins en apparence[4], comme il leur avoit été ordonné par leur compagnie : pour ce qui regardoit,

1. *Nuée* est écrit au-dessus de *foule*, biffé; il semble que l'auteur, après s'être déjà servi (p. 459) du mot *nuée*, puis (p. 461) de *fourmilière* (*de prétentions*), ait d'abord voulu varier encore une fois l'expression par le mot *foule;* mais, le trouvant sans doute trop vague, il est revenu à la première de ses deux métaphores.

2. Cette concession de la cour est constatée dans un billet remis par le Premier Président au duc de Brissac; on le trouve reproduit dans les *Mémoires de Molé* (tome III, p. 429 et 430). Il est aussi question de ces arrangements dans le *Journal du Parlement*, p. 403.

3. Page 465.

4. Cette molle insistance dont se plaint le Coadjuteur était du reste assez conforme aux ordres du Parlement : « La matière mise en délibération, dit d'Ormesson à la page 726 de son *Journal*, il fut donné arrêt par lequel les députés feroient instance pour faire éloigner le Cardinal; mais chacun de Messieurs avoit dit que ce ne seroit point motif pour rompre le traité, quand on ne l'obtiendroit point. » Un peu plus bas, il ajoute : « M. de Brillac me dit que tout le Parlement vouloit la paix, et que l'arrêt n'a été donné que

dis-je, cette exclusion, la Reine, M. le duc d'Orléans et Monsieur le Prince demeurèrent également fermes, et ils déclarèrent, uniformément et constamment[1], qu'ils n'y consentiroient jamais.

L'on contesta quelque temps, avec beaucoup de chaleur, touchant les intérêts du parlement de Normandie, qui avoit envoyé[2] ses députés à la Conférence avec Anctauville, député de M. de Longueville; mais enfin l'on convint[3].

L'on n'eut presque point de difficulté sur les articles dont le parlement de Paris avoit demandé la réformation. La Reine se relâcha de faire tenir un lit de justice à Saint-Germain; elle consentit que la défense au Parlement de s'assembler le reste de l'année 1649 ne fût pas insérée dans la déclaratiou, à condition que les députés en donnassent leur parole, sur celle que la Reine leur donneroit aussi que telles et telles déclarations, accordées ci-devant, seroient inviolablement[4] observées. La cour promit[5] de ne point presser la restitution de la Bastille, et elle s'engagea même de parole à la laisser entre les mains de Louvière, fils de M. de Broussel, qui

sur l'avis d'un député qui mandoit que, faisant instance, on l'obtiendroit (*l'exclusion de Mazarin*). »

1. Le ms H et les éditions anciennes omettent ces adverbes, et, à la ligne précédente, les mots : « demeurèrent également fermes, et ils. » Celles de 1837 et de 1843 font précéder *uniformément* d'*également*.

2. Au lieu d'*envoyé*, les copies R, H, Caf. et toutes les éditions anciennes donnent *encore*.

3. *L'on convint*, l'on s'accorda. Après *l'on*, il y a *en*, biffé. — Pour les réclamations du parlement de Normandie, voyez les *Mémoires de Molé* (tome III, *passim*, de la page 420 à la page 484, et principalement de la page 420 à la page 429).

4. Invariablement. (1837-1866.)

5. Après *promit*, Retz avait d'abord écrit : *aussi*, qu'il a effacé; de même, à la ligne suivante, après *même*, il avait commencé à mettre à l[a], qu'il a biffé, pour le rejeter après *de parole*.

y fut établi gouverneur par le Parlement, lorsqu'elle fut prise par M. d'Elbeuf.

L'amnistie fut accordée dans tous les termes que l'on demanda, et, pour plus grande sûreté, l'on y comprit nommément[1] MM. le prince de Conti, de Longueville, de Beaufort, d'Elbeuf, d'Harcourt[2], de Rieux, de Lislebonne, de Bouillon, de Turenne, de Brissac, de Vitri, de Duras, de Matignon, de Beuvron, de Noirmoutier, de Sévigné, de la Trémouille, de la Rochefoucauld, de Rais, d'Estissac[3], de Montrésor, de Matha, de Saint-Germain d'Achon, de Sauvebœuf[4], de Saint-Ibal, de la Sauvetat[5], de Laigue, de Chavaignac[6], de Chaumont, de

1. Expressément. (1718 C, D, E, 1719-1828.)
2. Charles de Lorraine, qui fut duc d'Elbeuf, après son père, en 1657 (voyez ci-dessus, p. 469, note 4). — François-Louis de Lorraine, troisième fils du duc d'Elbeuf, comte de Rieux, puis d'Harcourt, et tige des comtes de ce nom. — François-Marie de Lorraine, successivement comte et duc ou prince de Lillebonne ou Lislebonne, quatrième fils du même. Il épousa Anne de Lorraine, fille illégitime de Charles IV de Lorraine et de la princesse de Cantecroix. Ce fut à cette princesse de Lillebonne que le cardinal de Retz vendit, au prix de 550 000 livres tournois, tout en s'en réservant l'usufruit, sa seigneurie de Commercy, le 29 juillet 1665, par un acte notarié, qu'on trouvera plus tard dans un de nos appendices, et qui commence la grande liquidation dont nous avons déjà parlé (p. 312, note 4), liquidation qui peut-être n'a jamais été terminée.
3. Cadet du prince de Marsillac, fils de François V duc de la Rochefoucauld. Le domaine d'Estissac était entré dans la famille par le mariage de François IV avec l'héritière de cette maison.
4. Charles-Antoine de Ferrière, marquis de Sauvebœuf; nous le retrouverons plus loin dans la guerre de Guienne, avec un rôle plus important; on avait changé son nom en celui de Sauve-peuple.
5. La Sauvetat était frère de Henri de Barrière; il fut longtemps capitaine d'un régiment d'infanterie de marine au service des états généraux de Hollande; et pendant cette période de sa vie, il éleva dans la retraite Tancrède de Rohan, qui lui avait été confié.
6. Gaspard comte de Chavagnac, qui a laissé des mémoires curieux (Amsterdam, 1701, 2 volumes in-8º).

Caumesnil[1], de Moreul[2], de Fiesque, de la Feuillée[3], de Montaison[4], de Cugnac, de Gressi, d'Alluie[5] et de Barrière.

Il y eut quelque difficulté touchant Noirmoutier et Laigue[6], la cour ayant affecté de leur vouloir donner une abolition, comme étant plus criminels que les autres, parce qu'ils étoient publiquement encore dans l'armée d'Espagne[7]; et Monsieur le Chancelier même fit voir aux députés du Parlement un ordre par lequel

---

1. Alexandre de Moreuil, seigneur de Caumesnil, de Villiers-le-Bretonneux. Il était, ainsi que de Moreuil, nommé après lui, fils d'Arthur de Moreuil, seigneur de Caumesnil, de Brucamps, de Planques et de Raincheval, gouverneur de Rue, et de Charlotte de Hallwin, mariée en 1619.

2. Alphonse de Moreuil, seigneur de Leomers, dit le *comte de Moreuil* : voyez la note précédente.

3. Charles marquis du Bellay et roi d'Yvetot, sieur de la Feuillée et du Boisthibault. Retz écrit *Feiulée*. La plupart des éditions omettent plusieurs de ces noms et en altèrent un bon nombre.

4. Nous trouvons à cette époque deux seigneurs de ce nom : Charles de Montesson, sieur de Montesson, et Jean-Baptiste de Montesson, seigneur du Plessis. Nous croyons qu'il s'agit ici plutôt du premier.

5. Ce nom avait été d'abord oublié; il est ajouté en interligne.

6. Nous avons trouvé dans un manuscrit de la Bibliothèque nationale (n° 3854, f°s 99-102) un *Mémoire justificatif de Laigue et Noirmoutier, pour la France, l'Espagne et l'Europe*, où ils déclarent n'avoir eu pour but dans leur conduite que « de soulager la ville de Paris et d'avancer la paix générale. »

7. Le recueil manuscrit des *Cinq cents de Colbert* (tome III, f° 133) contient une déclaration du marquis de Noirmoutier, datée du 15 mars, annonçant l'entrée de l'Archiduc en France, et enjoignant aux villes sur son passage de fournir ce qui serait nécessaire à son armée; le 16 mars, nouvelle déclaration sur le même objet (f° 134); notre auteur parle, quelques lignes plus bas, de cette seconde pièce. Le *Journal du Parlement* (p. 402), sous la date du 22 février, nous apprend que Noirmoutier est avec l'avant-garde de l'armée espagnole à Pontavert. — Après *l'armée d'Espagne; et*, il y a *que*, biffé.

le premier ordonnoit¹, comme lieutenant général de l'armée du Roi commandée par M. le prince de Conti, aux communautés de Picardie d'apporter des vivres au camp de l'Archiduc; et une lettre du second, par laquelle il sollicitoit Bridieu, gouverneur de Guise², de remettre sa place aux Espagnols, sous promesse de la liberté de³ M. de Guise, qui avoit été pris à Naples. M. de Brissac soutint que toutes ces paperasses étoient supposées, et le Premier Président se joignant à lui, parce qu'il ne douta point que nous ne nous rendrions jamais sur cet article, il fut dit que l'un et l'autre seroient compris dans l'amnistie sans distinction.

Le président de Mesme, qui eût été ravi de me pouvoir noter, affecta de dire, à l'instant que l'on parloit de Noirmoutier, de Laigue⁴, qu'il ne concevoit pas pourquoi l'on ne me nommoit pas expressément dans cette amnistie, et qu'un homme de ma dignité et de ma considération n'y devoit⁵ pas être compris avec le commun⁶. M. de Brissac, qui étoit bien plus homme du monde que de négociation, n'eut pas l'esprit assez présent, et il répondit qu'il falloit savoir sur cela mes intentions. Il m'envoya un gentilhomme, à qui je donnai un billet dont voici le contenu : « Comme je n'ai rien fait, dans le mouvement présent, que ce que j'ai cru être du service du Roi et du véritable intérêt de l'État⁷, j'ai trop

1. *Ordonnoit* est au-dessus de *commandoit*, biffé.
2. Guise sur l'Oise, département de l'Aisne, au N. O. de Vervins.
3. Après *liberté de*, il y a *Guise*, effacé.
4. Il n'y a entre ces deux noms, dans l'original, ni virgule, ni conjonction ; les copies R, Caf. et les textes de 1837-1866 les distinguent en les joignant par *et*.
5. Avant *devoit*, Retz a écrit, puis biffé, *po*, commencement de *pouvoit*, probablement.
6. Dans le commun. (Ms H et toutes les éditions anciennes.)
7. Il va sans dire que c'était la commune prétention des chefs de

de raison de souhaiter que Sa Majesté en soit bien informée à sa majorité, pour ne pas supplier Messieurs les députés de ne pas souffrir que l'on me comprenne dans l'amnistie. » Je signai ce billet, et je priai M. de Brissac de le donner à Messieurs les députés du Parlement et des généraux, en présence de M. le duc d'Orléans et de Monsieur le Prince. Il ne le fit pas, à la prière de M. de Liancourt[1], qui crut que cet éclat aigriroit[2] encore plus la Reine contre moi ; mais il en dit la substance, et l'on ne me nomma point dans la déclaration. Vous ne pouvez croire à quel point cette bagatelle aida à me soutenir dans le public.

Le 30, les députés du Parlement retournèrent à Paris[3].

---

la Fronde ; on la trouve généralement exprimée en tête des mémoires présentés par les princes et les généraux.

1. Roger du Plessis, marquis de Liancourt, duc de la Rocheguyon ; il avait épousé Jeanne de Schomberg en 1620 ; on peut voir dans *Port-Royal*, tome V, p. 41-49, d'agréables et touchants détails sur leur intérieur. C'était, dit Sainte-Beuve, p. 47, « l'honnête homme au sens mondain. » Voyez aussi ci-dessus, p. 430, note 3.

2. Que cette circonstance aigriroit. (Ms H et toutes les anciennes éditions.)

3. « Le comte de Maure, dit le *Journal du Parlement*, p. 415 et 416, ... avoit mandé.... qu'il estimoit à propos de faire tenir le bourgeois armé aux lieux par où ils (*les députés*) devoient passer, crainte que le peuple qui ne savoit s'il vouloit la paix ou la guerre ne leur fît ensuite ce qui fut fait. Ils arrivèrent sur les quatre heures..., accompagnés du sieur Saintot, qui conduisoit trois cents chevaux pour leur escorte. Il y avoit environ quatre mille mousquetaires de bourgeois, que l'on avoit envoyés au-devant d'eux.... Le carrosse du Premier Président marchoit en tête, suivi de plusieurs autres à six chevaux, et de plus de quarante carrosses de parents et amis de ces Messieurs, chacun témoignant grande satisfaction de leur réforme (*sic*), sur l'opinion qu'ils apportoient le repos universel. » Les *Registres de l'Hôtel de Ville*, tome I, p. 416-420, racontent tout au long les précautions prises pour cette circonstance.

Le 31, ils firent leur relation au Parlement, sur laquelle M. de Bouillon eut des paroles assez fâcheuses avec Messieurs les présidents [1]. Les négociations particulières lui avoient manqué; celle que le Parlement avoit faite pour lui ne le satisfaisoit pas, parce que ce n'étoit que la confirmation du traité que l'on avoit fait autrefois avec lui pour la récompense de Sedan, dont il ne voyoit pas de garantie bien certaine. Il lui[2] revint, le soir, quelque pensée de troubler la fête par une sédition, qu'il croyoit aisée à émouvoir dans la disposition où il voyoit le peuple; mais il la perdit aussitôt qu'il eut fait réflexion sur mille et mille circonstances, qui faisoient que, même selon ses principes, elle ne pouvoit plus être de saison. Une des moindres étoit que l'armée d'Espagne étoit déjà retirée.

Mme de Bouillon me fit une pitié incroyable ce soir-là. Comme elle étoit persuadée que c'étoit elle qui avoit empêché Monsieur son mari de prendre le bon parti, elle versa des torrents de larmes. Elle en eût répandu encore davantage, si elle eût connu, aussi bien que moi, que toute la faute ne venoit pas d'elle[3]. Il y a eu des moments où M. de Bouillon a manqué des coups décisifs, par lui-même et par le pur esprit de négocia-

---

1. Voyez le long récit de cette séance dans le *Journal du Parlement*, p. 416-421; dans les *Mémoires d'Omer Talon*, p. 350, et dans trois lettres inédites de Saintot à le Tellier (ms 4231, f° 77 verso et f° 86); des extraits d'une de ces lettres sont insérés dans les *Mémoires de Molé*, tome III, p. 481-484; quelques noms ont été altérés dans ces fragments, entre autres Perrochel, changé en Perrochet (voyez ci-dessus, p. 150, note 3), et Saint-Hilaire en Sainte-Hélène.

2. *Lui* est en interligne, au-dessus d'un premier *lui*, biffé. — A la fin de la phrase précédente, les éditions de 1837-1866 ont le pluriel : « de garanties bien certaines. »

3. Cette phrase manque dans le ms H et dans toutes les anciennes éditions.

tion. Ce défaut, qui m'a paru en lui un peu trop naturel, m'a fait quelquefois douter, comme je vous l'ai déjà dit[1], qu'il eût été capable de tout ce que ses grandes qualités ont fait croire de lui.

Le* 1ᵉʳ d'avril, qui fut le jeudi saint de l'année 1649, la déclaration[2] de la paix fut vérifiée en Parlement. Comme je fus averti, la nuit qui précéda cette vérification, que le peuple s'étoit attroupé en quelques endroits pour s'y opposer, et qu'il menaçoit même de forcer les gardes qui seroient[3] au Palais, et comme il n'y avoit rien que j'appréhendasse davantage, pour toutes les raisons que vous avez remarquées ci-dessus, j'affectai de finir un peu tard la cérémonie des saintes huiles que je faisois à Notre-Dame, pour me tenir en état de marcher au secours du Parlement, si il étoit attaqué. *L'on me vint dire, comme je sortois de l'église, que l'émotion commençoit sur le quai[4] des Orfévres; et comme j'étois en chemin pour y aller, je trouvai un page de M. de Bouillon, qui me donna un billet de lui, par lequel il me conjuroit d'aller prendre ma place au Parlement, parce qu'il craignoit que le peuple ne m'y voyant pas, n'en prît sujet de se soulever, en disant que c'étoit marque[5] que je n'approuvois pas la paix[6]. Je ne trouvai effectivement dans les rues que des gens qui crioient : « Point de Mazarin ! point de paix ! » Je dissipai ce que je trouvai d'assemblé au Marché-Neuf et

---

1. Cette incise : « comme, etc., » est écrite en marge et d'une autre encre.
2. L'auteur a mis d'abord : « la déclaration fut véri[fiée] ; » puis il a biffé les deux derniers mots, pour les reporter après *de la paix*.
3. Dans les copies R, H, Caf., *étoient*; dans les textes de 1837-1866, *servoient*.
4. Retz écrit ici *cai*, et quelques lignes plus bas *quai*.
5. Que c'étoit une marque. (Ms H et toutes les anciennes éditions.)
6. Que je n'approuvois pas le parti. (1837-1866.)

sur le quai des Orfévres, en leur disant que les Mazarins vouloient diviser le peuple du Parlement, qu'il falloit bien[1] se garder de donner dans le panneau; que le Parlement avoit ses raisons pour agir comme il faisoit, mais qu'il n'en falloit rien craindre à l'égard du Mazarin; et qu'ils m'en pouvoient bien croire, puisque je leur donnois ma foi et ma parole que je ne m'accommoderois jamais avec lui. Cette protestation rassura tout le monde.

J'entrai dans le Palais, où je trouvai les gardes aussi échauffés[2] que le reste du peuple. M. de Vitri, que je rencontrai[3] dans la grande salle, où il n'y avoit presque personne, me dit qu'ils lui avoient offert de massacrer ceux qu'il leur nommeroit comme Mazarins. Je leur parlai comme j'avois fait aux autres, et la délibération n'étoit pas encore achevée, lorsque je pris ma place dans la Grande Chambre. Le Premier Président, en me voyant entrer, dit: « Il vient de faire des huiles qui ne sont pas sans salpêtre[4]. » Je l'entendis et je n'en fis pas

1. Les copies R, H, Caf. et toutes les éditions anciennes ont omis l'adverbe *bien*.

2. *Échauffées*, au féminin, dans la copie R.

3. *Rencontrai* est au-dessus de *trouvai*, biffé. — Un peu après, le membre incident : « où il n'y avoit presque personne, » manque dans les copies R et Caf.; dans le ms H, la lacune est plus considérable. — Deux lignes plus bas, *leurs*, devant *parlai*, dans l'original.

4. Qui ne sont pas salpêtre. (Ms Caf.) — Tout cet incident curieux est constaté par des contemporains. La présence tardive de Retz au Parlement est mentionnée dans le *Journal de d'Ormesson* (tome I, p. 735) : « Monsieur le Coadjuteur ne se trouva point à la délibération, faisant le service à Notre-Dame; il n'y arriva que sur la fin. » Le P. Rapin nous a conservé le mot de Molé dans ses *Mémoires* (tome I, p. 267 et 268) : « Une autre fois, étant venu un peu tard au Parlement, où l'on avoit déjà commencé la délibération, il (*Retz*) voulut faire ses excuses au Premier Président de ce qu'il n'avoit pas été assez ponctuel pour se trouver à l'assemblée dès le commencement, parce qu'il avoit été obligé de faire les

semblant, dans un instant où, si j'eusse relevé cette parole et qu'elle eût été portée dans la Grande Salle, il

> saintes huiles, qui est une cérémonie fort longue ; le Premier Président, avec sa gravité ordinaire, lui demanda *s'il n'y avoit point mêlé de la poudre à canon*, voulant dire par là qu'il y avoit bien de l'ardeur dans l'action qu'il se donnoit. Un mot si plaisant et si à propos ne tomba pas à terre. » — L'à-propos paraît surtout frappant quand on connaît le derrière des coulisses, pour prendre une de ces expressions de théâtre que Retz emploie si volontiers. Le Parlement ayant eu la pensée d'un *Te Deum* à l'occasion de cette paix, l'archevêque de Paris fit quelque résistance. Deux lettres inédites de Saintot éclairent toute cette affaire : « Au sujet du *Te Deum*, écrit-il le 2 avril à le Tellier (ms 4231, f° 90 v°), le sentiment de Monsieur le Premier Président est que c'est le Coadjuteur qui a voulu faire naître cette difficulté par son oncle, afin de s'exempter de cette commission. Mais le Premier Président dit qu'il l'y [a] fera bien venir. Chacun attend ces actions de grâces avec impatience. » Une autre lettre de la même date (2 avril), dont nous n'avons malheureusement (au folio 93) qu'une copie trop fautive pour être citée textuellement, et dont nous avons en vain cherché l'original dans les papiers d'État de le Tellier, nous montre le vieil archevêque recevant dans son lit la visite de Saintot envoyé par Molé, et nous le peint résistant et soutenant, dans un « discours écloppé, » que « l'ordre n'étoit jamais de chanter le *Te Deum* qu'en matière de victoire remportée contre les ennemis, que les peuples, sujets du Roi, étoient toujours très-fidèles et n'avoient pas de guerre contre leur Roi. » Il ne consentira que sur un ordre exprès de Leurs Majestés, et veut, en tout cas, se concerter d'abord avec *quelques-uns*. La distinction entre ennemis et sujets rappelle la comédie jouée par le Coadjuteur et Broussel à l'occasion de l'entrée du héraut royal au Parlement (voyez ci-dessus, p. 225 et 226). — D'après le conseil du Premier Président, deux lettres furent envoyées par le Roi à l'Archevêque et aux Compagnies pour terminer l'affaire, et le *Te Deum* fut chanté, le 5 avril, sur les cinq heures, au milieu d'une très-grande affluence. « L'Archevêque, tout malade qu'il est, s'est levé et a voulu faire l'office » (f° 103) ; quant au Coadjuteur, Saintot (verso du folio 100) nous le montre « l'oreille très-pendante et le visage fort pâle et défait, » assistant avec Beaufort et la Mothe au départ du prince de Conti et de Mme de Longueville pour l'entrevue de Chaillot.

[a] La copie porte *lui*.

n'eût pas été en mon pouvoir de sauver peut-être un seul homme du Parlement. M. de Bouillon, à qui je la dis au lever de l'assemblée, en fit honte, dès l'après-dînée, à ce qu'il m'a dit depuis[1], au Premier Président.

Cette paix, que le Cardinal se vantoit d'avoir achetée à fort bon marché, ne lui valut pas aussi tout ce qu'il en espéroit[2]. Il me laissa un levain de mécontents[3] qu'il m'eût pu ôter avec assez de facilité, et je me trouvai très-bien de son reste[4]. M. le prince de Conti et Mme de Longueville allèrent faire leur cour à Saint-Germain[5],

1. Les copies R, H et toutes les anciennes éditions donnent : « me dit, » en omettant *depuis;* deux lignes plus loin, elles omettent également, ainsi que la copie Caf., l'adverbe *aussi.*

2. Cette opinion de notre auteur est partagée par un certain nombre de contemporains : « Comme la paix ne fit avoir à aucun des partis, dit Gui Joli (édition de 1751, tome I, p. 74), tous les avantages qu'on s'étoit promis, ce ne fut proprement qu'une suspension d'armes, et nullement d'intrigues et de cabales. » La Rochefoucauld dit de même (p. 425) : « Aucun des deux partis n'ayant surmonté l'autre, pas un n'obtint ce qu'il s'étoit proposé; car le Parlement et le Cardinal demeurèrent dans leur même splendeur, et l'état présent des choses ne changea point. » Ce jugement de deux frondeurs vaincus pourrait paraître suspect, si on ne le rencontrait aussi chez un personnage fort grave qui se tenait en dehors des partis, Omer Talon : « L'accommodement, écrit-il dans ses *Mémoires* (p. 358)..., comme il n'a été fait que par pure nécessité..., n'a pas ôté le principe de *défiance*, de *haine*, de *vengeance* et de *faction* qui travailloit les esprits; chacun de son côté a fait ce qu'il a pu pour en donner occasion et fomenter les prétextes. » Voyez aussi les *Mémoires de la duchesse de Nemours* (édition de 1751), p. 157-159.

3. La copie H et toutes les éditions anciennes altèrent grossièrement le sens, en substituant *mécontentement* à *mécontents.*

4. Retz énumère un peu plus bas son regain de mécontents.

5. Pour toutes ces entrevues des Frondeurs avec la cour et avec le Ministre, voyez les *Mémoires de Mme de Motteville* (tome II, p. 415-421) : elle assista à presque toutes, en se tenant auprès de la Reine. La duchesse de Nemours parle aussi dans ses *Mémoires* (p. 159) de la visite que fit sa belle-mère à Saint-Germain. Selon Mme de

après avoir vu Monsieur le Prince à Chaillot [1] pour la première fois, de la manière du monde la plus froide de part et d'autre [2]. M. de Bouillon, à qui, le jour de l'enregistrement de la déclaration, le Premier Président avoit donné des assurances nouvelles de sa récompense pour Sedan, fut présenté au Roi par Monsieur le Prince [3], qui affecta de le protéger dans ses prétentions; et le Cardinal n'oublia rien de toutes les honnêtetés possibles à son égard [4]. Comme je m'aperçus que l'exemple

Motteville (p. 421), la froide réception faite à Mme de Longueville la confirma « dans les mauvaises intentions qu'elle conservoit dans son cœur contre le repos de la Reine. »

1. Retz écrit *Chaliot*, et telle est aussi l'orthographe de 1718 C, D, E, 1719, 1723; l'édition de 1717 donne *Chaly*; le ms H et 1717 A, 1718 B, F, *Chailly*; le manuscrit Caffarelli, *Chaslit*, mais le copiste a mis au-dessus : « ou à Chantilly. » — « M. de Longueville étoit à Chaillot, dit l'abbé de Choisy (Collection Michaud, tome XXX, p. 564), sous prétexte d'y prendre des eaux; » et Arnauld (*ibid.*, p. 531) nous apprend qu'il logeait et qu'on se vit « dans la maison du maréchal de Bassompierre, » que d'Ormesson (tome I, p. 737) nomme le « château » de Chaillot. — L'entrevue eut lieu le 5 avril, et les augustes personnages s'entretinrent deux heures en particulier. Le *Journal de Paris*, cité en note par M. Chéruel, à la page 137 du *Journal de d'Ormesson*, n'est pas d'accord avec notre auteur, car il dit « qu'ils renouvelèrent leur bonne intelligence par mille protestations d'amitié et de services. »

2. Dans ce que la duchesse de Nemours nous rapporte au sujet de la venue de Mme de Longueville à Saint-Germain, nous voyons bien la froideur et la défiance persister après l'entrevue de Chaillot. « Monsieur le Prince, dit-elle (p. 159), ne vint ni la voir (*Mme de Longueville*), ni la présenter, comme on pensoit qu'il l'avoit promis, s'excusant sur ce qu'il étoit malade : ce qui fit croire à Mme de Longueville que c'étoit une mauvaise excuse. Elle en fit tant de plaintes qu'il fut obligé d'aller chez elle, la bouche et les joues si enflées, qu'on vit bien que ses raisons n'étoient que trop bonnes. »

3. Mme de Motteville (tome II, p. 415) dit que le duc de Bouillon fut présenté par le prince de Conti.

4. Retz d'abord avait mis : *à l'égard*; puis, après y avoir substitué *à leur égard*, il a effacé *leur*, pour écrire en interligne *son*.

commençoit à opérer, je m'expliquai, plus tôt que je n'avois résolu de le faire, sur le peu de sûreté que je trouvois à aller à la cour, où mon ennemi capital étoit encore le maître. Je m'en déclarai[1] ainsi à Monsieur le Prince, qui fit un petit tour à Paris, huit ou dix jours après la paix[2], et que je vis chez Mme de Longueville. M. de Beaufort et M. le maréchal de la Mothe parlèrent de même ; M. d'Elbeuf en eut envie, mais la cour le gagna par je ne sais quelle mesure[3] : je ne m'en ressouviens pas précisément. MM. de Brissac, de Retz, de Vitri, de Fiesque, de Fontrailles, de Montrésor, de Noirmoutier, de Matha, de la Boulaie, de Caumesnil,

1. *Déclarai* est écrit au-dessus d'*expliquai*, que l'auteur a biffé, comme étant déjà trois lignes plus haut.
2. « Monsieur le Prince, dit Mme de Motteville (tome II, p. 417), fut aussi à Paris, qui n'y reçut pas le même applaudissement que le duc d'Orléans. On l'avoit trouvé plus indifférent pour la paix et plus âpre au combat, et par conséquent il n'y fut pas si bien traité. » — « Il (*Condé*) se piquoit, ajoute Mme de Nemours (p. 160), de craindre si peu Paris qu'il y vouloit aller seul avant la cour. Cette haine dont il s'étoit tant moqué ne laissoit pas que de l'embarrasser ; il trouva l'invention, pour y être en sûreté, de faire courir sourdement le bruit qu'il étoit mal avec le Cardinal, et, avant que d'y aller, de proposer des conférences avec M. de Beaufort et le Coadjuteur : sur quoi il les fit donner dans le panneau. Il vint donc à Paris, et il les vit tous deux comme il avoit été proposé ; mais sitôt qu'il fut parti, il ne fut plus question ni de son accommodement ni de sa brouillerie avec Monsieur le Cardinal. » Ce voyage eut lieu le 16 avril ; il donna naissance à un pamphlet violent (*Discours sur la députation du Parlement à M. le prince de Condé*, 11 pages), écrit par le conseiller au Parlement Portail. Le prince y est qualifié de « monstre né pour la ruine et la désolation de son pays, » et l'auteur lui prédit sa prochaine incarcération. Ce pamphlet donna lieu à des poursuites dont nous parlerons à l'*Appendice*.
3. « Pour le duc d'Elbeuf, dit Monglat dans ses *Mémoires*, p. 213, il eut des bois en Normandie qui rétablirent bien ses affaires. » — Les copies R, H, Caf. et toutes les anciennes éditions donnent : « par je ne sais quel intérêt, » et omettent la fin de la phrase : « je ne m'en ressouviens pas précisément. »

de Moreul, de Laigue, d'Anneri[1] demeurèrent unis avec nous ; et nous fîmes un espèce[2] de corps, qui, avec la faveur du peuple, n'étoit pas un fantôme. Le Cardinal l'en traita[3] toutefois d'abord et avec tant de hauteur, que M. de Beaufort, M. de Brissac, M. le maréchal de la Mothe et moi, ayant prié chacun un[4] de nos amis d'assurer la Reine de nos très-humbles obéissances, elle nous répondit qu'elle en recevroit les assurances après que[5] nous aurions rendu nos devoirs à Monsieur le Cardinal[6].

Mme de Chevreuse, qui étoit à Bruxelles[7], revint dans ce temps-là à Paris[8]. Laigue, qui l'avoit précédée de huit ou dix jours, nous avoit préparés à son retour. Il avoit fort bien suivi son instruction : il s'étoit attaché

1. Charles d'Ailly, sieur d'Annery, conseiller d'État en 1648 et maréchal de camp des armées du Roi en 1649.

2. Voyez p. 420, note 4.

3. La première rédaction était : « Il l'en traita ; » *Il* a été biffé et remplacé à la marge, avec un renvoi, par : « Le Cardinal. »

4. La copie Caffarelli omet *un*.

5. Dans les copies R, H et dans toutes les éditions anciennes, il y a *quand*, au lieu d'*après que*.

6. Nous savons par Mme de Motteville quel fut le négociateur entre Retz et la Reine : « Le Coadjuteur, dit-elle (tome II, p. 418 et 419), se tint dans sa forteresse et ne voulut point venir à Saint-Germain comme les autres. Trouvant à propos de paroître de loin, il pria le duc de Liancourt de faire ses compliments à la Reine, l'assurer qu'en son particulier il étoit son très-fidèle serviteur, et qu'il la reconnoîtroit toujours pour sa bienfaitrice et sa maîtresse. Mais la Reine les reçut avec mépris, et ordonna à son ambassadeur de lui dire qu'elle ne le considéreroit jamais pour tel, que premièrement il ne fût ami du cardinal Mazarin. » — Voyez, sur Liancourt, p. 430, note 3.

7. Elle y était depuis le milieu de l'année 1645.

8. Le lundi 12 avril. « Ce jour-là, dit Dubuisson Aubenay, est aussi arrivée à Paris, vers les onze heures du matin, et descendue à l'église de Notre-Dame, la duchesse de Chevreuse, qui est venue tout d'une traite, par relais, de Cambray, ayant fait trente-quatre lieues sans reposer. » Molé, dans ses *Mémoires* (tome IV, p. 19), confirme cette date du 12 avril.

à elle, quoiqu'elle n'eût pas d'abord d'inclination pour lui. Mlle de Chevreuse m'a dit depuis qu'elle disoit qu'il ressembloit à Bellerose[1], qui étoit un comédien qui avoit la mine du monde la plus fade; qu'elle changea de sentiment devant que de partir de Bruxelles, et qu'elle en fut contente, en toutes manières[2], à Cambrai. Ce qui me parut de tout cela, au retour de Laigue à Paris, fut qu'il l'étoit pleinement d'elle : il nous la prôna comme une héroïne à qui nous eussions eu l'obligation de la déclaration de M. de Lorraine en notre faveur, si la guerre eût continué, et à qui nous avions celle de la marche de l'armée d'Espagne[3]. Montrésor, qui avoit été pour ses intérêts quinze mois à la Bastille[4], faisoit ses éloges, et j'y[5] donnois avec joie dans la vue et d'enlever

1. Acteur célèbre de l'Hôtel de Bourgogne. « Bellerose, dit Tallemant des Réaux (tome VII, p. 175), étoit un comédien fardé, qui regardoit où il jetteroit son chapeau, de peur de gâter ses plumes; ce n'est pas qu'il ne fît bien certains récits et certaines choses tendres, mais il n'entendoit point ce qu'il disoit. » Son vrai nom était Pierre Messier. Il semble avoir pris une certaine part aux mouvements de la Fronde; il est parlé de lui dans plusieurs Mazarinades.

2. « En toute manière, » au singulier, dans les copies R, Caf. et dans l'édition de 1717. — Trois lignes plus bas, il y a *un héroïne* dans l'original.

3. Une Mazarinade tient à peu près le même langage; elle est intitulée : *l'Amazone françoise au secours des Parisiens, ou l'approche des troupes de Mme la duchesse de Chevreuse* (Paris, 1649, 7 pages). M. Cousin en a donné l'analyse, en note, aux pages 313 et 314 de *Madame de Chevreuse*. Il a seulement omis de dire que la même pièce avait aussi paru sous un autre titre, non moins pompeux : *L'illustre conquérante, ou la généreuse constance de Mme de Chevreuse* (Paris, 1649, 7 pages).

4. Montrésor avait été arrêté en 1644, pour une correspondance avec la duchesse de Chevreuse, alors exilée en Angleterre à la suite de la conspiration des Importants; il dut sa liberté aux sollicitations du duc de Lorraine et surtout de Mlle de Guise. Voyez tome I, 224, note 4.

5. Il y a *je*, pour *j'y*, dans les copies R et H et dans 1718 C, D, E; à la ligne suivante, *à* est en interligne dans l'original.

à Mme de Montbazon M. de Beaufort, par le moyen de Mlle de Chevreuse, du mariage de laquelle avec lui l'on avoit parlé autrefois [1], et de m'ouvrir [2] un nouveau chemin pour aller aux Espagnols, en cas de besoin. Mme de Chevreuse en fit plus de la moitié pour venir à moi. Noirmoutier et Laigue, qui ne doutoient pas que je ne lui [3] fusse très-nécessaire [4], et qui craignirent que Mme de Guémené, qui la haïssoit mortellement, quoique sa belle-sœur [5], ne m'empêchât d'être autant de ses amis qu'ils le souhaitoient, me tendirent un panneau pour m'y engager, dans lequel je donnai.

Dès l'après-dînée du jour dont elle arriva le matin [6], ils me firent tenir, avec Mademoiselle sa fille [7], un enfant [8] qui vint au monde tout à propos [9]. Mlle de Che-

1. Pour les projets de mariage de Beaufort avec Mlle de Longueville et en outre avec Mlle de Chevreuse, voyez les *Mémoires de Mademoiselle* (tome I, p. 214 et 215); elle termine par ces mots : « Ainsi M. de Beaufort étoit considéré comme le bon parti à qui toutes les princesses en vouloient. »

2. Retz avait mis d'abord : « d'acquérir, » qu'il a biffé, pour écrire à la suite : « de m'ouvrir. »

3. *Leur*, pour *lui*, dans le ms H et dans 1717 A, 1718 B, F.

4. Après « nécessaire, » le Cardinal avait écrit d'abord : « me tendirent pour m'y ; » il a effacé ces mots, pour les reporter trois lignes plus bas.

5. Le prince de Guémené, mari d'Anne de Rohan, princesse de Guémené, était frère de la duchesse de Chevreuse.

6. Le ms H et toutes les éditions anciennes abrégent ainsi le commencement de cet alinéa : « Le jour (*ou* le jour même) qu'elle arriva. » Plusieurs textes (1717 A, 1718 B, F et le ms H) joignent ces mots, en une même phrase, aux derniers mots de l'alinéa précédent : « je donnai, » et mettent un point après *arriva*.

7. La première rédaction était : « avec elle ; » *elle* a été biffé, et l'auteur a écrit au-dessus : « Mademoiselle sa fille. »

8. Un enfant de la duchesse de Luynes. (1843.)

9. « La duchesse de Luynes étant accouchée, ils ont fait tenir l'enfant par Mme de Chevreuse et le Coadjuteur. » (Copie d'une lettre de Saintot à le Tellier, datée du 14 avril 1649, f° 126 du

vreuse se para, comme l'on fait à Bruxelles en ces sortes de cérémonies, de tout ce qu'elle avoit de pierreries, qui étoient fort riches [1] et en quantité. Elle étoit belle; j'étois très en colère contre Mme la princesse [2] de Guéméné, qui, dès le second [3] jour du siége de Paris, s'en étoit allée d'effroi en Anjou.

Il arriva, dès le lendemain du baptême, une occasion qui lui donna de la reconnoissance pour moi, et qui commença à m'en faire espérer de l'amitié. Mme de Chevreuse venoit de Bruxelles, et elle en venoit sans permission. La Reine se fâcha [4], et elle lui envoya un ordre de sortir de Paris dans vingt-quatre heures [5]. Laigue me le vint dire aussitôt. J'allai avec lui à l'hôtel de Chevreuse [6], et je trouvai la belle à sa toilette, dans

ms 4231; nous n'avons malheureusement pu trouver la lettre originale, qui manque dans les *Papiers d'État* de le Tellier.) — Le manuscrit de *Nouvelles à la main*, à la date du 16 avril 1649 (Bibliothèque nationale, n° 25025), confirme le dire de Saintot : « Ces jours, Mme de Chevreuse et Monsieur le Coadjuteur nommèrent un fils au duc de Luynes. » La correction qu'a subie le manuscrit original : *elle*, changé en *Mlle de Chevreuse*, affaiblit déjà quelque peu, ce nous semble, le témoignage de notre auteur. Si on le rapproche de ces deux déclarations de contemporains désintéressés, il n'est plus possible d'y voir autre chose qu'une entrée en matière inventée par Retz pour raconter ses amours avec Mlle de Chevreuse, comme il s'était approprié l'aventure des Capucins, à l'occasion de Mlle de Vendôme : voyez tome I, p. 187-196.

1. D'abord le Cardinal avait écrit : « fort belles, » puis il a biffé le dernier mot, et mis au-dessus : « riches. »

2. Les copies R, H, Caf. omettent les mots : *la princesse*.

3. Il y a *second* dans les copies R, Caf. et dans la plupart des anciennes éditions; dans l'original, « le 2 jour. »

4. « S'en fâcha, » dans les copies R, H, Caf. et dans les anciennes éditions.

5. Voyez sur tout ceci les *Mémoires de Mme de Motteville* (tome II, p. 416 et 417), et les *Mémoires de Molé* (tome IV, *passim*, de la page 19 à la page 45).

6. L'hôtel de Mme de Chevreuse était situé rue Saint-Thomas-du-Louvre : voyez le *Plan de Paris* par Gomboust, feuille VIII.

les pleurs. J'eus le cœur tendre, et je priai Mme de Chevreuse de ne point obéir que je n'eusse eu l'honneur de la revoir. Je sortis, en même temps, pour chercher M. de Beaufort, à qui je pris la résolution de persuader qu'il n'étoit ni de notre honneur ni de notre intérêt de souffrir le rétablissement des lettres de cachet, qui n'étoient pas le moins odieux des moyens desquels l'on s'étoit servi pour opprimer la liberté publique. Je jugeois bien que nous n'étions pas trop bons, et lui et moi, pour relever une affaire de cette nature, qui, quoique dans les lois et dans le vrai, importante à la sûreté[1], ne laissoit pas d'être délicate, le lendemain d'une paix, et particulièrement en la personne de la dame[2] du Royaume la plus convaincue de faction et d'intrigue[3]. Je croyois que par cette raison il étoit de la bonne conduite que cette escarmouche, que nous ne pouvions ni ne devions effectivement éviter, quoiqu'elle eût ses inconvénients, s'attachât[4] plutôt par M. de Beaufort que par moi. Il s'en défendit avec opiniâtreté, par une infinité de méchantes raisons. Il n'oublia que la véritable, qui étoit que Mme de Montbazon l'eût dévoré[5]. Ce fut donc à moi de me char-

1. Le ms H et 1717 A, 1718 B, F défigurent ainsi ce passage : « dans les voies importantes à la liberté. » — Retz avait d'abord ajouté à *sûreté* l'adjectif *publique*; il l'a ensuite biffé, probablement parce qu'il était déjà employé trois lignes plus haut. Les éditions de 1837-1866 ont conservé *publique*.

2. « De la dame » est omis dans l'édition de 1859-1866.

3. *D'intrigues*, au pluriel, dans les copies R, H, Caf. et dans toutes les éditions anciennes.

4. Se lâchat. (1717.) — Se fit. (1718, C, D, E, 1719-1828.)

5. « Beaucoup de personnes, dit Mademoiselle dans ses *Mémoires* (tome I, p. 215), croyoient qu'elle (*Mme de Montbazon*) le ménageoit (*M. de Beaufort*), pour l'épouser quand son mari seroit mort, qui est fort vieux. » Celui-ci mourut en 1654, à l'âge de quatre-vingt-six ans; Mme de Montbazon, à cette date, n'avait pas encore quarante ans.

ger de cette commission, parce qu'il falloit assurément qu'elle fût au moins exécutée par l'un de nous deux, pour faire quelque effet dans[1] l'esprit du Premier Président. J'y allai en sortant de chez M. de Beaufort; et comme je commençois à lui représenter la nécessité qu'il y avoit, pour le service du Roi et pour le repos de l'État, à ne pas aigrir les esprits par l'infraction des déclarations si solennelles, il m'arrêta tout court en me disant : « C'est assez, mon bon seigneur; vous ne voulez pas qu'elle sorte, elle ne sortira pas. » A quoi il ajouta, en s'approchant de mon oreille : « Elle a les yeux trop beaux[2]. » La vérité est que, quoiqu'il eût exécuté son ordre[3], il avoit écrit dès la veille à Saint-Germain que la tentative en seroit inutile, et que l'on commettoit trop légèrement l'autorité du Roi[4].

Je retournai triomphant à l'hôtel de Chevreuse; je n'y fus pas mal reçu. Je trouvai Mlle de Chevreuse ai-

1. L'édition de 1859-1866 change *dans* en *sur*.
2. Le duc de Chevreuse (*Mémoires de Mme de Motteville*, tome II, p. 416) disait à la Reine, en parlant de sa fille, « qu'elle avoit des yeux capables d'embraser toute la terre; » et Mme de Motteville ajoute (p. 417) : « Mlle de Chevreuse étoit belle : elle avoit en effet de beaux yeux, une belle bouche et un beau tour de visage; mais elle étoit maigre, et n'avoit pas assez de blancheur pour une grande beauté. » — Les copies R, H et toutes les anciennes éditions, sauf 1718 C, D, E, portent : « les yeux très-beaux. » — Retz revient encore une fois ailleurs sur les beaux yeux de Mlle de Chevreuse, qui décidément l'avaient touché. Voyez l'édition de 1859, tome IV, p. 148.
3. « Son ordre » est en interligne dans l'original.
4. Les lettres de Molé à le Tellier insérées dans la partie des *Mémoires de Molé* à laquelle nous avons renvoyé ci-dessus (p. 487, note 5) ne font nulle mention du Coadjuteur; elles ne font intervenir que le duc de Montbazon, père de Mme de Chevreuse. Selon Mme de Motteville, le duc d'Orléans intervint un instant (p. 417), ainsi que le Coadjuteur, mais fort tard (p. 452); ce fut surtout Mme de Chevreuse qui fit elle-même sa négociation avec Mazarin et la mena à bonne fin. Il fallut toutefois qu'elle se retirât quelque temps à Dampierre.

mable; je me liai intimement avec Mme de Rhodes, bâtarde du feu cardinal de Guise, qui étoit bien avec elle; je fis chemin[1], je ruinai dans son esprit le duc de Brunswic de Zell[2], avec qui elle étoit comme accordée. Laigue, qui étoit une manière de pédant, me fit quelque obstacle au commencement; la résolution de la fille et la facilité de la mère le levèrent bientôt. Je la voyois tous les jours chez elle, et très-souvent chez Mme de Rhodes[3], qui nous laissoit en toute liberté. Nous nous en servîmes; je l'aimai, ou plutôt[4] je la crus aimer, car je ne laissai[5] pas de continuer mon commerce avec Mme de Pommereux.

La société de MM. de Brissac, de Vitri, de Matha, de Fontrailles, qui étoient demeurés en union avec nous,

1. Cette métaphore rappelle le « j'allai plus loin » de la page 195 du tome I, et confirme le sens que nous avons donné à ces mots dans la note 1 de cette même page.

2. Christian-Louis, X^e duc de Brunswick-Lunebourg-Zell, fils de Georges de Harbourg; né en 1622, duc en 1648, mort en 1665, sans postérité; il avait épousé, en 1653, Dorothée, fille de Philippe duc de Holstein-Glücksbourg, qui se maria, en secondes noces, à Frédéric-Guillaume, électeur de Brandebourg.

3. Un pamphlet de la Fronde : *Les justes plaintes de la crosse et de la mitre du coadjuteur de Paris, portant par force le deuil de Madame de Rhodez* (sic), *sa sœur d'amitié*, etc. (14 pages), ne borne pas les relations de Mme de Rhodes avec Paul de Gondi à ce rôle de si obligeante intermédiaire : « Il y a longtemps que nous connoissons les visites trop fréquentes qu'il fait à la duchesse de Chevreuse, à la marquise Dampus (*d'Ampus*) et à Mme de Rhodes. Les visites qu'il faisoit à la dernière ne lui ont-elles pas causé une maladie mortelle? Tout le monde sait qu'il n'osoit pas la voir pendant le jour, et que quand il y alloit la nuit, il falloit avoir deux carrosses pleins d'hommes, lesquels avec des mousquetons étoient aux avenues des rues d'Orléans et des Vieilles-Étuves. »

4. *Plutôt* est écrit dans l'interligne; les éditions de 1837 et de 1843 y substituent *plus fort*.

5. *Laissois*, dans les copies R, H, Caf. et dans presque toutes les anciennes éditions.

n'étoit pas, dans ces temps-là, un bénéfice sans charge. Ils étoient cruellement débauchés, et la licence publique leur donnant¹ encore plus de liberté, ils s'emportoient tous les jours dans des excès qui alloient jusques au scandale. Ils revenoient un jour* d'un dîner qu'ils avoient fait chez Coulon ; ils virent venir un convoi², et ils le chargèrent l'épée à la main, en criant au crucifix : « Voilà l'ennemi³ ! » Une autre fois, ils maltraitèrent, en pleine rue, un valet de pied du Roi, en marquant même fort peu de respect pour les livrées. Les chansons de table n'épargnoient pas toujours le bon Dieu⁴ : je ne vous puis exprimer la peine que toutes ces folies me donnèrent. Le Premier Président les savoit très-bien relever ; le

1. Donnoit. (Ms H et 1837-1866.)
2. Un convoi funèbre. (1718 C, D, E, 1719-1828.)
3. D'après le *Journal de Paris*, ces excès eurent lieu le 10 juillet. Ce manuscrit inédit ajoute comme acteurs à ceux que le Cardinal a déjà nommés Termes, Bachaumont, Vialart et quelques autres membres du Parlement. Selon le même narrateur, l'injure aux laquais du Roi serait du même jour; selon Omer Talon (p. 361), de la fin du mois de juillet. Voyez aussi le ms 25025 (16 juillet), et le récit de Mme de Motteville (tome II, p. 450 et 451) : elle place le dîner chez Termes, et parle du dépit qu'éprouva la Reine de ne pouvoir châtier les coupables. Le tome III du Fonds des *Cinq cents* de Colbert contient, à la page 315, une importante lettre de le Tellier à Molé sur cette affaire. Les laquais, intimidés et séduits, ayant consenti à dire qu'ils avaient, les premiers, attaqué les gentilshommes, comme ceux-ci le prétendaient dans leur requête au Parlement, on annula toutes les procédures.
4. Pour « le bon Dieu, » il y a simplement *Dieu*, dans 1718 C, D, E, 1719-1828. — Parmi les nombreuses chansons qui nous restent de ce temps-là, il en est où le libertinage, au double sens du mot à cette époque, est poussé à une étonnante hardiesse. Voyez surtout le ms 12686 de la Bibliothèque nationale, p. 116-121. — Comme exemples de cette licence qui devait « scandaliser les ecclésiastiques, » Retz eût aussi pu indiquer une très-longue série de pièces, en prose et en vers, publiée de 1649 à 1652 ; parodiant les psaumes et les cantiques de l'Église, les auteurs détournaient le sens religieux vers la politique, et le dirigeaient particulièrement contre Mazarin.

peuple ne les trouvoit nullement bonnes; les ecclésiastiques s'en scandalisoient au dernier point. Je ne les pouvois couvrir, je ne les osois excuser, et elles retomboient nécessairement[1] sur la Fronde[2].

Ce mot me remet dans la mémoire ce que je crois avoir oublié de vous expliquer dans le premier volume de cet ouvrage. C'est son étymologie[3], qui n'est pas de grande importance, mais qui ne se doit pas toutefois omettre dans un récit où il n'est pas possible qu'elle ne soit nommée plusieurs fois. Quand le Parlement commença à s'assembler pour les affaires publiques, M. le duc d'Orléans et Monsieur le Prince y vinrent assez souvent, comme vous avez vu[4], et y adoucirent même quelquefois les esprits. Ce calme n'y étoit que par intervalles. La chaleur revenoit au bout de deux

1. Incessamment. (Ms Caf.)
2. Outre les faits relatés plus haut et ceux que nous verrons un peu plus loin, tels que le fameux dîner chez Renard aux Tuileries et la tentative amoureuse de Jarzé à l'égard de la Reine mère, trois lettres, émanées du chancelier Seguier et du cardinal Mazarin, et qui étaient inédites lorsque nous les avons publiées dans *la Misère au temps de la Fronde* (p. 154-158), montrent mieux encore combien était précaire alors l'autorité royale, malgré son traité victorieux, et avec combien de peine la Reine et le Ministre supportaient cet état de choses.
3. Dans la copie R : « C'est l'étymologie de la Fronde ; » mais il y avait d'abord : « son étymologie ; » *son* a été biffé, *l'* ajouté devant le substantif, et *de la Fronde* entre les lignes. Le copiste aura trouvé trop hardi ce rapport au dernier mot de l'alinéa précédent. Le ms Caf. a la même leçon que la copie R. Le ms H et les anciennes éditions commencent ainsi l'alinéa : « Voici l'étymologie du mot de *Fronde* (*ou* du mot *Fronde*), que j'avois (*ou* j'ai) omis dans le premier livre (*ou* volume, *ou* au commencement *ou* dans le commencement) de cet ouvrage. Quand le Parlement, etc. »
4. Voyez la fin de notre tome I, p. 296-327. Mais ici le souvenir de notre auteur n'est pas tout à fait exact. Il a parlé du duc d'Orléans, du prince de Conti, remplaçant son frère, mais non de Condé lui-même, déjà parti pour l'armée.

jours, et l'on s'assembloit avec la même ardeur que le premier moment. Bachaumont[1] s'avisa de dire[2] un jour, en badinant, que le Parlement faisoit comme les écoliers qui frondent dans les fossés de Paris[3], qui se séparent dès qu'ils voient le lieutenant civil et qui se rassemblent dès qu'il ne paroît plus. Cette comparaison, qui fut trouvée assez plaisante, fut célébrée[4] par les chansons[5], et elle refleurit particulièrement lorsque, la

1. François le Coigneux, sieur de Bachaumont, fils du président le Coigneux, était conseiller au Parlement dans la chambre des Enquêtes. Il épousa Monique Passart, veuve d'Étienne le Marguenat, sieur de Courcelles.

2. Après les mots : « s'avisa de dire, » l'écriture du manuscrit Caffarelli change; il est continué par un autre copiste.

3. Monglat (p. 197) donne en ces termes la même étymologie : « Il y avoit dans ce temps-là, dans les fossés de la Ville, une grande troupe de jeunes gens volontaires qui se battoient à coups de pierre avec des frondes, dont il en demeuroit quelquefois de blessés et de morts. Le Parlement donna un arrêt pour leur défendre cet exercice; et un jour qu'on opinoit dans la grand'chambre, un président parlant selon le désir de la cour, son fils, qui étoit conseiller des enquêtes, dit : « Quand ce sera à mon tour, je « *fronderai* bien l'opinion de mon père. » Ce terme fit rire ceux qui étoient auprès de lui, et depuis on nomma ceux qui étoient contre la cour *Frondeurs*. » Mademoiselle de Montpensier, dans ses *Mémoires* (tome I, p. 180), confirme en quelques lignes le dire de Retz et de Montglat.

4. Les copies R, H, Caf. et toutes les éditions anciennes omettent *qui*, et arrangent ainsi la phrase : « Cette comparaison fut trouvée assez plaisante; elle fut célébrée, etc. » On pourrait croire que dans le manuscrit autographe, le premier *fut* a été biffé.

5. Ce fut, dit Mademoiselle de Montpensier dans ses *Mémoires* (tome I, p. 181), Barillon l'aîné qui commença à chanter la Fronde :

> Un vent de Fronde
> S'est levé ce matin;
> Je crois qu'il gronde
> Contre le Mazarin.
> Un vent de Fronde
> S'est levé ce matin.

Le cabinet des Estampes de la Bibliothèque nationale possède une

paix étant faite[1] entre le Roi et le Parlement, l'on trouva lieu de l'appliquer à la faction particulière de ceux qui ne s'étoient pas accommodés avec la cour. Nous y donnâmes nous-mêmes assez de cours, parce que nous remarquâmes que cette distinction de noms échauffe les esprits. Le[2] président de Bellièvre m'ayant dit que le Premier Président prenoit avantage contre nous de ce quolibet[3], je lui fis voir un manuscrit de Saint-Aldegonde[4], un des premiers fondateurs de la république de Hollande, où il étoit remarqué que Brederode[5] se fâchant de ce que, dans les premiers commencements de la révolte des Pays-Bas, l'on les appeloit *les Gueux*[6],

gravure, intitulée *la Fronde*, qui représente la mort de Goliath, tué par le jeune David au moyen d'une fronde.

1. Après *faite*, « donna lieu » est biffé dans l'original. — Il s'agit de la paix de Ruel.
2. Ici commence une longue lacune, de douze de nos lignes, dans le ms H et dans toutes les anciennes éditions. Elle finit à « Nous résolûmes. »
3. La copie R donne *sobriquet*, au-dessus de *quolibet*, effacé; *sobriquet* est aussi la leçon du manuscrit Caffarelli.
4. Philippe van Marnix, seigneur de Mont-Sainte-Aldegonde, littérateur et diplomate belge, célèbre pour la part qu'il prit à la lutte des Pays-Bas contre l'Espagne, plus encore par les négociations que par les armes. Né en 1548, il mourut en 1598, à Leyde. M. Edgar Quinet lui a consacré une importante monographie : *Marnix de Sainte-Aldegonde*.
5. Henri comte de Brederode signa le premier le traité d'association des insurgés, dit le *Compromis de Breda*, en 1565, et présenta leur requête à la duchesse de Parme en 1566; il mourut en 1568, dans l'exil auquel le duc d'Albe l'avait condamné.
6. Ce nom de *Gueux* doit, dit-on, son origine à un mot de Berlaimont, un des conseillers de la gouvernante des Pays-Bas, Marguerite d'Autriche, duchesse de Parme. Voyant défiler dans la salle d'audience les quatre cents gentilshommes, tous vêtus avec beaucoup de simplicité, et marchant deux à deux dans le plus grand ordre, qui venaient apporter à la Princesse une protestation contre l'établissement de l'inquisition dans les Pays-Bas et contre la réception du concile de Trente, il avait dit tout haut qu'on ne

le prince d'Orange[1], qui étoit l'âme de la faction, lui écrivit qu'il n'entendoit pas son véritable intérêt, qu'il en devoit être très-aise, et qu'il ne manquât pas même de faire mettre sur leurs manteaux de petits bissacs[2] en broderie, en forme d'ordre. Nous résolûmes, dès ce soir-là, de prendre des cordons de chapeaux qui eussent quelque forme de fronde. Un marchand affidé nous en fit une quantité[3], qu'il débita à une infinité de gens qui n'y entendoient aucune finesse. Nous n'en portâmes que les derniers pour n'y point faire paroître d'affectation qui en eût gâté tout le mystère. L'effet que cette bagatelle fit est incroyable[4]. Tout fut à la mode[5], le pain, les chapeaux, les canons[6], les gants, les manchons, les éventails, les garnitures ; et nous fûmes nous-mêmes à la mode encore plus par cette sottise que par l'essentiel.

Nous avions certainement besoin de tout pour nous soutenir, ayant toute la maison royale sur les bras ; car quoique j'eusse vu Monsieur le Prince chez Mme de

---

devait avoir aucun égard à la demande de ces *gueux*. On appela de même *Gueux de mer* les corsaires auxquels le prince d'Orange délivra des lettres de marque, qui firent un tort considérable au commerce espagnol, et contribuèrent beaucoup à assurer l'indépendance de la Hollande.

1. Guillaume Ier, dit le Taciturne. Voyez tome I, p. 292, note 3.
2. Dans les copies R et Caf. : « de petites besaces. »
3. « Une quantité » est en interligne dans l'original.
4. Les copies R, H, Caf. et toutes les anciennes éditions tournent ainsi : « L'effet de cette bagatelle fut incroyable. » A la ligne suivante, elles donnent *mouchoirs*, au lieu de *manchons*.
5. Dans les copies R, H, Caf. et dans toutes les éditions : « Tout fut à la mode de la Fronde. » Celle de 1837 met « de la Fronde » entre parenthèses, avec un point d'interrogation. — Trois lignes plus bas, *encore* est écrit en interligne dans l'original.
6. Le mot *canon* désignait deux sortes d'ornements qu'on attachait au-dessous du genou. On en peut voir la description dans le *Dictionnaire de M. Littré*, au 1er article *Canon*, 5°. Le ms H et toutes les anciennes éditions omettent *les canons*.

Longueville, je ne m'y croyois que fort médiocrement
raccommodé. Il m'avoit traité civilement, mais froidement; et je savois même qu'il étoit persuadé que je
m'étois plaint de lui, comme ayant manqué aux paroles
qu'il m'avoit fait porter à des particuliers du Parlement[1].
Comme je ne l'avois pas fait, j'avois sujet de croire que
l'on eût affecté de me brouiller personnellement avec
lui. Je joignois[2] cela à quelques circonstances particulières, et je trouvois que la chose venoit apparemment
de M. le prince de Conti, qui étoit naturellement très-
malin, et qui d'ailleurs me haïssoit sans savoir pourquoi
et sans que je le pusse deviner moi-même. Mme de
Longueville ne m'aimoit guère davantage, et j'en découvris un peu après la raison, que je vous dirai dans
la suite[3]. Je me défiois avec beaucoup de fondement de
Mme de Montbazon, qui n'avoit pas, à beaucoup près,
tant de pouvoir que moi sur l'esprit de M. de Beaufort,
mais qui en avoit plus qu'il n'en falloit pour lui tirer
tous ses secrets. Elle ne me pouvoit pas aimer, parce
qu'elle savoit que je lui ôtois la meilleure partie de la
considération qu'elle en eût pu tirer à la cour. J'eusse
pu aisément m'accommoder[4] avec elle, car jamais femme
n'a été de si facile composition[5]; mais comme[6] accommoder cet accommodement avec mes autres engagements, qui me plaisoient davantage, et avec lesquels il
y avoit, en effet, sans comparaison, plus de sûreté?

1. Retz fait ici allusion aux entretiens que Condé eut, dit-il,
avec Broussel. Voyez ci-dessus, p. 78, et p. 100, note 2.
2. Il y a dans l'original à, biffé, après *joignois*.
3. Voyez p. 498-503.
4. M'accorder. (Ms H, Caf. et toutes les anciennes éditions.)
5. On en verra un peu plus loin une preuve assez plaisante.
6. Il y a bien dans l'original et dans les copies R et Caf. *comme*,
et non *comment*, que donnent le ms H et toutes les anciennes
éditions et celle de 1859-1866.

Vous en voyez assez pour connoître que je n'étois pas sans embarras.

Il ne tint pas au comte de Fuensaldagne de me soulager. Il n'étoit pas content de M. de Bouillon, qui, à la vérité, avoit manqué le moment décisif de la paix générale; il l'étoit beaucoup moins de ses envoyés, qu'il appeloit des taupes; et il étoit fort satisfait de moi, et parce que j'avois toujours insisté pour la paix des couronnes, et parce que je n'avois eu aucun intérêt dans la particulière et que je n'étois pas même accommodé avec la cour. Il m'envoya dom Antonio Pimentel[1] pour m'offrir tout ce qui étoit au pouvoir du Roi son maître, et pour me dire que sachant l'état où j'étois avec le Ministre, il ne pouvoit pas douter que je n'eusse besoin d'assistance; qu'il me prioit de recevoir cent mille écus que dom Antonio Pimentel m'apportoit en trois lettres de change, dont l'une étoit pour Bâle, l'autre[2] pour Strasbourg, l'autre pour Francfort; qu'il ne me demandoit pour cela aucun engagement, et que le Roi Catholique seroit très-satisfait de n'en tirer d'autre avantage que celui de me protéger. Vous ne doutez pas que je ne reçusse avec un profond respect cette honnêteté; j'en témoignai toute la reconnoissance imaginable; je n'éloignai point du tout les vues de l'avenir, mais je refusai pour le présent, en disant à dom Antonio que je me croirois absolument indigne de la protection du

---

1. Don Antonio Alonzo Pimentel de Herrera y Quinones, comte de Benavente, mort en 1671. Ce n'était plus cette fois un ambassadeur « d'auberge [a] » comme dom Illescas. Pimentel fut plus tard chargé de négocier le mariage de Marie-Thérèse avec Louis XIV.

2. La plupart des éditions anciennes remplacent ici *l'autre* par *la seconde*, et, à la ligne suivante, toutes, et le ms H, par *la troisième*.

[a] C'est un mot, assez juste, il nous semble, dont se sert le P. Rapin, dans ses *Mémoires* (tome I, p. 271), à propos du moine Bernardin.

Roi Catholique, si je recevois des gratifications de lui n'étant pas en état de le servir; que j'étois né François et attaché, encore plus particulièrement qu'un autre, par ma dignité, à la capitale du Royaume; que mon malheur¹ m'avoit porté à me brouiller avec le premier ministre de mon Roi, mais que mon ressentiment ne me porteroit jamais à chercher de l'appui parmi ses ennemis, que lorsque la nécessité de la défense naturelle m'y obligeroit; que la providence de Dieu, qui connoissoit la pureté de mes intentions, m'avoit mis, dans Paris, en un état où je me soutiendrois apparemment par moi-même; que si j'avois besoin d'une protection, je savois que je n'en pourrois jamais trouver ni de si puissante ni de si glorieuse que celle de Sa Majesté Catholique, à laquelle je tiendrois toujours à gloire de recourir. Fuensaldagne fut très-content de ma réponse, qui lui parut, à ce qu'il dit depuis à Saint-Ibal, d'un homme qui se croyoit de la force, qui n'étoit pas âpre à l'argent², et qui, avec le temps, en pourroit recevoir. Il me renvoya dom Antonio Pimentel sur-le-champ même, avec une grande lettre pleine d'honnêtetés, et un petit billet de Monsieur l'Archiduc, qui me mandoit qu'il marcheroit sur un mot de ma main *con todas las fuerças del Rei su sennor*³.

Il m'arriva justement, le lendemain du départ de dom Antonio Pimentel, une petite intrigue qui me fâcha plus qu'une plus grande. Laigue me vint dire que M. le prince de Conti étoit dans une colère terrible contre moi; qu'il disoit que je lui avois manqué au res-

1. Que mon devoir. (Ms H, 1717 A, 1718 B, F.)
2. Apre après l'argent. (Ms H, 1717 A, 1718 B, F.)
3. « Avec toutes les forces du Roi son seigneur. » Nous conservons pour ces mots espagnols l'orthographe du manuscrit original; on écrirait aujourd'hui *fuerzas* et *señor*.

pect¹ ; qu'il périroit lui et toute sa maison, ou qu'il s'en ressentiroit; et Sarrasin², que je lui avois donné pour secrétaire et³ qui n'en avoit pas beaucoup de reconnoissance, entra un moment après, qui me confirma la même chose, en ajoutant qu'il falloit que l'offense fût terrible, parce que ni M. le prince de Conti ni Mme de Longueville ne s'expliquoient point du détail, quoiqu'ils parussent outrés en général. Jugez, je vous supplie, à quel point un homme qui ne se sent rien sur le cœur est surpris d'un éclat de cette espèce⁴. Je n'en fus, en récompense, que très-peu touché, parce qu'il s'en falloit beaucoup que j'eusse autant de respect pour la personne de M. le prince de Conti que j'en avois pour sa qualité. Je priai Laigue de lui aller rendre, de ma part, ce que je lui devois, lui demander⁵ avec respect le sujet de sa colère, et l'assurer qu'il n'en pouvoit avoir aucun

1. Le ms H et 1717 A, 1718 B, F changent *au respect* en *de respect;* et un peu plus loin, *qu'il s'en ressentiroit* (c'est-à-dire, « qu'il en auroit et en montreroit du ressentiment ») en *que je m'en ressentirois.*
2. Jean-François Sarasin (telle est d'après les actes civils vus par M. Jal la véritable orthographe de ce nom) naquit près de Caen ; par l'entremise de Ménage, il vécut pendant quatre ans en commensal de Retz, dont il « fut comme le courtisan, dit Tallemant des Réaux (tome V, p. 293).... A la guerre de Paris, le Coadjuteur fit tant par le moyen de Mme de Longueville que le prince de Conti prit Sarasin pour secrétaire ; » et le chroniqueur ajoute (p. 294) : « Dès la première année, Sarasin dit à un homme de ma connoissance (*l'abbé Amelot*) qu'il n'avoit aucune obligation au Coadjuteur de l'avoir fait entrer chez le prince de Conti, et que le Coadjuteur lui en devoit de reste ; qu'un temps fut qu'il l'eût voulu voir noyé, et qu'il le donneroit encore au diable, sans cet établissement; que quatre ans de son temps ne se pouvoit assez payer. Notez qu'il fût peut-être mort de faim sans lui. »
3. Les copies R et Caf. ont omis *et.*
4. D'un holà de cette espèce. (Ms H et 1717 A, 1717 B, F.)
5. Je priai Laigue de l'aller trouver de ma part, de lui marquer que je n'avois pas d'idée d'avoir jamais manqué à ce que je lui devois, de lui demander, etc. (1718 C, D, E.)

qui pût être fondé à mon égard. Laigue revint très-persuadé qu'il n'y avoit point eu de colère effective; qu'elle étoit toute affectée et toute contrefaite, à dessein d'avoir une manière d'éclaircissement, qui fît ou au moins qui fît paroître un raccommodement; et ce qui lui donna cette pensée fut qu'aussitôt qu'il eut fait mon compliment à M. le prince de Conti, il fut reçu avec joie, et remis pourtant pour la réponse à Mme de Longueville, comme à la principale intéressée. Elle fit beaucoup d'honnêtetés à Laigue pour moi, et elle le pria de me mener le soir chez elle. Elle me reçut admirablement, en disant toutefois qu'elle avoit de grands sujets de se plaindre de moi; que c'étoient de ces choses qui ne se disoient point, mais que je les savois bien. Voilà tout ce que j'en pus tirer pour le fond, car j'en eus toutes les honnêtetés possibles et toutes les avances même pour rentrer en union avec moi, disoit-elle, et avec mes amis. En disant cette dernière parole, qu'elle prononça un peu bas, elle me donna sur le visage de l'un de ses gants, qu'elle tenoit à la main, et elle me dit en souriant[1] : « Vous m'entendez bien[2]. » Elle avoit raison; et voici ce que j'entendis.

M. de la Rochefoucauld avoit, à ce que l'on prétendoit, beaucoup négocié avec la cour[3], et ce qui me[4] le fait croire est que longtemps devant que Damvilliers,

1. Dans les copies R, H, Caf. et dans les éditions anciennes, *sortant*, au lieu de *souriant*.

2. M'entendez-vous bien? (Ms H et toutes les anciennes éditions.) — A la ligne suivante, 1718 C, D, E, 1719-1828 substituent : « ce que j'en dis » à « ce que j'entendis. »

3. Voyez ci-dessus, p. 290-293, les négociations de la Rochefoucauld avec Flamarens. — Ce qui suit *cour* est omis, jusqu'à la fin de la phrase, dans le ms H et dans les éditions anciennes. *Comme*, premier mot de la phrase suivante, est, dans ces textes, précédé de *Mais*.

4. Retz a effacé, puis récrit au-dessus : « et ce qui me. »

bonne place sur la frontière de Champagne, fût donnée à M. le prince de Conti, qui la lui confia[1], le bruit en fut grand, qui n'étoit pas vraisemblablement une prophétie. Comme il n'y avoit aucune assurance aux paroles du Cardinal[2], M. de la Rochefoucauld crut qu'il ne seroit pas mal à propos ou de les solliciter, ou de les fixer, par un renouvellement de considération à M. le prince de Conti, à qui Monsieur le Prince en donnoit peu, et parce que l'on savoit qu'il le méprisoit parfaitement[3], et parce qu'il paroissoit en toutes choses que leur réconciliation n'étoit pas fort sincère. Il eût souhaité, par cette raison, de se[4] remettre, au moins en apparence, à la tête de la Fronde, de laquelle il s'étoit assez séparé les premiers jours de la paix, et même dès les derniers[5] de la guerre, et par des railleries dont il n'étoit pas maître, et par un rapprochement à la cour qui, contre toute sorte de bon sens, avoit été encore plus apparent qu'effectif. M. de la Rochefoucauld s'i-

1. Après *confia*, on lit, sous les ratures, ces mots effacés : « au marquis de Silleri, beau-frère de M. de la Rochefoucault. » A leur place, l'auteur a mis à la marge, avant *confia*, le pronom *lui*.

2. Les copies R et Caf. ajoutent *Mazarin*, après *Cardinal*.

3. Le prince de Condé, dit Mme de Motteville (tome II, p. 309 et 310), « étoit le premier à se railler des bravoures du prince de Conti ; il n'épargnoit nullement sa mauvaise taille et la foiblesse de sa complexion, qu'il disoit n'avoir nul rapport aux fatigues et aux fonctions de général. » Les *Mémoires de Montglat* (p. 205) donnent une preuve assez piquante du mépris de Condé pour son frère : « Le prince de Conti étoit bossu et contrefait, tellement que le prince de Condé, passant par la chambre du Roi, salua fort humblement un singe qui étoit attaché à un chenet de la cheminée de la chambre, et lui dit avec un ton de dérision : *Serviteur au généralissime des Parisiens !* »

4. *De se* est en interligne.

5. Les éditions de 1843-1866 répètent *jours* après *derniers* — Après *railleries*, Retz a biffé *qu'il*.

magina, à mon opinion, que l'on ne pouvoit revenir plus naturellement du refroidissement qui avoit paru, que par un raccommodement, qui d'ailleurs feroit éclat et donneroit, par conséquent, ombrage à la cour : ce qui alloit à ses fins. Je lui ai demandé depuis, une fois ou deux, la vérité de cette intrigue, dont il ne me parut pas qu'il se ressouvînt en particulier. Il me dit seulement, en général, qu'ils étoient, en ce temps-là, persuadés, dans leur cabale, que je rendois de mauvais offices sur son sujet à Mme de Longueville[1] auprès de Monsieur son mari. C'est de toutes les choses du monde celle dont j'ai été toute ma vie le moins capable, et je ne crois pas que ce soupçon fût[2] la cause de l'éclat que M. le prince de Conti fit contre moi : parce qu'aussitôt que j'eus fait faire par Laigue mon premier compliment, je fus reçu à bras ouverts[3], et qu'aussitôt que Mme de Longueville s'aperçut que je ne répondis à ce qu'elle me dit de ses amis, qu'en termes généraux, elle retomba dans une froideur qui passa, en fort peu de temps, jusques à la haine. Il est vrai que comme je savois que je n'avois rien fait qui me pût attirer, avec justice, l'éclat que M. le prince de Conti avoit fait contre moi, et que je m'imaginai être[4] affecté, pour en faire servir l'accommodement à des intérêts particuliers, je demeurai fort froid à ce mot de mes amis, et plus que

1. *De* a été effacé devant *auprès*.
2. L'auteur avait voulu d'abord, après *fût*, écrire *le sujet (subiect)*; *le* est devenu *la*; *subie* est biffé, et *cause* écrit à la suite.
3. « A bras ouvert, » au singulier, dans l'original et dans les copies R et Caf. — A la ligne suivante, ces copies portent *répondois*, et à la fin de la phrase, la copie R : « en haine, » pour « jusques à la haine. » Cette dernière leçon : « en haine, » est celle de toutes les anciennes éditions et de la copie H, qui donnent aussi, et avec elles le texte de 1859-1866, *répondois*.
4. *Être* est écrit au-dessus de *qu'il étoit*, biffé.

SECONDE PARTIE. [Avril-Juillet 1649]   503

je ne le devois. Elle se le tint pour dit; et cela, joint au passé dont je vous ai déjà parlé¹ et dont je ne sais pas encore le sujet, eut des suites qui nous ont dû apprendre, aux uns et aux autres, qu'il n'y a point de petits pas dans les grandes affaires².

M. le cardinal Mazarin, qui avoit beaucoup d'esprit, mais qui n'avoit point d'âme, ne songea, dès que la paix fut faite, qu'à se défendre, pour ainsi parler, des obligations qu'il avoit à Monsieur le Prince, qui, à la lettre, l'avoit tiré de la potence; et l'une de ses premières vues fut de s'allier avec la maison de Vendôme³,

---

1. Voyez ci-dessus, p. 496.
2. Retz a ici en vue la prochaine arrestation des princes, dont il sera parlé dans notre tome III, au 18 janvier 1650.
3. « En même temps, dit Mme de Motteville (tome II, p. 422), se fit l'accommodement du duc de Vendôme[a], qui n'étoit point venu à la cour depuis qu'il en avoit été chassé par l'établissement du cardinal Mazarin. Il avoit profité de ces désordres (*de la Fronde*), en montrant qu'il n'approuvoit pas le procédé audacieux de son fils le duc de Beaufort, et qu'il desiroit infiniment de devenir ami du Ministre. Pour marque de ce desir, il proposa le mariage de son fils, le duc de Mercœur, avec l'aînée Mancini, nièce du Cardinal. Cette proposition ne fut point refusée : elle étoit avantageuse au Ministre, et pouvoit donner de grandes commodités à ce prince, qui en desiroit l'exécution afin de rentrer dans la faveur. » — Montglat se trompe en ne faisant venir le duc de Vendôme qu'à Compiègne; mais, du reste, les détails que donnent ses *Mémoires* (p. 216) sont plus complets : « Comme la déclaration du mois d'octobre, confirmée par le traité de Ruel, donnoit la liberté à tous les prisonniers et rappeloit d'exil tous les bannis qui devoient être

---

[a] Ceci devait se passer vers le 10 avril au plus tard. Mademoiselle de Montpensier alla à Paris du 8 au 11 avril, et de là à la cour; à ce moment, dit-elle (tome I, p. 212), « M. de Vendôme étoit à Saint-Germain, et M. de Mercœur, de qui l'on commençoit déjà à parler du mariage avec une des nièces de Monsieur le Cardinal. » Une lettre de le Tellier à Molé, citée dans les *Mémoires de Molé* (tome IV, p. 12 et 13), fait savoir, à la date du 7 avril 1649, que le secrétaire d'État vient d'expédier « la lettre du Roi adressante à M. le duc de Vendôme, pour lui permettre de venir à Anet, » dont le séjour lui était interdit pendant son exil, et d'où il alla à Saint-Germain.

qui, dès les commencements[1] de la Régence, s'étoit trouvée, en deux ou trois rencontres, tout à fait opposée aux intérêts de l'hôtel de Condé[2].

Il s'appliqua, par le même motif, avec soin, à gagner l'abbé de la Rivière[3], et il eut même l'imprudence de laisser voir à Monsieur le Prince qu'il lui faisoit espérer le chapeau destiné[4] à M. le prince de Conti[5].

Quelques chanoines de Liége ayant[6] jeté les yeux sur le même prince de Conti pour cet évêché, le Cardinal,

mis entre les mains du Parlement pour être jugés, la duchesse de Chevreuse revint de Flandre, et le duc de Vendôme de Florence, lequel, au lieu de s'aller joindre au duc de Beaufort, son fils, et aux Frondeurs sur le pavé de Paris, pour se venger du Cardinal, son ennemi, lassé de ses malheurs, et prévoyant que les rois demeurent toujours les maîtres, s'en alla droit à Compiègne, saluer la Reine ;... ensuite il fut voir le Cardinal, auquel il témoigna vouloir être de ses amis, et oubliant toutes choses passées, s'attacher entièrement à sa fortune ; et pour s'unir davantage à ses intérêts, il lui demanda en mariage, pour le duc de Mercœur, son fils aîné, la plus grande de ses nièces Mancini. La proposition d'un si grand parti chatouilla l'ambition du Cardinal, qui en parla à la Reine, laquelle reçut cette nouvelle avec joie, et remercia le duc de Vendôme, et le traita plus favorablement que de coutume. »

1. Dès le commencement. (1837-1866.)

2. Voyez tome I, p. 220 et suivantes. — De la maison de Condé. (1718 C, D, E, 1719-1828.)

3. Il espérait par l'abbé de la Rivière dominer le faible Gaston.

4. La charge destinée. (1837-1866.)

5. Les archives du ministère des affaires étrangères possèdent, dans le tome XXVI (*France*), à la date du 31 mai 1649, une lettre de Mazarin au cardinal Pancirolo pour lui recommander les intérêts de la Rivière.

6. Cette phrase a subi plusieurs remaniements. D'abord Retz, après *ayants* (sic), a écrit *eu*, bientôt biffé et remplacé par *jeté sur* ; le second mot a ensuite été effacé pour être reporté après *les yeux* ; trois lignes plus loin, il avait commencé par écrire : *dégoûter le Prince*, plus un mot, entre les lignes, raturé et illisible, puis il a biffé *le Prince* et le mot interlinéaire, et les a remplacés par le pronom *le* mis devant *dégoûter* et en interligne.

qui affectoit de témoigner à la Rivière qu'il eût souhaité de le dégoûter de sa profession, y trouva des obstacles, sous le prétexte qu'il n'étoit pas de l'intérêt de la France de se brouiller avec la maison de Bavière, qui y avoit des prétentions naturelles et déclarées[1].

J'omets une infinité de circonstances qui marquèrent à Monsieur le Prince et la méconnoissance[2] et la méfiance du Cardinal. Il étoit trop vif et encore trop jeune pour songer à diminuer la dernière; il l'augmenta, par la protection[3] qu'il donna à Chavigni, qui étoit la bête[4] du Mazarin, et pour qui il demanda et obtint la liberté de revenir à Paris[5]; par le soin qu'il prit des intérêts de M. de Bouillon, qui s'étoit fort attaché à lui depuis la paix[6]; et par les ménagements qu'il avoit de son côté pour la Rivière, qui n'étoient pas secrets[7]. Il ne se faut

---

1. Les Liégeois, sans parler d'une question d'argent qui était un sujet de division entre eux et leur prince, ne vouloient pas recevoir de l'archevêque de Cologne, leur évêque et souverain, le prince Maximilien de Bavière comme coadjuteur, et cherchaient de tous côtés un prélat en disponibilité; mais en septembre 1649, au moyen de quelques troupes étrangères qui étaient dans le voisinage de Cologne, l'Archevêque vint à bout de leur opposition; il fit trancher la tête aux bourgmestres Bartel et Hennet, et construire deux citadelles pour contenir ses ouailles dans le devoir. Voyez la *Gazette* de 1649, *passim*, et particulièrement p. 590 et 591, 868, 904.

2. Le peu de reconnoissance. (1718 C, D, E.)

3. Par la prétention. (1837-1866.)

4. La peste. (Ms H, 1717 A, 1718 B, F.)

5. Chavigny revint s'établir à Montrouge, en vertu d'un article de la déclaration du 24 octobre 1648, confirmée par le traité de Ruel. Retz a déjà parlé (p. 87 et suivantes) de cet important article, qui serait devenu, s'il eût été mieux observé, notre *habeas corpus*. Il fut, nous venons de le voir (p. 488 et 489), le grand argument du Coadjuteur pour obtenir à Mme de Chevreuse la liberté de séjourner à Paris.

6. Voyez à ce sujet les *Mémoires de Montglat*, p. 216.

7. Condé était persuadé que la cour ne pourrait rien entre-

point jouer avec ceux qui ont en main l'autorité royale. Quelques défauts qu'ils aient, ils ne sont jamais assez foibles pour ne pas mériter ou que l'on les ménage, ou que l'on les perde. Leurs ennemis ne les doivent jamais mépriser, parce qu'il n'y a au monde que ces sortes de gens à qui il convienne quelquefois d'être méprisés[1].

Ces indispositions, qui croissent toujours dès qu'elles ont commencé, firent que Monsieur le Prince ne se pressa pas, comme il avoit accoutumé, de prendre, cette campagne, le commandement des armées[2]. Les Espagnols avoient pris Saint-Venant[3] et Ipre[4], et le Cardinal se mit dans l'esprit de leur prendre Cambrai[5]. Monsieur le

prendre contre lui, tant qu'elle n'aurait point l'approbation du duc d'Orléans, et que Gaston ne la donnerait jamais sans avoir consulté la Rivière, qui était maître de son esprit. L'on verra plus tard que lorsque la Cour fit arrêter les princes (18 janvier 1650), on tint la Rivière à l'écart de tout le complot formé contre eux.

1. Le ms H et les éditions de 1717 A, 1718 B, F font dire ici à notre auteur tout le contraire : « à qui il ne convienne jamais d'être méprisés. » Les autres éditions anciennes, sauf 1717, ajoutent *ne.... pas* : « à qui il ne convienne pas quelquefois d'être méprisés. »

2. On avait pu croire un instant que Condé allait se mettre à la tête des armées, tirer une prompte réparation de la prise de Saint-Venant, et peut-être prévenir celle d'Ypres. En effet, le 6 mai, il s'était avancé, avec le cardinal Mazarin, de Compiègne, où la cour venait de se transporter, jusqu'à la Fère, pour y passer en revue l'armée weimarienne d'Erlach, dont on voulait principalement se servir, les autres troupes étant fatiguées du siége de Paris, fait en plein hiver.

3. Saint-Venant (dans le département du Pas-de-Calais, à quarante-deux kilomètres d'Arras) fut attaqué le 20 avril et battu si rudement que les Français en sortirent le 25.

4. Ypres (en Belgique, Flandre occidentale) fut pris le 10 mai, selon Montglat; Mme de Motteville (tome II, p. 427 et 428) dit le 8 mai; la tranchée avait été ouverte le 23 avril. Voyez pour les détails Montglat, p. 213 et 214.

5. *Leur* est omis dans les copies R, H et dans toutes les éditions.
— Mazarin croyait, comme les chefs de l'État et leurs ministres

Prince, qui ne jugea pas l'entreprise praticable, ne s'en voulut pas charger[1]. Il laissa cet emploi à M. le comte de Harcour, qui y échoua[2]; et il partit pour aller en Bourgogne, au même temps que le Roi s'avança à Compiègne, pour donner chaleur au siége de Cambrai[3].

---

l'ont trop souvent cru en France, que des succès militaires lui concilieraient l'opinion publique et abattraient l'opposition. Le 15 juin, la cour quitta Compiègne, pour Amiens, afin de surveiller plus facilement le siége de Cambray, qu'on voulait entreprendre; on espérait trouver la ville hors d'état de se défendre.

1. Condé se souvenait de son échec devant Lérida; de plus, « il étoit, dit Gui Joli (tome I, p. 85), indigné, avec justice, de ce qu'après lui avoir fait espérer que le Roi traiteroit de la principauté de Montbelliard pour la lui donner, et ayant dépêché Hervart en apparence pour négocier cette affaire, il (*Mazarin*) lui avoit néanmoins donné des ordres secrets de ne rien conclure. »

2. Voyez pour les détails de ce siége les *Mémoires de Montglat* (p. 214 et 215), et de nombreuses lettres inédites de Mazarin à le Tellier, dans le tome II des *Papiers d'État* de celui-ci (n° 6881). On y voit (30 juin) les difficultés qui entravent la levée de mille hommes à Paris, la disette de pain à l'armée; puis (le 2 juillet) le Cardinal dit que si on ne peut lever du monde à Paris, il faudra employer dix mille écus pour avoir mille soldats de vieilles troupes de Hollande, et (le 4 juillet) lorsque Cambray a été ravitaillé, il exprime ses craintes des railleries parisiennes : « Beaucoup de gens, écrit-il (folio 375 verso), gloseront sans doute là-dessus, de ce qu'il (*le renfort*) est entré du côté de l'armée allemande.... Il faudra même que vous voyiez de quelle façon en parlera la *Gazette*. » — En choisissant le comte d'Harcourt, on avait voulu le récompenser de sa campagne de Normandie; quoiqu'il eût fait la faute de ne pas se saisir à temps de Rouen, il avait su maintenir en sûreté la cour de Saint-Germain contre les entreprises qu'aurait pu tenter le duc de Longueville.

3. La Cour était partie le 30 avril pour Compiègne, et y arriva le 3 mai; le 6 mai, nous l'avons vu un peu plus haut (p. 506, note 2), Condé, que Guy Patin (tome I, p. 151) appelait alors par dérision « le capitaine des gardes » de Mazarin, avait passé avec celui-ci la revue de l'armée; puis, ne pouvant s'entendre avec le Ministre, il revint à Compiègne le 1er juin, prit congé du Roi pour retourner à Chantilly, et de là, par Paris, à son gouvernement de Bourgogne. — Les anciens éditeurs, sauf ceux de 1717,

Ce voyage, quoique fait avec la permission du Roi, fit peine au Cardinal, et l'obligea à faire couler[1] à Monsieur le Prince des propositions indirectes[2] de rapprochement[3]. M. de Bouillon me dit, en ce temps-là, qu'il savoit de science certaine que Arnauld[4], qui avoit été mestre de camp des carabins et qui étoit fort attaché à Monsieur le Prince[5], s'en étoit chargé. Je ne sais pas si M. de Bouillon en étoit bien informé, et aussi peu quelle suite ces propositions purent avoir. Ce qui me parut fut que Mazerolles[6], qui étoit une manière de

1717 A, 1718 B, F, corrigent ainsi la tournure : « pour pousser avec chaleur le siége de Cambrai. »

1. Après *faire*, Retz avait mis d'abord *jeter*, qu'il a biffé pour le remplacer par *couler*.

2. *Indiscrètes*, pour *indirectes*, dans le ms H et 1717 A, 1718 B, F.

3. La Rochefoucauld dit dans ses *Mémoires* (p. 426) que Mazarin « lui fut dire adieu (*au prince de Condé*), fort accompagné comme s'il eût douté de confier sa vie à celui qui avoit hasardé la sienne pour sa conservation. »

4. Pierre Arnauld, appelé d'ordinaire Arnauld de Corbeville, du nom d'une propriété située près de Port-Royal des Champs, était fils d'un intendant des finances, Isaac Arnauld; il eut, après la mort de son oncle Arnauld du Fort (*du Fort-Louis*), le régiment des carabins ou carabiniers, que cet oncle avait levé, et il en devint le mestre de camp général. Nous le verrons en plusieurs circonstances tout dévoué aux intérêts de Condé, et surtout pendant sa captivité; il mourut en octobre 1651, à Dijon, dont il était gouverneur pour le prince de Condé. C'était une sorte de personnage. Tallemant des Réaux lui a consacré quelques pages (tome V, p. 89-95); Voiture le mentionne, à diverses reprises, dans ses vers et dans ses lettres; Mlle de Scudéry le fait figurer sous le nom de Cléarque dans *le Grand Cyrus* (tome VII, p. 519 et suivantes), ce qui donne à Victor Cousin l'occasion de parler de lui longuement dans le tome II de la *Société française au XVIIe siècle* (p. 59-76).

5. « Je ne sais » a été écrit après « le Prince, » comme si la phrase finissait par ce nom, puis effacé et reporté un peu plus loin.

6. *Mezerolles*, dans la copie R et la plupart des anciennes éditions; *Mezerol*, dans la copie H et 1717 A, 1718 B, F.

négociateur de Monsieur le Prince, vint à [1] Compiègne en ce temps-là, qu'il y eut des conférences particulières avec Monsieur le Cardinal [2], qu'il lui déclara [3], au nom de son maître, que si la Reine se défaisoit de la surintendance des mers, qu'elle avoit prise [4] pour elle à la mort de M. de Brézé, son beau-frère, il prétendoit que ce fût en sa faveur et non pas en celle de M. de Vendôme, comme le bruit en couroit. Mme de Bouillon, qui croyoit être bien avertie, me dit que le Cardinal avoit été fort étonné de ce discours, auquel il n'avoit répondu que par un galimatias, « que l'on lui [5] fera bien

---

1. L'auteur avait d'abord mis *Paris*, qu'il a biffé et remplacé par *Compiègne*; à la ligne suivante, après « ce temps-là, » il a effacé *et*, et ajouté *qu'il*, en interligne. — Après les mots « Monsieur le Cardinal, » qui se trouvent à la seconde ligne de la page 1178 du manuscrit original, Retz quitte la plume jusque vers la fin de la page 1194. Le copiste qui le remplace doit, il nous semble d'après certaines fautes, avoir écrit sous la dictée, et non pas copié un manuscrit.
2. Une affaire assez grave, celle qui se passa chez Renard au jardin des Tuileries, et dont Retz parlera bientôt assez longuement (voyez ci-après, p. 514-517), vint faciliter les négociations entre Condé et Mazarin. Le duc de Mercœur prit, dans cette querelle, parti pour Beaufort, son frère, contre ceux de la cour. Le Ministre mécontent dit « qu'il ne vouloit point donner sa nièce au frère d'un extravagant qui le haïssoit, et qui, malgré son alliance, se joindroit peut-être avec ses ennemis pour l'offenser. Ce chagrin et l'embarras que le duc de Beaufort apporta à cette affaire en demandant son partage avant la conclusion des noces, y mit encore de grands obstacles, et la chose demeura quelque temps comme assoupie. » — « Les plus politiques disoient, ajoute finement Mme de Motteville, dont nous venons de citer les paroles (*Mémoires*, tome II, p. 443), que le véritable sujet de ce retardement étoit que le duc de Vendôme.... ne vouloit pas se hâter de lier son fils.... à la fortune d'un ministre dont.... l'autorité étoit affoiblie. »
3. Avant *déclara*, le manuscrit original porte *apprit*, biffé.
4. Il y a *pris*, sans accord, dans l'original et dans les copies R et Caf.
5. Le mot *lui* est omis dans le ms H, 1717, 1717 A, 1718 B, F,

expliquer, ajouta-t-elle, quand l'on le tiendra à Paris. » Je remarquai ce mot, que je lui fis moi-même expliquer, sans faire semblant toutefois d'en avoir curiosité ; et j'appris que Monsieur le Prince faisoit état de ne pas[1] demeurer longtemps en Bourgogne, et d'obliger, à son retour, la cour de revenir à Paris, où il ne doutoit pas qu'il ne dût trouver le Cardinal bien plus souple qu'ailleurs. Cette parole faillit à me coûter la vie, comme vous le verrez par la suite[2]. Il est nécessaire de parler auparavant de ce qui se passa à Paris, cependant que Monsieur le Prince fut en Bourgogne.

La licence y étoit d'autant plus grande que nous ne pouvions donner ordre à celle même qui ne nous convenoit pas. C'est le plus irrémédiable de tous les inconvénients qui sont attachés à la faction ; et il est très-grand, en ce que la licence, qui ne lui[3] convient pas, lui est presque toujours funeste, en ce qu'elle[4] la décrie. Nous avions intérêt de ne pas étouffer les libelles ni les vaudevilles qui se faisoient contre le Cardinal[5] ; mais

et dans la copie R, qui, à la ligne suivante, porte *quand on*, et, deux lignes plus bas, ajoute l'article *la* devant *curiosité*.

1. *Pas*, dans l'original, est au-dessus de *point*, biffé.

2. Retz fait ici allusion à un danger de mort qu'il nous dira avoir couru lorsqu'il alla à Compiègne faire sa visite à la cour : voyez ci-après, p. 524 et 525.

3. Dans le manuscrit original, il y avait d'abord *n'y*, qui a été biffé et remplacé en interligne par les deux mots *ne lui*, qui nous semblent être de la main de Retz. A la ligne suivante, le secrétaire avait écrit, à la dictée évidemment, nous l'avons dit : *descript*, au lieu de *décrie*, qui se trouve en surcharge. L'alinéa suivant fournit une autre preuve de dictée : au lieu de *dans les Tuileries*, l'écrivain avait mis d'abord *tant* et un autre mot que la rature a rendu illisible.

4. Dans les copies R, H, Caf. et toutes les éditions anciennes, *parce qu'elle* remplace *en ce qu'elle*.

5. Les libelles contre Mazarin abondent ; voici les titres de quelques-uns : *Lettre à Monsieur le Cardinal, burlesque*, en vers ; *Som-*

SECONDE PARTIE. [Avril-Juillet 1649] 511

nous n'en avions pas un moindre à supprimer ceux qui se faisoient contre la Reine¹, et quelquefois même contre la religion et contre l'État². L'on ne se peut imaginer la

maire de la doctrine curieuse du cardinal Mazarin, par lui déclarée en une lettre qu'il écrit à un sien confident, etc. ; Lettre d'un secrétaire de Saint Innocent à Jules Mazarin; le *Voyage des Justes*[a] en Italie et autres lieux ; le *Courrier du temps*, apportant ce qui se passa de plus secret en la cour des princes de l'Europe; le *Premier Mercure de Compiègne*; *Mazarin dans Amiens*; *Achat de Mazarin*; les *Entretiens sérieux de Jodelet et de Gilles le Niais, retourné de Flandre, sur le temps présent*, etc. Plusieurs de ces pamphlets se trouvent dans le premier volume du *Choix de Mazarinades* de M. Moreau.

1. Le plus sanglant de tous les pamphlets contre la Reine est *la Custode* (rideau du lit) *de la Reyne, qui dit tout* (en vers, 1649, 7 pages, sans lieu d'impression) ; c'est un des deux ouvrages dont il est parlé quelques lignes plus bas. M. de Laborde l'a reproduit dans les notes du *Palais Mazarin*, p. 157, et l'attribue à Blot. — Les mots : « et quelquefois même contre la religion, » manquent dans le ms H et dans toutes les éditions anciennes. — Nous avons déjà parlé de chansons irréligieuses (voyez ci-dessus, p. 491, note 4). D'audacieux sacriléges se commettaient dans les églises. Dans celle de Sanois, près d'Argenteuil, un laquais prit, le lundi de la Pentecôte, 24 mai 1649, l'hostie des mains du prêtre au moment de l'élévation, afin, disait-il, de forcer par là Jésus-Christ à se montrer. Le 11 juin de la même année, dans l'église des Pères de l'Oratoire, un frère de l'oratoire, beau-frère d'un conseiller du Parlement, se jeta, au moment de la consécration, sur l'officiant et le renversa à terre pour que l'hostie « soit chue ». Voyez sur ces deux faits le récit qui se trouve dans le *Journal de Paris* (manuscrit 10273 de la Bibliothèque nationale), cité dans le *Supplément* du *Journal d'Olivier d'Ormesson*, tome I, p. 742 et 743 ; et les deux pièces indiquées dans la *Bibliographie des Mazarinades* sous les n°s 3001 et 3014.

2. Mme de Motteville dans ses *Mémoires* (tome II, p. 433 et 434) dit qu'à son retour à Paris (7 juin) elle trouva « les libelles des séditieux plus dangereux à l'État que ceux qui jusqu'alors avoient seulement attaqué la personne du Cardinal. Un de ceux-là prononçoit hardiment que quand les révoltes étoient générales, les peuples avoient un juste droit de faire la guerre contre leur roi; que leurs

[a] On sait que c'était le nom populaire des louis d'or frappés en 1640 t 1641 : voyez ci-dessus, p. 161, note b.

peine que la chaleur des esprits nous donna sur ce sujet. La Tournelle [1] condamna à la mort deux imprimeurs [2] convaincus d'avoir mis au jour deux ouvrages très-dignes du feu. Ils s'avisèrent de crier, comme ils étoient sur l'échelle [3], qu'on les faisoit mourir parce qu'ils avoient débité des vers contre le Mazarin ; le peuple les enleva à la justice, avec une fureur inconcevable. Je ne touche cette petite circonstance que comme un échantillon qui vous peut faire connoître l'embarras où sont les gens sur le compte desquels l'on ne manque jamais de mettre tout ce qui se fait contre les lois ; et ce qui y est encore de plus fâcheux est qu'il ne tient, cinq ou six fois le jour, qu'à la fortune de corrompre, par des contre-temps plus naturels à ces sortes d'affaires qu'à aucunes autres, les meilleures et les plus sages productions du bon sens. En voici un exemple.

griefs devoient être décidés par les armes, et qu'ils pouvoient dans ce temps-là porter la couronne dans d'autres familles ou changer de lois. Et, dans cet écrit, il y avoit des exemples allégués d'États qui avoient changé la monarchie en un gouvernement de plusieurs, voulant par là faire naître au Parlement le desir de se faire pareil au sénat de Venise, ou de suivre l'exemple de celui d'Angleterre. »

1. On appelait ainsi une cinquième chambre du Parlement établie en 1453, comme chambre criminelle ; elle était ainsi nommée parce que les membres qui la composaient étaient fournis à tour de rôle par les autres chambres. Voyez ce que nous avons déjà dit de l'organisation du Parlement, tome I, p. 304, note 4.

2. Deux criminels. (1718 C, D, E, 1719-1828.) — L'un de ces imprimeurs était celui de *la Custode de la Reyne*; il s'appelait Claude Morlot ; sa boutique était rue de la Bucherie, à l'enseigne des Vieilles-Étuves ; il fut surpris le 21 juillet 1649, pendant qu'il imprimait ce libelle. — Nous n'avons sur l'autre que des conjectures, que l'on trouvera à l'*Appendice*, sous ce titre : *Une page de l'histoire de la presse en 1649*. Nous y donnerons en même temps des détails sur la délivrance de Morlot par le peuple.

3. Comme ils étoient sur l'échafaud, ils s'écrièrent. (Ms H, 1717 A, 1718 B, F.)

Jairzé[1], qui étoit, en ce temps-là, fort attaché au cardinal Mazarin, se mit en tête d'accoutumer, se disoit-il, les Parisiens à son nom; et il s'imagina qu'il y réussiroit admirablement en brillant, avec tous les autres jeunes gens de la cour qui avoient ce caractère, dans les Tuileries, où tout le monde avoit pris fantaisie de se promener tous les soirs. MM. de Candale[2], de Boutteville[3], de Souvré[4], de Saint-Mesgrain[5], et je ne sais combien d'autres[6], se laissèrent persuader à cette folie, qui ne

1. Réné du Plessis de la Roche-Pichemer, marquis de Jairzé (Jarzai, Jarzé, Jerzé ou Gerzé : on rencontre ce nom avec de nombreuses variantes d'orthographe dans les documents contemporains), gentilhomme d'Anjou; d'abord cornette de chevau-légers de la garde, il devint promptement capitaine des gardes du corps du Roi, puis des gardes du duc d'Anjou, frère du Roi. Montglat, dans ses *Mémoires* (p. 217), parle longuement de l'intimité de Jarzai avec Mazarin. Il mourut en 1672.
2. Louis-Charles-Gaston de Nogaret et de Foix, marquis de la Valette, duc de Candale, né en 1627, mourut en 1658. Il fut surtout célèbre par sa beauté et par ses galanteries; il en sera plus loin question, à plusieurs reprises, dans les *Mémoires*.
3. François-Henri de Montmorency, comte de Boutteville, connu depuis sous le nom de maréchal duc de Luxembourg.
4. Jacques de Souvray ou Souvré, fils de Gilles de Souvray (maréchal de France). Alors commandeur de Malte, il devint en 1667 grand prieur de France; il fit construire le grand corps de bâtiment qui était au fond de la cour du *Temple*. — Après *Souvré*, le manuscrit original porte « et de Varde, » biffé.
5. Jacques Estuer de la Vauguyon, marquis de Saint-Mégrin, tué au combat de la porte Saint-Antoine le 2 juillet 1652.
6. *La Soupe frondée* (1649, 8 pages), le premier des pamphlets qui ont été publiés sur l'affaire du jardin de Renard, qui eut lieu le 18 juin 1649 (voyez la *Bibliographie des Mazarinades*, tome III, p. 184 et 185, et p. 319), donne les noms des acteurs des deux partis : du côté de Beaufort, la Mothe Houdancourt, Brissac, Fontrailles et de Fiesque; du côté de Jarzai, Candale, Saint-Mégrin, Vigneul, Manicamp, du Frétoy et de Boutteville. A ces noms on peut ajouter Romainville, le bonhomme Bautru, Ruvigni, le commandeur du Jars, du côté de Jarzai; et de l'autre, Moreuil, Caumesnil, les ducs de Retz et de Vitry. Outre les pamphlets, voyez les Mémoires

laissa pas de leur réussir au commencement. Nous n'y fîmes point de réflexion, et comme nous nous sentions les maîtres du pavé, nous crûmes même qu'il étoit de l'honnêteté de vivre civilement avec des gens de qualité à qui l'on devoit de la considération, quoiqu'ils fussent de parti contraire. Ils en prirent avantage. Ils se vantèrent à Saint-Germain que les Frondeurs ne leur faisoient pas quitter le haut des allées dans les Tuileries¹. Ils affectèrent de faire de grands soupers sur la terrasse du jardin de Renard², d'y mener les violons et d'y boire publiquement à la santé de Son Éminence, à la vue de

contemporains, et principalement *Gui Joli* (p. 76 et 77), *Montglat* (p. 218), *Omer Talon* (p. 359 et 360), et enfin *Mme de Motteville* (tome II, p. 436-442), qui se montre fort au courant de ce « sujet de toutes les conversations des gens du grand monde, » comme elle dit elle-même, p. 436.

1. C'est-à-dire, selon Mme de Motteville (p. 436), la grande allée des Tuileries. Beaufort avait pris, en se promenant avec un jeune conseiller, une petite allée, soit qu'il « voulût éviter tant de Mazarins, soit que cela arrivât sans dessein. » — Le secrétaire du manuscrit original avait d'abord, nouvel indice de dictée, écrit *l'eau*, qui a été biffé; une croix renvoie à la marge, où on lit, de la main de Retz, *le haut*. Le ms H et toutes les anciennes éditions remplacent « le haut des allées » par « le haut du pavé. »

2. Ce Renard était, dit Omer Talon (p. 359), garde des meubles du Roi. Il avait été d'abord (dit Gui Joli, tome I, p. 76, note), « laquais de l'évêque de Beauvais, et ensuite son valet de chambre. Comme il entroit au Louvre, par le moyen de son maître, il étoit accoutumé de présenter tous les matins un bouquet à la Reine, qui aimoit les fleurs. Ces petits présents étant bien reçus, Renard obtint de Sa Majesté quelques récompenses, et entre autres la jouissance d'une partie du jardin des Tuileries. Il y bâtit une maison, et l'embellit si bien que ce lieu devint un réduit pour les personnes de la plus haute qualité. On s'y divertissoit, on y jouoit, et souvent même on y tenoit des conférences sur les affaires du temps. Renard se fit peindre en jeune garçon qui présentoit des fleurs à la Fortune, pour tirer quelques présents de la Déesse. La Fortune tendoit la main pour recevoir le bouquet, et faisoit, en souriant, tomber une pluie d'or dans le sein du jeune garçon. » Vi-

tout le peuple qui s'y assembloit pour y entendre a musique. Je ne vous puis exprimer à quel point cette extravagance m'embarrassa. Je savois, d'un côté, qu'il n'y a rien de si dangereux que de souffrir que nos ennemis fassent devant les peuples ce qui nous doit déplaire, parce que les peuples ne manquent jamais de s'imaginer qu'ils le peuvent, puisque l'on le souffre. Je ne voyois, d'autre part, de moyens pour l'empêcher que la violence, qui n'étoit pas honnête contre des particuliers, parce que nous étions trop forts, et qui n'étoit pas sage, parce qu'elle commettoit à[1] des querelles particulières, qui n'étoient pas de notre compte, et par lesquelles le Mazarin eût été ravi de nous donner le change. Voici l'expédient qui me vint en l'esprit.

J'assemblai chez moi MM. de Beaufort, le maréchal de la Mothe, de Brissac, de Retz, de Vitri et de Fontraille. Devant que de m'ouvrir, je les fis jurer de se conduire à ma mode, dans une affaire que j'avois à leur proposer. Je leur fis voir les inconvénients de l'inaction sur ce qui se passoit dans les Tuileries; je leur exagérai les inconvénients, qui iroient même jusqu'au[2] ridicule, des procédés particuliers; et nous convînmes que, dès le soir, M. de Beaufort, accompagné de ceux que je viens de[3] vous nommer, et de cent ou six-vingts[4] gentils-

---

gneul-Marville, dans le tome III, p. 326-328, de ses *Mélanges*, fournit encore quelques autres détails curieux sur Renard.

1. *Commettoit à*, engageait dans.

2. Contrairement aux habitudes de notre auteur, l'écrivain du manuscrit original met d'ordinaire *jusqu'*, au lieu de *jusques*. Celui de la copie R a conservé *jusques au*, et de même, à la première ligne de cet alinéa, *cheux*, orthographe constante de Retz, que le secrétaire, dans notre original, change en *chez*.

3. *De* est en interligne, de la main de Retz.

4. A *six-vingts* les anciennes éditions substituent, la plupart, *cent vingt*; quelques-unes, *deux cents*; 1717 garde seul *six-vingts*.

hommes, se trouveroient[1] chez Renard, comme il sauroit que ces Messieurs seroient à table, et qu'après avoir fait compliment à M. de Candale et aux autres, il dît à Jairzé que, sans leur considération, il l'auroit jeté du haut du rempart pour lui apprendre à se vanter, etc. A quoi j'ajoutai qu'il seroit bien[2] aussi de faire casser quelque violon, lorsque la bande s'en retourneroit et qu'elle ne seroit plus en lieu où les personnes qu'on ne vouloit point offenser y puissent[3] prendre part. Le pis du pis de cette affaire[4] étoit un procédé de Jairzé, qui ne pouvoit point avoir de mauvaises suites, parce que sa naissance n'étoit pas fort bonne. Ils me promirent tous de ne recevoir aucune parole de lui et de se servir de ce prétexte pour en faire purement une affaire de parti. Cette résolution fut très-mal exécutée. M. de Beaufort, au lieu de faire ce qui avoit été résolu, s'emporta de chaleur[5]. Il tira d'abord la nappe, il renversa la table; l'on coiffa d'un potage le pauvre Vineuil[6], qui n'en pouvoit mais, et qui se trouva de hasard en table[7] avec eux. Le

1. Il y a ainsi le pluriel dans l'original et dans les copies R et Caf.; à la suite, l'original avait de même d'abord : *ils sauroient*, qui a été corrigé en *il sauroit*. Deux lignes plus bas, toutes les anciennes éditions et 1859-1866 substituent *diroit* à *dît*.

2. Dans les copies R, H, Caf. et dans toutes les éditions anciennes, *bon*, au lieu de *bien*.

3. Il y a bien *puissent* dans l'original; les copies R, H, Caf., toutes les anciennes éditions et 1843-1866 ont, plus correctement, l'imparfait *pussent*. Les trois copies ajoutent, trois lignes plus loin, *et*, devant « Ils me promirent. »

4. La plupart des éditions anciennes remplacent, comme nous l'avons déjà vu ailleurs, *le pis du pis* par *le pis*.

5. « De colère, » dans le manuscrit Caffarelli.

6. Voyez p. 373, note 4.

7. La copie R donne « à table, » mais on voit que le copiste avait d'abord écrit *en*, qui a été biffé; *à* est mis au-dessus, entre les lignes. — La leçon du ms H et de toutes les anciennes éditions est *à table;* celles de 1837-1866 portent *attablé*.

pauvre commandeur de Jars[1] eut la même aventure. L'on cassa les instruments sur la tête des violons. Moreuil, qui étoit avec M. de Beaufort, donna trois ou quatre coups de plat d'épée à Jairzé. M. de Candale et M. de Boutteville, qui est aujourd'hui M. de Luxembourg[2], mirent l'épée à la main, et sans Caumesnil, qui se mit au-devant d'eux, ils eussent couru fortune dans la foule des gens qui l'avoient tous hors du fourreau.

Cette aventure, qui ne fut pourtant pas sanglante, ne laissa pas de me donner une cruelle douleur, et aux partisans de la cour la satisfaction d'en jeter sur moi le blâme dans le monde[3]. Il ne fut pas de longue durée, et parce que l'application que j'eus à en empêcher les suites, à quoi je réussis, fit assez connoître mon intention, et parce qu'il y a de certains temps où de certaines gens ont toujours raison. Par celle des contraires, Mazarin avoit toujours tort. Nous ne manquâmes pas de célébrer, comme nous devions[4], la levée du siége

1. François de Rochechouart, chevalier, puis commandeur de Jars, un des adversaires acharnés du cardinal Richelieu, qui faillit faire tomber sa tête; sa peine fut commuée lorsqu'il était déjà sur l'échafaud; il sortit de la Bastille en 1638.

2. Notons que, dans le manuscrit original et dans la copie R, ce membre incident n'est pas entre les lignes; il a été écrit au courant du récit, d'un seul jet, ce qui prouve que ces deux manuscrits sont postérieurs à 1675. Voyez tome I, p. 43 et la note 1.

3. Tous les Mémoires de l'époque rejettent la responsabilité de cette affaire sur le duc de Beaufort, d'autant plus qu'il refusa de donner satisfaction par les armes au duc de Candale, son cousin germain : voyez en particulier les *Mémoires de Mme de Motteville* (tome II, p. 441). Montglat (p. 218) nous fait connaître cette curieuse circonstance, que Beaufort, « pour mettre sa personne encore plus en sûreté,... se logea dans la rue Quincampoix, environné de peuple, où il se fit marguillier de la paroisse de Saint-Nicolas des Champs. »

4. C'est-à-dire par des pamphlets et des chansons. Voyez la liste des pamphlets dans la *Bibliographie des Mazarinades*, tome III,

de Cambrai[1], le bon accueil fait à Servien pour le payer[2] de la rupture de la paix de Munster[3], le bruit du réta-

p. 316. On y disait, entre autres choses, qu'en cas de succès, Mazarin devait se faire nommer duc et archevêque de Cambray. — Voici deux triolets composés à l'occasion du siége de Cambray, qui se trouvent à la page 86 du tome I des chansons de Clairambault[a] :

On ne sauroit prendre Cambrai,	Devant la Reine, Mazarin
Si proche de la canicule;	A fait une trivelinade[b];
A moins que d'être au mois de mai,	Il a sauté comme Arlequin,
On ne sauroit prendre Cambrai.	Devant la Reine, Mazarin.
Et certes, à vous dire vrai,	Mais, devant Cambrai, le faquin
Vous avez grand tort, seigneur Jule :	A fait une Mazarinade.
On ne sauroit prendre Cambrai,	Devant la Reine, Mazarin
Si proche de la canicule.	A fait une trivelinade.

1. La ville de Cambray fut investie par le comte d'Harcourt le 24 juin; quelques jours après (le 3 juillet), les Espagnols étant parvenus à y introduire un secours d'hommes, Harcourt leva le siége. Les Frondeurs insistaient surtout, comme l'avait craint Mazarin (voyez p. 507, note 2), sur cette particularité, que l'échec avait été causé par les Allemands d'Erlach, tout dévoués au Cardinal, qui, peu avant, était allé leur distribuer divers présents et gratifications. Voyez pour ce siége les *Mémoires de Gui Joli* (p. 83 et 84), et ceux *de Mme de Motteville* (tome II, p. 445-447.)

2. La première rédaction semble avoir été « pour le bruit; » le dernier mot, répété à la ligne suivante, a été surchargé d'une façon qui en rend la lecture très-difficile; nous croyons lire (le) *fait* (*faict*), mais il ne serait pas impossible qu'il y eût soit (le) *fruit* (*fruict*), soit (le) *payer* (*paier*), qui est la leçon des copies R et Caf., et que nous donnons d'après elles. Les éditions de 1837-1866 portent « pour le fruit. » — Après *Servien*, il y a, dans l'original, un mot effacé, illisible.

3. La vraie raison de ce bon accueil était la faveur dont jouissait auprès de Mazarin le neveu de Servien, de Lyonne, secrétaire du

[a] Manuscrit 12686 de la Bibliothèque nationale. Le titre exact est : *Recueil de chansons critiques et chronologiques, avec des notes, sur les différents événements arrivés depuis 1608 jusqu'en 1664.* Le tome II, coté 12687, contient aussi, çà et là, quelques chansons qui se rapportent à cette même époque de la Fronde.

[b] Voyez au tome I, p. 285, note 6, et p. 353

blissement d'Émery, qui courut aussitôt après que M. de la Meilleraie se fut défait[1] de la surintendance des finances, et qui se trouva véritable peu de jours après[2]. Enfin nous nous trouvions en état d'attendre, avec sûreté et même avec dignité, ce que pourroit produire le chapitre des accidents, dans lequel nous commencions à entrevoir de grandes indispositions de Monsieur le Prince pour le Cardinal, et du Cardinal pour Monsieur le Prince.

Ce fut dans ce moment où Mme de Bouillon me découvrit que Monsieur le Prince avoit pris la résolution d'obliger le Roi de revenir à Paris[3]; et M. de Bouillon me l'ayant confirmé, je pris celle de me donner l'honneur de ce retour, qui étoit, dans la vérité, très-souhaité du peuple[4], et qui d'ailleurs nous[5] donneroit, dans la suite, beaucoup plus de considération, quoiqu'il parût d'abord nous en ôter. Je me servis, pour cet effet, de

---

Ministre; déjà, durant les conférences de Munster, il avait obtenu le renvoi du comte d'Avaux, qui était en désaccord avec Servien, son collègue.

1. Le secrétaire avait d'abord écrit *défit*, qui est devenu, par une surcharge facile, *défait*; *fut* a été ajouté entre les lignes par Retz.

2. Voyez pour la démission de la Meilleraye les *Mémoires de Mme de Motteville*, tome II, p. 413-415, et sur les intrigues ayant pour objet de le remplacer soit par Émery, soit par le président de Maisons, p. 428 et 429. Retz en reparlera un peu plus loin.

3. Voyez ci-dessus, p. 509 et 510.

4. Voyez dans la *Bibliographie des Mazarinades* de nombreuses pièces sur l'absence du Roi : *Requête à Monseigneur le maréchal de Villeroy.... touchant le retardement de son retour* (du retour du Roi) *dans sa bonne ville de Paris*, n° 3463; *le Deuil de Paris sur l'éloignement du Roi*, n° 1064; *le Panégyrique royal présenté à Leurs Majestés*, n° 2670; *l'Oracle de Morphée pour le retour du Roi*, n° 2602; *le Triomphe de Paris et sa ioie sur l'espérance du prompt retour du Roi*, n° 3880; etc.

5. *Nous* est en interligne, et il ne nous semble pas qu'il soit ni de la main de Retz ni de celle du secrétaire.

deux moyens : l'un fut de faire insinuer à la cour que les Frondeurs appréhendoient ce retour au dernier point; l'autre, qui servoit aussi à donner cette opinion au Cardinal, fut d'écouter les négociations qu'il ne manquoit¹ jamais de hasarder², de huit jours en huit jours, par différents canaux, pour lui lever tous soupçons : il y eut de l'art de notre côté. Je fis ce que je pus pour faire agir en cela M. de Beaufort sous son nom, parce que, sans vanité, je croyois que le Mazarin s'imagineroit qu'il trouveroit plus de facilité à le tromper que moi. Mais comme M. de Beaufort, ou plutôt comme la Boulaie, à qui M. de Beaufort s'en ouvrit, vit³ que la suite de la négociation alloit à faire le voyage à Compiègne, il ne voulut point que M. de Beaufort y entrât, soit qu'en effet il crut, comme il le disoit, qu'il y eût trop de péril pour lui, soit que sachant que je ne faisois pas état que celui qui iroit de nous deux y vît le cardinal Mazarin, il ne put se résoudre à laisser faire un pas à M. de Beaufort aussi contraire aux espérances que Mme de Montbazon, à qui la Boulaie étoit dévoué⁴, donnoit continuellement à la cour de son accommodement.

Cette ouverture de M. de Beaufort à la Boulaie me donna une inquiétude effroyable, parce qu'étant très-

---

1. Nous donnons le singulier d'après les copies R, H, Caf. et toutes les éditions, qui portent soit « qu'il *ou* qu'elle ne manquoit, » soit « que Mazarin (*ou* le Mazarin) ne manquoit. » L'original a le pluriel *qu'ils ne manquoient*, par suite d'une inadvertance probablement. — Deux lignes plus loin, les copies R, H, Caf. et toutes les anciennes éditions donnent « qu'il y eut. »

2. D'abord *jeter*, biffé; *hasarder* est écrit au-dessus.

3. *Vit* est en interligne, au-dessus d'un mot biffé et surchargé, et semble écrit de la main de Retz. A la ligne suivante, les copies R, H, Caf., toutes les éditions anciennes et 1837, 1843 portent « de Compiègne, » au lieu de « à Compiègne. »

4. *Dévoué* est à la marge, de la main de Retz, pour remplacer un mot biffé, illisible.

persuadé de son infidélité et de celle[1] de son amie, je ne voyois pas seulement la fausse négociation que je projetois avec la cour inutile, mais que je la considérois même comme très-dangereuse. Elle étoit pourtant nécessaire ; car vous jugez bien de quel inconvénient il nous étoit de laisser l'honneur du retour du Roi ou au Cardinal ou à Monsieur le Prince, qui n'eussent pas manqué, selon toutes les règles, de s'en faire une preuve de ce qu'il avoit[2] toujours dit que nous nous y opposions. Le président de Bellièvre, à qui j'avois communiqué mon embarras, me dit que puisque M. de Beaufort m'avoit manqué au secret sur un point qui me pouvoit perdre, je pouvois bien lui en faire un, de mon côté, sur un point qui le pouvoit sauver lui-même ; qu'il y alloit du tout[3] pour le parti[4] : il falloit tromper M. de Beaufort pour son salut ; que je le laissasse faire et qu'il me donnoit sa parole que, devant qu'il fût nuit, il raccommoderoit tout le mal que le manquement de secret de M. de Beaufort avoit causé. Il me prit dans son carrosse, il m'emmena chez Mme de Montbazon, où M. de Beaufort passoit toutes les soirées[5]. Il y arriva un

---

1. Il y a *celui*, pour *celle*, dans le manuscrit original ; la copie R porte *celle*, mais en surcharge de *celui*, encore très-lisible. *Celle* est aussi la leçon des ms H, Caf. et de toutes les éditions antérieures à la nôtre. — Trois lignes plus loin, les copies R et Caf. omettent le mot *même*, que le ms H remplace par *encore*.

2. On s'attendrait au pluriel : « ils avoient ; » mais il y a bien le singulier dans l'original et dans la copie R.

3. De tout. (1837-1866.)

4. Ici les copies R, H, Caf. et toutes les éditions anciennes et modernes continuent la période et donnent « qu'il falloit, » au lieu de couper la phrase, telle que nous la reproduisons d'après le manuscrit original.

5. Toutes ses soirées. (Copie R.) — Tallemant des Réaux, dans l'*Historiette de Mme de Montbazon* (tome IV, p. 466), avait promis de donner « ses amours et ses intrigues avec M. de Beaufort, » dans les *Mémoires de la Régence ;* il en est malheureusement resté

moment après nous; et M. de Bellièvre fit si bien, qu'il répara effectivement ce qui étoit gâté. Il leur fit croire qu'il m'avoit persuadé qu'il falloit songer, tout de bon, à s'accommoder; que la bonne conduite ne vouloit pas que nous laissassions venir le Roi à Paris, sans avoir au moins commencé à négocier; qu'il étoit nécessaire, par la circonstance du retour du Roi, que la négociation se fît par nous-mêmes en personne[1], c'est-à-dire par M. de Beaufort ou par moi. Mme de Montbazon, qui prit feu à cette première ouverture, et qui crut qu'il n'y auroit plus de péril en ce voyage, puisqu'on vouloit bien y négocier effectivement, avança, même avec précipitation, qu'il seroit mieux que M. de Beaufort y allât. Le président de Bellièvre allégua douze ou quinze raisons, dont il n'y en avoit pas une qu'il entendît lui-même, pour lui prouver que cela ne seroit pas à propos; et je remarquai, en cette occasion, que rien ne persuade tant les gens qui ont peu de sens, que ce qu'ils n'entendent pas. Le président de Bellièvre leur laissa même entrevoir qu'il seroit peut-être à propos que je me laissasse persuader, quand je serois là, de voir le Cardinal. Mme de Montbazon, qui entretenoit des correspondances, ou plutôt qui croyoit en entretenir, avec tout le monde, par les différents canaux[2] qu'elle avoit avec chacun, se fit honneur, par celui du maréchal d'Albret[3], à

---

au projet. Lenet, dans ses *Mémoires* (tome XXVI, p. 206), dit : « Le duc de Beaufort étoit possédé par la duchesse de Montbazon.... La passion qu'il avoit pour elle étoit capable de lui faire tout entreprendre. »

1. Il y a dans les copies R, H et Caf., *personnes*, au pluriel. — Deux lignes plus loin, elles donnent *avoit*, pour *auroit*; elles omettent ensuite *y* devant *négocier*.

2. Par les différentes relations. (1718 C, D, E, 1719-1828.) — A la ligne suivante, ces éditions changent naturellement *celui* en *celle*.

3. César-Phébus comte de Miossens; lorsqu'il fut nommé maré-

ce qu'on m'a dit depuis, de ce projet à la cour; et ce qui me le fait assez croire est que Servien recommença, fort justement[1] et comme à point nommé, ses négociations avec moi. J'y répondis à tout hasard, comme si j'étois[2] assuré que la cour en eût été avertie par Mme de Montbazon. Je ne m'engageai pas de voir à Compiègne le cardinal Mazarin, parce que j'étois très-résolu de ne l'y point voir; mais je[3] lui fis entendre, plutôt qu'autrement, que je l'y pourrois voir, parce que je reconnus clairement que si le Cardinal n'eût eu l'espérance[4] que cette visite me décréditeroit dans le peuple, il n'eût point consenti à un voyage qui pouvoit faire croire au peuple que j'eusse part au retour du Roi, que je jugeai, plutôt à la mine[5] qu'aux paroles de Servien, n'être pas si[6] éloigné de l'inclination du Cardinal que l'on le croyoit à Paris et même à la cour. Vous croyez facilement que j'oubliai[7] de dire à Servien que je fisse état de parler à

chal, en 1674, il prit le nom d'Albret; il mourut en 1676. Ce passage, rapproché de celui où il est question du maréchal de Luxembourg (p. 517 et note 2), permet de conclure que notre manuscrit original et la copie R doivent avoir été *écrits* de 1674 à 1676, sans quoi Retz eût mis probablement *feu* le maréchal d'Albret, comme il a fait pour *feu* Mme de Choisy : voyez tome I, p. 43 et note 1.

1. Fort instamment. (1717, 1719-1828.)
2. La copie R porte *j'eusse été*, au-dessus de *j'étois*, biffé; les ms H, Caf. et toutes les éditions anciennes donnent *j'eussé été*.
3. *Je* est en interligne, de la main de Retz.
4. La rédaction primitive était « cette créance, » qui a été biffé; l'écrivain a mis entre les lignes « l'espérance. » Dans la copie R, « eu espérance. »
5. *Mine* est en interligne, de la main de Retz, au-dessus d'un mot biffé.
6. *Si* est ajouté en interligne, de la main de Retz.
7. Tel est le texte des copies R, Caf. et de la plupart des anciennes éditions; c'est par mégarde sans doute que l'écrivain de l'original a mis, dans la dictée, *j'oubliois*. Dans le ms H, et 1717 A, 1718 B, F, *j'omis*.

la Reine sur ce retour. Il alla annoncer le mien à Compiègne avec une joie merveilleuse; mais elle ne fut pas si grande parmi mes amis, quand je leur eus communiqué ma pensée : j'y trouvai une opposition merveilleuse[1], parce qu'ils crurent que j'y courrois un grand péril. Je leur fermai la bouche en leur disant que tout ce qui est nécessaire n'est jamais hasardeux. J'allai coucher à Liancourt, où le maître et la maîtresse[2] de la maison firent de grands efforts pour m'obliger de retourner à Paris; et j'arrivai le lendemain à Compiègne, au lever de la Reine.

Comme je montois l'escalier[3], un petit homme habillé de noir, que je n'avois jamais vu et que je n'ai jamais vu depuis, me coula un billet en la main où ces mots étoient écrits en lettres majuscules[4] : SI VOUS ENTREZ CHEZ LE ROI, VOUS ÊTES MORT. J'y étois; il n'étoit plus temps de reculer. Comme je vis que j'avois passé la salle des gardes sans être tué, je me crus sauvé. Je témoignai à la Reine, qui me reçut très-bien, que je venois l'assurer de mes obéissances très-humbles et de la disposition où

1. Les éditions anciennes, excepté 1717, remplacent *merveilleuse* par *très-forte* ou par *extraordinaire*.

2. Roger du Plessis et sa femme Jeanne de Schomberg : voyez p. 430, note 3, et p. 484, note 6. On peut lire, dans le *Recueil de pièces.... les plus agréables de ce temps....* (Sercy, 1662), cinquième partie, une *Description*, en vers, des plus pompeuses, *de la maison de Liancourt*. Cette demeure de Liancourt-sous-Chaumont (Oise) était une rivale du château de Vaux. Rapin dans ses *Jardins*, et la Fontaine dans sa *Psyché* (livre I) l'ont célébrée :

Vaux, Liancourt et leurs Naïades.

3. C'est ici le prétendu danger de mort dont Retz a parlé p. 510, et dont il a seul parlé. C'est le second projet d'assassinat qu'il prête à la cour contre sa personne : voyez ci-dessus, p. 228 et 229; ce n'est pas encore le dernier. — Cette visite à Compiègne eut lieu vers le 13 juillet.

4. En grosses lettres. (1718 C, D, E, 1719-1828.)

étoit l'Église de Paris de rendre à Leurs Majestés tous les services auxquels elle étoit obligée. J'insinuai, dans la suite de mon discours, tout ce qui étoit nécessaire pour pouvoir dire que j'avois beaucoup insisté pour le retour du Roi. La Reine me témoigna beaucoup de bonté et même beaucoup d'agrément sur tout ce que je lui disois; mais quand elle fut tombée sur ce qui regardoit le Cardinal, et qu'elle eut vu que, quoiqu'elle me fît beaucoup d'instance[1] de le voir, je persistois à lui répondre que cette visite me rendroit inutile à son service, elle ne se put plus contenir, elle rougit beaucoup; et tout le pouvoir qu'elle eut sur elle fut, à ce qu'elle a dit depuis, de ne me rien dire de fâcheux.

Servien racontoit un jour au maréchal de Clérembault[2] que l'abbé Foucquet[3] proposa à la Reine de me faire assassiner chez Servien, où je dînois; et il ajouta qu'il étoit arrivé à temps pour empêcher ce malheur. M. de Vendôme, qui vint au sortir de table chez Servien, me pressa de partir, en me disant qu'on tenoit des[4] fâcheux conseils contre moi; mais quand cela n'auroit

---

1. D'instances. (1837-1866.)
2. Dans l'original et dans la copie R, *Clairabau*. — A la suite, après *proposa*, les copies R, H, Caf. et toutes les anciennes éditions omettent « à la Reine. »
3. Basile Foucquet, second des enfants de François Foucquet et de Marie Maupeou, et frère du surintendant Nicolas Foucquet. On lui donne le nom d'*abbé* parce qu'il était abbé commendataire d'une abbaye de l'ordre de Cîteaux, Barbeau, Barbel ou Barbeaux (Seine-et-Marne), qui lui rapportait vingt mille livres de rente. Il est longuement parlé de lui dans les *Mémoires sur la vie publique et privée de Nicolas Fouquet*, par M. Chéruel. Le caractère violent et peu scrupuleux de l'abbé Foucquet ne permet pas de juger absolument invraisemblable la proposition dont l'accuse notre auteur.
4. Les ms H, Caf. et toutes les éditions, sauf celle de 1837, changent *des* en *de*.

pas été, M. de Vendôme l'auroit dit¹ : il n'y a jamais eu un imposteur pareil à celui-là.

Je revins à Paris, ayant fait tous les effets² que j'avois souhaité. J'avois effacé le soupçon que les Frondeurs fussent contraires au retour du Roi ; j'avois jeté sur le Cardinal toute la haine du délai ; je m'étois assuré l'honneur principal du retour³ ; j'avois bravé le Mazarin dans son trône. Il y eut, dès le lendemain, un libelle qui mit tous ces avantages dans leur jour⁴. Le président de Bellièvre fit voir à Mme de Montbazon que les circonstances particulières que j'avois trouvées à Compiègne m'avoient forcé à changer de résolution touchant la visite du Cardinal⁵. J'en persuadai assez aisément M. de Beaufort, qui fut d'ailleurs chatouillé du succès que cette démarche eut dans le peuple. Hocquincourt, qui étoit de nos amis⁶, fit le même jour je ne sais quelle bravade au Cardinal, du détail de laquelle je ne me ressouviens point, que nous relevâmes de mille couleurs⁷. Enfin

---

1. Première rédaction : « le dit ; » *le* a été biffé, et *l'auroit* écrit de la main de Retz à la marge. — A la ligne suivante, il y avait d'abord : « pareil que cela ; » les deux derniers mots ont été effacés, moins la syllabe finale du second, *la*, et Retz a mis à la marge : *à celui*. Il a déjà été parlé du manque de « fidélité » du duc de Vendôme au tome I, p. 235, note 3.

2. Dans le texte original, *faits*, que Retz a effacé, pour mettre à la marge *effets*. Le ms H et les éditions anciennes donnent simplement « ayant fait tout ce que, etc. »

3. Après *retour*, on voit dans le manuscrit original un *que*, biffé.

4. Nous n'avons pas encore trouvé le libelle en question, malgré toutes nos recherches. Est-ce par suite du mécontentement que causa ce libelle que la visite du Coadjuteur à Compiègne n'est pas mentionnée dans la *Gazette*, comme celle des autres Frondeurs ?

5. « Touchant la visite du Cardinal » est à la marge, de la main de Retz.

6. Dans les copies R, H, 1717, 1717 A, 1718 B, F : « qui étoit un de nos amis. »

7. Voyez à ce sujet la pièce intitulée : *Discours sur l'entrevue*

nous connûmes visiblement que nous avions de la provision[1] encore pour longtemps dans l'imagination du public : ce qui fait le tout en ces sortes d'affaires.

*Monsieur le Prince étant revenu à Compiègne[2], la cour prit ou déclara la résolution de revenir à Paris[3]. Elle y fut reçue[4] comme les rois l'ont toujours été et le seront

du cardinal Mazarin et de M. d'Hocquincourt, gouverneur de Péronne (1649, 15 pages), et les *Mémoires de Mme de Motteville*, tome II, p. 434 et 435. Mazarin avait mandé Hocquincourt ; celui-ci vint le trouver à Amiens avec une bonne escorte. Ils se virent dans une campagne, au milieu de cinquante hommes à cheval, de chaque côté, et Hocquincourt dit qu'il ne pouvait recevoir l'amitié et les offres avantageuses que lui faisait le Ministre, s'il ne lui permettait de travailler à le réconcilier avec Beaufort, ayant promis de ne rien faire sans ce prince.

1. De la prévention. (Ms H, 1717 A, 1718 B, F.)
2. Le 4 août 1649 ; le 8, d'après le manuscrit 25025, où il est dit que Condé s'aperçut que le conseil avait déjà agité la question du retour à Paris.
3. Le duc d'Orléans avait enfin terminé la réconciliation des ducs de Beaufort et de Candale ; la duchesse de Chevreuse avait fait sa soumission en allant à Dampierre, et on lui avait aussi permis de voir la Reine ; le prince de Conti était venu dîner à Compiègne chez le Cardinal. Le comte d'Harcourt, de son côté, venait d'avoir un petit succès contre les Espagnols. Après ces démarches pacifiques et cette petite gloire, on envoya, le 12 août, Saintot annoncer le prochain retour du Roi à Paris ; et, le 16, un avis dispensa l'Hôtel de Ville de toutes les cérémonies coûteuses usitées aux entrées royales.
4. Le 18 août 1649. Voyez dans la *Bibliographie des Mazarinades*, tome III, p. 320 et 321, plus de trente pièces, en prose ou en vers, sur le retour du Roi. La réception est racontée dans les *Registres de l'Hôtel de Ville pendant la Fronde*, tome II, p. 47-60. — Les *Mémoires de Mme de Motteville* (tome III, p. 14-18) donnent des détails qui concernent notre héros et sur lesquels il a gardé soigneusement le silence : « Le lendemain, le Coadjuteur, à la tête du clergé, vint saluer le Roi et la Reine. Il fit à Leurs Majestés une harangue qui, par sa brièveté, montroit assez qu'il étoit au désespoir d'être obligé de leur en faire. Il parut interdit. Son audace, sa hardiesse et la force de son esprit ne l'empêchèrent pas en cette occasion de sentir ce respect et cette crainte que la coutume et le

toujours, c'est-à-dire avec acclamations qui ne signifient rien[1], que pour ceux qui prennent plaisir à se flatter. Un petit procureur du Roi du Châtelet, qui étoit une manière de fou, apposta, pour de l'argent, douze ou quinze femmes, qui, à l'entrée du faubourg, crièrent : « Vive Son Éminence[2] ! » qui étoit dans le carrosse du Roi,

devoir ont si fort imprimés dans nos âmes pour les personnes royales. La terreur que les remords donnent infailliblement à tous les coupables se fit voir sur son visage. Étant auprès de la Reine, je remarquai qu'il devint pâle, et que ses lèvres tremblèrent toujours tant qu'il parla devant le Roi et elle. Le Ministre étoit debout auprès de la chaise du Roi, qui parut en cette rencontre avec un visage qui marquoit sa victoire ; et sans doute qu'il sentit de la joie de voir son ennemi dans cette angoisse. Je remarquai aussi que le Coadjuteur, malgré cette grande frayeur qui l'avoit saisi, eut la fierté de ne pas regarder le Cardinal : il fit sa révérence au Roi et à la Reine, sans jeter les yeux sur lui, et s'en alla bien fâché sans doute contre lui-même d'avoir donné des marques publiques du trouble de sa conscience. La Reine en reçut de la joie. Ce tremblement honoroit la fermeté de son courage, etc. » Cette attitude de Retz envers Mazarin fut du reste fort remarquée ; il en est parlé dans Gui Patin, tome I, p. 458, et dans le manuscrit 25025. Mme de Motteville ajoute (p. 15) : « Le Coadjuteur n'étoit pas en sûreté à Paris sous la puissance royale : il falloit qu'il rendît hommage au Ministre ou qu'il quittât ce grand poste d'où il l'avoit si fièrement frondé. La nécessité de lui faire une visite le fit résoudre d'y aller le lendemain de sa harangue ; et par le conseil de ses amis il s'acquitta de ce devoir. Ils parlèrent du passé ; l'avenir parut douteux, et de grandes justifications se firent de part et d'autre. Elles devoient être un peu plus fortes du côté du Coadjuteur que du Ministre.... Mais comme le Ministre ne se soucioit pas de se venger, qu'il vouloit.... assoupir la haine publique, étouffant celle de ses ennemis particuliers, il lui fit mille flatteries, et lui laissa concevoir quelque espérance qu'il le serviroit dans le desir qu'il avoit de se faire cardinal. Ces deux hommes.... demeurèrent alors avec quelque apparence de réconciliation, sans que pourtant le Coadjuteur cessât de parler mal du Ministre.... Le prince de Conti ne laissa pas de traiter cette visite de lâcheté et de foiblesse. »

1. Les copies R, H, Caf. et 1717, 1717 A, 1718 B, F portent « acclamation qui ne signifie rien, » au singulier.

2. Vive son Altesse ! (1717 A, 1718 B, F.)

SECONDE PARTIE. [Août-Septembre 1649] 529

et Son Éminence crut qu'il¹ étoit maître de Paris. Il s'aperçut, au bout de quatre jours, qu'il s'étoit trompé lourdement. Les libelles continuèrent². Marigni³ redoubla de force pour les chansons; les Frondeurs parurent plus fiers que jamais. Nous marchions quelquefois seuls, M. de Beaufort⁴ et moi, avec un page derrière notre carrosse ; nous marchions quelquefois avec cinquante livrées et cent gentilshommes. Nous diversifiions⁵ la scène, selon que nous jugions devoir être⁶ du goût des spectateurs. Les gens de la cour, qui nous blâmoient depuis le matin jusqu'au soir, ne laissoient pas de nous imiter à leur mode. Il n'y en avoit pas un qui ne prît avantage

1. Dans l'édition de 1859-1866, on a cru devoir corriger la syllepse, qui n'était nullement extraordinaire au temps de Retz, et remplacer *il* par *elle*, et *maître* par *maîtresse*.

2. Les libelles continuèrent, oui, mais en même temps diminuèrent, si on en juge par la *Bibliographie des Mazarinades*. Les pamphlétaires restreignent en général leurs attaques à trois points : le mariage de la nièce de Mazarin avec Mercœur, le rétablissement du surintendant d'Émery, et l'affaire des tabourets ; pour cette dernière, elles sont encore plus dirigées contre Condé que contre le Ministre. Si les libellistes osaient moins, l'opinion restait cependant hostile à Mazarin. A la date du 30 août, le nouvelliste du ms 25025 rapporte que les écoliers du collége de Navarre, ayant commencé dans le prologue d'une pièce (de distribution des prix probablement) l'éloge du Cardinal, furent arrêtés par les cris de : *Point de Mazarin!*

3. Voyez ci-dessus, p. 127, note 4.

4. Beaufort, on le voit dans les *Mémoires de Mme de Motteville*, tome III, p. 9, avait été autorisé à aller saluer le Roi et la Reine sans faire de visite à Mazarin. Cependant la fidèle amie d'Anne d'Autriche ajoute, à la même page, qu'on avait « soupçon que le duc de Beaufort commençoit à s'humilier. »

5. Dans l'original et dans les copies R, H, Caf., *diversifions*. On sait qu'il était assez ordinaire autrefois d'omettre, en écrivant, un des deux *i* aux personnes où l'on en prononce et maintenant en écrit deux.

6. Selon que nous jugions qu'elle seroit. (Ms H et toutes les anciennes éditions.)

RETZ. II   34

sur le Ministre des frottades[1] que nous lui donnions, c'étoit le mot du président de Bellièvre[2] ; et Monsieur le Prince, qui en faisoit trop ou trop peu à son égard, continua à le traiter du haut en bas, et plus, à mon opinion, qu'il ne convient de traiter un homme qu'on veut laisser dans le ministère.

Comme Monsieur le Prince n'étoit pas content du refus que l'on lui avoit fait de la surintendance des mers, qui avoit été à Monsieur son beau-frère[3], le Cardinal pensoit toujours à le radoucir par des propositions de quelques autres accommodements[4], qu'il eût été bien aise toutefois de ne lui donner qu'en espérance[5]. Il lui proposa que le Roi lui achèteroit le comté de Montbéliar, souveraineté assez considérable, qui est frontière entre l'Alsace et la Franche-Comté, et il donna charge à Herballe[6] de ménager cette affaire avec le propriétaire, qui est un des cadets de la maison de Wirtemberg. On prétendit, à ce temps-là, que Herballe même avoit averti Monsieur le Prince que sa commission secrète étoit de ne pas réussir dans sa négociation. Je ne

1. Sur le ministère des frondes. (Ms H, 1717 A, 1718 B, F.)

2. Faut-il compter parmi ces *frottades* l'absence du Coadjuteur le 24 août, lorsque le clergé de Paris alla rendre ses devoirs à Son Éminence? Ce fut Lecomte, doyen du chapitre, qui harangua le Ministre : voyez la *Gazette*, p. 720.

3. Armand de Maillé Brézé, duc de Fronsac et de Caumont, amiral de France, tué sur son bord, au siège d'Orbitello, à l'âge de vingt-sept ans, le 14 juin 1646. — *Monsieur* est en interligne, de la main de Retz, ainsi que *à*, dans la ligne suivante, placé au-dessus de *par*, biffé.

4. « Quelque autre accommodement, » au singulier, dans toutes les anciennes éditions (sauf 1717 A, 1718 B, F), et dans la copie R, qui, deux lignes plus bas, omet *lui* devant *achèteroit*.

5. Qu'en apparence. (1837 et 1843.)

6. Les copies R, H, Caf. et les éditions de 1717 et de 1718 l'appellent *Herval*; le vrai nom est Barthélemy Hervart, contrôleur général des finances ; et c'est *Hervart* que le nomment les éditions de

sais si ce bruit étoit bien fondé et j'ai toujours oublié de le demander à Monsieur le Prince, quoique je l'aie eu vingt fois à la pensée. Ce qui est constant est que Monsieur le Prince n'étoit pas content du Cardinal, et qu'il ne continua pas seulement, depuis son retour, à traiter fort bien M. de Chavigni, qui étoit son ennemi[1] capital, mais qu'il affecta même de se radoucir beaucoup à l'égard des Frondeurs. Il me témoigna, en mon particulier, bien plus d'amitié et plus d'ouverture qu'il n'avoit fait dans les premiers jours de la paix ; il ménagea beaucoup davantage que par le passé Monsieur son frère et Madame sa sœur. Il me semble même que ce fut, en ce temps-là, quoiqu'il ne m'en souvienne pas assez pour l'assurer, qu'il remit M. le prince de Conti dans la fonction du gouvernement de Champagne, dont jusque-là il n'avoit eu que le titre[2]. Il s'attacha l'abbé de la Rivière, en souffrant que Monsieur son frère, qu'il prétendoit pouvoir faire cardinal par une pure recommandation[3], lui laissât la nomination pour laquelle le chevalier d'Elbène[4] fut dépêché à Rome.

1719-1828. — La Rochefoucauld, dans ses *Mémoires* (p. 426), et Gui Joli (p. 84 et 85) attribuent à Mazarin, dans cette affaire de Monbéliard, les mêmes manœuvres que Retz. Voyez ci-dessus, p. 507, note 1.

1. Le secrétaire avait écrit : *ami ;* Retz a mis en marge *ennemi*.
2. Par mégarde sans doute, l'auteur a dicté ou du moins le secrétaire a écrit : « dont il n'en avoit, » avec *dont* ou *en* de trop. — Après le mot *s'attacha* qui est au commencement de la phrase suivante, il y a dans l'original une ligne biffée, illisible. — Au sujet des négociations entre les membres de la famille de Condé et de l'intervention du duc d'Orléans et de son confident la Rivière, voyez les *Mémoires de la Rochefoucauld*, p. 430.
3. Par pure recommandation. (1837-1866.)
4. Nous donnons ce nom d'après le ms Caf. Dans l'original, le secrétaire, qui a mal entendu, a écrit *d'Elbelle*, que reproduisent les textes de 1837-1866 ; la copie R et 1717 ont *d'Elben* ; les autres éditions anciennes, *d'Elbene* ou *d'Elbenne* ; quelques-unes, avec le

Tous ces pas ne diminuoient pas les défiances du Cardinal, qui étoient fort augmentées par l'attachement que M. de Bouillon, mécontent, et d'un esprit profond, avoit pour Monsieur le Prince ; mais elles étoient encore particulièrement aigries par l'imagination qu'il avoit prise que Monsieur le Prince favorisât le mouvement de Bordeaux, qui, tyrannisé[1] par M. d'Espernon, esprit violent et incapable[2], avoit pris les armes par l'autorité du Parlement, sous le commandement de Chambret[3] et depuis sous celui de Sauvebeuf. Ce Parlement avoit député à celui de Paris un de ses conseillers, appelé Guionnet[4],

ms H, *d'Elbeuf*. — Il s'agit d'Alexandre d'Elbène, chevalier de Malte, commandeur de Coulommiers, et receveur général du grand prieuré de France, mort en 1654. Si l'on en croit le P. Rapin (*Mémoires*, tome I, p. 365), d'Elbène, pendant son séjour à Rome, après la disgrâce de l'abbé de la Rivière (janvier 1650), servit les intérêts du Coadjuteur auprès du Pape.

1. L'écrivain, ne comprenant pas la phrase, avait d'abord mis : *tyrannisoit*.

2. Les copies R, H et toutes les éditions anciennes omettent les mots : « et incapable. »

3. Benjamin de Pierre Buffières, marquis de Chambaret ou Chambret, ou Chambray[a], était fils de Louis de Pierre Buffières et de Marie de la Noue, plus tard maréchale de Thémines. Il était assez instruit et a traduit en vers le sonnet de Ménage en l'honneur de Mme de Sévigné : *Eccola, è dessa* : voyez M. Paulin Paris dans les *Historiettes de Tallemant des Réaux*, tome IV, p. 217. — Nous avons donné, dans *la Misère au temps de la Fronde* (p. 178, note 1), une bibliographie assez étendue sur ces troubles de la Guienne ; on pourra y joindre *le Parlement de Bordeaux et l'avocat général Thibaut de la Vie sous la Fronde*, discours prononcé à la cour impériale de Bordeaux, le 3 novembre 1869, par M. Bazot (in-8º de 78 pages).

4. Ici *Guiolet*, par méprise, dans le texte original, mais un peu plus loin *Guionnet*. — Conseiller au parlement de Bordeaux depuis 1644, Jacques Guyonnet servit dans les troubles comme lieutenant général de la marine ; il fut disgracié en 1653, et jeté à la Bastille en 1656, au moment où il allait rejoindre Condé en Flandre. Retz, qui nous dit que Guyonnet « ne bougeoit de chez M. de

[a] Le ms H et toutes les anciennes éditions donnent *Cambrai* ou *Cambray*.

qui ne bougeoit de chez M. de Beaufort, à qui tout ce qui paroissoit grand paroissoit bon et tout ce qui paroissoit mystérieux paroissoit sage. Il ne tint pas à moi d'empêcher ces apparences, qui ne servoient à[1] rien et qui pouvoient nuire par mille raisons : ce que je marque sur un sujet dans lequel il s'agit de Monsieur le Prince, parce qu'il me parla même avec aigreur de ces conférences de Guionnet[2] avec M. de Beaufort, ce qui fait voir qu'il étoit bien éloigné de fomenter les désordres de la Guienne. Mais le Cardinal le croyoit, parce que Monsieur le Prince, qui avoit toujours de très-bonnes et très-sincères intentions pour l'État, penchoit à l'accommodement et n'étoit pas d'avis que l'on hasardât[3] une province aussi importante et aussi remuante que la Guienne, pour le caprice de M. d'Espernon. L'un des plus grands défauts du cardinal Mazarin est qu'il n'a jamais pu croire que personne lui parlât[4] avec bonne intention.

Beaufort, » oublie de nous faire savoir que ce même Guyonnet « eut, comme le rapporte le P. Rapin (tome I, p. 291), des conférences secrètes avec le Coadjuteur pour l'embarquer de nouveau dans les troubles de la province. » On trouvera aussi cet agent mentionné à l'*Appendice*, n° XIII.

1. *A* est en interligne dans l'original, peut-être de la main de Retz ; quatre lignes plus loin, *M. de*, devant *Beaufort*, est également écrit entre les lignes, et très-probablement aussi par le Cardinal. Le nom *Guienne*, à la fin de la phrase (on liroit plutôt *Quienne*), est à la marge, avec un renvoi au-dessus d'un mot biffé, illisible ; nous le croyons encore de la main de Retz.

2. A *Guionnet* le ms H et les éditions de 1717 A, 1718 B, F substituent *Guyene* ou *Guyenne*.

3. Le secrétaire avait écrit *asardât*, que Retz a biffé, pour mettre à la marge *hasardast ;* les copies R, Caf. et les anciennes éditions donnent *harceldt*, sauf 1717 A, 1718 B, F, qui, ainsi que le ms H, ont *égorgeât*. A la fin de la phrase suivante, l'écrivain, entendant mal, a mis *l'y* devant *parlât*, au lieu de *lui*, que demande le sens et qui se trouve dans les copies R, H, Caf. et tous les anciens textes.

4. Lui parloit. (1837-1866.)

Comme Monsieur le Prince avoit voulu se réunir toute sa maison, il crut qu'il ne pouvoit satisfaire pleinement M. de Longueville, qu'il n'eût obligé le Cardinal à lui tenir la parole que l'on lui avoit donnée à la paix de Ruel, de lui mettre entre les mains le Pont-de-l'Arche, qui, joint au Vieil-Palais de Rouen [1], à Caen et à Dieppe, ne convenoit pas mal à un gouverneur de Normandie. Le Cardinal s'opiniâtra à ne le pas faire, et jusqu'au point qu'il s'en expliqua à qui le voulut entendre. Monsieur le Prince, le trouvant un jour au cercle, et voyant qu'il faisoit le fier plus qu'à l'ordinaire, lui dit en sortant du cabinet de la Reine, d'un ton assez haut : « Adieu, Mars ! » Cela se passa à onze heures du soir et un peu devant le souper de la Reine. Je le sus un demi-quart d'heure après, comme tout le reste de la ville. Et comme j'allois, le lendemain sur les sept heures du matin, à l'hôtel de Vendôme pour y chercher M. de Beaufort, je le trouvai sur le Pont-Neuf, dans le carrosse de M. de Nemours, qui le menoit chez Madame sa femme, pour qui M. de Beaufort avoit une grande tendresse [2]. M. de Nemours étoit encore, en ce temps-là, dans les intérêts de la Reine ; et comme il savoit l'éclat du soir précédent, il s'étoit mis en l'esprit de persuader à M. de Beaufort de se déclarer pour elle en cette occasion. M. de Beaufort s'y trouvoit tout à fait disposé, et d'autant plus que Mme de Montbazon l'avoit prêché jusqu'à deux heures après minuit sur le même ton. Le

---

1. C'est le nom qu'on donnait à la citadelle de Rouen ; elle commandait le port. Retz aurait pu ajouter que Longueville avait aussi Cherbourg et Granville par son cousin germain, Matignon ; il ne restait donc plus à la couronne de places considérables que le Havre, Honfleur et Pont-de-l'Arche. Pont-de-l'Arche, comme le montrait bien Mazarin, tenait en bride Paris et Rouen.

2. Dans les trois copies et 1717-1828 : « beaucoup de tendresse. » — C'était sa sœur : voyez tome I, p. 184, note 6.

connoissant comme je faisois, je ne devois pas être surpris de son peu de vue; j'avoue toutefois que je le fus au dernier point. Je lui représentai, avec toute la force qu'il me fut possible, qu'il n'y avoit rien au monde qui fût plus opposé au bon sens; qu'en nous offrant à Monsieur le Prince, nous ne hasardions rien; qu'en nous offrant à la Reine, nous hasardions tout; que dès que nous aurions fait ce pas, Monsieur le Prince s'accommoderoit avec le Mazarin, qui le recevroit à bras ouverts[1], et par sa propre considération et par l'avantage qu'il trouveroit à faire connoître au peuple qu'il devroit sa conservation aux Frondeurs, ce qui nous décréditeroit absolument dans le public; que le pis du pis[2], en nous offrant à Monsieur le Prince, seroit de demeurer comme nous étions, avec la différence que nous aurions acquis un nouveau mérite, à l'égard du public, par le nouvel effort que nous aurions fait pour ruiner son ennemi. Ces raisons, auxquelles il n'y avoit[3] à la vérité rien à répondre, emportèrent M. de Beaufort. Nous allâmes, dès l'après-dînée, à l'hôtel de Longueville, où nous trouvâmes Monsieur le Prince dans la chambre de Madame sa sœur. Nous lui offrîmes nos services. Nous fûmes reçus comme vous le pouvez imaginer, et nous soupâmes avec lui chez Prudhomme[4], où le panégyrique du Mazarin ne manqua d'aucune de ses figures.

1. « A bras ouvert, » au singulier, dans l'original et dans les copies R et Caf., comme plus haut, p. 502, note 3.
2. Le pis-aller. (1718 C, D, E, 1719-1828.)
3. Il y a dans l'original, après avoit, un premier rien, biffé.
4. Le ms 25025 n'est pas d'accord avec les *Mémoires* sur la présence de Retz à ce souper : « Le 19 septembre, le Prince soupa chez le baigneur Prudhomme avec le duc de Beaufort, le maréchal de la Mothe, le duc de Retz, Noirmoutier, la Boulaye et autres Frondeurs, au nombre de onze. Le Coadjuteur y avoit été convié, mais, par bienséance, il ne s'y trouva pas, non plus que le prince de Conti,

Le lendemain au matin, Monsieur le Prince me fit l'honneur de me venir voir, et il continua à me parler du même air[1] dont il m'avoit parlé la veille. Il reçut même avec plaisir la ballade en *na*, *ne*, *ni*, *no*, *nu*[2], que Marigni lui présenta comme il descendoit le degré[3]. Il m'écrivit le soir, sur les onze heures, un petit billet par lequel il m'ordonnoit de me trouver, le lendemain matin à quatre heures, chez lui[4] avec Noirmoutier. Nous l'éveillâmes comme il nous l'avoit mandé. Il nous parut d'abord assez embarrassé ; il nous dit qu'il ne pouvoit se résoudre à faire la guerre civile ; que la Reine étoit si attachée au Cardinal qu'il n'y avoit que ce moyen de l'en séparer ; qu'il ne croyoit pas qu'il fût de sa conscience et de son honneur de le prendre, et qu'il étoit d'une naissance à laquelle la conduite du Balafré[5] ne

indisposé. » Le 20, dîner des mêmes personnages chez le comte de Fiesque, et le 21 chez Bernay Hennequin.

1. De même air. (Copie R.)

2. Le manuscrit original porte : « en *la*, » puis une syllabe surchargée et presque biffée, que nous croyons être *ne*. La syllabe *la* a été effacée, et entre les lignes on lit, de la main de Retz, *na ni* ; les copies R, H, Caf., 1717 A, 1718 B, F donnent : *na ni no nu*. — A la ligne suivante, il y a dans l'original *Marion*, bien lisible, que la copie R remplace à propos par *Marigni*. — Il y a eu de cette pièce, devenue assez rare, deux éditions (sans lieu, 1649), l'une de 4 et l'autre de 6 pages. Le refrain est :

Le faquin s'en iroit comme il étoit venu.

Dans l'édition de 6 pages, la ballade est suivie de la centurie 777 de Nostradamus et d'un triolet intitulé : *Adieu, Mars !*

3. Les éditions anciennes donnent les unes, avec le ms H, *les escaliers* ; d'autres, *l'escalier* ; d'autres encore, aux mots : *le degré* (*les degrés*, Caf.), substituent *de chez lui*.

4. *Chez lui* est en interligne, de la main de Retz, qui, selon son habitude, a écrit *cheux*.

5. De Henri de Guise, le Balafré. — Dans l'édition de 1717 : « des Balafrez ; » dans celles de 1837 et de 1843 : « des Balafré ; » le ms H et 1717 A, 1718 B, F ont cette étrange leçon : « de Balatro. »

convenoit pas. Ce furent ses propres paroles, et je les remarquai. Il ajouta qu'il n'oublieroit jamais l'obligation qu'il nous avoit[1]; qu'en s'accommodant, il nous accommoderoit aussi avec la cour, si nous le voulions; que si nous ne croyions pas qu'il fût de nos intérêts, il ne laisseroit pas[2], si la cour nous vouloit attaquer, de prendre hautement notre protection. Nous lui répondîmes que nous n'avions prétendu, lui offrant nos services, que l'honneur et la satisfaction de le servir; que nous serions au désespoir que notre considération eût arrêté un moment son accommodement avec la Reine; que nous le suppliions[3] de nous permettre de demeurer comme nous étions avec le cardinal Mazarin, et que cela n'empêcheroit pas que nous ne demeurassions toujours dans les termes et du respect et du service que nous avions voués à Son Altesse.

Les conditions de cet accommodement[4] de Monsieur

1. Première rédaction : « qu'il m'avoit; » *m'* a été biffé, et *nous* écrit entre les lignes, peut-être par Retz.
2. Le secrétaire avait d'abord écrit : « laissoit pas que si; » ces mots ont été effacés, et Retz a mis à la marge : « laisseroit pas; » le *si* qui suit *pas* semble d'une autre main, plus récente. A la suite de ce membre de phrase, le manuscrit portait d'abord : *il prendroit*; *il* a été effacé, *o* surchargé est devenu *e*, *it* a été rayé, et *de* est en interligne, de la main de notre auteur.
3. Dans l'original, *supplions* : voyez plus haut, p. 529, note 5.
4. Voyez les *Mémoires de Mme de Motteville* (chapitre xxxvi, tome III, p. 34 et suivantes : elle entre dans de minutieux détails); *Mémoires de Lenet* (Collection Michaud, tome XXVI, p. 203-205). Cet accommodement est du 17 septembre. On lit dans le *Journal de Paris* (p. 467), cité par M. Chéruel comme supplément à une lacune du *Journal de d'Ormesson* (p. 769) : « On fut fort étonné, deux jours après, lorsqu'on sut qu'ils étoient d'accord et que Son Éminence étant entrée, le 17 de ce mois de septembre, dans le petit cabinet de la Reine, où Monsieur d'Orléans et Monsieur le Prince entretenoient Sa Majesté en l'attendant, elle en avoit été quitte pour deux révérences, après lesquelles elle étoit entrée en conférence

le Prince avec le Cardinal n'ont jamais été publiques, parce qu'il ne s'en est su que ce qu'il plut au Cardinal, en ce temps-là, d'en jeter dans le monde. *Je¹ me ressouviens, en général, qu'il l'affecta; j'en ai oublié le détail et je ne l'ai pas trouvé, quoique je l'aie cherché pour vous en rendre compte ². Ce³ qui en parut fut la remise du Pont-de-l'Arche entre les mains de M. de Longueville.

Les affaires publiques ne m'occupoient pas si fort, que je ne fusse obligé de vaquer à des particulières, qui me donnèrent bien de la peine. Mme de Guémené, qui s'en étoit allée d'effroi, comme je crois vous avoir déjà dit, dès les premiers jours du siége de Paris, revint de colère à la première nouvelle qu'elle eut de mes visites à l'hôtel de Chevreuse. Je fus assez fou pour la

avec eux sur les affaires publiques, et avoit parlé au Prince comme auparavant, et qu'au sortir de là elle avoit été souper à l'hôtel de Condé avec Son Altesse Royale. » Cependant, d'après le nouvelliste du ms 25025, l'accommodement complet ne serait que du 27 septembre, ce qui coïncide mieux avec le traité que firent le Prince et le Ministre, à la date du 2 octobre.

1. Le ms H et les éditions anciennes omettent cette phrase.

2. Lenet dit que la pièce originale de l'accommodement fut déposée entre les mains du premier président Molé. M. Champollion l'a donnée dans les *Mémoires de Lenet*, p. 204 et 205, sans indiquer la source d'où il l'a tirée. Nous l'avons trouvée dans les *Papiers d'État* de le Tellier (tome II, folios 426 et 428 du ms 6881 de la Bibliothèque nationale); le nouvelliste du ms 25025 dit, comme Retz, à la date du 4 octobre : « Les conditions de cet accommodement sont tenues si secrètes qu'on n'en peut rien dire de certain; » il rapporte cependant huit articles, dont on parle, dit-il, généralement.

3. Retz reprend ici la plume, cinq lignes avant la fin de la page 1194; il écrira en outre la page 1195 tout entière, puis remettra le manuscrit aux mains de son secrétaire, à la page 1196, jusqu'au milieu de 1211. Comme nous l'avons déjà dit (tome I, p. 38, note 1, et p. 39), nous croyons que ce fut un scrupule de pudeur de l'écrivain qui amena cette courte interruption de copie.

prendre à la gorge sur ce qu'elle m'avoit lâchement abandonné ; elle fut assez folle pour me jeter un chandelier à la tête sur ce que je ne lui avois pas gardé fidélité à l'égard de Mlle de Chevreuse. Nous nous accordâmes un quart d'heure après ce fracas, et, dès le lendemain, je fis pour son service ce que vous allez voir.

Cinq¹ ou six jours après que Monsieur le Prince fut accommodé, il m'envoya le président Viole pour me dire que l'on le déchiroit dans Paris, comme un homme qui avoit manqué de parole aux Frondeurs ; qu'il ne pouvoit pas croire que ces bruits-là vinssent de moi ; qu'il avoit des lumières que² M. de Beaufort et Mme de Montbazon y contribuoient beaucoup, et qu'il me prioit d'y donner ordre. Je montai aussitôt en carrosse avec le président Viole ; j'allai avec lui chez Monsieur le Prince, et je lui témoignai ce qui étoit de la vérité, qui étoit en effet que j'avois toujours parlé comme j'avois dû sur son sujet. J'excusai, autant que je pus, M. de Beaufort et Mme de Montbazon, quoique je n'ignorasse pas que la dernière particulièrement n'eût dit que trop de sottises. Je lui insinuai dans le discours qu'il ne devoit pas trouver étrange que, dans une ville aussi émue³ et aussi enragée contre le Mazarin, l'on se fût fort plaint de son accommodement⁴, qui le remettoit pour la seconde fois sur le trône. Il se fit justice ; il comprit que

1. Le copiste reprend avec le mot *Cinq*. — Deux lignes plus bas, Retz a écrit en interligne le pronom *le*, devant *déchiroit*; de même *de* devant *la vérité*, et *parlé* devant *comme*, au milieu de cet alinéa. Ce sont, sauf le *de* peut-être, des mots omis, par mégarde, pendant la dictée.

2. Mais qu'il savoit que. (Ms H et toutes les anciennes éditions.)

3. Aussi ennemie. (1843.)

4. Voici ce que dit à ce sujet le *Journal de Paris*, cité dans le *Supplément* au *Journal de d'Ormesson* (tome I, p. 770) : « Sur quoi je ne puis omettre de remarquer, en faisant réflexion sur

le peuple n'avoit pas besoin d'instigateur¹ pour être échauffé sur cette matière. Il entra bonnement avec moi sur² les raisons qu'il avoit eues de ne pas pousser les affaires ; il fut satisfait de celle que je pris la liberté de lui dire pour lui justifier ma conduite ; il m'assura de son amitié très-obligeamment ; je l'assurai très-sincèrement de mes services ; et la conversation finit d'une manière assez ouverte et même assez tendre pour me donner lieu de croire et qu'il me tenoit pour son serviteur, et qu'il ne trouveroit pas mauvais que je me mêlasse d'une affaire qui étoit arrivée justement la veille de ce que je vous viens de raconter.

Monsieur le Prince s'étoit engagé, à la prière de Meille³, cadet de Foix, qui étoit fort attaché à lui, de faire donner le tabouret à la comtesse de Fleix⁴ ; et le

l'humeur de Monsieur le Prince, qu'en ce rencontre il perdit beaucoup de cette haute estime qu'il avoit acquise jusqu'alors, parce que tous ceux qui avoient quitté Monsieur le Cardinal pour ses intérêts s'en repentirent assez tôt, et en le blâmant de précipitation et de peu de fermeté, protestèrent en sa présence d'être une autre fois plus retenus, et de ne pas s'abandonner si aveuglément aux premiers mouvements de la passion. « Mais que pou-« vois-je refuser, leur disoit-il, aux instantes prières de la Reine ? »

1. *D'instigateurs*, au pluriel, dans presque toutes les éditions antérieures à la nôtre ; *d'instigation*, dans le ms H, 1717 A, 1718 B, F.

2. *Dans*, pour *sur*, dans le ms H et les éditions anciennes, sauf 1718 C, D, E. — Plus loin, *eu*, sans accord, dans l'original.

3. Henri de Foix, comte de Meille, frère cadet de Jean-Baptiste Gaston de Foix, mourut en 1658 des blessures qu'il avait reçues au siége de Dunkerque, aux côtés du prince de Condé. — *Maillé*, dans les éditions de 1718 C, D, E ; *Maille*, dans celle de 1859-1866.

4. Marie-Claire de Beaufremont, fille du marquis de Sénecey et de Marie-Catherine de la Rochefoucauld ; mariée en 1637 au comte de Fleix, elle succéda à sa mère comme première dame d'honneur d'Anne d'Autriche. — Dans le ms H et les textes de 1717 A, 1718 B, F : « la comtesse de Foix de Flem ; » dans les autres éditions anciennes : « la comtesse de Foix. »

Cardinal, qui y avoit grande aversion, suscita toute la jeunesse[1] de la cour pour s'opposer à tous les tabourets qui n'étoient point fondés sur des brevets[2]. Monsieur le Prince, qui vit tout d'un coup une manière d'assemblée de noblesse, à la tête de laquelle même le maréchal de l'Hospital s'étoit mis, ne voulut pas s'attirer la clameur publique pour des intérêts qui lui étoient, dans le fond, assez indifférents, et il crut qu'il feroit assez pour la maison de Foix si il renversoit les tabourets des autres maisons privilégiées. Celle de Rohan étoit la première de ce nombre; et jugez, si il vous plaît, de quel dégoût

---

1. Toute la noblesse. (Ms H et 1717 A, 1718 B, F.)
2. « L'étiquette de l'ancienne monarchie n'accordait le tabouret chez la Reine qu'aux duchesses, femmes de ducs et pairs ou de ducs à brevet. Pendant la régence d'Anne d'Autriche, un certain nombre de familles, les Rohan, les la Trimouille, les d'Avaugour, les la Rochefoucauld, voulurent obtenir cette distinction pour toutes les femmes qui s'alliaient avec elles, au lieu de l'attacher simplement à la transmission du titre ducal. La noblesse entière s'offensa de cette prétention et résolut de s'y opposer. Les hommes les plus qualifiés de la cour, sans distinction de parti, se réunirent en 1649, et signèrent une association dont le but était d'empêcher qu'on laissât établir une différence de maisons dans la noblesse du royaume. Cette assemblée fit révoquer les honneurs accordés récemment à quelques familles; le tabouret fut réservé, comme par le passé, aux seules duchesses. » (M. Chéruel, *Dictionnaire historique des institutions, mœurs et coutumes de la France*, p. 1198.) — On comprend l'émoi de la cour et de toute la noblesse, et les plaisanteries du public, dont on trouvera des échos, quelques-uns assez grossiers, dans des pamphlets du temps. Montglat raconte longuement cette querelle des tabourets, dans ses *Mémoires* (p. 220 et 221). Voyez aussi la *Requête faite au Roi par le corps de la noblesse, pour les dignités des ducs et pairs de France, et les honneurs et prééminences des nobles de ce royaume* (1649, 7 pages); elle a été reproduite dans les *Mémoires de Talon* (p. 367 et 368); elle y est précédée (p. 366 et 367) d'une autre pièce plus rare, dont l'édition originale est intitulée : *Union de la noblesse de France touchant leurs prééminences* (7 pages); il y a soixante-quatre signatures au bas de cette *Union*.

étoit un déchet[1] de cette nature aux dames de ce nom. La nouvelle leur en fut apportée le soir même que Mme la princesse de Guémené revint d'Anjou. Mmes de Chevreuse, de Rohan et de Montbazon se trouvèrent le lendemain chez elle. Elles prétendirent que l'affront que l'on leur vouloit faire n'étoit qu'une vengeance qu'on vouloit prendre de la Fronde. Nous résolûmes une contre-assemblée de noblesse pour soutenir le tabouret de la maison de Rohan. Mlle de Chevreuse eût eu assez de plaisir que l'on l'eût distinguée[2] par là de celle de Lorraine; mais la considération de Madame sa mère fit qu'elle n'osa contredire le sentiment commun[3]. Il fut d'essayer[4] d'ébranler Monsieur le Prince devant que de venir à l'éclat. Je me chargeai de la commission, que la conversation que j'avois eue avec lui aida à me faire croire pouvoir être d'un succès plus possible. J'allai chez lui dès le soir même; je pris mon prétexte sur la parenté que j'avois avec la maison de Guémené[5]. Monsieur le Prince, qui m'entendit à demi-mot, me[6] répondit ces propres paroles : « Vous êtes bon parent; il est juste de vous satisfaire. Je vous promets que je ne choquerai

1. *Échec*, pour *déchet*, dans les éditions de 1717, 1719-1828, 1859-1866; *déchec* (sic) dans celles de 1837, 1843.

2. C'est-à-dire que l'on eût distingué la maison de Rohan; *distingué*, sans accord, dans l'original et dans la copie R. — Cinq lignes plus loin, il y a de même *eu*, et non *eue*, dans ces deux textes et dans le ms Caf.

3. Nous avons dit que Mlle de Chevreuse était de la maison de Lorraine par son père, Claude de Lorraine, tandis que sa mère appartenait par sa naissance à la maison de Rohan.

4. Il fut question d'essayer. (Ms H et toutes les éditions anciennes, sauf 1717.)

5. Catherine de Silli, grand'mère paternelle de Mme de Guémené (Anne de Rohan), était tante du grand-père maternel du Coadjuteur.

6. *Me* manque dans les copies R, H, Caf. et les éditions anciennes.

point le tabouret de la maison de Rohan[1]; mais je vous demande une condition sans laquelle il n'y a rien de fait : c'est que vous disiez, dès aujourd'hui, à Mme de Montbazon que le seul article que je desire pour notre accommodement est que lorsqu'elle coupera je ne sais quoi à M. de la Rochefoucauld, elle ne l'envoie pas dans un bassin d'argent à ma sœur, comme elle l'a dit à vingt personnes depuis deux jours[2]. »

J'exécutai fidèlement et exactement l'ordre de Monsieur le Prince; j'allai de chez lui droit à l'hôtel de Guémené, où je trouvai toute la compagnie assemblée; je suppliai Mlle de Chevreuse de sortir du cabinet, et je fis rapport en propres termes de mon ambassade aux dames, qui en furent beaucoup édifiées. Il est si rare qu'une négociation finisse en cette manière, que celle-là m'a paru[3] n'être pas indigne de l'histoire.

Cette complaisance, que Monsieur le Prince eut pour moi et qu'il n'eut assurément que pour moi, déplut fort au Cardinal, qui avoit encore tous les jours de nouveaux sujets de chagrin. Le vieux duc de Chaune[4], gouverneur d'Auvergne, lieutenant de Roi en[5] Picardie et

1. La suite, jusqu'à la fin du paragraphe, a été biffée avec grand soin dans la copie R, ce qui y rend l'alinéa suivant assez peu intelligible. Le ms H et toutes les anciennes éditions ont omis cette partie effacée.

2. D'après le nouvelliste du ms 25025, à la date du 26 novembre, l'affaire des tabourets des Montbazon aurait été surtout arrangée par l'intermédiaire du duc d'Orléans. La principale condition fut que ces dames s'abstiendraient pendant trois mois d'aller au Palais-Royal, probablement pour laisser à la noblesse le temps de s'apaiser et de se disperser.

3. M'apparut. (1837-1866.)

4. Honoré d'Albert, sieur de Cadenet, puis duc et maréchal de Chaulnes, frère du connétable de Luynes, avait épousé en 1619 Charlotte d'Ailly, à la condition de prendre le nom et les armes de Chaulnes. Il mourut le 30 octobre 1649.

5. *En* a été substitué à *de* dans l'original.

gouverneur d'Amiens, mourut en ce temps-là. Le Cardinal, à qui la citadelle d'Amiens eût assez plu pour lui-même, eût bien voulu que le vidame[1] lui en eût cédé le gouvernement, dont il avoit la survivance, pour avoir celui d'Auvergne. Ce vidame, qui étoit frère aîné de M. Chaune[2] que vous voyez aujourd'hui, se fâcha, écrivit une lettre très-haute au Cardinal, et il[3] s'attacha à Monsieur le Prince. M. de Nemours fit la même chose, parce que l'on balança à lui accorder le gouvernement d'Auvergne. Miossens[4], qui est présentement le maréchal d'Albret, et qui étoit à la tête des gendarmes du Roi, s'accoutuma et accoutuma les autres à menacer le Ministre. Il[5] augmenta la haine publique qu'on avoit contre lui, par le rétablissement d'Émeri[6],

1. Henri-Louis d'Albert, vidame d'Amiens, puis duc de Chaulnes, mourut le 21 mai 1653. Le récit de Retz est confirmé par le *Journal de Paris* (voyez le *Supplément* du *Journal de d'Ormesson*, tome I, p. 778), et par le *carnet* XII de Mazarin (p. 104 et 105), où on lit : « Écrire au vidame et lui envoyer un gentilhomme pour les affaires d'Auvergne et de Picardie. »

2. « Mʳ de Chaune, » dans la copie R. — Charles d'Albert d'Ailly, duc de Chaulnes, troisième fils d'Honoré (voyez p. 543, note 4); il épousa en 1655 Élisabeth le Feron, veuve du marquis de Saint-Mégrin, fut gouverneur de Bretagne et de Guienne, et deux fois ambassadeur à Rome; il mourut en 1698. C'était un ami intime de Mme de Sévigné.

3. *Il* est omis dans les copies R, H, Caf.

4. Voyez p. 522 et note 3. Ce nom est écrit *Miosans* dans l'original et dans la copie R; dans 1719-1820, 1828, 1837, 1843, *Miossans*; dans le ms Caf. et quelques-unes des premières éditions, *Miosant*; dans d'autres, *Miolans*.

5. Les éditions de 1719-1828 continuent la phrase et changent *Il* en *qui*.

6. Émery fut rétabli dans les finances, avec le comte d'Avaux pour collègue, le 9 novembre 1649, d'après la *Gazette* (p. 1056); le 8, selon le *Journal de Paris* (voyez le *Supplément* du *Journal de d'Ormesson*, tome I, p. 779). Voici ce qu'on lit aux pages 28 et 29 du *carnet* XIII de Mazarin sur les dispositions de Retz au sujet d'Émery :

extrèmement odieux à tout le Royaume; mais ce rétablissement, duquel nous[1] ne manquâmes pas de nous servir, nous fit d'autre part un peu de peine, parce que cet homme, qui ne manquoit pas d'esprit, et qui connoissoit mieux Paris que le Cardinal, y jeta de l'argent[2], et qu'il l'y jeta même assez à propos. C'est une science particulière, et laquelle bien ménagée fait autant de bons effets dans un peuple, qu'elle en produit de mauvais quand elle n'est pas bien entendue; elle est de la

« Matharel, chef de parti parmi les rentiers, est allé trover (sic) le Coadjuteur, et lui a dit que si M. d'Émeri rentroit dans les finances, lui répondoit des barricades, et je sais que le Coadjuteur lui dit : « Je suis tout à fait pour d'Émeri, non pas pour affection que j'aie « pour lui, ni pour espérance de gratifications quand il sera dans « les finances, mais parce qu'il me fera beau jeu pour les révolu- « tions de Paris. » — Voyez encore l'*Avertissement très-important et très-utile au public, touchant le retour du sieur d'Émery, avec l'arrêt de la Cour contre Jean Particelly, banqueroutier et faussaire, et autres complices, du 9 avril* 1620 (in-4°, 1649). Cette pièce est attribuée par Conrart au président de Maisons et au marquis de la Vieuville, frustrés dans leurs espérances du ministère. — Une lettre de d'Aligre à le Tellier (f° 235 v° du ms 4231) montre que Mazarin négociait le rétablissement de d'Émery dès le 10 juin 1649. Voyez encore ci-dessus, p. 519, note 2.

1. *Nous*, omis par le secrétaire, a été ajouté en interligne, de la main de Retz.

2. « Émery, dès le lendemain de son retour à Paris, avoit augmenté le paiement des rentes sur les gabelles de vingt-quatre mille livres par chacune semaine, afin de se remettre mieux qu'il n'étoit dans l'esprit des Parisiens. Ce savant homme (*Pierre de Montmaur*) lui présenta ces trois mots en façon de devise : *Ex reditu reditus*[a]. » (*Journal de Paris* dans le *Supplément* du *Journal de d'Ormesson*, p. 779.) Selon le manuscrit inédit des *Registres du Parlement* (tome IV, f° 124, bibliothèque de l'Université), il ne s'agirait que de vingt mille livres d'augmentation (quatre-vingt-quatre au lieu de soixante-quatre). Est-ce dans ce sens que le Coadjuteur entend l'argent jeté à propos dans Paris?

[a] Jeu de mots, intraduisible littéralement en français, qui signifie que du retour du Surintendant sortait, naissait le revenu (des rentes).

nature de ces choses qui sont nécessairement[1] ou toutes bonnes ou toutes mauvaises.

Cette distribution, qu'il fit sagement et sans éclat dans les commencements de son rétablissement, nous obligea à songer encore avec plus d'application à nous incorporer, pour ainsi dire, avec le public; et comme nous en trouvâmes une occasion qui étoit sainte en elle-même, ce qui est toujours un avantage signalé, nous ne la manquâmes pas. Si je me fusse cru toutefois[2], nous ne l'eussions pas prise sitôt : nous n'étions pas encore pressés[3], et il n'est jamais sage de faire, dans les factions où l'on n'est que sur la défensive, ce qui n'est pas pressé; mais l'inquiétude des subalternes est la chose du monde la plus incommode en ce rencontre : ils croient que l'on est perdu dès que l'on n'agit pas. Je les prêchois tous les jours qu'il falloit planer[4]; que les pointes étoient dangereuses; que j'avois remarqué en plusieurs occasions que la patience avoit de plus grands effets que l'activité. Personne ne comprenoit cette vérité, qui est pourtant incontestable, et l'impression que fit, à ce propos, dans les esprits, un méchant mot de la princesse de Guémené est incroyable : elle se ressouvint d'un vaudeville[5] que l'on avoit fait autrefois

---

1. *Naturellement*, pour *nécessairement*, dans les anciennes éditions, sauf les deux de 1717 et celles de 1718 B, F.

2. Si on m'eût cru toutefois. (Ms H et toutes les éditions antérieures à la nôtre.) — La plupart (1718 C, D, E, 1719-1828) continuent par : « on ne l'eût pas prise. »

3. *Pressé*, au singulier, dans l'original.

4. Sur ce terme de fauconnerie, voyez ci-dessus, p. 254 et note 1. Le mot *pointes*, qui suit, continue la figure : « Un oiseau fait pointe, dit Furetière, lorsqu'il va d'un vol rapide, soit en s'élevant, soit en s'abaissant. » — A partir de *planer*, le texte est ainsi dénaturé dans le ms H et dans 1717 A, 1718 B, F : « que les picoteries étoient plus dangereuses qu'une véritable activité. »

5. Ce mot est en marge, de la main de Retz, correspondant à un

SECONDE PARTIE. [Novembre 1649]   547

sur un certain régiment de Bruslon[1] où l'on disoit qu'il n'y avoit que deux dragons et quatre tambours. Comme elle haïssoit la Fronde pour plus d'une raison, elle me dit un jour chez elle, en me raillant, que nous n'étions plus que quatorze de notre parti, qu'elle compara ensuite au régiment de Bruslon. Noirmoutier, qui étoit éveillé mais étourdi, et Laigue, qui étoit lourd mais présomptueux, furent touchés de cette raillerie, qui leur parut bien fondée, et au point qu'ils murmuroient, depuis le matin jusqu'au soir, de ce que je ne m'accommodois pas, ou de ce que je ne poussois pas les affaires jusqu'à[2] l'extrémité. Comme les chefs, dans les factions, n'en sont maîtres qu'autant qu'ils savent prévenir ou

---

renvoi au-dessus de « mot de ville, » balourdise du secrétaire, qui a été biffée.

1. Le comte de Brullon ou Bruslon, de la maison de Sassenage, introducteur des ambassadeurs. « C'est de lui qu'à la guerre de Lorraine, dit Tallemant des Réaux (tome I, p. 329), on fit un couplet qui disoit :

    Le grand foudre de guerre,
    Le comte de Bruslon,
    Étoit comme un tonnerre
    Avec son bataillon,
    Composé de cinq hommes
    Et de quatre tambours,
    Criant : « Hélas ! nous sommes
    A la fin de nos jours. »

Nous avons trouvé le même couplet dans le *Recueil de Clairambault*, p. 92, avec une simple variante de nom : il est appliqué au comte de Bullion, seigneur de Brisson, prévôt de Paris, homme de peu d'esprit, dit une note marginale. Mme de Guémené avait d'autant plus lieu de se souvenir du vaudeville qu'il attaquait également son mari et son beau-père. Voyez Tallemant, qui le donne en entier (il a six couplets) au tome IV, p. 479-481.

2. Dans la copie R, *jusqu'* a été biffé ; et, comme elle, les copies H, Caf., ainsi que toutes les éditions anciennes, suppriment cet adverbe devant *à*. Trois lignes plus bas, dans l'original, Retz, après « quoiqu'il n'en fût, » a mis *pas* en interligne.

apaiser les murmures, il fallut venir[1] malgré moi à agir, quoiqu'il n'en fût pas encore temps, et je trouvai, par bonne fortune, une manière[2] qui eût rectifié et même consacré l'imprudence, pour peu qu'il eût plu à ceux qui l'avoient causée de ne la pas outrer.

L'on peut dire, avec vérité, que les rentes de l'Hôtel de Ville de Paris sont particulièrement le patrimoine de tous ceux qui n'ont que médiocrement du bien[3]. Il est vrai qu'il y a des maisons riches qui y ont part : mais il est encore plus vrai qu'il semble que la providence de Dieu les ait encore plus destinées pour les pauvres[4]; ce qui, bien entendu et bien ménagé, pourroit être très-avantageux au service du Roi, parce que ce seroit un moyen sûr, et d'autant plus efficace qu'il seroit imperceptible, d'attacher à sa personne[5] un nombre infini de familles médiocres, qui sont toujours les plus redoutables dans les révolutions. La licence du dernier siècle a donné quelquefois des atteintes à ce fonds sacré[6].

L'ignorance du Mazarin ne garda point de mesure

1. *En venir,* au lieu de *venir,* dans les éditions anciennes (sauf celles de 1717 et 1718 B, F), et pareillement dans 1843-1866.
2. *Matière,* au lieu de *manière,* dans les copies R et H et dans toutes les anciennes éditions.
3. Les mots « que médiocrement du bien » sont en marge, de la main de Retz, et correspondent à un renvoi placé au-dessus de : « point de fortune, » biffé ; la copie R et la plupart des anciennes éditions donnent : « que médiocrement de biens ; » la copie H et 1717 A, 1718 B, F : « de bien, » pour « du bien. »
4. Pour les pauvres que pour les riches. (1718 C, D, E, 1719-1828.)
5. Pour attacher à S. M. (1718 C, D, E, 1719-1828.)
6. Voyez notre article *Banqueroutes publiques en France* dans le *Dictionnaire de la Conversation,* 2ᵉ édition (tome II, p. 476 et 477). Au lieu de *quelquefois,* notre auteur eût pu mettre *souvent.* — Dans cette appréciation, Retz se montre, par l'intelligence, la clairvoyance politique, digne du pouvoir qu'il ambitionne ; peu de ses contemporains avaient des vues aussi justes sur l'importance du crédit public dans un État.

dans sa puissance. Il recommença, aussitôt après la paix, à rompre celles par lesquelles et les arrêts du Parlement et les déclarations du Roi avoient[1] pourvu aux désordres[2]. Les officiers de l'Hôtel de Ville, dépendants du Ministre[3], y contribuèrent par leurs prévarications. Les rentiers s'émurent par eux-mêmes et sans aucune suscitation[4]; ils s'assemblèrent en grand nombre en

1. A rompre les mesures, les arrêts du Parlement, et les déclarations du Roi qui avoient, etc. (1859-1866.)

2. Cette question des rentes était grave et urgente. Nous avons rencontré dans le tome II des *Papiers d'État de le Tellier* (ms 6881, p. 107) une pétition envoyée par Saintot le 27 mars 1649 et qui était adressée à *Nos Seigneurs du Parlement*. C'est une demande pressante d'un million de veuves ou d'orphelins, dont les tuteurs et les parents ont mis les biens, avec confiance, entre les mains du Roi, par des constitutions de rente, et qui se plaignent que depuis plusieurs années on leur retient « un quartier et demi. » Le manuscrit 25025, sorte de *Nouvelles à la main*, nous apprend que, le 16 juin, « les femmes des rentiers de l'Hôtel de Ville furent au Palais et y firent grand bruit pour obliger le Parlement à s'assembler. » Une lettre de d'Aligre, à la date du 3 juin (f° 222 du ms 4231), fait savoir à le Tellier qu'il y a dans Paris « tous les jours quelque petite nouveauté » et que, jusqu'à ce que « le fait des rentes soit réglé..., il y auroit toujours quelque petit prétexte de faire du bruit. » Ce sont des détails accessoires qui ont échappé à MM. le Roux de Lincy et Douët d'Arcq dans leurs consciencieuses recherches *Sur les rentes de l'Hôtel de Ville (Appendice du tome II des Registres de l'Hôtel de Ville pendant la Fronde*, p. 425-451). On pourra aussi consulter dans le ms 733 du Fonds Dupuy, p. 99-116, le *Factum contenant les justes défenses des rentiers de l'Hôtel de Ville de Paris, et les moyens véritables de la sûreté de leurs rentes et de leur conservation* (1649, 35 pages). Une note manuscrite attribue ce mémoire à Portail, un des syndics des rentiers et ami de Retz. Nous avons déjà vu (p. 483, note 2) ce Portail écrivant un violen pamphlet contre Condé.

3. Du ministère. (1837-1866.)

4. Ce détail, dont on pourrait douter, est confirmé par les *Mémoires de Gui Joli*, qu'il faut surtout consulter sur cet épisode. Il dit (p. 90) : « Toute la conséquence de cette affaire (*les assemblées des rentiers*) ne fut pas assez comprise dans le commencement

l'Hôtel de Ville. La chambre des Vacations donna arrêt par lequel elle défendit ces assemblées[1]. Quand le Parlement fut rentré, à la Saint-Martin de l'année 1649, la Grande Chambre confirma cet arrêt, qui étoit juridique en soi, parce que les assemblées, sans l'autorité du Prince, ne sont jamais légitimes, mais qui autorisoit toutefois le mal, en ce qu'il en empêchoit le remède.

Ce qui obligea la Grande Chambre à donner un second arrêt fut que, nonobstant celui qui avoit été rendu par la chambre des Vacations, les rentiers, assemblés au nombre de plus de trois mille hommes, tous bons[2] bourgeois et vêtus de noir, avoient créé douze syndics[3]

---

ni par la cour ni par les Frondeurs. On ne la sentit bien que quelques jours après, qu'on vit qu'il y avoit peu de personnes dans Paris et dans les provinces qui n'y eussent quelque intérêt direct ou indirect.... Les Frondeurs comprirent à la fin qu'ils ne pouvoient avoir de prétexte plus favorable pour entretenir dans l'esprit du peuple la chaleur qu'ils desiroient. »

1. Voyez la *Suite du vrai Journal du Parlement, contenant ce qui s'est passé depuis la Saint-Martin 1649 jusques à Pasques 1651* (p. 1 et 2); c'est la quatrième partie du recueil qu'on appelle ordinairement le *Journal du Parlement*. Cet arrêt était du 23 octobre 1649. On peut voir sur cette séance le ms 25025, à cette même date. Peu avant cette époque, les *Carnets de Mazarin* (XII, p. 113 et 114) nous montrent que déjà Retz avait la main dans cette agitation : « Ledit Coadjuteur continue à faire imprimer des libelles et faire *di* gazettes par Ménage, qui en envoie par les provinces, écrites à la main, et en fait courir par Paris, et en outre fait parler à tous les rentiers pour les suslever, et de fait.... *gli* en avoit (*il y en avoit*) plus de quatre-vingts chez lui qui lui demandoient assistance; il irrite tout le monde contre Monsieur le Prince par divers ressorts (*au sujet du raccommodement de Condé avec Mazarin sans doute*), et témoigne un grand mécontentement de Mme de Longueville et prince *di* Conti, et grande inimitié contre Marsigliac (*Marsillac*). »

2. *Bons* est omis dans les copies R, H, Caf. et dans toutes les éditions anciennes.

3. Parmi ces syndics on remarquait Charton, président aux Requêtes du Palais, Gui Joli, conseiller au Châtelet, Maréchal, avocat au Conseil, du Portail, avocat au Parlement, des Coutures,

pour veiller, ce disoient-ils, sur les prévarications du prévôt des marchands. Cette nomination des syndics fut inspirée à ces bourgeois par cinq ou six personnes, qui avoient en effet quelque intérêt[1] dans les rentes, mais que j'avois jetées dans l'assemblée pour la diriger, aussitôt que je la vis formée. Je suis encore très-persuadé que je rendis, en cette occasion, un très-grand service à l'État, parce que si je n'eusse réglé, comme je fis, cette assemblée, qui entraînoit après elle presque tout Paris, il y eût eu assurément[2] une fort grande sédition[3]. Tout s'y passa au contraire avec un très-grand ordre. Les rentiers demeurèrent dans le respect pour quatre ou cinq conseillers du Parlement, qui parurent à leur tête et voulurent bien accepter le syndicat. Ils y persistèrent avec joie[4], quand ils surent, par les mêmes conseillers, que nous leur donnions, M. de Beaufort et moi, notre protection. Ils nous firent une députation solennelle, que nous reçûmes comme vous pouvez l'imaginer[5]. Le Premier Président, qui se le devoit tenir pour

Matharel, Labory, secrétaires du Roi. Gui Joli, qui nous donne tous ces noms dans ses *Mémoires* (p. 89), diminue de beaucoup le nombre des rentiers. Ils s'assembloient, dit-il, « toutes les semaines, quelquefois jusqu'au nombre de cinq cents personnes. »

1. Quelques intérêts. (Copie R.)
2. Il y eût eu très-assurément. (Copies R et Caf.)
3. Ici, dans l'original, sont les mots : « à Paris, » qui ont été biffés pour éviter la répétition.
4. Avec force. (1837, 1843.)
5. Joli nous apprend (p. 90) que cette députation et la promesse de protection avaient été concertées à l'avance entre lui, Beaufort et le Coadjuteur. Dès lors, les « assemblées furent annoncées dans les églises; et, selon les *Carnets de Mazarin* (XIII, p. 19), c'est par le moyen de Joli, conseiller au Châtelet, que le Coadjuteur a envoyé les billets aux courés (*curés*) pour faire publier aux prônes le monitoire (?) des rentiers. » Un autre passage du même *carnet* (p. 12) montre que le Ministre songeait à annuler l'influence du Coadjuteur par l'intervention de son oncle : « Il sera bon de

dit, voyant cette démarche, s'emporta, et donna ce second arrêt dont je vous viens de parler[1]. Les syndics prétendirent que leur syndicat ne pouvoit être cassé que par le Parlement en corps, et non pas par la Grande Chambre. Ils se plaignirent aux Enquêtes, qui furent du même avis, après en avoir opiné dans leur chambre[2], et qui allèrent ensuite chez Monsieur le Premier Président, accompagnées d'un très-grand nombre de rentiers[3].

*La cour, qui crut devoir faire un coup d'autorité, envoya des archers chez Parain des Coutures, capitaine de son quartier, et qui étoit un des douze syndics. Ils furent assez heureux pour ne le pas trouver chez lui[4].

dépêcher à l'Archevêque, et le faire venir; car assurément n'approuve (sic) la conduite du neveu, et, assisté une fois de la cour, fera une partie de ce que l'on voudra[a]. »

1. Omer Talon nous dit, dans ses *Mémoires* (p. 370), que l'arrêt est du 3 décembre ; la *Suite du Journal du Parlement*, p. 2, le fixe au 4. Molé, « toujours en défiance du Coadjuteur, dit Saint-Aulaire dans son *Histoire de la Fronde* (tome I, p. 332), déclara ces assemblées illégales, et accusa ceux qui les avaient provoquées de *vouloir faire une chambre des communes*, parole qui laissa de profonds ressentiments. »

2. « Leurs chambres, » au pluriel, dans les éditions anciennes (sauf 1717, 1717 A, 1718 B, F), et de plus dans 1837-1866.

3. Voyez les détails de cette réunion dans Gui Joli (p. 93-95), dans la *Suite du Journal du Parlement* (p. 2), et dans *Omer Talon* (p. 370) ; on trouvera aussi d'utiles renseignements dans les *Registres du Parlement* (tome IV, f° 125, bibliothèque de l'Université).

4. Le 4 décembre, dans la soirée. Le *Journal du Parlement*, qui nous donne cette date, ajoute que « M. de Beaufort averti en fit

[a] C'est probablement à la même affaire du monitoire des rentiers lu aux prônes que se rapporte ce passage d'une lettre de Molé (tome IV, p. 664) : « J'ai regret de ce procédé pour Monsieur le Coadjuteur. On dira que l'affaire étoit assez importante pour en donner part à Monsieur l'Archevêque devant que de prendre résolution, et que, par ce respect, il eût prévenu le courrier de la cour » (sans doute celui qu'on envoya pour hâter le retour de l'Archevêque). M. Champollion suppose à tort, d'après les dates, qu'il s'agit ici de l'incident que nous verrons plus loin (le 22 décembre) lorsque Mazarin fit prier l'Archevêque de venir prendre sa place au Parlement

Le lendemain [1], les rentiers s'assemblèrent en très-grand nombre en l'Hôtel de Ville, et y résolurent de présenter requête au Parlement, et d'y demander justice de la violence que l'on avoit voulu faire à l'un de leurs syndics.

Jusque-là nos affaires alloient à souhait. Nous nous étions enveloppés dans la meilleure et la plus juste affaire du monde, et nous étions sur le point de nous reprendre et de nous recoudre [2], pour ainsi dire, avec le Parlement, qui étoit sur le point de demander l'assemblée des chambres et de sanctifier, par conséquent, tout ce que nous avions fait. Le diable monta à la tête de nos subalternes : ils crurent que cette occasion tomberoit, si nous ne la relevions par un grain qui fût de plus haut goût que les formes du Palais. Ce furent les propres mots de Montrésor, qui, dans un conseil de Fronde qui fut tenu chez le président de Bellièvre [3], proposa qu'il falloit faire tirer un coup de pistolet à l'un des syndics, pour obliger le Parlement à s'assembler, parce que autrement, dit-il, le Premier Président n'accordera jamais l'assemblée des chambres, qu'il a prétexte de refuser, puisqu'il l'a promis [4] à la paix, au lieu que si nous faisons [5] une émotion, les

---

plainte à M. le duc d'Orléans, et cela empêcha Son Altesse Royale d'aller à Limours, comme elle avoit résolu. »

1. Ce fut le surlendemain, 6 décembre. (*Journal du Parlement*, p. 2 et 3, et *Mémoires d'Omer Talon*, p. 370.)

2. Ressouder. (Ms H.) — Resouder. (1717 A, 1718 F.)

3. Selon Joli (p. 96 et 97), la réunion se tint chez le Coadjuteur; l'avis violent fut proposé par Noirmoutier, et non par Montrésor, qui assistait cependant au conciliabule.

4. L'original porte : « la promis; » il y avait d'abord *promit*, qu'on a corrigé en *promis*, en oubliant de changer *la* en *l'a*.

5. Les éditions de 1837-1866 donnent : « si nous faisions, » et mettent au conditionnel les deux verbes suivants : *prendroient* et *feroient*.

Enquêtes prendront leurs places tumultuairement, et feront ainsi l'assemblée des chambres, qui nous est absolument nécessaire, parce qu'elle nous rejoint naturellement au Parlement, dans une conjoncture où nous serons, avec le Parlement, les défenseurs de la veuve et de l'orphelin, et où nous ne sommes, sans le Parlement, que des séditieux et des tribuns du peuple. Il n'y a, ajouta-t-il, qu'à faire tirer un coup de pistolet dans la rue à l'un des syndics[1] qui ne sera pas assez connu du peuple pour faire une trop grande émotion, et qui la fera toutefois suffisante pour produire l'assemblée des chambres, qui nous est si nécessaire.

Je m'opposai à ce dessein avec toute la force qui fut en mon pouvoir[2]. Je représentai que nous aurions infailliblement l'assemblée des chambres sans cet expédient[3], qui avoit mille et mille inconvénients. J'ajoutai qu'une supposition étoit toujours odieuse. Le président de Bellièvre traita mon scrupule de pauvreté ; il me pria de me ressouvenir de ce que j'avois mis autrefois dans la *Vie de César*[4], que dans les affaires publiques

---

1. Dans les copies R, H et dans toutes les éditions anciennes « à l'un de nos syndics. »

2. De toute ma force. (Ms H et toutes les anciennes éditions.) — Selon Joli toujours (p. 97), Retz, loin de combattre, comme il dit, ce dessein, proposa qu'on fît sur lui-même cette « entreprise feinte...; mais il n'appuya pas assez pour faire croire qu'il le souhaitât tout de bon. »

3. Sans cet étrange expédient. (1718 C, D, E, 1719-1828.)

4. Cet écrit de Retz est malheureusement inconnu jusqu'à présent, et nous ne le trouvons mentionné que dans ses *Mémoires* ; l'opinion de notre auteur sur le dictateur romain eût été fort intéressante à connaître. — Dans la copie H et dans les éditions de 1717 A et de 1718 B, F, le Coadjuteur n'est pas donné pour auteur de cette *Vie* : elles portent ici et quatre lignes plus loin *vu*, au lieu de *mis*.

la morale a plus d'étendue[1] que dans les particulières. Je le priai, à mon tour, de se ressouvenir de ce que j'avois mis à la fin de la même *Vie*, qu'il est toujours judicieux[2] de ne se servir qu'avec d'extrêmes précautions de cette licence, parce qu'il n'y a que le succès qui la justifie : « Et qui peut répondre du succès? ajoutai-je, puisque la fortune peut jeter cent et cent incidents dans une affaire de cette nature, qui couronnent l'abominable par le ridicule, quand elle ne réussit pas. » Je ne fus pas écouté, quoiqu'il semblât que Dieu m'avoit inspiré ces paroles, comme vous le verrez par l'événement. MM. de Beaufort[3], de Brissac, de Noirmoutier, le Laigue, de Bellièvre, de Montrésor s'unirent[4] tous contre moi ; et il fut résolu qu'un gentilhomme[5] qui étoit à Noirmoutier tireroit un coup de pistolet dans le carrosse de Joli[6], que vous avez vu depuis à moi, et

1. Est plus étendue. (Ms H et 1717, 1717 A, 1718 B, F.) — Est le plus d'étendue. (1718 C, D, E, 1719-1828.)

2. Le ms H et 1717 A, 1718 B, F changent *judicieux* en *odieux*, et à la suite celles de 1718 C, D, E, *servir* en *ressouvenir*.

3. Joli dit expressément (p. 96) que Beaufort et la Boulaye avaient été tenus à l'écart : on craignait leurs indiscrétions auprès de Mme de Montbazon ; il ne nomme pas non plus parmi les conjurés assemblés chez le Coadjuteur Brissac ni Bellièvre, mais seulement Montrésor, Noirmoutier, Laigue, Fosseuse ; puis on le voit intervenir lui-même dans le complot, ainsi que d'Argenteuil.

4. Se mirent. (1837-1866.)

5. Joli (p. 98) le nomme d'Estainville, et dit qu'il était « très-brave et très-adroit. »

6. Gui Joli, conseiller au Châtelet, auteur de *Mémoires*, souvent cités par nous, fort sévères pour le cardinal de Retz, à la personne duquel il fut longtemps attaché. Ils se séparèrent en 1665, en s'accusant mutuellement d'ingratitude. Il a écrit, dans l'intérêt de Retz, un pamphlet intitulé : *les Intrigues de la paix et les négociations faites à la cour par les amis de Monsieur le Prince, depuis sa retraite en Guyenne jusques à présent* (1652). Ce pamphlet forme deux parties, l'une de huit pages et l'autre de sept ; il en sera parlé plus loin dans les *Mémoires*. Après sa réconciliation avec la cour, Gui Joli

qui étoit un des syndics des rentiers; que Joli se feroit une égratignure pour faire croire qu'il auroit été blessé; qu'il se mettroit au lit, et qu'il donneroit sa requête au Parlement. Je vous confesse que cette résolution me donna une telle inquiétude, toute la nuit, que je n'en fermai par l'œil, et que je dis, le lendemain au matin, au président de Bellièvre ces deux vers des *Horaces* [1] :

> Je rends grâces aux Dieux de n'être pas Romain,
> Pour conserver encor quelque chose d'humain.

Le maréchal de la Mothe, à qui nous communiquâmes ce bel exploit, y eut presque autant d'aversion que moi. Enfin il s'exécuta l'onzième décembre [2], et la fortune ne manqua pas d'y jeter le plus cruel de tous les incidents que l'on se fût pu imaginer. Le marquis de la Boulaie, soit de sa propre folie, soit de concert avec le Cardinal [3], dont je suis persuadé par une preuve qui

---

rédigea, en 1667, plusieurs mémoires pour la défense des droits de Marie-Thérèse sur les Pays-Bas. — Gui Joli demeurait au cloître Notre-Dame, peut-être chez son oncle, le chanoine Claude Joli.

1. Le manuscrit original porte : « des *Oraces;* » les copies R, H, 1717, 1717 A, 1718 B, F omettent le titre de la tragédie, qui est d'ailleurs inexact : il faudrait le singulier, « d'*Horace;* » et tel est le texte du manuscrit Caffarelli. Les éditions de 1718 C, D, E, 1719-1828 remplacent « des *Horaces,* » par « du fameux Corneille. » — La citation est empruntée à l'acte II, scène III.

2. Voyez, pour les détails, les *Mémoires de Gui Joli* (p. 99 et suivantes), et pour l'impression que cette aventure produisit dans le Parlement, le *Journal de d'Ormesson* (tome I, p. 782 et 783) et les *Mémoires d'Omer Talon* (p. 370 et 371). — Les *Mémoires de Mme Roland* (tome I, p. 153 et 154, édition Faugère) parlent d'un projet semblable, concerté par Grangeneuve et Chabot, députés à l'Assemblée législative, peu avant le 10 août 1792. Tout récemment, le député italien Lobbia a été condamné, comme coupable d'une simulation d'assassinat tentée à Florence le 18 juin 1869.

3. C'est aussi l'opinion expresse de Montglat (p. 224) et de la Rochefoucauld (p. 433).

est convaincante, voyant que sur l'émotion causée dans la place Maubert par ce coup de pistolet, et sur la plainte du président Charton, l'un des syndics, qui se voulut imaginer qu'on avoit pris Joli pour lui, le Parlement s'étoit assemblé, se jeta comme un insensé et comme un démoniaque [1] au milieu de la salle du Palais, suivi de quinze ou vingt coquins, dont le plus honnête homme étoit un misérable savetier. Il cria aux armes ; il n'oublia rien pour les [2] faire prendre dans les rues voisines ; il alla chez le bonhomme Broussel, il lui fit [3] une réprimande à sa mode ; il vint chez moi, où je le menaçai de le faire jeter par la fenêtre, et où le gros Coméni [4], qui s'y trouva, le traita comme un valet. Je vous rendrai compte de la suite de cette aventure, quand je vous aurai expliqué la raison que j'ai de croire que ce marquis de la Boulaie, père de la Mark que vous avez vu [5], agissoit de concert avec le Cardinal.

Il étoit attaché à M. de Beaufort, qui le traitoit de parent, mais il tenoit encore davantage auprès de lui

1. L'original et les copies R, Caf. portent *moniacle;* mais, dans la dernière, on voit entre les lignes un *de,* d'une autre main peut-être que celle du copiste. Nous avons adopté la leçon à laquelle mène cette addition ; mais Retz pourrait aussi avoir dicté *maniaque,* qui signifiait « furieux, transporté hors de soi, » et même « possédé ; » voyez *Furetière.*

2. *En,* au lieu de *les,* dans les éditions de 1837-1866.

3. Qui lui fit. (Copies R, H, Caf., 1718 C, D, E, 1719-1828, 1859-1866.)

4. C'est sans doute le même que Caumesnil ou Comesnil (l'original a plus haut ces deux orthographes : l'une, p. 474; l'autre, p. 517); le secrétaire aura écrit ici ce nom d'après la prononciation.

5. Il est question plusieurs fois dans les *Lettres de Mme de Sévigné* du comte de la Marck, fils du marquis de la Boulaye, de sa sœur, de sa femme, de sa fille. C'était de sa mère qu'il tenait le nom de la Marck. Il fut tué à Conz-Saarbruck : voyez la lettre du 13 août 1675 (tome IV, p. 49).

par Mme de Montbazon, de qui il étoit tout à fait dé
pendant. J'avois découvert que ce misérable avoit des
conférences secrètes avec Mme d'Empus[1], concubine e
titre d'office d'Ondedeï, et espionne avérée du Mazarin
Il n'avoit pas tenu à moi d'en détromper M. de Beau
fort, à qui j'avois même fait jurer sur les Évangile
qu'il ne lui diroit jamais rien de tout ce qui me regar
deroit[2]. Laigue, qui n'étoit pas un imposteur, m'a di
encore un peu de temps avant sa mort, que le Cardina
en mourant[3], le recommanda au Roi comme un homm
qui l'avoit toujours très-fidèlement servi. Vous remar

1. La marquise d'Ampus, connue pour ses intrigues galantes
politiques ; est-ce Marie de Brancas, qui épousa Henri de Caste
lane, marquis d'Ampus, et devint veuve en 1656 ? — Ondédéï e
déjà mentionné au tome I, p. 287, et au tome II, p. 43.

2. Me regardoit. (1837, 1843.)

3. « En mourant » est à la marge, de la main de Retz, et corre
pond à un signe de renvoi placé au-dessus des mots « à la mort,
qui ont été biffés, après *Cardinal*, pour éviter la répétition. — « Cet
présomption du cardinal de Retz (*que la Boulaye agissait de conce
avec le Ministre*) est entièrement confirmée, dit M. Champollio
(p. 173, note 5, de l'édition de 1837), par plusieurs lettres du ca
dinal Mazarin à le Tellier, dans lesquelles il recommande surto
à ce dernier d'accorder à la Boulaye plusieurs grâces qu'il ava
demandées, et par d'autres lettres ayant pour objet de lui recom
mander les intérêts de ce même personnage, à cause de Mme d
Montbazon. Mazarin en parle comme d'un homme *décidé à bien se
vir*. » Ajoutons, d'après Gui Joli (p. 104), que la Boulaye se ca
cha chez le duc de Vendôme, alors ami du Ministre. Peut-êt
cependant Retz et M. Champollion se trompent-ils de date su
l'entente de Mazarin et de la Boulaye : d'après plusieurs passag
d'un *carnet* inédit de Mazarin que possédait M. de Luzarches, no
croyons qu'elle n'était pas encore faite. Voyez à l'*Appendice*, XII
On consultera utilement sur cette affaire un manuscrit du Fon
Dupuy (n° 733), et le *Procès de la Boulaye*, publié par M. Taillan
dier pour la Société de l'histoire de France, d'après un manuscr
que possédait l'éditeur, mais qui est moins complet que celui de
Bibliothèque nationale. Ce dernier, qui paraît l'œuvre d'un Frondeu

querez, s'il vous plaît, que ce même homme avoit toujours été Frondeur de profession.

Je reviens à Joli. Le Parlement s'étant assemblé, l'on ordonna qu'il seroit informé de cet assassinat. La Reine, qui vit que la Boulaie n'avoit pas réussi dans la tentative de la sédition, alla à son ordinaire, car c'étoit un samedi, à la messe à Notre-Dame[1]. Le prévôt des marchands l'alla assurer, à son retour, de la fidélité de la Ville. L'on affecta de publier, au Palais-Royal, que les Frondeurs avoient voulu soulever le peuple et qu'ils avoient manqué leur coup[2]. Tout cela ne fut que douceur au prix de ce qui arriva le soir.

La Boulaie, qui étoit en défiance, s'il n'étoit pas d'intelligence avec la cour, ou qui vouloit achever la pièce qu'il avoit commencée, s'il étoit de concert avec le Mazarin, posa une espèce de corps de garde de sept ou

passionné, a pour épigraphe le vers 139 de l'*Art poétique* d'Horace :
Parturient montes, nascetur ridiculus mus.

1. A la messe de Notre-Dame. (1837.) — C'était, nous le croyons, une pratique que la Reine accomplissait comme membre de la grande Confrérie de Notre-Dame, dans laquelle Retz avait aussi été admis comme chanoine de Paris, en 1643. Voyez les *Recherches sur la grande Confrérie de Notre-Dame aux prêtres et bourgeois de la Ville*, par le Roux de Lincy (1844, in-8°).

2. Nous voyons bien dans les *Registres de l'Hôtel de Ville pendant la Fronde* (tome II, p. 72) que la municipalité parisienne fut reçue au Palais-Royal le dimanche 12 décembre, à 6 heures du soir, par la Reine, mais il n'est pas question de l'audience du 11, dont parle Retz. Mme de Motteville (tome III, p. 103) garde également le silence sur cette démarche du prévôt des marchands, quoiqu'elle parle aussi des dévotions à Notre-Dame. La *Lettre du Roi à sa cour du parlement de Paris, tant sur ce qui s'est passé à Paris, le samedi, onzième décembre dernier, que sur les entières satisfactions que Sa Majesté témoigne avoir reçues de la fidélité des peuples et bourgeois de adite bonne ville de Paris*, est bien dans le ton qu'indique Retz. On la trouvera dans les *Registres de l'Hôtel de Ville*, tome II, p. 76-78.

huit[1] cavaliers dans la place Dauphine, cependant que lui, à ce qu'on a assuré depuis[2], étoit chez une fille de joie du voisinage. Il y eut je ne sais quelle rumeur entre ces cavaliers et les bourgeois du guet; et l'on vint dire au Palais-Royal qu'il y avoit de l'émotion en ce quartier. Servien, qui s'y trouva, eut ordre d'envoyer savoir ce que c'étoit, et l'on prétend qu'il grossit beaucoup, par son rapport, le nombre des gens qui y étoient. L'on observa même qu'il eut une assez longue conférence avec le Cardinal, dans la petite chambre grise de la Reine, et que ce ne fut qu'après cette conférence qu'il vint dire, tout échauffé, à Monsieur le Prince qu'il y avoit assurément quelque entreprise contre sa personne. Le premier mouvement de Monsieur le Prince fut de s'en aller éclaircir lui-même; la Reine l'en empêcha, et ils convinrent d'envoyer seulement le carrosse de Monsieur le Prince, avec quelque carrosse de suite, comme ils avoient accoutumé, pour voir si on l'attaqueroit. Comme ils arrivèrent sur le Pont-Neuf, ils trouvèrent force gens en armes[3], parce que le bourgeois les avoit[4] prises à la première rumeur, et il n'arriva rien au carrosse de Monsieur le Prince. Il y eut un laquais[5] blessé d'un coup de pistolet dans celui de Duras[6], qui le suivoit. On ne sait point trop comme cela arriva : si il est vrai, comme on disoit en ce temps-là, que deux cavaliers

1. De sept à huit. (1837-1866.)
2. Dans le manuscrit Caffarelli : « du depuis. »
3. Quantité de gens armés. (1718 C, D, E, 1719-1828.)
4. Tel est le texte de la copie R. Il y a dans l'original : « le bourgeois les avoient prises, » de façon qu'on ne sait s'il faut mettre « le bourgeois les avoit, » ou « les bourgeois les avoient. » Toutefois, à la dictée, la première leçon nous paraît plus probable.
5. Un valet. (1837, 1843.)
6. Derrière le carrosse de Duras. (1718 C, D, E, 1719-1828.) — …. de Ducasse. (Ms H, 1717 A, 1718 B, F.)

eussent tiré ce coup de pistolet, après avoir regardé dans le carrosse de Monsieur le Prince, où ils ne trouvèrent personne, il y a apparence que ce jeu fut la continuation de celui du matin[1]. Un boucher, très-homme de bien, me dit, huit jours après, et il me l'a redit[2] vingt fois depuis, qu'il n'y avoit pas un mot de vrai de ce qui s'étoit dit de ces deux cavaliers; que ceux de la Boulaie n'y étoient plus quand les carrosses passèrent, et que les coups de pistolet qui se tirèrent en ce temps-là ne furent qu'entre des bourgeois ivres et ses camarades bouchers, qui revenoient de Poissi et qui n'étoient pas à jeun. Ce boucher, appelé le Houx[3], père du chartreux

1. Montglat (p. 224) ne semble croire qu'à un accident: « Les marchands du Palais et ceux du quai des Orfévres, craignant qu'on ne pillât leurs maisons, chargèrent leurs arquebuses, et en firent prendre à leurs valets, pour être en état de défense en cas de désordre. Ces sortes de gens, peu entendus à ce métier, ne faisoient que tirer en l'air : tellement que le soir les courtauds de boutique de la place Dauphine tiroient incessamment sans savoir pourquoi; et baissant trop bas le bout de leurs armes, donnèrent de deux balles dans le carrosse du prince de Condé, qui retournoit à vide à neuf heures du soir, et passoit sur le Pont-Neuf, au clair de la lune, pour retourner à l'hôtel de Condé. Sur la minuit, le carrosse fut requerir le Prince chez le maréchal de Gramont, où il avoit soupé, et ses valets de pied lui contèrent ce qui étoit arrivé. Aussitôt tout le monde accusa les Frondeurs d'avoir attenté contre la vie du Prince...; et sur cette conjecture, beaucoup de gens l'accompagnèrent chez lui pour empêcher qu'on n'entreprît sur sa personne. » Ce récit cadre bien, on le verra, avec celui que fait Retz quelques lignes plus loin.

2. *Dit*, au lieu de *redit*, dans les copies R, H, Caf. et dans toutes les anciennes éditions.

3. Nous avons rencontré plusieurs fois le nom de ce le Houx dans les Registres inédits de l'Hôtel-Dieu, aux archives de l'Assistance publique, comme celui du boucher qui d'ordinaire obtenait, pendant le carême, la fourniture des viandes pour cet hôpital et pour les gens qui étaient autorisés à ne pas faire maigre. — Dans les éditions de 1837-1866, *le Houte;* dans le ms H et toutes les éditions anciennes, *le Roux*.

dont vous avez ouï parler¹, disoit qu'il étoit dans la compagnie.

Quoi qu'il en soit, il faut avouer que l'artifice de Servien rendit un grand service au Cardinal en ce rencontre, parce que il lui réunit Monsieur le Prince par la nécessité où il se trouva de pousser les Frondeurs, qu'il crut l'avoir voulu assassiner. L'on a blâmé Monsieur le Prince d'avoir donné dans ce panneau, et, à mon opinion², l'on l'en a dû plaindre : il étoit difficile de s'en défendre dans un moment où³ tout ce qu'il y a de gens qui sont le plus à un prince croient qu'ils ne lui témoigneroient pas leur zèle si ils ne lui exagéroient son péril. Les flatteurs du Palais-Royal confondirent, avec empressement et avec joie, l'entreprise du matin avec l'aventure du soir; l'on broda sur ce canevas⁴ tout ce que la plus lâche complaisance, tout ce que la plus noire imposture, tout ce que la crédulité la plus sotte y purent figurer; et nous nous trouvâmes, le lendemain matin, réveillés par le bruit répandu par toute la ville que nous avions voulu enlever la personne du Roi et la mener en l'Hôtel de Ville⁵; que nous avions résolu de massacrer Monsieur le Prince, et que les troupes d'Espagne s'avançoient vers la frontière, de concert avec nous. La cour fit, dès le soir même, une peur effroyable

---

1. Ni ce chartreux ni son père ne sont nommés dans les *Lettres de Mme de Sévigné*.

2. En mon opinion. (1837, 1843.)

3. Le ms H et toutes les anciennes éditions omettent le commencement de cette phrase, jusqu'à *où* inclusivement, que 1717 A, 1718 B, F et le ms H remplacent par *et*.

4. Nous donnons ce mot d'après la copie R; le secrétaire, entendant mal, a mis dans l'original *calvas*; *tout*, qui suit, est en marge, probablement de la main de Retz.

5. Dans les copies R, H, et dans toutes les anciennes éditions, « à l'Hôtel de Ville. »

à Mme de Montbazon, que l'on savoit être la patronne de la Boulaie. Le maréchal d'Albret, qui se vantoit d'en être aimé, lui portoit tout ce qu'il plaisoit au Cardinal d'aller jusqu'à elle[1]. Vineuil, qui en étoit effectivement aimé, à ce qu'on disoit, lui inspiroit tout ce que Monsieur le Prince lui vouloit faire croire. Elle fit voir les enfers ouverts à M. de Beaufort, qui me vint éveiller à cinq heures du matin, pour me dire que nous étions perdus et que nous n'avions qu'un parti à prendre, qui étoit à lui de se jeter dans Péronne, où Hocquincourt le recevroit[2], et à moi de me retirer à Mézières, où je pouvois disposer de Bussi Lamet. Je crus, aux premiers mots de cette proposition, que M. de Beaufort avoit fait avec la Boulaie quelque sottise[3]. Comme il m'eut

1. Tout ce qu'il (*ou* qui) plaisoit au Cardinal faire aller (*ou* de faire aller) jusques à elle. (Copies R, H, Caf. et toutes les éditions anciennes.)

2. Retz va encore ici se donner le beau rôle de la fermeté et de la prudence. Selon Gui Joli (p. 105 et 106), qu'il faut du reste lire avec quelque défiance, à cause de son mauvais vouloir envers le cardinal de Retz, la scène est différente : « Tout le monde étoit si consterné, que si la Cour eût poussé la chose avec vigueur, elle auroit fait tout ce qu'elle auroit voulu, et dissipé tous les chefs. Il est même constant que le Coadjuteur, le duc de Beaufort et les plus considérables de la faction étoient presque résolus de sortir de Paris et de se retirer à Péronne, où ils espéroient d'être reçus par le maréchal d'Hocquincourt, ami intime des duchesses de Chevreuse et de Montbazon ; mais le comte de Montrésor leur fit connoître que ce seroit tout perdre ; qu'il falloit aller tête levée au Parlement, où il y avoit encore quantité de gens bien intentionnés pour eux ; et qu'en faisant bonne mine, le peuple ne les abandonneroit pas dans le besoin. »

3. Tel est le texte des copies R et Caf.; le manuscrit original ajoute, après *sottise*, « avec lui. » Probablement l'auteur avait d'abord dicté : « avoit fait quelque sottise avec lui ; » puis il s'étoit repris, et avait, pour la clarté, exprimé le nom propre après *fait*; le secrétaire aura mêlé ensemble les deux variantes. — Deux lignes plus bas, les copies R, H, Caf. ajoutent *me* devant *proposoit*.

fait mille et mille serments[1] qu'il en étoit aussi innocent que moi, je lui dis que les partis qu'il proposoit étoient pernicieux; qu'ils nous feroient paroître coupables aux yeux de tout l'univers; il[2] n'y en avoit point d'autre que de nous envelopper dans notre innocence, que de faire bonne mine, ne rien prendre pour nous de tout ce qui[3] ne nous attaqueroit pas directement, et de nous résoudre de ce que nous aurions à faire, selon les occasions. Comme il se piquoit aisément de tout ce qui lui[4] paroissoit audacieux, il entra sans peine dans mes raisons. Nous sortîmes ensemble, sur les huit heures, pour nous faire voir au peuple, et pour voir moi-même[5] la contenance du peuple, que l'on m'avoit mandé de différents quartiers être beaucoup consterné. Cela nous parut effectivement; et si la cour nous eût attaqués dans ce moment[6], je ne sais si elle n'auroit point réussi. J'eus trente billets, sur le midi, qui me firent croire qu'elle en avoit le dessein, et trente autres qui me firent appréhender qu'elle ne [le[7]] pût avoir avec succès.

MM. de Beaufort, de la Mothe, de Brissac, de Noirmoutier, de Laigue, de Fiesque, de Fontrailles et de Matha vinrent dîner chez moi. Il y eut, après dîner,

---

1. Eut fait mille serments. (Ms H et toutes les éditions anciennes.)

2. *Qu'il*, au lieu d'*il*, dans les copies R, H, Caf. et les anciennes éditions.

3. Ne (*ou* de ne) rien entreprendre à l'égard de tout ce qui, etc. (1718 C, D, E, 1719-1828.)

4. *Lui* manque dans la copie R.

5. Dans les copies R, H, Caf. et toutes les éditions anciennes, « nous-mêmes (*ou* nous-même), » au lieu de « moi-même. »

6. En ce moment. (Copie R.)

7. *Le* manque dans l'original; nous le tirons de la copie R, qui porte : « qu'elle ne le pût avoir avec assez de succès. » Le ms H et toutes les anciennes éditions ont cette même leçon, avec *avoir* de moins; la copie Caf. porte : « qu'elle ne pût avoir assez de succès. »

une grande contestation, la plupart voulants[1] que nous nous missions sur la défensive, ce qui eût été très-ridicule, parce qu'ainsi nous nous fussions reconnus coupables avant que d'être accusés. Mon avis l'emporta, qui fut que M. de Beaufort marchât seul dans les rues, avec un page seul derrière son carrosse, et que j'y marchasse de même manière, de mon côté, avec un aumônier[2]; que nous allassions séparément chez Monsieur le Prince lui[3] dire que nous étions très-persuadés qu'il ne nous faisoit pas l'injustice de nous confondre dans les bruits qui couroient, etc.[4]. Je ne pus trouver, après dîner, Monsieur le Prince chez lui; et M. de Beaufort ne l'y ayant pas rencontré non plus, nous nous trouvâmes, sur les six heures, chez Mme de Montbazon, qui vouloit, à toute force, que nous prissions des chevaux de poste pour nous enfuir. Nous eûmes, sur cela, une contestation, qui ouvrit une scène où il y eut bien du ridicule, quoiqu'il ne s'y agît que du tragique. Mme de Montbazon soutenant qu'aux personnages[5] que nous jouions,

1. Les éditions de 1837 et de 1843 substituent à ce pluriel *voulants*, qui est bien le texte de l'original et de la copie R, l'imparfait *vouloient*. — Deux lignes plus bas, il y a dans l'original *connus*; Retz a ajouté *re* en interligne.

2. Gui Joli ne parle pas de ces démonstrations de Beaufort et du Coadjuteur. — Les copies R, H, Caf. et toutes les anciennes éditions ont omis les mots : « avec un aumônier. »

3. L'édition de 1843 omet *lui*.

4. Cet *etc.* a été ajouté par l'auteur en interligne. A la ligne suivante, après *M. de Beaufort*, l'original et le ms Caf. portent : *ne lui*; dans la copie R, qui avait aussi d'abord cette mauvaise leçon, on a biffé *lui* et écrit au-dessus *l'y*.

5. Dans l'original : « au personnages (*sic*). » A la ligne suivante, le secrétaire avait d'abord voulu mettre *de* après *rien*, puis y a renoncé et a surchargé le *d* du *p* de *plus*; les copies R, Caf. et 1717 A, 1718 B, F donnent aussi : « rien plus, » et plus haut le pluriel : « aux personnages. »

M. de Beaufort et moi, il n'y avoit rien de plus aisé que de se défaire de nous, puisque nous nous mettions entre les mains de nos ennemis, je lui répondis qu'il étoit vrai que nous hasardions notre vie; mais que si [nous] agissions autrement, nous perdrions certainement notre honneur. Elle se leva, à ce mot, de dessus son lit, où elle étoit, et elle me dit, après m'avoir mené vers la cheminée : « Avouez le vrai, ce n'est pas ce qui vous tient[1]; vous ne sauriez quitter vos nymphes[2]. Emmenons l'innocente avec nous : je crois que vous ne vous souciez[3] plus guère de l'autre. » Comme j'étois accoutumé à ses manières, je ne fus pas surpris de ce discours. Je le fus davantage, quand je la vis effectivement dans la pensée de s'en aller à Péronne, et si effrayée, qu'elle ne savoit ce qu'elle disoit. Je trouvai que ses deux amants[4] lui avoient donné plus de frayeur qu'apparemment ils n'eussent voulu. J'essayai de la rassurer; et sur ce qu'elle me témoignoit quelque défiance[5] que je ne fusse pas de ses amis, à cause de la liaison que j'avois avec Mmes de Chevreuse et de Guémené, je

---

1. Voici le passage un peu leste auquel nous faisions allusion ci-dessus (p. 496 et note 5); après *tient*, le secrétaire quitte la plume, et Retz la reprend. Ceci se trouve vers la fin de la page 1211, et le Cardinal écrira lui-même jusqu'au commencement de la page 1216, c'est-à-dire jusqu'à la fin de l'anecdote galante.

2. Dans la bouche de Mme de Montbazon, « les nymphes » (Retz écrit *nimfes*) signifient Mme de Guémené et Mlle de Chevreuse; la présidente de Pommereuil ne comptait pas, n'étant pas de leur monde. A la ligne suivante, « l'innocente » désigne Mlle de Chevreuse.

3. Retz a écrit par inadvertance *vouciez*, au lieu de *vous souciez*, que donne bien la copie R. — A la ligne suivante, il a corrigé *ces* en *ses*.

4. Le maréchal d'Albret et Vineuil.

5. Me témoigna quelques défiances. (1837-1866.) — Les mêmes éditions donnent à la phrase précédente : « Je trouvois. »

lui dis tout ce que celle que j'avois avec M. de Beaufort pouvoit demander de moi dans cette conjoncture. A quoi elle me répondit brusquement : « Je veux que l'on soit de mes amis pour l'amour de moi-même : ne le mérité-je[1] pas bien ? » Je lui fis là-dessus son panégyrique, et de propos en propos, qui continua[2] assez longtemps, elle tomba sur les beaux exploits que nous aurions faits si nous nous étions trouvés unis ensemble : à quoi elle ajouta qu'elle ne concevoit pas comme je m'amusois à une vieille, qui étoit plus méchante que le diable, et à une jeune qui étoit encore[3] plus sotte à proportion. « Nous nous disputons tout le jour cet innocent, reprit-elle en montrant M. de Beaufort, qui jouoit aux échecs ; nous nous donnons bien de la peine ; nous gâtons toutes nos affaires : accordons-nous ensemble, allons-nous-en à Péronne. Vous êtes maître de Mézières, le Cardinal nous envoiera demain des négociateurs. »

Ne soyez pas surprise[4], si il vous plaît, de ce qu'elle parloit ainsi de M. de Beaufort : c'étoient ses termes ordinaires, et elle disoit à qui la vouloit entendre qu'il étoit[5] impuissant, ce qui étoit ou vrai, ou presque vrai ; qu'il ne lui avoit jamais demandé le bout du doigt ; qu'il n'étoit amoureux que de son âme ; et en effet il me paroissoit au désespoir quand elle mangeoit les vendredis de la viande, ce qui lui arrivoit très-souvent. J'étois accoutumé à ses dits, mais comme je ne l'étois pas à ses douceurs, j'en fus touché, quoiqu'elles me fussent

---

1. Telle est l'orthographe de la copie R. L'auteur, selon l'usage le plus ordinaire de son temps, a écrit : « méritai-je. »
2. Qui continuèrent. (1718 C, D, E, 1719-1866.)
3. *Encore* est à la marge. — Trois lignes plus bas, l'original et les copies R et Caf. écrivent : *eschets* ; le ms H : *échets*.
4. Ne soyez pas surpris. (Copie H.)
5. Que le pauvre sire étoit. (1718 C, D, E, 1719-1828.)

suspectes, vue¹ la conjoncture. Elle étoit fort belle; je n'avois pas disposition naturelle à perdre de telles occasions : je radoucis beaucoup; l'on ne m'arracha pas les yeux; je proposai d'entrer dans le cabinet, mais l'on me proposa pour préalable de toutes choses d'aller à Péronne : ainsi finirent nos amours. Nous rentrâmes dans la conversation; l'on se remit à contester sur la conduite. Le président de Bellièvre, que Mme de Montbazon envoya consulter, répondit qu'il n'y avoit pas deux partis; que l'unique étoit de faire toutes les démarches de respect vers² Monsieur le Prince, et si elles n'étoient reçues, de se soutenir par son innocence et par sa fermeté.

M. de Beaufort sortit³ de l'hôtel de Montbazon pour aller chercher Monsieur le Prince, qu'il trouva à table, ou chez Prudhomme, ou chez le maréchal de Gramont : je ne m'en ressouviens pas précisément. Il lui fit son compliment avec respect⁴. Monsieur le Prince, qui se trouva surpris, lui demanda s'il se vouloit mettre à table. Il s'y mit; il soutint la conversation sans s'embarrasser, et il sortit d'affaire avec une audace qui ne déborda pas. J'ai ouï dire à beaucoup de gens que cette démarche de M. de Beaufort avoit touché l'esprit du Mazarin à un tel point, qu'il fut quatre ou cinq jours à ne parler

---

1. Telle est l'orthographe du manuscrit et de la copie R ; voyez p. 274, note 6, un accord semblable du participe *supposés*, aussi placé devant un nom. — Deux lignes plus bas, les copies R, H, Caf. et toutes les éditions anciennes ajoutent *me* entre *je* et *radoucis ;* il se pourrait bien que Retz eût oublié d'écrire ce pronom en tournant la feuille : le mot *je* est le dernier de la page 1214.

2. Le ms H et 1717 A, 1718 B, F changent *vers* en *envers*; 1718 C, D, E, 1719-1828 y substituent : « à l'égard de. »

3. Ici le secrétaire reprend, avec la page 1216, et il continuera jusqu'au milieu de la page 1229.

4. L'original a ici deux mots biffés : « avec candeur, » je crois.

d'autre chose avec ses confidents[1]. Je ne sais ce qui se passa depuis ce souper jusques au lendemain matin; mais je sais bien que Monsieur le Prince, qui n'avoit pas paru aigri, comme vous voyez, ce soir-là, parut fort envenimé contre nous le lendemain.

J'allai chez lui avec Noirmoutier[2]; et quoique toute la cour y fut pour lui faire compliment sur son prétendu assassinat, et qu'il les fit tous entrer les uns après les autres dans son cabinet, le chevalier de Rivière, qui étoit gentilhomme de sa chambre, m'y laissa toujours, en me disant qu'il n'avoit pas ordre de me faire entrer. Noirmoutier, qui étoit fort vif, s'impatientoit; j'affectois la patience publique; je demeurai dans la chambre trois heures entières, et je n'en sortis qu'avec les derniers. Je ne me contentai pas de cette avance; j'allai chez Mme de Longueville, qui me reçut assez froidement : après quoi je descendis chez Monsieur son mari, qui étoit arrivé à Paris depuis peu, et le priai de témoigner à Monsieur le Prince, etc.[3]. Comme il étoit fort persuadé que tout ce qui se passoit n'étoit qu'un piége que la cour tendoit à Monsieur le Prince, il me fit connoître qu'il avoit un mortel déplaisir de ce qu'il voyoit; mais comme il étoit naturellement foible, qu'il étoit fraîche-

---

1. Cette phrase est omise dans le ms H et dans toutes les anciennes éditions.

2. Gui Joli ne dit rien de ces visites à Condé; Mme de Motteville garde le même silence, quoiqu'elle entre dans beaucoup de détails sur l'attitude du parti de la cour (tome III, p. 105 et 106). Retz s'est évidemment servi pour son récit de la Suite du Journal du Parlement, qui seul, à notre connaissance, mentionne (p. 5) le fait du souper de Beaufort, chez le maréchal de Gramont, avec Condé. Beaufort avait amené avec lui la Boulaye, qu'il essaya de justifier auprès du Prince; mais celui-ci ne voulut pas le recevoir et retint seulement le duc de Beaufort.

3. De témoigner en bien pour moi à Monsieur le Prince, etc. (1718 C, D, E, 1719-1828.)

ment raccommodé avec lui, et qu'il avoit fait, tout de nouveau, une je ne sais quelle liaison avec la Rivière, il demeura dans les termes généraux, et je m'aperçus même que, contre son ordinaire, il évitoit le détail.

Tout ce que je[1] viens de vous dire se passa dans l'onze et le douzième de décembre 1649. Le treizième, M. le duc d'Orléans, accompagné de Monsieur le Prince et de MM. de Bouillon, de Vendôme, de Saint-Simon, d'Elbeuf et de Mercœur, vint au Parlement, où, sur une lettre de cachet envoyée par le Roi[2], par laquelle il ordonnoit que l'on informât des auteurs de la sédition, il fut arrêté que l'on travailleroit à cette affaire avec toute l'application que méritoit une conjuration contre l'État.

Le quatorzième, Monsieur le Prince, en la même compagnie, fit sa plainte, et demanda qu'il fût informé

---

1. Le pronom *je* est en interligne, probablement de la main de Retz; à la fin de la ligne, au lieu de *l'onze* (*l'unze*), qui est dans l'original, les copies R et Caf. ont *l'onzième* (*l'unziesme*); les textes de 1837-1866, *le onzième*; le ms H et 1717 A, 1718 B, F portent : « les onze et douze; » les autres éditions anciennes, sauf 1717, qui a la leçon de l'original, donnent, en chiffres, soit « les 11 et 12, » soit « le 11 et le 12. » — Les sentiments de la cour en cette occurrence se révèlent dans une longue lettre circulaire, de huit pages, adressée, à la date du 17 décembre, par Ondédéï à Pierre Mazarin, à Gianettino Giustiniani et *al signor* Macarani, et dans une autre, du 11 décembre, de Mazarin au duc d'Orléans, pour le prier de revenir promptement à Paris. Elles sont aux Archives des affaires étrangères, FRANCE, la première au tome XXVI, la seconde au tome XXV.

2. C'est la lettre dont nous avons déjà parlé ci-dessus, p. 559, note 2; elle se trouve aussi dans la *Suite du Journal du Parlement*, p. 6 et 7. Ce journal dit (p. 8) que toute la Compagnie fut étonnée du silence que garda le prince de Condé, laissant la parole au duc d'Orléans, qu'on avait fait revenir exprès de Limours. Après la lecture de cette lettre de cachet, le reste de la séance se passa à lire la requête de Joli sur l'assassinat prétendu dont il avait failli, disait-il, être victime.

de l'attentat[1] qu'on avoit voulu commettre contre sa personne[2].

Le quinzième, l'on ne s'assembla pas, parce que l'on voulut donner du temps à MM. Chanron et Dougeat[3], pour achever les informations pour lesquelles ils avoient été commis.

Le dix-huitième, le Parlement ne s'étant pas assemblé pour la même raison, Joli présenta requête à la Grande Chambre pour être renvoyé à la Tournelle, prétendant que son affaire n'étoit que particulière, et ne devoit pas être traitée dans l'assemblée des chambres, puisqu'elle n'avoit aucun rapport à la sédition. Le Premier Président, qui ne vouloit faire qu'un procès de tout ce qui s'étoit passé l'onzième, renvoya la requête à l'assemblée des chambres.

Le dix-neuvième, il n'y eut point d'assemblée.

Le 20e, Monsieur et Monsieur le Prince vinrent au Palais, et toute la séance se passa en contestations si le président Charton, qui avoit fait sa plainte le jour du prétendu assassinat de Joli, opineroit ou n'opineroit pas[4]. Il fut exclu, et avec justice.

---

1. De l'assassinat. (Ms H, Caf. et toutes les anciennes éditions.)

2. Voyez les *Mémoires de Gui Joli*, p. 103 et suivantes; ceux *d'Omer Talon*, p. 371 et suivantes; le *Journal du Parlement*, p. 8 et suivantes, et celui *d'Olivier d'Ormesson*, p. 784 et suivantes. Nous ne relèverons pas les différences de détail qui se trouvent entre ces récits et celui de notre auteur.

3. Le premier de ces noms, dont la véritable orthographe est *Champrond* et *Doujat*, est écrit *Chanron* dans l'original; *Charon*, dans la copie R et dans les éditions anciennes, sauf 1717 A, 1718 B, F, qui donnent *Chartron*; la copie Caffarelli a *Chavon*. — Les *Registres du Parlement* (tome IV, fos 147-149, manuscrit inédit de la bibliothèque de l'Université) nous apprennent que Doujat fut nommé commissaire sur le refus du conseiller Leclerc, et fournissent de curieux détails sur l'information contre Joli.

4. Opineroit ou non. (1717.)

Le vingt-unième, le Parlement ne s'assembla pas.

Vous pouvez croire que la Fronde ne s'endormoit pas en l'état où étoient les choses. Je n'oubliai rien de tout ce qui pouvoit servir[1] au rétablissement de nos affaires, qui étoient dans un prodigieux décréditement. Presque tous nos amis étoient désespérés, tous étoient affoiblis. Le maréchal de la Mothe même se laissa toucher à l'honnêteté que Monsieur le Prince lui fit de le tirer de pair[2], et si il ne nous abandonna pas, il mollit beaucoup. Je suis obligé de faire, en cet endroit, l'éloge de M. Caumartin. Il étoit mon allié, Escri, qui étoit mon cousin germain, ayant épousé une de ses tantes[3]; il avoit déjà quelque amitié[4] pour moi, mais nous n'étions en nulle confidence; et quand il ne se fût pas signalé en cette occasion, je n'eusse pas seulement songé à me plaindre de lui. Il s'unit intimement avec moi, le lendemain de l'éclat de la Boulaie. Il entra dans mes intérêts, lorsque l'on me croyoit abîmé à tous les quarts d'heure. Je lui donnai ma confiance par reconnoissance; je la lui continuai, au bout de huit jours, par l'estime que j'eus pour sa capacité, qui passoit son âge. Il[5] fut, après trois mois d'intrigues, plus habile, sans comparaison, que tout ce que vous voyez.

---

1. « De tout ce qu'il pouvoit servir, » dans l'original aussi bien que dans la copie R. Les ms H et Caf. et toutes les éditions anciennes et modernes corrigent *qu'il* en *qui*.

2. Nous donnons *de pair* d'après l'original; mais la bonne leçon pourrait bien être *du pair;* c'est celle des copies R, H, Caf. et de toutes les éditions antérieures à la nôtre.

3. Marie le Fèvre : voyez ci-dessus, p. 162 et note 1. — *Escri*, etc., jusqu'à *tantes*, est omis dans 1718 C, D, E; il y a *Estri*, pour *Escri*, dans les autres éditions anciennes (sauf 1717 A et 1718 B, F); *Esguilly*, dans celle de 1859-1866.

4. Dans l'original : « quelques amitié » (sic).

5. Le reste de l'alinéa est omis dans le ms H et dans toutes les anciennes éditions.

Je suis assuré que vous me pardonnerez bien cette petite digression[1].

Ce que je trouvai de plus ferme à Paris, dans la consternation, furent les curés. Ils travaillèrent, ces sept ou huit jours-là, parmi leur peuple, avec un zèle incroyable pour moi[2]; et celui de Saint-Gervais, qui étoit frère de l'avocat général Talon, m'écrivit dès le cinquième : « Vous remontez; sauvez-vous de l'assassinat; devant qu'il soit huit jours, vous serez plus fort que vos ennemis. »

Le 21e, à midi, un officier de chancellerie me fit avertir que M. Meillan[3], procureur général, avoit été enfermé deux heures, le matin, avec Monsieur le Chancelier et avec M. de Chavigni, et qu'il avoit été résolu, par l'avis du Premier Président, que, le vingt-deuxième, il prendroit ses conclusions contre M. de Beaufort, contre M. de Broussel et contre moi; qu'on avoit longtemps contesté sur la forme ; que l'on étoit convenu, à la fin, qu'il concluroit à ce que nous serions assignés pour être ouïs : ce qui est une manière d'ajournement personnel un peu mitigé.

1. Ces mots : « vous me pardonnerez bien, » avec tout ce qui précède sur l'alliance et l'amitié de Caumartin, était un des indices, bien légers et bien vagues, il en faut convenir, dont on s'appuyait pour conjecturer que Mme de Caumartin était la dame à qui le Cardinal adressait ses *Mémoires*. — Pour le dernier mot de l'alinéa, l'orthographe du secrétaire est bien *digression;* nous avons vu que celle de Retz était *disgression*.

2. *Pour moi* est omis dans les copies R, H, Caf. et dans toutes les anciennes éditions; deux lignes plus haut, ces textes ajoutent *dans* devant les mots : « ces sept ou huit jours-là; » le ms Caf. seul omet en outre *ces*. — Le P. Rapin (tome I, p. 265 et p. 277) nomme Duhamel, curé de Saint-Merry, parmi ceux qui étaient les plus zélés pour Retz : on se « servoit (*de lui*) pour animer le bourgeois de la rue Saint-Martin et de la rue Saint-Denis. »

3. Blaise Méliand, qui vendit sa charge de procureur général à Nicolas Foucquet en 1650. Retz a écrit lui-même, en marge, *Meillan*, pour remplacer *Meillian*, biffé dans le texte.

Nous tînmes, après dîner, un grand conseil de Fronde chez Longueil, dans lequel il y eut de grandes contestations. L'abattement qui paroissoit encore dans le peuple faisoit craindre que la cour ne se servît de cet instant pour nous faire arrêter, sous quelque formalité de justice, que Longueil prétendoit pouvoir être coulée dans la procédure[1] par l'adresse du président de Mesme, et soutenue par la hardiesse du Premier Président. Ce sentiment de Longueil, qui étoit l'homme du monde qui entendoit le mieux le Parlement, me faisoit peine comme aux autres ; mais je ne pouvois pourtant me rendre à l'avis des autres, qui étoit de hasarder un soulèvement. Je savois, comme eux et mieux qu'eux, que le peuple revenoit à nous, mais je n'ignorois pas non plus qu'il n'y étoit pas encore revenu ; je ne doutois pas que nous ne manquassions notre coup si nous l'entreprenions ; mais je doutois encore moins que, quand même nous y réussirions, nous serions perdus, et parce que nous n'en pourrions pas soutenir les suites, et parce que nous nous ferions convaincus[2] nous-mêmes de trois crimes capitaux et très-odieux. Ces raisons sont, comme vous voyez, assez bonnes pour toucher des esprits qui n'ont pas peur. Mais ceux qui sont prévenus de cette[3] passion ne sont susceptibles que du sentiment qu'elle leur inspire ; et je me suis ressouvenu, mille fois peut-être en ma vie, de ce que j'observai dans cette conversation, qui fut que lorsque la frayeur est jusqu'à un certain point, elle pro-

1. « Dans la procédure » est écrit en interligne, dans l'original, par le secrétaire ; il en est de même des mots : « après dîner, » ci-dessus, à la première ligne de cet alinéa.
2. Nous nous ferions convaincre. (1718 C, D, E, 1719-1828.) — Nous serions convaincus. (Ms H, 1717 A, 1718 B, F.)
3. *Cette* est en interligne, écrit probablement par Retz. Les éditions de 1718 C, D, E, 1719-1828 abrègent ainsi ce commencement de phrase : « Mais ceux qui craignent ne sont, etc. »

duit les mêmes effets que la témérité. Longueil, qui étoit un fort grand poltron, opina, en cette occasion, à investir le Palais-Royal[1].

Après que je les eus laissés longtemps battre l'eau pour leur donner lieu de refroidir leur imagination[2], qui ne se rend jamais quand elle est échauffée, je leur proposai ce que j'avois résolu de leur dire devant que d'entrer chez Longueil, qui étoit que mon avis seroit que comme nous saurions[3], le lendemain, Monsieur et Messieurs les princes au Palais, M. de Beaufort y allât suivi de son écuyer; que j'y entrasse, en même temps, par l'autre degré[4], avec un simple aumônier; que nous allassions prendre nos places, et que je disse[5], en son nom et au mien, qu'ayant appris par le bruit commun qu'on nous impliquoit dans la sédition, nous venions porter nos têtes au Parlement, pour[6] être punis si nous étions coupables, et pour demander justice contre les calomniateurs si nous nous trouvions innocents, et que bien qu'en mon particulier je ne me tinsse pas justiciable de la Compagnie, je renonçois à tous les priviléges pour avoir la satisfaction de faire paroître mon innocence à un corps pour lequel j'avois eu, toute ma vie, autant

---

1. Retz nous a déjà dit à peu près la même chose à propos de la Rivière pendant la journée des Barricades. Voyez ci-dessus, p. 20 et p. 23.

2. Il y a dans l'original : *leurs imagination* (sic); l's de *leurs* paraît avoir été ajoutée de la main de l'auteur, qui, en ce cas, aurait oublié d'en ajouter une aussi au nom et de changer *rend* en *rendent*.

3. Les éditions de 1837 et de 1843 donnent *aurions*, pour *saurions*.

4. Par un autre degré. (Ms H et toutes les éditions anciennes.)

5. Il y a *dise* dans l'original et dans les copies R et Caf.; mais *disse*, que veut la grammaire, est dans le ms H et dans les éditions anciennes, hormis celles de 1718 C, D, E, qui donnent *dirois*.

6. Il y a un *y*, après *pour*, dans le manuscrit original, mais il semble biffé; il se trouve dans les copies R et Caf.; il est omis dans le ms H et dans toutes les éditions, sauf 1837.

d'attachement et autant de vénération. « Je sais bien, Messieurs, ajoutai-je, que le parti que je vous propose est un peu délicat, parce que on nous peut tuer au Palais ; mais si on manque de nous tuer, demain nous sommes les maîtres du pavé ; et il est si beau à des particuliers de l'être, dès le lendemain d'une[1] accusation si atroce, qu'il n'y a rien qu'il ne faille hasarder pour cela. Nous sommes innocents, la vérité est forte ; le peuple et nos amis ne sont abattus que[2] parce que les circonstances malheureuses que le caprice de la fortune a assemblées dans un certain point les font douter de notre innocence : notre sécurité ranimera le Parlement, ranimera le peuple. Je maintiens que nous sortirons du Palais, si nous n'y demeurons pas[3], plus accompagnés que nos ennemis. Voici les fêtes de Noël : il n'y a plus d'assemblées[4] que demain et après-demain ; si les choses se passent comme je vous le marque et comme je l'espère, je les soutiendrai dans le peuple par un sermon, que je projette de prêcher, le jour de Noël, dans Saint-Germain de l'Auxerrois, qui est la paroisse du Louvre. Nous les soutiendrons, après les fêtes, par nos amis, que nous aurons le temps de faire venir des provinces. »

Tout le monde se rendit à cet avis ; l'on nous recommanda à Dieu, parce qu'on ne doutoit point que nous ne dussions courir grande fortune[5], lorsqu'on nous ver-

1. Après *d'une*, le manuscrit original porte le mot *telle*, qui paraît biffé, et qui, en effet, ne se retrouve pas dans les copies ni dans aucune des éditions.
2. *Que* est en interligne, probablement de la main de Retz.
3. Si nous n'y tombons pas. (1718 C, D, E, 1719-1828.)
4. « D'assemblée, » au singulier, dans les copies R et Caf. et dans les éditions anciennes, sauf 1718 C, E.
5. On nous recommanda à Dieu comme devant courir (*ou* courre) grand risque (*ou* un grand risque, *ou* grande fortune). (Ms H et toutes les éditions anciennes.) — A la ligne suivante, le texte de 1837 a *une partie*, pour *un parti*.

roit prendre un parti de cette nature; et chacun retourna chez soi avec fort peu d'espérance de nous revoir.

Je trouvai, en arrivant chez moi, un billet de Mme de Lesdiguières, qui me donnoit avis que la Reine, qui avoit prévu que nous pourrions prendre résolution d'aller au Palais, parce que les conclusions que le Procureur général y devoit prendre s'étoient assez répandues dans le monde, avoit écrit à Monsieur de Paris qu'elle le conjuroit d'aller prendre sa place dans le Parlement, dans la vue de m'empêcher d'y aller; parce que, Monsieur de Paris y étant, je n'y avois plus de séance, et la cour eût été bien aise de ne voir pour défenseur de notre cause que M. de Beaufort, qui étoit encore un plus méchant orateur que moi.

J'allai, dès les trois heures du matin, chercher MM. de Brissac et de Retz[1], et je les menai aux Capucins du faubourg Saint-Jacques[2], où Monsieur de Paris avoit cou-

---

1. Louis de Cossé, duc de Brissac, qui avait épousé, en 1645, Mlle de Scepeaux, cousine germaine de notre auteur (voyez tome I, p. 92 et suivantes); et le beau-frère de Brissac, Pierre de Gondi, duc de Retz, frère aîné du Coadjuteur. Le secrétaire écrit *Retz*, et il fera de même tant qu'il tiendra la plume; les copies R et Caf. conservent la forme *Rais*, constamment employée par le Cardinal lui-même dans notre manuscrit (voyez tome I, p. 79, fin de la note 1). — A la ligne précédente, les copies R et Caf. suppriment *les* devant *trois heures*; et la seconde substitue *chez* à *chercher*.

2. Le couvent des Capucins du faubourg Saint-Jacques, qui était le noviciat de la province de Paris, était auprès de l'abbaye royale du Val-de-Grâce. François Godefroi de la Tour avait, en 1613, légué sa maison à ces religieux, avec toutes ses dépendances, et Mathieu Molé, qui n'était encore que président au Parlement, en était allé prendre possession, en sa qualité de syndic des Capucins. Le cardinal Pierre de Gondi leur donna de quoi construire le dortoir et l'église. Ce fut Jean-François de Gondi, le « Monsieur de Paris » dont il est ici question, et dont Retz était le coadjuteur, qui, au nom du cardinal Pierre, son oncle, alla poser la première pierre de

ché, pour le prier, en corps de famille, de ne point aller au Palais. Mon oncle avoit peu de sens¹, et le peu qu'il en avoit n'étoit point droit ; il étoit foible et timide jusques à la dernière extrémité ; il étoit jaloux de moi jusqu'au ridicule². Il avoit promis à la Reine qu'il iroit prendre sa place ; il ne fut pas en notre pouvoir d'en tirer que des impertinences et des vanteries : qu'il me défendroit³ bien mieux que je ne me défendrois moi-même. Et vous remarquerez, s'il vous plaît, que quoiqu'il causât comme une linotte en particulier, il étoit toujours muet comme un poisson en public. Je sortis de sa chambre au désespoir⁴ ; un chirurgien qu'il avoit me pria⁵ d'aller attendre de ses nouvelles aux Carmélites, qui étoient tout proche⁶, et il me revint trouver, un quart d'heure après, avec ces bonnes nouvelles : il me dit qu'aussitôt⁷ que nous étions sortis de la chambre de

l'église : il n'était encore alors que doyen de Notre-Dame et abbé de Saint-Aubin. Voyez Hurtaut et Magny, *Dictionnaire historique de la ville de Paris*, 1779.

1. Mon oncle n'avoit point de sens. (1843-1866.)
2. Une lettre inédite de Saintot dont nous avons déjà parlé, p. 480, note, sans pouvoir la citer, à cause de son extrême incorrection, dit que l'Archevêque était « altéré de la raison, un peu égarée. » Il a déjà été question de sa jalousie contre son neveu, au tome I, p. 241 et note 3.
3. Comme, par exemple, qu'il me défendroit. (1718 C, D, E, 1719-1828.) — Deux lignes plus loin, le ms H et toutes les éditions anciennes remplacent *causât* par *jasât*.
4. Je sortis de sa chambre désespéré. (1837, 1843.)
5. Il y a ici, dans l'original, une ligne biffée ; nous y avons déchiffré *un* (ou *en*), puis, après un mot illisible, *instant sur le degré* ; probablement : « un petit instant sur le degré. »
6. Le couvent des Carmélites était presque vis-à-vis du Val-de-Grâce. Il avait été fondé par Bérulle, qui y avait amené, en 1604, six religieuses de la réforme de sainte Thérèse. C'était la plus ancienne des nombreuses maisons que cet ordre avait en France.
7. Un quart d'heure après, pour me dire qu'aussitôt. (Ms H et toutes les anciennes éditions.)

Monsieur de Paris, il y étoit entré ; qu'il l'avoit beaucoup loué de la fermeté avec laquelle il avoit résisté à ses neveux, qui le vouloient enterrer tout vif ; qu'il l'avoit exhorté ensuite de se lever en diligence pour aller au Palais ; qu'aussitôt qu'il fut hors du lit, il lui avoit demandé d'un ton effaré comme il se portoit ; que Monsieur de Paris lui avoit répondu qu'il se portoit fort bien ; qu'il lui avoit dit : « Cela ne se peut, vous avez trop mauvais visage ; » qu'il lui avoit tâté le pouls ; qu'il l'avoit assuré qu'il avoit la fièvre, et d'autant plus à craindre qu'elle paroissoit moins ; que Monsieur de Paris l'avoit cru ; qu'il s'étoit remis au lit, et que tous les rois et toutes les reines ne l'en feroient sortir de quinze jours. Cette bagatelle est assez plaisante pour n'être pas omise [1].

1. C'est là, comme Retz dit lui-même (tome II, p. 332, de l'édition de 1859), à propos d'autres tours par lesquels il trompa Molé pour la délivrance de Condé, une de ces « mille et mille farces dignes, sans exagération, du ridicule de Molière. » Scribe l'a transportée au théâtre dans sa *Camaraderie*, mais sans y surpasser son modèle. Et cette fois l'anecdote n'est pas simplement une fiction bien imaginée et bien contée par Retz pour enjoliver ses *Mémoires*. Le secret de la comédie avait déjà transpiré parmi les contemporains. On lit en effet dans le *Journal de Paris* (tome I, p. 507 et 508) : « Sitôt que Messieurs les princes et les mêmes ducs et pairs du dernier jour (20 *décembre*) se furent rendus au Palais, l'on commença de faire la lecture des charges ; mais il faut remarquer deux choses assez considérables, avant que de rapporter ce qui se passa en cette séance (*du 22*). La première, que pour empêcher Monsieur le Coadjuteur d'y assister, la Reine avoit envoyé prier l'archevêque de Paris de s'y trouver, ce qu'il avoit promis bien volontiers à Sa Majesté : de quoi son neveu ayant été averti, il ne manqua pas, dès la quatrième heure du matin, de l'aller trouver aux Capucins du faubourg Saint-Jacques, où il étoit logé, afin de le conjurer instamment de ne point venir au Palais cette matinée-là, et de lui laisser la faculté d'y pouvoir aller (car ils n'y pourroient être tous deux ensemble). D'abord il en fut refusé tout net, et toute son éloquence ne fut pas assez forte pour persuader son oncle de manquer de parole à Sa

Nous allâmes au Palais[1], MM. de Beaufort, de Brissac, de Retz et moi, mais seuls et séparément. Messieurs les princes avoient assurément plus de mille gentilshommes avec eux, et on peut dire que toute la cour généralement y étoit. Comme j'étois en rochet et camail, je passai la grande salle le bonnet à la main, et je trouvai peu de gens assez honnêtes pour me rendre le salut, tant l'on étoit persuadé que j'étois perdu. La[2] fermeté n'est pas commune en France; mais une lâcheté de cette espèce y est encore plus rare. Je vois encore, tout d'une vue, plus de trente hommes de qualité, qui se disoient et qui se disent de mes amis, qui m'en donnèrent cette marque. Comme j'entrai dans la Grande Chambre devant que[3] M. de Beaufort y fût arrivé, et que je surpris par conséquent la Compagnie, j'entendis un petit bruit sourd pareil à ceux que vous avez entendus quelquefois à des sermons, à la fin d'une période qui a plu, et j'en augurai bien. Je dis, après avoir pris ma place, ce que j'avois projeté la veille chez Longueil, que

---

Majesté. Mais comme il connoissoit la foiblesse de son esprit, il n'en désespéra pas, au moyen de quelques domestiques qui le possédoient de longue main, dont les persuasions furent enfin plus fortes que ce qu'il devoit à la Reine, etc. » Le *Journal du Parlement* (p. 11) dit seulement que l'Archevêque, prié par la Reine de venir au Palais, s'excusa, sous prétexte d'indisposition; mais que le vrai motif était son mécontentement de ce que, « sans sa permission on avoit fait administrer au Roi le sacrement de confirmation par l'évêque de Meaux[a]. » De façon ou d'autre, il avait fini par faire ce que voulait son neveu.

1. Le mercredi 22 décembre 1649.
2. Cette phrase et la suivante sont omises dans le ms H et dans toutes les anciennes éditions.
3. *Avant que*, pour *devant que*, dans toutes les éditions anciennes, sauf 1718 C, D, E.

[a] Le 8 décembre 1649. L'évêque de Meaux, Dominique Séguier, était premier aumônier du Roi.

vous avez vu ci-dessus. Ce petit bruit recommença après mon discours[1], qui fut fort court et fort modeste. Un conseiller[2] ayant voulu, à ce moment, rapporter une requête pour Joli, le président de Mesme[3] prit la parole, et dit qu'il falloit, préalablement à toutes choses[4], lire les informations qui avoient été faites contre la conjuration publique dont il avoit plu à Dieu de préserver l'État et la maison royale. Il dit, en finissant ces paroles, quelque chose de celle d'Amboise[5], qui me donna, comme vous verrez, un terrible avantage sur lui[6]. J'ai observé mille fois qu'il est aussi nécessaire de choisir les mots[7] dans les grandes affaires, qu'il est superflu de les affecter dans les petites.

L'on lut les informations, dans lesquelles l'on ne trouva pour témoins qu'un appelé Canto[8], qui avoit été

1. Il n'est pas question ailleurs, que nous sachions, de ce discours « fort court et fort modeste. »
2. Le conseiller Laisné.
3. Les éditions de 1718 C, D, E remplacent « le président de Mesme » par « le Premier Président allarmé (sic). »
4. Avant toutes choses *ou* toute chose. (Ms H et toutes les anciennes éditions.)
5. Le but du prince de Condé, « capitaine invisible, » de cette conjuration de 1560, qui avait pour chef apparent la Renaudie, était d'enlever le jeune roi François II des mains des Guise. De même, en 1649, on répandait le bruit que les Frondeurs avaient voulu enlever le jeune roi Louis XIV aux Mazarins. De là sans doute l'allusion du président de Mesme à la conjuration d'Amboise, si elle a été faite; nous ne la trouvons mentionnée qu'ici.
6. Voyez ci-après, p. 586.
7. Retz a écrit *mots* en interligne, au-dessus de *maux*, biffé.
8. On peut lire la curieuse déposition de ce Béarnais Canto dans le *Journal de d'Ormesson* (p. 786 et 787), qui l'appelle *Canton Biernois*; et surtout dans le ms Dupuy (n° 733, f° 33), où il est nommé *Daniel Quenton*. — Le *Journal du procès de la Boulaye*, publié par M. Taillandier, parle aussi (p. 295) d'un Béarnais la Comette ou Comen, « qui a été dans les troupes de Paris pendant les derniers mouvements; il est présentement commis de la Rallière. »

condamné d'être pendu à Pau; Pichon[1], qui avoit été mis sur la roue en effigie au Mans; Sociando[2], contre lequel il y avoit preuve de fausseté à la Tournelle; Lacomette, Marcassez, Gorgibus, filous fieffés[3]. Je ne crois pas que vous ayez[4] vu dans les *Petites lettres* de Port-Royal[5] de noms plus saugrenus[6] que ceux-là; et Gor-

1. Louis Pichon, sieur de Charbonières, écuyer lieutenant au régiment de Duras, et produit, d'après le *Journal du procès de la Boulaye*, comme témoin par Cohon, évêque de Dol. Outre le manuscrit 733 du Fonds Dupuy (f° 36), voyez sur ce personnage, dans les *Papiers d'État* de le Tellier (tome II, p. 15, ms 6881), une pièce intitulée : *Moyen pour faire punir le faux témoin de M. de Beaufort, Monsieur le Coadjuteur et M. de Broussel, conseiller, lequel s'appelle Pichon, fils d'un avocat du Mans, né et natif de ladite ville*, etc. Tout ce que Retz lui reproche et même plus encore, se trouve indiqué dans cette pièce.

2. Sociando était un avocat de Bordeaux; d'Ormesson l'appelle *Sostiendo*.

3. Le ms H, l'édition de 1717 A et les cinq de 1718 font de « filous fieffés » deux noms propres de plus : « Fillon (*ou* Filloux *ou* Filoux) et Firrés (*ou* Fierrès *ou* Fiesnes). » — En outre, plusieurs des anciens textes estropient, comme on pouvait s'y attendre, une partie des autres noms, et donnent : « Sixiendo, Marcan *ou* Marcassaire *ou* Marcassar, Georgibus. » Trois lignes plus loin, la copie Caffarelli change *Tambourin* en *Tambourez*.

4. *Ayez* a été écrit à la marge par Retz et correspond à un renvoi placé au-dessus d'un mot biffé, illisible.

5. Du Port-Royal. (Ms H et 1717 A, 1718 B, F.) — On sait que ce titre : les *Petites lettres*, désignait les *Provinciales* de Pascal, qui pendant un peu plus d'un an (du 25 janvier 1656 au 24 mars 1657) paraissaient irrégulièrement, comme une gazette clandestine ou des nouvelles à la main, une ou deux fois par mois. Elles étaient une des lectures favorites de Mme de Sévigné, à qui, comme nous l'avons déjà dit maintes fois, nous avons tout lieu de supposer que le Cardinal s'adresse. On trouvera à la *Table* de ses *Lettres*, les renvois aux fréquentes mentions des *Provinciales*, et particulièrement à l'éloge qu'elle en fait au tome IX, p. 367.

6. L'original et la copie R donnent, l'un : *sogronneux*; l'autre : *saugronneux*; 1718 C, D, E, *saugreneux*; le ms H et 1717 A, 1718 B, F y substituent *barbares*.

gibus[1] vaut bien Tambourin[2]. La seule déposition de Canto dura quatre heures à lire. En voici la substance : Qu'il s'étoit trouvé en plusieurs assemblées des rentiers à l'Hôtel de Ville, où il avoit ouï dire que M. de Beaufort et Monsieur le Coadjuteur vouloient tuer Monsieur le Prince; qu'il avoit vu la Boulaie chez M. de Broussel le jour de la sédition; qu'il l'avoit vu aussi chez Monsieur le Coadjuteur; que, le même jour, le président Charton avoit crié aux armes; que Joli avoit dit à l'oreille à lui Canto, quoiqu'il ne l'eût jamais ni vu ni connu que cette fois-là, qu'il falloit tuer[3] le Prince et la grande barbe[4]. Les autres témoins confirmèrent cette déposition. Comme le Procureur général, que l'on fit entrer

1. On comprend que ce nom si plaisant ait tenté Molière; mais peut-être regrette-t-on de voir s'appeler de même ce « filou fieffé, » et le bourgeois grotesque, mais plein de bon sens, qui figure dans *les Précieuses ridicules*.

2. On trouve vers la fin de la v*e lettre provinciale* de Pascal une longue énumération d'auteurs « modernes et inconnus, » qui, d'après le « bon casuiste, » son interlocuteur, doivent remplacer, comme réglant la morale, les Pères de l'Église : « Ce sont des gens bien habiles et bien célèbres.... C'est Villalobos, Conink, Llamas, Achokier, Dealkozer, Dellacruz, Vera-Cruz, Ugolin, Tambourin, etc. » Suivent encore trente-six noms dont nous faisons grâce : huit en *ez*, comme Fernandez; cinq en *is*, comme de Vechis; deux autres en *i*, Squilanti, Bizozeri; onze en *a*, comme Barcola; enfin dix qui ont des désinences variées. Après cette avalanche, Louis de Montalte reprend : « O mon père, lui dis-je tout effrayé, tous ces gens-là étoient-ils chrétiens? — Comment chrétiens? me répondit-il. Ne vous disois-je pas que ce sont les seuls par lesquels nous gouvernons aujourd'hui la Chrétienté? » Voyez à la page 74 de l'édition in-4° intitulée : *Texte primitif des Lettres provinciales de Blaise Pascal*, publiée en 1867 par M. A. Lesieur, d'après un exemplaire in-4° (1656-1657) contenant les dix-huit premières *Petites lettres*. — Ce Tambourin était probablement le jésuite Thomas Tamburini, auteur d'une *Théologie morale*.

3. Dans les copies R et Caf. : « que cette fois-là, il falloit tuer. »

4. Nous avons déjà vu ci-dessus (p. 188 et note 5) qu'on donnait ce surnom au premier président Molé. C'est peut-être à propos

après la lecture des informations, eut pris ses conclusions, qui furent de nous assigner pour être ouïs, M. de Beaufort, M. de Broussel et moi[1], j'ôtai mon bonnet pour parler; et le Premier Président m'en ayant voulu empêcher, en disant que ce n'étoit pas l'ordre et que je parlerois à mon tour, la sainte cohue des Enquêtes s'éleva et faillit à étouffer[2] le Premier Président. Voici précisément ce que je dis :

« Je ne crois pas, Messieurs, que les siècles passés aient vu des ajournements personnels donnés à des gens de notre qualité sur des ouï-dire ; mais je crois aussi peu que la postérité puisse souffrir, ni même ajouter foi à ce que l'on ait seulement à écouter[3] ces ouï-dire de la bouche des plus infâmes scélérats qui soient jamais sortis des cachots. Canto, Messieurs, a été con-

du procès dont il s'agit ici qu'on publia en 1649 un pamphlet intitulé : *Poésie sur la barbe du Premier Président* (Bruxelles, 6 pages). On y lit :

> Je chante d'un chant satirique
> Une laide barbe cynique,
> La barbe et le menton barbu
> De Molé, juge corrompu,
> Barbe d'un vieil et laid mâtin,
> Grand défenseur de Mazarin....

1. Ce passage, depuis : « Comme le Procureur, » jusqu'à « moi, » est écrit à la marge, de la main du secrétaire. — Les conclusions se trouvent dans le manuscrit Dupuy 733, folios 41 et 42.
2. Et faillit étouffer. (1837-1866.) — .... d'étouffer. (Ms H, 1717 A, 1718 B, F.) — A la suite, les éditions de 1837, 1843 et le ms Caf. omettent *Premier*.
3. Tel est bien le texte de l'original; le secrétaire a-t-il sauté un mot : *pensé, consenti*, ou simplement *eu* ? Les copies R et Caf. donnent : « que l'on ait seulement écouté, » et de même les éditions anciennes, sauf 1717 A, 1718 B, F, qui ont, comme le ms H, *autrement*, au lieu de *seulement*. Nos textes manuscrits, ici et deux lignes plus haut, mettent à *ouï dire*, l'un, celui de l'original, des *s* à la fin de chaque mot; les autres, ainsi que les éditions de 1717, 1717 A, 1718 B, F, 1837, une *s* seulement après *ouï*.

damné à la corde à Pau ; Pichon a été condamné à la roue au Mans ; Sociando est encore sur vos registres criminels. » Vous remarquerez, s'il vous plaît, que M. l'avocat général Bignon[1] m'avoit envoyé, à deux heures après minuit, ces mémoires, et parce qu'il étoit mon ami particulier, et parce qu'il croyoit le pouvoir faire en conscience[2], n'ayant point été appelé aux conclusions. « Jugez, s'il vous plaît, de leur témoignage[3] par leurs étiquettes et par leur profession, qui est de filous avérés. Ce n'est pas tout, Messieurs, ils ont une autre qualité, qui est bien plus relevée et bien plus rare : ils sont témoins à brevet. Je suis au désespoir que la défense de notre honneur, qui nous est commandée par toutes les lois divines et humaines, m'oblige[4] de mettre au jour, sous le plus innocent des rois, ce que les siècles les plus corrompus ont détesté dans les plus grands égarements des anciens empereurs[5]. Oui, Messieurs, Canto, Sociando et Gorgibus ont des brevets pour nous accuser. Ces brevets sont signés de l'auguste nom qui ne devroit être employé que pour consacrer encore da-

1. Retz a écrit en interligne, au-dessus d'un mot biffé, illisible, *Bugnon* plutôt que *Bignon ;* et *Bugnon* est la leçon de la copie Caffarelli ; le ms H et 1717 A, 1718 B, F y substituent *Talon*. — Il faut lire dans les *Mémoires d'Omer Talon* (p. 373) les pressions que le Chancelier et le Procureur général essayèrent d'exercer sur les deux avocats généraux, qui refusèrent d'assister aux conclusions et dirent qu'ils les combattraient en plein Parlement. Ceci explique leur conduite dans ce singulier procès. Le Roi lui-même, dans sa lettre au Parlement, en date du 12 décembre, faisait connaître à la Compagnie son opinion sur cette affaire, en lui demandant de « procéder à la recherche *de l'assassinat prétendu* de Joli. »
2. En confiance. (1837.) — Avec confiance. (1843.)
3. *De leur témoignage* est à la marge, de la main de Retz.
4. Devant *m'oblige*, il y a *nous obli* [*ge*], biffé.
5. *Tyrans*, au lieu d'*empereurs*, dans les anciennes éditions, sauf les deux de 1717 et celles de 1718 B, F.

vantage les lois les plus saintes. M. le cardinal Mazarin, qui ne reconnoît que celle de la vengeance qu'il médite contre les défenseurs de la liberté publique, a forcé M. le Tellier, secrétaire d'État, de contre-signer ces infâmes brevets, desquels nous vous demandons justice ; mais nous ne vous la¹ demandons toutefois qu'après vous avoir très-humblement suppliés de la faire à nous-mêmes, la plus rigoureuse que les ordonnances les plus sévères prescrivent contre les révoltés, si il se trouve que nous ayons, ni directement ni indirectement, contribué à ce qui a été du dernier mouvement². Est-il possible, Messieurs, qu'un petit-fils de Henri le Grand, qu'un sénateur de l'âge et de la probité de M. de Broussel, qu'un coadjuteur de Paris soient seulement soupçonnés d'une sédition où on n'a vu qu'un écervelé à la tête de quinze misérables de la lie du peuple? Je suis persuadé qu'il me³ seroit honteux de m'étendre sur ce sujet. Voilà, Messieurs, ce que je sais de la moderne conjuration d'Amboise⁴. »

Je ne vous puis exprimer l'exultation⁵ des Enquêtes. Il y eut beaucoup de voix qui s'élevèrent sur ce que j'avois dit des témoins à brevet. Le bonhomme Dougeat, qui

1. Les mots *ne* et *la* sont écrits en interligne, de la main de Retz ; ainsi que *de*, à la ligne suivante, et *nous*, quatre lignes plus bas.

2. A ce qui a été de ce dernier mouvement. (Copies R, H et 1717, 1717 A, 1718 B, F.) — Dans les autres éditions anciennes : « à ce qui a excité ce dernier mouvement. »

3. *Me* est écrit de la main de Retz, au-dessus de *vous*, biffé ; quatre mots plus loin, il a laissé *vous*, oubliant sans doute de le corriger en *m'*, comme on l'a fait dans la copie R, et comme le sens l'exige. L'édition de 1837 conserve *vous* ; 1843 le change en *s'* ; 1856 en *nous*.

4. Voyez plus haut, p. 581, et note 5.

5. L'exaltation. (Ms H et 1717 A, 1718 B, F, 1859-1866.) — Les applaudissements. (1718 C, D, E, 1719-1828.)

étoit un des rapporteurs et qui m'en avoit fait avertir par l'avocat général Talon, de qui il étoit et parent et ami, l'avoua en faisant semblant de l'adoucir. Il se leva comme en colère, et il dit très-finement[1] : « Ces brevets, Monsieur, ne sont pas pour vous accuser, comme vous dites. Il est vrai qu'il y en a; mais ils ne sont que pour découvrir ce qui se passe dans les assemblées des rentiers. Comment le Roi seroit-il informé, s'il ne promettoit l'impunité à ceux qui lui donnent des avis pour son service, et qui sont quelquefois obligés, pour les avoir, de dire des paroles qu'on leur pourroit tourner en crime[2]? Il y a bien de la différence entre des brevets de cette façon et des brevets qu'on auroit donnés pour vous accuser. »

Vous pouvez croire comme la Compagnie fut radoucie par ce discours : le feu monta au visage de tout le monde; il parut encore plus dans les exclamations que dans les yeux. Le Premier Président, qui ne s'étonnoit[3] pas du bruit, prit sa longue barbe[4] avec la main, qui étoit son geste ordinaire quand il se mettoit en colère : « Patience, Messieurs! allons d'ordre[5]. MM. de Beaufort, Coadjuteur et de Broussel, vous êtes accusés; il y a des conclusions contre vous, sortez de vos places. » Comme M. de Beaufort et moi voulûmes en sortir, M. de Broussel nous retint en disant : « Nous ne devons, Messieurs, ni vous ni moi, sortir, jusques à ce que la Compagnie nous l'ordonne; et d'autant moins, que Monsieur le Premier Président, que tout le monde sait être notre partie,

---

1. Très-fièrement. (Ms H, 1717 A, 1718 B, F.)
2. Au lieu de *en crime*, les copies R, H, Caf. et toutes les anciennes éditions donnent : *à crime*.
3. *S'étonnoit* est, dans l'original, au-dessus d'un mot biffé, illisible.
4. Prit sa toque burle (*sic*). (Ms H, 1717 A, 1718 B, F.)
5. « Allons avec ordre, » dans les anciennes éditions, sauf les deux de 1717 et celles de 1718 B, F.

doit sortir si nous sortons[1]. » Et j'ajoutai : « Et Monsieur le Prince [2]; » qui entendant que je le nommois, dit avec la fierté que vous lui connoissez, et pourtant avec un ton moqueur : « Moi, moi ! » A quoi je lui répondis : « Oui, Monsieur, la justice égale tout le monde. » Le président de Mesme prit la parole, et lui dit : « Non, Monsieur; vous ne devez point sortir, à moins que la Compagnie ne l'ordonne. Si Monsieur le Coadjuteur le souhaite, il faut qu'il le demande par une requête. Pour lui, il est accusé, il est de l'ordre qu'il sorte; mais puisqu'il en fait difficulté, il en faut opiner. » L'on étoit si échauffé contre cette accusation et contre ces témoins à brevet, qu'il y eut plus de quatre-vingts voix à nous faire demeurer dans nos places, quoiqu'il n'y eût rien au monde de plus contraire aux formes[3]. Il passa enfin à ce que nous nous retirassions [4]; mais la plupart des avis furent des panégyriques pour nous, des satires contre le ministère[5], des anathèmes contre les brevets.

Nous avions des gens dans les lanternes[6], qui ne

1. Si nous en sortons. (Copies R, H, Caf., 1717, 1717 A, 1718 B, F.)

2. Gui Joli parle seul (tome I, p. 108) de récusations contre Monsieur le Prince, mais sans nommer particulièrement à ce sujet le Coadjuteur.

3. « M. de Beaufort et Monsieur le Coadjuteur, dit le *Journal de Paris* (p. 510), qui avoient quitté les leurs (*leurs places*), les vinrent reprendre, à sa persuasion (*à la persuasion de Broussel*), et opinèrent tous trois en leur propre cause, ce qui peut-être n'étoit jamais arrivé en nul endroit du monde : aussi en fut-on extrêmement scandalisé par toute la ville. »

4. « Il passa enfin à la pluralité des voix que nous nous retirerions, » dans les anciennes éditions, sauf celles de 1717, 1717 A et 1718 B, F.

5. Contre le Ministre *ou* les ministres. (Copies R, Caf., 1717, 1718 C, D, E, 1719-1828.)

6. « Lanterne, dit Furetière, est.... un petit cabinet de menuiserie qu'on élève dans quelques auditoires, pour placer quelques per-

manquoient pas de jeter des bruits de ce qui se passoit dans la salle; nous en avions dans la salle, qui les répandoient dans les rues. Les curés et les habitués des paroisses ne s'oublioient pas. Le peuple accourut en foule de tous les quartiers de la Ville au Palais. Nous y étions entrés à sept heures du matin; nous n'en sortîmes qu'à cinq heures du soir. Dix heures donnent un grand temps de s'assembler. L'on se portoit[1] dans la grande salle, l'on se portoit dans la galerie, l'on se portoit sur le degré[2], l'on se portoit dans la cour; il n'y avoit que M. de Beaufort et moi qui ne portassions personne et qui fussions portés. L'on ne manqua point de respect ni à Monsieur, ni à Monsieur le Prince; mais on n'observa pas toutefois tout[3] celui qu'on leur devoit, parce qu'en leur présence une infinité de voix s'élevoient qui crioient : « Vive Beaufort! vive le Coadjuteur[4] ! »

Nous sortîmes ainsi du Palais, et nous allâmes dîner, à six heures du soir, chez moi, où nous eûmes peine à aborder[5], à cause de la foule du peuple. Nous fûmes

sonnes qui veulent écouter sans être vues. » Et il donne un exemple où il s'agit, non pas des lanternes, mais de la lanterne (unique) de la Grande Chambre : « Il s'étoit glissé dans la lanterne de la Grand'Chambre, quand on rapportoit son procès. »

1. La copie H et toutes les éditions anciennes n'expriment qu'une fois « L'on se portoit; » elles suppriment la triple répétition qui suit.

2. Dans l'original : « sur le degrez (sic); » dans les ms H, Caf., 1717 A, 1718 B, F : « sur les degrés. »

3. *Tout* est en interligne, de la main de Retz.

4. Gui Joli (p. 107) n'accorde de vivat qu'à Beaufort et à Broussel, mais nous avons déjà dit qu'il faut être en défiance de son animosité contre le Coadjuteur. — Retz reprend ici la plume, au milieu de la page 1129 du manuscrit; il la finit et écrit en outre la moitié de la première ligne de la page 1230 : ce qui ne le mène, dans notre édition, que jusqu'à la fin du petit alinéa suivant.

5. Où nous eûmes peine d'aborder. (Ms H et, sauf 1717, toutes les anciennes éditions.)

avertis, sur les onze heures du soir, que l'on avoit pris résolution au Palais-Royal de ne pas assembler les Chambres le lendemain ; et le président de Bellièvre, à qui nous le fîmes savoir, nous conseilla de nous trouver, dès sept heures[1], au Palais, pour en demander l'assemblée. Nous n'y manquâmes pas[2].

M. de Beaufort dit au Premier Président que l'État et la maison royale étoient en péril ; que les moments étoient précieux ; qu'il falloit faire un exemple des coupables. Enfin[3] il lui répéta les mêmes choses que le Premier Président avoit dites[4] la veille avec exagération et emphase. Il conclut par la nécessité d'assembler, sans perdre d'instant, la Compagnie. Le bonhomme Broussel

---

1. L'auteur avait d'abord mis simplement *dès sept;* il a ajouté *heures* au-dessus de la ligne.

2. La *Suite du Journal du Parlement* (p. 13) dit en effet, à la date du 23 décembre : « Ce jour-là le Parlement ne se seroit point assemblé. M. de Beaufort alla sur les sept heures du matin au Palais, et étant entré en la Grande Chambre, auroit demandé à Monsieur le Premier Président l'assemblée des Chambres, disant que les barricades et la guerre alloient recommencer, etc. » Talon (p. 374) présente un peu autrement l'affaire : « Le.... jeudi 23.... M. le duc d'Orléans ni Messieurs les princes du sang n'entrèrent pas dans le Palais, à cause que c'étoit le jour de la séance des prisonniers ; mais M. le duc de Beaufort et Monsieur le Coadjuteur s'y trouvèrent, et entrèrent dans la Grand'Chambre avec cinquante ou soixante de Messieurs de toutes les chambres des Enquêtes les plus échauffés, lesquels attaquèrent injurieusement Monsieur le Premier Président, etc. » Le *Journal de Paris* (p. 511) nomme aussi le Coadjuteur comme entraînant les membres des Enquêtes. — Le secrétaire reprend la plume à notre alinéa suivant, qui, dans le manuscrit, commence au milieu de la première ligne de la page 1230, et il la gardera jusqu'à la page 1232, où, encore une fois effarouché d'une certaine anecdote, il s'arrêtera de nouveau.

3. Les ms H, Caf. et les anciennes éditions omettent cette phrase.

4. *Dit,* sans accord, dans l'original et dans la copie R. Deux lignes plus bas, on peut douter si dans l'original il y a *d'instant* ou *l'instant;* les copies R, H et Caf. portent : « un instant. »

attaqua personnellement le Premier Président, et même avec emportement. Huit ou dix conseillers des Enquêtes entrèrent incontinent dans la Grande Chambre, pour témoigner l'étonnement où ils étoient qu'après une conjuration aussi furieuse, on demeuroit[1] les bras croisés, sans en poursuivre la punition. MM. Bignon[2] et Talon, avocats généraux, avoient merveilleusement échauffé les esprits, parce qu'ils avoient dit, au parquet des gens du Roi, qu'ils n'avoient eu aucune part des conclusions[3] et qu'elles étoient ridicules. Le Premier Président répondit très-sagement à toutes les paroles les plus piquantes qui lui furent dites, et il les souffrit toutes avec une patience incroyable, dans la vue qu'il eut, et qui étoit bien fondée, que nous eussions été bien aises[4] de l'obliger à quelque repartie qui eût pu fonder ou appuyer une récusation.

Nous travaillâmes, dès l'après-dîné[5], à envoyer chercher nos amis dans les provinces, ce qui ne se faisoit pas sans dépense, et M. de Beaufort n'avoit pas un sol. Lozières[6], duquel je vous ai déjà parlé[7] à propos des bulles

---

1. On demeurât. (Ms H et les éditions anciennes, sauf 1717.)

2. Le ms H et 1717 A, 1718 B, F, ne pouvant plus ici changer *Bignon* en *Talon*, le défigurent en *Pigeon*, et pour n'appliquer le titre qu'à *Talon*, remplacent *avocats généraux* par *avocat général*.

3. « Aux conclusions, » dans toutes les éditions anciennes et modernes, sauf les deux de 1717 et celles de 1718 B, F.

4. « Bien aise, » sans accord, dans l'original et dans les copies R, H et Caf.

5. Le mot est écrit ainsi dans l'original.

6. Voyez au tome I, p. 113, note 2, et p. 211. Lozières ne figure pas parmi les créanciers payés, dans la grande liquidation de 1665, sur le produit de la vente de Commercy (voyez ci-dessus, p. 312, note 4, et p. 473, note 2). Était-il déjà payé de tous ses prêts? Nous l'ignorons.

7. Les mots : « ai déjà parlé, » sont en marge, de la main de Retz. — A la ligne suivante, l'original porte bien *coadjutoirie*, la copie R *coadjutorie*, le ms Caf. *coadjutorité*.

de la coadjutoirie de Paris, m'apporta trois mille pistoles, qui suppléèrent à tout. M. de Beaufort espéroit de tirer du Vendomois et du Blaizois soixante gentilshommes et quarante des environs d'Anet[1]; il n'en eut en tout que cinquante-quatre. J'en tirai de Brie quatorze, et Anneri m'en amena[2] quatre-vingts du Vexin, qui ne voulurent jamais prendre un double de moi, qui ne souffrirent pas que je payasse dans les hôtelleries, et qui demeurèrent, dans tout le cours de ce procès, attachés et assidus auprès de ma personne, comme s'ils eussent été mes gardes. Ce[3] détail n'est pas de grande considération[4]; mais il est remarquable, parce qu'il est très-extraordinaire que des gens qui ont leurs maisons à dix, à quinze[5] et à vingt lieues de Paris aient fait une action aussi hardie et aussi constante contre les intérêts de toute la cour et de toute la maison royale unie. Anneri pouvoit tout sur eux et je pouvois tout sur Anneri, qui étoit un des hommes du monde des plus fermes et des plus fidèles. Vous verrez, à la suite[6], à quel usage nous destinions cette noblesse.

Je prêchai, le jour de Noël, dans Saint-Germain de l'Auxerrois. J'y traitai particulièrement ce qui regarde la charité chrétienne, et je ne touchai quoi que ce soit de ce qui pouvoit avoir le moindre rapport aux affaires

1. *Anet* est en marge, écrit de la main de Retz, pour remplacer un mot biffé dans le corps de la page et qui nous paraît être *Alets*.
2. Dans l'original, *emmena*. — On verra à l'*Appendice*, d'après les *Carnets de Mazarin*, que le Ministre était au courant des menées de Retz.
3. Cette phrase manque dans le ms H et dans toutes les éditions anciennes.
4. La dernière syllabe du mot *considération* est écrite en interligne, par Retz, au-dessus de *ble*, biffé.
5. A dix ou quinze. (1837-1866.)
6. Voyez plus bas, p. 597. — Dans les copies R, H, Caf., il y a « dans la suite, » au lieu de « à la suite. »

présentes. Toutes les bonnes femmes pleurèrent, en faisant réflexion sur l'injustice de la persécution que l'on faisoit à un archevêque qui n'avoit que de la tendresse pour ses propres ennemis. Je connus, au sortir de la chaise[1], par les bénédictions qui me furent données, que je ne m'étois pas trompé dans la pensée que j'avois eue que ce sermon feroit un bon effet : il fut incroyable, et il passa de bien loin mon imagination[2].

Il[3] arriva, à propos de ce sermon, un incident très-

1. Pour le siége d'où parle le prédicateur, Furetière (1690) et Richelet (1680) admettent uniquement, le premier la forme *chaise*, le second la forme *chaire;* l'Académie (1694) donne les deux, la seconde comme plus ordinaire. — Notre leçon, *chaise*, est ici celle des deux copies R, Caf., et aussi de l'original, où seulement le secrétaire a fait la faute de doubler l'*s* (*chaisse*); un peu plus loin (p. 594), l'original, qui là est de la main de Retz, et le ms Caf. portent *chaire;* nous ne pouvons savoir comment le mot avait été écrit dans la copie R, où le passage est raturé et illisible.

2. On lit dans le *Journal de d'Ormesson*, p. 792 : « Le samedi 25 décembre, jour de Noël, Monsieur le Coadjuteur prêcha à Saint-Germain l'Auxerrois, où il fit des merveilles. Il y avoit une foule épouvantable. Les uns disent qu'il ne parla que de son sujet; les autres qu'il parla de ses affaires fort adroitement. » La *Gazette* de Renaudot de l'année 1650 se contente de dire (p. 11) qu'il « prêcha très-doctement à son ordinaire. » — Le *Journal du procès de la Boulaye,* publié par M. A. Taillandier, porte (p. 311) un témoignage tout à fait favorable à notre Cardinal et qui lève le doute que nous laisse d'Ormesson : « Monsieur le Coadjuteur prêcha devant vêpres..., et il ne toucha que des points de théologie, sans toucher ni directement ni indirectement des affaires présentes. »

3. Retz a repris ici la plume au commencement de la page 1232 du manuscrit, et il la gardera jusqu'à la page 1236, jusqu'à la fin de cet alinéa dans notre texte. — *Arriva* est en interligne, au-dessus de *se passa,* biffé. — Après le mot *incident*, plus de cinq de nos lignes, jusqu'à *dit depuis*, sont effacées très-soigneusement dans la copie R. Ce passage et ceux que nous indiquerons comme raturés également dans la suite de cet alinéa manquent dans la copie H et dans les anciennes éditions ; ces éditions marquent les lacunes par les points : les unes, toutes; les autres, certaines; le ms H, toutes sauf une; et plusieurs portent ici, soit en marge, soit en note, cet

594   MÉMOIRES DU CARDINAL DE RETZ.

ridicule pour moi, mais dont je ne me puis empêcher de vous rendre compte, pour avoir la satisfaction de n'avoir rien omis. Mme de Brissac¹, qui étoit revenue depuis trois ou quatre mois à Paris, avoit une petite incommodité que Monsieur son mari lui avoit communiquée à dessein, à ce qu'elle m'a dit depuis, et par la haine qu'il avoit pour elle. Je crois, sans raillerie, que, par le même principe, elle se résolut à m'en faire part. Je² ne la cherchois nullement : elle me rechercha : je ne fus pas cruel. Je m'aperçus que j'eusse mieux fait de l'être, justement quatre ou cinq jours devant³ que le procès criminel commençât. Mon médecin ordinaire se trouvant par malheur à l'extrémité, et un chirurgien domestique que j'avois venant de sortir de chez moi, parce qu'il avoit tué un homme, je crus que je ne me pouvois mieux adresser qu'au marquis de Noirmoutier, qui étoit mon ami intime, et qui en avoit un très-bon et très-affidé; et quoique je le connusse assez pour n'être pas secret, je ne pus pas m'imaginer qu'il pût être capable de ne l'être pas en cette occasion. Comme je sortis de chaire, Mlle de Chevreuse dit : « Voilà un beau sermon⁴. » Noirmoutier,

avis : « Il y a cinq lignes effacées dans l'original. » Le ms H, où l'avis est en marge, ajoute : « Cet endroit est le plus gras de la vie de Monsieur le Cardinal. » — Le manuscrit Caffarelli a tous les endroits supprimés, d'où nous devons conclure qu'il a été fait d'après notre original ou d'après une copie sans ratures.

1. Marguerite de Gondi, dont il a déjà été reparlé un peu plus haut (voyez p. 577, et note 1).

2. Cette phrase est biffée dans la copie R.

3. *Avant*, pour *devant*, dans le ms H et dans toutes les éditions anciennes, sauf 1718 C, D, E.

4. Les ratures de la copie R continuent. On a effacé cette phrase : « Comme, etc., » jusqu'à *sermon* ᵃ; puis, quatre et cinq lignes plus

ᵃ Le ms H et 1717 A, 1718 B, F comblent cette lacune par ces mots : « Une dame se montrant édifiée de mon discours (, Noirmoutier, etc.). » A la suivante, ces mêmes textes ajoutent : « Cette dame, » devant « à laquelle, » et ceux-ci à la fin de la phrase, après *tour* : « à mon indisposition. » A la quaqui étoit auprès d'elle, lui répondit : « Vous le trouveriez bien plus beau, si vous saviez qu'il est si malade à l'heure qu'il est, qu'un autre que lui ne pourroit pas seulement ouvrir la bouche. » Il lui fit entendre la maladie à laquelle j'avois été obligé, l'avant-veille, en parlant à elle-même, de donner un autre tour. Vous pouvez juger du bel effet que cette indiscrétion, ou plutôt que cette trahison produisit. Je me raccommodai bientôt avec la damoiselle; mais je fus assez idiot pour me raccommoder avec le cavalier, qui me demanda tant de pardons et qui me fit tant de protestations, que j'excusai ou sa passion ou sa légèreté. Mlle de Chevreuse croyoit la première, dont elle fut très-peu reconnoissante; je crois plutôt la seconde. La mienne ne fut pas moindre de lui confier, après un tour pareil à celui-là, une place aussi considérable que le Mont-Olympe[1]. Vous

bas, les mots : « Il lui fit entendre la maladie; » puis un peu plus loin : « Je me raccommodai bientôt avec la damoiselle; » et enfin, trois et quatre lignes plus bas, le nom propre : « Mlle de Chevreuse, » et l'incise : « dont elle fut très-peu reconnoissante. » Le correcteur, on le voit, ne s'occupe guère de recoudre le texte.

1. « Au-dessus de Charleville, y a une montagne qui lui commande du tout et qui dépend de la principauté de Château-Regnault, qui appartient à la princesse de Conti; et le sieur duc de Nevers, à cause de l'importance du lieu, lui demanda permission d'y bâtir une maison dite l'Olympe, et elle lui fut accordée, à condition qu'elle ne fût point un fort, mais une simple maison de plaisance. Mais voyant que c'étoit une espèce de fort à bastions, à murailles épaisses, elle a révoqué la permission. » *Voyage en Ardennes* (manuscrit de la Bibliothèque nationale, Fonds français 12115), attribué à Pierre Bergeron, mort en 1637, publié dans la *Revue historique des Ardennes* par M. E. Senémaud, 1865, tome II, p. 32 et 33. Vauban disait des trois places de Mézières, Charleville et Mont-Olympe que « c'étoient trois bêtes de compagnie que les loups n'osoient attaquer parce qu'elles alloient ensemble. » Voyez

trième lacune, le ms H et les anciennes éditions omettent, outre ce qui est supprimé dans la copie R, les mots, non biffés dans celle-ci : « croyoit la première.»

verrez ce détail dans la suite, et comme il fit justice à mon impertinence[1], car il m'abandonna et me trompa pour la seconde fois[2]. L'inclination naturelle que nous avons pour quelqu'un se glisse imperceptiblement dans le pardon des offenses, sous le titre de générosité ; Noirmoutier étoit fort aimable pour la vie commune, commode et enjoué.

Je[3] ne continuerai pas, par la date des journées, la suite de la procédure qui fut faite au Parlement contre nous, parce que je vous ennuierois par des répétitions fort inutiles, n'y ayant eu, depuis le 29 décembre 1649 qu'elle recommença, jusqu'au 18 de janvier 1650 qu'elle finit, rien de considérable que quelques circonstances que je vous remarquerai succinctement[4], pour pouvoir venir plus tôt à ce qui se passa dans le cabinet, où vous trouverez plus de divertissement que dans les formalités de la Grande Chambre.

Ce 29, que je vous viens de marquer, nous entrâmes au Palais avant que Messieurs les princes y fussent ar-

---

le *Mémoire historique sur les châteaux, citadelles de Mézières, Charleville et le Mont-Olympe*, par le chevalier de Châtillon, directeur des fortifications (1751), publié par M. E. Senémaud dans la *Revue historique des Ardennes*, 1864, tome I, p. 8. La forteresse du Mont-Olympe fut démantelée en 1686.

1. *Impertinence*, dans le sens vieilli de « sottise, action qui est contre la raison, le jugement. » — Dans 1718 C, D, E et 1719-1828, *impertinence* est changé en *imprudence*.

2. Ce qui suit manque, ainsi que tout l'alinéa suivant, dans le ms H et dans toutes les éditions anciennes. — La trahison que Retz reproche ici à Noirmoutier, gouverneur de Charleville et du Mont-Olympe, eut lieu en 1651 ; elle est racontée au tome III de l'édition de 1859, p. 286.

3. Le secrétaire recommence à écrire ici, à la page 1236.

4. Au lieu de *succinctement*, la copie R donne *incessamment*, au-dessus de *incontinent* (biffé), qui est la leçon du manuscrit Caffarelli. Au commencement de l'alinéa suivant, elle transpose un peu l'ordre des mots : « que je viens de vous marquer. »

rivés, et nous y vînmes ensemble, M. de Beaufort et moi, avec un corps de noblesse qui pouvoit faire trois cents gentilshommes[1]. Le peuple, qui étoit revenu jusqu'à la fureur[2] dans sa chaleur pour nous, nous donnoit assez de sûreté; mais la noblesse nous étoit bonne, tant pour faire paroître que nous ne nous traitions pas simplement[3] de tribuns du peuple, que parce que, faisants[4] état de nous trouver tous les jours au Palais, dans la quatrième chambre des Enquêtes, qui répondoit à la Grande, nous étions bien aises de n'être pas[5] exposés, dans un lieu où le peuple ne pouvoit pas entrer, à l'insulte des gens de la cour, qui y étoient pêle-mêle avec nous. Nous étions en conversation les uns avec les autres; nous nous faisions civilités, et nous étions, huit ou dix fois tous les matins, sur le point de nous étrangler, pour peu que les voix s'élevassent dans la Grande Chambre : ce qui arrivoit assez souvent par la contestation, dans la chaleur où étoient les esprits. Chacun regardoit le mouvement de chacun, parce que tout le monde étoit dans la défiance. Il n'y avoit personne qui n'eût un poignard

1. D'après l'énumération de la page 592, la cohorte des gentilshommes ne s'élève qu'à cent quatre-vingt-quatorze. C'est pitié de voir à quoi se laissait employer cette noblesse.
2. « Jusqu'à la fureur » manque dans le ms H et dans toutes les éditions anciennes.
3. *Simplement* est en marge, de la main de Retz. — Dans les éditions de 1837 et de 1843 : « des (*pour* de) tribuns du peuple. »
4. Ici encore le participe présent a le signe de l'accord dans l'original et dans la copie R.
5. Ce mot *pas* n'est point à sa vraie place dans l'original : il se trouve deux lignes plus loin, dans la marge de gauche, à la fin de la ligne, après : *pêle-mêle*, de la main de Retz, qui l'a sans doute placé trop bas par distraction. La copie R le donne, mais à la marge de gauche aussi, et visiblement placé là après coup, lorsque le copiste se fut rendu compte de la méprise du Cardinal.

dans la poche ; et je crois pouvoir dire, sans exagération, que, sans excepter les conseillers, il n'y avoit pas vingt hommes dans le Palais qui n'en fussent garnis[1]. Je n'en avois point voulu porter, et M. de Brissac m'en fit prendre un, presque par force, un jour où il paroissoit qu'on pourroit s'échauffer plus qu'à l'ordinaire. Cette arme, qui à la vérité étoit peu convenable à ma profession, me causa un chagrin qui me fut plus sensible qu'un plus grand. M. de Beaufort, qui étoit fort lourd[2], voyant la garde du stylet, dont le bout paroissoit un peu hors de ma poche, le montra à Arnault, à la Moussaie[3], à de Roche, capitaine des gardes de Monsieur le Prince, en leur disant : « Voilà le bréviaire de Monsieur le Coadjuteur[4]. » J'entendis la raillerie, mais je ne la soutins jamais[5] de bon cœur.

1. Qui ne fussent armés de poignards. (1718 C, D, E, 1719-1828.) — A la fin de la ligne précédente, *cinq*, pour *vingt*, dans 1717 A, 1718 B, F.

2. Le ms H et les anciennes éditions adoucissent l'expression et remplacent *fort* par *un peu*. Celles de 1718 C, D, E, 1719-1828 ajoutent, après *lourd :* « et étourdi de son naturel. »

3. Amaury Goyon, marquis de la Moussaye, un des *petits-maîtres* attachés à Condé. On lui doit une relation de la bataille de Rocroi.

4. Le trait est resté proverbial. Sainte-Beuve l'a rappelé, en même temps que *les burettes* (pistolets) de l'abbé Maury, aux pages 20 et 21 de son étude, déjà citée, sur M. de Talleyrand. — Est-ce le souvenir de l'arme que portait Retz qui a inspiré le titre d'un pamphlet dirigé contre lui : *le Poignard du Coadjuteur* (1652, 7 pages) ? L'auteur demande que, pour avoir la paix, on mette à mort les cardinaux Mazarin et de Retz (p. 6 et 7). « Ce sont vos deux tyrans...; il les faut exterminer, à quelque prix que ce soit.... Il faut recourir aux armes, se servir du poignard, de la baïonnette. Si ces moyens vous manquent, appelez plutôt le Mazarin, et par lui vous vous déferez du Coadjuteur. »

5. Il y a *pas*, au lieu de *jamais*, dans les copies R, H, Caf. et dans toutes les éditions anciennes. Trois lignes plus loin, les copies R, H, Caf. omettent *d'âme*.

Nous présentâmes requête¹ au Parlement pour récuser le Premier Président comme notre ennemi, ce qu'il ne soutint pas avec toute la fermeté d'âme qui lui étoit naturelle. Il en parut touché et même abattu.

La délibération, pour admettre ou ne pas admettre la récusation, dura plusieurs jours. L'on opina d'apparat², et il est constant que cette matière fut épuisée. Il passa enfin, de quatre-vingt-dix-huit voix³ à soixante et deux, qu'il demeureroit juge⁴ ; et je suis persuadé que l'arrêt étoit juste, au moins dans les formes du Palais ; car je suis persuadé, en même temps, que ceux qui n'étoient pas de cette opinion avoient raison dans le fond, ce magistrat témoignant autant de passion qu'il en faisoit voir en cette affaire ; mais il ne la connoissoit pas lui-même. Il étoit préoccupé, mais son intention étoit bonne.

Le temps qui se passa depuis le jugement de cette récusation, qui fut le quatrième de janvier, ne fut employé qu'à des chicanes, que Champron, qui étoit l'un des rapporteurs, et qui étoit tout à fait dépendant du Premier Président, faisoit autant qu'il pouvoit pour différer et pour voir si on ne tireroit point quelque lumière⁵

---

1. Voyez à l'*Appendice* cette requête, et la partie des *Causes de récusation*, etc. qui intéresse le Coadjuteur. M. Champollion-Figeac a inséré de longs fragments de cette dernière pièce dans son édition de 1837 (p. 182-186), comme s'ils étaient contenus dans le manuscrit original et sans même prévenir que c'est une addition (incomplète) faite par lui.

2. Locution équivalente à celle que nous avons vue au tome I, p. 316 et 317 : « Comme tout le monde vouloit opiner avec pompe et avec éclat sur une matière de cette importance, quelques jours se passèrent devant que la délibération pût être achevée. »

3. De nonante-huit voix. (1717.)

4. Voyez toutes ces délibérations dans la *Suite du Journal du Parlement*, à partir du 30 décembre 1649 jusqu'au 5 janvier 1650 (p. 17-23).

5. Quelques lumières. (1837-1866.)

de la prétendue conjuration, par un certain Rocquemont[1], qui avoit été lieutenant de la Boulaie en la guerre civile, et par un nommé Belot, syndic des rentes[2], qui étoit prisonnier en la Conciergerie[3].

Ce Belot, qui avoit été arrêté sans décret, faillit à être la cause du bouleversement de Paris. Le président de la Grange[4] remontra qu'il n'y avoit rien de plus opposé à la déclaration[5], pour laquelle on avoit fait de si grands efforts autrefois. Monsieur le Premier Président soutenant l'emprisonnement de Belot, Daurat, conseiller

1. Voyez le manuscrit 733 du Fonds Dupuy, où, dans la *Relation* déjà citée (folios 28-30), est un « extrait de l'interrogatoire de Balthazar de Roquemont, écuyer, fait par Champrond et Doujat. » — Les anciennes éditions changent ce nom en *Bocquemon* ou *Bocquemont*, sauf 1717 A, 1718 B, F. Ces trois dernières, à la ligne suivante, substituent *la Royale* à *la Boulaie*.

2. Syndic des rentiers. (Copies R, H, Caf. et toutes les anciennes éditions.)

3. Belot, avocat au conseil et syndic des rentiers. La *Suite du Journal du Parlement* (p. 26) nous apprend qu'il avait été emprisonné par le chevalier du Guet dans le fort l'Évêque. « Le 10 janvier 1650, il avoit fait présenter deux requêtes; dans l'une, il supposoit que l'auteur de son arrestation étoit le conseiller au Parlement Maupeou, gendre d'un des adjudicataires des gabelles, pour le punir du zèle qu'il déployoit dans ses fonctions de syndic, dans son propre intérêt, puisque tous ses biens reposoient sur les rentes; dans la seconde, il arguoit de faux la déposition des témoins, par un alibi : il étoit en effet parti le 11 décembre, à sept heures du matin, pour se rendre auprès de l'ancien surintendant des finances, d'Aligre, qui pourroit en témoigner. »

4. Le président de la Grand' Chambre. (1717 A, 1718 B, F.) — Le président [de la seconde chambre des Requêtes] de la Grange. (1859-1866.)

5. La déclaration des 22-24 octobre 1648, qu'on appelait de la sûreté publique. De la Grange, président de la seconde chambre des Requêtes, se plaignit fortement que Belot eût été emprisonné « sur les seules conclusions du Procureur général, duquel on savoit la passion. » (*Suite du Journal du Parlement*, p. 26.) Voyez aussi sur Belot le manuscrit cité (733) du Fonds Dupuy, fos 66-77.

de la troisième, lui dit qu'il s'étonnoit qu'un homme pour l'exclusion duquel il y avoit eu soixante et deux voix se pût[1] résoudre à violer les formes de la justice à la vue du soleil. Le Premier Président se leva de colère, en disant qu'il n'y avoit plus de discipline, et qu'il quittoit sa place à quelqu'un pour qui l'on auroit plus de considération que pour lui. Ce mouvement fit une commotion et un trépignement dans la Grande Chambre, qui fut entendu dans la quatrième, et qui fit que ceux des deux partis qui y étoient se démêlèrent avec précipitation les uns d'avec les autres pour se remettre ensemble. Si le moindre laquais eût tiré l'épée en ce moment dans le Palais, Paris étoit confondu[2].

Nous pressions toujours notre jugement, et l'on le différoit toujours tant[3] qu'on pouvoit, parce que l'on ne se pouvoit empêcher de nous absoudre et de condamner les témoins à brevet[4]. Tantôt l'on prétendoit que l'on étoit obligé d'attendre un certain Desmartineau, que

1. *Se pût* est à la marge, de la main de Retz. — Omer Talon (p. 376) nous apprend que Daurat, conseiller de la troisième chambre des Enquêtes, avait été autrefois financier et avait beaucoup de rentes dans son bien. La *Suite du Journal du Parlement* (p. 27) et Omer Talon (p. 377) disent qu'à la suite de cette vive altercation, Daurat alla faire ses excuses à Molé. Il va sans dire que Gui Joli loue fort Daurat : « Celui des conseillers, dit-il (tome I, p. 110), qui se distingua le plus.... et qui marqua le plus de fermeté.... fut le sieur Daurat..., qui parloit toujours avec tant de justesse, d'éloquence et de bon sens que dès qu'il ouvroit la bouche, il se faisoit un silence général, qui ne finissoit pas qu'il n'eût cessé de parler. »

2. Retz est seul à parler de ce grand péril.

3. La copie R omet le mot *tant*. Le manuscrit H et les éditions anciennes suppriment *toujours* devant *tant*.

4. Le manuscrit Dupuy 733 (folio 41) contient des copies des brevets de Canto et de Pichon. On y trouve aussi (folios 53-68), à la date du 17 janvier 1650, l'interrogatoire de Mathieu des Martineaux, avocat au Parlement, dont il est parlé dans la phrase suivante.

l'on avoit arrêté en Normandie pour avoir crié contre le ministère dans les assemblées des rentiers, et que je ne connoissois pas seulement ni de visage ni de nom en ce temps-là ; tantôt l'on incidentoit sur la manière de nous juger, les uns prétendant que l'on devoit juger ensemble tous ceux qui étoient nommés dans les informations, les autres ne pouvant souffrir que l'on confondît nos noms avec ceux de ces sortes de gens que l'on avoit impliqués en cette affaire. Il n'y a rien de si aisé qu'à couler[1] des matinées sur des procédures, où il ne faut qu'un mot[2] pour faire parler cinquante hommes. Il falloit à tout moment relire ces misérables informations, dans lesquelles il n'y avoit pas assez d'indice[3], je ne dis pas de preuve, pour faire donner le fouet à un crocheteur[4]. Voilà l'état du Parlement jusqu'au 18 de janvier 1650 ; voilà ce que tout le monde voyoit ; voici ce que personne ne savoit, que ceux qui étoient dans la machine[5].

Notre première apparition au Parlement, jointe au ridicule des informations qui avoient été faites contre nous, changea si fort tous les esprits, que tout le public fut persuadé de notre innocence, et que je crois même que ceux qui ne la vouloient pas croire ne pouvoient pas s'empêcher de trouver bien de la difficulté à nous faire du mal. Je ne sais laquelle des deux raisons obligea Monsieur le Prince à s'adoucir[6], cinq ou six jours après la

---

1. Qu'à laisser écouler les matinées en des procédures. (1719-1828.)

2. *Mot* est écrit en interligne, de la main de Retz, au-dessus d'une rature.

3. *Indices*, au pluriel, dans toutes les éditions, sauf 1717; et à la suite, *preuves*, au pluriel, dans 1717, 1717 A, 1718 B, F, 1843-1866.

4. *Crocheteux*, dans les copies R et Caf.

5. Que ceux qui connoissoient les ressorts de la machine. (1718 C, D, E, 1719-1828.)

6. *S'adoucir* est ajouté en marge, de la main de Retz. — Le

lecture des informations. M. de Bouillon m'a dit depuis, plus d'une fois, que le peu de preuve qu'il avoit trouvé à ce que la cour lui avoit fait voir d'abord comme clair et comme certain lui avoit donné de bonne heure de violents soupçons de la tromperie de Servien et de l'artifice du Cardinal, et que lui, M. de Bouillon, n'avoit rien oublié pour le confirmer dans cette pensée. Il ajoutoit que Chavigni, quoique ennemi du Mazarin, ne l'aidoit pas en cette occasion, parce qu'il ne vouloit pas que Monsieur le Prince se rapprochât des Frondeurs. Je ne puis accorder cela avec l'avance que Chavigni me fit faire, en ce temps-là, par du Gué Bagnols[1], père de celui que vous connoissez, son ami et le mien. Il nous fit voir[2] la nuit chez lui, où M. de Chavigni me témoigna qu'il se seroit cru le plus heureux homme du monde, s'il eût pu contribuer à l'accommodement. Il me témoigna que Monsieur le Prince étoit fort persuadé que nous n'avions point eu de dessein contre lui ; mais qu'il étoit engagé et à l'égard du monde et à l'égard de la cour : que pour ce

---

ms H et les anciennes éditions sautent tout ce qui est entre *innocence* (quatre lignes plus haut) et *Monsieur le Prince*, et changent *à s'adoucir* en *s'adoucit*.

1. Guillaume du Gué, seigneur de Bagnols, né en 1607, conseiller en 1637, maître des requêtes en 1643, marié à Gabrielle Feydeau en 1640. Après l'avoir perdue en 1648, il vendit sa charge et se retira au château des Trous, près de Port-Royal ; il mourut en 1657. On peut voir à l'*Appendice*, nº IV, qu'en 1649 il prêta, à deux reprises, de l'argent au Coadjuteur. Il est souvent parlé de lui dans le *Port-Royal* de Sainte-Beuve. Le fils dont il s'agit ici, Dreux-Louis du Gué Bagnols, fut conseiller d'État, intendant de Flandre. Il était des amis intimes de Mme de Sévigné, de même que sa femme et cousine germaine, Anne du Gué, fille de François du Gué, intendant de Lyon, et surtout que la sœur de celle-ci, Marie-Angélique du Gué, qui avait épousé le chansonnier Coulanges, cousin germain de Mme de Sévigné.

2. Il nous fut voir. (1717.) — Je le fus voir. (Ms H, 1717 A, 1718 B, F.) — Il nous fit venir. (1718 C, D, E, 1719-1828.)

qui étoit de la cour, l'on eût pu trouver¹ des tempéraments ; mais qu'à l'égard du monde, il étoit difficile d'en trouver qui pût satisfaire² un premier prince du sang, auquel on disputoit, publiquement et les armes à la main, le pavé, à moins que je me résolusse de le lui quitter³, au moins pour quelque temps. Il me proposa, en conséquence, l'ambassade ordinaire de Rome, l'extraordinaire à l'Empire, dont on parloit à propos de je ne sais quoi. Vous jugez bien quelle put être ma réponse. Nous ne convînmes de rien, quoique je⁴ n'oubliasse rien pour faire connoître à M. de Chavigni la passion extrême que j'avois de rentrer dans les bonnes grâces de Monsieur le Prince. Je demandai un jour à Monsieur le Prince, à Bruxelles⁵, le dénouement de ce que M. de Bouillon m'avoit dit et de cette négociation de Chavigni, et je ne me puis remettre ce qu'il me répondit. Ma conférence avec M. de Chavigni fut le 30 de décembre.

1. *Trouver* est en marge, de la main de Retz; deux lignes plus bas, il a écrit en interligne *pût*, et encore deux lignes plus loin, le pronom *le*.
2. Qui pussent satisfaire un.... (1837-1866.) — Qui pussent satisfaire à un.... (Ms H, 1717 A, 1718 B, F.)
3. Que je me résolusse à le lui céder. (1718 C, D, E, 1719-1828.)
4. *Je* est en interligne, de la main de Retz. Deux lignes plus loin, il a aussi écrit : *bonnes grâces* à la marge, avec renvoi à un mot du texte, biffé et illisible.
5. Vers la fin de 1658 ou en 1659, pendant leur exil.

APPENDICE

APPENDICE.

I. — Page 16.

LA JOURNÉE DES BARRICADES.

Aucun des contemporains n'accorde à Retz, dans la journée des Barricades, l'importance qu'il s'y est donnée dans ses *Mémoires*. Quel a donc été son vrai rôle? Pour le démêler, l'établir d'une façon authentique et impartiale, nous avons cru utile de faire, parallèlement au récit de notre auteur, bien entendu sans parti pris de contradiction, une sorte de relation de cet épisode demeuré fameux dans l'histoire de la Fronde comme dans ces *Mémoires*, en la composant au moyen de tous les témoignages du temps. Nous avons sous la main de nombreux documents; nous n'avons fait que les rapprocher, les condenser, les fondre ensemble, en les suivant d'aussi près qu'il nous a été possible. La vérité historique ressemble fort à une mosaïque, et ne peut se composer qu'avec des fragments de vérité, si on peut parler ainsi, empruntés à tous les partis, chacun d'eux, volontairement ou involontairement, l'altérant plus ou moins.

Comme échos de la cour, nous avons consulté principalement les *Mémoires de Mme de Motteville* (édition Riaux, tome II, p. 150-180), ceux de *Mademoiselle de Montpensier*, publiés par M. Chéruel (tome I, p. 176-180), ceux du *marquis de Montglat* (tome XXIX[1], p. 197-200), et deux relations manuscrites, dont l'une, due à un nommé Dubois, a été déjà publiée par nous dans la *Revue des Sociétés savantes*[2], et l'autre, encore inédite, se trouve dans le *Journal de Paris* (Bibliothèque nationale, manuscrit 10273, tome I, p. 93-104). Nous les contrôlons, au point de vue du Parlement, par les *Mémoires de Molé* (tome III, p. 250-368, et tome IV, p. 316-319), par ceux d'*Omer Talon* (tome XXX, p. 263-268), par le *Journal d'Olivier d'Ormesson* (tome I, p. 555-569), et par les *Registres du Parlement* (manuscrit inédit de la bibliothèque de l'Université, H, 5, tome I, f°s 101-116). Nous avons encore étudié ces mouvements de Paris dans les *Mémoires de Gui Joli* (tome XXVI, p. 8-13), dans la *Relation véritable de tout ce qui s'est fait et*

---

1. Les tomes auxquels nous renvoyons, dans cette relation, pour les *Mémoires de Montglat, de Talon, de Gui Joli*, sont ceux de la Collection Michaud.
2. 1865, tome II, p. 324-338. *Relation véritable de ce qui s'est passé de plus remarquable en la sédition arrivée à Paris le 26 août 1648*; il en a été fait un tirage à part de cinquante exemplaires, in-8°, 15 pages, 1866.

passé aux Barricades de Paris le 26ᵉ, le 27ᵉ et le 28ᵉ d'août 1648 (pièce in-4°, 8 pages), dans le *Mémoire des plus remarquables pièces faites depuis le 26 d'août jusques à présent* (in-4°, 1649, 8 pages), et dans *le Politique du temps touchant ce qui s'est passé depuis le 26 août 1648 jusqu'à l'heureux retour du Roi dans sa ville de Paris....* (in-4°, 1648, 22 pages). Nous avons consulté aussi, sans y avoir rencontré rien de nouveau ou d'important, les pièces en vers suivantes : *Sur le portrait de M. de Broussel, conseiller du Roi en sa cour de Parlement*, par le sieur Dubreton (in-4°, 1648, 8 pages); *Agréable récit de ce qui s'est passé aux dernières Barricades de Paris, décrites en vers burlesques* (in-4°, 1649, 23 pages); et *Satire sur les troubles de Paris, en vers burlesques* (in-4°, 1649, 12 pages). Ces opuscules nous ont cependant confirmé ce que nous savions d'ailleurs des dispositions d'esprit des Parisiens.

Nous n'indiquerons spécialement la source d'où sera tiré notre récit que lorsqu'il s'agira d'un fait important relaté par un seul écrivain, ou d'un détail présenté d'une manière contradictoire par différents narrateurs.

La cour, pressée par le besoin d'argent, supportait depuis longtemps avec peine la résistance que le Parlement opposait aux divers édits bursaux. La nouvelle de la victoire de Lens, remportée par Condé, coïncidant avec un arrêt, du 22 août, qui ordonnait des informations contre Catelan, Tabouret et d'autres financiers, décida le ministère à « entreprendre un coup d'autorité, » selon l'expression de Gui Joli (p. 8). Il y était d'ailleurs vivement poussé par les traitants et par d'autres personnages, tels que les maréchaux d'Estrées et de Senneterre, fort intéressés dans les prêts, et qui influençaient la Reine par sa première femme de chambre, l'avide Mme de Beauvais. Ils promettaient au surintendant des finances, l'incapable maréchal de la Meilleraye, tout l'argent dont il avait besoin, pourvu qu'il réduisît le Parlement au silence. L'arrestation des présidents Charton et Blancménil et du conseiller Pierre Broussel fut décidée; d'autres conseillers, Laisné, la Nauve et Loisel, devaient seulement être exilés. L'exécution fut fixée au 26 août, jour marqué pour le chant du *Te Deum* en l'honneur du triomphe de nos armes. On espérait que le déploiement de troupes auquel cette solennité allait donner lieu favoriserait l'accomplissement de cet attentat contre la liberté individuelle, de cette violence doublement coupable, puisqu'elle allait troubler la joie publique et compromettre les chances d'une paix attendue depuis douze ans.

Dès neuf heures du matin, sur le chemin que devait suivre le cortége de la cour, le régiment des gardes et les Suisses faisaient la haie, depuis le Palais-Royal jusqu'à Notre-Dame, et occupaient ainsi la première moitié du Pont-Neuf. Le Parlement et les autres cours souveraines, quoique certaines rumeurs de mauvais augure circulassent dans le public, étaient représentés par un grand nombre de leurs membres : ces compagnies tenaient à détruire le soupçon que cette victoire ne leur était pas agréable. Le corps de la Ville s'était aussi rendu à la cérémonie. Le Roi, sa mère, le Ministre arrivèrent à midi. L'espoir d'être bientôt vengés de ce qu'ils appelaient les mépris du Parlement donnait à Anne d'Autriche et à Mazarin un air de contentement et de bonne humeur que constatent Mme de Motteville et Mademoiselle de Montpensier.

La cérémonie commence sans retard. Saintot, au son des tambours et des trompettes, présente au Coadjuteur, revêtu de ses habits pontificaux, les quatre cents drapeaux ou cornettes pris à l'ennemi. Après le chant d'actions de grâces, la bénédiction épiscopale, donnée par Paul de Gondi, marque la fin de l'office. A ce moment, Comminges, lieutenant des gardes de la Régente, s'approche d'elle, et elle lui dit tout bas : « Allez, et que Dieu veuille vous assister. » Le Tellier, secrétaire d'État, ajoute : « Tout est prêt. » La cour se retire, et Comminges, au lieu d'accompagner Leurs Majestés, comme font d'ordinaire les commandants des gardes du corps, demeure à Notre-Dame, donne des ordres à deux exempts et à quelques gardes, qui partent immédiatement pour aller chez Blancménil, rue Neuve-Saint-Merry, et chez Charton, rue des Bernardins. Il s'était réservé l'entreprise la plus périlleuse, celle de prendre Broussel, l'ami du peuple, son *père* et *protecteur*, comme on l'appelait. Cette conduite inusitée de l'officier aux gardes suffit pour jeter l'émoi dans le corps du Parlement, si habitué à la stricte observation des formes, et chacun, se croyant menacé dans sa liberté, prend la fuite : « l'église, dit Mme de Motteville, n'avoit pas assez de portes pour les laisser sortir au plus tôt. » Le peuple, venu pour voir passer son jeune roi, et répandu autour de l'église, voyant cette précipitation des magistrats et entendant des murmures, se rapproche par groupes, « commençant à écouter et à regarder ce que cela vouloit dire. »

Cependant Comminges avait envoyé son carrosse, avec quatre gardes et un exempt, au numéro 16 de la petite rue du Port-Saint-Landry, où demeurait Broussel. Là, sur l'avis qu'un secrétaire de le Tellier et un messager de la Reine lui avaient donné en lui apportant des papiers, Broussel attendait des financiers, qui devaient, avait-on dit pour le retenir au logis, venir travailler avec lui. Le lieutenant des gardes, venu à pied quelques instants après le carrosse, frappe à la porte du conseiller. Un petit laquais ayant ouvert promptement, Comminges se saisit de l'entrée et y glisse deux gardes; suivi des deux autres, il monte à l'appartement de Broussel. Celui-ci, entouré de ses trois filles et de ses deux fils, venait de finir son dîner, et était encore « en soutane et en pantoufles. » A la vue de la lettre de cachet que présente l'officier, ce vieillard de soixante-treize ans se trouble, allègue qu'il n'est pas en état de partir ; une de ses filles ajoute qu'il a pris médecine. En même temps, une vieille servante criait aux voisins qu'on voulait emmener le conseiller, demandait du secours, et mêlant à ses prières mille injures contre Comminges, lui déclarait qu'elle l'empêcherait bien de faire du mal à son maître. A ce bruit, le peuple s'assemble, veut couper les rênes des chevaux et briser le carrosse ; mais il est arrêté par la ferme contenance des gardes et d'un page de Comminges. Ce dernier, entendant la rumeur de la maison et de la rue, et comprenant que chaque minute de retard rend plus difficile le coup de main dont il est chargé, presse Broussel, et menace « de le tuer s'il ne marche. » Il le saisit tel qu'il est, sans lui laisser le temps de prendre un manteau ni un livre, et l'arrache aux embrassements et aux adieux de sa famille : « Mes enfants, disait-il, je n'espère pas de vous revoir jamais ; je vous donne ma bénédiction. Je ne vous laisse pas de bien, mais l'honneur ; ayez soin de le conserver. » Il est jeté dans le carrosse, et les gardes ferment la porte de la maison de Broussel, et en prennent la clef pour empêcher qu'aucun des siens ne sorte. Les chevaux partent à toute bride par les petites rues détournées du quartier Notre-Dame, en passant par le Marché-Neuf. A tout moment l'escorte engageait une espèce de bataille contre la multitude, grossie à chaque pas aux cris d'un petit laquais de Broussel : revenant de la ville au moment où on emmenait son maître, il suivait le carrosse et demandait la délivrance du prisonnier. Comminges était près d'atteindre l'endroit où les gardes se trouvaient encore rangés en haie, attendant l'ordre du départ, lorsque près de la poterne du Palais, joignant le quai des Orfévres, à peu de distance de l'hôtel du Premier Président, le carrosse verse et se brise. Se jugeant perdu, l'officier crie au régiment des gardes : « Aux armes ! compagnons, à mon secours ! » Les soldats accourent et engagent contre le peuple un combat de mains et d'injures. Pendant ce temps, dit d'Ormesson, Comminges « menaçoit Broussel du poignard, s'il parloit, en disant qu'il en avoit l'ordre. » Molé, entendant ce grand bruit, envoie son fils François, abbé de Sainte-Croix de Bordeaux, en savoir la cause ; Broussel avait à peine eu le temps de raconter son arrestation qu'un des gardes de Comminges amène un autre carrosse pris au passage, et d'où il avait fait descendre, avec menaces, la dame qui s'y trouvait (la maréchale d'Effiat, selon les uns ; une dame Daffiz de Toulouse, selon les autres). Le carrosse repart ; mais le cocher, qu'on avait contraint de marcher, rompt exprès sa voiture dans la rue Saint-Honoré. Heureusement arrivait un troisième équipage, que Guitaut, capitaine des gardes de la Reine, envoyait à son neveu Comminges, prévoyant que peut-être il en aurait besoin. Comminges se jette dedans avec son prisonnier, gagne un relais qui l'attendait près des Tuileries, où logeait alors Mademoiselle de Montpensier, et de là, par la Porte-Neuve et le Cours-la-Reine, le château de Madrid dans le bois de Boulogne. Là, on donne des chaussures et un manteau à Broussel, qui cause un instant avec la reine d'Angleterre ; puis on le conduit à Saint-Germain, d'où, selon les ordres de la Régente, il devait être expédié dans une forteresse de la frontière, Sedan ou le Mont-Olympe.

Chez les deux présidents, les choses s'étaient passées plus simplement : Charton était parvenu à se sauver par-dessus les murailles de son jardin ; Dubois, exempt des gardes de la Reine, qui était allé chez Blancménil, l'avait trouvé avec Mme de Marillac, en visite chez lui, et l'ayant pris, l'avait mené, avec civilité mais fort promptement, au château de Vincennes.

Cependant la nouvelle de l'enlèvement des deux prisonniers se répandait et faisait grand bruit. Partout les boutiques se ferment, les chaînes se tendent, et, au son du tocsin de Saint-Landry, les gens du quartier s'arment de hallebardes et de vieilles épées ; les bateliers se joignent à eux, criant partout qu'ils sont perdus, qu'ils veulent qu'on leur rende Broussel, leur protecteur, et qu'ils mourront tous de bon cœur pour son salut. En peu d'heures, la Ville est couverte de barricades ; on en compta, dit Omer Talon, jusqu'à douze cent soixante dans Paris, se continuant, en certains endroits, de vingt toises en vingt toises ; quelques-unes avec des fossés remplis d'eau par devant ; toutes avec des chaînes, des poutres mises en travers, des tonneaux remplis de pavés, de terre ou de moellons ; et à chaque barricade il y avait un corps de garde composé de vingt-cinq ou trente hommes, armés de toute sorte d'armes [1].

La Régente, avertie du désordre, envoie le maréchal de la Meilleraye pour apaiser le peuple ; prenant un bâton d'exempt, il part avec quelques gardes de la Reine, gensdarmes et chevau-légers. Arrivé au bout du quai des Orfévres, à l'entrée de la rue Neuve-Saint-Louis, il trouve le peuple, furieux, occupé à jeter dans la rivière les morceaux du carrosse de Comminges, lui parle de devoir et lui commande de se retirer.

On répond par des pierres, lancées même des fenêtres, et dont une atteint légèrement à l'épaule le maréchal, qui commande alors une

[1]. On peut voir au cabinet des Estampes de la Bibliothèque nationale, dans la collection dite de l'Histoire de France, une gravure de l'époque représentant une de ces barricades. Elle a été reproduite dans l'*Histoire de France* de MM. Charton et Bordier, et à la page 129 de notre édition abrégée des *Mémoires de Retz* (1866), qui donne presque toutes les gravures historiques du temps.

décharge aux fenêtres : il y eut deux hommes et une femme blessés. Voyant les dispositions hostiles de la foule et un horloger le menacer d'une fenêtre avec un fusil, la Meilleraye retourne vers le Pont-Neuf, et y trouve, dit la *Relation Dubois*, le maréchal de l'Hôpital, essayant aussi de faire retirer le peuple.

Cependant le Coadjuteur, entendant au petit archevêché le tumulte du quartier Notre-Dame, sortit, encore revêtu de son rochet, du camail et du bonnet carré. Accompagné de d'Argenteuil et de Marigny, sa croix pastorale portée devant lui, et donnant des bénédictions, promettant de demander Broussel à la Reine, il était arrivé devant le « cheval de bronze » du Pont-Neuf. Il remontrait au peuple l'obéissance qu'il devait à la Reine, « avec toutes les marques d'une affection à son service tout à fait désintéressée, » dit Mme de Motteville. Peut-être même, ajoute-t-elle, qu'il « agissoit de bonne foi en cette rencontre; car, comme son desir étoit seulement d'avoir part aux grandes affaires par quelque voie que ce pût être, si par celle-ci il eût pu entrer dans les bonnes grâces de la Reine et se rendre nécessaire à l'État, son ambition étant satisfaite, il n'en auroit pas pris une autre.

« Le peuple à toutes les paroles du Coadjuteur répondit avec respect pour sa personne, mais avec audace et emportement contre ce qu'ils devoient au nom du Roi, demandant toujours leur protecteur, avec protestation de ne s'apaiser jamais qu'on ne le leur rende. » Ce fut alors que Gondi fut rejoint par la Meilleraye, et tous deux se dirigèrent vers le Palais-Royal[1]. Là, le Coadjuteur, essayant de transmettre à la Reine les supplications du peuple, fut raillé : « Madame, dit à la Régente le facétieux Bautru, Votre Majesté est bien malade; le Coadjuteur lui apporte l'extrême-onction. » On le traitait, disent Montglat et d'Ormesson, « d'homme qui se faisoit de fête sans ordre, et qui se mêloit de ce qu'il n'avoit que faire, au lieu de songer à prier Dieu. » On décida cependant que, comme il ne fallait pas, dans cette première chaleur, aigrir davantage le peuple, la Meilleraye et Paul de Gondi retourneraient de nouveau lui parler, dussent-ils même s'exposer encore une fois aux pierres et aux injures. Ils s'y décidèrent de bonne grâce, dit Mme de Motteville, quoique la Meilleraye, souffrant de la goutte, ne pût marcher qu'avec un bâton, et que le Coadjuteur eût une santé assez faible et délicate. On les fit accompagner de quantité de gensdarmes et de chevau-légers et d'une compagnie de gardes, pour voir si les armes n'imposeraient pas un peu de respect à cette multi-

---

[1]. Dubois seul, dans sa *Relation*, unit à eux le maréchal de l'Hôpital; partout ailleurs, quand on le rencontre, il semble, comme la Meilleraye, occupé à rétablir l'ordre, mais de son côté et séparément.

tude furieuse, qui, pendant ce temps, avait essayé de forcer la maison du financier Catelan, mais avait été repoussée et s'était portée chez le Premier Président. Mathieu Molé descendit en robe de chambre, dit-il lui-même, et leur demanda le motif de leur rassemblement. Une pauvre fille qui était au premier rang cria au nom de tous qu'on leur rendît Broussel. Le Premier Président promit d'aller trouver la Reine, et obtint leur départ.

Peu après, en effet, il partait pour le Palais-Royal, avec le lieutenant civil Dreux d'Aubray; mais ses prières furent vaines, et il retourna chez lui, en souhaitant à la Reine que la suite de l'émeute ne la forçât pas à changer de conduite [1]. Quelques heures s'étaient à peine écoulées que la Reine, sur le bruit de prétendues violences exercées contre le Premier Président, le faisait rappeler; mais apprenant que ce bruit était faux, elle revint à son opiniâtreté première, et annonça qu'elle enverrait le lendemain le Chancelier au Parlement pour qu'il ne s'y passât rien d'extraordinaire. Elle n'avait pu réussir dans sa tentative d'y placer des gardes pour en interdire l'entrée aux magistrats. « Les bourgeois du quartier, dit l'auteur anonyme du *Journal de Paris* encore inédit (p. 94), avoient déjà fermé la porte du Parlement et maintenu les avenues, et les gardes avoient été obligés de s'en retourner assez honteusement vers le Palais-Royal. »

On ne trouvait nulle part de dispositions à la paix : la Meilleraye et Gondi n'avaient pas mieux réussi auprès du peuple qu'auprès de la Reine. Le maréchal, atteint de nouveau par une pierre, avait blessé mortellement un crocheteur d'un coup de pistolet vers Saint-Germain l'Auxerrois. Le Coadjuteur s'était alors arrêté et avait confessé le moribond dans le ruisseau, non sans danger d'abord : il fut, en effet, frappé d'une pierre, qui lui fit une « contusion aux côtes [2]; » mais la vue du zèle qu'il affectait de déployer avait calmé la fureur des assistants, et finit bientôt, selon ses désirs, par lui concilier la faveur du peuple. Pour plaire à la multitude et en même temps rendre compte à la Reine de ses vains efforts, il se décida à retourner au Palais-Royal. Il trouva Anne d'Autriche s'amusant, selon sa coutume, des « faribioles » des courtisans, qui riaient, comme fait aussi Mademoiselle de Montpensier dans ses *Mémoires*, de la gaucherie et de la mauvaise grâce de ces bourgeois à porter l'épée, dont ils n'avaient pas coutume de se servir. Trompée par les

---

1. Une des relations, *Mémoire des plus remarquables pièces*..., est seule à dire (p. 3) que Molé alla au Palais-Cardinal (*sic*) avec le Coadjuteur, que « l'on renvoya à son bréviaire. »

2. *Mémoires de Gui Joli*, p. 9. Retz nous a dit (ci-dessus, p. 27) que ce fut au-dessous de l'oreille.

fausses apparences de tous ces gens de sa cour qui ne voulaient ni paraître avoir peur ni être les premiers à pronostiquer le mal, quoique plusieurs se ressouvinssent involontairement des barricades de 1588, la Reine écouta froidement le Coadjuteur, qui de nouveau s'en retourna « sans réponse. »

La nuit se passa tranquillement; les troupes restèrent sous les armes, et particulièrement aux environs des Tuileries, où une partie du régiment des gardes suisses gardait la porte de la Conférence. Mazarin songeait-il déjà à s'enfuir par là, en cas de vive alerte, comme il le fit cinq mois après, dans la nuit du 6 janvier 1649? Les bourgeois, de leur côté, n'abandonnèrent pas les corps de garde qu'ils avaient établis dans tous les carrefours. A la barrière des Sergents de la rue Saint-Honoré, la sentinelle parisienne n'était qu'à dix pas de celle de la garde du Roi. Au Palais-Royal et au petit archevêché, on se préparait aussi à l'offensive pour le lendemain.

Chez la Reine, il y eut un grand conseil : on décida que le Chancelier irait au Palais, de la part du Roi, interdire l'assemblée des chambres, ordonner au Parlement de rendre la justice aux particuliers; on lui promettrait la liberté des prisonniers après qu'il aurait témoigné de son obéissance. D'autre part, le Coadjuteur avait quitté la cour, dit Montglat, « outré de rage d'un si grand mépris et dans la résolution de s'en venger. » Dans le récit un peu confus de Gui Joli, qui est bien celui d'un narrateur écrivant longtemps après l'événement et sur des ouï-dire (probablement les conversations de Retz, lorsque Joli faisait partie de sa maison), on peut démêler qu'il y eut aussi conseil au petit archevêché entre le Coadjuteur, le chevalier de Sévigné son parent, Argenteuil, Laigue et Miron, maître des comptes; que Retz fit sonder par eux ses amis, et qu'on agita la question des Barricades, sans rien décider toutefois. Miron, capitaine du quartier du Chevalier du Guet, devait faire battre le tambour à l'occasion ; et on attendait le même service de Martineau, conseiller des Requêtes, capitaine de la rue Saint-Jacques : Paul de Gondi était amoureux de sa femme et par elle se croyait sûr du mari. Les capitaines pouvaient agir avec d'autant plus de liberté, que cette même nuit « le prévôt des marchands avoit averti, par ordre de la cour, les officiers de tenir leurs armes et leur compagnie en bon état[1]. » Mais, comme le dit Gui Joli, « tout cela n'auroit cependant peut-être servi de rien, si le hasard et la mauvaise conduite de la cour n'avoient le lendemain porté les choses à la dernière extrémité. »

Le 27, Molé, qui s'était rendu au Palais à six heures, s'occupait

---

1. Gui Joli a bien montré (p. 13) la grande imprudence de cette mesure, qui favorisa le mouvement.

des affaires de quelques particuliers avec quatre membres du Parlement dont il écoutait les rapports, lorsque, vers sept heures, arrivèrent huit ou dix membres des Enquêtes, demandant hautement qu'on interrompît les affaires privées pour s'occuper des intérêts publics. A huit heures, Molé y consentit et manda les gens du Roi. On était en train de délibérer sur l'opportunité d'envoyer une députation à la Reine, lorsque Bernières, maître des Requêtes, arriva avec les gens du Roi, et debout, tout ému, dit qu'il venait avertir la Compagnie que le peuple tenait le Chancelier assiégé dans l'hôtel de Luynes, sur le quai des Augustins [1].

Le Chancelier, en effet, selon l'ordre qu'il avait reçu la veille au soir, était parti pour lire au Parlement un arrêt du Conseil portant cassation de tout ce qui avait été fait depuis le lit de justice du 31 juillet, lui défendre de s'assembler, et, en cas de désobéissance, l'interdire. Il emmenait avec lui dans son carrosse son frère l'évêque de Meaux, sa fille la duchesse de Sully, et Mme de Ligny, qui, la veille au soir, n'avaient pu s'en aller, à cause des chaînes tendues dans tout Paris. Arrivé à la Croix-du-Trahoir, au coin des rues Saint-Honoré et de l'Arbre-Sec, le Chancelier trouva une chaîne que l'on ne voulait point abaisser pour lui. Il gagna par une autre rue le Pont-Neuf; là, au coin du quai des Orfévres, nouvelle chaîne et nouveau refus de l'abaisser, accompagné même de rudes paroles. Malgré les prières de sa fille et de son frère, le Chancelier, stimulé par les ordres rigoureux de la cour et par les moqueries qu'elle avait opposées, la veille, à ses représentations, se dirigea vers le quai des Augustins, pour passer sur le pont Saint-Michel; mais il y trouva la chaîne pareillement tendue, et, pour la troisième fois, on refusa de le laisser passer. Cette fois, effrayé des cris et des menaces, Seguier se réfugie avec les siens dans l'hôtel de son allié, le duc de Luynes, sur le quai des Augustins, au coin de la rue Gilles-le-Queux (*Gît-le-Cœur*). Il trouva heureusement la porte ouverte; il la ferma si vite qu'un de ses gardes fut laissé dehors; le peuple lui arracha sa hallebarde, et le malheureux se sauva chez Bernières, rue Saint-André-des-Arts, tandis que Chamisé, domestique du Chancelier, courait en grande hâte donner avis au Palais-Royal de ces événements, qui, d'après Mme de Motteville [2], auraient été l'œuvre du Coadjuteur.

Cependant l'hôtel de Luynes est investi par le peuple. Le Chan-

---

1. Les *Registres du Parlement* (f° 102 *bis* r°) rapportent qu'à ce moment « MM. Bouchérat, maître des Requêtes, et Broussel, des Requêtes, neveu et cousin germain de M. de Broussel, conseiller en la Grande Chambre, sont venus donner avis à la Compagnie de la forme avec laquelle on avait enlevé ledit sieur de Broussel hier entre midi et une heure. »

2. « L'on a cru que, pour faire voir que le mal étoit plus grand qu'on ne

celier s'était réfugié au dernier étage et caché dans un petit cabinet formé par une cloison. Là il entendait les menaces proférées contre lui, les recherches dans les cabinets voisins, et il s'était même confessé à son frère, dont il avait reçu l'absolution, tant il s'attendait à mourir. Mais le baron de Veillat et le sieur de Roquetaillade vinrent à son secours, et furent bientôt appuyés par Drouet, capitaine des gardes, que la Reine avait envoyé avec deux compagnies de gardes françaises et suisses, en attendant que la Meilleraye amenât des forces plus considérables. On fit entrer le Chancelier dans le carrosse du lieutenant civil. La retraite, qui, sur la rive droite, s'opéra par le quai de l'École, ne fut pas exempte de danger : on tira plusieurs coups de feu ; une balle traversa la voiture et atteignit à l'épaule la duchesse de Sully, mais sans gravité; Picot, exempt du Chancelier, fut tué ; un de ses gardes, Sanson, fils du géographe, mourut, peu de jours après, des suites de ses blessures. On se vengea aussi sur l'hôtel de Luynes de l'abri momentané qu'il avait prêté au fugitif : le bas de l'hôtel et le premier étage furent pillés [1].

A la suite de cette affaire, une escouade de Suisses, venue par la porte de Nesle, pour saisir le bout du Pont-Neuf, fut vivement repoussée par les bourgeois de la rue Dauphine, devant l'hôtel de Nevers, appartenant alors à Duplessis Guénégaud ; un capitaine suisse fut tué, et on s'empara même de la tour de Nesle.

Au Parlement, l'avis des dangers que courait le Chancelier avait laissé tout le monde assez froid. On répondit à Bernières, dit d'Ormesson, que cela importait peu à la Compagnie : « *Nihil ad curiam;* qu'on avoit à délibérer d'affaires plus pressées ; et beaucoup de particuliers dirent que c'étoit justice d'assommer Seguier, et que ce devroit être déjà fait. Enfin la haine parut toute entière. » Après avoir donné un arrêt[2] pour la sauvegarde des prisonniers, la Compagnie se rendit, en corps et en costume, au Palais-Royal, suivie de plus de vingt mille hommes, qui criaient : « Vive le Parlement et M. de Broussel ! »

L'arrivée de la Compagnie, qui n'avait pas été appelée, et qui

l'avoit pensé à la cour, c'étoit lui (*Retz*) qui avoit envoyé insulter le Chancelier. » (*Mémoires de Mme de Motteville*, tome II, p. 180.)

1. La plupart des détails de cet épisode sont empruntés à Omer Talon, qui dit avoir entendu, le jour même, de la bouche du Chancelier le récit de ses infortunes, et à Olivier d'Ormesson, fort au courant, lui aussi, des événements par sa position au Parlement. La *Relation véritable*.... nous apprend que la perte du duc de Luynes ne monta pas à deux mille écus, la plus grande partie des objets lui ayant été rapportée après le désordre. Le *Journal de d'Ormesson* (p. 569) confirme ce fait : « On lui reporte tous les jours ce qui a été pris. »

2. Cet arrêt se trouve dans la *Relation Dubois*; la *Relation véritable*.... y fait allusion.

APPENDICE. 617

n'avait pas même, selon l'usage, demandé l'heure de la Reine, causa un grand étonnement. Le corps entier, lorsque tout au plus on s'attendait à une députation ! On ne voulut d'abord pas la recevoir, dit le *Mémoire des plus remarquables pieces*; mais on se rendit enfin aux conseils de la reine d'Angleterre [1], et on lui donna audience [2]. Les *Mémoires de Molé* rapportent (tome III, p. 258-260) le long et inutile discours que le Premier Président tint à la Régente; le président de Mesmes ne fut pas plus heureux. Anne ne céda un peu qu'aux observations désespérées du président Bailleul, qui depuis longues années était attaché personnellement à l'intendance de la Reine, et du dévouement absolu duquel elle ne pouvait douter. Après un conseil de plus d'une heure, où, selon Montglat, des projets violents furent encore proposés, la Régente voulut bien promettre au Parlement quelque satisfaction, s'il s'engageait à cesser ses assemblées. La Compagnie retourna alors au Palais pour en délibérer. C'était pour elle un demi-triomphe; « aussi les membres du Parlement sortirent, dit Mademoiselle de Montpensier, fièrement et d'un air à faire croire qu'ils s'en prévaudroient et qu'ils connoissoient les gens à qui ils avoient affaire. »

L'accueil qu'ils reçurent à leur sortie ne ressemblait plus à l'enthousiasme qu'avait excité leur venue : un morne silence remplaçait les acclamations, et bientôt ils eurent peine à se faire livrer passage. Lorsqu'ils arrivèrent à la terrible barricade de la Croix-du-Trahoir, un des séditieux voulut même faire Molé prisonnier, le prendre comme otage de Broussel, puisque le Chancelier leur avait échappé, et l'emmener de force dans une maison voisine, à *l'Écu d'argent*. On parvint enfin, à force de raisonnements et de prières, à le faire renoncer à son dessein; mais il fallut que la Compagnie retournât à la cour afin d'exiger la délivrance de Broussel, et Molé rallia avec peine le corps autour de lui; un certain nombre de ses collègues, et les plus élevés en dignité, s'étaient enfuis épouvantés [3].

Ce retour allait arracher à la Reine les dernières concessions. Pendant que la cour se concertait, on servit une collation aux membres du Parlement, qui n'avaient pas encore pu déjeuner; puis ils délibérèrent, malgré l'opposition de plus de quarante d'entre eux, qui ne voulaient opiner qu'au Palais. Les propositions de la Reine furent acceptées, et, à la grande joie de Mazarin, on oublia de parler de lui et de demander sa retraite. Des parents de

1. Elle était probablement venue à la suite de la conversation qu'elle avait eue avec Broussel au château de Madrid.
2. Dans le grand cabinet de la Reine, disent les *Registres du Parlement*, f° 104.
3. « Il ne resta guère parmi les présidents que de Mesmes et le Coigneux. » (*Registres du Parlement*, f° 108.)

Blancménil et de Broussel furent chargés de lettres de cachet pour la délivrance des prisonniers.

Cependant la Reine avait envoyé prier le Coadjuteur de se rendre au Palais-Royal, lui offrant de faire justice des moqueries que s'était permises Bautru; mais, sous prétexte de sa contusion, il s'était mis au lit, et s'excusa de ne pouvoir venir, ajoutant toutefois qu'il ne se plaignait de rien[1]. Cette souffrance, trop grande pour permettre à Gondi d'aller à la cour, devenait légère dès qu'il s'agissait de conspirer. Averti de tout ce qui se passait et jugeant bien que cette affaire pouvait prendre de grandes proportions, il se rendit facilement aux propositions de ses amis, qui l'engageaient à prendre des mesures avec le duc de Longueville en vue des événements possibles. Il lui dépêcha donc son fidèle d'Argenteuil, et sur-le-champ (il était alors six heures du soir) le duc de Longueville se mit, à cause des barricades, dans un petit bateau, au bout de la rue des Poulies, et vint débarquer dans un lieu appelé le Terrain, par où il entra dans le petit archevêché.

La conférence ne dura pas moins de trois heures, et il s'y trouva quelques amis du Coadjuteur qui « dès ce moment auroient bien voulu, selon Gui Joli (p. 12), pousser les affaires plus avant, disant qu'on ne trouveroit jamais une plus belle occasion; que le peuple étoit disposé à tout entreprendre; que bien des gens crioient dans les rues qu'il falloit aller droit au cardinal Mazarin; que ce n'étoit rien faire sans cela, et que, s'il en revenoit, il n'épargneroit pas ceux qui l'auroient ménagé dans cette conjoncture. Mais comme ces sortes d'entreprises sont plus aisées à proposer qu'à exécuter, et qu'elles notent pour jamais auprès du Prince ceux qui s'en déclarent les chefs, il arrive rarement que les grands seigneurs veuillent s'en charger. De sorte que la conférence se réduisit à convenir qu'il falloit suivre les mouvements du Parlement et du peuple, et tâcher d'engager dans les intérêts publics les personnes de qualité, particulièrement Monsieur le Prince, à qui il sembloit qu'on faisoit une injure en prenant le moment de la réjouissance de sa victoire pour l'exécution d'une entreprise si odieuse. Les choses en demeurèrent donc là. »

Le peuple resta sous les armes toute cette nuit du 27 au 28, voulant voir, avant de les déposer, l'exécution des promesses de la Reine. Le retour du président Blancménil, à dix heures du soir, ne ralentit même en rien sa vigilance. Il voulait avant tout Broussel,

---

1. C'est ce que rapporte Gui Joli, p. 9. Ce passage de ses *Mémoires*, qui nous avait échappé au moment où nous faisions notre commentaire, doit servir de correctif à notre doute et à la négation de M. Bazin sur la visite de l'argentier de la Reine chez le Coadjuteur. Voyez ci-dessus, p. 45 et note 3.

criait incessamment : « Vive le Roi tout seul et M. de Broussel! » et ne craignait pas de dire que, si on le trompait, il irait saccager le Palais-Royal et chasser cet étranger[1]. La fureur recommença le 28, dès huit heures du matin, quand on apprit que Broussel n'était pas encore de retour. « Paris dans cet instant, dit Mme de Motteville, fut quelque chose d'effroyable. » Le vieux conseiller arriva enfin à dix heures du Ménil-Madame-Rance, où son neveu Boucherat l'avait rejoint. Il passa par les quartiers les plus agités, la Croix-du-Trahoir, le Pont-Neuf, le quai des Augustins, pour retourner chez lui, et fut partout accueilli par des applaudissements et des salves de mousquetade. Toutes les barricades se renversaient devant lui. Le peuple voulait faire chanter le *Te Deum* à Notre-Dame, où il avait mené Broussel, et, dit d'Ormesson, on pressa vivement Monsieur le Coadjuteur. Mais le vieux conseiller, honteux de tant de bruit, s'échappa, et sortant de l'église par une petite porte, retourna chez lui. Là on lui offrit de mettre un corps de garde devant la porte de sa maison ; mais il ne le voulut point souffrir. Il déjeuna promptement, et prit sa robe pour s'en aller au Palais[2], où il fut accompagné par le greffier Guyet et six huissiers que Messieurs du Parlement lui avaient envoyés pour le prier de s'y rendre. Au Palais, il fut reçu par le bailli du Palais et complimenté par toutes les cours, et, de son avis, il fut ordonné, chambres assemblées, que toutes les barricades seraient abattues et que chacun poserait les armes. A son retour, même cortége de six huissiers, mêmes démonstrations du peuple. Aussi Mme de Motteville a-t-elle pu écrire : « Jamais triomphe de roi ou d'empereur romain n'a été plus grand que celui de ce pauvre petit homme, qui n'avoit rien de recommandable que d'être entêté du bien public. »

L'arrêt du Parlement, publié à son de trompe, fut exécuté sans retard, en sorte que tout se trouva calme à deux heures après midi. Tant de part que d'autre, quarante ou cinquante personnes de tout sexe et de tout âge avaient péri. « Voilà, dit en terminant le *Mémoire des plus remarquables pièces*, un *Te Deum* suivi de quantité de *De profundis.* »

On a pu remarquer que nous n'avons rien emprunté au journal officiel de l'époque, la *Gazette* de Renaudot. Son récit est cependant fort curieux ; le voici tout entier, tel qu'il se lit à la page 1160 :

« De Paris, le 29 août 1648..... Leurs Majestés assistèrent au

1. Mazarin resta toute cette nuit botté et prêt à monter à cheval. Voyez les *Mémoires de Mme de Motteville* et la *Relation Dubois*.
2. Pendant la matinée du 28, le Parlement, d'après les *Registres* de la Sorbonne (f°s 112 et 113), avait reçu les félicitations du président Lenoir, au nom de la cour des aides, et du président Machaut, député par le grand conseil.

Te Deum.... La rumeur qui survint ici le même jour n'ayant été guère plutôt émue qu'apaisée, je ne vous en puis dire autre chose à présent, sinon qu'elle a semblé n'être arrivée que pour faire continuellement et plus que jamais crier : *Vive le Roi!* en témoignage de la fidélité et affection du peuple envers Sa Majesté, même dans le concours de tant de nouvelles victoires qui lui arrivent les unes sur les autres : tant s'en faut que les ennemis s'en puissent aucunement prévaloir[1]. »

II. — Page 87.

CONFÉRENCES DE SAINT-GERMAIN ET DÉCLARATION DES 22-24 OCTOBRE 1649.

L'arrêt du Parlement rendu le 23 septembre 1648 par soixante et onze voix contre soixante-sept, et par lequel cette Compagnie pourvoyait à la sûreté de la Ville, et attaquait Mazarin, pouvait être regardé comme une mesure prise contre la menace d'un siége que le départ du Roi et l'arrivée du prince de Condé rendaient vraisemblable[2], et pour ainsi dire comme une déclaration de guerre défensive. Cet arrêt, la plus grave démonstration que le Parlement eût encore faite, donna à réfléchir sérieusement à la cour, qui, moins d'un mois auparavant, avait déjà été obligée de céder. D'ailleurs plusieurs des articles proposés par la chambre de Saint-Louis, notamment celui « de la sûreté publique, » n'étaient pas moins agréables à la noblesse, et même aux princes, qu'au reste de la nation. Condé lui-même se montrait moins ardent qu'on ne devait l'attendre de son caractère et des lettres qu'il avait écrites après la journée des Barricades. On se décida donc à négocier, et les deux princes, le duc d'Orléans et Condé, écrivirent une lettre fort courtoise pour proposer une conférence (24 septembre). Cette concession enfla le cœur du Parlement. Un instant, il songea même à in-

---

1. Outre les documents que nous avons indiqués, on peut encore consulter un récit de cette journée dans l'*Appendice* des *Registres de l'Hôtel de Ville pendant la Fronde*, tome I, p. 445-454, et dans l'*Histoire du Pont-Neuf*, par M. Édouard Fournier, tome I, p. 171 et suivantes.

2. Tout s'accordait pour accroître cette vraisemblance et répandre les alarmes. On lit dans le manuscrit inédit des *Registres du Parlement* (tome I, f° 145 v°) : « La plupart de ceux qui ont suivi le Roi ont retiré de leurs maisons leurs meubles les plus précieux, en sorte qu'il sembloit que la ville dût être au sac et au pillage.»

sister pour que les princes vinssent eux-mêmes au Palais ; mais il se décida enfin à nommer vingt et un députés, parmi lesquels se trouvait le président Viole, qui avait donné le signal de l'attaque contre Mazarin.

La députation se rendit, le 25, à Saint-Germain, où la cour s'était retirée ; mais les délibérations ne commencèrent sérieusement que le 27, et Seguier et la Meilleraye y assistèrent, comme pour remplacer Mazarin, qu'on avait en quelque sorte exclu. Après quelques difficultés, on tomba d'accord sur la plupart[1] des articles délibérés en la chambre de Saint-Louis ; celui de la sûreté publique donna lieu à de longues contestations, où Condé manifesta une vivacité particulière. Lorsque le président Viole déclara nettement qu'ils avaient charge expresse de la Compagnie d'obtenir, *par préalable*, sûreté pour les gens emprisonnés et les autres sujets du Roi, ce mot, *par préalable*, nouveau sans doute pour Condé, plus habitué au langage des camps qu'à celui du Palais, fit éclater sa colère. Il le releva avec une « chaleur qui parut sur la face et la contenance de Monsieur le Prince[2]. » On ne rompit cependant pas les conférences, qui continuèrent encore le 30 septembre, le 1er, le 3 et le 4 octobre. Seguier soutint les droits de l'autorité monarchique par des arguments souvent reproduits pour défendre l'arbitraire, que la royauté, quand elle veut être absolue, réclame comme son premier privilége : « Tout ainsi que dans les crimes particuliers il est plus expédient que cent coupables s'échappent que non pas qu'un innocent périsse, dans le gouvernement des États il est plus expédient que cent innocents souffrent que non pas que l'État périsse par la faute d'un particulier.... La Reine.... a jugé ne pouvoir faire ce préjudice à l'autorité royale de vous accorder la déclaration telle qu'elle est demandée : le Roi lui reprocheroit quelque jour qu'elle auroit contribué à la diminution de son autorité[3]. »

Molé réfuta ces fausses raisons ; mais le président de Novion

1. Sur la *plupart* des articles délibérés en la chambre de Saint-Louis, non sur *tous*, comme le dit Saint-Aulaire dans son *Histoire de la Fronde* (tome I, p. 190), peut-être d'après nos *Mémoires*, qu'il a pris souvent pour guides. Retz, qui, à la page 87 de notre tome II, a fait justement une réserve : « L'on y traita presque tous les articles qui avoient été proposés à la chambre de Saint-Louis, et Messieurs les princes en accordèrent beaucoup avec facilité, » semble l'avoir oubliée deux pages plus loin, lorsqu'il dit : « Vous verrez cette déclaration (*des 22-24 octobre*) toute d'une vue, s'il vous plaît de vous ressouvenir des propositions que je vous ai marqué de temps en temps, dans la suite de cette histoire, avoir été faites dans le Parlement et dans la chambre de Saint-Louis. »

2. *Mémoires d'Omer Talon*, p. 280.

3. *Mémoires d'Omer Talon*, p. 282. — La Reine, selon Mme de Motteville (tome II, p. 225), disait que, dans ce cas, son « fils deviendroit un beau roi de carte. »

ayant ajouté que la déclaration de sûreté publique était demandée aussi afin que, une fois enregistrée, le Parlement pût, s'il y était contrevenu, informer, et poursuivre ceux qui en auraient conseillé la contravention, la discussion recommença encore plus vive. Le duc d'Orléans, pour faire diversion, proposa, en attendant qu'on trouvât des termes d'accommodement sur cet article, qu'on examinât le règlement des finances. A la conférence suivante, Condé lui-même, réfléchissant à tant d'arrestations arbitraires dont sa famille avait été victime, et qu'on avait rappelées dans la discussion, se montra moins disposé à repousser le fameux article, surtout lorsque le Chancelier déclara que la Reine y accédait, en tant que ces réserves s'appliqueraient aux officiers du Parlement et des cours souveraines, mais en se réservant l'exercice de sa puissance absolue à l'égard des princes et des gens de la cour qui exciteraient sa méfiance ou auraient encouru son mécontentement. Molé refusant ce privilége pour sa compagnie, et les princes secondant mal le Chancelier, celui-ci se contenta de demander un délai de six mois, puis de trois mois d'arrestation préventive, pendant lesquels on réunirait les pièces nécessaires au procès des criminels d'État. Blancménil fit encore rejeter cette proposition, en demandant que l'ordonnance des vingt-quatre heures fût ponctuellement exécutée.

Ce fut avec peine et sur les instances pressantes de Mazarin que, le 5 octobre, la Reine consentit à « cet assassinat commis contre l'autorité royale [1], » et chargea le Parlement de rédiger la déclaration. Peut-être, en s'abstenant d'y prendre part, Anne d'Autriche pensait-elle que cette forme insolite serait un témoignage de la contrainte exercée sur sa volonté et un prétexte pour annuler la déclaration en des temps meilleurs [2]. Aussi cette invitation inusitée faillit-elle amener un différend nouveau, soulevé un instant par quelques conseillers qui flairaient le piége.

Cependant le Parlement s'était mis à la besogne avec sa lenteur et sa minutie ordinaires (7-13 octobre). Une émeute de cabaretiers et de marchands de vin, le 14 octobre, le pressa un peu. La Reine, qui ne voulait accorder qu'une décharge de cinq cent mille livres, au lieu de douze cent mille que le Parlement demandait, fut obligée de consentir à une réduction de deux millions [3].

---

1. *Mémoires de Mme de Motteville*, tome II, p. 230.
2. Voyez dans *la Misère au temps de la Fronde*, p. 96, la lettre de Mazarin à le Tellier, inédite avant notre publication, dans laquelle il invite le secrétaire d'État à « se tenir toujours préparé à profiter de toutes les conjonctures qui s'offriront pour révoquer la déclaration de 1648, » et lui rappelle combien de fois ils sont « tombés d'accord que cette déclaration et la royauté ne pouvoient subsister ensemble. »
3. Les retranchements divers, montant à environ vingt millions, amenèrent

La déclaration, qui renferme quinze articles, fut terminée le 22 octobre ; la Reine la renvoya, le lendemain, signée et scellée, sans aucune modification, quoique les rédacteurs se fussent en plus d'un endroit écartés des conventions débattues et arrêtées dans les cinq conférences de Saint-Germain ; elle fut enfin enregistrée au Parlement, le 24, en séance publique. Elle est précédée d'un préambule où le Roi annonce qu'il a fait cette déclaration « pour assurer le repos de l'État et le bonheur de ses sujets. » Comme elle est assez longue et qu'elle a été reproduite plusieurs fois[1], nous en donnerons seulement l'analyse.

Le premier article faisait une remise aux taillables, sur l'année 1648, du cinquième de l'impôt (environ dix millions), et suspendait la loi de *solidité* ou de solidarité en fait de taille. Le second supprimait plusieurs impôts établis à l'entrée des villes : c'était pour Paris, nous l'avons vu, une diminution de deux millions. Le troisième réglait l'adjudication publique des fermes générales et interdisait les avances de la part des fermiers. Par le quatrième, on établissait, en faveur des officiers, qu'il ne serait fait sur eux, durant quatre ans, ni taxe, ni retranchement de gages ou révocation d'hérédités ou de survivances, et après ce temps, que rien ne pourrait être ordonné en ce genre qu'en vertu d'édits et de déclarations bien et dûment vérifiés, enfin que le droit annuel serait maintenu sans aucun prêt. Le cinquième article assurait le payement des rentes par le versement direct entre les mains des payeurs de la somme destinée à cet usage ; l'amortissement était également réglé par cet article. Le sixième interdisait, tant que durerait la guerre, tout rachat des rentes dues par le Roi et tous remboursements de finances d'offices supprimés, annulait toutes les dispositions de deniers faites à ce titre depuis 1630, ainsi que toute constitution de rente faite depuis cette époque sans édit vérifié, et renvoyait la

---

un déficit de vingt-quatre millions dans le budget nécessaire ; on le combla par la suppression des gages de certains officiers, la diminution de deux quartiers des rentes assises sur les tailles et d'un quartier et demi de celles qui reposaient sur les gabelles. Cette réduction fut un des principaux sujets de plainte des rentiers qui, dans le mois de mars suivant, présentèrent au Parlement, occupé à la paix de Rueil, une pétition dont l'original se trouve parmi les manuscrits de la Bibliothèque nationale (*Papiers d'État de le Tellier*, tome II, n° 6881, f° 107).

1. *Déclaration du Roi portant règlement sur le fait de la justice, police, finances, et soulagement des sujets de Sa Majesté*, vérifiée en Parlement le 24 octobre 1648. Paris, par les imprimeurs et libraires du Roi, 1648, in-4°, 19 pages. Elle est reproduite dans l'*Histoire du temps* (p. 277-297), et même y est suivie de la vérification de la cour des comptes, portant modification de la même déclaration (p. 297-313). Les *Mémoires d'Omer Talon*, de la Collection Michaud et Poujoulat (tome XXX, p. 293-297), donnent également le texte de la déclaration.

connaissance de toutes ces affaires au Parlement. La vérification des acquisitions du domaine était ordonnée par le septième article, afin qu'on pût examiner si le prix en avait été exactement payé, ou si c'était une gratification déguisée. Le huitième abolissait l'usage des *bons au comptant*, dont on avait tant abusé, ou le réservait à certains cas déterminés. Le neuvième défendait toute création d'office pendant quatre ans. Le dixième accordait aux citoyens des garanties et des recours sur les biens des traitants et fermiers. Par le onzième on ajournait, jusqu'à nouvel avis du Parlement, la suppression de quelques offices nouvellement créés. Le douzième révoquait les priviléges commerciaux accordés à des particuliers, et, sauf quelques prohibitions, rétablissait la liberté du commerce. Le treizième ordonnait l'observation des ordonnances sur le passage des gens de guerre. Le quatorzième, remontant dans le passé, rendait à la justice civile ordinaire toute son autorité, telle que l'avait réglée l'ordonnance de Blois en 1579. Le quinzième enfin était celui de la sûreté publique; le Parlement, au lieu de la rédaction nette à laquelle la cour s'arrêtait : « qu'aucun officier ne pourroit être destitué, même de l'exercice de sa charge, par simple lettre de cachet; que tout officier arrêté seroit rendu dans les vingt-quatre heures à ses juges naturels; qu'il en seroit de même pour tous les sujets du Roi, si ce n'étoit qu'il fallût du temps pour faire les preuves, auquel cas la détention ne pourroit excéder six mois, » sauf à diminuer considérablement le délai préventif : le Parlement, disons-nous, adopta une rédaction ambiguë, qui rétablissait l'ordonnance de Louis XI, d'octobre 1467, où se trouvait, à ses yeux, la garantie des vingt-quatre heures, et il ajouta deux arrêtés secrets : l'un statuait que si quelque membre de la Compagnie recevait un ordre de se retirer, il l'apporterait à ses confrères pour qu'il en fût délibéré en sa présence; l'autre, que si un particulier était mis en prison, ses parents seraient reçus à s'en plaindre par requête adressée au Parlement et remise à celui de ses membres qu'ils en voudraient charger.

Saint-Aulaire, dans son *Histoire de la Fronde* (tome I, p. 202 et 203), trompé par l'enthousiasme des contemporains, a trop vanté l'importance de cet acte du Parlement. M. Bazin (tome III, p. 444 et 445), M. Henri Martin (tome XII, p. 307) et M. Michelet (tome XII, p. 326) ont fait de légitimes et sérieuses réserves. Quoi qu'il en soit, le public reçut cette déclaration avec de bruyants applaudissements, dont la longue harangue d'Omer Talon (p. 297-299) porte témoignage. Nous ne donnerons ici que quelques lignes d'André d'Ormesson, rapportées par M. Chéruel dans le *Journal d'Olivier d'Ormesson* (tome I, p. 581, note 4, et p. 582). Cette déclaration « ramène et réduit l'autorité royale à ce qu'elle doit faire pour bien régner; et tous les hommes de bon jugement estimoient que c'étoit un ouvrage du bon Dieu pour la conservation de la France, et non un ouvrage des hommes[1]. »

III. — Page 162.

TRIOLETS DE LA FRONDE [2].

Nous les empruntons d'abord aux *Triolets de la cour* (Paris, N. Bessin, 1649, 10 pages in-4°) [3].

Grand Président, sage Molé,
Plus qu'aucun homme de notre âge,
De votre barbe on a parlé,
Grand Président, sage Molé.
Eussiez-vous le menton pelé,
Vous ne laisserez d'être sage,
Grand Président, sage Molé,
Plus qu'aucun homme de notre âge.

Monseigneur Jules Mazarin,
La France pour vous n'est plus bonne;
On vous aime mieux à Turin,
Monseigneur Jules Mazarin.
Gagnez le Pô, gagnez le Rhin,
Sauvez votre chère personne.
Monseigneur Jules Mazarin,
La France pour vous n'est plus bonne.

Maréchal la Mothe Houdancourt,
Paris vaut mieux que Pierre-Encise [4].

Puisqu'ici vous faites séjour,
Maréchal la Mothe Houdancourt,
Et n'êtes pas avec la cour,
Tout va bien pour notre franchise.
Maréchal la Mothe Houdancourt,
Paris vaut mieux que Pierre-Encise.

Bouillon, feu prince de Sedan,
Si vous pouviez passer la porte [5],
Les ennemis auroient mal an,
Bouillon, feu prince de Sedan.
Sur un beau cheval alezan
Ou d'autre poil, il ne m'importe,
Bouillon, feu prince de Sedan,
Si vous pouviez passer la porte!

Invincible duc de Beaufort,
Qui (*sic*) tant de vaillance accompagne,
Sans doute on vous faisoit grand tort,
Invincible duc de Beaufort,

1. On peut consulter aussi sur les conférences et sur la déclaration d'octobre le *Journal de Paris* (ms 10273, f⁰ˢ 112-156), et les *Registres du Parlement* (bibliothèque de l'Université, H. 5, tome I, f⁰ˢ 144-241).
2. Nous réservons pour l'*Appendice* d'un autre volume les triolets qui ont été faits pour ou contre le Coadjuteur aux diverses époques de la Fronde. Nous ne reproduisons pas ici ceux que nous avons déjà donnés en note sur le duc d'Elbeuf (tome II, p. 161), le duc de Bouillon (tome II, p. 214), et le comte de Maure (tome II, p. 208 et 209).
3. Les anciennes impressions sont pleines de fautes. Notre texte en reproduit un bon nombre, surtout des fautes de mesure que l'on corrigeait par la prononciation.
4. Prison d'État, où avait été enfermé la Mothe Houdancourt. Elle était située sur la rive droite de la Saône, à Lyon. On l'a démolie en 1793.
5. Allusion à la goutte qui le retenait à la chambre.

De vous retenir dans un fort[1] ;
Vous êtes mieux à la campagne,
Invincible duc de Beaufort,
Qui tant de vaillance accompagne.

Généreux prince de Conti,
Tout jeune, et néanmoins tout sage,
Il auroit l'esprit perverti,
Généreux prince de Conti,
Qui craindroit pour notre parti,
A cause de votre jeune âge,
Généreux prince de Conti,
Tout jeune, et néanmoins tout sage.

Grand Condé, vaillant comme un coq,
Prince du noble sang de France,
Le coup d'une arquebuse à croc,
Grand Condé, vaillant comme un coq,
Vous donneroit un rude choc,
Et lors adieu votre vaillance,
Grand Condé, vaillant comme un coq,
Prince du noble sang de France.

De votre bras victorieux,
A l'ennemi si redoutable,
Vous pourriez, me semble, user mieux
De votre bras victorieux.
Gardez de le rendre odieux ;
Car l'effort est bien dommageable,
De votre bras victorieux,
A l'ennemi si redoutable.

Monseigneur le duc d'Orléans,
Bon prince, de nature humaine,
Pourquoi sortez-vous de céans,
Monseigneur le duc d'Orléans ?
Celui qui vous mène et ramène[2]
Seroit bien mieux dans la Seine,
Monseigneur le duc d'Orléans,
Bon prince, de nature humaine.

A la paix si vous travaillez,
Bon prince, de nature humaine,
Nos biens ne seront plus pillés,
A la paix si vous travaillez ;
Et vos beaux faits seront taillés
En bronze, c'est chose certaine,
A la paix si vous travaillez,
Bon prince, de nature humaine.

Grande Reine, ne croyez pas
Ce que la colère conseille ;
Revenez vite sur vos pas ;
Grande Reine, ne croyez pas
Un desir de vengeance bas :
Que votre bonté se réveille ;
Grande Reine, ne croyez pas
Ce que la colère conseille.

Grand Roi, que retient Saint-Germain,
On te souhaite en cette ville ;
Reviens à Paris dès demain,
Grand Roi, que retient Saint-Germain.
Chacun t'ira baiser la main
D'une âme dévote et civile ;
Grand Roi, que retient Saint-Germain,
On te souhaite en cette ville.

Mazarin, plie ton paquet,
 Car notre reine est très-sage ;
La galanterie lui déplaît :
Mazarin, plie ton paquet ;
Garantis ton rouge bonnet
Des risques d'un si grand orage.
Mazarin plie ton paquet,
 Car notre reine est très-sage[3].

---

1. Allusion à la captivité de Vincennes.
2. L'abbé de la Rivière.
3. Un manuscrit vendu le 17 octobre 1871, à la vente du comte Juste de Saint-Amar, donne (f° 65) cette variante :

  Mazarin, plie ton paquet,
   Notre roi est devenu sage ;
    L'adultère lui déplaît :
  Mazarin, plie ton paquet, etc.

APPENDICE.

Les *Triolets de Saint-Germain* (1649, 8 pages in-4°) rivalisent avec les *Triolets de la cour*.

Maréchal[1], quatre ans de prison[2]
Te devroient bien avoir fait sage;
Tu veux venger dans ta saison,
Maréchal, quatre ans de prison.
On te dit avecque raison :
« Si l'on te peut remettre en cage,
Maréchal, quatre ans de prison
Te devroient bien avoir rendu sage. »

———

Parlement, prenez garde à vous,
J'appréhende pour vous la corde :
Notre reine est en grand courroux.
Parlement, prenez garde à vous;
Car si bientôt à deux genoux
Vous ne criez miséricorde,
Parlement, prenez garde à vous,
J'appréhende pour vous la corde.

———

Savez-vous la comparaison
Du brave de Beaufort et de Guiche,
Qu'on nomme maréchal Lampon[3]?
Savez-vous la comparaison?
L'un est vaillant comme un lion,
L'autre poltron comme une biche.
Savez-vous la comparaison
Du brave de Beaufort et de Guiche?

———

Ce brave maréchal Lampon,
Avec la mazarine troupe,
Venu à nous d'un pas de Gascon[4],
Ce brave maréchal Lampon !
Mais lorsque ce fut tout de bon,
Bravement il trouve la croupe,
Ce brave maréchal Lampon,
Avec sa mazarine troupe.

———

Seigneur Dieu, que l'on a menti,
Depuis cette belle équipée,
Et pour Condé et pour Conti,
Seigneur Dieu, que l'on a menti !
Chacun soutenoit son parti,
Plus par fourbe que par l'épée :
Seigneur Dieu, que l'on a menti
Depuis cette belle équipée !

———

Dieu bénisse nos généraux[5],
Leur forteresse et leur milice !
Ils nous ont fait de beaux cadeaux :
Dieu bénisse nos généraux !
Nous n'avons plus de bons morceaux :
Ils ont fricassé nos épices;
Dieu bénisse nos généraux,
Leur forteresse et leur milice !

———

Qu'il fait beau voir nos généraux
Dans l'enceinte de nos murailles,
Monter dessus leurs grands chevaux,
Qu'il fait beau voir nos généraux !
Dieu les préserve de tous maux,
De combats et de batailles

---

1. La Mothe Houdancourt. — 2. A Pierre-Encise.
3. Du verbe *lamper*, terme populaire signifiant « boire avidement à grandes gorgées. » Le mot *lampons* était le refrain des nombreux brocards ou vaudevilles faits contre le comte de Guiche, maréchal de Gramont, après sa défaite d'Honnecourt en 1642. On appelait aussi à cette époque certains éperons des *éperons à la Guiche*.
4. La famille des Guiche-Gramont était originaire d'une petite ville de Gascogne, Hagetmau, près de Bayonne.

5. Var.   Dieu gard' de mal nos généraux!
. . . .
Ils ont mangé nos bons morceaux
Et fricassé toutes nos épices.

Qu'il fait beau voir nos généraux
Dans l'enceinte de nos murailles !

———

Le brave, je dis le Charton,
Procéditaire (*sic*) de notre guerre,
Eût bien secouru Charenton,
Le brave, je dis le Charton,
Si son cheval, sentant l'éperon,
N'eût jeté mon vilain par terre,
Le brave, je dis le Charton,
  Ce grand foudre de guerre.

———

Ce duc[1] qui n'est point endormi
Alors qu'il s'agit de combattre
A un redoutable ennemi,

Ce duc qui n'est point endormi
A vaillant, vaillant et demi ;
Ce duc qui n'est point endormi (*sic*),
Je crains qu'il ne se fasse battre,
Ce duc qui n'est point endormi
Alors qu'il s'agit de combattre.

———

Il n'est donc plus surintendant,
Ce grand maître d'artillerie[2].
Pour avoir été trop fendant,
Il n'est donc plus surintendant,
Encor qu'il eût été très-ardent,
Et qu'il aimât la pillerie.
Il n'est donc plus surintendant,
Ce grand maître d'artillerie.

Dans les deux recueils d'où sont extraits les couplets qui précèdent, Paris et Saint-Germain, comme on a pu le remarquer, se renvoient mutuellement la balle. Mais si l'on veut avoir un échantillon frappant des vers et chansons satiriques par lesquels, comme l'a dit Retz (tome II, p. 277), les chefs de la Fronde *égayaient les esprits, réjouissaient les boutiques,* ce sont surtout les *Triolets du temps, selon les visions d'un petit-fils du grand Nostradamus, faits pour la consolation des bons François et dédiés au Parlement* (Paris, Denys Langlois, 1649, 11 pages à deux colonnes, in-4°), qu'il faut consulter. Ceux qui suivent sont tirés de là.

Parisiens, ne rêvez pas tant :
La défense est toujours permise ;
En ce malheureux accident,
Parisiens, ne rêvez pas tant.
Çà, çà, vite, il faut de l'argent ;
Donnons tous jusqu'à la chemise.
Parisiens, ne rêvez pas tant :
La défense est toujours permise.

———

Il faut être ici libéraux ;
Pour sauver la ville alarmée,
Choisissons de bons généraux :
Il faut être ici libéraux.
Pour nous garantir de tous maux,
Faisons une puissante armée ;
Il faut être ici libéraux
Pour sauver la ville alarmée.

Qu'ils prient bien, nos ennemis,
S'ils ont la piété dans l'âme :
Ce saint devoir leur est permis.
Qu'ils prient bien, nos ennemis,
Saint Germain, saint Cloud, saint Denis ;
Nous avons pour nous Notre-Dame.
Qu'ils prient bien, nos ennemis,
S'ils ont la piété dans l'âme.

———

Nos greniers sont remplis de blé ;
Qu'on en fasse de la farine ;
Le peuple a tort d'être troublé :
Nos greniers sont remplis de blé.
On ne sauroit être accablé
D'un an entier de la famine :
Nos greniers sont remplis de blé ;
Qu'on en fasse de la farine.

———

1. Une variante nous donne le nom :
      Beaufort, qui n'est point endormi.
2. Le maréchal de la Meilleraye.

Les vivres ne manqueront pas :
On peut toujours faire ripaille ;
Qu'on n'épargne point un repas :
Les vivres ne manqueront pas.
On a dindons et chapons gras,
Et les chevaux ont foin et paille ;
Les vivres ne manqueront pas :
On peut toujours faire ripaille.

———

Les cabarets sont tous ouverts,
Chacun y boit, chacun y mange,
On y trouve des vins divers :
Les cabarets sont tous ouverts ;
Et c'est là que j'ai fait ces vers,
Qui sentent la sauce à l'orange.
Les cabarets sont tous ouverts,
Chacun y boit, chacun y mange.

———

Fourbisseurs, ne vous lassez pas ;
Armuriers, travaillez sans cesse.
C'est pour armer tous nos soldats :
Fourbisseurs, ne vous lassez pas.
Il faut couper jambes et bras
A ceux qui nous tiennent Gonesse.
Fourbisseurs, ne vous lassez pas ;
Armuriers, travaillez sans cesse.

———

Mon Dieu, l'admirable bonheur
En ces dissensions nouvelles !
L'eusses-tu pu penser, mon cœur ?
Mon Dieu, l'admirable bonheur !
La Bastille a pour gouverneur
Le fameux Monsieur de Brusselles.
Mon Dieu, l'admirable bonheur
En ces dissensions nouvelles !

———

Puisque c'est à nous les canons
Avec les boulets et la poudre,
Bourgeois, si mes conseils sont bons,
Puisque c'est à nous les canons,
Pour immortaliser vos noms
Allez partout porter la foudre,
Puisque c'est à nous les canons
Avec les boulets et la poudre.

———

Il s'en va, ce grand cardinal
Qui n'a ni vertu ni science ;
Paris, tu n'auras plus de mal :
Il s'en va, ce grand cardinal.
Un vaisseau lui sert de cheval ;
Ne crains pas qu'il revienne en France.
Il s'en va, ce grand cardinal
Qui n'a ni vertu ni science.

———

Monsieur le prince de Condé
A bien modéré sa colère.
Il se voit si mal secondé,
Monsieur le prince de Condé,
Qu'il est près de quitter le dé
A son illustrissime frère.
Monsieur le prince de Condé
A bien modéré sa colère.

———

Le Roi sera bientôt ici :
Que chacun en saute de joie ;
Ne nous mettons plus en souci :
Le Roi sera bientôt ici.
Il va revenir, Dieu merci !
C'est le ciel qui nous le renvoie.
Le Roi sera bientôt ici :
Que chacun en saute de joie.

———

Monsieur le prince de Conti,
Avec son zèle et sa prudence,
A bien soutenu son parti,
Monsieur le prince de Conti.
L'univers doit être averti
Qu'il a sauvé la pauvre France,
Monsieur le prince de Conti,
Avec son zèle et sa prudence.

———

Il le faut louer hautement,
Ce vaillant duc de Longueville ;
Bourgeois, Messieurs du Parlement,
Il le faut louer hautement.
Il a travaillé puissamment
Au bien de la cause civile ;
Il le faut louer hautement,
Ce vaillant duc de Longueville.

———

Ce généreux duc de Beaufort
Sera bien avant dans l'histoire;
Dieu l'a tiré d'un cruel sort,
Ce généreux duc de Beaufort,
Pour servir ici de renfort,
Et pour relever notre gloire.
Ce généreux duc de Beaufort
Sera bien avant dans l'histoire.

———

Je ne puis taire ce grand cœur
Que tout Paris vante et caresse :
C'est ce marquis toujours vainqueur[1].
Je ne puis taire ce grand cœur :
C'est le capitaine sans peur,
Qui travaille et combat sans cesse.
Je ne puis taire ce grand cœur
Que tout Paris vante et caresse.

———

Qu'on prépare de beaux lauriers,
Pour leur en faire des couronnes,
A tous nos illustres guerriers;
Qu'on prépare de beaux lauriers,
Puisqu'en ces mouvements derniers
Ils ont signalé leurs personnes;
Qu'on prépare de beaux lauriers,
Pour leur en faire des couronnes.

———

Tôt après la paix de Paris
Sera la paix universelle;
Chacun reprendra ses esprits
Tôt après la paix de Paris.
On n'entendra plaintes ni cris,
On ne verra plus de querelle.
Tôt après la paix de Paris
Sera la paix universelle.

———

Chacun vivra dans le repos,
Sans craindre siége ni bataille.
On ne parlera plus d'impôts;
Chacun vivra dans le repos.
Gare les verres et les pots
Quand on aura baissé la taille !
Chacun vivra dans le repos,
Sans craindre siége ni bataille.

———

Vive, vive le Parlement,
Qui va mettre la paix en France !
Qu'on chante solennellement
Vive, vive le Parlement !
Il ôte tout déréglement,
Pour nous ôter toute souffrance.
Vive, vive le Parlement,
Qui va mettre la paix en France !

A ces exemples, plus que suffisants pour donner une idée de ces petits vers, rarement spirituels, parfois même assez niais, mais faciles à retenir, sans cesse et partout répétés, et bien propres à aiguillonner les esprits, on pourra en joindre beaucoup d'autres, chansons, triolets, ballades, etc., en recourant au *Recueil général de toutes les chansons mazarinistes, et avec plusieurs qui n'ont point été chantées* (Paris, 1649, 27 pages in-4°).

———

Retz est revenu à plusieurs reprises sur ces satires populaires et bourgeoises, dont il connaissait bien le pouvoir. Montesquieu mentionne les chansons de la Fronde, comme armes de guerre toutes-puissantes, dans la contrefaçon ironique de mazarinade que contient la cxii° des *Lettres persanes*[2], datée de 1718, c'est-à-dire du temps même où venaient de paraître nos *Mémoires* :

« Le règne du feu Roi a été si long que la fin en avoit fait

1. Le marquis de la Boulaye.
2. Cette lettre est une de celles que Montesquieu a le plus remaniées dans l'édition particulière que, lors de sa candidature à l'Académie française, il a

APPENDICE.

oublier le commencement. C'est aujourd'hui la mode de ne s'occuper que des *événements* arrivés dans sa minorité; et on ne lit plus que les *Mémoires* de ces temps-là. Voici le discours qu'un des généraux de la ville de Paris prononça dans un conseil de guerre; et j'avoue que je n'y comprends pas grand'chose.

« Messieurs, quoique nos troupes aient été repoussées avec perte,
« je crois qu'il nous sera facile de réparer cet échec. J'ai six cou-
« plets de chanson tout prêts à mettre au jour, qui, je m'assure,
« remettront toutes choses dans l'équilibre. J'ai fait choix de quel-
« ques voix très-nettes, qui, sortant de la cavité de certaines poi-
« trines très-fortes, émouvront merveilleusement le peuple. Ils sont
« sur un air qui a fait jusqu'à présent un effet tout particulier.

« Si cela ne suffit pas, nous ferons paroître une estampe qui fera
« voir Mazarin pendu[1].

« Par bonheur pour nous, il ne parle pas bien françois; et il
« l'écorche tellement qu'il n'est pas possible que ses affaires ne dé-
« clinent. Nous ne manquons pas de faire bien remarquer au
« peuple le ton ridicule dont il prononce. Nous relevâmes, il y a
« quelques jours, une faute de grammaire si grossière qu'on en fit
« des farces par tous les carrefours.

« J'espère qu'avant qu'il soit huit jours, le peuple fera du nom
« de Mazarin un mot générique pour exprimer toutes les bêtes de
« somme et celles qui servent à tirer.

« Depuis notre défaite, notre musique l'a si furieusement vexé
« sur le péché originel, que, pour ne pas voir ses partisans réduits
« à la moitié, il a été obligé de renvoyer tous ses pages.

« Ranimez-vous donc, reprenez courage; et soyez sûrs que nous
« lui ferons repasser les monts à coups de sifflet.

« A Paris, le 4 de la lune de Chahban, 1718. »

fait composer pour le cardinal de Fleury. Le possesseur d'un exemplaire, peut-être unique, de cette édition[a], dont on a souvent contesté l'existence, M. Louis Vian, a bien voulu le mettre à notre disposition. On trouvera les variantes très-curieuses qu'y offre le texte de la lettre CXII, dans l'édition des *OEuvres de Montesquieu* que prépare M. Vian; nous ne voulons pas déflorer cette édition en donnant ces variantes, mais seulement la signaler ici d'avance aux amateurs et aux bibliophiles.

1. Gui Joli (p. 37) parle de tableaux représentant Mazarin pendu, exposés à la Croix-du-Trahoir et au bout du Pont-Neuf, vis-à-vis de la rue Dauphine, après la paix de Bordeaux, en 1650.

[a] Le titre, en rouge et en noir, est : *Lettres persanes*, seconde édition, revue, corrigée, diminuée et augmentée par l'auteur. A Cologne, chez Pierre Marteau, MDCCXXI, 2 volumes petit in-12.

IV. — Page 190.

EMPRUNTS ET DETTES DE RETZ.

L'ordre et l'économie n'ont jamais figuré parmi les qualités du cardinal de Retz. Dès le début de sa vie, à peine âgé de vingt ans, nous le voyons, en 1633 (tome I, p. 96), aliéner une partie du revenu de son abbaye de Buzay pour obtenir une somme de quatre mille écus comptants, marché si onéreux qu'il fit, dit-il, la fortune du marchand de Nantes qui le conclut. En 1639, lors de son voyage en Italie, il mène si grand train que l'argent lui manque avant la fin de son excursion, et qu'il est obligé de la terminer brusquement, et même, à son arrivée en France, avant d'avoir reçu les traites que lui envoie sa famille, d'emprunter aux Tallemant, avec qui il a fait voyage (tome I, p. 127, note 9 de la page 126). Lors de sa nomination à la coadjutorerie de Paris, en 1643, il demande à son ami Lozières seize mille écus pour ses bulles (tome I, p. 211), et, comme on peut le voir dans la note 1 de la même page, Tallemant pense que cet argent n'est pas « prêt à être rendu. »

Les dépenses et les dettes du Coadjuteur en 1644 occupaient l'opinion publique et faisaient scandale, et sur une observation que lui fait un vieil ami, le sieur de Morangis, il s'excuse et se console en disant qu'à son âge César devait six fois plus que lui (tome I, p. 244). Il semble même qu'il ne trouvait plus facilement à emprunter. La succession de Commercy, que lui avait légué en 1640 son cousin Charles d'Angennes, comte de la Rochepot, resta en souffrance pendant dix années. Retz ne pouvait parvenir à payer les dettes de sa tante, Mme de Fargis, et de son cousin la Rochepot, pour entrer en possession de l'héritage. Ce fut, dit M. Dumont dans son *Histoire de la ville et des seigneurs de Commercy* (tome II, p. 114), « le 3 mai 1650 que, par adjudication publique, le nouveau damoiseau, héritier bénéficiaire, devint maître de la seigneurie, moyennant trois cent un mille cinq cents livres, qu'il emprunta. »

Dans deux actes qu'un notaire de Paris a bien voulu nous communiquer avec beaucoup d'obligeance, et que nous reproduisons ci-après, nous voyons que Retz était obligé, même pour des emprunts de petites sommes, de demander le concours d'un ami, et de son frère, son seul engagement n'étant pas trouvé suffisant. Par le premier de ces actes, du 5 janvier 1649, il promet à du Gué Bagnols de l'indemniser, s'il y a lieu, des conséquences d'un cautionnement envers la dame veuve d'Averne, résultant d'un contrat de rente du même jour, et de faire obliger à cette garantie, solidairement avec lui, son frère et sa belle-sœur. Il va sans dire que la guerre civile n'a pas amélioré cette situation embarrassée; on se souvient que Retz fut obligé de faire fondre sa vaisselle d'argent, et ne parvint pas cependant à lever, comme il le désirait, un corps d'infanterie : il ne put organiser que le régiment de cavalerie dit de Corinthe. Par le second acte, du 16 octobre 1649, nous voyons qu'il a eu recours de nouveau à la bourse de du Gué Bagnols ; il y reconnaît que, bien que le duc et la duchesse de Retz aient solidairement avec lui, par un contrat du même jour, constitué une rente audit Bagnols, lui seul a touché le prix de cette rente ; et il promet de leur restituer ce qu'ils pourraient avoir à payer par suite de cet engagement.

5 janvier 1649.

Fut présent illustrissime et révérendissime père en Dieu, Messire Jean-François-Paul de Gondi, archevêque de Corinthe, coadjuteur de l'archevêché de Paris, conseiller ordinaire du Roi en ses conseils, damoiseau de Commercy, seigneur souverain d'Euville, demeurant au petit archevêché de Paris, lequel a reconnu et confessé qu'à sa prière et pour lui faire plaisir, Messire Guillaume du Gué, seigneur de Bagnols, conseiller du Roi en ses conseils d'État et privé, maître des requêtes ordinaire de son hôtel, demeurant à Paris, rue Barre-du-Bec, paroisse Saint-Jean en Grève, est intervenu en certain contrat de constitution de quatre cents livres tournois de rentes, faite et passée par-devant les notaires soussignés, cejourd'hui, par ledit seigneur coadjuteur, au profit de dame Magdelaine Dreux, veuve de Messire Jean de Postel, chevalier, seigneur d'Averne et autres lieux, conseiller du Roi en son conseil d'État, et gouverneur pour Sa Majesté des ville et château de Bapaume, moyennant la somme de sept mille deux cents livres tournois, qu'il en avoit reçue comptant, comme le contient ledit contrat, et par icelui s'est ledit sieur de Bagnols rendu et constitué plaige et caution, répondant et principal débiteur, et obligé en son propre et privé nom, solidairement pour et avec ledit seigneur coadjuteur, envers ladite dame d'Averne, à la garantie contre payement et continuation de ladite rente, comme le contient aussi ledit contrat, et partant icelui seigneur coadjuteur a promis et promet par ces présentes audit sieur de Bagnols, à ce présent et acceptant, de l'acquitter, garantir, décharger et indemniser de ladite rente de quatre cents livres tournois, tant de garantie contre payement et continuation d'arrérages, que pour son principal et rachat, frais et loyaux coûts, et de tout le contenu audit contrat de constitution, ensemble de toute perte, dépens, dommages et intérêts en quoi il pourroit succomber et encourir à cause de ce, et lui rendre, payer et restituer, en sa maison à Paris, franchement et quittement ou au porteur, tout ce que baillé, payé, mis, défrayé et déboursé auroit, ou ce pourquoi poursuivi et contraint seroit, d'en payer incontinent le cas advenu, à sa volonté et première requête, par les mêmes voies qu'il y pourroit être tenu et contraint, même de faire le rachat et amortissement d'icelle rente, de ses propres deniers, en l'acquit et décharge dudit sieur de Bagnols, et payement des arrérages qui en seront dus et échus, frais et loyaux coûts, et lui en fournir de quittance et décharge valable, en sadite maison à Paris, dans quatre ans prochains pour tout délai, à peine de tous les dépens, dommages et intérêts; et pour plus grande sûreté audit sieur de Bagnols de l'entretènement et accomplissement de tout le contenu en la présente promesse d'indemnité, selon et ainsi que dit est, ledit seigneur coadjuteur a promis d'y faire obliger avec lui solidairement aux renonciations requises envers ledit sieur de Bagnols les personnes de illustre et puissant seigneur Monseigneur Pierre de Gondi, duc de Retz et Beaupréau, pair de France, comte de Joigny, et aussi celle de illustre et puissante dame, dame Catherine de Gondi, son épouse, qu'il autorisera à cet effet, et lui en fournir acte valable, en sadite maison à Paris, dans un mois prochain pour tout délai, aussi à peine de tous dépens, dommages et intérêts. Et pour l'exécution des présentes et dépendances, icelui seigneur coadjuteur a élu son domicile irrévocable en cette ville de Paris, en la maison de Messire Claude Capitain, procureur en la cour de Parlement, sise rue Neuve et paroisse Saint-Merry, auquel lieu et domicile ainsi élu il veut, consent et accorde que tous actes et exploits de justice qui y seront faits soient valables comme faits parlant à sa propre personne et vrai domicile, nonobstant mutation de demeure.

Fait et passé audit petit archevêché, le cinquième jour de janvier mil six cent quarante-neuf avant midi; et ont signé :

J. F. P. DE GONDI, coadjuteur de Paris,
DU GUÉ DE BAGNOLS,
BOINDIN.   P. MURET.

16 octobre 1649.

Fut présent illustrissime et révérendissime père en Dieu, Messire Jean-François-Paul de Gondi, archevêque de Corinthe, coadjuteur de l'archevêché de Paris, conseiller ordinaire du Roi en ses conseils, damoiseau de Commercy, seigneur souverain d'Euville, demeurant au petit archevêché de Paris, lequel a reconnu et confessé combien qu'illustre et puissant seigneur Messire Pierre de Gondi, son frère, duc de Retz et de Beaupréau, pair de France, comte de Joigny, et illustre et puissante dame, dame Catherine de Gondi, son épouse, de lui autorisée, étant de présence à Paris, demeurant au Marais du Temple, rue d'Orléans, paroisse de Saint-Jean en Grève, pour ce présents et comparants, ont avec lui et solidairement créé et constitué onze cent onze livres, deux sous, deux deniers tournois de rente au profit de Messire Guillaume du Gué, seigneur de Bagnols, conseiller du Roi en ses conseils d'État et privé, et maître des requêtes ordinaire de son hôtel, moyennant la somme de vingt mille livres tournois, dont six mille quatre-vingt-sept livres, quinze sous, six deniers payés comptant, et le surplus pour demeurer quitte de rentes mentionnées ainsi que le contient le contrat de ladite constitution, passé par-devant lesdits notaires soussignés cejourd'hui : néanmoins la vérité seroit et est telle que de ladite somme de vingt mille livres lesdits seigneur duc de Retz et dame son épouse n'ont aucune chose pris, touché ni retenu, et que aucune partie d'icelle ne tourne à leur profit particulier ni à leurs affaires, comme quoi qu'il soit dit par ledit contrat; ainsi le tout a été touché, pris et reçu par ledit seigneur coadjuteur, pour employer à ses affaires particulières, n'étants intéressés le seigneur duc et la dame son épouse de Retz audit contrat de constitution que à l'instante prière et réquisition dudit seigneur coadjuteur et pour lui faire plaisir, et partant desirant user de bonne foi pour iceux, icelui seigneur coadjuteur a promis et promet par les présentes audit seigneur duc de Retz, son frère, et dame son épouse, ce acceptant, de les acquitter, garantir, décharger et indemniser de ladite rente de onze cent onze livres, deux sous, deux deniers tournois, tant en garantie contre payement et continuation d'arrérages que pour principal et rachat, frais et loyaux coûts, et de tout le contenu audit contrat de constitution, ensemble de toutes pertes, dépens, dommages et intérêts en quoi il pourra succomber et encourir à cause de ce, donner et leur rendre, payer et restituer, en cette ville de Paris, franchement et quittement ou au porteur, comme ce que baillé, payé, mis, frayé et déboursé auroient ou ce pourquoi poursuivis et contraints seroient, d'en payer incontinent le cas advenu, à leur volonté et première requête, par les mêmes voies, rigueurs et contraintes qu'ils y pourroient être tenus et contraints. Et pour l'exécution des présentes et dépendances, icelui seigneur coadjuteur a élu son domicile irrévocable en cette dite ville de Paris, en la maison de Messire Claude Capitain, procureur en la cour de Parlement, sise rue Neuve et paroisse Saint-Merry, où il veut, consent et accorde que tous actes et exploits de justice qui seront faits soient valables comme faits parlant à sa propre personne et vrai domicile, nonobstant mutation de demeure; donnant en obligation tous et chacun ses biens meubles et immeubles quelconques, présents et à venir. Fait et passé en l'hôtel desdits seigneur duc de Retz, et dame son épouse, le seizième jour d'octobre mil six cent quarante-neuf après midi; et ont signé :

J. P. E. DE GONDI DE RETZ,
B. CATHERINE DE GONDI DE RETZ,
J. F. P. DE GONDI, coadjuteur de Paris,
BOINDIN.   P. MURET.

V. — Page 207.

SERMENT D'UNION DES CHEFS DE LA FRONDE AVEC LE PARLEMENT.

Nous donnons ce serment d'après la pièce originale, qui se trouve à la Bibliothèque nationale, aux folios 1-4 du recueil de pièces originales intitulé dans le catalogue : *Protestations de princes, ducs, etc., contre le cardinal Mazarin; lettres, instructions, etc., pour servir à l'histoire des années* 1648 *et* 1649. Ce recueil, qui faisait partie de l'ancien Fonds de Béthune, sous le numéro 9353, est actuellement coté 3854. Un *fac-simile* de ce serment se trouve à la page 40 du *Palais Mazarin*, de M. Léon de Laborde. Retz, on l'a vu ci-dessus, p. 205-207, nous apprend que ce serment fut prêté et signé chez le duc de Bouillon, le 18 janvier 1649.

Nous jurons et promettons sur les saintes Évangiles de garder inviolablement la parole que nous nous sommes donnée les uns aux autres, de faire tout ce qui sera nécessaire pour l'exécution de l'arrêt du Parlement par lequel le cardinal Mazarin a été déclaré perturbateur du repos public, empêcher la violence qui avoit été préparée contre le Parlement et la ville de Paris, et faire généralement tout ce qui sera jugé utile par ledit Parlement pour le bien du service du Roi, en suite de quoi nous nous obligeons de n'entendre à aucune proposition d'accommodement que le cardinal Mazarin ne soit sorti du Royaume pour n'y plus rentrer, et de nous rendre compte fidèlement les uns aux autres de tout ce qui nous sera proposé de la part de la cour, et de n'accepter aucunes conditions que[1] de l'autorité et par l'avis du Parlement, n'ayant autre intention par ce présent écrit que de nous unir pour le bien du service du Roi, pour la sûreté de la vie et des biens de ses sujets, et pour la défense de la justice, laquelle a été depuis longtemps opprimée par la mauvaise conduite du cardinal Mazarin, sans que nous voulions prétendre autres avantages que de rendre ce service au Roi et à l'État, conserver les biens, honneurs, charges et bénéfices[2] qui nous pourroient être ôtés, en haine du secours que nous sommes présentement résolus de donner au public; protestons de vivre et mourir en l'obéissance que doivent de fidèles sujets au Roi et à la Reine régente.

J. Henri de Durasfort de Duras; Charles de Lorraine; le maréchal de la Motte; Armand de Bourbon; Louis de la Trémoille

---

1. On lit ici sous une rature : *du consentement*, et à la marge les mots : *de l'autorité*.
2. Les mots *et bénéfices* sont écrits entre les lignes.

Noirmoutier; François de Vendôme; J. F. P. de Gondi, coadjuteur de Paris; Bourdeille Mata; François de l'Hôpital Vitry; F. de Montmorency; Laigue; le chevalier de Sévigné; F. M. de la Tour d'Auvergne; Louis de Cossé; Pierre de Perrier Crenan; F. de la Rochefoucauld Marcillac; Louis de Rochechouart; Maximilien Échalard la Boulaye; chevalier de Fontaine Chalandray; Louis-Charles d'Albert; Henri de Taillefer Barrière; Saint-Germain d'Apchon; l'Escuyer de Gressy; M. d'Argouges; *pour M. le comte de Carces, lieutenant de Roi en Provence, pour MM. de la Barben et le baron de Bras et de la Verdière*, Barjon d'Estissac; Charles de Lorraine, prince d'Harcour; P. Caumont Cugnac; d'Alluye; Rosan de Durasfort de Duras; François de Lorraine, comte de Lislebonne; Charles de Fiennes; François de Lorraine, comte de Rieux; René de la Tour Montauban Grancey (?); Edward Palatin; Charles-Léon de Fiesque; Fontrailles d'Astarac.

On trouve dans le tome III du Fonds des *Cinq cents de Colbert*, p. 44, une copie de ce traité, avec une note intéressante, en tête de cette pièce, de la main du premier président Molé : « Copie de l'Union arrêtée entre nos généraux, dont Monsieur le Coadjuteur m'a fait voir l'original; il desiroit le faire enregistrer, mais je lui dis que je m'y opposois. » M. Champollion a donné le *Serment* d'après cette copie dans le tome III des *Mémoires de Molé* (p. 337 et 338), mais en altérant plusieurs noms ou prénoms. Dans cette copie, la dernière des signatures est celle du *chevalier de Fontaine Chalandray;* les suivantes ont été sans doute maladroitement coupées quand on a relié le recueil, et la fin de la liste s'est perdue.

———

Nous avons rencontré à la page 77 du recueil manuscrit 3854, dont nous avons déjà parlé, une pièce originale, qui, nous le croyons, n'a pas encore été signalée, et qui est comme l'annexe de ce *Serment d'Union*. Le cardinal de Retz n'en fait pas mention dans ses *Mémoires*, quoique son nom, écrit de sa main, bien connue de nous, figure au bas de la pièce. Cette pièce, du 25 mars 1649, porte la date des négociations à « petites portes, » faites par les députés « à basses notes [1], » et affirme d'une façon mensongère l'union si mal cimentée du Parlement et de la noblesse. Ces deux actes, signés des plus grands noms de France, forment dans l'histoire de la noblesse française deux tristes pages, où « on ne trouve.... que les mobiles les plus bas, dit M. de Laborde en parlant de la Fronde en général (p. 41 du *Palais Mazarin*),... l'âpreté au gain, aux emplois, aux dignités, une absence complète de patriotisme, un oubli général des grands principes de la politique. » Voici cette seconde pièce :

Sur les mauvais bruits que l'on fait courir pour nous affoiblir en nous désunissant et pour faire croire que nous avons plus de soin de notre intérêt particulier que du bien public et du service du

———

1. Voyez ci-dessus, p. 349, et p. 458, note 5.

Roi, pour lequel nous nous sommes unis, nous, voulant pourvoir à notre honneur, que ces calomnies attaquent, déclarons que nous ne voulons ni n'entendons de façon quelconque traiter séparément, et que nous nous engageons au contraire à demeurer en toutes choses joints inséparablement, sous l'autorité et union du Parlement[1], dans lequel sentiment nous protestons de demeurer.

En foi de quoi nous avons signé le présent écrit, fait à Paris le 25 mars 1649.

ARMAND DE BOURBON,
CHARLES DE LORRAINE,
Le duc DE BEAUFORT,
Le maréchal DE LA MOTTE,
LOUIS DE COSSÉ,
Le comte DE RIEUX,
Le comte DE FIESQUE,
J. F. P., coadjuteur de Paris,

F. M. DE LA TOUR D'AUVERGNE,
FRANÇOIS DE LORRAINE,
Comte DE LILEBONNE,
Le comte DE MAURE.

Que de noms manquent, au bout de deux mois, sur ce second Traité d'Union!

Parmi les pièces publiées du temps de la Fronde, nous en avons vu une qui porte le titre de *Serment de l'Union des princes et seigneurs ligués ensemble pour le bien public, contre le mauvais gouvernement de Jules Mazarin, en janvier* 1649. MDCXLIX, 4 pages (Bibliothèque nationale $\left(\frac{L\ b^{31}}{494}\right)$. Le texte en est tout à fait différent de celui du document original, et ne porte que huit signatures, inexactement reproduites, suivies des mots : « et plusieurs autres. »

VI. — Pages 211 et 212.

DÉFAITE DU RÉGIMENT DE CORINTHE.

Le Coadjuteur, levant un régiment dès le premier jour de la Fronde, joue, vu le caractère dont il est revêtu, un rôle assez bizarre pour qu'on désire à ce sujet plus de détails que nous n'avons pu en donner dans les notes de notre commentaire. Pour compléter ce que nous avons dit, nous emprunterons un ragment au tome I (p. 253 et 254) des *Mémoires du P. Rapin*, publiés par M. Léon Aubineau ; puis nous donnerons, en élaguant quelques longueurs, la

---

1. On lit ici *sous*, biffé, puis *dans lesqu[els]*, également biffé.

relation officielle de la défaite du régiment, d'après une pièce publiée à Saint-Germain sous ce titre : *la Défaite d'une partie de la cavalerie du régiment de Corinthe et de celui d'infanterie du duc de Bouillon au pont Antoni et sur le chemin de Paris à Lonjumeau, avec la prise d'un convoi de soixante charrettes chargées de farine, quatre cents chevaux et autre butin, où les Parisiens ont eu plus de cinquante des leurs tués et plus de cent faits prisonniers* (Saint-Germain en Laye, 30 janvier 1649, 8 pages).

« Le Coadjuteur, qui avoit pris commission du Parlement de faire un régiment de cavalerie, donna dans toutes les occasions de si grandes démonstrations de son zèle pour la défense de Paris, dont il se regardoit comme le pasteur, que, ne ménageant plus ni sa pudeur ni son caractère, il fit un régiment en son nom, pour payer de sa personne. On prétend que les commissions en furent délivrées au nom du Roi, ou pour les rendre plus considérables, ou par dérision [1]. On le voyoit sans cesse à cheval à la tête de son régiment [2] pour ouvrir les chemins aux convois nécessaires à la subsistance de la Ville ; il est vrai que ses courses n'étoient pas longues ;

---

1. Rappelons-nous l'emblème et la devise de son étendard : des flèches avec ces mots : *In corda inimicorum Regis.* Voyez ci-dessus, p. 190, note 3.
2. Trois triolets se rapportent à cet épisode de la vie de Retz :

> Monseigneur le Coadjuteur
> Est à la tête des cohortes ;
> Comme un lion il a du cœur,
> Monseigneur le Coadjuteur.
> En partant, il est en fureur ;
> Mais s'il faut regagner les portes,
> Monseigneur le Coadjuteur
> Est à la tête des cohortes.

> Coadjuteur, qu'il te sied mal
> De nous exciter à la guerre !
> Quand tu fais le beau à cheval,
> Coadjuteur, qu'il te sied mal !
> Tu devrois être le canal
> Des grâces de Dieu sur la terre ;
> Coadjuteur, qu'il te sied mal
> De nous exciter à la guerre !

> Contre l'arrêt notre prélat
> N'a pas laissé d'aller en masque,
> Portant dentelle à son rabat ;
> Contre l'arrêt notre prélat
> A pris l'habit d'un soldat,
> Et retourna se mettre en casque.
> Contre l'arrêt notre prélat
> N'a pas laissé d'aller en masque.

il ne passoit pas pour l'ordinaire le Bourg-la-Reine, ou tout au plus Palaiseau, pour ne pas priver Paris de ses conseils dans les assemblées qui se tenoient réglément tous les matins au Parlement, où il avoit obtenu séance…. La chaleur de ce prélat, qui se trouvoit partout, aux sorties hors de la Ville,… aux assemblées du Parlement, aux besoins spirituels de ses fonctions pastorales, et qui ne cherchoit que de l'occupation à son zèle, ou plutôt de l'exercice à son ambition, et son application aux affaires présentes ne servoient pas peu à exciter les autres à leur devoir. Son aversion du cardinal Mazarin et le desir qu'il avoit de se venger de ses mépris…. lui donnoient un rayon de gloire, lequel, joint à celui de son caractère, le rendoit fort recommandable au public et lui attiroit les yeux et les applaudissements du peuple toutes les fois qu'il se montroit dans les rues : ce qu'il faisoit souvent pour ne rien laisser perdre d'un honneur qu'il croyoit si bien mériter par sa jalousie contre le Ministre, et pour exciter encore davantage les esprits à la rébellion par un aussi grand exemple que le sien. Mais il lui arriva une aventure qui lui attira les railleries de la cour et de ceux qui n'étoient pas Frondeurs dans la ville. En une sortie qu'il fit un jour vers Montrouge à la tête de son régiment, il fut surpris par une embuscade des troupes du Roi et fut bien battu : ce qui donna lieu à la plaisanterie qui courut alors de la défaite des Corinthiens, parce que le Coadjuteur étoit archevêque de Corinthe. »

La relation suivante, annoncée plus haut, corrige l'erreur où tombe dans sa dernière phrase le P. Rapin; on sait que ce fut le chevalier Renaud de Sévigné, et non Paul de Gondi, qui fut battu.

« Entre les chefs qui bloquent Paris avec leurs troupes, le comte de Palluau, lieutenant général de l'armée du Roi en Flandre, mestre de camp général de la cavalerie légère et gouverneur d'Ypres, qui avoit son quartier au village de Meudon, où il commande deux mille hommes, visitant le vingt-huitième de ce mois (*janvier*) sa garde avancée du côté de Châtillon, vit paroître quelques hommes et charrettes qui sortoient de Paris, tirant vers Bourg-la-Reine : ce qui l'ayant obligé d'envoyer sadite garde de cavalerie en ce lieu dit Bourg-la-Reine, avec ordre d'en rapporter des nouvelles…, ce comte s'avança jusqu'audit village de Châtillon, où ayant reçu avis que c'étoit une partie de cavalerie et infanterie qui alloit à Lonjumeau y querir un convoi de vivres, il s'en retourna promptement en son quartier, d'où il tira ce qu'il y trouva du régiment de cavalerie de Son Éminence, de ceux de Gêvres, Meille, Vineuil et des dragons polonois; avec lesquels étant sorti…, il résolut de les aller charger….

« Il fit deux lignes de sa cavalerie, se mettant à la tête de la première ligne et donnant le commandement de la seconde au sieur de Vallavoire, mestre de camp du régiment de cavalerie de Son Éminence, mettant sa cavalerie à droite ; et ayant marché en cet ordre depuis Meudon jusqu'au Pont Antoni, qui n'est qu'à une lieue du Bourg-la-Reine, trouva l'infanterie parisienne, au nombre de plus de cent, barricadée dans une maison d'assez bonne défense, où le chevalier de Sévigni, qui commandoit cette partie, les avoit laissés pour assurer son retour sur ce pont, s'étant avancé avec trois cents chevaux jusqu'à Lonjumeau, où se devoit faire l'amas des charrettes pour le convoi.

« Les barricades de cette maison n'empêchèrent pas que le comte ne la fît attaquer par son infanterie, laquelle, voyant la résistance des assiégés et le refus qu'ils faisoient de se rendre, fut contrainte de mettre le feu à la porte ; ensuite, l'attaque ayant duré environ une heure, dans laquelle furent tués cinq Polonois et dix Parisiens, le reste demanda quartier au comte, qui le leur ayant accordé, ils se rendirent à lui à discrétion.

« Ce fait, le comte de Palluau s'étant assuré des prisonniers, qui se trouvèrent monter à plus de cent, entre lesquels étoient le capitaine Blanchet, qui les commandoit, avec deux lieutenants et un sergent, il marcha droit à la cavalerie parisienne vers Lonjumeau, à demi-lieue de laquelle ayant rencontré cette cavalerie au nombre de trois cents chevaux, qui amenoit vers ce pont le convoi qu'elle étoit allée querir, composé de soixante charrettes et chariots chargés de farine, accompagnés d'environ cent pourceaux gras, il commanda à l'un des siens de les aller reconnoître, lequel lui rapporta qu'ils étoient rangés en escadrons sur le pavé.

« Sur quoi il envoya ses ordres à Vallavoire de le suivre avec sa seconde ligne, et lui, avec trois escadrons (le premier du régiment de Son Éminence, commandé par le sieur de Montchevreuil, capitaine audit régiment, le second du régiment de Gêvres,... le troisième du régiment de Meille....), alla à toute bride charger la cavalerie parisienne, si vigoureusement qu'il la renversa et se rendit maître du convoi, qu'il prit et rendit inutile, et emmena le reste, notamment les chevaux, au nombre de cent cinquante, et le bétail, dans son quartier avec les prisonniers.... Deux officiers de cavalerie ont été tués avec cinquante cavaliers et trente faits prisonniers. Le reste prit la fuite et se sauva à la faveur du brouillard,... si écartés les uns des autres qu'il n'y a pas apparence qu'ils se puissent de longtemps rallier, et moins retourner à Paris.

« Après quoi, le comte de Palluau, ayant eu avis des prisonniers que le duc de Beaufort devoit venir au-devant de ce convoi avec sa cavalerie, fit mettre tout le butin et les prisonniers à part, rallia ses troupes, que le pillage avait fait séparer, et marcha en bon ordre jusqu'à Meudon, et furent rencontrer le duc sur le chemin, mais il n'y parut rien.

« Le comte de Palluau, avant de quitter son quartier, en donna avis au maréchal de Gramont, lequel vint le renforcer des troupes de son quartier de Saint-Cloud, y ayant des forces à suffire tant pour sa garde que pour assister les quartiers voisins : ceux de Saint-Denis, de Corbeil et les autres....

« De quoi le sieur de l'Hôpital, capitaine-lieutenant de la mestre de camp, commandant le régiment de Palluau, vint apporter hier cette nouvelle au Roi, et que cette cavalerie ainsi maltraitée étoit du régiment du coadjuteur de Paris, archevêque de Corinthe, dont il a pris le nom, comme l'infanterie étoit du régiment du duc de Bouillon. Duquel avantage on s'est d'autant moins étonné en cette cour, qu'il y a peu d'apparence qu'une milice nouvellement levée puisse résister à de vieilles troupes aguerries, lesquelles bloquant et serrant de jour en jour de plus près cette ville, elle a de ce côté à craindre, comme à espérer de son humilité, quand elle voudra rentrer en son devoir et se remettre dans les bonnes grâces de Leurs Majestés, qui ne se lassent point de lui tendre les bras. »

VII. — Page 227.

INSTRUCTION DU HÉRAUT.

Nous donnons cette pièce et la réponse qui la suit d'après la copie insérée dans le manuscrit Caffarelli entre le folio 4 et le folio 5.

Instruction générale du héraut allant vers le Parlement, le corps de Ville, et le prince de Conty, à Paris, le 12 février 1649.

Instruction au sieur de Loyacque, héraut d'armes de France du titre de Navarre, s'en allant à Paris de la part du Roi.

Arrivant à Paris il demandera d'être mené au Palais, à la séance que continue de tenir la cour de Parlement, où étant introduit il lui parlera aux termes qui suivent :

« A vous, présidents et conseillers, le Roi, mon maître et le vôtre, m'a envoyé ici, de l'avis de la Reine régente sa mère, pour vous signifier et mettre en main la déclaration qu'il a fait expédier, portant suppression de toutes vos charges, en cas que dans huitaine vous ne sortiez de la ville de Paris, voulant bien conserver néanmoins les offices de ceux qui se rendront près de lui dans ledit temps.

« Et d'autant que Sa Majesté a appris que ladite déclaration, quoique expédiée dès le 23ᵉ du mois passé, n'est pas venue à la connoissance de la plupart de vous, par les diligences qu'on a fait (sic) pour l'empêcher, Sa Majesté, outre les huit jours qui devoient être comptés du jour de la date et qui sont expirés, vous en donne encore quatre pour y obéir, qui ne courront que d'aujourd'hui que je vous en fais la signification de sa part. Et comme Sa Majesté est sensiblement touchée des misères et des souffrances de son pauvre peuple de Paris, et qu'Elle ne veut rien omettre de son côté pour les en délivrer, Sa Majesté m'a commandé, de l'avis de la Reine régente sa mère, de vous déclarer que, afin qu'aucun de vous n'ait excuse, ni même le moindre prétexte apparent de demeurer plus longtemps dans la désobéissance, Elle donne pleine et entière[1] sûreté pour la personne et pour les charges et biens de tous ceux de vous qui sortiront de Paris sans exception d'aucun ; et Sa Majesté promet, en foi et parole de roi, qu'il ne sera touché ni fait aucun tort à leurs personnes ni à leursdits biens et charges, obéissant dans le temps qu'Elle vous prescrit. Que si après un si grand effet de clémence et de bonté, vous vous opiniâtrez encore dans la désobéissance à votre maître et souverain, j'ai charge de vous dire que vous n'en devrez plus attendre à l'avenir, d'autant plus que vous serez la seule cause des souffrances du peuple de Paris, et des autres maux qui en arriveront. »

Ayant achevé, il leur baillera la déclaration du Roi et la présente instruction, signée de Sa Majesté même, pour leur servir de sûreté de la fidèle exécution de tout ce qu'il leur aura dit de la part de sadite Majesté.

De là, il ira à l'Hôtel de Ville, où étant introduit, il leur dira :

« A toi, prévôt des marchands, échevins et conseillers, quarteniers et peuple de Paris, le Roi, mon maître et le vôtre, m'a envoyé vers vous pour vous porter cette déclaration, que j'ai charge de vous lire. »

Et après qu'il l'aura lue, il leur dira que le plus fort motif qu'ait eu le Roi pour l'envoyer porter des marques de sa bonté au Parlement, et au prince de Conty, et autres princes et adhérents, ainsi qu'ils verront par les déclarations, a été celui de donner le repos à sa bonne ville de Paris, retirer les habitants du mauvais pas où ils se sont laissé entraîner, et les délivrer des malheurs qui leur sont inévitables s'ils persistent plus longtemps dans leur aveuglement. Et qu'ils peuvent bien connoître si l'affection de Sa Majesté pour eux et sa tendresse est extraordinaire, puisqu'elle prend plus de soin de leur en donner des preuves, lors même que Dieu favorise plus ouvertement la justice de ses armes par les bons succès qu'il leur a donné (sic) depuis peu.

1. On lit ici au manuscrit le mot *liberté*, biffé.

Après avoir exécuté les ordres du Roi au Parlement et à l'Hôtel de Ville, il demandera à être mené chez M. le prince de Conty, et y étant introduit, il lui parlera en ces termes :

« A toi, Armand de Bourbon, le Roi, mon maître et le tien, m'a envoyé ici, de l'avis de la Reine régente sa mère, pour te signifier et mettre en main sa déclaration, qui te déclare, et les princes, ducs, pairs, seigneurs, et autres tes adhérents, criminels de lèze-majesté, à faute de se rendre près de sa personne dans trois jours; et d'autant que peut-être ladite déclaration n'est pas venue à ta connoissance ni des autres tes adhérents, Sa Majesté, de l'avis de la Reine régente sa mère, m'a commandé de te dire qu'Elle te donne encore, et à tous les autres tes adhérents, quatre jours, qui ne courront que d'aujourd'hui, pour se rendre près d'Elle; et afin que ni toi ni eux n'ayez aucune excuse de demeurer plus longtemps dans la désobéissance, Sa Majesté, de l'avis de la Reine régente sa mère, m'a commandé de te dire qu'Elle te donne pleine et entière sûreté pour ta personne, pour tes charges, biens et gouvernements, comme aussi qu'Elle accorde la même grâce et sûreté aux princes, ducs, pairs, seigneurs, et autres tes adhérents, en cas que toi et eux se rendent dans ledit temps auprès d'Elle, à faute de quoi, et ledit temps passé, j'ai commandement de te dire que toi et tes adhérents auront encouru les peines portées par ladite déclaration, sans espérance de pouvoir obtenir autre délai. »

Fait à Saint-Germain en Laye, le douzième jour de février mil six cent quarante-neuf.

Signé LOUYS, et plus bas DE GUENEGAUD.

Réponse de la part du parlement de Paris audit héraut.

Les gens du Roi ont dit au héraut envoyé de la part du Roi qu'ils ont ordre du Parlement de lui dire que par respect, par submission et par obéissance, ils n'ont osé le recevoir, ni l'écouter; et que le Parlement les a députés vers Sa Majesté, si Elle a agréable de les recevoir, pour lui faire entendre les respects et les submissions de la Compagnie.

Ces pièces, comme nous l'avons dit, ont été insérées aussi dans le *Bulletin de la Société de l'histoire de France* (tome II, 2de partie, p. 142-145). Une note avertit qu'elles sont extraites d'un ancien manuscrit des *Mémoires de Retz*, notre manuscrit Caffarelli sans aucun doute, et qu'on les donne dans le *Bulletin* d'après une copie qui est à la bibliothèque de l'Arsenal. — L'instruction du héraut se trouve également, avec quelques variantes, dans le *Recueil général des anciennes lois françaises*, par MM. Isambert, Decrusy et Taillandier (tome XVII, p. 123-125, en note).

VIII. — Pages 199, 200 et 232.

CAUMARTIN RÉVISEUR DU MANUSCRIT CAFFARELLI.

Entre les folios 248 et 249 du manuscrit Caffarelli se trouve un feuillet de papier qui, d'un côté, est couvert d'écriture aux deux tiers. En le comparant attentivement avec deux lettres autographes de Caumartin que possède M. de Chantelauze, nous nous sommes convaincus, MM. Regnier, de Chantelauze et moi, que cette page était de la main de Caumartin : il y a, en effet, dans ces lettres et dans cette feuille, certaines lettres caractéristiques, telles que le P majuscule, qui ne permettent guère le doute; les quelques différences très-légères qu'on peut remarquer dans le reste tiennent à ce que l'écriture est plus courante, plus négligée et plus fine dans le brouillon inséré au manuscrit Caffarelli que dans les lettres, et peut-être aussi à la différence des époques où ces lettres et le brouillon ont été écrits.

En comparant ensuite le feuillet aux notes et corrections qui sont écrites soit dans les interlignes, soit à la marge des premières pages du manuscrit, nous croyons, d'après certaines abréviations, identiques dans les unes et dans l'autre, pouvoir affirmer que le correcteur est bien aussi Caumartin. Cette double comparaison et la conclusion que nous en avons tirée donnent assurément une grande valeur au manuscrit Caffarelli et aux quatre feuillets de notes critiques qui y sont annexés[1].

Nous pourrions, s'il en était besoin, corroborer ces preuves directes par de fortes présomptions. On verra dans notre troisième volume (tome II, p. 321, de l'édition de 1859), à propos d'un traité entre les Frondeurs pour la délivrance des Princes, le passage suivant : « Ce traité est, à l'heure qu'il est, *en original entre les mains de Caumartin*, qui, étant avec moi à Joigni, il y a huit ou dix ans, le trouva abandonné dans une vieille armoire de garde-robe. » Nous avons déjà dit (voyez notre *Notice sur les Mémoires*, tome I, p. 51) que la copie Caffarelli contient ce traité en original, avec toutes les signatures, intercalé entre les feuillets 198 et 199. Ne peut-on pas conclure tout naturellement de cette coïncidence que le manuscrit de M. Caffarelli a, dans le passé, appartenu à Caumartin ?

---

1. Ces notes ne sont pas de la main de Caumartin, mais d'une écriture toute différente, probablement celle d'un copiste qui aura été chargé de les transcrire.

Quant au rôle de réviseur donné à Caumartin, il s'explique naturellement par la grande confiance que l'auteur avait dans la capacité et l'affection de son ami. C'était pour lui, à l'occasion, un sûr et dévoué collaborateur. Nous lisons dans nos *Mémoires* (tome IV, p. 186, de l'édition de 1859) que Caumartin envoya au Cardinal un discours dont celui-ci se servit, pendant sa détention à Vincennes, pour répondre au nonce Ragni au sujet de la démission de son archevêché, que la cour lui demandait : « Comme j'avois été, dit-il, averti par mes amis de cette démarche, je la reçus avec un discours très-étudié et très-ecclésiastique[1], qui fit même honte au pauvre Monsignor Ragni, et qui lui attira ensuite une forte réprimande de Rome. Ce discours, qui m'avoit été envoyé par M. de Caumartin, et qui étoit fort beau et fort juste, fut imprimé dès le lendemain. La cour en fut touchée au vif. »

Il est assez probable que Caumartin avait exécuté le travail de révision sur le premier volume, et qu'il avait ensuite envoyé ses observations à Retz, qui vouloit peut-être s'en servir pour mettre la dernière main à sa copie définitive, qui nous paraît être l'original que possède la Bibliothèque nationale. Voyez ce qui est dit à ce sujet dans la *Notice bibliographique* sur les manuscrits et les diverses éditions des *Mémoires*.

Nous ne savons pour quelle raison Caumartin n'a pas achevé son examen ou du moins la rédaction de ses critiques. Quant à la page d'écriture dont il est question au commencement de ce VIIIe *appendice*, auquel elle a donné lieu, c'est évidemment une addition aux *Mémoires* (peut-être à la page 257 de notre tome II) proposée par le censeur à son ami. Rappelle-t-il au Cardinal un incident réel qu'il avait oublié, ou bien est-ce un artifice de composition qu'il lui suggère dans l'intérêt de sa réputation, à lui Caumartin? Nous ne saurions décider; mais, en tout cas, cette page, qu'elle soit vérité ou fiction, honore, par les sentiments qu'elle exprime, son patriotisme, et nous sommes heureux de la recueillir, et de pouvoir, grâce à l'obligeance de M. le comte Caffarelli, la donner ici à nos lecteurs.

Addition aux Mémoires proposée par Caumartin.

« La veille que le député de l'Archiduc parut dans le Parlement, Caumartin, m'ayant rencontré chez Mme de Longueville, en sortit avec moi, et m'ayant tiré à part dans la salle de l'Hôtel de Ville, me dit qu'il me cherchoit pour me parler d'une affaire sur laquelle

---

1. Nous avons déjà rencontré cette expression : voyez ci-dessus, p. 200 et note 2.

APPENDICE.

il me [1] conjuroit de ne lui faire aucune confidence [2]; qu'il apprenoit qu'on vouloit prendre [3] des mesures avec Espagne [4]; que cette nouvelle l'avoit sensiblement touché; qu'il ne pouvoit s'imaginer que le Parlement fût capable [5] de s'oublier à ce point-là [6]; que, pour lui, il me déclaroit franchement [7] qu'il haïssoit moins le Mazarin que les Espagnols; qu'il étoit plus près de renoncer à [8] sa charge et de s'exposer à tous les périls du monde [9] que de devenir jamais [10] mauvais François; que ceux de son nom avoient [11] toujours été trop attachés à la royauté; qu'au reste il me prioit de croire qu'il y auroit beaucoup de gens de son humeur, et que ceux qui les voudroient espagnoliser se tromperoient dans leurs mesures. Il vouloit encore [12] me conjurer par la mémoire de mes pères et par l'exemple du cardinal [13] de Gondi, lorsque je l'interrompis pour l'assurer qu'il ne s'agissoit point de se lier avec les Espagnols, mais de profiter de leurs démarches. Il ne voulut rien écouter là-dessus, et m'ayant quitté brusquement, me fit faire [14] de grandes réflexions sur les suites de cette affaire. »

1. On lit ici, au manuscrit, ces mots rayés : « prioit et me. »
2. « Et même de ne lui pas répondre, » biffé. — Nous avons vu ci-dessus (p. 572) que la liaison intime de Caumartin avec le Coadjuteur datait seulement du procès Joly-la Boulaye : cela ne rend-il pas un peu invraisemblable la crainte de confidence qu'il exprime ici?
3. *Vouloit prendre* est en interligne, au-dessus de *prenoit*, biffé
4. Première rédaction : « avec les Espagnols; » les deux derniers mots ont été effacés et remplacés en interligne par *Espagne*.
5. *D'aller* a été rayé après *capable*.
6. « S'oublier à ce point-là » est en interligne, au-dessus de ces mots biffés : « se porter à cette extrémité. »
7. *Franchement* a été ajouté après coup, en interligne.
8. D'abord *quitter*, biffé, et remplacé en interligne par *renoncer à*.
9. « Et de s'exposer à tous les périls du monde » est écrit en interligne, au-dessus de ces mots effacés : « d'aller à Montargis, et si on vouloit en Canada. »
10. *Jamais* est en interligne.
11. Le manuscrit porte une seconde fois le mot *avoient*, biffé.
12. Premières rédactions, successivement modifiées : *Il vouloit ensuite; il alloit;* puis encore *vouloit*, effacé et récrit au-dessus de la ligne.
13. *Cardinal* est écrit en abrégé : *card.*
14. *Il*, biffé, devant *me fit faire*. Après ces mots, on lit ceux-ci sous une rature : « réflexion que si le meilleur. »

IX. — Page 309.

NOTES DE MAZARIN SUR RETZ.

Pour bien comprendre la lutte du Coadjuteur contre Mazarin, pour la connaître à fond, la juger impartialement, il faudrait, à côté des *Mémoires de Retz*, pouvoir lire, à défaut de Mémoires de son rival, les nombreuses lettres qu'il a écrites, et surtout l'expression de ses plus secrètes pensées consignée par lui et pour son usage particulier, comme une sorte de *memento*, dans ses *agenda* ou *carnets*[1]. Depuis plus de dix ans, M. Chéruel a préparé pour la collection des *Documents inédits de l'Histoire de France* la publication de la *Correspondance de Mazarin* ; mais, au grand regret de tous ceux qui s'occupent d'histoire, le ministère de l'instruction publique n'en a pas encore fait paraître un seul volume. Au prix de beaucoup de temps et de fatigue, nous avons étudié un grand nombre de ces papiers, dispersés dans les divers dépôts publics (Bibliothèques nationale, Mazarine, Archives nationales, des affaires étrangères, etc.). En outre, M. Chéruel, avant la publication de notre livre sur la Fronde, avait bien voulu nous prêter plusieurs registres des copies qu'il avait prises. Nous avons donc pu suivre cette longue lutte dans beaucoup de ses sourdes menées ; mais il nous a été impossible, dans un commentaire déjà long, de les indiquer suffisamment, soit à cause de l'étendue de nos documents, soit parce que Retz, par son silence calculé, ne nous en fournissait pas l'occasion. Nous voudrions cependant, par quelques extraits des *carnets*, faire pressentir à nos lecteurs ce que plus tard leur apprendra la mise au jour et de ces curieux souvenirs et de la correspondance de Mazarin. Nous leur donnons, dans cette vue, quelques fragments se rapportant à notre tome II, et empruntés aux *carnets* XI, XII, XIII, et à celui de M. Luzarche, qui vont du 8 décembre 1648 à la fin de 1649. Il ne faut pas oublier, en les lisant, que c'est un étranger qui écrit, mêlant souvent à son français des phrases, des locutions, des mots italiens ou espagnols ; puis que ce sont des notes rapides, sans suite, jetées même quelquefois au crayon, qu'il n'y a donc pas lieu de s'étonner des irrégularités et des libertés de langage[2].

1. La Bibliothèque nationale en possède quinze, de divers formats, faisant partie du Fonds Baluze (armoire VI, paquet 1), et placés dans la *Réserve*. Ils s'étendent de l'an 1642 à l'an 1650. M. Luzarche en possédait un seizième, qui doit être publié prochainement, dit-on ; au moins est-il déjà imprimé. M. Léopold Delisle a bien voulu nous en communiquer les bonnes feuilles. Ce *carnet* serait le quatorzième, par ordre de date : commençant au 28 novembre, il termine probablement l'année 1649 ; le XIVe *carnet* de la Bibliothèque (qui deviendrait le XVe) date de 1650.

2. La lecture est souvent très-difficile, et il est un petit nombre de mots que nous ne sommes pas sûr d'avoir bien déchiffrés. A la fin des mots, il y a fréquemment lieu d'hésiter entre l'*e* muet français et l'*i* italien, que Mazarin incline fort à substituer à l'*e*. — C'est sur les *carnets* mêmes que nous avons copié nos extraits, mais nous avons pu nous aider d'une copie que M. de Chantelauze avait prise avant nous des passages relatifs à Retz, et qu'il a bien voulu nous communiquer avec une très-libérale obligeance.

« Ledit duc (*de Longueville*) et le Coadjuteur font tout ce qui (*sic*) peuvent pour m'intimider, faisant adrettement (*adroitement*) dire à mes meilleurs amis, par des personnes qui témoignent le faire par zèle, qui (*qu'il*) est impossible d'empêcher ma chiute; ainsi a été dit à M. de Villeroy par le plus confident ami du Coadjuteur; on en a parlé de la sorte al Nodé (*Naudé*)[1] et à quantité d'autres, et on s'est enquis soigneusement dudit Nodé si je prenois d'alarme, et si j'étois en pensée de me retirer, et le même Coadjuteur parlant à moi me dit qu'il n'y avoit point de raison à tout ce qui se faisoit. » (*Carnet* xi, p. 9[2].)

« Payré (*père*) Paulin sur le sujet du Coadjuteur, qui ne songe à empêcher que les prédicateurs et curés ne disent rien que les coutumes présentes, afin que cela ne blesse le Parlement, avec lequel a les dernières liaisons, en un mot m'a dit qui (*qu'il*) est dans li intrigue plus que jamais, et qu'il étoit obligé de me dire que.... je ne devois pas me fier, etc.

« Le Coadjuteur, après avoir assemblé aux Capucins avec des doctors de Sorbonne, pour savoir si on pouvoit prêter au Roi sans usure, il est allé tout aussitôt voir M. Brusselles (*Broussel*), et il est certain qui sollicite lui-même les curés pour leur persuader que cela ne se peut, et le tout de concert avec Novion et les chefs factios du Parlement; cela est public; et il est malaisé d'empêcher de lui témoigner le mal qui reconnoit (*combien il reconnoît mal*) les obligations qu'il a à la Reine, agissant pour mettre tout sens dessus dessous, et le faisant de concert avec les plus factios du Parlement. » (*Ibidem*, p. 16 et 17.)

« Le Coadjuteur enrage de ne pouvoir venir à bout de son dessein touchant de faire passer les prêts pour usure; tout le monde, quoique harangué par lui, ne sont pas de cet avis.... Nonobstant les diligences du Coadjuteur, l'affaire ira en fumée. » (*Ibidem*, p. 18.)

Quelquefois la mention du Coadjuteur, toujours présent à la pensée du Ministre, est jetée rapidement sans explications, de manière à demeurer pour nous vague et indéfinie; ainsi :

« Choses étranges de ce que fait et dit le Coadjuteur. » (*Carnet* xi, p. 65.)

---

1. Le Coadjuteur savait-il que Naudé, consulté par Mazarin au commencement de la Régence, lui avait déjà conseillé de se retirer en Italie (voyez au tome I, p. 350 et 351, ce que nous avons dit de son *Mémoire confidentiel*, publié par M. Franklin), et espérait-il par cela même le convaincre plus facilement?
2. Cette note a dû être écrite vers le 12 décembre : la première page du *carnet* xi commence avec le 8 décembre, et on trouve la date du 18 décembre au milieu de la page 18.

Au *carnet* xii, nous avons rencontré une page qui mériterait vraiment de figurer dans les *Mémoires* de Retz; c'est, en dépit de toutes les incorrections, un joli récit, un petit tableau achevé. Mazarin l'a écrite sur son *carnet* probablement pour raconter le fait à une des soirées de la Reine, fournir un canevas tout prêt aux broderies des courtisans, aux bouffonneries des Bautru et des Nogent, et se venger par le ridicule, et d'un même coup, de ses deux grands adversaires, et cela seulement quelques mois après la double défaite des Barricades et de la déclaration d'octobre, et presque à la veille de cette Fronde qui allait, pendant un temps, rendre si populaires et si puissants Retz et Broussel.

« Le 18 décembre [1648], le Coadjuteur rencontra Brusselles (*Broussel*) sur le Pont-Nof, qui alloit à pied, et descendit tout aussitôt de son carrosse, et convia Brusselles d'y monter afin que le pût accompagner chez lui. Brusselles ne volut (*sic*) point, disant qui (*qu'il*) alloit toujours à pied par ces petites rues, et lors le Coadjuteur résolut de faire suivre son carrosse et aller aussi à pied pour l'accompagner chez lui, n'étant pas marri que le peuple vit en grande union son *pastor* et son payré (*père*). Il fit tout son possible pour obliger Brusselles de se laisser porter la coué (*queue*) par un de ses pages, et l'autre ne le voulant pas, le Coadjuteur ne voulut pas aussi que on portât la sienne, et le fit de lui-même, comme Brusselles le faisoit. Ce n'est pas une petite déférence d'un archevêque de Paris à un conseiller du Parlement. » (*Carnet* xii, p. 18 et 19.)

Voici maintenant des fragments qui révèlent de sourdes tentatives d'accommodement de Retz avec Mazarin, faites au temps même où le Coadjuteur, dans ses *Mémoires*, se drape dans une fière attitude de combat contre le premier ministre; nous verrons l'issue de ces menées dans les premières pages de notre tome III. Nous ne pouvons assigner une date précise à ces pourparlers, puisque Mazarin n'indique de date sur ses *agenda* qu'à de longs intervalles; mais il en est question dans le xiie *carnet*, de la page 117 à la page 123. La première date qu'on trouve ensuite, à la page 1 du xiiie *carnet*, est celle du 16 octobre 1649. Ceci doit donc être antérieur.

« M. de Chevreuse m'est venu dire que son épée ne trancheroit que pour la Reine et pour moi; qu'elle seroit la maîtresse quand elle voudroit; que Beaufort, le Coadjuteur, président Bellièvre et lui étoient parfaitement bien ensemble; que tout seroit à moi si je vouldrois; que Bellièvre lui avoit promis positivement de faire tout ce que Mme de Chevreuse lui conseilleroit à mon égard; et il a conclu me priant que je prisse une bonne résolution, et que sa femme me parleroit et me confirmeroit que lui ne craignoit personne, et que si j'écoutois, Monsieur le Prince seroit le plus supple (*souple*) vers la Reine que homme du Royaume; et comme tout le monde croit que je ne me suis réconcilié du cœur avec Monsieur le Prince, et que j'attends la conjoncture pour me venger de lui, de divers endroits on m'attaque pour cela, tâchant un chacun de me faire connoître que, la Reine se déclarant, ledit Prince il faut qui (*qu'il*) cède, ayant les ennemis qu'il avoit auparavant, ceux qui le sont devenus pour s'être accommodé[1], la même animosité du peuple et du Parlement contre lui subsistant, et l'infaillibilité que Son Altesse Royale[2] seroit contre lui, s'il voyoit un grand parti, et bien soutenu (?) avec l'autorité du Roi, élevé à son dommage, à qui il ne s'opposeroit la Rivière, parce que, en ce cas, la crainte qui le fait agir favorablement pour Monsieur le Prince cesseroit, comme aussi que son interêt du cardinalat ne souffriroit point, parce que Monsieur le Prince ni son frère ne seroient point en état de lui faire aucun préjudice là-dessus, etc., etc.

« Entre les personnes qui m'ont parlé ou fait parler en ce rencontre, pour m'obliger à donner les moyens à l'abattement de Monsieur le Prince et ramener tout le parti de M. de Beaufort, du Coadjuteur et des tres (*trois*) dames[3], Mme de Chevreuse par deux fois m'en a fait entretenir, n'oubliant rien, premièrement pour me faire connoître que c'étoit un coup sûr, et après pour me persuader que c'étoit un moyen infaillible pour rétablir l'autorité du Roi à Paris et dans toutes les provinces ; qui me répondroit du parlement de Paris, de l'accommodement de Bordeaux (ce qui fait voir que cette émotion-là a connexion avec les malintentionnés de Paris) ; que les finances seroient rétablies à l'instant ; que, avec cela, la paix en suivroit sans aucun doûte ; que je me pourrois venger de Monsieur le Prince, qui m'avoit offensé de gaieté de cœur, qui si on ne prenoit un prompt remède à mettre quelque obstacle à son élévation, bientôt seroit maître de tout ; que Monsieur le Prince n'étoit pas ce qu'on croyoit, qu'il étoit fort parmi les foibles, mais très-foible parmi les forts et où trovoit de la résistance ; que la noblesse et les Princes étoient outrés contre lui ; que parmi ces derniers, la maison de Lorraine et celle de Vendôme, pour raison du mariage[4] et pour les discours qu'il avoit tenus à la Reine, à la présence de Son Altesse Royale, contre la maison de Lorraine, en faisant un parallèle avec celle de Bouillon, et disant que le duc Charles n'étoit point duc de Lorraine, seroient irréconciliables.... Enfin ladite dame me répondoit de tout le parti de M. de Beaufort, de Bellièvre, Coadjuteur, Narmontier, et entièrement ; et ce qu'elle m'a demandé positivement a été de faire bien traiter par la Reine lesdites personnes, leur donner la confidence entière, et

---

1. Parce qu'il s'est accommodé. Allusion à la réconciliation de Condé avec les Frondeurs. Voyez ci-dessus, p. 531.
2. Le duc d'Orléans.
3. Probablement Mme et Mlle de Chevreuse et Mme de Montbazon, ou bien Mmes de Chevreuse, de Guémené et de Montbazon.
4. Du duc de Mercœur avec la nièce de Mazarin.

ne donner que les apparences à Monsieur le Prince; et que je pouvois achever le mariage ; et que toutes lesdites personnes ne demandoient rien ; remettant Beaufort même à la Reine de lui départir les grâces, etc., etc. J'ai répondu adroitement que Monsieur le Prince étoit plus considérable qu'elle ne croyoit, que les armées pour divers respects seroient pour lui, qu'il falloit faire la paix, et que pour cela il étoit..., etc. » (*Carnet* XII, p. 117-123.)

La suite de ces intrigues manque dans le *carnet*; il y a au bas de la page 123 un appel de note, mais le renvoi ne se trouve pas dans les neuf pages qui suivent et qui terminent cet agenda.

« Le Coadjuteur il arriva pendant qu'il (*Bautru*) y étoit (*chez Mme de Guémené*), et lui se retira. Ledit Coadjuteur est si intime della dite dame, déjà que li l'y a (*qu'il y a*) longtemps qu'on dit qu'il est amoureux ; et je sais d'autres endroits qui (*qu'il*) échauffe tant qu'il peut pour engager chacun à faire des folies, et pour ce qui est delle ditte donne (*dame*), de celle de Montbazon et toute leur cabale, la disposition y est tout entière. » (*Carnet* XII, p. 112 et 113.)

« Grande assemblée chez Mme de Guimené. Beaufort et le Coadjuteur animant tout le monde. Résolution de venir lundi pour voir si on donnera le tabouret à Mlle de Montbazon. On fait venir des gentilshommes, on fomente rentiers plus que jamais, et on travaille dans les ales (*halles*). » (*Ibidem*, p. 117.)

Avant de quitter ce *carnet* XII, empruntons encore à une des premières pages un curieux aveu de Mazarin :

« Nous sommes sortis de Paris pour châtier le Parlement ; après notre sortie, il a fait plus de mal, commis plus de crimes que n'avoit jamais fait, et le plus châtié, c'est le cardinal Mazarin. » (*Carnet* XII, p. 15.)

Le *carnet* XIII ne parle que d'événements postérieurs au 16 octobre 1649. Comme dans les deux précédents, Mazarin s'y inquiète des intrigues de Retz.

« L'on me dit que la pensée de Beaufort, Coadjuteur et toute la cabale, après avoir publié que je suis cause de la cherté du blé, et ému les rentiers, ceux-ci s'assemblant en grand nombre, comme ils espèrent qu'ils feront, est de se mettre à leur tête, disant de venir demander justice à la Reine au Palais-Royal, de passer par les ales (*halles*), afin d'augmenter le nombre des coquins et amener les (*sic*) plus des gentilshommes qu'ils pourront, afin de faire de même instance pour le tabouret de Mme de Montbazon, et tâchant de fortifier ces deux affaires, voire trois (c'est-à-dire la cherté), l'une par l'autre, et mettre tout en confusion, et suivant que la chose ira, prendre résolution sur-le-champ. Il est important de prendre quelque résolution de notre côté; car, ne faisant rien, les autres prendront courage et croient de plus en plus que on meurt de peur; au moins on devroit convenir de ce que on fera, si on voit venir les dous (*deux*) personnes [1] avec grand monde au Palais-Royal. Il sera bon de dépêcher à l'Archevêque et le faire venir [2]; car assurément n'approve la conduite du neveu, et, assisté une fois de la cour, fera une partie de ce que l'on voudra. Il sera bon, ou en faisant venir la Maison de Ville [3] ici et les compagnies souveraines, ou la Reine avec le Roi, accompagné de Son Altesse Royale, Monsieur le Prince et prince de Conti, allant à la Maison (*de Ville*), leur dire ce qui se passe, l'intention de ceux qui volent renverser toute la bonté de la Reine, et puis de donner ordre faisant les procès contre ces perturbateurs. Enfin il est à propos de ne demeurer pas les bras croisés pendant que les méchants oublient aucune malice pour mettre tout sens dessus dessous. Ils font la guerre à une grande flotte avec un brigantin, et ils feront du mal, si on n'y applique et on continue à les mépriser sans se résoudre à les châtier d'une façon ou d'autre. » (*Carnet* XIII, p. 11 et 12.)

« Le Coadjuteur a dit en discourant avec Ménage, qui condamnoit son procédé après s'être raccommodé et protesté avec tant de passion service à la Reine, lui dit qu'il n'étoit pas le Père Vincent, qu'il avoit bien fait voir s'il avoit du crédit à Paris, et enfin que si Beaufort étoit Fairfax, lui étoit Cromwell. Belle comparaison! et il est bien malheureux de voloir faire en France ce que Cromwell a fait en Angleterre. » (*Ibidem*, p. 28.)

« M. de Turenne entre pareillement en des cabales : on me dit qu'il témoigne n'être pas satisfait de Monsieur le Prince et qu'il se lie avec Beaufort et le Coadjuteur; l'autre jour étoit avec le dernier chez M. de Bellièvre enfermés ensemble en une grande conférence. » (*Ibidem*, p. 34.)

« Tous les Frondeurs sont pour Monsieur, lui en ont fait donner parole, et particulièrement Bellièvre, le Coadjuteur, Beaufort et Narmontier. » (*Ibidem*, p. 36.)

« M. de Vendôme, après m'avoir parlé de ses affaires, ce 4 novembre 1649, m'a dit que jamais les choses avoient été en meilleure disposition pour retirer M. de Beaufort et le donner à la Reine entièrement; que le président Bellièvre et le Coadjuteur y étoient tout à fait résolus, en haine de Mme de Montbazon, qui vouloit mettre pour ses intérêts particuliers tout en confusion; que ladite

---

1. Le Coadjuteur et Beaufort.
2. Probablement de son abbaye de Saint-Aubin d'Angers.
3. La municipalité parisienne.

dame avoit fait tout ce qu'elle avoit pu, et y travailloit encore, pour faire assassiner Monsieur le Prince et pour y porter même à cela M. de Beaufort. » (*Carnet* XIII, p. 41 et 42.)

« Beaufort fomente le plus qu'il peut les affaires de Bordeaux et fait écrire par la Boulaye; il s'entend avec Saubœuf; le Coadjuteur est aussi de la partie. Je ne sais pas si Monsieur le Prince en est informé; mais s'il nous pouvoit réussir de les punir, etc. » (*Ibidem*, p. 83.)

Le *carnet* de M. Luzarche nous permet d'achever cette année 1649. Nous y trouvons d'abord, aux pages 2-5 (des bonnes feuilles), la confirmation des craintes de Mme de Longueville au sujet des indiscrétions du Coadjuteur, craintes dont Retz a déjà parlé dans ses *Mémoires* (ci-dessus, p. 500-502) :

« Ladite dame craint que le Coadjuteur ne parle contre elle à son mari, que depuis quelque temps ledit Coadjuteur prend grand soin de voir fréquemment; et elle flatte fort Priolau[1], afin que s'il reconnoît quelque chose dans l'esprit de son mari, l'en veuille avertir.

« Priolau dit que assurément le Coadjuteur lui truble l'esprit et l'inquiète ; qu'il ne voudroit pas répondre que ne lui donna (*donnât*) des subçons de sa femme sur toutes les choses qui lui peuvent plus déplaire;... que ce que l'on a toujours cru de M. de Longaville se vérifie en la personne du Coadjuteur, lequel s'est rendu maître de son esprit, dans le temps que Monsieur le Duc assuroit que le feroit faire tout ce que voudroit; que jamais Beaufort a été à Chaillot (*chez le duc de Longueville*), mais très-sovent le Coadjuteur, Narmotier, Laigle et le duc de Res.

« Le Coadjuteur a dit à la Miletière que Beaufort est en disposition de s'accommoder, que M. de Bellièvre y travaille; mais que lui ne prétend pas s'accommoder par ce moyen. » (*Carnet Luzarche*, p. 10.)

« Le P. Paûlet (*Paulin?*) m'est venu voir, et m'a dit qu'il ne savoit rien du Coadjuteur. » (*Ibidem*, p. 10 et 11.)

« La Rivière met le tout pour le tout pour s'accommoder avec Rais, et y emploie l'évêque d'Orléans. » (*Ibidem*, p. 18.)

Quatre pages plus loin, il y a sur la Rivière une note toute différente :

« Il (*la Rivière*) a songé à flatter Madame au dernier point, pour se joindre à elle contre Rais, se doutant.... (*Carnet Luzarche*, p. 22.)

« Le Coadjuteur et Narmotier pressent continuellement Monsieur

---

1. Secrétaire du duc de Longueville depuis le congrès de Munster : voyez dans le *Dictionnaire de Bayle* l'article qui le concerne.

le Prince à se joindre à eux, fomentant le maréchal de Bressé sur l'amirauté, croyant de le pouvoir engager par là. » (*Carnet Luzarche*, p. 28.)

« Le comte de Saint-Amour [1], sachant que le comte de Pegnarande [2] reçoit des avis de Paris de personne de qualité, par beaucoup de raisons croit que c'est le Coadjuteur. » (*Ibidem*, p. 44 et 45.)

« Le Coadjuteur fait la plus grande dépense que on puisse imaginer, et sovent dit devant le monde, étant à table, que sans le roi d'Espagne, il ne pourroit faire une si grande dépense. *Ridendo dicere verum* [3]. » (*Ibidem*, p. 46.)

Nous avons vu plus haut (p. 415, note 1), d'après un autre *carnet*, que d'abord Mazarin ne croyait pas que Retz reçût d'argent de l'Espagne. Quels sont les faits qui l'ont amené à changer d'avis?

X. — Page 379.

TRAITÉ DE RUEIL.

La première des deux pièces qui suivent est le projet de traité tel que l'avait d'abord rédigé la cour; le second, le traité authentique, avec toutes les signatures des négociateurs. Les originaux de l'une et de l'autre se trouvent à la Bibliothèque nationale : le premier dans la Collection dite des *Papiers d'État de le Tellier* (tome II, n° 6881, f° 18), le second dans le Fonds des *Cinq cents* de Colbert (tome III, f°ˢ 92-95).

Projet de traité.

1ᵉʳ article (*laissé en blanc dans l'original*).

2ᵉ article. — Le traité de l'accommodement étant signé, tous actes d'hostilité cesseront, tous les passages tant par eau que par terre seront libres et le commerce rétabli, et le Parlement se rendra par députation solennelle, au jour qui sera ordonné par Sa Majesté, à Saint-Germain en Laye, pour remercier ladite Majesté, apporter la ratification, et recevoir de sa main la déclaration contenant les articles accordés, pour la faire publier et enregistrer dans

---

1. Est-ce le comte de Saint-Amour, gouverneur de la Franche-Comté pour l'Espagne, fait prisonnier à la bataille de Lens? Cela nous paraît probable.
2. Gaspard de Bracamonte, comte de Puñaranda, vice-roi de Naples, plénipotentiaire à Munster, mort en 1676.
3. Horace, livre I, *satire* 1, vers 24.

le parlement de Paris, où, après ce, ledit parlement continuera ses fonctions ordinaires.

3º *article*. — Ne sera point fait assemblée des chambres pendant la présente année 1649 *sans sujet véritable et légitime*[1].

4º *article*. — Dans le narré de la déclaration, qui sera publiée et enregistrée, il sera énoncé que la volonté de Sa Majesté est que les déclarations des mois de mai, juillet et octobre 1648, vérifiées en Parlement, qu'elles[2] seront exécutées, fors à ce qui regarde le prêt, ainsi qu'il sera expliqué ci-après, et dans le dispositif de ladite déclaration sera mis que l'intention du Parlement a été reconnue bonne et tous les officiers d'icelui pleins d'affection et de fidélité.

5º *article (laissé en blanc)*.

6º *article*. —

7º *article*. — Que les gens de guerre qui ont été levés tant à la ville de Paris qu'ailleurs, en vertu de pouvoirs donnés tant par la cour du Parlement que par la ville de Paris, seront licenciés après l'accommodement fait, signé et ratifié, pour être lesdits gens de guerre pris d'or en avant à la solde de Sa Majesté et incorporés dans ses troupes, pour s'en servir dans la guerre étrangère en laquelle Sa Majesté est maintenant engagée, et ce pour lesdits gens de guerre qui voudront continuer à porter les armes, aucun n'y pouvant être forcé, et alors Sa Majesté fera retirer ses troupes des environs de la ville de Paris, et les envoiera ès garnisons sur les frontières des ennemis.

8º *article*. — Les habitants de ladite ville de Paris poseront les armes après l'accommodement fait et signé et ratifié, sans qu'on les puisse prendre que par l'ordre et commandement exprès de Sa Majesté ou des magistrats qui ont ce droit de *toute ancienneté*[3].

9º *article (laissé en blanc)*.

10º *article*. —

11º *article*. — Que le Roi pourra emprunter les deniers que Sa Majesté jugera nécessaires pour la dépense de la guerre seulement et tant qu'elle durera, en payant l'intérêt au denier douze sans autre remise.

12º *article*. — La Bastille, l'Arsenal, avec tous ses canons, poudres, grenades, boulets et autres munitions de guerre, seront réunis entre les mains de Sa Majesté, après que toutes ses troupes qui sont

---

1. Les mots en italique sont d'une autre écriture, celle de le Tellier, croyons-nous. Ils sont substitués à ces mots biffés : « qu'elles ne soient convoquées par la grand'chambre du Parlement. »

2. Ce pléonasme, *qu'elles*, est dans le texte original.

3. Les mots « (de) toute ancienneté » sont d'une autre écriture, et remplacent ceux-ci : « (de) la part de Sa Majesté. »

ès environs de Paris se seront retirées dans les garnisons des frontières, *et qu'il y sera actuellement retourné pour y faire sa résidence accoutumée*[1].

13e article (*laissé en blanc*).
14e — —
15e — —
16e — —
17e — —
18e — —
19e — —
20e — —
21e — —

Articles arrêtés et signés à Ruel, le 11 mars [1649][2].

Le Roi, voulant faire connoître à la cour de Parlement et aux habitants de sa bonne ville de Paris combien Sa Majesté a agréables les soumissions respectueuses qui lui ont été rendues de leur part, avec assurance de leur fidélité et obéissance, après avoir considéré les propositions qui ont été faites, a volontiers, par l'avis de la Reine régente, sa mère, accordé les articles qui ensuivent :

1º Le traité d'accommodement étant signé, tous actes d'hostilité cesseront, tous les passages, tant par eau que par terre, seront libres, et le commerce rétabli. Le Parlement se rendra, selon l'ordre qui lui en sera donné par Sa Majesté, à Saint-Germain en Laye, où sera tenu un lit de justice par Sadite Majesté, auquel la déclaration contenant les articles accordés sera publiée seulement : après quoi le Parlement retournera à Paris faire ses fonctions ordinaires.

2º Ne sera point fait assemblée de chambres pendant l'année 1649, pour quelque cause, prétexte et occasion que ce soit, si ce n'est pour la réception des officiers et pour les mercuriales ; et auxdites assemblées ne sera traité que ladite réception d'officiers et de matière de mercuriale.

3º Dans le narré de la déclaration qui sera publiée, il sera énoncé que la volonté de Sa Majesté est que ses déclarations des mois de mai, juillet et d'octobre 1648, vérifiées en Parlement, soient exécutées, fors en ce qui regarde les prêts, ainsi qu'il sera expliqué ci-après.

4º Que tous les arrêts qui ont été rendus par ladite cour de

---

1. Ces mots sont une addition, d'une autre main.
2. Ce titre, qui est en haut du document, sur le côté, nous semble être de la main de Molé.

parlement de Paris, depuis le 6 janvier dernier jusques à présent, demeureront nuls et comme non avenus, excepté ceux qui ont été rendus tant avec le Procureur général qu'entre les[1] particuliers présents, tant en matière criminelle que civile, adjudication par décret et réception d'officiers.

5º Les lettres de cachet de Sa Majesté, qui ont été expédiées sur les mouvements derniers arrivés en la ville de Paris, comme aussi les déclarations qui ont été publiées en son conseil, arrêts dudit conseil sur le même sujet, depuis le 6 de janvier dernier, demeurent nuls et comme non avenus.

6º Que les gens de guerre qui ont été levés, tant en ladite ville de Paris qu'en dehors, en vertu des pouvoirs donnés, tant par le Parlement que par la ville de Paris, seront licenciés après l'accommodement fait et signé, et alors Sa Majesté fera retirer ses troupes des environs de la ville de Paris, et les envoyera au lieu des garnisons qu'Elle leur ordonnera, ainsi qu'il a été pratiqué les années précédentes.

7º Les habitants de la ville de Paris poseront les armes après l'accommodement fait et signé, sans qu'ils puissent les reprendre que par l'ordre et commandement exprès de Sa Majesté.

8º Que le député de l'Archiduc qui est à Paris sera renvoyé sans réponse, le plus tôt qu'il se pourra, après la signature du présent traité.

9º Que tous les papiers et meubles qui ont été enlevés, appartenant à des particuliers, qui sont en nature, leur seront rendus.

10º La Bastille, ensemble l'Arsenal avec tous les canons, boulets, grenades, poudres et autres munitions de guerre, seront remis entre les mains de Sa Majesté après l'accommodement fait.

11º Que le Roi pourra emprunter les deniers que Sa Majesté jugera nécessaires pour les dépenses de l'État, en payant l'intérêt à raison du denier douze, durant la présente année et la suivante seulement[2].

12º Que M. le prince de Conti et autres princes, ducs et pairs et officiers de la couronne, seigneurs et gentilshommes, villes, communautés, et toutes autres personnes, de quelque condition et qualité qu'elles soient, qui auront pris les armes durant les mouvements arrivés dans la ville de Paris, depuis le 6 janvier dernier jusques à présent, seront conservés en leurs biens, droits, offices, bénéfices, dignités, honneurs, priviléges, prérogatives, charges et gouvernements, et en tel et semblable état qu'ils étoient avant la prise des

---

1. Les mots : « tant avec le Procureur général qu', » puis l'article *les*, devant *particuliers*, sont ajoutés en marge, de l'écriture de Molé.

2. *Seulement*, ajouté dans le texte, nous semble de Molé.

armes, sans qu'ils en puissent être recherchés ni inquiétés, pour quelque cause et occasion que ce soit, en déclarant par lesdits dénommés, savoir par M. le duc de Longueville dans dix jours, et par les autres dans quatre jours à compter de celui que les passages, tant pour les vivres que pour le commerce, seront ouverts, qu'ils veulent bien être compris au présent traité. Et à faute par eux de faire leur déclaration dans ledit temps, et icelui passé, le corps de la ville de Paris, ni aucuns habitants d'icelle, de quelque qualité et condition qu'ils soient, ne prendront plus aucune part à leur intérêt et ne les aideront ni assisteront en chose quelconque, sous quelque prétexte que ce soit[1].

13º Le Roi, désirant témoigner son affection aux habitants de sa bonne ville de Paris, a résolu d'y retourner faire son séjour au plus tôt que les affaires de l'État lui pourront permettre[2].

14º Sera accordée décharge générale pour deniers pris, enlevés ou reçus, tant publics que particuliers, meubles vendus tant à Paris qu'ailleurs, comme aussi pour les commissions données pour la levée des gens de guerre, même pour enlèvement d'armes, poudres et autres munitions de guerre et de bouche enlevées, tant à l'Arsenal de Paris qu'autres lieux.

15º Les élections de Xaintes, Cognac et Saint-Jean-d'Angely[3], distraites de la cour des Aides de Paris et attribuées à la cour des Aides de Guyenne, seront réunies à ladite cour des Aides de Paris, comme elles étoient auparavant l'édit et déclaration de *(laissé en blanc)*.

Au cas que le parlement de Rouen accepte le présent traité dans dix jours, à compter de la signature d'icelui, Sa Majesté pourvoira à la suppression du nouveau semestre ou réunion de tous les officiers dudit semestre ou de partie d'iceux au corps dudit parlement.

16º Le traité fait avec le parlement de Provence sera exécuté selon sa forme et teneur et lettres de Sa Majesté expédiées pour la révocation et suppression du semestre du parlement d'Aix et chambre des Requêtes, suivant les articles accordés entre les députés de Sa Majesté et ceux du parlement et du pays de Provence, du 21 février dernier, dont copie a été donnée aux députés du parlement de Paris.

17º Quant à la décharge des tailles proposée pour l'élection de Paris, le Roi se fera informer de l'état auquel se trouvera ladite

1. Il y a là une demi-ligne biffée, illisible.
2. L'article 13 est tout entier de la main de Molé.
3. Les mots *Xaintes, Cognac, Saint-Jean-d'Angely*, et, deux lignes plus bas, *Guyenne*, sont de la main de Molé. Au-dessus de l'article 15, il y a cette ligne effacée : « Les élections de Xaintes, Cognac et Angoulesme. »

élection, lorsque les troupes en seront retirées, et pourvoira au soulagement des contribuables de ladite élection, comme Sa Majesté[1] le jugera nécessaire.

18° Lorsque Sa Majesté enverra des députés pour traiter la paix avec l'Espagne, elle choisira volontiers quelqu'un des officiers de la cour de parlement de Paris, pour assister audit traité avec le même pouvoir qui sera donné aux autres.

19° Au moyen du présent traité, tous les prisonniers qui ont été faits de part et d'autre seront mis en liberté, du jour de la signature d'icelui.

Fait et arrêté à Ruel, le 11° jour du mois de mars 1649.

GASTON-LOUIS DE BOURBON,
Cardinal MAZARIN,
SEGUIER,
LA MEILLERAYE,
C. DE MESMES,
DE LOMÉNIE,
LA RIVIÈRE,
LE TELLIER.

Messieurs du Parlement :
MOLÉ, H. DE MESMES, LE COIGNEUX, DE NESMOND, BRIÇONNET, MÉNARDEAU, VIOLE, LEFEBVRE, BITAUT, DE LONGUEIL, DE LA NAUVE, LECOQ, DE CORBEVILLE, DE PALUAU.

Messieurs de la chambre des Comptes :
A. NICOLAÏ, PÀRIS, LESCUYER.

Messieurs de la cour des Aides :
AMELOT, DE BRAGELONGNES, QUATREHOMMES.

Messieurs de la Ville :
FOURNIER, HELYOT, BARTHELEMY.

Suit, au folio 96, la *Copie de la déclaration qui devoit être reproduite en suite des articles signés à Ruel, et qui a été communiquée afin d'arrêter les termes èsquels elle seroit délivrée.* Ce titre de la pièce est de la main de Molé.

XI. — Page 512.

UNE PAGE DE L'HISTOIRE DE LA PRESSE EN 1649.

« La presse, dit Charles Nodier, au commencement de sa petite étude : *de la Liberté de la presse avant Louis XIV*, publiée en 1834 dans le *Bulletin du bibliophile*, la presse ne subit de répression réelle en France que sous le règne de Louis XIV. » Il faut entendre par là que ce fut à cette époque qu'on appliqua aux écrits politiques les entraves que la législation antérieure mettait déjà à la pensée,

1. Au-dessus de *Elle*, biffé.

ces chaînes que, depuis François Ier et surtout Henri II, on avait forgées anneau par anneau, mais presque exclusivement contre les ouvrages suspects d'hérésie ou de *libertinage*[1]. Les mesures sévères prises sous la Régence n'empêchèrent pas les pamphlets de s'élever, pendant la Fronde, c'est-à-dire de janvier 1649 à la fin d'octobre 1652, au nombre d'environ quatre mille, d'après un calcul, aussi exact que peut l'être une approximation, fait par M. Moreau dans son *Introduction* à la *Bibliographie des Mazarinades* (p. v). Ce nombre considérable de pièces s'explique et par la licence de l'époque et surtout par le besoin extrême qu'éprouvait le public d'être renseigné sur des événements qui intéressaient son repos, souvent sa fortune, et de toute manière excitaient au plus haut point sa curiosité, qu'était loin de satisfaire le seul journal publié alors, la *Gazette* de Renaudot.

Nous avons vu ci-dessus (p. 619 et 620) la singulière façon dont le chroniqueur officiel avait raconté les journées des Barricades; il n'est pas plus sincère en parlant de la fuite du Roi (6 janvier), qu'on peut prendre, d'après la courte mention qu'il en fait, pour une simple promenade à Saint-Germain[2]. Il ne semble pas du reste que le public ait attendu mieux d'une telle feuille, dépendant uniquement du bon plaisir de l'autorité, si l'on en juge par une caricature historique décrite par M. Moreau[3].

Comme heureusement ce public n'abdique jamais tout à fait ses droits légitimes, il cherchait à suppléer de toutes façons à cette insuffisance de la *Gazette*. Les grandes maisons de commerce, pour se tenir au courant des événements politiques qui étaient de nature à influer sur les affaires, échangeaient des lettres dans toutes les langues, dit M. Hatin; quelques industriels avaient même imaginé un procédé que nous avons vu reparaître de nos jours, pendant le rigoureux blocus de Paris par les troupes allemandes : ils vendaient du papier à lettre dont les deux premières pages imprimées contenaient des nouvelles publiques et les deux autres étaient réservées pour la correspondance[4].

Le moyen le plus habituel, à l'usage du grand public, consistait à imprimer une ou plusieurs feuilles in-4°, vendues à très-bas prix, et qui racontaient, en prose et en vers, les événements les plus

---

1. Voyez les principales dispositions restrictives contre l'imprimerie et la librairie, dans le *Code de la librairie et imprimerie de Paris*, 1744, in-12 (par Saugrain, d'après Quérard), et surtout dans le rare opuscule de Gabriel Peignot intitulé *Essai historique sur la liberté d'écrire, etc.*, 1832, in-8° (bibliothèque de l'Institut, M, 443 A).
2. *Gazette*, année 1649, p. 48.
3. *Introduction* à la *Bibliographie des Mazarinades*, tome I, p. XL et XLI.
4. Voyez *les Gazettes de Hollande et la Presse clandestine aux XVIIe et XVIIIe siècles*, par M. Hatin, 1865, in-8°, p. 52 et p. 22.

remarquables, sous les titres les plus variés. Les plus ordinaires étaient *Relation*, *Courrier*, *Nouvelles*, *Avis*, *Avertissement*, etc. Cette presse non périodique semble avoir été employée dès les premiers temps de l'imprimerie : M. de la Pilorgerie, en effet, vient de reproduire, sous le titre un peu fallacieux de *Bulletins de la campagne d'Italie* (Paris, Didier, 1867, 1 volume in-12), une série de papiers publics, trouvés par lui dans diverses bibliothèques, et principalement dans celle de Nantes, et qui, vendus dans toute la France, racontaient les succès de l'expédition d'Italie entreprise en 1498 par Charles VIII, et venaient apporter aux familles inquiètes de rares relations, des nouvelles de pères, de maris, de fils, de frères éloignés et exposés chaque jour à la mort.

Nous avons cité plus haut, au n° I de l'*Appendice*, des élucubrations de ce genre, que firent éclore les journées des 26, 27 et 28 août 1648. La machine, une fois lancée, ne s'arrêta plus, encouragée, comme elle l'était, par la curiosité publique, qui était fort en éveil dans ces premiers jours de la Fronde : c'était le temps des assemblées de la chambre de Saint-Louis élaborant ses projets de réforme, puis des conférences de Saint-Germain, double effort, d'opposition et de conciliation, qui aboutit, on le sait, à la fameuse déclaration des 22-24 octobre.

La fuite de la cour à Saint-Germain, le 6 janvier 1649, vint encore donner un nouvel essor et de plus grandes facilités aux folliculaires et aux libellistes. Aussi, peu après, Gui Patin écrit-il (tome I, p. 405 et 406), dans une lettre du 27 janvier : « On a fait ici courir depuis huit jours quantité de papiers volants contre le Mazarin.... J'apprends que Monsieur le Procureur général en a fait des plaintes au Parlement, qui a ordonné que l'on empêchât l'impression et la distribution de ces écrits satiriques et médisants...; » et un peu plus loin (p. 408), il ajoute : « Tous les ouvriers de l'imprimerie ont mis bas ici ; il n'y a que ceux qui font des libelles qui travaillent. Monsieur le Procureur général s'est plaint à la Cour de l'impudence des imprimeurs qui publioient tant de méchants fatras et tant de libelles diffamatoires, d'où s'est ensuivi arrêt, qui a été publié à son de trompe par la Ville, qui leur défend de plus rien imprimer sans permission de Messieurs du Parlement. »

Cet arrêt a été imprimé en 1649 (4 pages) avec ce titre : « Arrêt de la cour de parlement, portant défenses à tous imprimeurs et colporteurs d'imprimer et exposer en vente aucuns ouvrages et autres écrits concernant les affaires publiques, sans permission registrée au greffe de ladite cour, sur peines y contenues. Du 25 janvier 1649. Paris, par les imprimeurs et libraires ordinaires du Roi. » Le *Recueil des anciennes lois françaises*, d'Isambert, etc., donne de cet arrêt un titre plus développé (tome XVII, p. 147).

On nomma, pour exercer une sorte de censure sur toutes ces publications, deux commissaires, qui seuls devaient autoriser l'impression et la vente des pamphlets. Mais, soit que ces fonctions ne plussent que médiocrement aux commissaires, soit qu'ils craignissent de nuire à la popularité du Parlement par leur sévérité, il semble qu'ils s'occupèrent peu de leur charge. A peine trouve-t-on quelques pièces munies de leur autorisation; la permission d'imprimer et de vendre est plus ordinairement donnée par le lieutenant civil. Le plus souvent même, auteurs, imprimeurs, colporteurs et public se passaient fort bien de tout visa. Le satirique Gui Patin l'avait bien deviné, lorsqu'il écrivait encore le 27 janvier (p. 408), après avoir parlé de l'arrêt contre les imprimeurs : « Je pense que toutes ces défenses ne les empêcheront pas d'en imprimer à mesure qu'ils en auront. »

Le blocus de Paris est le bon temps du pamphlet; lisez *le Remerciement des imprimeurs au cardinal Mazarin*. Sous leur ironie, vous voyez leur joie : « C'est une chose admirable de quelle façon nous travaillons. Il ne se passe pas de jours que nos presses ne roulent sur plus d'un volume de toutes sortes d'ouvrages, tant de vers que de prose, de latin que de françois.... Une moitié de Paris imprime ou vend des imprimés; l'autre moitié en compose. Le Parlement, les prélats, les docteurs, les prêtres, les moines, les hermites, les religieuses, les chevaliers, les avocats, les procureurs, leurs clercs.... écrivent et parlent de vous...; les morts mêmes ressuscitent pour venir dire leurs sentiments de la conduite de Votre Excellence. Les colporteurs courbent sous le poids de leurs imprimés au sortir de nos portes; ils ne font pas cent pas qu'ils ne soient soulagés du plus pesant de leur fardeau, et ils reviennent à la charge avec une chaleur plus que martiale. » Gui Patin (tome I, p. 432) confirme cet empressement : « Tout le monde y court (*aux libelles*) comme au feu, et jamais matière ne plut tant que tout ce qui se dit ou se fait contre ce malheureux comédien (*Mazarin*). »

Malgré l'audace déchaînée de toutes ces pièces, on ne voit pas d'abord une seule poursuite ni même un semblant de poursuite; mais dès le lendemain de la paix de Rueil (12 mars) paraît un arrêt pour empêcher la publication des conférences de Rueil, qui, terminées la veille, n'avaient pu encore être approuvées par le Parlement, ni par les seigneurs ligués avec lui. Cette simple mesure de police devait être, comme le prédisait bien Gui Patin dans une lettre du 15 mars, un véritable second arrêt contre cette effroyable quantité de libelles, et le signal d'une énergique répression, dont nous trouvons les détails dans des lettres inédites de Saintot à le Tellier (Bibliothèque nationale, ms 4231).

Elle commença dès le 11 avril. Dans une lettre qui porte cette date (f° 113), Saintot écrit : « Je me plaignis hier à Monsieur le Procureur général et au lieutenant civil que l'on avoit imprimé une pièce intitulée *Lettre d'avis au Parlement*[1], tendante à sédition et que les colporteurs vendoient sous main. Ils me dirent qu'ils avoient donné ordre pour aller partout aux commissaires et huissiers prendre toutes les copies des imprimés passés, et prendre à l'avenir ceux qui en seroient chargés et qui feroient aucune impression,... et punir dorénavant ceux qui se trouveroient chargés de tels papiers et libelles. Ce que Monsieur le Procureur général me vient de dire avoir déjà fait exécuter. »

Trois jours après commencent les captures : « Le lieutenant civil, écrit Saintot à la date du 14 avril (f°ˢ 126 v° et 127), fit hier très-bien son devoir, et fut lui-même pour prendre le libraire, qui se sauva par une fenêtre. L'on a trouvé les planches chez lui dans une cave[2], et on lui fait son procès par contumace, et prétendent aujourd'hui l'épier et le prendre. C'est un imprimeur riche, et le petit garçon pris hier est prisonnier.

« Ce matin, j'ai été au Châtelet, où le lieutenant civil a fait assembler tous les commissaires, et le chevalier du guet y étoit aussi. Ils m'ont donné séance entre le lieutenant civil et le chevalier du guet, et leur ai fait donner sentence ou ordonnance pour la faire trompetter à l'instant même par tout Paris, et afficher défense, à peine de la vie, de débiter ni avoir aucuns de tous ces libelles, papiers et chansons, et défenses de rien imprimer. L'on a aussitôt envoyé des commissaires partout pour se saisir de tout ce qui se trouvera en tous lieux ; et demain, s'il s'en trouve quelqu'un d'une seconde visite qu'ils feront, de prendre lesdits libraires et colporteurs et les punir corporellement.

« Le lieutenant criminel m'a promis de faire prendre ce soir un chanteur de chansons que (*qu'il*) poursuit depuis le matin pour voir sa demeure.

« Enfin tout agit de la bonne sorte ici. J'ai passé à la Ville, où j'ai flatté un peu les échevins, qui s'offrent à faire tout ce que l'on voudra. »

Le lendemain, 15 avril, deux nouvelles lettres de Saintot dans la même journée. On lit au verso du folio 132 : « Je ne perds aucun

---

1. Nous avons déjà parlé de ce pamphlet, ci-dessus, p. 283, note 1. Cette lettre devint dès son apparition le point de départ d'une polémique passionnée : huit libelles se succédèrent en peu de jours pour l'attaquer ou le défendre (voyez la liste dans la *Bibliographie* de M. Moreau, tome II, p. 112, n° 1837). C'était en effet un des rares pamphlets où l'on traitait une thèse politique : l'origine et les droits de la royauté.

2. Le pamphlet en vers *la Nocturne chasse du lieutenant civil*, 8 pages, 1649, confirme ce détail de poursuites dans les caves et pendant la nuit.

moment de temps à faire exécuter tous les ordres. Les commissaires sont venus chez moi m'assurer qu'ils font ce qu'ils doivent, et tout présentement je retourne chez le lieutenant civil pour savoir si l'on a pris un autre libraire [1] que l'on cherche dès hier, dont nous avons eu avis. L'on continue le procès à Continet [2]. »

Dans sa seconde lettre (f° 137) il dit : « Je dois voir ce matin le lieutenant civil et procureur du Roi, qui m'ont mandé devoir venir chez moi. Je les entretiendrai pour ce qu'il y a à continuer les poursuites des libraires et colporteurs, et faire faire encore une nouvelle ronde chez les libraires. D'ailleurs je travaillerai à découvrir l'auteur de l'*Avis d'État* [3], dont Henry Sara [4] a été l'imprimeur. »

On lit en post-scriptum (f°s 138 et 139) : « Un moment après, le lieutenant civil m'est venu voir pour me dire que mercredi Lesclanché, un grand colporteur [5], avoit été arrêté; que Monsieur le chevalier du guet, vendredi dernier, prit deux autres libraires et une femme vendant des libelles, que l'on a mis dans les cachots; qu'il veut, outre cela, envoyer à Charenton prendre par un commissaire tous ces libraires qui se trouveront saisis, à la porte du prêche, de ces sortes d'imprimés; qu'il a vu hier au soir Ritencourt et un autre ministre, qui lui ont promis de montrer les libraires et colporteurs qui ont vendu lesdits imprimés et tâcher par leur adresse d'en découvrir les auteurs.

« Ledit sieur lieutenant civil s'en va chez le procureur général du Parlement, sur ce qu'il lui envoya hier le sieur de la Noue Regnard, son substitut, lui dire de ne plus poursuivre l'affaire de Continet, et de la laisser là. Il lui fit réponse qu'il y avoit information, preuve et décret contre lui; qu'il faisoit sa charge, suivant les ordres du Roi et de Monsieur le Premier Président; qu'il (*Continet*) étoit en état d'être effigié dans mercredi. Ledit sieur de la Noue lui a ré-

---

1. Ce second libraire serait-il Rollin de la Haye, imprimeur et libraire, rue d'Écosse, près du Puits-Certain? M. Moreau (tome II, p. 288) dit qu'il fut obligé de se cacher.

2. Lisez Cottinet (Arnould). C'était un libraire établi rue des Carmes, à l'enseigne du *Petit Jésus*. C'est peut-être de lui qu'il était question dans la lettre du 14 avril. Son nom se rencontre dans *la Nocturne chasse du lieutenant civil*, parmi ceux des libraires en renom pour leurs pamphlets.

3. Il y a deux pièces qui portent ce titre, toutes deux publiées en 1649, l'une : *Avis d'État à la Reine sur le gouvernement de sa régence* (30 pages); nous croyons que c'est d'elle qu'il s'agit ici; l'autre : *Avis d'État à Monsieur le Prince pour la sûreté de sa personne et de sa vie et l'augmentation de sa gloire* (Paris, 15 pages).

4. Henri Sara, libraire au Mont-Saint-Hilaire, près le Puits-Certain. C'est dans ce quartier, autour du Puits-Certain, qu'ont été imprimées la plupart des *Mazarinades*.

5. Ce passage confirme une supposition de M. Moreau au sujet de ce Lesclanché (*Bibliographie*, tome II, p. 288). Voyez aussi (*ibidem*, tome I, *Introduction*, p. XLI) des détails curieux sur le rôle des colporteurs.

pondu que Messieurs de la Tournelle en avoient eu connoissance, et que M. Nauve en avoit fait la poursuite à la Tournelle, pour empêcher que l'on ne parlât plus dudit Continet.

« J'aurois bien été chez le Procureur général avec le lieutenant civil, qui vient d'y aller; mais j'attendrai vos ordres sur cela, de ce que j'ai à suivre tant pour parler audit Procureur général, dont Monsieur le Premier Président peste fort contre lui de ne pas agir comme il doit, et aussi pour assurer ledit lieutenant civil de sa continuation à achever ladite poursuite, qui (*qu'il*) m'a témoigné lui-même être d'exemple. »

Le grand zèle du lieutenant civil était, on vient de le voir, souvent entravé par l'inertie calculée du Parlement : on ne peut, en effet, citer que trois procès, ceux de Bautru et de Morlot et celui de l'auteur de *la Pure vérité cachée*, qui soient allés devant la cour plus loin que l'acte d'appel; M. Moreau ne connaissait que les deux premiers (*Introduction*, p. L).

Ces recherches multipliées semblent pourtant avoir effrayé un instant les plus avides et les plus hardis pamphlétaires. Saintot, dans une lettre du 18 avril (f° 146 v°), pousse un cri de victoire : « Je me promenai hier sur le Pont-Neuf, où je ne vis aucun libelle, ni papier, ni chanteur. Le procureur du Roi au Châtelet vint chez moi le soir, qui me dit qu'il auroit de continuelles visites pour cela, et à presser le jugement de Continet, imprimeur, et des autres qui sont en justice. » Le pamphlet *la France rétablie*[1] dit à peu près la même chose; mais la joie ne devait pas être de longue durée : deux jours après, Saintot (f°s 154 v° et 155) nous signale deux terribles Mazarinades :

« Il y a ici deux imprimés qui courent secrètement : l'un *Réponse aux soupirs françois*[2], l'autre *la Confession de Pâques de Monsieur le Chancelier*[3]. Le lieutenant civil assembla hier chez lui, où j'étois, les principaux libraires, pour une seconde chasse à ces échoppes de libraires et colporteurs, lesquels ne vendent plus rien que bien secrètement. L'on continue aussi le procès de Cotinet (*sic*), qui sera effigié à mort dans cette semaine. Aujourd'hui le lieutenant civil va encore faire le dû de sa charge en cela. »

Le 22 avril, nouvelle lettre de Saintot (f° 158) : « Monseigneur, je

---

1. 1649, 11 pages. Voyez M. Moreau (tome I, p. 419), qui en donne un fragment.

2. Ce titre ne se trouve pas dans la *Bibliographie des Mazarinades*; on y rencontre seulement trois éditions de plus en plus augmentées (n°s 3709, 3710, 3711) des *Soupirs françois*, pamphlet dont la première édition avait été supprimée par arrêt du Parlement.

3. Ce titre est inexact : il faut lire : *le Confiteor du Chancelier au temps de Pâques*, 1649, 8 pages. Il est attribué à Bardonville.

vous envoie ce que vous m'avez commandé. Celui qui l'a imprimé est un nommé Henry Sara, imprimeur logé près le Puits-Certain, que j'apprends avoir quelques habitudes chez le Roi, ayant déjà imprimé un livre de la Chapelle. J'ai mis gens en quête pour en découvrir l'auteur. Mais ce seroit un exemple que de faire pendre [1] de ces canailles-là ; le procureur du Roi au Châtelet seroit homme à n'y pas hésiter. Faut en attendre vos résolutions de delà. »

Il semble, d'après les lettres de Saintot, qu'il y ait eu un instant de répit dans cette poursuite des libelles ; au moins Saintot ne s'en occupe-t-il plus autant ; il n'en reparle qu'à la date du 18 mai (f° 204) : « L'on continue toujours d'imprimer quelques libelles ; le châtiment que l'on a fait n'arrête pas les esprits, parce qu'il n'est qu'en peinture [2]. L'on recherche l'imprimerie d'un dernier ouvrage, le plus infâme de tous ceux qui ont paru dans le public. »

Nous n'avons pu trouver aucun renseignement sur ce dernier pamphlet ; ce fut probablement à cette occasion que, le 28 mai, le Parlement, dont l'inaction avait d'ailleurs été gourmandée dans quelques écrits du temps, se décida à publier un nouvel arrêt, par lequel il est défendu « à tous sujets du Roi, de quelque qualité qu'ils soient, de composer, semer ou publier aucuns libelles diffamatoires, à peine de la vie. »

L'effet de cet arrêt ne se fit pas longtemps attendre : dès les premiers jours de juin 1649, un avocat du conseil privé, nommé Bernard Bautru, ayant été dénoncé par un colporteur comme ayant fait imprimer un pamphlet de onze pages, intitulé : *Discours sur la députation du Parlement à M. le Prince de Condé*, fut arrêté, interrogé, confronté le même jour avec son dénonciateur, et jeté dans un cachot, au Châtelet, par ordre du lieutenant civil. L'imprimeur, Jean Bouchet, averti à temps, s'était enfui de son domicile, situé rue des Amandiers, devant le collége des Grassins, et ne fut pas compris dans la poursuite. Gui Patin (7 juin, tome I, p. 443) dit qu'on ne croyait pas que Bautru eût été capable de faire ce pamphlet, un des plus hardis et des plus insolents qui aient été composés pendant la Fronde, et qui maltraitait également le Parlement et le prince de Condé [3]. Ce procès est curieux, parce que c'est la seule affaire de presse dont il nous reste une pièce de procédure : *Factum pour maître Bernard de Bautru, avocat au conseil du Roi, intimé et appelant de*

---

1. Il y a *prendre* dans le manuscrit ; mais c'est évidemment une erreur du copiste.
2. Le châtiment de Cottinet, probablement pendu en effigie.
3. Nous avons dit que l'auteur était l'avocat Portail : voyez ci-dessus, p. 483, note 2. Il a aussi été parlé de lui (p. 549, note 2, et p. 550, note 3) à propos des rentiers et de l'affaire Joli-la Boulaye.

la procédure extraordinaire et sentence du quatrième jour du présent mois de juin, contre le substitut du procureur général au Châtelet; — *Causes et moyens d'appel proposés par le procureur du Roi au Châtelet contre Bernard Bautru* (sic), 1649, 12 pages.

D'abord Bautru réclame contre l'illégalité de son arrestation : contrairement à la déclaration des 22-24 octobre, elle avait eu lieu sur *ordonnance verbale.* Au sujet d'un des deux témoins produits contre lui, Vaudran, facteur du messager qui déclarait avoir été chargé par Bautru de lui trouver un imprimeur, l'accusé, arguant de la complicité qu'avoue le témoin, demande qu'on récuse son témoignage, et se plaint qu'on suscite des gens pour faire à la fois le métier de dénonciateur et celui de témoin [1]. Il affirmait aussi que la pièce avait circulé manuscrite pendant plus d'un mois avant d'être imprimée : ce qui avait rendu la reproduction facile pour les imprimeurs, sans qu'on eût besoin de leur apporter une copie.

Il résulta du témoignage d'un clerc de Bautru que celui-ci aimait à collectionner les libelles, pour sa satisfaction personnelle, et que ce clerc avait copié pour son patron la *Requête des provinces et villes désolées de France à nos seigneurs du parlement de Paris.*

Pour le seul fait de publication du libelle, même sans le grief d'en être l'auteur, Bautru encourait la peine de mort. L'affaire eut un grand retentissement; tout Paris se divisa : la cour et ses partisans se déclarant pour Condé, la Fronde pour Bautru. La cause prenait une mauvaise tournure : Bautru était si troublé que, malgré les bons avis que Gui Joli était allé lui porter dans son cachot, il faillit se perdre par ses réponses. « La pluralité des avis, dit Gui Patin (tome I, p. 443 et 444), alloit à l'envoyer aux galères. Un conseiller du Châtelet, encore jeune homme, nommé Joli (*Gui Joli*), venant à dire son avis, parla si hardiment, si librement et si bien pour ce pauvre avocat, que la plupart des autres, qui le condamnoient, revinrent *ad mitiorem sententiam*, et ordonnèrent qu'il seroit plus amplement informé, et que cependant Bautru seroit élargi à sa caution juratoire. Le procureur du Roi du Châtelet, nommé Bonneau, fils d'un riche et grand voleur de partisan, en a appelé *a minima*, et le prisonnier a été conduit à la Conciergerie. Son procès donc lui a été fait à la Tournelle. De deux présidents, l'un, nommé M. Longueil,... étoit d'avis que cet avocat fût traité rudement et comme un criminel, qu'il fût mis sur la sellette, interrogé et traité comme une victime patibulaire, et sembloit en tout cela n'agir qu'à la sollicitation de ceux qui sembloient avoir eu occasion

---

1. On se souvient que dans l'affaire des rentiers, compliquée de celle de Joli-la Boulaye, Mazarin se montra fort peu scrupuleux dans le choix des témoins (voyez ci-dessus, p. 581 et suivantes).

de se plaindre de ce libelle, en tant qu'ils s'y sentoient offensés, savoir Monsieur le Prince et Monsieur le Chancelier. L'autre président, qui est un Gascon sourcilleux, homme de bien et de grande réputation, et qui peut être appelé justement et méritoirement *integer vitæ scelerisque purus*[1], qui est M. de Nesmond,... fut d'avis qu'on le traitât seulement comme un avocat qui étoit accusé, mais qui avoit été déjà absous par ses premiers juges au Châtelet, lequel avis fut suivi, au grand profit de l'avocat accusé, en faveur duquel la sentence du Châtelet fut confirmée.... Enfin l'avocat est délivré.... [L'auteur] néanmoins n'a pu être découvert parmi toutes ces formalités.... Je lui conseille de se bien cacher. »

C'est ce que firent, après cette grosse affaire, les imprimeurs, libraires et colporteurs; mais on continua toujours à imprimer et à vendre les *Mazarinades*. Nous pouvons du moins tirer cette conclusion des lettres de Gui Patin. Ainsi, dans celle du 13 juillet 1649 (tome I, p. 461) : « Il y en a, dit-il, plusieurs (*plusieurs imprimeurs*) encore dans les cachots, et entre autres deux fils avec leur mère, nommée la veuve Meusnier, dont l'aîné a été condamné d'être pendu, la mère d'assister au supplice, et bannie après avoir eu le fouet par les carrefours, et l'autre fils aux galères. » Cette veuve Meusnier était alors âgée de soixante-neuf ans; le manuscrit inédit 25025 nous apprend qu'elle avait imprimé un libelle aussi insolent et aussi ordurier que *la Custode du lit de la Reine*, intitulé *la Vérité cachée*[2]. L'auteur du *Silence au bout du doigt* suppose que dans cette affaire le lieutenant civil d'Aubray fut poussé par la haine, qu'il suborna par argent des domestiques de la veuve Meusnier, et leur dicta un faux témoignage. Gui Patin croit à tort que la sentence ne fut point exécutée : « Ils en ont, dit-il dans la lettre déjà citée, appelé à la Cour, et l'on ne se hâte point de les juger, d'où l'on conjecture qu'on veut leur faire grâce, au moins ne les pas traiter si rigoureusement qu'a fait le lieutenant civil. »

Telle était peut-être l'intention du Parlement; mais la découverte, faite le 17 juillet, du fameux libelle *la Custode du lit de la Reine* changea toutes les dispositions. Le récit de Gui Patin (21 juillet, tome I, p. 156 et 157) est connu; nous donnerons la relation inédite du manuscrit 25025, d'ailleurs bien plus complète : « Le 20 [juillet], la Grand' Chambre, l'Édit et la Tournelle du Parlement, s'étant assemblés, jugèrent deux procès criminels d'État : le premier fut celui de la veuve Musnier (*sic*) et de ses enfants, qui, pour avoir

---

1. Horace, livre I, *ode* XXII, vers 1.
2. Le titre, probablement un peu altéré, doit être : *la Pure vérité cachée* (sans lieu ni date, 7 pages). Il y fut répondu dans la pièce intitulée : *la Vérité découverte contre la Vérité cachée* (1649, 7 pages). Le ms 25025 nous a seul donné ce titre de *la Vérité cachée*, dont Gui Patin ne parle pas.

imprimé un libelle diffamatoire, intitulé *la Vérité cachée*, furent condamnés aux galères, et la mère à assister à la prononciation de leur arrêt; l'autre fut celui de l'imprimeur Morlot, qui est un vieillard de soixante-dix ans, lequel fut condamné à être pendu après avoir fait amende honorable devant l'église Notre-Dame; et son garçon à l'assister au supplice et être fustigé au pied de la potence comme criminel de lèse-majesté.... L'on remarqua qu'en même temps les présidents au mortier proposèrent au Premier Président d'envoyer prier Monsieur le Chancelier de leur faire expédier leur grâce, ayant jugé à propos d'en user ainsi pour le service du Roi, à cause de l'apparence qu'il y avoit que le peuple en dût murmurer : ce qu'on dit que Monsieur le Premier Président promit de faire, et néanmoins il ne le fit point. Sur cela, les autres présidents se retirèrent sans signer l'arrêt, qui le fut après par le Premier Président seul, en présence du Procureur général, auquel il donna ordre de disposer les affaires à l'exécution pour l'après-dînée : ce qu'il fit. Mais le peuple, voyant la potence dressée à la Grève, commença de s'attrouper vers le Palais, dont le Premier Président ayant été averti, dit qu'il n'y avoit rien à craindre. Sur les cinq à six heures du soir, l'on prononça l'arrêt aux criminels dans la cour du Palais, d'où étant sortis pour être conduits au supplice, Morlot commence à crier au peuple que l'on l'alloit faire mourir injustement, et qu'il n'avoit rien imprimé que contre Mazarin. L'on avoit déjà commencé à jeter des pierres sur les archers qui les conduisoient, lesquels n'étoient que douze pour tout avec un exempt; mais aussitôt qu'on entendit ce discours, on cria : « Sauve, sauve ! » et l'on redoubla les coups de pierre sur les archers, en sorte qu'on les obligea de s'enfuir bien vite, après y avoir été la plupart blessés, et y avoir laissé leurs chevaux et armes. Le bourreau prit aussi la fuite, et abandonna la charrette, qui fut en même temps jetée dans la rivière, et le cheval pris. Ainsi les imprimeurs furent mis en liberté[1]. Après cela, cette canaille ramassée, qui étoit pour la plupart laquais, bateleurs ou crocheteurs, fut à la Grève, abattit la potence, qui fut aussi jetée dans

---

1. Ce sont là sans doute les deux imprimeurs dont Retz a voulu parler (ci-dessus, p. 512), Morlot et son ouvrier imprimeur. A cet égard, le récit extrait de notre manuscrit est conforme à celui de Gui Patin, page 157 : « Ainsi fut sauvé ce malheureux (*Morlot*), et un autre qui étoit au cul de la charrette, qui devoit avoir le fouet et assister à l'exécution de Morlet (*sic*). » Nous n'avons trouvé nulle part d'autre mention d'un libelliste sauvé ainsi par le peuple au pied de la potence. Dans la note de M. Champollion sur ce passage (édition de 1859, tome II, p. 137), il faut remplacer *Colinet* par *Cottinet*, *Genri Sara* par *Henri Sara*, *Marlot* par *Morlot;* les poursuites contre les imprimeurs qu'il nomme sont du mois d'avril, tandis que le fait de Morlot est du mois de juillet; enfin Cottinet ne fut, d'après ce que nous avons vu plus haut, exécuté qu'en *effigie*, et il n'est nulle part question de condamnation capitale contre Henri Sara.

la rivière. Le prévôt des marchands ayant voulu menacer ces séditieux d'une fenêtre de l'Hôtel de Ville, ils lui jetèrent quantité de pierres, et rompirent toutes les vitres de la face de cet hôtel qui regarde sur la place de Grève. Après quoi, ils accoururent à son logis, menaçant de le piller, d'y mettre le feu ; mais son fils, le maître des requêtes, sortit avec une hallebarde, assisté d'un assez bon nombre de personnes, et le maréchal de la Mothe, qui jouoit dans une maison voisine, y accourut aussitôt, l'épée à la main, et les fit retirer, de sorte qu'il n'y eut que quelques vitres cassées. »

Pendant que la *Gazette* nous montre (p. 599) la municipalité de Paris allant exprès à Compiègne pour s'excuser sur l'évasion des criminels, « attentat *qui n'a* été entrepris que par des vagabonds et gens sans aveu, que l'absence de Leurs Majestés rendoit encore plus insolents, » pendant que le 23 juillet on publiait un monitoire dans toutes les paroisses pour découvrir les auteurs de ces troubles, il courait, d'après le manuscrit 25025, de singuliers bruits dans la ville : « Toutes ces circonstances, ajoute le nouvelliste à son précédent récit, notamment le procédé du Premier Président, font croire à tout Paris qu'on avoit prémédité d'exciter cette rumeur pour sauver ces criminels ; et tout le monde veut que Monsieur le Cardinal en soit le seul auteur, pour avoir un prétexte spécieux de retenir le Roi hors de Paris, où il ne seroit pas en sûreté. Le lendemain au matin, le Parlement donna arrêt portant défense, sous peine de la vie, à toute personne de retirer les imprimeurs ni leur fournir aucuns vivres. M. Lenain, conseiller, fut commis pour informer contre les auteurs de ce désordre, mais l'huissier qui publia cet arrêt à son de trompe dans les carrefours fut chassé à coups de pierre en divers endroits. »

A la suite de tous ces incidents, le Parlement crut nécessaire de prendre quelques précautions : « Le 27, à neuf heures du matin, on fit faire l'amende honorable à ceux qui ont imprimé le libelle *la Vérité cachée ;* mais ce ne fut que dans la grande chambre du Palais, afin qu'il n'en arrivât point de désordres ; après cela l'on brûla au bas de l'escalier, dans la cour du Palais, tous les exemplaires du libelle qui avoient été trouvés chez les imprimeurs, lesquels furent remis dans la Conciergerie, pour être envoyés aux galères suivant leur condamnation. »

Lassée de cette lutte, de ces poursuites individuelles, la Cour voulut couper le mal dans sa racine en interdisant, au nom des libraires patentés, tout commerce de librairie sur le Pont-Neuf, dont la position centrale dans le Paris de ce temps avait fait une sorte de rendez-vous public. On s'y pressait en foule à toute heure du jour, et les rassemblements autour du prestidigitateur Cormier, de l'astronome en plein vent Comelet, du charlatan vendeur d'orviétan, du chanteur populaire le Savoyard favorisaient le commerce clandestin des pamphlets [1], aux environs de cette Samaritaine qui, dans un écrit du temps, cité par M. Moreau (tome II, p. 367), est appelée « la bibliothèque commune de tout Paris. »

« Le 7 septembre, dit le nouvelliste du manuscrit 25025, défense fut publiée de vendre ni livres ni libelles sur le Pont-Neuf, avec ordre à tous les libraires de se retirer dans le quartier de l'Université [2]. Cette ordonnance atteignoit plus de trois cents familles, qui se mirent à murmurer, à réclamer, bien décidées à résister avant de perdre leur gagne-pain, leur achalandage populaire.

« Le 10, les libraires du Pont-Neuf ayant été chez le Premier Président, et lui ayant représenté que le feu roi Henri IV leur avoit donné ces places, dans la jouissance desquelles ils avoient été maintenus par le feu roi Louis XIII, et qu'ainsi on ne les leur pouvoit ôter sans injustice, il leur dit que c'étoit la volonté de la Cour et qu'il falloit passer par là; et n'en pouvant tirer d'autre raison, ils se retirèrent en murmurant fort contre lui. De là ils furent trouver M. le duc d'Orléans pour lui demander protection; mais il leur dit qu'il ne pouvoit rien dans cette affaire : ce qui les fit résoudre d'aller, le lendemain 11, attendre la Reine à Notre-Dame, comme ils firent, et lui ayant dit qu'ils étoient au désespoir, ne pouvant même trouver où se loger, à cause que l'on les vouloit chasser des maisons qu'ils occupoient, suivant les termes de l'arrêt donné contre eux, enfin murmurant contre le Premier Président, Sa Majesté leur accorda qu'ils y demeureroient encore trois mois [3], pendant lesquels elle leur dit qu'ils cherchassent des logements à l'Université (*dans le quartier de l'Université*), et qu'elle vouloit qu'on observât les statuts

---

1. Voyez le tableau si vivant du Pont-Neuf à l'époque de la Fronde dans l'*Histoire du Pont-Neuf*, par M. Édouard Fournier (1862, 2 vol. in-12). On y trouvera aussi (tome I, p. 151 et suivantes) quelques détails curieux sur les journées des Barricades et sur la lutte des bouquinistes et des libraires.

2. Voici, d'après Saugrain (p. 110 et 111), le texte de l'arrêté : Défense « à toutes personnes.... d'avoir aucune boutique portative ni d'étaler aucuns livres, » avec injonction « à tous les marchands libraires et imprimeurs et toutes autres personnes qui ont étalage, principalement sur le Pont-Neuf ou ès environs, ou en quelque autre endroit de la Ville que ce puisse être, de se retirer et prendre boutique..., à peine.... d'être châtiés comme réfractaires à nos ordonnances, outre la confiscation de leurs marchandises, que nous voulons être adjugées au profit du premier qui les dénoncera, sans autre forme ni figure de procès. »

3. D'après Gui Patin (tome I, p. 475 et 476, 17 septembre 1649), cette concession fut surtout due à l'intervention de Saintot, le maître des cérémonies, vivement poussé sans doute par « les valets de pied du Roi, qui tiroient tous les ans quelque profit de ces librairies. » Du reste, l'affaire était encore en litige au mois de septembre 1650. Voyez l'ouvrage cité de M. Édouard Fournier, tome I, p. 208 et suivantes.

qui défendoient aux libraires de s'étendre dans la ville plus avant que l'église Saint-Yves[1]. »

Retz, qui, nous l'avons vu par une lettre de Mazarin (ci-dessus, p. 550, note 1), écrivait souvent des gazettes, et en faisait envoyer dans les provinces par son ami Ménage, ne pouvait rester étranger à l'affaire des libraires. Remarquons d'ailleurs la date : septembre 1649 ; c'était le moment où le Coadjuteur cherchait à organiser une nouvelle Fronde avec les rentiers; les libraires étalagistes et, derrière eux, les imprimeurs, les colporteurs, en venant se joindre aux rentiers, ne pouvaient que rendre l'affaire plus vive. Aussi ne se ménagea-t-il pas en cette occurrence, quoiqu'il n'en dise rien dans ses *Mémoires.* « Le Coadjuteur, dit M. Fournier dans son *Histoire du Pont-Neuf* (tome I, p. 210 et 211), promit de les.... aider; et par les bonnes paroles que leur transmit.... Matarel, l'un de ses affidés, il les entraîna peu à peu à porter au Palais une supplique armée, ou pour mieux dire à faire une petite émeute, dont il avait besoin à ce moment-là contre les gens du Parlement[2]. Le coup fait, personne ne fut dupe de l'intention de Gondi, pas même ces pauvres libraires qui avaient été en cela ses instruments bénévoles. On le lui reprocha très-vertement plus tard dans une *Mazarinade : le Bon Frondeur qui fronde les mauvais Frondeurs.* « Pourquoi, y est-il
« dit, envoie-t-il Matarel solliciter de sa part les libraires qui étoient
« sur le Pont-Neuf, pour les faire venir au Palais avec des armes à
« feu et des baïonnettes, leur promettant leur rétablissement sur
« ledit pont de la part de la Reine? »

Ce même mois de septembre vit encore une autre affaire de presse. Le libraire Antoine Estienne, premier imprimeur et libraire ordinaire du Roi, rue Saint-Jacques, au collége royal devant Saint-Benoît, ayant imprimé un libelle intitulé : *Très-humbles remontrances du parlement de Normandie, au semestre de septembre, au Roi et à la Reine,* fut cité, le 14 septembre, devant le Parlement, pour être interrogé *sur la permission.* Comme il s'agissait des anciens du parlement de Normandie, alliés du parlement de Paris, dans la première Fronde, contre les gens du semestre de Normandie, amis et créatures de Mazarin, le Parlement ne laissa point porter l'affaire au Châtelet, et la retint devant lui. Il paraît que, dans sa défense, Estienne argua d'une permission *verbale;* car, dans l'arrêt du 27 septembre, après avoir admonesté le libraire, le Premier Président interdit à tous imprimeurs d'imprimer aucun livre sans une permission *par écrit.*

1. L'église ou chapelle Saint-Yves était située rue Saint-Jacques, à l'un des coins de la rue des Noyers.
2. Le Parlement ne se montrait pas assez disposé à prendre chaudement en main les intérêts des rentiers.

Une lettre de Gui Patin (tome I, p. 494 et 495), du 16 novembre, signale enfin un dernier procès de presse dans l'année 1649 : « Un petit libraire du Palais, grand vendeur de pièces mazarinesques depuis notre guerre, a été surpris distribuant quelques papiers diffamatoires contre ledit sieur (*d'Émery, surintendant des finances*). Il a été mis au Châtelet, où il a été condamné aux galères pour cinq ans, sauf son appel à la Cour, où il y a apparence qu'il n'y sera pas si rudement traité. Ce pauvre malheureux s'appelle Vivenet. »

Ce libraire, dont le vrai nom est Vivenay, demeurait au Palais dans la Grande Salle. Grâce aux recherches de M. Moreau (*Introduction à la Bibliographie des Mazarinades*, p. XLIX et L), nous pouvons compléter ce qui le regarde. Loin d'avoir disparu d'entre les libraires de Paris, comme le croit M. Peignot dans son *Essai sur la liberté d'écrire*[1] (très-pauvre du reste sur l'année 1649, où il ne connaît que l'affaire de Morlot, qu'il appelle Morlat, et celle de Vivenay), le condamné du Châtelet se retrouve en 1651 et 1652 comme imprimeur-libraire du prince de Condé, qui, peut-être pour le soustraire aux conséquences de l'arrêt du Châtelet, lui avait donné un atelier dans son hôtel. Quant à son appel à la Cour, M. Moreau croit qu'il ne fut pas vidé et que la sentence du Châtelet resta simplement comme une menace.

XII. — Pages 553 et suivantes, et p. 592.

AFFAIRE JOLI-LA BOULAYE.

Dans le *carnet* de Mazarin que possédait M. Luzarche, nous lisons, sur cette affaire Joli-la Boulaye, à la date du 11 décembre (p. 30-41, p. 48-61, et p. 67-70), plusieurs passages qui confirment et éclairent la narration de Retz.

« L'accident de ce matin est tramé depuis longtemps. Guionnet voulut parier avec Champlatreux que devant le 15 de ce mois, ly aroit (*il y aurait*) une grande sédition dans Paris, dans laquelle on prendroit les armes encore plus que lors des Barricades. Bellièvre a été voir le maréchal de Villeroy avec un foible prétexte.

« La Baule (*la Boulaye*) fayt le protecteur des rentes, et leur a fait le plus grand mal durant la guerre.

« Hier, l'assemblée de vingt-deux personnes les plus séditieuses fut faite chez le Coadjuteur.

« Tout s'est trouvé prêt ce matin, c'est-à-dire les acteurs pour crier aux armes ; Charton avec bonne compagnie pour émouvoir le

---

1. Voyez aux pages 82-85 de cet *Essai*.

monde ; la Bole (*la Boulaye*) tout de même enrageant que ses cris pour soulever n'aient eu effet, et que, parmi le peuple, universellement on disoit que on prendroit les armes quand le Roi l'ordonneroit ; Guionnet pour les Chambres, n'oubliant rien pour émouvoir, disant que c'est une résolution prise et que on veut égorger tout le monde à Paris, comme on se met en état de le faire à Bourdeos.

« Au Marché-Neuf, on a enchéri le pain de huit sols, de neuf heures jusques à midi, et le tout de concert.

« Le Coadjuteur est allé voir Joly avec apparat. Beaufort étoit près du lieu, après avoir assuré tous deux qu'ils paroîtroient quand l'émotion seroit formée, pour faire le dernier coup. La pensée étoit de venir au Palais-Royal. Il faut informer de tout.

« Dix ou douze conjurés, à minuit, chez Beaufort ; on les a vus revenant du Bois, la nuit passée.

« Les diligences que ont fait pour empêcher qu'il n'y ait gouverneur de Paris, pour les chicanes de Mme de Montbazon.

« Joly, l'intime du Coadjuteur, la Bole, de Beaufort, Charton de tous les deux, sont les principaux acteurs. Il y a donc grande apparence que le tout ait été su et réglé par le Coadjuteur, Beaufort et adhérents.

« On a acheté tout le pain et les blés aujourd'hui qui est marché, afin d'émouvoir le peuple, qui d'ordinaire s'en pourvoit le soir du samedi pour toute la semaine ; mais il n'a fait aucun effet.

« Enfin ils s'étoient servis de tout ce qui peut avoir plus de force sur le peuple, qui est la violence, le pain, et les rentes, en qui quantité de familles sont intéressées.

« Et pour l'exécution, on avoit pris un jour où tous les marchés se tiennent, que Son Altesse Royale devoit aller à Orléans, Monsieur le Prince à Saint-Maur, et la Reine à Notre-Dame.

« Il y a à Paris une lettre de Chambret dans laquelle il y a : « Nous voilà à la fin perdus, nos troupes se dissipent, nous man- « quons de vivres et de fourrages, et il n'y a plus d'argent ; je ne « sais que ils pensent nos seigneurs et nos protecteurs de delà. »

« Motraye, qui vient de Guienne, et toutes les personnes qui écrivent de ce cousté-là de Limosin et Périgord assurent qu'il n'y a pas un village qui bronche ni un gentilhomme qui se déclare pour Bourdeos, et que les ordres de M. de Pernon (*d'Épernon*) sont exécutés comme en pleine paix.

« La lettre de Chambret, les poursuites de Guionnet et les novelles connues d'autres endroits, que le parti bourdelois étoit perdu sans un prompt secours de Paris, a fait précipiter l'entreprise de ce matin, qui ne devoit être exécutée encore de sept ou huit jours, et le Coadjuteur avoit opiné que tout n'étoit pas encore bien concerté.

« Beaucoup de monde s'est promené à cheval cette nuit par la ville; à six heures sont passés devant le Palais-Royal deux bandes de trente ou quarante chevaux chacune et quelques fusiliers à pied, qui se sont assemblés à la Croix de France.

« On a volu donner une obade à une femme avec des tambours, et quantité de monde et bourgeois s'est assemblé et les a chargé (*sic*) de coups.

« Qu'il y a des Bourguignons et des Lorrains logés à la Croix-de-Fer, dans la rue Saint-Martin, avec lesquels l'écuyer de M. de Beaufort est tous les jours longtemps en conférence; et que mondit sieur de Beaufort a fait partir un courrier pour Picardie, aussitôt après l'accident arrivé à Joly[1].

« M. de Longaville demande la survivance du Pont-de-l'Arche.

« Les gens du Roi disent que la Reine veut que on informe[2].... D'être en pensée du régiment des gardes renforcé de la garde du Palais-Royal, et de toutes les circonstances qui provent l'affaire à fond.

« Les discours tenus par diverses personnes de Paris, depuis quelques jours, qui font voir ce que est arrivé.

« Les sollicitations aux ennemis de s'accorder, nos frontières étant dégarnies; le tout sans affectation.

« Assurance que le Roi veut demeurer dans Paris pour y régner.

« Faire venir la Ville, avec les seize colonels, pour leur témoigner du gré de leur conduite....

« Ly a trois capitaines des quartiers qui ont commandé les armes cette nuit. De Couture a fait plus de bruit que personne, et tout le monde dit qu'il faut informer contre eux; la Reine le fait dire aux colonels.

« Il se faut sovenir que Guionnet volut parier aussi que les ennemis entreroient en France dans ce mois, les frontières étant dégarnies.

« La Reine doit dire qu'elle veut donner contentement à M. de Vendôme, mais qu'elle ne veut plus entendre parler de M. de Beaufort, étant incorrigible, comme le Coadjuteur, et indignes tous deux des avances et des bontés que Sa Majesté a exercé (*sic*) envers eux[3]....

« Le président Bragelone dit que Charton avoit donné ordre à son quartier de tenir les armes prêtes pour agir quand lui l'ordon-

---

1. C'était probablement pour prévenir d'Hocquincourt à Péronne. Une note de l'édition de M. Luzarche dit que « ce paragraphe est entièrement écrit par une autre main que celle de Mazarin. »

2 Ici les points sont dans le texte de M. Luzarche. Ceux qu'on trouvera dans la suite marquent, sauf en deux endroits, que nous indiquons, des retranchements faits par nous.

3. On verra au tome III, à propos de Jerzay, qu'il arrivait à la Reine de dire docilement, comme une leçon apprise par cœur, ce que Mazarin écrivait sur son carnet.

neroit; que Ribier, capitaine du quartier vers la place Maubert et conseiller au Parlement, avoit donné le même ordre, comme aussi de Couture, et cela se peut prouver par témoins....

« Toute la nuit, on a crié aux armes et, comme cela, l'amas de gens à la place Dauphine et ailleurs, l'arrêt des carrosses où l'on croyoit que Monsieur le Prince étoit, les coups de fusils et la mort du laquais du chevalier de Grammont sont des suites de l'affaire de ce matin; il faut informer sur tout, puisque cela rend l'affaire plus noire et plus punissable.

« Roquemont, lieutenant de la Bole, dit qu'il faut tout tuer, et fait semblant d'être blessé....

« Le secrétaire Tallon du Premier Président.... assure que hier, après l'assemblée que Charton fit à la maison de Ville, nonobstant les défenses, il appela à part trois ou six des principaux, et proposa et fut résolu de sostenir la Bole, puisqu'il s'étoit sacrifié pour les servir....

« La Bole, après avoir fait le vacarme, alla chez le Coadjuteur, où étoit Beaufort seul avec lui, et se mirent extrêmement en colère de ce que avoit fait. Beaufort dit qu'ils étoient tous perdus; qu'il n'étoit pas temps de faire ce que la Bole avoit fait, mais qu'il falloit périr. Le Coadjuteur se promenoit cependant, et sur l'avis que, à la rue Saint-Denis, s'assembloit du monde, demande un carrosse et son camail, avec de ses gens qui le devoient accompagner avec des épées et des pistolets, mais il fut déconseillé d'y aller, et le résultat de leur conseil fut qu'il falloit presser cette affaire à quelque prix que ce fût, car ils se devoient tenir pour assurés d'être perdus[1].

« La personne qui a entendu tout cela l'a dit en confidence à l'abbé, fils de M. de Chanvalon[2], qui est venu exprès pour m'en avertir, m'ajoutant que la même personne a dit que assurément feront quelque chose pour trobler, et que je dois prendre garde à moi.

« Ne m'a pas volu dire qui est la personne, mais je crois que soit l'abbé Chaly, lequel dira toujours au fils de Chanvalon ce que écoutera. Il recommande fort le secret.

« Ce qui les fait les plus enragés, c'est que leur foiblesse paroisse; puisque leur fort étant fondé sur le peuple, par ce qui est arrivé, paroît non-solement qu'il n'en deve (*doive*) pas faire aucun état, mais, au contraire, qu'il est fort irrité contre eux, et infèrent de là que la cour sera hardie, ayant reconnu cette vérité, d'entreprendre contre eux, voyant de le povoir faire sans azard (*hasard*). . .

1. Voyez ci-dessus, p. 563.
2. Il s'agit probablement du jeune abbé Harlay de Champvalon, alors âgé de 24 ans, et qui devint, moins de deux ans après, archevêque de Rouen, en attendant qu'il fût, en 1670, archevêque de Paris.

« Joly coucha chez le Coadjuteur la nuit dont le matin on lui tira un coup de pistolet....

« Le Premier Président, diverses personnes du Parlement et autres disent que on ne pousse pas assez cette affaire, que si on n'y travaille à point et que si on en use de la sorte et ne se prévaut de la chaleur que chacun y a présentement, elle échuera....

« On peut faire une devise présentement sur ce qui se passe, et dire : *Salutem ex inimicis nostris* [1]....

« Priolau m'a dit que M. de Longaville est fort étonné de tout ceci; que jamais a mieux reconnu les sentiments du duc à l'égard de Beaufort que en ce rencontre, et qu'ils sont fort tendres pour lui; que assurément le regarde comme son gendre; que lui a fait offrir sous mains service, et qu'il ne peut soffrir de voir la Fronde abattue; qu'il croyoit bien nécessaire de la voir un peu déprimée, mais non pas opprimée; qu'il aimoit le Coadjuteur, la Bolée et tout ce parti-là....

« La Boule est à Paris assurément....

« Montigny dit que Joly a dit beaucoup de fois qu'il ne falloit point de rois....

« Il (*le duc de Longueville*) croit mêlé dans l'affaire le Coadjuteur, lequel se croit perdu et M. de Bellièvre aussi.

« On croit que si on donnoit l'impunité à la Boule, découvriroit tout, étant outré contre les principaux, qui l'abandonnent et parlent contre lui; c'est une chose à bien examiner.

« On ne pressa pas la conjuration de Catilina, car [2] . . . . . .

« L'assemblée du clergé; la convoquer à Melun. Les raisons sont assez fortes pour la faire hors de Paris....

« Ruvigni m'est venu dire ce matin que on l'avoit pressé de me porter la parole que le Coadjuteur, Beaufort et tout le parti seroit entièrement à moi, si je le volois recevoir, mais qu'il ne s'étoit pas volu charger de me parler là-dessus, disant que la circonstance n'étoit pas propre. Reconnoissez qu'il me l'a voulu dire en secret....

« Le Coadjuteur est malade, et on lui a tiré du sang. Ce matin la Boule est à Paris. Joly change, et ou il est fou ou en veut faire semblant....

« Samedi, 18 décembre. Si dans l'assemblée des chambres de lundi, la conspiration paroît en bonne forme, il feroit un bon effet, pour bien imprimer dans l'esprit des peuples l'importance de l'affaire, si Sa Majesté ordonnoit que on mit les quarante heures par toutes les églises, et encore pour le faire par tout le royaume, et même si on chantoit le *Te Deum*....

---

1. *Évangile selon saint Luc*, chapitre 1, verset 71.
2. La phrase est ainsi inachevée dans le *carnet*.

« Jeudi 23.... Le Coadjuteur et Beaufort assurément entreprendront quelque chose d'ardi (*de hardi*), et on croit que, en voulant fort au Premier Président et président de Mesme, et y étant poussé (*sic*) par d'autres du Parlement, ils pourroient [1]....

« Toute la nuit ont fait leurs pratiques les adérants (*adhérents*), et le matin se sont assemblés chez Montrésor.

« Ils ont dit au Parlement que les gens du Roi ont concerté les résolutions avec moi....

« C'est une tête qui conduit tout dans le parti contraire; c'est elle qui assemble les intéressés et ordonne le départ pour l'exécution de ce que ly a (*de ce qu'il y a*) à faire, et c'est pour cela que leurs affaires, quoique mauvais (*sic*), se soutiennent.

« Il en faut faire de même, et avoir des personnes capables de donner des bons avis, d'écrire et d'exécuter, et ajouter que chacun se chargera de son fait. »

XIII. — Page 599.

RÉCUSATION DE MOLÉ PAR RETZ ET CONSORTS.

Des deux pièces suivantes, se rapportant à cette affaire, la première est une requête au Parlement, conçue dans la forme ordinaire; il en existe deux éditions: l'une de trois pages (c'est celle dont nous suivons le texte), et l'autre de sept, toutes deux sans lieu ni date. Elles portent en tête l'une et l'autre: *A nos seigneurs de Parlement*.

La seconde pièce a eu également deux éditions: l'une de vingt-quatre pages, avec ce titre: *Causes de récusation contre Monsieur le Premier Président, M. de Champlâtreux, son fils, leurs parents et alliés au degré de l'ordonnance*; l'autre, dont le titre a été considérablement amplifié, n'a que quinze pages; c'est celle que nous reproduisons.

La première pièce, la *Requête au Parlement*, est un résumé clair de la récusation; elle a été rédigée probablement, selon l'usage, par un officier ministériel quelconque. La seconde, qui est plutôt une œuvre de rhétorique, nous paraît avoir été surtout composée en vue du public. Les deux éditions de la seconde pièce ne se ressemblent que par le fond; elles diffèrent beaucoup pour la forme; celle qui n'a que quinze pages nous paraît plus nette, plus ferme que l'autre. Retz a-t-il eu part à leur composition, ou au moins à celle de l'une des deux? nous sommes disposés à le croire, mais sans avoir rien trouvé qui vint confirmer positivement notre hypothèse; si elle est juste, l'édition de quinze pages nous paraîtrait être celle à laquelle il a dû collaborer, peut-être avec Portail, avocat au Parlement, intime de Retz, fort mêlé à cette affaire des rentiers, auteur d'un pamphlet important contre Condé (voyez ci-dessus, p. 667,

---

1. Cette réticence est aussi dans le texte du *carnet*.

note 3), et d'un factum pour les rentiers, dont il est parlé dans les deux éditions des *Causes de récusation*. Comme la pièce est longue, nous n'en donnerons que les idées générales et les parties qui regardent spécialement Retz; pour les coaccusés, le document que nous plaçons le premier supplée aux lacunes que nous laissons dans le second.

Nous imprimons les deux pièces d'après les exemplaires qui sont insérés aux folios 43-52 du ms 733 du Fonds Dupuy (Bibliothèque nationale), sous ce titre : *Relation de ce qui s'est passé dans Paris et dans le Parlement depuis le samedi 11º jour de décembre 1649, jusques au samedi 22º jour de janvier 1650*; l'autre édition des *Causes de récusation* se trouve aussi à la Bibliothèque nationale (département des imprimés, $\frac{L\,b^{27}}{1426}$).

1º *A nos seigneurs de Parlement.*

Supplient humblement François de Vendôme, duc de Beaufort, Jean-François-Paul de Gondy, archevêque de Corinthe, coadjuteur en l'archevêché de Paris, Pierre de Broussel, conseiller en la Cour, disants par addition à la requête de récusation par eux présentée, et dont lecture fut faite le dernier jour, 24. du présent mois, qu'ils s'étoient contentés de marquer que dans les informations on avoit fait dire aux témoins qu'il y avoit une conjuration contre la personne de Monsieur le Premier Président, estimants qu'il ne voudroit pas être juge d'une accusation, de laquelle l'un des principaux chefs est un prétendu attentat à sa vie, parce qu'il n'est pas naturellement possible, dans un intérêt si proche et si sensible, de conserver l'indifférence du jugement, mais puisque ledit sieur a affecté de demeurer juge jusques à descendre de sa place pour passer derrière le barreau, contester et se défendre avec chaleur contre la validité des récusations, prétendant qu'elles concernent l'honneur de sa charge et non l'intérêt de sa personne, quoiqu'il n'y ait rien de plus personnel que l'intérêt de la vie, ils sont obligés de déclarer les autres causes de récusation, qu'ils avoient dissimulées par retenue et par modération, qui sont :

Qu'au même temps du retour de la première conférence de Ruel, il publia partout que les suppliants avoient fait dessein d'émouvoir une sédition de plusieurs habitants pour entreprendre sur sa vie; quoique tout Paris sache qu'en ce temps ils donnèrent tous leurs soins à sa conservation jusqu'à exposer leurs propres personnes et leurs propres vies [1];

Que pour exciter contre eux une haine publique il les a désignés en sa harangue à l'ouverture du Parlement pour des ennemis conjurés de l'État, par des démonstrations si sensibles qu'il ne restoit

---

1. Voyez ci-dessus, p. 398-403.

qu'à les nommer, ce qui fut trouvé si étrange et si éloigné de son sujet que son discours passa dans l'esprit de la plupart des gens d'honneur pour une déclaration d'inimitié ouverte contre eux, et pour un dessein de leur faire outrage ;

Que dans la suite de ce même dessein, il a dit publiquement en sa place que c'étoit à sa personne à qui l'on en vouloit, qu'il ne tenoit plus sa vie que comme précaire, que depuis longtemps l'on fomentoit des entreprises funestes, et que les ennemis étoient même dans la Compagnie; tellement que ce qu'ont dit les témoins n'est qu'une répétition de ce que ledit sieur Premier Président a dit en public ;

Que ledit sieur a assez déclaré ses sentiments, lorsque ledit sieur Coadjuteur voulant parler sur la première déposition, il lui dit que ce n'étoit pas dans sa place qu'il se devoit justifier, et que l'on en verroit bien davantage : termes qui marquent assez qu'il a eu communication du secret des informations, qu'il le tenoit déjà accusé dans son esprit, puisqu'il lui parloit de justification.

Cette communication d'informations est si véritable (quoique ledit sieur Premier Président ait voulu donner des assurances contraires, même avec serment) qu'il est notoire que le nommé la Rallière, qui s'est fort mêlé de cette affaire, comme il sera vérifié en temps et lieu, alloit souvent chez ledit sieur Premier Président, pour conférer vraisemblablement avec lui, et ainsi il ne peut pas dénier qu'il n'ait été de sa connoissance que les suppliants aient été compris dans les informations.

Ce n'est pas en cela seulement que ledit sieur Premier Président a témoigné sa haine contre les suppliants. Il ne peut pas disconvenir qu'il n'ait dit plusieurs fois que ledit sieur Coadjuteur étoit un esprit hardi et entreprenant, et qu'il falloit arrêter le cours de ses menées et de ses mauvais desseins;

Que ledit sieur Coadjuteur l'étant allé visiter pour lui demander raison civilement de l'entreprise faite sur sa juridiction par Monsieur l'évêque de Bayeux, il le traita avec des paroles indécentes et de mépris, comme s'il eût ignoré sa naissance et sa dignité ;

Qu'ayant été proposé de renvoyer audit sieur Coadjuteur l'accommodement d'un différend de deux personnes ecclésiastiques, il dit que c'étoit un beau renvoi de les renvoyer devant la Fronde, témoignant en cela le même mépris et la continuation de sa haine.

Ledit sieur Premier Président ne peut pas dénier encore, parce que c'est un fait dont la connoissance est publique, que ledit sieur duc de Beaufort, depuis sa sortie de Vincennes, ayant présenté plusieurs requêtes pour sa justification, elles ont été toutes éludées par son autorité et par ses artifices, quoique l'assemblée des chambres ait été demandée plusieurs fois pour ce sujet; néanmoins il n'a pu obtenir son arrêt de justification que lorsque ledit sieur Premier Président a vu qu'il n'étoit plus en sa puissance de l'empêcher.

Sa haine contre ledit sieur de Broussel a paru si publiquement, que non-seulement dans sa maison, parmi ses particuliers amis, mais encore dans le Palais-Royal, et partout ailleurs, en toutes occasions, il a toujours parlé de lui très-désavantageusement et en très-mauvaise part : ce qui obligea au dernier jour ledit sieur de Broussel de lui déclarer publiquement qu'il le tenoit pour son ennemi, et qu'il ne pouvoit en conscience être son juge.

Tellement qu'après tant de témoignages d'une haine si hautement et si constamment déclarée contre les suppliants, après tant de marques si sensibles et si réitérées d'un intérêt personnel, il ne seroit pas juste que ledit sieur Premier Président demeurât leur juge.

Ce considéré, nos seigneurs, attendu ce que dessus, il vous plaise de vos grâces ordonner que ledit sieur Premier Président s'abstiendra de la connoissance et délibération des informations : et vous ferez bien.

———

2° *Causes de récusation proposées par M. le duc de Beaufort, Messire Jean-François-Paul de Gondy, archevêque de Corinthe et coadjuteur de Paris, M. de Broussel, conseiller en la Cour, M. Charton, président aux requêtes du Palais, et autres;*

Contre Messire Mathieu Molé, premier président au parlement de Paris, M. Molé de Champlâtreux, son fils, conseiller honoraire en ladite cour, et leurs parents et alliés au degré de l'ordonnance.

La récusation est une défense de droit naturel : c'est pour conserver les biens, l'honneur ou la vie, qui sont les trois choses qui composent l'homme, son état et sa condition.

C'est pour cela que les Romains ne forçoient jamais les parties à prendre des juges suspects : quoiqu'ils fussent choisis par le sort, il restoit encore la liberté de les rejeter. L'on n'étoit pas même obligé de dire précisément les causes de récusation. Il suffisoit que les soupçons et les défiances fussent dans l'opinion et dans la pensée des parties : *Hunc nolo, illum nolo.* C'étoit la formule des récusations....

Notre jurisprudence n'a pas été moins sage que celle des Romains. Il n'y a pas une de nos ordonnances qui parlent des récusations, qui ne comprenne tous les juges. Les présidents y sont dénommés et tous les chefs de la justice, de quelque qualité qu'ils soient.... Cela présuppose que toutes sortes de personnes peuvent être récusées, qui est une proposition dont Monsieur le Premier Président ne doute pas lui-même, puisque, dans cette occasion, il a déjà passé par trois fois le barreau. Il n'y a qu'à examiner si les causes de récusation sont recevables.

Dans l'accusation, il est question, entre autres choses, de savoir si l'on a dit, ce que les témoins déposent, qu'il falloit tuer Monsieur le Premier Président.

Peut-il y avoir un moyen de récusation plus pertinent et plus admissible? Il est question de savoir si l'on a eu dessein sur la personne de Monsieur le Premier Président. Il n'y a rien qui soit plus précieux que la vie et qui nous soit plus sensible.

A la vérité, l'on permet bien à un homme de repousser la force par la force, de prendre les armes pour sa défense. Quelques ressentiments que nous ayons pour lors, nous pouvons bien nous faire justice, parce que la première loi est notre conservation. Mais dès le moment que la justice publique, qu'un autre tribunal que le nôtre se trouve saisi de nos intérêts, nous ne sommes plus les maîtres de la vindicte, nous n'y pouvons avoir aucune part.

Et de fait, si Monsieur le Premier Président demeuroit juge, de quel front et avec quel visage pourroit-il interroger les accusés? Ne seroit-ce pas une chose que les siècles passés n'ont jamais vue et que la postérité ne verra jamais? Ne seroit-ce pas un monstre dans la justice, de voir Monsieur le Premier Président, en sa place, demander à M. le duc de Beaufort, à Monsieur le Coadjuteur, à M. de Broussel, à M. le président Charton et à tous ceux que l'on a malicieusement engagés dans l'accusation : « N'avez-vous pas eu dessein sur ma vie, n'avez-vous pas comploté contre moi? »

Un homme qui profère ces paroles, qui se figure ses meurtriers, qui les voit en sa présence, qui se les représente, le poignard à la main, prêts à l'égorger et à répandre son sang, qui croit à son imagination plutôt qu'à la vérité, demeurera pour lors sans émotion? Il conservera la liberté entière de son esprit? L'amour de lui-même ne prévaudra point sur la justice? Certes il faudroit que Monsieur le Premier Président fût d'une autre nature que tous les autres hommes pour n'être point touché d'aucun ressentiment, et pour considérer avec indifférence les personnes, le crime et l'accusation.

Les accusés peuvent dire dès à présent que Monsieur le Premier Président est bien éloigné de cette égalité et de cette indifférence de jugement que toutes les lois desirent dans la personne des juges.

Il a toujours fait sa cause propre de l'accusation dont il s'agit. Tout Paris sait qu'il y a eu de ses domestiques, et d'autres personnes qui sont d'un rang plus élevé, qui ont été en plusieurs maisons pour demander si l'on ne savoit pas que M. le marquis de la Boulaye étoit allé au logis de M. de Broussel le jour qu'il se fit quelques bruits et quelques murmures, et s'ils n'en vouloient pas déposer[1].

Il a aussi témoigné publiquement, parlant de l'instruction du procès, que Messieurs les commissaires de la cour ne savent pas faire des informations, et que le lieutenant criminel entendoit bien mieux cela qu'eux.

Tout Paris sait encore la familiarité et la communication qu'a eues le nommé la Rallière avec Monsieur le Premier Président, et comme durant le cours de cette affaire il est allé dans sa maison à toutes heures et même de nuit. Cependant c'est la Rallière qui s'est mêlé de cette haute calomnie, et qui a fourni les témoins, qui sont la plupart ses commis et ses domestiques[2]. De sorte que toute cette conduite fait voir comme Monsieur le Premier Président a toujours considéré son intérêt dans la présente accusation.

Mais cette haine mortelle n'a pas commencé d'aujourd'hui contre les accusés. Après le retour de Ruel, Monsieur le Premier Président publia partout qu'ils avoient voulu émouvoir une sédition pour entreprendre sur sa personne, quoique tout le monde sache les soins qu'ils ont apportés en ce temps-là pour sa conservation, et comme ils l'ont souvent préférée à leurs propres vies....

(*Suivent deux petits alinéa, se rapportant spécialement à Beaufort et à Broussel.*)

Il (*Molé*) a pareillement fait plusieurs fois des discours contre l'honneur et la conduite de Monsieur le Coadjuteur. Il l'a voulu faire passer pour un esprit entreprenant, et dit, en beaucoup d'endroits, qu'il falloit arrêter le cours de ses pratiques et de ses mauvais desseins.

Il l'a traité de mépris lorsqu'on en parloit avec respect. Ayant été proposé, dans une conférence, de renvoyer par-devant lui un différend ecclésiastique où Madame l'abbesse de Chelles avoit intérêt, il dit : « Que c'étoit un beau renvoi que de les renvoyer à la Fronde; que la Fronde ne pouvoit pas porter jusques à Chelles. »

Monsieur le Coadjuteur étant allé chez Monsieur le Premier Pré-

---

1. Est-ce à cette affaire que se rapporte la petite note suivante, que nous avons trouvée à la page 11 du tome II des *Papiers d'État* de le Tellier (6881)? Cette collection, on le sait, comprend presque tous les papiers de Molé.

« *Mémoire de ceux auxquels il a été parlé pour les faire déposer :*
« Forest, peintre, demeurant vis-à-vis du cheval de bronze (*la statue de Henri IV sur le Pont-Neuf*);
« Closier;
« Le fils à Pepion;
« Gorju, son garçon, qui a été envoyé quérir par M. de Longueville. »

2. Nous avons vu ci-dessus, p. 581, note 8, que le témoin la Comette ou Comen était un commis de la Rallière.

sident pour se plaindre de l'entreprise que Monsieur l'évêque de Bayeux, son fils, avoit faite, en qualité de trésorier de la Sainte-Chapelle, sur la juridiction de Monsieur l'archevêque de Paris, il le traita avec des paroles indécentes et de mépris, comme s'il eût ignoré sa naissance et sa dignité[1]....

(*Suivent sept alinéa, ayant trait aux moyens particuliers de récusation de Gui Joli et au président Charton.*)

Cependant l'on prétend renverser tous ces moyens de récusation, dont un seul seroit suffisant dans les affaires moins importantes, sous prétexte que Monsieur le Premier Président n'est point partie, et la poursuite ne se fait seulement que sous le nom de Monsieur le Procureur général. Mais les accusés peuvent dire que c'est une illusion à l'ordonnance et à la justice. Premièrement, les parties formelles ne sont jamais récusées. La raison est qu'il faut nécessairement trois personnes qui composent tous les jugements, l'accusateur, l'accusé et le juge. Toutes ces trois personnes sont toujours distinctes et séparées; mais il faut absolument qu'elles soient établies pour que l'on puisse dire qu'il y a contestation.

Si les parties sont absolument nécessaires au procès, ce ne sont donc jamais les parties que l'on récuse : autrement on détruiroit la juridiction en la voulant établir; et ainsi c'est une subtilité toute nouvelle que la prétention de Monsieur le Premier Président. L'ordonnance ne dit pas que les parties ne peuvent être juges en leur propre cause (c'est une chose dont on ne douta jamais), mais que l'on ne peut pas être juge dans une affaire où nos amis se trouvent intéressés et dans laquelle nous pouvons prendre part directement ou indirectement.

Un créancier de la partie dans les affaires civiles, qui ne sont pas si importantes que les criminelles, ne peut pas seulement demeurer juge.

Lorsqu'un procès est intenté, un juge est récusable, s'il se trouve

---

1. Pour remercier Molé de son efficace intervention lors de la paix de Rueil, Mazarin avait nommé son fils Édouard Molé, déjà évêque de Bayeux depuis le 14 février 1649, trésorier de la Sainte-Chapelle, le 15 mai de la même année, nomination qui fut fort contestée par l'abbé de Mesmac (voyez les *Mémoires de Molé*, tome IV, et en particulier à la page 33 et à la page 48, note 2). Les *Registres du Parlement* (ms de la bibliothèque de l'Université), tome IV, f°s 205 et 206, nous apprennent qu'à ce titre de trésorier, Édouard Molé prétendait, dans les grandes fêtes, « pouvoir aller en procession ès environs du Palais, avec sa mitre et sa crosse, et que Monsieur le Coadjuteur prétendoit qu'il ne le pouvoit. » Le Premier Président, dans les explications qu'il donne à l'occasion de la requête de récusation, dit que le jour de la procession, sur son conseil, son fils, pour lever toute difficulté, était allé à Champlâtreux, et que quant au différend ecclésiastique, il ne savait ce que le Coadjuteur voulait dire.

seulement qu'il a mangé avec une des parties, parce qu'il faut que la justice soit exempte de toutes sortes de soupçons.

C'est un usage parmi nous qu'encore que par l'ordonnance l'on peut renvoyer l'accusé, pour l'instruction et pour le jugement du procès, par-devant son juge naturel, lorsque les appellations se trouvent téméraires, néanmoins la cour ne le fait jamais : l'on fait violence à la loi et à l'ordonnance, de peur qu'il ne reste quelque ressentiment au juge contre l'accusé, contre lequel il n'a autre sujet de haine, sinon qu'il s'est plaint de ses jugements.

L'on sait aussi qu'en matière criminelle, ceux qui ont instruit le procès ne sont jamais rapporteurs : l'on appréhenderoit qu'ils ne fussent un peu trop amoureux de leur propre ouvrage, bien que ce soient des actes de justice, et qui ne se font que par son autorité.

Nous avons un texte très-singulier dans les *Décrétales*, qui est le chapitre *Causam*, au titre *de Judiciis*. Il y avoit contestation entre l'abbé de Vendôme et l'archidiacre de Chartres. La cause fut renvoyée par le Pape à l'évêque de Paris et à son archidiacre, mais ayant été reconnu par la suite que l'archidiacre de Paris avoit une prétention qui approchoit un peu de celle de l'archidiacre de Chartres, il fut incontinent récusé. Le Pape commit d'autres juges ; car pouvant être touchés par quelque légère comparaison de leurs intérêts, on ne voulut pas laisser le moindre prétexte à la partie de se plaindre des premiers juges qui avoient été donnés.

Quand une partie interjette appel d'une sentence rendue par le juge de son domicile, si pendant l'appel, et auparavant qu'il soit vidé, il lui survient un autre différend, il peut demander son recours et décliner de son juge naturel : c'est ce que nos coutumes appellent l'exemption par appel, pour montrer qu'il n'y a rien de plus délicat que la justice, et qu'il est injuste de vouloir obliger des parties de se défendre devant un juge qui peut être seulement blessé par l'appel de sa sentence, qui est même une chose indifférente aux juges qui s'acquittent de leur conscience et de leur devoir.

Il est donc étrange de voir que Monsieur le Premier Président prétende se mettre au-dessus des lois, et qu'il veuille faire exception de sa personne.

Il sait bien que, ces jours passés, il jugea lui-même que M. le président Charton devoit s'abstenir dans l'affaire de maître Guy Joly, bien qu'il n'y soit intéressé en façon quelconque, qu'il ne soit point partie, qu'il ne soit point compris ni dénommé dans les informations, et que ce qu'il avoit dit dans la Grande Chambre de cet assassinat qualifié étoit plutôt pour la sûreté publique que pour la sienne.

Monsieur le Premier Président n'est-il pas plus intéressé dans ce rencontre que n'étoit M. le président Charton dans l'affaire dudit

Joly ? Toutes les informations ne sont remplies que de prétendus desseins sur sa personne, d'injures contre sa conduite et ses actions. Ses serviteurs et ses domestiques ont été, comme est dit, rechercher des témoins contre les accusés. Il a pris part, dès le commencement, à l'accusation ; il a parlé des dépositions par avance, car les premières informations ayant été lues, et Monsieur le Coadjuteur ayant voulu dire quelque chose du témoin qui parloit de lui, il lui dit publiquement : « Que ce n'étoit pas dans sa place qu'il se devoit justifier et qu'on en verroit bien d'autres. » Tellement qu'il paroît par là que c'est lui qui a conduit tout l'ouvrage, puisqu'il étoit si bien informé de ce qui se devoit passer dans la suite, et par l'événement. Enfin la cour se peut ressouvenir que quand il parla de ces prétendues conjurations[1] qui devoient envelopper toute la maison royale, lorsqu'il parla du bouleversement de la monarchie, des secrètes intelligences avec les ennemis, il dit aussi qu'entre tous ces grands desseins, il étoit question de savoir « s'il tiendroit désormais la vie par précaire. »

N'est-ce pas proprement une plainte publique qu'il a faite dès ce temps-là ? Y avoit-il rien de semblable dans la plainte de M. le président Charton ? A-t-on instruit le procès dudit Joly, sur ce que ledit sieur président Charton avoit dit, comme l'on instruit celui d'aujourd'hui dans la personne de Monsieur le Premier Président, et pour venger les injures et la violence qu'il prétend qu'on lui a voulu faire ?

C'est donc son intérêt que l'on traite. Il ne faut pas considérer s'il n'est pas partie formelle, c'est tout de même que s'il l'étoit.

Tous procès sont composés de deux points : le premier est l'information et les formalités de justice, qui est le moins considérable ; le second est le fond et le principal.

Dans la procédure, il est vrai que Monsieur le Premier Président ne paroît pas : pour le moins, il n'est pas joint à Monsieur le Procureur général publiquement, ni Monsieur le Procureur général avec lui. Mais dans le principal, il s'agit de savoir si on a eu dessein d'attenter à sa personne. Peut-on dire qu'il ne soit pas intéressé ? N'est-ce pas pour lui que l'on a recherché avec tant de soin des accusations supposées, et que l'on avoit poursuivies dans le commencement avec tant de chaleur ? Quoi ? il sera jugé que l'on a eu dessein de l'assassiner et de le perdre, et ce ne sera pas sa propre cause, ce ne sera pas son fait, cela ne le touchera aucunement ?

Mais qui sont ceux qui demandent qu'on ne leur donne point de

---

1. Faut-il entendre par là l'allusion à la conjuration d'Amboise ? On sait que dans ses *Mémoires* (ci-dessus, p. 581) Retz prête le mot au président de Mesme, et non à Molé.

juges suspects? C'est M. le duc de Beaufort, illustre par sa naissance, par la grandeur de son courage et de ses actions; c'est Monsieur le Coadjuteur, qui distribue aux hommes des grâces du ciel, à qui l'on dénie ce qu'il y a de plus commun dans la justice sur la terre; c'est M. de Broussel, qui a tant d'amour et de zèle pour le public; c'est enfin M. le président Charton, qui a toujours rempli dignement sa place, que l'on veut faire juger par leurs propres ennemis, par ceux-là mêmes qui se trouvent intéressés dans l'affaire [1].

Il y a d'autres personnes qui ne sont pas si illustres, que l'on a aussi enveloppées dans la même accusation.

Les accusés ne craignent pas ici de rompre la modestie, et de publier la générosité de leurs desseins. Il n'y a jamais eu d'accusés qui ne l'aient fait en pareil rencontre.... (*Suivent deux exemples, empruntés à l'histoire de Scipion l'Africain et à celle de Métellus.*)

Les accusés ne demandent pas qu'on les traite avec les mêmes avantages; ils sont prêts de rendre compte de toute leur vie à la Cour et au public; mais que ce soit au moins devant des juges désintéressés et qui puissent être dépouillés de toutes sortes de ressentiment.

Mais ce qui les oblige encore à insister plus fortement à la récusation des juges suspects est la qualité des témoins qu'on leur représente, qui sont tous des gens de sac et de corde, des Sociandos, des Cantos, des sieurs de la Comette, des Pichons, des Marcassins, des Gorgibus, qui ont tous été repris de justice : les uns bannis de leur pays, les autres condamnés à mort pour des rapts qualifiés, d'autres pour des vols et des brigandages.

Mais si l'on considère aussi la façon avec laquelle on a préparé cette accusation, l'on ne peut pas trouver étranges les soupçons et

---

[1]. Un passage emprunté aux pages 12 et 13 de l'édition de vingt-quatre pages montrera bien la différence du style des deux pièces. « Mais qui sont ceux qui demandent qu'on ne leur donne point de juges suspects ou intéressés dans leur propre cause? C'est M. le duc de Beaufort; outre son rang et sa naissance, qui mérite bien qu'on le traite dans l'ordre des lois et les (*sic*) jugements, il a bien mérité cette justice du public, il l'a bien méritée du Parlement, pour le service duquel il a exposé tant de fois son sang et sa vie, pour lequel il a renoncé tant de fois à une fortune plus éclatante que la sienne, mais non pas meilleure ni plus glorieuse.

« Qui sont ceux encore que l'on veut forcer de prendre des juges intéressés? C'est Monsieur le Coadjuteur, qui est illustre par tant de vertus, qui a toujours demeuré uni inséparablement à son Église, c'est-à-dire à la veuve et à l'orphelin, qui en est le cœur et le sanctuaire, à toute la ville de Paris, qu'il instruit et qu'il illumine tous les jours par sa parole, par ses exemples et par ses actions.

« Qui sont ceux qu'on veut traiter par des voies toutes extraordinaires? C'est M. de Broussel, qui a eu tant d'amour pour la justice; c'est ce rocher inébranlable, qui n'a pu être entamé ni par la violence des temps, ni par les injures de la fortune.

« C'est enfin M. le président Charton, etc. »

les défiances des accusés. Ces témoins sont gens à qui l'on a donné des lettres de cachet, signées d'un secrétaire d'État, pour aller en toutes sortes de lieux parler les premiers des personnes sacrées et des affaires publiques, échauffer les esprits sans pouvoir être recherchés, ni être réputés complices, et pour rapporter toutes les paroles qui se disoient dans Paris et les noms de ceux qu'ils auroient entendus parler.

Si cela avoit lieu, il n'y auroit point d'innocence à l'épreuve de la calomnie; ce seroit une inquisition insupportable; l'on tiendroit même registre de nos larmes et de nos soupirs.

Au reste, que déposent ces témoins qui ont été si curieusement recherchés? Il ne se trouve aucune charge dans les informations. Ces conjurations contre l'État, qu'on avoit si hautement publiées, se trouvent toutes réduites aujourd'hui à des affaires particulières.

Les bruits et les murmures du samedi matin, onzième du mois de décembre dernier, que l'on veut faire passer pour l'exécution de ces grands desseins, ont-ils les couleurs qu'on leur a voulu malicieusement donner? Quelle connexité avec l'accusation présente? Qui a paru dans cette occasion? Y a-t-on vu M. le duc de Beaufort, et ceux que l'on prétend avoir concerté toutes ces hautes entreprises? Quelle conduite a-t-on remarquée dans ce bel ouvrage? Où en étoient les dispositions?

Mais si les bruits et les murmures du samedi matin étoient l'effet de cette prétendue conjuration, il se trouveroit que les accusateurs ne seroient pas les moins coupables.

Quoi? un homme de la qualité de M. le marquis de la Boulaye tout le secret du dessein! On prétend qu'on lui en avoit confié l'exécution. L'on dit qu'il s'est mis en l'état de le faire réussir; et cependant on ne l'arrête point pour en découvrir tout le mystère. Il paroit encore deux jours publiquement dans la ville de Paris, à la face du Roi et de toute la cour; on le voit par les rues, sans suite. Il y avoit trois mois, ce dit-on, que l'on savoit que cette conspiration se tramoit: on laisse pourtant toute la maison royale en proie à de si pernicieux desseins; on ne songe point à la sûreté du Prince, on l'abandonne au carnage épouvantable que l'on avoit préparé.

Quels sont les criminels dans ce rencontre? Si cette conspiration étoit véritable, Monsieur le Premier Président, qui la savoit, pourroit-il se garantir de reproches? Ne seroit-il pas même le plus coupable, d'avoir ainsi laissé l'État en péril et les personnes les plus sacrées?

Cette conspiration, concertée de longue main, que l'on fonde sur l'action du samedi, est donc imaginaire; les accusés ne veulent pas faire ce tort à Monsieur le Premier Président, de croire qu'il eût voulu laisser au hasard de si funestes événements toute la fortune de l'État. Et ce qui l'auroit rendu d'autant plus coupable dans cette occasion, c'est qu'à l'ouverture du Parlement, lorsqu'il fit cette magnifique harangue, il ne parla que des desseins formés contre la sûreté publique, des secrètes intelligences avec les ennemis, des conspirations épouvantables : « Les ennemis, dit-il, sont parmi nous, ils sont au milieu de la Compagnie. »

Il sembloit dès lors être instruit de tout, car la déposition des témoins et sa harangue se trouvent aujourd'hui n'être qu'une seule et même chose. Ainsi quelle apparence de demeurer plus longtemps sans ruiner ces entreprises? Dans les crimes d'État, les simples soupçons obligent à une exacte recherche; l'on ne sauroit trop tôt prévenir le danger. Il faut donc conclure que ces grands desseins, ces grandes conspirations, dont on a parlé si publiquement, n'étoient pas des conspirations contre l'État, mais plutôt celle que nous voyons à présent, laquelle on préparoit dès lors par des discours publics et affectés, afin de gagner les esprits contre les accusés, contre des gens d'honneur et qui ont toujours résisté à la corruption du siècle.

Après cela, Monsieur le Premier Président peut-il demeurer juge?

L'ordonnance est contre ceux qui se trouvent même intéressés indirectement.

Pour avoir seulement déclaré son sentiment auparavant qu'on ait opiné sur l'affaire que l'on traite, l'on peut être récusé; et Monsieur le Premier Président, qui a fait des disgressions, qui a traité d'autres matières que celles qui se traitent ordinairement dans les ouvertures du Parlement, afin de parler des conjurations prétendues qui se formoient contre sa personne, résistera à toutes les lois et à toutes les maximes pour être juge de ceux qu'il a mis au nombre de ses ennemis, il y a longtemps, parce qu'ils ne sont pas de même sentiment que lui? Certes cette prétention est bien étrange, elle scandalise la justice, la pudeur, l'honnêteté publique.

Les accusés ne sauroient non plus dissimuler ce qui a été dit par un de Messieurs les princes du sang, lequel ayant envoyé quérir un des proches parents de M. de Broussel, il le chargea de l'assurer de sa part que Monsieur son frère ni lui n'avoient point su qu'on eût engagé M. de Broussel dans l'accusation, et que c'étoit Monsieur le Premier Président qui l'avoit conduite lui seul.

Aussi, depuis l'accusation, quelle affectation n'a point fait paroître Monsieur le Premier Président pour demeurer juge? Monsieur le Prince s'étant voulu retirer, il l'obligea de demeurer en sa place, de peur que ce ne fût un préjugé contre lui, et afin qu'il pût opiner lui-même en sa propre cause. Et pour effacer la pudeur qui paroissoit déjà sur le visage de Monsieur le Prince, il lui dit que c'étoit une affaire publique, que toutes les règles devoient cesser, qu'il y alloit de la manutention de l'État.

Les accusés reconnoissent à la vérité que la place que tient Monsieur le Premier Président le rend très-considérable : toutefois il leur permettra bien de croire que toute la fortune de l'État n'est pas renfermée en sa personne.

Mais où va toute l'accusation, quand les témoins ne porteroient point leurs reproches? Ils déposent seulement qu'il falloit se défaire de sa personne. Il n'est point parlé qu'on se soit mis en aucun devoir pour cela; l'on n'a point vu des hommes armés qui aient assiégé sa maison, qui l'aient suivi, qui l'aient attendu sur le passage. Ce sont donc de simples discours dont déposent les témoins; et c'est ce que Monsieur le Premier Président appelle la manutention de l'État.

Des porteurs de lettres d'espionnage, dans un royaume libre, des témoins érigés en titre d'office, des gens bannis de leur pays, condamnés à mort, un Turc, un Biarnois, un Manceau déposent que Monsieur le Premier Président est mal dans l'esprit du peuple, que tels et tels ont dit qu'il falloit s'en défaire; et c'est un crime d'État au premier chef, dont il doit connoître et demeurer juge.

Au reste, quand l'accusation dont il s'agit auroit quelque chose de public, Monsieur le Premier Président pourroit-il en demeurer juge?

A la vérité, quelques docteurs demeurent d'accord qu'encore qu'un homme fasse partie de quelque communauté, d'un collége et d'un chapitre, cela n'empêche pourtant pas qu'il ne puisse donner son suffrage, lorsqu'il s'agit de l'intérêt de la communauté en général.

Mais tous les docteurs conviennent en ce point, que, lorsque l'intérêt particulier se trouve joint à l'intérêt public, on n'a plus de part à la délibération, parce que l'esprit des juges doit toujours être dans l'indifférence, que nous ne conservons jamais quand nous sommes intéressés.

Nous avons un exemple illustre de cette vérité, qu'un de Messieurs[1] a rapporté très-judicieusement au dernier jour, en opinant sur la récusation dont il s'agit. Le duc de Biron ayant été accusé de plusieurs crimes d'État, quelques-uns proposèrent au roi Henri IV de se trouver au jugement du procès. Néanmoins, parce qu'un des chefs d'accusation étoit que le duc de Biron avoit con-

---

1. Le conseiller Mélian, dans la séance du 30 décembre 1649. Voyez la *Suite du vrai journal des assemblées du Parlement, contenant ce qui s'est passé depuis la Saint-Martin* 1649, *jusques à Pâques* 1651, p. 18.

spiré contre sa personne, ce grand prince fit réponse qu'il craignoit n'être pas bon juge de ses propres intérêts, qu'il lui seroit comme impossible de se défendre des mouvements de la nature; et de fait, il n'y assista point du tout....

Enfin Monsieur le Premier Président n'a pas raison de prétendre qu'il doit demeurer juge parce que c'est à sa dignité que l'on en vouloit, et non pas à sa personne. Au contraire, c'est plutôt la considération de son autorité, de son rang et de sa place qui le doit faire exclure du jugement des accusés.

Il y a eu autrefois des personnes que l'on a renvoyés absous sans approfondir même l'accusation, parce que ceux qui s'y trouvoient intéressés étoient élevés aux premiers honneurs....

Les accusés espèrent donc que la Cour rendra les premiers témoignages de leur innocence, en faisant abstenir Monsieur le Premier Président, ses parents et ses alliés, de leur jugement. Il y a lui-même intérêt de ne point demeurer juge, afin que l'arrêt qui interviendra contre les accusés ne soit point suspect, s'ils sont coupables, ou que l'on ne l'accuse point d'aucune violence dans la poursuite, s'ils se treuvent innocents.

ADDITIONS ET CORRECTIONS.

TOME I[1].

Remplacez par des *i*, dans le texte des *Mémoires*, les *y* qu'on a laissés dans quelques noms propres. Retz n'emploie jamais l'*y* ni dans les noms propres ni ailleurs; il n'y a pas jusqu'à l'adverbe pronominal *y* qu'il n'écrive *i*.

Page 9. — Jacques Basnage de Beauval, dans une lettre adressée au maréchal d'Uxelles, secrétaire d'État des affaires étrangères, et datée « de la Haye, le 5 novembre 1717, » parle du cardinal de Retz, « dont on vient, dit-il, de publier les *Mémoires*, que j'avois vus manuscrits. Cet auteur, ajoute-t-il, est si singulier qu'on n'en a jamais vu de semblable. Il donne une grande idée de son génie, mais il donne une égale idée de ses défauts, et on ne peut pas le soupçonner de mentir, puisqu'il est trop sincère sur son propre compte pour croire qu'il veuille tromper sur celui des autres.... »

Cette lettre de Basnage nous a été communiquée par M. de Chantelauze, qui y a joint cette note intéressante se rapportant à la page 9 de notre *Notice des Mémoires* :

« En 1662, le gouvernement français s'était ému de l'apparition des *Mémoires de la Rochefoucauld* en Hollande, et avait ordonné à l'un de ses agents, M. de Vicquefort, de ne rien négliger pour découvrir et faire disparaître ce qui restait de cette première édition des *Mémoires* entre les mains des libraires. En 1718, les *Mémoires de Mme de Motteville*, qui paraissaient pour la première fois, donnèrent aussi quelque ombrage ou quelque mécontentement au gouvernement français. On recommanda à l'un des agents secrets de la France en Hollande de faire disparaître tous les exemplaires de cet ouvrage. On craignait sans doute des révélations désagréables

---

1. Ces additions et corrections sont un supplément de celles qui terminent notre premier volume.

sur la famille royale. Cependant, chose étrange, lorsque parurent les *Mémoires du cardinal de Retz*, bien autrement compromettants pour les personnages de la cour et de la Fronde, grands et petits, on ne donna aucun ordre à notre ambassadeur en Hollande de rechercher cette première édition, qui pourtant avait paru sous la rubrique d'Amsterdam, et d'en saisir les exemplaires. Pas une ligne, pas un mot d'instruction à ce sujet, ni en 1717, ni en 1718, où les éditions du livre se multiplient, où le succès devient une contagion. Le Régent et ses ministres, qui se rendaient fort bien compte du mal que pouvait produire cet ouvrage à une époque incertaine et troublée, tentèrent d'en neutraliser l'effet en faisant publier les *Mémoires de Guy Joly*, dont le manuscrit se trouvait entre les mains du fils de Caumartin. Mais le peu de succès de cette publication ne répondit pas au but qu'ils se proposaient, de décrier la mémoire et d'amoindrir l'importance du cardinal de Retz. »

Page 13, fin de la note 2, « *Histoire de mon temps,* » lisez : « *Histoire du temps;* » cette correction a, du reste, été faite dans la suite du volume.

Page 35, ligne 1 des notes, « *Historia mediarni,* » lisez : « *Historia mediani.* »

Page 39, ligne 27 des notes, « scupules, » lisez : « scrupules. »

Page 48, ligne 15, « M. Victor Luzarches, » lisez : « M. Victor Luzarche. »

Page 113, ligne 5 des notes, modifiez ainsi le titre du livre de M. Topin : « *le Cardinal de Retz, son génie et ses écrits.* »

Page 165, ligne 10, « à peu près, » lisez : « à coup près, » et modifiez ainsi la fin de la note 3 : « Nous avions d'abord cru que la leçon *à coup près* était une inadvertance de notre auteur, mais nous l'avons retrouvée dans la traduction de *Don Quichotte*, par Filleau Saint-Martin, tome III, chapitre IX (édition de 1678, p. 134 et 135) : « Je vous demande excuse, Monsieur, dit Sancho, mais « comment voulez-vous que je trouve *à coup près* la maison de « notre maîtresse ? » Le sens est plutôt *à coup sûr*, variante de la plupart des éditions, que *à peu près*, correction de trois seulement. »

Page 231, lignes 16 et 17 de la note 2, et page 284, ligne 4 de la note 1, « Letellier, » lisez : « le Tellier. »

Page 245, ligne 2 des notes, « dans sa *Vie du cardinal de Retz,* » lisez : « dans son livre intitulé : *le Cardinal de Retz et son temps.* »

Page 300, ligne 3 des notes, « Lecoigneux, » lisez : « le Coigneux. »

Page 301, transportez l'astérisque du titre courant deux pages plus haut, à la même place.

Page 345, aux ouvrages dédiés à Retz il faut joindre les *Panégy-*

riques de M. *Verjus* (Paris, Muguet, 1664, in-4°). L'épître suivante, qui les précède, n'est pas de l'auteur, l'abbé Verjus, conseiller et aumônier du Roi, mort en 1663, à l'âge de trente-trois ans, mais de son frère, François Verjus, prêtre de l'Oratoire :

A MONSEIGNEUR L'ÉMINENTISSIME CARDINAL DE RETZ.

Monseigneur,

Dieu m'appelant à un genre de vie différent de celui de mes proches, ne m'a pas permis d'avoir d'autres sentiments qu'eux pour Votre Éminence. Je suis sorti d'une famille toute dévouée à son très-humble service, pour entrer dans un corps plein d'admiration pour ses grandes qualités et de zèle pour ce qui la touche. De sorte, Monseigneur, que quand je me serois oublié de ce que je dois à mon nom, et à l'union que j'ai avec des personnes que Votre Éminence honore de ses bonnes grâces, je ne pourrois du moins m'oublier de ce que tous ceux qui font une profession particulière de respecter le mérite doivent à l'élévation de son génie, à la grandeur de son âme, à ses vertus sublimes, à la noblesse de sa naissance, et à l'éclat de sa dignité. J'ai bien de la gloire, Monseigneur, de prendre parmi vos serviteurs, en vous présentant ce livre, la place de celui qui en étoit le plus ardent et le plus fidèle ; et il me semble que je fais beaucoup pour la mémoire d'un frère que je chérissois tendrement, de l'acquitter auprès de Votre Éminence des respects et des humbles devoirs qu'il eût voulu vous rendre plus longtemps, s'il eût plu à Dieu de lui donner une plus longue vie. On travaillera sans doute davantage selon ses inclinations, si on le fait revivre par ses ouvrages pour votre gloire, que si on le faisoit pour sa propre réputation, qu'il n'a jamais souhaité d'augmenter. Rien ne l'a tant porté à entreprendre quelque chose de grand, que l'estime que vous avez témoigné faire de lui ; et c'est par le desir qu'il avoit de produire quelque ouvrage digne du nom de Votre Éminence, et du jugement qu'elle a fait de son esprit, qu'il avoit pris, lorsqu'il ne lui restoit que quelques mois de vie, un dessein qui ne se pouvoit exécuter qu'avec un temps considérable d'une santé fort établie. Je ne puis donc rien faire, Monseigneur, de plus conforme à ses intentions, que de vous offrir les fruits de ses veilles, puisqu'il vous les destinoit toutes ; et de lui prolonger en quelque façon une vie dans laquelle il ne souhaitoit rien tant, depuis plusieurs années, que de signaler sa passion pour votre service. C'est, Monseigneur, lui attirer les louanges de tous les honnêtes gens, que de dire qu'il a pu mériter celles de l'homme du monde qui en est le plus équitable et le plus illustre distributeur; et l'on a cru pouvoir en dire du bien, d'autant plus hardiment, que tout ce qu'on en peut dire d'avantageux a été précédé du témoignage de Votre Éminence. La confiance, Monseigneur, dont vous l'avez honoré, après avoir jugé si favorablement de son esprit par ses lettres, et avoir connu son zèle par expérience, persuadera sans doute aisément qu'il avoit quelque mérite; et il sera bien difficile qu'il déplaise aux esprits bien faits, ayant eu le bonheur de vous plaire et d'avoir votre approbation dans les occasions où il s'est efforcé d'obéir aux commandements de Votre Éminence et d'exécuter ses ordres. C'est, Monseigneur, ce que celui qui a fait le discours de ses études et de ses sentiments a pu dire de plus favorable à sa mémoire, et ce qui me la fait chérir davantage. Je la regarde comme une chose à laquelle votre estime a donné beaucoup de prix, et que vos bonnes grâces ont en quelque façon consacrée; et cela m'oblige autant à l'honorer, que je me sens porté à la conserver tendrement. D'autres pourront, Monseigneur, se mieux acquitter que moi de ces devoirs de piété par ses autres plus grands ouvrages et plus dignes de leur auteur qu'ils donnent au public; mais pour moi, j'ai mieux aimé qu'on jugeât d'abord de son esprit sur ses moindres productions, que de résister aux instantes prières que m'ont faites quelques-uns de ses amis, de ne pas différer davantage de mettre quelque chose de lui en lumière; et je n'ai pas cru pouvoir trop tôt satisfaire à l'impatience que j'avois de trouver une occasion comme celle-ci, de donner un témoignage public du profond respect, de la parfaite soumission et de la fidélité inviolable avec laquelle je serai toute ma vie, comme il l'a été toute la sienne,

Monseigneur,
de Votre Éminence,
le très-humble et très-obéissant serviteur,

FRANÇOIS VERJUS, prêtre de l'Oratoire.

TOME II.

Page 4, ligne 1 de la note 4, « Lesdiguière, » lisez : « Lesdiguières. »

Page 5, lignes 7 et 8 de la note 2, « chercha à précipiter dans des conseils violents, » lisez : « chercha à précipiter la cour dans des conseils violents. »

Page 23, note 5, le nom de la Rivière, qui est dans le manuscrit original de Retz, vaut évidemment mieux que celui de la Reine, qui est dans les copies H et Ch et dans les anciennes éditions : nous avons vu en effet (p. 20) que la Rivière « étoit le poltron le plus signalé de son siècle. »

Page 27, note 4, ligne 3, « Gersay, » lisez : « Jairzé, » conformément à l'orthographe adoptée au tome II, p. 513, et voyez la note 1 de cette page 513.

Page 31, ligne 3 des notes, pour résumer le plus possible la note, nous avons donné, *d'après Saint-Évremond*, un portrait de Retz que dans notre tome I, page 218, note 1, nous indiquions comme seulement *attribué à Saint-Évremond*. Notre affirmation nouvelle est risquée, comme nous le fait remarquer M. de Chantelauze, qui achève de préparer le plus important travail qui ait encore paru sur Retz, et qui a eu la complaisance de lire nos bonnes feuilles, en vue de nous aider à la correction de notre édition. Sainte-Beuve semble avoir été du même avis que M. de Chantelauze au sujet de ce portrait, qui, dit-il, « pourrait bien ne pas être du spirituel exilé, auquel on le prête, mais dont il ne porte pas le cachet. » (*Port-Royal*, tome V, p. 581, note 1.)

Page 45, note 3. Nous avons corrigé cette note, p. 618, note 1.

Page 112, ligne 5 de la note 1, après « duquel de ses voyages il veut parler ici, » modifiez ainsi la suite de la note : « Il est cependant probable qu'il s'agit de celui que Retz fit en 1672; la mort de Laigues eut lieu à Paris le 19 mai 1674; si Retz a vraiment dicté ce discours à Laigues, il lui demanda vraisemblablement à le voir vers 1672, c'est-à-dire à une époque où, nous le croyons, il revisait ses *Mémoires*, et songeait peut-être à sa dernière copie, celle que possède la Bibliothèque nationale, qui, d'après nos conjectures (voyez ci-dessus la note 3 de la page 522), fut écrite entre 1675 et 1676.

Page 162, complétez ainsi la fin de la note 1 : « Gabrielle de Gondi, sœur de Philippe-Emmanuel, père de Retz, épousa Claude de Bossut d'Escry, en 1594; son fils Charles de Bossut de Hennin, baron d'Escry, épousa Anne-Marie le Fèvre de Caumartin, dont il eut un fils, *N*. de Bossut, baron d'Escry, tué au siège de Roye en 1636. »

Page 186, fin de la note 4, supprimez l'épithète : « très-beau. »

Page 189, à la fin de la note 2, ajoutez : « et en particulier l'élégante notice, intitulée : *Vie de Mathieu Molé*, due à son petit-fils le comte Molé (p. xv-lviii de *l'Introduction aux Mémoires de Molé*, publiés par Champollion-Figeac). »

Page 193, ligne 5 de la note 4, après : « un pamphlet de 1652, » ajoutez : « dont voici le titre : *Manifeste de Monseigneur le duc de Beaufort, général des armées de Son Altesse Royale*, 1652 (3 pages; il y a une autre édition de 5 pages). C'est, nous le croyons, le pamphlet dont Retz se reconnait l'auteur sous le titre un peu altéré de *Manifeste de M. de Beaufort en son jargon* (voyez tome III, p. 95, de l'édition de 1859). M. Barrière, dans une note de la page 325 du tome I des *Mémoires de Louis-Henri de Loménie, comte de Brienne*, donne quelques lignes qu'il avait trouvées sur la marge d'un recueil manuscrit de chansons de ce temps : « Souvent même dans la conversation le duc « de Beaufort prenoit un mot pour un autre, et il disoit d'un homme « qu'il avoit une *confusion* pour une *contusion*, et d'une femme en « deuil qu'elle avoit *l'air lubrique* au lieu de *l'air lugubre*. »

Page 210, note 3, ajoutez : « Le 6 janvier 1649, en quittant Paris, la cour avait lancé une *Déclaration du Roi* par laquelle la séance du parlement de Paris était transférée en la ville de Montargis, avec interdiction de s'assembler, ni faire aucun acte de justice dans Paris (Saint-Germain-en-Laye, 1649, 8 pages). Le Parlement n'ayant pas obéi à cette injonction, on publia, le 23 janvier 1649, une autre *Déclaration du Roi*, portant suppression de toutes les charges et offices dont sont pourvus les gens ci-devant tenant la cour de parlement de Paris, pour les causes y contenues (Saint-Germain-en-Laye, 1649, 16 pages; il y a aussi une édition de 8 pages, en plus petits caractères).

Page 214, ligne 4 des notes, « 1665, » lisez : « 1655. »

Page 223, ligne 16 de la note 3, supprimez les mots *d'État*; le titre de *Papiers d'État* est spécialement réservé à une autre collection de manuscrits, qui se trouve à la même Bibliothèque, et où sont principalement les pièces originales; le registre dont il s'agit ici ne contient que des copies de lettres adressées à le Tellier.

Page 227, avant-dernière ligne de la note 1, « 2de partie, tome II, » lisez : « tome II, 2de partie. »

Page 263, à la fin de la note 6, ajoutez : « Il y a un *Pont-Iblon* au nord-est du Bourget, sur une petite rivière nommée *la Morée*; mais cela est bien loin du théâtre de l'action dont parle Retz. »

Page 309, avant-dernière ligne de la note 3, supprimez les mots : « soit dans ses lettres, soit. »

Page 316, première ligne de la note 1, après « p. 292 et p. 298, » ajoutez : « et plus loin, p. 325. »

Page 473, un renseignement donné par M. de Chantelauze nous met à même de corriger ainsi la fin de la note 2 : « liquidation qui n'a jamais été terminée, les héritiers ayant répudié la succession. »

Page 501, ajoutez à la note 3 : « D'après la duchesse de Nemours (*Mémoires*, édition de 1751, p. 149), Condé aurait mené à la cour un petit bossu revêtu d'une casaque dorée, et dont il disait avec de grands éclats de rire : « Voilà le généralissime de Paris. »

Page 518, seconde ligne de la note 3, « de Lyonne, » lisez : « Hugues de Lionne. »

Page 558, ligne 16 de la note 3, « M. de Luzarches, » lisez : « M. Victor Luzarche. »

Page 586, dernière ligne de la note 3, « 1856, » lisez : « 1859-1866. »

TABLE DES MATIÈRES

CONTENUES DANS LE SECOND VOLUME.

MÉMOIRES.

   Seconde partie (suite) 3

   Appendice.

   I. La journée des Barricades....................... 607
   II. Conférences de Saint-Germain et déclaration des 22-24 octobre 1649.................................. 620
   III. Triolets de la Fronde........................... 625
   IV. Emprunts et dettes de Retz..................... 632
   V. Serment d'union des chefs de la Fronde avec le Parlement... 636
   VI. Défaite du régiment de Corinthe................ 638
   VII. Instruction du héraut.......................... 642
   VIII. Caumartin réviseur du manuscrit Caffarelli...... 645
   IX. Notes de Mazarin sur Retz..................... 648
   X. Traité de Rueil................................. 655
   XI. Une page de l'histoire de la presse en 1649....... 660

XII. Affaire Joli-la Boulaye...................... 674

XIII. Récusation de Molé par Retz et consorts........ 679

ADDITIONS ET CORRECTIONS........................... 693

FIN DE LA TABLE DES MATIÈRES.

10624. — PARIS, TYPOGRAPHIE LAHURE
Rue de Fleurus, 9

www.ingramcontent.com/pod-product-compliance
Lightning Source LLC
Chambersburg PA
CBHW050322020526
44117CB00031B/1333